GÊNESIS À APOCALIPSE

MANUAL BÍBLICO

MACARTHUR

Título original: *The MacArthur Bible Handbook*
Copyright © 2003 John MacArthur
Edição original por Thomas Nelson, Inc. Todos os direitos reservados.
Copyright de tradução © Vida Melhor Editora LTDA., 2015
Publicado em associação com a agência literária Wolgemuth & Associates, Inc.

As citações bíblicas são da Nova Versão Internacional (NVI), da Biblica, Inc., a menos que seja especificada outra versão da Bíblia Sagrada.

As posições doutrinárias e teológicas desta obra são de responsabilidade de seus autores e colaboradores diretos, não refletindo necessariamente a posição da Thomas Nelson Brasil, da HarperCollins Christian Publishing ou de sua equipe editorial.

GERENTE EDITORIAL	*Samuel Coto*
EDITOR	*André Lodos Tangerino*
PRODUÇÃO EDITORIAL	*Bruna Gomes*
PREPARAÇÃO DE TEXTO	*Jean Carlos Alves Xavier*
REVISÃO	*Luiz Werneck e Bruna Ribeiro*
CAPA	*Rafael Brum*
DIAGRAMAÇÃO	*Julio Fado*

Os materiais para os textos introdutórios, as notas, os comentários, mapas e gráficos foram extraídos das seguintes fontes: *How to Get the Most Out of God's Word*, de John MacArthur, Jr., © 1997 pela Word Publishing, *The MacArthur Quick Reference Guide to the Bible*, © 2001 por John MacArthur (publicado pelo W Publishing Group), *The MacArthur Student Bible* © 2000 pela Word Publishing, *The MacArthur Study Bible* © 1997 pela Word Publishing. O W Publishing Group (Word Publishing) é uma divisão da Thomas Nelson, Inc. Todos os materiais utilizados com autorização.

CIP-BRASIL. CATALOGAÇÃO NA FONTE
SINDICATO NACIONAL DOS EDITORES DE LIVROS, RJ

M113m

MacArthur, John
  Manual bíblico MacArthur: Gênesis à Apocalipse / John MacArthur ; tradução Érica Campos. - [2. ed.]. - Rio de Janeiro : Thomas Nelson Brasil, 2019.
  608 p.

Tradução de: The MacArthur Bible handbook
ISBN 9788571670082

1. Bíblia - Teologia. 2. Bíblia - Estudo e ensino. 3. Bíblia - Manuais, guias, etc. I. Campos, Érica. II. Título.

18-53888	CDD: 230.041
	CDU: 27-278

Thomas Nelson Brasil é uma marca licenciada à Vida Melhor Editora LTDA.
Todos os direitos reservados à Vida Melhor Editora LTDA.
Rua da Quitanda, 86, sala 218 – Centro – 20091-005
Rio de Janeiro – RJ – Brasil
Tel.: (21) 3175-1030
www.thomasnelson.com.br

Sumário

Como usar o Manual bíblico MacArthur...5
Introdução à Bíblia...7
Como a Bíblia chegou até nós.. 13
Como estudar a Bíblia.. 22
Introdução ao Pentateuco.. 29

Gênesis...............................35
Êxodo.................................47
Levítico..............................58
Números.............................71
Deuteronômio.....................79
Josué..................................86
Juízes.................................94
Rute..................................102
1 e 2Samuel......................109
1 e 2Reis...........................125
1 e 2Crônicas....................139
Samuel, Reis e Crônicas....152
Esdras...............................157
Neemias............................165
Ester.................................174
Jó......................................182
Salmos..............................193
Provérbios.........................202
Eclesiastes........................210

Cântico dos Cânticos.......216
Isaías...............................224
Jeremias..........................235
Lamentações....................244
Ezequiel...........................250
Daniel..............................260
Oseias..............................267
Joel..................................272
Amós................................277
Obadias............................281
Jonas................................285
Miqueias..........................290
Naum...............................295
Habacuque.......................298
Sofonias...........................302
Ageu................................306
Zacarias...........................311
Malaquias........................317

Cronologia do Antigo Testamento.. 323
Introdução ao Período Intertestamentário 325
Cronologia do Novo Testamento 332
Introdução aos evangelhos 333
Uma harmonia entre os evangelhos... 336

Mateus	353	1Timóteo	490
Marcos	365	2Timóteo	499
Lucas	378	Tito	506
João	390	Filemom	512
Atos dos Apóstolos	403	Hebreus	517
Romanos	416	Tiago	528
1Coríntios	426	1Pedro	536
2Coríntios	436	2Pedro	545
Gálatas	444	1João	554
Efésios	452	2João	564
Filipenses	461	3João	568
Colossenses	469	Judas	572
1Tessalonicenses	478	Apocalipse	577
2Tessalonicenses	485		

Apêndice 1 — Uma visão geral da teologia 587

Apêndice 2 — O caráter da genuína fé salvadora 598

Apêndice 3 — Leia a Bíblia em um ano 600

Apêndice 4 — Tabelas de unidades monetárias, pesos e medidas............................ 604

Como usar o
Manual bíblico MacArthur

A Bíblia é um livro extraordinariamente complexo e intricado. O estudo e o discernimento das Escrituras podem ser uma tarefa intimidante. O *Manual bíblico MacArthur* foi criado para facilitar o estudo bem fundamentado e o entendimento avançado das Escrituras por meio de um formato acessível. Ele não substitui sua Bíblia; simplesmente lhe oferece uma fonte de respostas para os tipos de perguntas que podem desanimá-lo durante seu estudo pessoal. Ao consultar o *Manual*, você deverá ser capaz de retornar rapidamente à Bíblia.

Se você já possui uma Bíblia de estudos, notará várias semelhanças entre este manual e as notas contidas nela, com a diferença de que aqui você encontrará alguns recursos que provavelmente não estarão presentes em sua Bíblia de estudo. De qualquer modo, ter esses materiais para consulta durante o estudo das Escrituras ajudará você a permanecer concentrado na própria Palavra de Deus.

TUTORIAL RÁPIDO

1. Dê uma olhada no Índice. À medida que você lê as entradas, observe quais delas não lhe são familiares e abra o *Manual* nessas partes, certificando-se de manter um registro mental do que encontrar lá. Entradas como harmonias e cronologias serão de grande valor para você quando estiver estudando certos trechos das Escrituras.
2. Abra em uma das entradas de um livro da Bíblia. Observe os recursos que você encontrará em cada uma dessas introduções:

   - Título e seu significado;
   - Autor e data do livro;
   - Cenário e contexto: notas históricas sobre o livro;
   - Principais personagens do livro;
   - Temas históricos e teológicos: temas bíblicos gerais ao longo do livro;
   - Principais doutrinas: ensinamentos centrais do livro;
   - O caráter de Deus: ilustração dos principais aspectos do caráter de Deus;
   - Cristo no livro: como Cristo pode ser encontrado naquele livro;
   - Palavras-chave: palavras importantes utilizadas;
   - Desafios de interpretação: temas ou conceitos de difícil compreensão no livro;

- Linhas gerais: estrutura formal do livro;
- Enquanto isso, em outras partes do mundo...: contexto histórico global do livro;
- Respostas às perguntas difíceis sobre o livro;
- Aprofundando seu estudo: perguntas básicas para reflexão enquanto você lê.

Usar o *Manual bíblico MacArthur* pode parecer um pouco estranho no início, mas, com a prática, você verá que é uma fonte rica de informações para o estudo da Palavra de Deus.

Introdução à Bíblia

A Bíblia é uma coletânea de 66 documentos inspirados por Deus, os quais estão reunidos em dois testamentos, o Antigo (39) e o Novo (27). Profetas, sacerdotes, reis e líderes da nação de Israel escreveram os livros do Antigo Testamento em hebraico (com duas passagens em aramaico), ao passo que os apóstolos e seus companheiros escreveram os livros do Novo Testamento em grego.

O registro do AT se inicia com a narrativa da criação do universo e se encerra cerca de 400 anos antes da primeira vinda de Jesus Cristo.

O desenrolar da história ao longo do Antigo Testamento avança de acordo com as seguintes linhas:

- a criação do universo;
- a queda do homem;
- o juízo do dilúvio na terra;
- abraão, Isaque e Jacó (Israel), patriarcas da nação eleita;
- a história de Israel;
- o cativeiro no Egito (430 anos);
- o êxodo e jornada pelo deserto (40 anos);
- a conquista de Canaã (7 anos);
- a era dos juízes (350 anos);
- o reino unido — Saul, Davi e Salomão (110 anos);
- o reino dividido — Judá/Israel (350 anos);
- o cativeiro na Babilônia (70 anos);
- o retorno e a reconstrução da terra (140 anos).

Os detalhes dessa história são explicados nos 39 livros divididos em cinco categorias:

- Lei (de Gênesis a Deuteronômio);
- História (de Josué a Ester);
- Sabedoria (de Jó a Cântico dos Cânticos);
- Profetas maiores (de Isaías a Daniel);
- Profetas menores (de Oseias a Malaquias).

Após a conclusão do AT, houve 400 anos de silêncio, durante os quais Deus não falou nem inspirou nenhuma Palavra. Esse silêncio foi quebrado pela chegada de João Batista, que anunciou a vinda do prometido Senhor Salvador. O NT registra a outra parte dessa história, desde o nascimento de Cristo até a culminação de toda a História e o estado final eterno; isso significa que os dois testamentos vão da criação à consumação, da eternidade passada até a eternidade futura.

Enquanto os 39 livros do AT se concentram na história de Israel e na promessa do Salvador vindouro, os 27 livros do NT se concentram na pessoa de Cristo e no estabelecimento da Igreja. Os quatro evangelhos fornecem o registro do nascimento, da vida, da morte, da ressurreição e da ascensão de Cristo, e cada um dos quatro autores enxerga o maior e mais importante evento da História — a vinda do Deus-homem, Jesus Cristo — de perspectivas diferentes. Mateus olha para Cristo através da perspectiva de seu reino; Marcos, através da perspectiva de sua condição de servo; Lucas, através da perspectiva de sua condição humana; e João, através da perspectiva de sua divindade.

O livro de Atos conta a história do impacto da vida, morte e ressurreição de Jesus Cristo, o Senhor Salvador — desde sua ascensão, passando pela consequente vinda do Espírito Santo e o nascimento da Igreja, até os primeiros anos da pregação do evangelho pelos apóstolos e seus companheiros — e também registra o estabelecimento da Igreja na Judeia, na Samaria e no Império Romano.

As 21 epístolas foram escritas para igrejas e indivíduos, a fim de explicar a importância da pessoa e da obra de Jesus Cristo, com suas implicações para a vida e o testemunho até seu retorno.

O NT termina com o Apocalipse, que tem início com um retrato da atual era da Igreja e culmina no retorno de Cristo para estabelecer seu reino terreno, trazendo castigo para os ímpios e glória e bênçãos para os cristãos. Após o reinado milenar do Senhor Salvador virá o julgamento final, conduzindo ao estado eterno, e nele todos os cristãos de todas as eras entram na glória eterna sublime preparada para eles, e todos os ímpios são enviados ao inferno para condenação eterna.

Para entender a Bíblia, é fundamental compreender o curso da história, desde a criação até a consumação; além disso, é essencial manter em foco o tema unificante das Escrituras. O único tema frequente que se desenvolve ao longo de toda a Bíblia é o seguinte: Deus, para sua própria glória, escolheu criar e reunir para si um grupo de pessoas, a fim de serem servos em seu reinado eterno, louvarem, honrarem e servirem a ele para sempre e por meio de quem ele exibirá sua sabedoria, autoridade, misericórdia, graça e glória. Para reunir os escolhidos, Deus tem de remi-los do pecado, e a Bíblia revela o plano de Deus para tal redenção, desde seu início na eternidade passada até sua conclusão na eternidade futura. Nesse contexto, alianças, promessas e períodos são todos secundários ao plano contínuo da redenção.

Há um só Deus. A Bíblia tem apenas um Criador. É um único livro. Há somente um plano de graça, registrado desde seu início, passando por sua execução, até sua consumação. Da predestinação à glorificação, a Bíblia é a história de Deus redimindo seu povo escolhido para o louvor de sua glória.

À medida que o plano e os propósitos redentores de Deus se desenrolam nas Escrituras, cinco temas recorrentes são enfatizados:

- o caráter de Deus;
- o juízo pelo pecado e pela desobediência;

- a bênção pela fé e pela obediência;
- o Senhor Salvador e o sacrifício pelo pecado;
- o reino e a glória vindouros.

Todo o conteúdo revelado nas páginas do AT e do NT está associado com essas cinco categorias. As Escrituras estão sempre ensinando ou ilustrando (1) o caráter e os atributos de Deus; (2) a tragédia do pecado e da desobediência aos padrões santos de Deus; (3) a bênção pela fé e pela obediência aos padrões de Deus; (4) a necessidade de um Salvador por meio de quem, em virtude de sua justiça e substituição, pecadores podem ser perdoados, declarados justos e transformados, a fim de obedecer aos padrões de Deus; e (5) o vindouro fim glorioso da história redentora no reino terreno do Senhor Salvador e o subsequente reino e a glória eternos de Deus e Cristo. Assim, ao estudarmos as Escrituras, é essencial compreendermos essas categorias recorrentes como grandes ganchos nos quais podemos pendurar as passagens, e, à medida que vamos lendo a Bíblia, temos de ser capazes de relacionar cada parte das Escrituras a esses tópicos dominantes, reconhecendo que, o que é apresentado no AT, também se torna mais claro no NT.

Examinar essas cinco categorias separadamente nos dá uma visão geral da Bíblia.

1. A REVELAÇÃO DO CARÁTER DE DEUS

Acima de tudo, as Escrituras são a autorrevelação de Deus, uma vez que este se revela como o Deus soberano do universo que optou por criar o homem e ser conhecido dele. Nessa autorrevelação, é estabelecido seu padrão de santidade absoluta e, desde Adão e Eva, passando por Caim e Abel, incluindo todos antes e depois da lei de Moisés, o padrão de justiça foi estabelecido e é sustentado até a última página do NT. Sua violação produz julgamento, tanto temporal como eterno.

No AT, registra-se que Deus revelou a si mesmo pelos seguintes meios:

- criação: primariamente por meio do homem, que foi criado à sua imagem;
- anjos;
- sinais, prodígios e milagres;
- visões.
- palavras proferidas tanto pelos profetas quanto por outras pessoas;
- Escrituras (AT).

No NT, registra-se que Deus revelou a si mesmo pelos mesmos meios, porém com mais clareza e plenitude:

- criação: o Deus-homem, Jesus Cristo, que era a imagem de Deus;
- anjos;
- sinais, prodígios e milagres;
- visões;

- palavras proferidas por apóstolos e profetas;
- Escrituras (NT).

2. A REVELAÇÃO DO JUÍZO DIVINO PELO PECADO E PELA DESOBEDIÊNCIA

As Escrituras repetidamente tratam da questão do pecado do homem, que conduz ao julgamento divino, e diversos relatos bíblicos demonstram o impacto mortal da violação da lei de Deus sobre o tempo e a eternidade. A Bíblia tem 1.189 capítulos, mas somente quatro deles não envolvem um mundo caído: os dois primeiros e os dois últimos — antes da queda e depois da criação do novo céu e da nova terra. O restante é a crônica da tragédia do pecado.

No AT, Deus mostrou a tragédia do pecado — a começar por Adão e Eva, passando por Caim e Abel, os patriarcas, Moisés e os hebreus, os reis, os sacerdotes, alguns profetas e nações gentias. Ao longo do AT, encontramos um registro incessante da contínua devastação produzida pelo pecado e pela desobediência à lei de Deus.

No NT, a tragédia do pecado se torna mais clara. A pregação e os ensinamentos de Jesus e dos apóstolos começam e terminam com um chamado ao arrependimento. O rei Herodes, os líderes judeus e a nação de Israel — juntamente com Pilatos, Roma e o restante do mundo —, todos eles rejeitam o Senhor Salvador, desprezam a verdade de Deus e, consequentemente, condenam a si mesmos. A crônica do pecado continua imbatível até o fim da era e o retorno de Cristo em julgamento, e, no NT, a desobediência é ainda mais flagrante do que no AT, pois envolve a rejeição do Senhor e Salvador Jesus Cristo à luz mais clara da verdade do NT.

3. A REVELAÇÃO DA BÊNÇÃO DIVINA PELA FÉ E PELA OBEDIÊNCIA

As Escrituras repetidamente prometem grandes recompensas para o tempo atual e para a eternidade àqueles que confiam em Deus e buscam lhe obedecer. No AT, Deus mostrou a bênção do arrependimento do pecado, da fé nele e da obediência à sua Palavra — desde Abel, passando pelos patriarcas, até os remanescentes em Israel, e até mesmo gentios que creram (por exemplo, o povo de Nínive).

O padrão de Deus para o homem, sua vontade e sua lei moral sempre foi conhecido, e a redenção misericordiosa e a bênção naquele tempo e para a eternidade vieram àqueles que enfrentaram sua própria incapacidade de manter o padrão de Deus, reconheceram seu pecado, confessaram sua impotência para agradar a Deus mediante seus próprios esforços e obras, e pediram-lhe perdão e graça.

No NT, mais uma vez Deus mostrou a plenitude das bênçãos da redenção do pecado aos arrependidos. Houve aqueles que responderam à pregação do arrependimento de João Batista, outros se arrependeram por meio da pregação de Jesus, e também os de Israel obedeceram ao evangelho mediante a pregação dos apóstolos. Por fim, gentios por todo o Império Romano creram no evangelho, e, para todos os que creram e que crerão no curso da História, há uma bênção prometida neste mundo e no vindouro.

4. A REVELAÇÃO DO SENHOR SALVADOR E O SACRIFÍCIO PELO PECADO

Esse é o cerne tanto do AT, que, segundo Jesus, falava dele de forma tipológica e profética, como do NT, que fornece o registro bíblico de sua vinda. A promessa da bênção depende da graça e da misericórdia concedidas ao pecador. Graça significa que o pecado não é usado para condenar o pecador, mas esse perdão depende de um pagamento da penalidade do pecado para satisfazer a justiça santa, o que requer um substituto, alguém para morrer no lugar do pecador. O substituto escolhido por Deus — o único que se qualificou — foi Jesus. A salvação se dá sempre pelo mesmo meio gracioso, quer seja durante os dias do AT, quer seja do NT, e quando um pecador vem a Deus, arrependido e convencido de que não tem poder para salvar a si mesmo do julgamento merecido da ira divina e pede misericórdia, a promessa do perdão de Deus é concedida. Deus, então, declara-o justo porque o sacrifício e a obediência de Cristo são imputados a ele. No AT, Deus justificava pecadores da mesma forma, em antecipação à obra compensadora de Cristo, portanto, há uma continuidade da graça e da salvação ao longo de toda a história redentora. As diversas alianças, promessas e épocas não alteram essa continuidade fundamental, tampouco a descontinuidade entre a nação-testemunha do AT, Israel e o povo-testemunho do NT, a igreja. Uma continuidade fundamental é centrada na cruz, que de modo algum foi uma interrupção no plano de Deus, mas sim aquilo para o qual todo o restante aponta.

Ao longo do AT, o Salvador e o sacrifício são prometidos. Em Gênesis, ele é o descendente da mulher que destruirá Satanás, ao passo que, em Zacarias, ele é aquele que foi perfurado, para quem Israel se volta e por meio de quem Deus abre a fonte do perdão a todos os que são afligidos por causa do pecado. Ele é simbolizado no sistema sacrifical da lei mosaica, é o substituto sofredor de quem falavam os profetas. Durante o AT, ele é o Messias que morreria pelas transgressões de seu povo; do início ao fim do AT, apresenta-se o tema do Senhor Salvador como o sacrifício. É somente por causa de seu perfeito sacrifício pelo pecado que Deus graciosamente perdoa os que creem e se arrependem.

No NT, o Senhor Salvador veio e, na cruz, realizou o prometido sacrifício pelo pecado. Tendo consumado toda justiça por meio de sua vida perfeita, ele cumpriu a justiça mediante sua própria morte. Assim, o próprio Deus expiou o pecado do homem a um preço alto demais, inconcebível à mente humana, e agora ele graciosamente provê a favor deles todo o mérito necessário para que seu povo seja objeto do seu favor. É isso o que as Escrituras querem dizer quando falam da salvação pela graça.

5. A REVELAÇÃO DO REINO E DA GLÓRIA DO SENHOR SALVADOR

Esse componente crucial das Escrituras traz a história inteira para sua consumação ordenada por Deus, o qual controla a história redentora (que terminará com a mesma precisão e exatidão de seu início) de modo a culminar em sua glória eterna. As verdades da escatologia não são vagas ou obscuras — tampouco não são importantes. Como em qualquer livro, a forma como a história termina é a parte mais crucial e convincente, e também assim é com a Bíblia, que aponta vários elementos bastante específicos do fim planejado por Deus.

No AT, há uma menção repetida de um reino terreno governado pelo Messias, Senhor e Salvador, que virá para reinar, e associada a esse reino estará a salvação de Israel, a salvação dos gentios, a renovação da terra dos efeitos da maldição e a ressurreição do povo de Deus já falecido. Por fim, o AT prevê a "descriação" ou dissolução do universo e a criação de um novo céu e uma nova terra — que será o estado eterno dos justos — e do inferno final para os ímpios.

No NT, esses elementos são esclarecidos e expandidos. O Rei foi rejeitado e executado, mas prometeu retornar em glória, trazendo juízo, ressurreição e seu reinado para todos os que creem. Muitos gentios de todas as nações estarão entre os remidos, e a nação de Israel será salva e novamente radicada na bênção da qual ela está temporariamente excluída.

O reino prometido de Israel será desfrutado, com o Senhor Salvador reinando no trono, renovado na verdade, exercendo poder sobre o mundo todo, tendo tomado de volta sua autoridade legítima e recebido a honra e o respeito devidos. Após esse reino, virá a dissolução da criação renovada, porém ainda manchada pelo pecado, e a subsequente criação de um novo céu e uma nova terra — que será o estado eterno, separado para sempre dos ímpios no inferno.

Esses são os cinco temas tratados na Bíblia, e compreendê-los desde o início é saber a resposta para a pergunta que continuamente emerge: por que a Bíblia nos conta isso? Tudo se encaixa nesse padrão glorioso. À medida que você lê, pendure a verdade nos cinco ganchos e a Bíblia se desenrolará, não como 66 documentos distintos, tampouco dois testamentos separados, mas sim como um livro escrito por um Autor divino com base em um tema abrangente.

Minha oração é que o tema magnífico e impactante da redenção dos pecadores para a glória de Deus conduza cada leitor com um interesse cativante do início ao fim da história. Cristão, essa é sua história. É de Deus para você — sobre você. Ela conta o que ele planejou para você, por que ele o criou, o que você era, o que você se tornou em Cristo e o que ele preparou para você na glória eterna.

John MacArthur

Como a Bíblia chegou até nós

Desde que Eva se deparou com a avalanche de dúvida e negação de Satanás (Gn 3:1-7), a humanidade tem questionado a Palavra de Deus. Infelizmente, Eva teve pouca ou nenhuma ajuda para se orientar em meio aos seus obstáculos intelectuais e alcançar uma fé plena na autorrevelação de Deus (Gn 2:16-17).

Com certeza, as Escrituras têm conteúdo mais que suficiente para ser interrogada, considerando que é composta de 66 livros, 1.189 capítulos, 31.173 versículos e mais de 700 mil palavras. Ao abrir sua Bíblia para lê-la ou estudá-la, talvez já você tenha se perguntado ou esteja se perguntando: "Como posso ter certeza de que esta é a pura e verdadeira Palavra de Deus?"

Uma pergunta como essa não é de todo ruim, principalmente quando alguém busca aprender com grande interesse (At 17:11). As Escrituras convidam todo tipo de questionamento que um estudante sincero tenha. Um exército de perguntas pode inundar nossa mente. Aqui estão algumas delas:

- De onde veio a Bíblia?
- A Bíblia reflete o pensamento de quem?
- Algum livro da Bíblia foi perdido ao longo do tempo?
- O que a Bíblia afirma a respeito de si mesma?
- Ela corresponde ao que declara a respeito de si mesma?
- Quem escreveu a Bíblia — Deus ou o homem?
- A Bíblia foi protegida da intervenção humana ao longo dos séculos?
- Quão próximas as traduções de hoje são dos manuscritos originais?
- Como a Bíblia chegou ao nosso tempo e no nosso idioma?
- Há mais Escrituras por vir, além dos 66 livros atuais?
- Quem determinou, e com base em que, que a Bíblia seria composta da lista tradicional de 66 livros?
- Se as Escrituras foram escritas ao longo de 1.500 anos (c. 1405 a.C. a 95 d.C.), desde então tendo sido repassada por quase dois mil anos e traduzida para milhares de idiomas, o que evitou que a Bíblia fosse alterada por razões de negligência ou más intenções do homem?
- A Bíblia de hoje realmente merece o título de "Palavra de Deus"?

Não há dúvida de que essas perguntas têm bombardeado a mente de muitos, e somente um estudo das Escrituras pode resolver todas essas questões de modo que não sejamos mais incomodados por elas, tendo em vista que nos dão essa certeza.

AS AUTOAFIRMAÇÕES DAS ESCRITURAS

Pegue a Bíblia e deixe-a falar por si mesma. Ela afirma ser a Palavra de Deus? Sim! Mais de duas mil vezes somente no AT, a Bíblia diz que Deus falou o que está escrito em suas páginas. Desde o início (Gn 1:3) até o fim (Ml 4:3) e ao longo dela, é isso o que as Escrituras afirmam.

A expressão "Palavra de Deus" ocorre mais de 40 vezes no NT e pode ser equiparada ao AT (Mc 7:13). É o que Jesus pregou (Lc 5:1). Foi a mensagem dos apóstolos ensinada (At 4:31; 6:2). Foi a Palavra recebida pelos samaritanos (At 8:14) como dada pelos apóstolos (At 8:25). Foi a mensagem que os gentios receberam por meio da pregação de Pedro (At 11:1). Foi a palavra pregada por Paulo em sua primeira viagem missionária (At 13:5,7,44,48,49; 15:35-36). Foi a mensagem pregada por Paulo em sua segunda viagem missionária (At 16:32; 17:13; 18:11). Foi a mensagem pregada por Paulo em sua terceira viagem missionária (At 19.10). Foi o foco de Lucas no livro de Atos, de modo que se espalhou rápida e amplamente (Atos 6:7; 12:24; 19:20). Paulo foi cuidadoso em dizer aos coríntios que ele falava a Palavra como havia sido dada por Deus, que não tinha sido adulterada e que era a manifestação da verdade (2Co 2:17; 4:2). Ele reconheceu que ela era a fonte de sua pregação (Cl 1:25; 1Ts 2:13).

Os salmos 19 e 119, assim como Provérbios 30:5-6, fazem poderosas afirmações sobre a Palavra de Deus que a diferenciam de qualquer outra instrução religiosa já conhecida na História da Humanidade. Tais passagens servem de respaldo para a Bíblia ser chamada de "sagrada" (2Tm 3:15) e "santa" (Rm 1:2).

A Bíblia afirma sublime autoridade espiritual em doutrina, repreensão, correção e instrução na justiça, pois representa a Palavra do Deus Todo-poderoso inspirada (2Tm 3:16-17). As Escrituras estabelecem sua suficiência espiritual, tanto que declaram exclusividade para seus ensinamentos (cf. Is 55:11; 2Pe 1:3,4).

A Palavra de Deus afirma ser *pura* (Sl 12:6; 119:140; Pv 30:5a; Jo 10:35) e *infalível* (2Tm 3:16-17). Em outras palavras, é verdadeira e, portanto, digna de confiança. Todas essas qualidades dependem do fato de que as Escrituras são dadas por Deus (2Tm 3:16; 2Pe 1:20-21), o que garante sua qualidade na Fonte e em sua escritura original.

Nas Escrituras, a pessoa de Deus e a Palavra de Deus estão sempre interrelacionadas, de modo que qualquer coisa que seja verdadeira sobre o caráter de Deus é também verdadeira sobre a natureza da Palavra dele. Deus é verdadeiro, perfeito e confiável, portanto, sua Palavra também o é. O que uma pessoa pensa sobre a Palavra de Deus, na realidade, reflete o que ela pensa a respeito de Deus.

Logo, as Escrituras podem fazer essas exigências sobre seus leitores.

Assim, ele os humilhou e os deixou passar fome. Mas depois os sustentou com maná, que nem vocês nem os seus antepassados conheciam, para mostrar-lhes que nem só de pão viverá o homem, mas de toda palavra que procede da boca do SENHOR.

Deuteronômio 8:3

Não me afastei dos mandamentos dos seus lábios; dei mais valor às palavras de sua boca do que ao meu pão de cada dia.

Jó 23:12

PROCESSO DE PUBLICAÇÃO

A Bíblia não espera que seu leitor especule a respeito de como essas qualidades divinas foram transferidas de Deus para sua Palavra; antes, antecipa as perguntas com respostas convincentes. Todas as gerações de céticos têm atacado as autoafirmações da Bíblia, mas as explicações e respostas das Escrituras têm resistido ao desafio. A Bíblia passou pelo processo de publicação de Deus no sentido de que foi concedida aos homens e distribuída entre eles. Suas diversas características são discutidas a seguir.

REVELAÇÃO

Deus tomou a iniciativa de revelar a si mesmo à humanidade (Hb 1:1). Os veículos variaram; algumas vezes, isso se deu por meio da ordem criada e outras, por meio de visões/sonhos ou dos profetas. No entanto, as autorrevelações mais completas e compreensíveis se deram por meio das proposições das Escrituras (1Co 2:6-16). A Palavra de Deus escrita e revelada é singular no sentido de que é a única revelação de Deus completa e que tão claramente declara o pecado do homem e a provisão do Salvador.

INSPIRAÇÃO

A revelação de Deus foi captada nos textos das Escrituras por meio da "inspiração". Isso tem mais a ver com o processo por meio do qual Deus revelou a si mesmo do que com o fato de sua autorrevelação. "Toda a Escritura é inspirada por Deus [...]" (2Tm 3:16) faz a afirmação. Pedro explica o processo: "[...] saibam que nenhuma profecia da Escritura provém de interpretação pessoal, pois jamais a profecia teve origem na vontade humana, mas homens falaram da parte de Deus, impelidos pelo Espírito Santo" (2Pe 1:20-21). Assim, a Palavra de Deus foi protegida do erro humano em seu registro original pelo ministério do Espírito Santo (cf. Dt 18:18; Mt 1:22). Um trecho de Zacarias 7:12 descreve isso com mais clareza: "[...] a Lei e as palavras que o SENHOR dos Exércitos tinha falado, pelo seu Espírito, por meio dos antigos profetas". Esse ministério do Espírito Santo se estendeu tanto às palavras como ao todo nos escritos originais.

CANONICIDADE

Devemos entender que a Bíblia é, de fato, um livro com um Autor Divino, embora tenha sido escrita ao longo de 1.500 anos por meio de quase quarenta escritores humanos. A Bíblia começou com o relato da criação em Gênesis 1:1, escrito por Moisés em torno de 1405 a.C., e se estende ao relato da eternidade futura em Apocalipse 21:22, escrito pelo apóstolo João em torno de 95 d.C. Durante esse período, Deus progressivamente revelou a si mesmo e seus propósitos nas Escrituras inspiradas. Todavia, uma importante questão emerge: "Como sabemos quais escritos supostamente sagrados deveriam ser incluídos no cânone das Escrituras e quais deveriam ser excluídos?"

Ao longo dos séculos, três princípios amplamente reconhecidos foram utilizados para validar os escritos provenientes da revelação e inspiração divinas. Primeiro, o escrito tinha de ter um profeta ou apóstolo reconhecido como autor (ou alguém associado a eles, como no caso de Marcos, Lucas, Hebreus, Tiago e Judas). Segundo, o escrito não podia discordar de (nem contradizer) outra Escritura. Terceiro, o escrito tinha de obter um consenso geral por parte da Igreja como um livro inspirado. Portanto, quando vários concílios se reuniram durante a história da Igreja para considerar o cânone, eles não votaram em favor da canonicidade de um livro; antes, reconheceram, *a posteriori*, aquilo que Deus já havia escrito.

Quanto ao Antigo Testamento, até os dias de Cristo, todo o AT havia sido escrito e aceito pela comunidade judaica. O último livro, Malaquias, havia sido concluído em torno de 430 a.C. Não apenas o cânone do AT dos dias de Cristo está de acordo com o AT que desde então tem sido utilizado ao longo dos séculos, como também ele não contém os livros apócrifos espúrios e não inspirados. Os livros apócrifos são catorze escritos fraudulentos que foram anexados ao AT após Malaquias, em torno de 200-150 a.C., na tradução grega do AT hebraico chamada *Septuaginta*, e que aparecem até os dias de hoje em algumas traduções da Bíblia. No entanto, nenhuma passagem dos livros apócrifos foi citada pelos autores do NT e Jesus jamais afirmou qualquer coisa a respeito deles ao reconhecer o cânone do AT de seu tempo (cf. Lc 24:27,44).

Até os dias de Cristo, o cânone do AT havia sido dividido em duas listas de 22 ou 24 livros, cada uma delas contendo o mesmo material dos 39 livros de nossas versões modernas. No cânone com 22 livros, Jeremias e Lamentações eram considerados um único livro, assim como Juízes e Rute. (Veja na página seguinte como os 24 livros eram divididos.)

Os mesmos três testes principais de canonicidade aplicados ao AT foram também aplicados ao NT. No caso de Marcos e Lucas/Atos, considera-se que os autores foram, na verdade, escrivães de Pedro e Paulo, respectivamente. Tiago e Judas foram escritos pelos meios-irmãos de Cristo. Embora Hebreus seja o único livro do NT cuja autoria é desconhecida, seu conteúdo está tão alinhado com o AT e o NT que a igreja primitiva concluiu que deve ter sido escrito por um associado apostólico. Os 27 livros do NT foram universalmente aceitos por volta de 350-400 d.C. como inspirados por Deus.

O ANTIGO TESTAMENTO HEBRAICO

Lei	Profetas	Escritos
1. Gênesis	A. Profetas anteriores	A. Livros poéticos
2. Êxodo	6. Josué	14. Salmos
3. Levítico	7. Juízes	15. Provérbios
4. Números	8. Samuel (1 e 2)	16. Jó
5. Deuteronômio	9. Reis (1 e 2)	
		B. Cinco rolos (Megilote)
	B. Profetas posteriores	17. Cântico dos Cânticos
	10. Isaías	18. Rute
	11. Jeremias	19. Lamentações
	12. Ezequiel	20. Eclesiastes
	13. Os Doze (profetas menores)	21. Ester
		C. Livros históricos
		22. Daniel
		23. Esdras-Neemias
		24. Crônicas (1 e 2)

PRESERVAÇÃO

Como podemos ter certeza de que a Palavra de Deus escrita, revelada e inspirada, reconhecida como canônica pela igreja primitiva, chegou até os dias de hoje sem nenhuma perda de material? Além do mais, tendo em vista que uma das principais preocupações de Satanás é desacreditar a Bíblia, será que as Escrituras sobreviveram a essa investida destrutiva? No início, ele negou a Palavra de Deus a Eva (Gn 3:4); depois, tentou distorcer as Escrituras em seu encontro com Cristo no deserto (Mt 4:6-7). Por meio do rei Jeoaquim, tentou, literalmente, destruir a Palavra (Jr 36:23). A batalha pela Bíblia continua sendo travada, mas as Escrituras têm sobrevivido e continuarão a sobreviver aos seus inimigos.

Deus antecipou a maldade dos homens e de Satanás com relação às Escrituras com promessas divinas de preservação à sua Palavra. A existência perene das Escrituras está garantida em Isaías 40:8: "A relva murcha, e as flores caem, mas a palavra de nosso Deus permanece para sempre" (cf. 1Pe 1:25). Isso quer dizer até mesmo que nenhuma Escritura inspirada foi perdida no passado e ainda aguarda sua redescoberta.

O atual conteúdo das Escrituras será perpetuado tanto no céu (Sl 119:89) como na terra (Is 59:21). Portanto, os propósitos de Deus, conforme publicados nos escritos sagrados, nunca serão frustrados, até mesmo os mínimos detalhes (cf. Mt 5:18; 24:25; Mc 13:3; Lc 16:17).

Assim também ocorre com a palavra que sai da minha boca: ela não voltará para mim vazia, mas fará o que desejo e atingirá o propósito para o qual a enviei.

Isaías 55:11

TRANSMISSÃO

Já que a Bíblia tem sido frequentemente traduzida em vários idiomas e distribuída em todo o mundo, como podemos ter certeza de que nenhum erro foi inserido nela, ainda que de forma involuntária? À medida que o cristianismo se disseminou, sem dúvida pessoas desejavam ter a Bíblia em seu próprio idioma, o que exigia traduções dos idiomas originais (hebraico e aramaico do AT e do grego do NT). Não só o trabalho dos tradutores gerava oportunidades para o erro, mas também a publicação, feita à mão até o surgimento da imprensa, por volta de 1450 d.C., oferecia possibilidades contínuas de erro.

Ao longo dos séculos, os praticantes da crítica textual, uma ciência exata, descobriram, preservaram, catalogaram, avaliaram e publicaram uma vasta gama de manuscritos bíblicos do Antigo e do Novo Testamentos. De fato, o número de manuscritos bíblicos existentes supera dramaticamente os fragmentos existentes de qualquer outra literatura antiga, e, ao comparar texto com texto, o crítico textual pode determinar com segurança o conteúdo do escrito original profético/apostólico inspirado.

Embora cópias existentes do principal texto hebraico antigo (Massorético) datem somente do século X d.C., duas outras importantes linhas de prova textual aumentaram a confiança dos críticos textuais de que eles recuperaram os originais. Primeiro, o AT hebraico do século X d.C. pode ser comparado à tradução grega chamada *Septuaginta* (escrita por volta de 200-150 a.C.; os manuscritos mais antigos existentes datam de cerca de 325 d.C.). Há uma incrível consistência entre os dois, o que revela a precisão da cópia do texto hebraico ao longo dos séculos. Segundo, a descoberta dos Manuscritos do Mar Morto em 1947-1956 (que datam de cerca de 200-100 a.C.) provou ser de grande importância. Após comparar os primeiros textos hebraicos com os últimos, poucas variantes foram encontradas e nenhuma delas mudou o significado de qualquer passagem. Embora o AT tenha sido traduzido e copiado durante séculos, a última versão era basicamente igual às primeiras.

As descobertas acerca do NT são ainda mais decisivas, pois um volume bem maior de material está disponível para estudo: há mais de cinco mil manuscritos do NT grego, desde o testamento completo até pedaços de papiro, alguns deles contendo pequenos trechos de versículos. Alguns fragmentos existentes datam de 25 a 50 anos do escrito original. Estudiosos textuais do NT concluíram, em geral, que (1) 99,99% dos escritos originais foram recuperados e (2) o saldo remanescente não contém variações que impactam substancialmente nenhuma doutrina cristã.

Com essa riqueza de manuscritos bíblicos nos idiomas originais e com a atividade disciplinada dos críticos textuais para estabelecer com exatidão quase perfeita o conteúdo dos manuscritos, quaisquer erros introduzidos e/ou perpetuados pelas milhares de traduções ao longo dos séculos podem ser identificados e corrigidos ao comparar a tradução ou cópia com o original reconstituído. Por esse meio providencial, Deus cumpriu sua promessa de que as Escrituras seriam preservadas. Podemos ter certeza de que há traduções disponíveis hoje que, de fato, são dignas de seu título: Palavra de Deus.

RESUMO

Deus intencionou que sua Palavra permanecesse para sempre (preservação), portanto, sua autorrevelação escrita e proposicional (revelação) foi protegida do erro em seu escrito original (inspiração) e reunida nos 66 livros que compõem o AT e o NT (canonicidade).

Ao longo dos séculos, dezenas de milhares de cópias e milhares de traduções foram feitas (transmissão) e introduziram algum erro. Por haver uma abundância de manuscritos antigos do AT e NT, todavia, a ciência exata da crítica textual foi capaz de recuperar o conteúdo de seus escritos originais (revelação e inspiração) ao grau extremo de 99,99%, com o percentual restante não tendo nenhum efeito sobre seu conteúdo (preservação).

O livro sagrado que lemos, estudamos, pregamos e ao qual obedecemos merece ser chamado, sem reservas, de "A Bíblia" ou "O livro sem similares", já que seu autor é Deus e possui as qualidades de verdade e confiança completas ao mesmo tempo que também caracteriza sua fonte divina.

HÁ MAIS POR VIR?

Como sabemos que Deus não emendará nossa Bíblia atual com um 67º livro inspirado? Ou, em outras palavras, "O cânone está fechado para sempre?"

Textos das Escrituras advertem que ninguém deve eliminar nada das Escrituras nem adicionar nada a elas (Dt 4:2; 12:32; Pv 30:6). Ao percebermos que livros canônicos adicionais vieram após essas palavras de advertência, podemos apenas concluir que, embora nenhuma eliminação fosse permitida, na verdade, a adição de escrituras inspiradas autorizadas foi permitida, a fim de completar o cânone protegido por tais passagens.

O texto mais categórico sobre o cânone fechado é a Bíblia, à qual nada foi acrescentado durante 1.900 anos.

> Declaro a todos os que ouvem as palavras da profecia deste livro: Se alguém lhe acrescentar algo, Deus lhe acrescentará as pragas descritas neste livro. Se alguém tirar alguma palavra deste livro de profecia, Deus tirará dele a sua parte na árvore da vida e na cidade santa, que são descritas neste livro.

Apocalipse 22:18-19

Várias observações importantes, quando tomadas em conjunto, convenceram a Igreja ao longo dos séculos de que o cânone das Escrituras está realmente fechado e jamais será reaberto.

1. O livro de Apocalipse é singular no sentido de que descreve com detalhes incomparáveis os eventos do fim dos tempos que precedem a eternidade futura. Assim como Gênesis começou as Escrituras ao preencher o espaço entre a eternidade passada e a existência tempo/espaço com o único relato detalhado da criação (Gn 1 e 2), houve um silêncio paralelo depois que João entregou o Apocalipse; isso também nos leva à conclusão de que o cânone do NT estava, então, fechado.

2. Assim como houve um silêncio profético depois que Malaquias concluiu o cânone do AT, também houve um silêncio paralelo depois que João entregou o Apocalipse. Isso nos leva a concluir que o cânone do NT estava, então, fechado também.

3. Já que não houve ultimamente, nem há agora, profetas ou apóstolos autorizados no sentido do AT e NT, não há autor potencial de escritos futuros inspirados e canônicos. A Palavra de Deus, "uma vez por todas confiada aos santos", jamais deve sofrer acréscimos; antes, deve ser objeto de batalha (Jd 3).

4. Das quatro exortações para que as Escrituras não sejam alteradas, somente a de Apocalipse 22:18-19 contém advertências de julgamento divino severo para a desobediência. Ademais, Apocalipse é o único livro do NT a terminar com esse tipo de admoestação e foi escrito mais de vinte anos após qualquer outro livro do NT. Portanto, esses fatos sugerem fortemente que o Apocalipse foi o último livro do cânone e que a Bíblia está completa; acrescentar ou eliminar qualquer coisa desagradaria a Deus profundamente.

5. Por fim, a igreja primitiva, os cristãos mais próximos em tempo dos apóstolos, acreditava que o Apocalipse havia encerrado os escritos inspirados de Deus, as Escrituras.

Podemos, então, concluir, com base em raciocínio bíblico sólido, que o cânone está e continuará fechado. Não haverá um futuro 67º livro da Bíblia.

ONDE PERMANECEMOS?

Em abril de 1521, Martinho Lutero apareceu diante de seus acusadores eclesiásticos na Dieta de Worms. Eles haviam lhe dado um ultimato para repudiar sua fé inabalável na suficiência e perspicuidade das Escrituras. Dizem que Lutero respondeu: "A menos que eu seja convencido pelas Escrituras ou por mera razão — não aceito a autoridade de papas e concílios, pois eles frequentemente se contradizem —, minha consciência está cativa à Palavra de Deus [...] Que Deus me ajude! Aqui permaneço".

Como Martinho Lutero, que possamos nos erguer acima das dúvidas interiores e confrontar as ameaças externas quando a Palavra de Deus for questionada. Que Deus nos ajude a sermos fiéis batalhadores pela fé. Permaneçamos somente com Deus e as Escrituras.

A BÍBLIA

Este livro contém: a mente de Deus, o estado do homem, o caminho para a salvação, a perdição dos pecadores e a felicidade dos cristãos.

Sua doutrina é santa, seus preceitos são obrigatórios, suas histórias são verdadeiras e suas decisões são imutáveis. Leia a Bíblia para ser sábio, creia nela para ser salvo e coloque-a em prática para ser santo.

Ela contém luz para direcioná-lo, alimento para sustentá-lo e consolo para animá-lo. É o mapa do viajante, o cajado do peregrino, a bússola do piloto, a espada do soldado e o estatuto do cristão. Aqui o céu é aberto e os portões do inferno são revelados.

Cristo é o grande tema. Nosso bem, seu desígnio; e a glória de Deus, seu fim. Deve encher a memória, governar o coração e guiar os pés.

Leia-a sem pressa, com frequência e em oração. É uma mina de riqueza, saúde para a alma e um rio de deleite. É dada a você aqui, nesta vida, será aberta no julgamento e está estabelecida para sempre.

Envolve o mais alto grau de responsabilidade, compensará o maior trabalho e condenará todos os que desprezam seu conteúdo.

> Também agradecemos a Deus sem cessar o fato de que, ao receberem de nossa parte a palavra de Deus, vocês a aceitaram, não como palavra de homens, mas conforme ela verdadeiramente é, como palavra de Deus, que atua com eficácia em vocês, os que creem.
>
> 1Tessalonicenses 2:13

Como estudar a Bíblia

Aqui estão algumas sugestões sobre como aproveitar ao máximo o estudo desse "manual divino". Essas noções o ajudarão a responder a pergunta mais crucial de todas: "Como pode o jovem manter pura a sua conduta?" O salmista responde: "Vivendo de acordo com a tua palavra" (Sl 119:9).

POR QUE ESTUDAR A BÍBLIA É IMPORTANTE?

Por que a palavra de Deus é tão importante? Porque ela contém a mente e a vontade de Deus para sua vida (2Tm 3:16-17). É a única fonte de autoridade divina absoluta para você como servo de Jesus Cristo.

- **É infalível em sua totalidade**: "A lei do SENHOR é perfeita, e revigora a alma. Os testemunhos do SENHOR são dignos de confiança, e tornam sábios os inexperientes" (Sl 19:7).
- **Não tem erros**: "Cada palavra de Deus é comprovadamente pura; ele é um escudo para quem nele se refugia. Nada acrescente às palavras dele, do contrário, ele o repreenderá e mostrará que você é mentiroso" (Pv 30:5-6).
- **É completa**: "Declaro a todos os que ouvem as palavras da profecia deste livro: Se alguém lhe acrescentar algo, Deus lhe acrescentará as pragas descritas neste livro. Se alguém tirar alguma palavra deste livro de profecia, Deus tirará dele a sua parte na árvore da vida e na cidade santa, que são descritas neste livro" (Ap 22:18-19).
- **Possui autoridade incontestável e é final**: "A tua palavra, SENHOR, para sempre está firmada nos céus" (Sl 119:89).
- **É totalmente suficiente para suas necessidades**: "[...] para que o homem de Deus seja apto e plenamente preparado para toda boa obra" (2Tm 3:16-17).
- **Ela cumprirá o que promete**: "Assim também ocorre com a palavra que sai da minha boca: ela não voltará para mim vazia, mas fará o que desejo e atingirá o propósito para o qual a enviei" (Is 55:11).
- **Dá a certeza da sua salvação**: "Aquele que pertence a Deus ouve o que Deus diz..." (Jo 8:47; 20:31).

COMO ME BENEFICIAREI DO ESTUDO DA BÍBLIA?

Milhões de páginas de material são impressas toda semana. Milhares de novos livros são publicados todo mês. Isso não seria surpreendente a Salomão, que disse: "Cuidado [...] Não há limite para a produção de livros" (Ec 12:12).

COMO ESTUDAR A BÍBLIA

Mesmo com nossa atual riqueza de livros e ajuda de computadores, a Bíblia continua sendo a única fonte de revelação divina e poder que pode sustentar os cristãos em sua "caminhada diária com Deus". Observe estas promessas significativas nas Escrituras:

- **A Bíblia é a fonte da verdade**: "Santifica-os na verdade; a tua palavra é a verdade" (Jo 17:17).
- **A Bíblia é a fonte da bênção de Deus quando obedecida**: "Antes, felizes são aqueles que ouvem a palavra de Deus e lhe obedecem" (Lc 11:28).
- **A Bíblia é a fonte da vitória**: "[...] e a espada do Espírito, que é a palavra de Deus" (Ef 6:17).
- **A Bíblia é a fonte do crescimento**: "Como crianças recém-nascidas, desejem de coração o leite espiritual puro, para que por meio dele cresçam..." (1Pe 2:2).
- **A Bíblia é a fonte do poder**: "Não me envergonho do evangelho, porque é o poder de Deus para a salvação de todo aquele que crê: primeiro do judeu, depois do grego" (Rm 1:16).
- **A Bíblia é a fonte da direção**: "A tua palavra é lâmpada que ilumina os meus passos e luz que clareia o meu caminho" (Sl 119:105).

QUAL DEVE SER MINHA RESPOSTA À BÍBLIA?

Porque a Bíblia é tão importante e fornece benefícios eternos incomparáveis, então, estas devem ser suas respostas:

- creia nela (Jo 6:68-69);
- honre-a (Jó 23:12);
- ame-a (Sl 119:97);
- obedeça-lhe (1Jo 2:5);
- guarde-a (1Tm 6:20);
- lute por ela (Jd 3);
- pregue-a (2Tm 4:2);
- estude-a (Ed 7:10).

QUEM PODE ESTUDAR A BÍBLIA?

Nem todos podem ser estudantes da Bíblia. Verifique se você possui as características necessárias para estudar a Palavra com bênção:

- Você é salvo pela fé em Jesus Cristo (1Co 2:14-16)?
- Tem fome da Palavra de Deus (1Pe 2:2)?
- Está buscando a Palavra de Deus com diligência (At 17:11)?
- Está buscando santidade (1Pe 1:14-16)?
- Você é cheio do Espírito Santo (Cl 3:16)?

A pergunta mais importante é a primeira. Se você nunca convidou Jesus Cristo para ser seu Salvador pessoal e Senhor da sua vida, então sua mente está cegada por Satanás para a verdade de Deus (2Co 4:4).

Se Cristo é sua necessidade, pare de ler agora mesmo e, com suas próprias palavras, faça uma oração, afastando-se do pecado e voltando-se para Deus: "Pois vocês são salvos pela graça, por meio da fé, e isto não vem de vocês, é dom de Deus; não por obras, para que ninguém se glorie" (Ef 2:8-9).

QUAIS SÃO AS ORIENTAÇÕES BÁSICAS PARA O ESTUDO DA BÍBLIA?

O estudo pessoal da Bíblia, em princípio, é simples. Quero compartilhar com você cinco passos que lhe darão um padrão a ser seguido.

PASSO 1: LEITURA. Leia uma passagem das Escrituras repetidamente até que você entenda seu tema, ou seja, a principal verdade da passagem. Isaías disse:

> Quem é que está tentando ensinar?, eles perguntam. A quem está explicando a sua mensagem? A crianças desmamadas e a bebês recém-tirados do seio materno? Pois o que se diz é: Ordem sobre ordem, ordem sobre ordem, regra e mais regra; um pouco aqui, um pouco ali (Is 28:9-10).

Desenvolva um plano sobre como você abordará a leitura ao longo da Bíblia. Ao contrário da maioria dos livros, você provavelmente não a lerá direto do início ao fim. Há muitos planos bons de leitura da Bíblia disponíveis, mas aqui coloquei um que acredito ser útil.

Leia o AT pelo menos uma vez por ano. Durante a leitura, anote nas margens quaisquer verdades das quais você queira particularmente se lembrar e escreva separadamente qualquer coisa que você não entenda de imediato. Muitas vezes, enquanto você estiver lendo, verá que muitas perguntas serão respondidas pelo próprio texto. As perguntas para as quais você não encontrar resposta se tornarão os pontos de início para um estudo mais aprofundado pelo uso de comentários ou outras ferramentas de referência.

Siga um plano diferente para a leitura do NT. Leia um livro por vez repetidamente durante um mês ou mais. Isso o ajudará a reter o que está no NT e nem sempre ter de depender de uma concordância para encontrar coisas.

Se você quiser tentar isso, comece com um livro curto, como 1João, e leia-o inteiro, de uma só vez, todos os dias durante um mês. Ao fim desse período, você saberá o que está no livro. Escreva em cartões o principal tema de cada capítulo, e, ao usar os cartões como referência enquanto lê o livro diariamente, você começará a se lembrar do conteúdo de cada capítulo. De fato, você desenvolverá uma percepção visual do livro em sua mente.

Divida os livros mais longos em breves seções e leia cada seção diariamente durante 30 dias. Por exemplo, o evangelho de João tem 21 capítulos. Divida-o em três seções de sete capítulos e, ao fim de 90 dias, você terminará João. Para variar, alterne

COMO ESTUDAR A BÍBLIA

livros longos e curtos, e em menos de três anos você terá terminado o NT inteiro — e você realmente o conhecerá!

PASSO 2: INTERPRETAÇÃO. Em Atos 8:30, Filipe perguntou ao eunuco etíope: "O senhor entende o que está lendo?" Em outras palavras: "O que a Bíblia quer dizer por aquilo que ela fala?" Não é suficiente ler o texto e pular diretamente à aplicação; primeiro, é preciso determinar o que significa, senão a aplicação pode estar incorreta.

À medida que você lê as Escrituras, sempre tenha em mente uma simples pergunta: "O que isso significa?" Responder essa pergunta exige o uso do princípio mais básico da interpretação, chamado de analogia da fé, que diz ao leitor para "interpretar a Bíblia com a Bíblia". Deixar que o Espírito Santo o ensine (1Jo 2:27), buscar as Escrituras que ele escreveu, utilizar referências cruzadas, passagens comparativas, concordâncias, índices e outras ajudas. Para as passagens ainda não esclarecidas, consulte seu pastor ou homens de Deus que tenham escrito sobre essa área em particular.

PASSO 3: AVALIAÇÃO. Você tem lido e feito a pergunta: "O que diz a Bíblia?" Então, você tem interpretado, fazendo a pergunta: "O que a Bíblia quer dizer?" Agora está na hora de consultar outras pessoas para ter certeza de que você tem a interpretação adequada. Lembre-se: a Bíblia jamais se contradiz.

Leia introduções à Bíblia, comentários bíblicos e livros sobre o contexto que enriquecerão seu pensamento ao longo dessa iluminação que Deus deu a outros homens e a você por meio dos livros deles. Em sua avaliação, seja um verdadeiro investigador. Seja uma pessoa que aceita a verdade da Palavra de Deus ainda que isso o leve a mudar aquilo em que sempre acreditou ou seu estilo de vida.

PASSO 4: APLICAÇÃO. A próxima pergunta é: "Como a verdade de Deus penetra e muda minha vida?" Estudar as Escrituras sem permitir que ela penetre no mais profundo de sua alma seria como preparar um banquete sem comê-lo. A pergunta principal a ser feita é: "Como as verdades e os princípios divinos contidos em qualquer passagem se aplicam a mim no tocante a meu comportamento e meus atos?"

Jesus fez a seguinte promessa àqueles que conduziam seu estudo bíblico pessoal até esse ponto: "Agora que vocês sabem estas coisas, felizes serão se as praticarem" (Jo 13:17).

Tendo lido e interpretado a Bíblia, você deverá ter um entendimento básico do que a Bíblia fala e o que ela quer dizer sobre aquilo que fala. Mas o estudo da Bíblia não termina aí. O objetivo final deve ser deixar que ela fale a você e capacite-o a crescer espiritualmente, e isso requer aplicação pessoal.

O estudo da Bíblia não está concluído até que perguntemos a nós mesmos: "O que isso significa para minha vida e como posso aplicá-lo na prática?" Devemos pegar o conhecimento que obtemos a partir da leitura e interpretação e extrair os princípios práticos que se aplica à nossa vida pessoal.

Se há um mandamento a ser obedecido, devemos lhe obedecer. Se há uma promessa a ser recebida, devemos recebê-la. Se há uma advertência a ser observada, atentemos a ela. Este é o passo crucial: sujeitemo-nos às Escrituras e deixemos que ela transforme nossa vida. Se você pular esse passo, nunca desfrutará de seu estudo da Bíblia e ela nunca mudará sua vida.

PASSO 5: CORRELAÇÃO. Esta última etapa conecta a doutrina que você aprendeu numa passagem ou livro específico com verdades e princípios divinos ensinados em outras partes da Bíblia para formar um retrato amplo. Sempre tenha em mente que a Bíblia é um livro em 66 partes e contém um número de verdades e princípios ensinados repetidamente por meio de uma variedade de formas e circunstâncias. Ao correlacionar e usar referências cruzadas, você começará a construir uma sólida fundação doutrinal pela qual viver.

ERROS A SEREM EVITADOS

Ao interpretar as Escrituras, vários erros comuns devem ser evitados.

1. Não tire nenhuma conclusão em detrimento de uma interpretação oportuna. Isto é, não faça a Bíblia dizer o que você quer que ela diga; antes, deixe-a dizer o que Deus intencionou ao escrevê-la.
2. Evite interpretações superficiais. Você já ouviu as pessoas dizerem: "Para mim, essa passagem significa..." ou "Sinto que está dizendo...". O primeiro passo na interpretação da Bíblia é reconhecer as quatro lacunas que temos de preencher: idioma, cultura, geografia e história (veja a próxima seção).
3. Não espiritualize a passagem; em vez disso, interprete-a e entenda-a em seu sentido normal, literal, histórico e gramatical, do mesmo modo que você entenderia qualquer outro trecho de um livro que estivesse lendo hoje.

LACUNAS A SEREM PREENCHIDAS

Os livros da Bíblia foram escritos há muitos séculos. Para que entendamos hoje o que Deus estava comunicando então, há várias lacunas que precisam ser preenchidas: a lacuna do idioma, a lacuna da cultura, a lacuna geográfica e a lacuna histórica. Uma interpretação adequada, portanto, requer tempo e disciplina.

1. **Idioma.** A Bíblia foi originalmente escrita em grego, hebraico e aramaico. Muitas vezes, entender o sentido de uma palavra ou frase no idioma original pode ser a chave para a interpretação correta de uma passagem das Escrituras.
2. **Cultura.** Preencher a lacuna da cultura pode ser uma tarefa complexa. Alguns tentam usar diferenças culturais para explicar os mandamentos bíblicos mais difíceis. Perceba que a Escritura deve primeiramente ser vista dentro do contexto da cultura em que foi escrita; ou seja, é difícil entender o evangelho sem um entendimento da cultura judaica do século primeiro. O livro de Atos e as epístolas, por sua vez, devem ser lidos à luz das culturas grega e romana.
3. **Geografia**. Uma terceira lacuna que precisa ser preenchida é a lacuna geográfica, tendo em vista que a geografia bíblica faz com que a Bíblia ganhe

vida. Nesse sentido, um bom atlas bíblico é uma ferramenta de referência extremamente valiosa que pode ajudá-lo a compreender a geografia da Terra Santa.

4. **História**. Devemos também preencher a lacuna da História. Ao contrário das escrituras da maioria das outras religiões do mundo, a Bíblia contém os registros de personalidades e eventos históricos reais, portanto, um entendimento da História da Bíblia nos ajudará a colocar as pessoas e os eventos em sua perspectiva histórica adequada. Um bom dicionário bíblico ou uma enciclopédia da Bíblia são proveitosos, já que são estudos históricos básicos.

PRINCÍPIOS A SEREM ENTENDIDOS

Quatro princípios devem nos guiar enquanto interpretamos a Bíblia: literal, histórico, gramatical e de síntese.

1. **O princípio literal**. A Bíblia deve ser entendida em seu sentido literal, normal e natural. Apesar de conter figuras de linguagem e símbolos, eles foram intencionados para transmitir verdade literal. Em geral, todavia, a Bíblia fala em termos literais e devemos permitir que ela fale por si mesma.

2. **O princípio histórico**. Isso significa interpretar dentro do contexto histórico; em outras palavras, devemos perguntar o que o texto significava para as pessoas para quem ele foi escrito inicialmente. Assim, podemos desenvolver um entendimento contextual adequado da intenção original da Escritura.

3. **O princípio gramatical**. Isso requer que entendamos a estrutura gramatical básica de cada frase no idioma original. A quem se referem os pronomes? Qual é o tempo do verbo principal? Você descobrirá que, ao fazer algumas perguntas simples como essas, o sentido do texto se torna imediatamente mais claro.

4. **O princípio da síntese**. Isso é o que os Reformadores chamaram de *analogia scriptura*. Significa que a Bíblia não se contradiz. Se chegamos a uma interpretação de uma passagem que contradiz uma verdade ensinada em algum outro lugar das Escrituras, nossa interpretação não pode estar correta. Texto bíblico deve ser comparado com texto bíblico para que seu significado pleno seja descoberto.

E AGORA?

O salmista disse: "Como é feliz aquele que não segue o conselho dos ímpios, não imita a conduta dos pecadores, nem se assenta na roda dos zombadores! Ao contrário, sua satisfação está na lei do Senhor, e nessa lei medita dia e noite" (Sl 1:1-2). Não é o suficiente apenas estudar a Bíblia. Devemos meditar nela. Em um sentido muito real, estamos dando um banho em nossa mente, lavando-a com a solução purificadora da Palavra de Deus.

Não deixe de falar as palavras deste Livro da Lei e de meditar nelas de dia e de noite, para que você cumpra fielmente tudo o que nele está escrito. Só então os seus caminhos prosperarão e você será bem-sucedido.

Josué 1.8

Eis a fonte da qual a água flui,
Para refrescar o calor do pecado:
Eis a árvore da qual a verdade nasce,
Para orientar a nossa vida aqui:
Eis o juiz que acaba com a contenda,
Quando os recursos do ser humano falham:
Eis o pão que alimenta a vida,
Que a morte não pode atacar:
As boas-novas da terna salvação
Vêm aos nossos ouvidos a partir dela:
A fortaleza da nossa vida está nela,
Bem como o escudo que nos defende:
Então, não seja como o porco, que tinha
Uma pérola à sua disposição,
Mas obtinha mais prazer na lavagem
E em se espojar na lama.
Não leia esse livro de qualquer maneira,
Mas com um único olhar:
Leia desejando primeiramente a graça de Deus,
Para que assim possa entendê-lo.
Ore ainda em fé a esse respeito,
Para que possa dar bons frutos,
Que o entendimento traga este efeito:
O de mortificar o seu pecado.
Então, feliz você será em toda a sua vida,
Isto se cumprirá em você:
Sim, você será feliz em dobro,
Quando Deus pela morte lhe chamar.

(Da primeira Bíblia impressa na Escócia — 1576)

(De John F. MacArthur, Jr., *The MacArthur Study Bible* [Dallas: Word Publishing]).

Introdução ao Pentateuco

Os cinco primeiros livros da Bíblia (Gênesis, Êxodo, Levítico, Números e Deuteronômio) formam uma unidade literária completa chamada Pentateuco, que significa "cinco rolos". Os cinco livros independentes do Pentateuco foram escritos como uma unidade ininterrupta tanto em conteúdo como em sequência histórica, com cada livro sucessivo começando onde o anterior terminou.

As primeiras palavras de Gênesis, "No princípio Deus criou" (Gn 1:1), implicam a realidade da existência eterna ou "antes do tempo" de Deus e anunciam a transição espetacular para o tempo e espaço. Embora a data exata da criação não possa ser determinada, com certeza seria estimada em milhares — e não em milhões — de anos atrás. Começando com Abraão (c. 2165-1990 a.C.) em Gênesis 11, esse livro de inícios abrange mais de 300 anos até a morte de José no Egito (c. 1804 a.C.). Então, há outro intervalo de quase 300 anos até o nascimento de Moisés no Egito (c. 1525 a.C.; Êx 2).

Êxodo começa com as palavras "São estes, pois, os nomes" (Êx 1:1), enumerando aqueles da família de Jacó que desceram ao Egito para estar com José no fim de Gênesis (Gn 46-ss.). O segundo livro do Pentateuco, que registra a fuga dos israelitas do Egito, termina quando a nuvem do Senhor, que conduziu o povo pelo deserto, desce sobre o tabernáculo recém-construído.

As primeiras palavras hebraicas de Levítico podem ser traduzidas como: "[...] o Senhor chamou Moisés" (Lv 1:1). Da nuvem da presença de Deus na Tenda do Encontro (Lv 1:1), Deus chama Moisés, a fim de lhe prescrever a lei cerimonial, que dizia a Israel como eles deveriam se aproximar de seu Santo Deus. Levítico termina com: "São esses os mandamentos que o SENHOR ordenou a Moisés, no monte Sinai, para os israelitas" (Lv 27:34).

Números, de modo semelhante a Levítico, começa com Deus comissionando Moisés na Tenda do Encontro, dessa vez para realizar um censo, preparando Israel para a guerra contra seus adversários. O título desse livro na Bíblia hebraica representa com precisão seu conteúdo: "Deserto". Em virtude da falta de confiança em Deus, Israel não quis enfrentar seus inimigos militarmente para reivindicar a Terra Prometida. Após mais 40 anos no deserto, por causa de sua rebeldia, Israel chegou às planícies de Moabe.

Apesar do fato de que "em onze dias se vai de Horebe a Cades-Barneia pelo caminho dos montes de Seir" (Dt 1.2), a rebeldia contra Deus fez com que a jornada demorasse 40 anos para Israel. Moisés pregou o livro de Deuteronômio como sermão nas Planícies de Moabe em preparação para o povo de Deus entrar na terra da promessa da aliança (Gn 12:1-3). O título "Deuteronômio" vem da expressão grega *deuteros nomos*, que significa "segunda lei". O livro se concentra na atualização e, de certo modo, na reaplicação da lei às novas circunstâncias de Israel.

CRONOLOGIA DE ISRAEL NO PENTATEUCO

Data	Evento	Referência
Décimo quinto dia, primeiro mês, primeiro ano	Êxodo	Êxodo 12
Décimo quinto dia, segundo mês, primeiro ano	Chegada ao Deserto de Sim	Êxodo 16:1
Terceiro mês, primeiro ano	Chegada ao Deserto do Sinai	Êxodo 19:1
Primeiro dia, primeiro mês, segundo ano	Construção do Tabernáculo	Êxodo 40:1,17
	Consagração do Altar	Números 7:1
	Consagração dos Levitas	Números 8:1-26
Décimo quarto dia, primeiro mês, segundo ano	Páscoa	Números 9:5
Primeiro dia, segundo mês, segundo ano	Censo	Números 1:1,18
Décimo quarto dia, segundo mês, segundo ano	Páscoa suplementar	Números 9:11
Vigésimo dia, segundo mês, segundo ano	Partida do Sinai	Números 10:11
Primeiro mês, quadragésimo ano	No deserto de Zim	Números 20:1, 22-29; 33:38
Primeiro dia, quinto mês, quadragésimo ano	Morte de Arão	Números 20:22-29; 33:38
Primeiro dia, décimo primeiro mês, quadragésimo ano	Discurso de Moisés	Deuteronômio 1:3

Moisés foi o autor humano do Pentateuco (Êx 17:14; 24:4; Nm 33:1-2; Dt 31:9; Js 1:8; 2Rs 21:8); portanto, outro título para a coletânea é "Os Livros de Moisés". Por meio de Moisés, Deus revelou a si mesmo, assim como suas obras anteriores, a história familiar de Israel e seu papel no plano de Deus para a redenção da humanidade. O Pentateuco é a fundação para todo o restante das Escrituras.

Citado ou referido milhares de vezes no AT e NT, o Pentateuco foi o primeiro corpo de Escritura inspirada de Israel. Durante muitos anos, somente ele foi a Bíblia de Israel. Outro título comum para essa seção das Escrituras é Torá, ou Lei, nomenclatura que demonstra a natureza didática desses livros. Os israelitas deveriam meditar

INTRODUÇÃO AO PENTATEUCO   31

sobre a Lei (Js 1:8), ensiná-la a seus filhos (Dt 6:4-8) e lê-la publicamente (Ne 8:1-ss.).
Um pouco antes de sua morte e da entrada de Israel na Terra Prometida, Moisés estabeleceu o processo segundo o qual a leitura pública da Lei encontraria seu caminho
para os corações humanos e mudaria o relacionamento dos israelitas com Deus, assim
como sua conduta:

> Reúnam o povo, homens, mulheres e crianças, e os estrangeiros que morarem nas
> suas cidades, para que ouçam e aprendam a temer o Senhor, o seu Deus, e sigam
> fielmente todas as palavras desta lei.
>
> Deuteronômio 31:12

As relações entre os mandamentos são importantes. O povo deveria: (1) reunir-
-se para ler a Lei, de modo a tomar conhecimento do que era exigido deles e o que
ela tinha a dizer sobre Deus; (2) aprender sobre o Senhor para temê-lo com base em
um entendimento correto de quem ele é; e (3) temer a Deus, a fim de ser corretamente motivado à obediência e às boas obras. Boas obras realizadas por qualquer outra
razão terão motivos impróprios. Os sacerdotes ensinavam a Lei para as famílias (Ml
2:4-7), e os pais instruíam os filhos no lar (Dt 6:4-ss.). Em resumo, a instrução da Lei
forneceria a fundação certa para o relacionamento do cristão do AT com Deus.

Como o conhecimento dos israelitas sobre o mundo em que eles viviam veio
dos egípcios, assim como de seus ancestrais, os mesopotâmios, havia muita confusão
a respeito da criação do mundo, como ele tinha chegado à atual situação e como Israel
havia começado a existir. Gênesis 1-11 ajudou Israel a entender a origem e a natureza
da criação, o trabalho humano, do pecado, do casamento, do homicídio, da morte, da
bigamia, do julgamento, da multiplicidade de idiomas e culturas etc. Esses capítulos
estabeleceram a visão de mundo que explicava o restante da primeira Bíblia de Israel,
o Pentateuco.

A última parte de Gênesis explicava aos israelitas quem eles eram, incluindo
o propósito que Deus tinha para eles como povo. Em Gênesis 12:1-3, Deus havia
aparecido a Abraão e feito uma promessa tríplice de dar-lhe uma terra, descendentes e bênção. Anos mais tarde, durante uma cerimônia típica da cultura
de Abraão, Deus remodelou a promessa tríplice em uma aliança (Gn 15:7-ss.).
O restante de Gênesis trata do cumprimento das três promessas, mas se concentra
especialmente na semente ou nos descendentes. A esterilidade de cada uma das esposas escolhidas dos patriarcas ensinou Israel a importância da confiança e da paciência
de esperar em Deus pelos filhos.

O restante do Pentateuco fala sobre a maneira como as promessas de Gênesis
12:1-3 se expandem na aliança abraâmica e alcançam seus estágios iniciais de cumprimento. Êxodo e Levítico se concentram mais na bênção ou no relacionamento com
Deus. Em Êxodo, Israel encontra o Deus de seus pais e é conduzido por ele do Egito
para a Terra Prometida. Levítico realça o cuidado meticuloso que o povo e os sacerdotes deveriam ter para se aproximar de Deus em adoração e em cada dimensão da
vida deles. Santidade e purificação vêm juntos em modos simples e práticos. Números

e Deuteronômio se concentram na jornada e preparação para a Terra Prometida. O Pentateuco trata de muitas questões pertinentes ao relacionamento de Israel com seu Deus, mas o tema fundamental do Pentateuco são os desenvolvimentos iniciais dos cumprimentos das promessas de Deus feitas a Abraão.

CRONOLOGIA DOS PATRIARCAS E JUÍZES DO ANTIGO TESTAMENTO

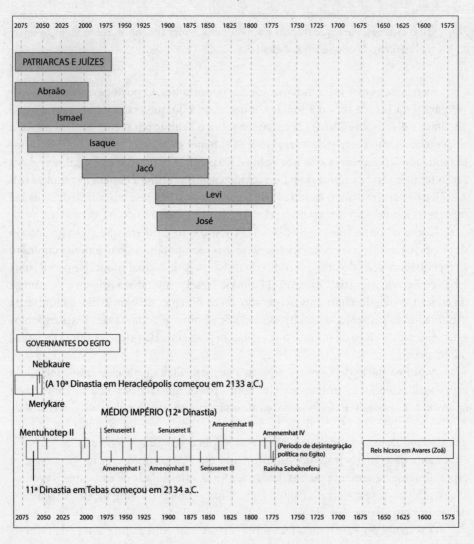

CRONOLOGIA DOS PATRIARCAS E JUÍZES DO ANTIGO TESTAMENTO
(Continuação)

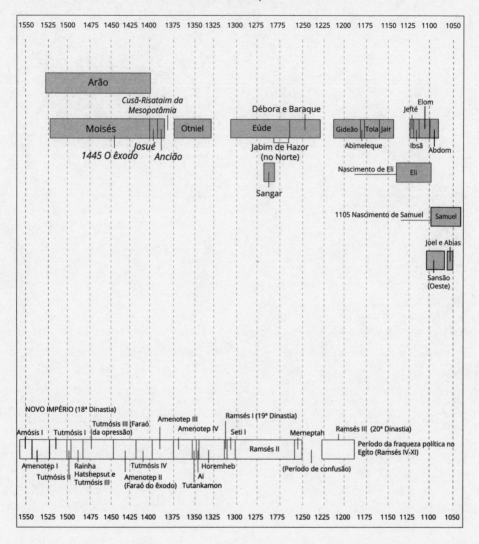

Gênesis
O livro dos princípios

TÍTULO

Deus começou tudo. A Bíblia não tem início com um argumento em favor da existência de Deus, mas sim com a aceitação de que nossa existência depende dele. A *Septuaginta*, antiga tradução grega do AT, intitulou esse primeiro livro de *Gênesis*, que significa "origens". Posteriormente, tradutores da Bíblia para outros idiomas passaram a usar diretamente esse termo. O título usado nos textos hebraicos simplesmente destaca a primeira palavra, que significa "No princípio".

O JARDIM DO ÉDEN

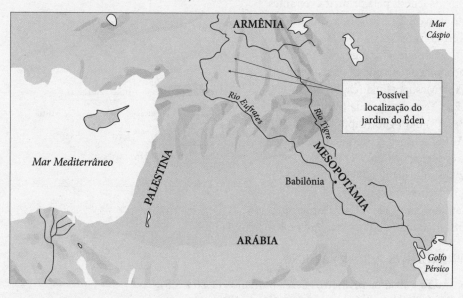

O jardim do Éden pode ter sido localizado próximo ao rio Tigre.

AUTOR E DATA

Apesar de o autor de Gênesis não se identificar no livro e de os eventos descritos no texto terem ocorrido quase três séculos antes de seu nascimento, tanto o AT (Êx 17:14; Nm 33:2; Js 8:31; 1Rs 2:3; 2Rs 14:6; Ed 6:18; Ne 13:1; Dn 9:11,13. Ml 4:4) como o NT (Mt 8:4; Mc 12:26; Lc 16:29; 24:27,44; Jo 5:46; 7:22; At 15:1; Rm 10:19; 1Co 9:9; 2Co 3:15) atribuem a autoria a Moisés. Além disso, a formação escolar de Moisés faz com que ele seja o candidato mais provável (At 7:22).

Nenhuma razão persuasiva foi oferecida para desafiar a autoria mosaica, e estima-se que Moisés escreveu Gênesis aproximadamente entre 1445 e 1405 a.C. Para um esboço biográfico de Moisés, leia Êxodo 1 a 6.

CENÁRIO E CONTEXTO

O cenário em que Gênesis se inicia é a eternidade passada — antes de o tempo existir. Deus, por um ato voluntário e pela palavra divina, chamou toda a criação à existência, organizou-a e, por fim, soprou a vida em um punhado de barro, modelando-o à sua imagem e fazendo dele Adão. Deus fez dos seres humanos a coroa de sua criação, isto é, companheiros que teriam comunhão com ele e glorificariam seu nome.

O cenário histórico para os primeiros eventos em Gênesis é claramente a Mesopotâmia. Embora seja difícil apontar com precisão o período em que o livro foi escrito, Israel ouviu Gênesis pela primeira vez antes de atravessar o rio Jordão e entrar na Terra Prometida (c. 1405 a.C.).

Gênesis abrange três pontos geográficos distintos e sequenciais: (1) a Mesopotâmia (capítulos 1 a 11); (2) a Terra Prometida (capítulos 12 a 36); (3) e o Egito (capítulos 37 a 50). As dimensões temporais para esses três segmentos são: (1) da criação até 2900 a.C.; (2) de 2090 até 1897 a.C.; (3) de 1897 até 1804 a.C. É notável o fato de Gênesis abranger um período histórico maior do que qualquer outro livro da Bíblia.

PRINCIPAIS PERSONAGENS

- **Adão e Eva**: os primeiros seres humanos (1:26 a 5.5).
- **Noé**: o fiel construtor da arca (6:5 a 9:29).
- **Abraão e Sara**: os pais de uma nação chamada de "o povo escolhido de Deus" (12:1 a 25:8).
- **Isaque e Rebeca**: os primeiros membros de uma nova nação (21:1 a 35:29).
- **Jacó**: o pai das doze tribos de Israel (25:21 a 50:14).
- **José**: o preservador de seu povo e da nação do Egito (30:22 a 50:26).

TEMAS HISTÓRICOS E TEOLÓGICOS

Neste livro de princípios, Deus revelou a si mesmo, assim como revelou aos filhos de Israel uma nova forma de ver o mundo, que contrastava — às vezes com bastante intensidade — com a dos vizinhos de Israel. O autor não fez nenhuma tentativa de defender a existência de Deus, nem de apresentar uma explicação detalhada de sua pessoa e suas obras; antes, o Deus de Israel se distinguia claramente dos deuses de seus vizinhos. São revelados os seguintes fundamentos teológicos: Deus Pai, Deus Filho, Deus Espírito Santo, o ser humano, o pecado, a redenção, a aliança, a promessa, Satanás e os anjos, o reino, a revelação, Israel, o juízo e a bênção.

Gênesis 1 a 11 revela as origens do universo, isto é, o início do tempo e do espaço, bem como muitas das primeiras experiências humanas, tais como: o casamento, a família, a queda, o pecado, a redenção, o juízo e as nações. Em Gênesis 12 a 50 é explicado a Israel de que modo eles vieram à existência como família cujos ancestrais poderiam ter ligação com Héber (logo, com os "hebreus"; Gn 10:24-25) e até mesmo mais remotamente com Sem, filho de Noé (logo, com os "semitas"; Gn 10:21). Assim, o povo de Deus veio a conhecer não apenas seus ancestrais e seu histórico familiar, mas também as origens de suas instituições, de seus costumes, de seus idiomas e suas diferentes culturas, principalmente experiências humanas básicas, como o pecado e a morte.

A longevidade dos patriarcas que viveram antes do dilúvio era, em média, 900 anos (Gn 5). As idades dos patriarcas pós-dilúvio despencaram e, em seguida, se estabilizaram gradualmente (Gn 11). Alguns sugerem que isso se deve às grandes mudanças ambientais causadas pelo dilúvio.

Pelo fato de estarem se preparando para entrar em Canaã e desalojar os habitantes cananeus de suas casas e propriedades, Deus lhes revelou a verdade sobre os seus inimigos. Além disso, eles precisavam compreender a base real da guerra que estavam prestes a declarar, à luz da imoralidade de matar, consistente com os outros quatro livros que Moisés estava escrevendo (Êxodo, Levítico, Números e Deuteronômio). Por fim, a nação judaica compreenderia uma parte selecionada da história mundial precedente e o pano de fundo inaugural de Israel como a base segundo a qual viveriam um novo começo sob a liderança de Josué na terra que havia sido prometida ao primeiro patriarca, Abraão.

Em Gênesis 12:1-3, é estabelecido o foco primário sobre as promessas de Deus feitas a Abraão, o que reduziu a visão deles de todos os povos do mundo (Gênesis 1 a 11) a uma pequena nação, Israel, mediante a qual Deus executaria progressivamente seu plano redentor, bem como sublinhou a missão de Israel de ser "luz para os gentios" (Is 42.6). Deus prometeu a terra, descendentes (sementes) e uma bênção. Essa promessa tríplice tornou-se, por sua vez, a base da aliança feita com Abraão (Gn 15:1-20). O restante da Escritura expõe o cumprimento dessa promessa.

Em escala maior, Gênesis 1 a 11 enunciou uma mensagem singular a respeito do caráter e da obra de Deus. Na sequência dos relatos que compõem esses capítulos, emerge um padrão que revela a graça transbordante de Deus com relação à deliberada desobediência da humanidade. Sem exceção, em cada relato Deus aumentou a manifestação de sua graça, porém, igualmente sem exceção, o ser humano respondeu com maior rebeldia pecaminosa. Em palavras bíblicas, quanto mais aumentou o pecado, mas a graça de Deus transbordou (cf. Rm 5:20).

A IDADE DOS PATRIARCAS

Adão – 930 anos (Gn 5:5)

Sete – 912 anos (Gn 5:8)

Enos – 905 anos (Gn 5:11)

Enoque – 365 anos (Gn 5:23)

Matusalém – 969 anos (Gn 5:27)

Lameque – 777 anos (Gn 5:31)

Noé – 950 anos (Gn 9:29)

~O DILÚVIO~

Sem – 600 anos (Gn 11:10-11)

Héber – 464 anos (Gn 1:.16-17)

Terá – 205 anos (Gn 11:32)

Abraão – 175 anos (Gn 25:7)

Isaque – 180 anos (Gn 35:28)

Jacó – 147 anos (Gn 47:28)

José – 110 anos (Gn 50:26)

A longevidade dos patriarcas que viveram antes do dilúvio era, em média, 900 anos (Gn 5). As idades dos patriarcas pós-dilúvio despencaram e, em seguida, se estabilizaram gradualmente (Gn 11). Alguns sugerem que isso se deve às grandes mudanças ambientais causadas pelo dilúvio.

Gênesis está relacionado de forma bem próxima a Apocalipse, o último livro da Escritura. Isso o distingue de outros livros bíblicos. O paraíso perdido em Gênesis — o último tema teológico e histórico significativo — será recuperado em Apocalipse. O apóstolo João representou claramente os acontecimentos registrados no seu livro como soluções futuras de problemas que começaram em consequência da maldição de Gênesis 3. Ele focaliza os efeitos da queda, a destruição da criação e a maneira pela qual Deus elimina da sua criação o efeito da maldição. Nas próprias palavras de João: "Já não haverá maldição nenhuma" (Ap 22:3). Não é de admirar que, no último capítulo da Palavra de Deus, os cristãos estarão de volta ao jardim do Éden, o eterno paraíso de Deus, alimentando-se da árvore da vida (Ap 22:1-14). Nesse tempo, eles participarão usando vestes lavadas no sangue do Cordeiro (Ap 22:14).

PRINCIPAIS DOUTRINAS

A maior parte dos ensinamentos centrais do cristianismo tem sua raiz no livro de Gênesis.

- **Deus Pai**: a autoridade de Deus na criação (1:1-31; Sl 103:19; 145:8-9; 1Co 8:6; Ef 3:9; 4:6).

- **Deus Filho**: o agente de Deus na criação (1:1; 3:15; 18:1; Jo 1:1-3; 10:30; 14:9; Fp 2:5-8; Cl 1:15-17; Hb 1:2).

- **Deus Espírito Santo**: a presença de Deus na criação (1:2; 6:3; Mt 1:18; Jo 3:5-7).

- **Deus uno e trino (a Trindade)**: um só Deus em três pessoas (1:1,26; 3:22; 11:7; Dt 6:4; Is 45:5-7; Mt 28:19; 1Co 8:4; 2Co 13:14).

- **Seres humanos**: criados à imagem de Deus, porém caídos no pecado e carentes de um Salvador (1:26; 2:4-25; 9:6; Is 43:7; Rm 8:29; Cl 1:16; 3:10; Tg 3:9; Ap 4:11).

- **Pecado (a queda)**: a contaminação de toda a criação com o pecado mediante a rebeldia contra Deus (2:16,17; 3:1-19; Jo 3:36; Rm 3:23; 6:23; 1Co 2:14; Ef 2:1-3; 1Tm 2:13-14; 1Jo 1:8).

- **Redenção**: o resgate do pecado e a restauração realizada por Cristo na cruz (3:15; 48:16; Jo 8:44; 10:15; Rm 3:24-25; 16:20; 1Pe 2:24).

- **Aliança**: Deus estabelece relacionamentos e faz promessas (15:1-20;17:10-11; Nm 25:10-13; Dt 4:25-31; 30:1-9; 2Sm 23:5; 1Cr 16:15-18; Jr 30:11; 32:40; 46:27-28; Am 9:8; Lc 1:67-75; Hb 6:13-18).

- **Promessa**: Deus se compromete com o futuro (12:1-3; 26:3-4; 28:14; At 2:39; Gl 3:16; Hb 8:6).

- **Satanás**: o primeiro rebelde entre as criaturas de Deus (3:1-15; Is 14:13-14; Mt 4:3-10; 2Co 11:3,14; 2Pe 2:4; Ap 12:9; 20:2).

- **Anjos**: seres especiais criados para servir a Deus (3:24; 18:1-8; 28:12; Lc 2:9-14; Hb 1:6,7, 14; 2:6,7; Ap 5:11-14).

- **Revelação**: *revelação natural* ocorre à medida que Deus se comunica indiretamente por meio daquilo que ele fez (1:1-2; Rm 1:19,20); *revelação especial* ocorre quando Deus se comunica diretamente, bem como de outro modo incognoscível (2:15-17; 3:8-19; 12:1-3; 18:1-8; 32:24-32; Dt 18:18; 2Tm 3:16; Hb 1:1-4; 1Pe 1:1-12).

- **Israel**: o nome dado a Jacó por Deus e que se tornou a denominação da nação da qual ele foi o pai; herdeiros da aliança de Deus com Abraão (32:28; 35:10; Dt 28:15-68; Is 65:17-25; Jr 31:31-34; Ez 37:21-28; Zc 8:1-17; Mt 21:43; Rm 11:1-29).

- **Juízo**: a resposta justa de Deus ao pecado (3; 6; 7; 11:1-9; 15:14; 18:16-19; Dt 32:39; Is 1:9; Mt 12:36,37; Rm 1:18 a 2:16; 2Pe 2:5,6).

- **Bênção**: benefício especial ou afirmação cheia de esperança para alguém a respeito de sua vida (1:28; 9:1; 12:1-3; 14:18-20; 27:1-40; 48:1-20; Nm 6:24-27; Dt 11:26,27; Sl 3:8; Ml 3:10; Mt 5:3-11; 1Pe 3:9).

PALAVRAS-CHAVE

Deus: em hebraico, *'elohim* — 1:1,12; 19:29; 24:42; 28:3; 35:11; 45:9; 50:24 —, um substantivo plural e a palavra hebraica mais utilizada para Deus. Seu significado básico é "o Todo-poderoso". O uso hebraico desse termo em Gênesis é chamado de "o plural de majestade". Diferentemente de um plural normal, o hebraico usa esse plural para dizer "Plenitude de Divindade" ou "Deus-Muito Deus!" A forma plural dessa palavra tem sido tradicionalmente reconhecida como indicadora da pluralidade de Deus. Deus é um, mas Deus também é três pessoas distintas: Pai, Filho e Espírito Santo.

Céu: em hebraico, *shamayim* — 1:1,8,9; 2:1; 8:2; 11:4; 14:22; 24:3; 28:12. Essa palavra pode se referir à atmosfera terrestre (2:1,4,19) ou ao paraíso, lugar onde Deus habita (Sl 14:2). Essa expressão está relacionada ao termo para "ser superior, altivo": O céu físico da criação testifica a posição gloriosa de Deus e também o seu gênio criativo (Sl 19:1,6).

Terra: em hebraico, *'erets* — 1:1,10; 4:16; 12:1; 13:10; 41:36; 31:3; 35:12. A palavra comum no Antigo Testamento para terra possui vários significados diferentes. Em essência, toda terra pertence a Deus como seu Criador (Sl 24:1). Quando Deus prometeu aos israelitas a terra de Canaã, ela pertencia a ele. A terra de Canaã era tão representativa da aliança de Deus para com os israelitas (12:1) que ela se tornou uma de suas características identificadoras — o "povo da terra" (13:15; 15:7).

Semente (descendente, descendência): em hebraico, *zera* — 1:11,29; 13:15-16; 15:18; 17:19; 28:14; 48:19; 32:12. A palavra hebraica para descendência pode literalmente significar a semente de uma planta (1:11-12) ou pode figurativamente significar a progênie de alguém. Em Gênesis, ela se refere especificamente ao Messias, na promessa de Deus de que o descendente da mulher feriria a serpente (3:15; Nm 24:7; Is 6:13; Gl 3:16). Como tal, o termo ganha grande importância na Bíblia: por meio da descendência de Abraão, pois tanto coletivamente em Israel como singularmente em Cristo, Deus alcançaria seu povo para salvá-lo (15:3).

O CARÁTER DE DEUS

Muitos traços de caráter de Deus são revelados pela primeira vez em Gênesis:

- Deus é o Criador (1:1-31);
- Deus é fiel cumpre suas promessas (12:3,7; 26:3,4; 28:14; 32:9,12);
- Deus é justo (18:25);
- Deus é longânimo (6:3);
- Deus é amoroso (24:12);
- Deus é misericordioso (19:16,19);
- Deus é onipotente (17:1);
- Deus é poderoso (18:4);
- Deus é providente (8:22; 24:12-14,48,56; 28:20-21; 45:5-7; 48:15; 50:20);
- Deus é verdadeiro (3:4,5; 24:27; 32:10);
- Deus é colérico (7:21-23; 11:8; 19:24,25).

DESAFIOS DE INTERPRETAÇÃO

Compreender as mensagens individuais de Gênesis que compõem o plano maior e o propósito do livro é um grande desafio, pois tanto os relatos individuais quanto a mensagem geral do livro oferecem importantes lições para a fé e as obras. Gênesis apresenta a criação como ato divino, *ex nihilo*, isto é, "do nada". Três eventos traumáticos de proporções épicas — a queda, o dilúvio universal e a dispersão das nações — são apresentados como cenários históricos para que a história mundial possa ser compreendida, e, a partir de Abraão, o padrão consiste em focalizar na redenção e na bênção de Deus.

Os costumes de Gênesis muitas vezes diferem consideravelmente dos costumes atuais, e eles precisam ser explicados tendo como referencial o antigo Oriente Próximo. Cada costume deve ser tratado de acordo com o contexto imediato da passagem, antes de se fazer qualquer tentativa de explicá-lo com base em costumes registrados em fontes extrabíblicas ou mesmo em outros lugares das Escrituras.

CRISTO EM GÊNESIS

A entrada de Jesus na humanidade foi planejada antes do início do tempo. Deus abrandou o castigo da maldição resultante do pecado de Adão e Eva ao oferecer uma promessa de que um dia o Descendente se levantaria para ferir a serpente (3:15). Apesar de a morte ter vindo por meio de Adão, a vinda de Cristo trouxe vida para a humanidade (Rm 5:12-21).

Gênesis segue rastreando as primeiras linhas do projeto de Deus para o nascimento de Jesus. Dos povos da terra, Deus selecionou Abraão para ser o pai de uma nação escolhida, a qual continuou por meio do filho de Abraão, Isaque, e por meio do filho de Isaque, Jacó, concluindo com o filho de Jacó, José. Gênesis revela a contínua proteção de Deus sobre as primeiras pessoas na linhagem de Cristo.

ESBOÇO

Em termos de conteúdo, Gênesis é composto de duas seções básicas: (1) história primitiva (Gn 1 a 11) e (2) história patriarcal (Gn 12 a 50). A história primitiva registra quatro eventos principais: (1) Criação (Gn 1 a 2); (2) queda (Gn 3 a 5); (3) dilúvio (Gn 6 a 9); e (4) dispersão (Gn 10 a 11). Quatro grandes homens se destacam na história patriarcal: (1) Abraão (Gn 12:1 a 25:8); (2) Isaque (Gn 21:1 a 35:29); (3) Jacó (Gn 25:21 a 50:14); e José (Gn 30:22 a 50:26).

A estrutura literária de Gênesis é construída sobre a frase muitas vezes recorrente: "a história/genealogia de" e é a base para o seguinte esboço.

1. A criação dos céus e da terra (1:1 a 2:3)

2. As gerações dos céus e da terra (2:4 a 4:26)
    a. Adão e Eva no Éden (2:4-25)
    b. A Queda e suas consequências (3)
    c. O assassinato de um irmão (4:1-24)
    d. Esperança nos descendentes de Sete (4:25-26)

3. As gerações de Adão (5:1 a 6:8)
    a. Genealogia — de Sete a Noé (5)

b. Pecado generalizado antes do dilúvio (6:1-8)

4. As gerações de Noé (6:9 a 9:29)
    a. Os preparativos para o dilúvio (6:9 a 7:9)
    b. O dilúvio e a libertação (7:10 a 8:19)
    c. A aliança de Deus com Noé (8:20 a 9:17)
    d. A história dos descendentes de Noé (9:18-29)

5. As gerações de Sem, Cam e Jafé (10:1 a 11:9)
    1. As nações (10)
    2. A dispersão das nações (11:1-9)

6. As gerações de Sem: genealogias de Sem a Terá (11:10-26)

7. As gerações de Terá (11:27 a 25:11)
    a. Genealogia (11:27-32)
    b. A aliança com Abraão: sua terra e seu povo (12:1 a 22:19)
- A jornada rumo à Terra Prometida (12:1-9)
- A libertação dos israelitas do Egito (12:10-20)
- A divisão da terra (13)
- Vitória sobre reis (14)
- A ratificação da aliança (15)
- A rejeição de Hagar e Ismael (16)
- A confirmação da aliança (17)
- A promessa do nascimento de Isaque (18:1-15)
- Sodoma e Gomorra (18:16 a 19:38)
- O encontro com os filisteus (20)
- O nascimento de Isaque (21)
- Abraão e seu ato de fé com relação a Isaque (22:1-19)

    c. A descendência prometida a Abraão (22:20 a 25:11)
- O contexto histórico de Rebeca (22:20-24)
- A morte de Sara (23)
- O casamento de Isaque e Rebeca (24)
- Isaque, o único herdeiro (25:1-6)
- A morte de Abraão (27:5-11)

8. As gerações de Ismael (25:12-18)

9. As gerações de Isaque (25:19 a 35:29)
    a. A competição entre Esaú e Jacó (25:19-34)
    b. Promessas de aliança para Isaque (26)
    c. A trapaça de Jacó para obter a bênção (27:1-40)
    d. Jacó é abençoado em uma terra estranha (27:41 a 32:32)
- Jacó é enviado a Labão (27:41 a 28:9)
- Um anjo em Betel (28:10-22)
- Desentendimentos com Labão (29:1-30)
- Descendência prometida (29:31 a 30:24)
- A saída de Harã (30:25 a 31:55)

- Anjos em Maanaim e Peniel (32)
    e. O encontro entre Esaú e Jacó e a reconciliação deles (33:1-17)
    f. Acontecimentos e falecimentos de Siquém a Manre (33:18 a 35:29)
10. **As gerações de Esaú (36:1 a 37:1)**
11. **As gerações de Jacó (37:2 a 50:26)**
    a   Os sonhos de José (37:2-11)
    b. Tragédia na família (37:12 a 38:30)
    c. Vice-regência sobre o Egito (39-41)
    d. O reencontro com a família (42-45)
    e. Transição para o Êxodo (46-50)
        - A jornada para o Egito (46:1-27)
        - A ocupação de Gósen (46:28 a 47:31)
        - Bênçãos sobre as doze tribos (48:1 a 49:28)
        - A morte e o sepultamento de Jacó em Canaã (49:29 a 50:14)
        - A morte de José no Egito (50:15-26)

AS NAÇÕES DE GÊNESIS 10

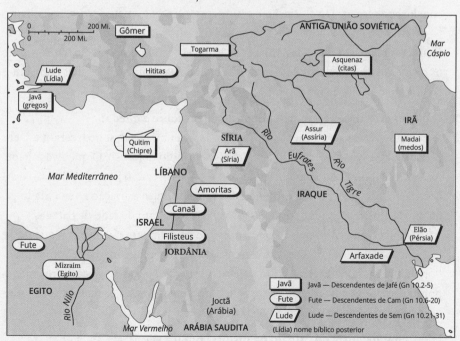

Gênesis 10 é chamado "Mapa das Nações" e é estruturado sobre os descendentes dos três filhos de Noé: Jafé (v. 2-5), Cam (v. 6-20) e Sem (v. 21-31). Muitos nomes mencionados no capítulo 10 são identificáveis com nações dos tempos antigos, algumas das quais continuaram até o presente.

ENQUANTO ISSO, EM OUTRAS PARTES DO MUNDO...

Até mesmo depois do dilúvio (capítulos 6 a 9), os eventos mundiais se concentram no Oriente Médio, as populações crescem consideravelmente após Babel (capítulo 11) e, nos dias dos patriarcas (cerca de 2150 a.C.), o Egito é o poder mundial. Os egípcios já estão usando papiro e tinta para escrever.

RESPOSTAS PARA PERGUNTAS DIFÍCEIS

1. **Como a Bíblia desafia as teorias científicas atuais ou concorda com elas?**

   Teorias científicas, por definição, estão sujeitas a mudanças e adaptações, mas a Escritura permanece como a declaração revelada e imutável da verdade de Deus. A Bíblia não foi escrita como um desafio para nenhuma teoria científica em particular, mas teorias científicas muitas vezes são concebidas para desafiar ou desacreditar afirmações bíblicas. Elas concordam com as Escrituras ou estão equivocadas.

   A descrição em Gênesis 1.1 de que "Deus criou os céus e a terra" gera três conclusões básicas: (1) a criação era um evento recente mensurado em milhares — e não em milhões — de anos atrás; (2) a criação foi *ex nihilo*, o que significa que Deus criou "a partir do nada"; (3) a criação era especial, com a luz e o tempo sendo os primeiros atos criativos de Deus desde o início da contagem dos dias (1:5), antes da criação do sol e da lua (1:16).

2. **O que os cristãos querem dizer quando falam sobre a queda?**

   A queda se refere ao momento em que os seres humanos desobedeceram a Deus pela primeira vez — o capítulo 3 relata esse episódio doloroso. O que Eva iniciou, Adão confirmou e concluiu juntando-se a ela. Eles pecaram juntos. A decisão deliberada de Adão e Eva criou um estado de rebeldia entre a criação e seu Criador, e, na queda, nossos primeiros antepassados nos colocaram do lado de Satanás.

   A Bíblia deixa claro que a queda trouxe o pecado para a vida subsequente de cada pessoa (Rm 5.12), ou seja, nossa capacidade de pecar é inerente. Somos pecadores antes mesmo de termos tido a chance de pecar. Não somos pecadores apenas porque pecamos; antes, pecamos porque somos pecadores. Por quê? Porque todos herdamos as consequências da queda de Adão.

3. **Qual a importância do dilúvio na história bíblica geral?**

   A Bíblia trata o dilúvio como um evento mundial diretamente trazido por Deus como juízo por causa do pecado da humanidade. O dilúvio paira no ar como uma nuvem de advertência sobre toda a história posterior, mas, felizmente, essa nuvem também sustenta o arco-íris da graça prometida de Deus.

GÊNESIS 45

O dilúvio ilustra vários aspectos importantes do caráter de Deus e do relacionamento dele com sua criação: (1) Deus possui controle absoluto sobre os eventos mundiais; (2) Deus pode e julgará o pecado; (3) Deus pode e exerce graça mesmo no juízo; (4) um juízo ainda mais universal e final será executado sobre o mundo com base no cronograma de Deus.

4. Por que Deus causou a multiplicação dos idiomas e a dispersão dos povos?

Depois do dilúvio, a civilização humana voltou a se espalhar pela terra. Mais tarde, as pessoas decidiram estabelecer uma cidade em homenagem a si mesmas e para evitar que se espalhassem pela face da terra (11:4). Esse foi um ato de rebeldia orgulhosa e dupla contra Deus. Primeiro, a cidade, com uma torre, era para ser um monumento à autossuficiência delas. Segundo, o assentamento representava um esforço em desobedecer à ordem direta de Deus para que habitassem toda a terra.

Tendo em vista que Deus intencionou encher a terra com guardiões, ele respondeu à rebelião orgulhosa das pessoas. Elas tinham optado por se assentar; ele as obrigou a se espalhar. A cooperação e a autossuficiência delas tinha se baseado no idioma que compartilhavam. Em vez de usar todos os seus recursos para obedecer a Deus, usaram-no de modo errado para lhe desobedecer, e Deus optou por dificultar a comunicação ao multiplicar os idiomas. O local onde essa confusão ocorreu passou a ser conhecido como Babel (relacionado ao termo hebraico que significa "confundir"), e depois se tornou Babilônia, o inimigo constante do povo de Deus e, ao longo das Escrituras, a capital da rebeldia humana contra Deus (Ap 16:19; 17:5).

5. Como devemos interpretar a Bíblia (narrativas em Gênesis) quando os costumes dos povos antigos parecem tão diferentes dos nossos?

Existem três ferramentas que podem nos ajudar com essa tarefa de interpretar eventos que ocorreram há tanto tempo e em lugares tão distantes: (1) a melhor ferramenta interpretativa para a compreensão de uma passagem bíblica é seu contexto imediato. É comum os versículos vizinhos trazerem dicas sobre detalhes estranhos ou incomuns num relato específico. (2) Uma parte da Bíblia muitas vezes explica, expande e comenta outra parte. Uma familiaridade crescente com toda a Escritura fornecerá *insight* a um estudante sobre a cultura daqueles que viveram a história. (3) Algum *insight* pode ser obtido de fontes antigas fora da Bíblia, mas elas apenas complementam nossas fontes primárias na própria Bíblia.

Uma vez que estejamos familiarizados com os contextos exóticos e inabituais das Escrituras, encontraremos nas páginas da Bíblia pessoas bastante parecidas conosco. Elas não são alienígenas, mas sim nossos antepassados ao longo das eras, e as lutas delas são as nossas lutas. Os fracassos delas nos são familiares demais. O Deus que falou com eles ainda fala conosco.

APROFUNDAMENTO

1. Quão importante é reconhecer o papel criativo de Deus na origem do universo conforme descrito em Gênesis?
2. Qual o papel desempenhado por Adão e Eva na história da raça humana?
3. Quanto saberíamos a respeito de Deus se tivéssemos apenas o livro de Gênesis?
4. Que significância bíblica é dada a eventos como a expulsão do jardim do Éden, o dilúvio e a Torre de Babel?
5. Como a promessa de Deus para Abraão (12:1-3) afeta todo o mundo?
6. Quem são os heróis deste livro? Por quê?

Êxodo

A grande libertação

TÍTULO

O título descritivo "Êxodo" foi dado ao segundo livro de Moisés pelos antigos tradutores do AT grego. Esse título é simplesmente a expressão grega para "uma saída", que subvaloriza os grandes atos de Deus em favor de seu povo escolhido. A saída de Israel do Egito é o fato histórico dominante do livro de Êxodo.

Na Bíblia hebraica, as palavras de abertura "E estes são os nomes" serviram como título do livro e sugerem que Êxodo deveria ser aceito como a sequência óbvia de Gênesis, o primeiro livro de Moisés. Hebreus 11:22 menciona a fé de José, que, em seu leito de morte (por volta de 1804 a.C.), falou de "partida" ou "saída" dos israelitas, antecipando mais de 350 anos o êxodo (aproximadamente 1445 a.C.).

AUTOR E DATA

O livro de Êxodo foi escrito em torno de 1445 a 1405 a.C., e há pouca dúvida de que Moisés tenha sido o autor. Ele seguiu as instruções de Deus e "escreveu tudo o que o Senhor dissera" (24:4), o que incluiu ao menos o registro da batalha contra os amalequitas (17:14), os Dez Mandamentos (34:4, 27-29) e o Livro da Aliança (20:22-23:33). Afirmações semelhantes sobre a redação mosaica ocorrem em outros lugares do Pentateuco (os cinco primeiro livros do AT): Moisés é identificado como aquele que registrou "as etapas da jornada deles" (Nm 33:2) e quem "escreveu esta lei" (Dt 31:9).

O AT corrobora a autoria mosaica das passagens mencionadas anteriormente (veja Js 1.7-8; 8:31-32; 1Rs 2:3; 2Rs 14:6; Ne 13:1; Dn 9:11-13; e Ml 4:4), com o que o NT concorda, citando Êxodo 3:6 como parte do "livro de Moisés" (Mc 12:26), atribuindo Êxodo 13:2 à "lei de Moisés", que também é chamada de "lei do Senhor" (Lc 2.22-23), conferindo Êxodo 20:12 e 21:17 a Moisés (Mc 7:10), imputando a lei a Moisés (Jo 7:19; Rm 10:5) e pelo fato de Jesus ter declarado especificamente que Moisés escrevera a respeito dele (Jo 5:46-47).

Em algum momento durante os 40 anos como líder de Israel, tendo começado aos 80 anos de idade e terminado aos 120 (7:7; Dt 34:7), Moisés escreveu esse segundo dos seus cinco livros. Mais especificamente, ele pode ter escrito após o êxodo e, logicamente, antes de sua morte no monte Nebo, nas planícies de Moabe. A data do êxodo (aproximadamente. 1445 a.C.) determina a data da autoria no século XV a.C.

A Bíblia data o quarto ano do reinado de Salomão, quando ele começou a construir o templo (por volta de 996/65 a.C.), como 480 anos depois do Êxodo (1Rs 6:1), estabelecendo 1445 a.C. como a data do êxodo. Jefté observou que, naquele tempo, Israel ocupava Hesbom há 300 anos (Jz 11:26). Calculando para trás e para a frente de Jefté e levando em conta os diversos períodos de opressão estrangeira, juizados e reinados, as peregrinações pelo deserto, a entrada inicial e a conquista de Canaã sob Josué, a data de 1445 a.C. é confirmada e corresponde a 480 anos.

A Bíblia também data a entrada de Jacó e seus familiares no Egito (em torno de 1875 a.C.) como tendo acontecido 430 anos antes do êxodo (12:40), posicionando José no que os arqueólogos chamaram de 12ª Dinastia, o período do Médio Império da história egípcia, e posicionando Moisés e os anos finais da residência de Israel e escravidão naquilo que os arqueólogos chamaram de 18ª Dinastia ou período do Novo Império. Além disso, o governo de José como vizir sobre todo o Egito (Gn 45:8) exclui a possibilidade de ele ter servido sob os hicsos (aproximadamente 1730-1570 a.C.), invasores estrangeiros que governaram durante um período de confusão no Egito, mas que nunca controlaram todo o país. Eles eram uma raça semita mista, que introduziram o cavalo e as carruagens, bem como o arco múltiplo, e esses instrumentos de guerra possibilitaram sua expulsão do Egito.

CENÁRIO E CONTEXTO

A 18ª Dinastia, o cenário para a saída dramática de Israel, foi um período política e economicamente importante da história egípcia. Tutmósis III, por exemplo, o faraó da opressão, tem sido chamado de "Napoleão do Antigo Império Egito", o soberano que expandiu as fronteiras da influência egípcia muito além dos seus limites naturais. Essa foi a Dinastia que, mais de um século antes, sob a liderança de Amósis I, havia expulsado os reis hicsos e redirecionado o crescimento econômico, militar e diplomático do país. No tempo do êxodo, o Egito era forte.

Moisés, nascido em 1525 a.C. (80 anos de idade em 1445 a.C.), "foi educado em toda a sabedoria dos egípcios" (At 7:22) enquanto crescia nas cortes dos Faraós Tutmósis I e II e da rainha Hatshepsut durante seus primeiros 40 anos (At 7:23). Esteve em autoprovocado exílio midianita durante o reinado de Tutmósis III por outros 40 anos (At 7:30) e retornou sob a direção de Deus para ser o líder de Israel no começo do reinado de Amenotep II, o faraó do Êxodo. Deus usou tanto o sistema educacional do Egito quanto a experiência de Moisés no exílio em Midiã para prepará-lo como representante do seu povo perante o poderoso faraó e para guiar o seu povo pelo deserto da península do Sinai durante os últimos 40 anos de sua vida (At 7:36). Moisés morreu no monte Nebo aos 120 anos (Dt 34:1-6), quando o juízo de Deus repousava sobre ele por causa da ira e do desrespeito desse líder (Nm 20:1-3). Moisés pôde ver de longe a Terra Prometida, mas nunca entrou nela, e, séculos mais tarde, ele apareceu aos discípulos no monte da Transfiguração (Mt 17:3).

ÊXODO

FARAÓS EGÍPCIOS

Amósis I	1570-46 a.C.	Amenotep IV	1379-62 a.C.
Amenotep I	1546-26 a.C.	Smenkhkare	1364-61 a.C.
Tutmósis I	1526-12 a.C.	Tutankamon	1361-52 a.C.
Tutmósis II	1512-04 a.C.	Ai	1352-48 a.C.
Tutmósis III	1504-1450 a.C.	Horemheb	1348-20 a.C.
Hatshepsut	1504-1483 a.C.	Ramsés I	1320-18 a.C.
Amenotep II	1450-25 a.C.	Seti I	1318-04 a.C.
Tutmósis IV	1425-17 a.C.	Ramsés II	1304-1236 a.C.
Amenotep III	1417-1379 a.C.	Merneptah	1236-1223 a.C.

PRINCIPAIS PERSONAGENS

- **Moisés**: autor do Pentateuco e libertador de Israel da escravidão egípcia (2-40).
- **Miriã**: profetisa e irmã mais velha de Moisés (2:7; 15:20-21).
- **A filha do faraó**: princesa que resgatou o bebê Moisés das águas e o adotou (2:5-10).
- **Jetro**: pastor de Midiã que se tornou sogro de Moisés (3:1; 4:18; 18:1-12).
- **Arão**: irmão de Moisés e primeiro sumo sacerdote de Israel (4:14 a 40:31).
- **Faraó**: líder egípcio sem nome nos dias do êxodo (5:1 a 14:31).
- **Josué**: assistente de Moisés e líder militar que conduziu Israel em sua entrada na Terra Prometida (17:9-14; 24:13; 32:17; 33:11).

TEMAS HISTÓRICOS E TEOLÓGICOS

No tempo determinado por Deus, o êxodo marcou o fim de um período de opressão dos descendentes de Abraão (Gn 15:13) e constituiu-se no início do cumprimento da promessa da aliança feita com Abraão, de que seus descendentes não apenas residiriam na Terra Prometida, mas também se multiplicariam e se tornariam uma grande nação (Gn 12:1-3,7). O propósito do livro pode ser expresso da seguinte maneira: rastrear o rápido crescimento dos descendentes de Jacó do Egito até o estabelecimento da nação teocrática na Terra Prometida.

Nos momentos certos, no monte Sinai e nas planícies de Moabe, Deus também deu aos israelitas o corpo de legislação, a lei, de que precisavam para viverem de modo adequado em Israel como povo teocrático dele. Isso os distinguiu de todos os outros povos (Dt 4:7,8; Rm 9:4,5).

Pela autorrevelação de Deus, os israelitas foram instruídos na soberania e majestade, bondade e santidade, e na graça e misericórdia do Senhor, o único Deus dos céus e da terra (veja especialmente Êx 3, 6, 33, 34). O relato do êxodo e os eventos seguintes são também o tema de outras revelações bíblicas importantes (Sl 105:25-45; 106:6-27; At 7:7-44; 1Co 10:1-13; Hb 9:1-6; 11:23-29).

A VIDA DE MOISÉS

MAR MEDITERRÂNEO

CANAÃ

MOABE

Monte Nebo

EGITO

RIO NILO

GOLFO DE SUEZ

GOLFO DE ACABA

MIDIÃ

PENÍNSULA DO SINAI

Tebas

Monte Sinai (?)

1. Nascido no Egito, filho de escravos da casa de Levi, Moisés passou sua juventude na residência real do faraó, provavelmente em Tebas; fugiu para Midiã depois de matar um guarda egípcio (Êx 2:1-22).

3. Retornou ao Egito para libertar o povo de Deus da escravidão; conduziu o povo ao deserto, conhecido como Península do Sinai (Êx 13 a 19).

4. Liderou os israelitas durante os 40 anos em que vagaram no deserto enquanto Deus os preparava para entrar na terra de Canaã (Nm 14:20-34).

4. Recebeu a Lei, incluindo os Dez Mandamentos, diretamente de Deus no monte Sinai (Êx 19 a 20).

5. Nomeou Josué como seu sucessor; morreu no monte Nebo, contemplando a terra de Canaã (Nm 27:18,23; Dt 34:1-9)

2. Em Midiã, foi pastor durante 40 anos; teve um encontro dramático com Deus na sarça em chamas (Êx 3:2-4; At 7:29,30).

PRINCIPAIS DOUTRINAS

- **Promessas da aliança**: promessa de Deus a Abraão para preservar sua herança para sempre (12:1-3,7,31-42; Gn 17:19; Lv 26:45; Jz 2:20; Sl 105:38; At 3:25).
- **A natureza de Deus**: seres humanos não podem entender Deus completamente, mas podem vir a conhecê-lo pessoalmente (3:7; 8:19; 34:6-7; 2Sm 22:31; Jó 36:26; Mt 5:48; Lc 1:49-50).
- **Os Dez Mandamentos**: as verdades básicas de Deus (20:1-17; 23:12; Lv 19:4,12; Dt 6:14; 7.8,9; Ne 13:16-19, Is 44:15; Mt 5:27; 19:18; Mc 10:19; Lc 13:14; Rm 13:9; Ef 5:3,5).

O CARÁTER DE DEUS

- Deus é acessível (24:2; 34:4-7).
- Deus é glorioso (15:1,6,11; 33:18-23; 34:5-7).
- Deus é bom (34:6).
- Deus é cheio de amor (34:6).
- Deus é santo (15.11).
- Deus é longânimo (34:6).
- Deus é misericordioso (34:6-7).

ÊXODO

PALAVRAS-CHAVE

Livrar: em hebraico, *natsal* — 3:8; 5:18; 21:13; 22:7,10,26; 23:31. Esse verbo pode significar "tomar", "roubar" ou "libertar", "entregar". É, muitas vezes, usado para descrever a obra de Deus na libertação (3:8) ou no resgate (6.6) dos israelitas da escravidão. Às vezes, significa o livramento do povo de Deus do pecado e da culpa (Sl 51:14). Em 18:8-10, porém, essa palavra é uma afirmação da supremacia de Deus sobre o panteão de deuses egípcios.

Consagrar: em hebraico, *qadash* — 28:3,41; 29:9,33,35; 30:30; 32:29. Esse verbo significa "tornar santo", "declarar distinto" ou "separar". Trata-se de dedicar a Deus uma pessoa ou um objeto. Ao libertar os israelitas da escravidão no Egito, Deus tornou a nação de Israel distinta. Por meio de seus poderosos atos de livramento, Deus mostrou que os israelitas eram seu povo e que ele era seu Deus (6:7). Ao ordenar que eles lavassem as suas vestes no monte Sinai, o Senhor tornou clara sua exigência de um relacionamento especial com os israelitas (19:10).

Lavar: em hebraico, *rachats* — 2:5; 19:10; 29:4,17; 30:18,21; 40:12,30 —, que significa lavar ou banhar-se. Esse termo foi utilizado tanto em contextos religiosos como culturais. O antigo costume de lavar o pé de um convidado era parte da hospitalidade ainda praticada no período do NT (Gn 18:4; Jo 13:5). O ritual da lavagem era extremamente importante na purificação dos sacerdotes para o culto no tabernáculo (40:12). A lavagem com água simbolizava a limpeza espiritual, a preparação necessária para entrar na presença de Deus (Sl 26:6; 73:13). Os profetas do AT usaram esse imaginário do arrependimento (Is 1:16; Ez 16:4). No NT, Paulo descreve a redenção em Cristo como um "lavar regenerador" (Tt 3:5).

- Deus é Todo-poderoso (6:3; 8:19; 9:3,16; 15:6,11,12).
- Deus é providente (15.9-19).
- Deus é verdadeiro (34:6).
- Deus é incomparável (9:14).
- Deus é sábio (3:7).
- Deus se ira (7:20; 8:6,16,24; 9:3,9,23; 10:13,22; 12:29; 14:24, 27; 32:11,35).

DESAFIOS DE INTERPRETAÇÃO

A ausência de qualquer registro egípcio da devastação do Egito pelas dez pragas e a grande derrota do exército de elite do faraó no mar Vermelho não deve ser razão para questionar a autenticidade histórica do relato, uma

CRISTO EM ÊXODO

Assim que Deus libertou a nação de Israel da escravidão egípcia, uma nova fundação foi estabelecida pela apresentação da lei. O foco de Êxodo permanece duplo: (1) uma descrição da redenção do povo de Deus (2) e a formação da nação escolhida, por meio da qual Cristo entraria no mundo. A lei preparou Israel para receber a Cristo, seu prometido Messias e Rei.

vez que a historiografia egípcia não permitia a publicação de registros dos vexames e das derrotas infames dos faraós. Ao registrar a conquista sob Josué, a Escritura aponta especificamente as três cidades que Israel destruiu e queimou (Js 6:24; 8:28; 11.11-13), afinal, a conquista consistiu na tomada de posse e habitação de propriedade virtualmente intacta, e não em uma guerra com o objetivo de destruir. A data da entrada de Israel em Canaã não será confirmada, portanto, pelo exame de extensas áreas queimadas em locais onde havia cidades num período posterior.

A PLANTA DO TABERNÁCULO

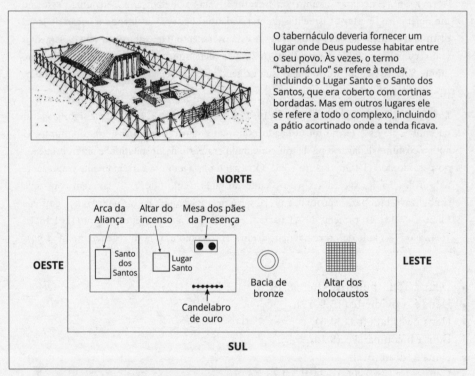

A ilustração mostra as posições relativas dos móveis do tabernáculo usados na adoração israelita. O tabernáculo está ampliado para maior clareza.

Apesar da ausência de qualquer registro extrabíblico — ou seja, de antigos registros do Oriente Próximo — da escravidão dos hebreus, das pragas, do êxodo e da conquista, evidências arqueológicas corroboram a data de 1445 a.C. Por exemplo, todos os faraós do século XV deixaram evidências do interesse por empreendimentos de construções no Baixo Egito, e esses projetos estavam naturalmente acessíveis a Moisés na região do delta perto de Gósen.

A MOBÍLIA DO TABERNÁCULO

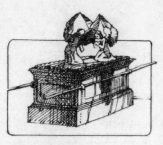

Arca da aliança
(Êx 25:10-22)
A arca era a peça mais sagrada da mobília do tabernáculo. Ali os hebreus guardavam uma cópia dos Dez Mandamentos, que resumia toda a aliança.

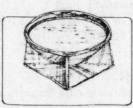

Bacia de bronze
(Êx 30:17-21)
Era na bacia de bronze que os sacerdotes se lavavam, pois se fazia necessário estar puro para entrar na presença de Deus.

Altar dos holocaustos
(Êx 27:1-8)
Sacrifícios de animais eram oferecidos nesse altar, localizado no pátio em frente ao tabernáculo. Os quatro cantos do altar eram aspergidos com o sangue do sacrifício.

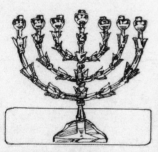

Candelabro de ouro
(Êx 25:31-40)
Essa peça ficava no Lugar Santo, do lado oposto à mesa dos pães da Presença. Tinha sete lâmpadas, taças achatadas em que um pavio repousava com uma extremidade no azeite da taça e acendia a extremidade que ficava para fora.

Mesa dos pães da Presença
(Êx 25:23-30)
Era sobre a mesa que as ofertas eram colocadas. Sempre na presença de Deus, sobre a mesa, estavam os doze pães da Presença representando as doze tribos.

Altar do incenso
(Êx 30:1-10)
O altar do incenso dentro do tabernáculo era bem menor que o altar dos holocaustos fora dele. O incenso queimado sobre o altar tinha um aroma adocicado.

O significado tipológico do tabernáculo tem gerado muita reflexão. Tentativas de ligar cada item da mobília e cada peça do material de construção a Cristo pode ser atraente para alguns, mas se as afirmações e alusões do NT não sustentam tal ligação, então provavelmente não é prudente fazê-la. A estrutura e a ornamentação do tabernáculo com vistas à eficiência e à beleza são uma coisa, mas procurar significado e simbolismo ocultos é infundado. O modo como o sistema sacrifical e de culto do tabernáculo e suas partes tipificam significativamente a obra redentora do futuro Messias deve ser buscado nas passagens do NT que tratam claramente do assunto.

ESBOÇO

1. **Israel no Egito (1:1 a 12:36)**
   a. A explosão populacional (1:1-7)
   b. A opressão sob os faraós (1:8-22)
   c. O amadurecimento de um libertador (2:1-4:31)
   d. O confronto com o faraó (5:1 a 11:10)
   e. A preparação para a partida (12:1-36)

2. **Israel a caminho do Sinai (12:37 a 18:27)**
   a. Saindo do Egito e entrando em pânico (12:37 a 14:14)
   b. Atravessando o mar Vermelho e regozijando-se (14:15 a 15:21)
   c. Viajando para o Sinai e murmurando (15:22 a 17:16)
   d. Encontrando-se com Jetro e aprendendo (18:1-27)
   e. A preparação para a partida (12:1-36)

3. **Israel acampado junto ao Sinai (19:1 a 40:38)**
   a. A prescrição da Lei de Deus (19:1 a 24:18)
   b. A descrição do Tabernáculo (25:1 a 31:18)

O ÊXODO DO EGITO

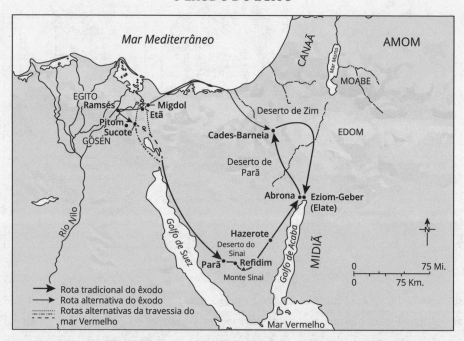

A rota exata percorrida pelos israelitas a caminho do monte Sinai após partirem do Egito é incerta. Conforme indica o mapa, estudiosos propuseram tanto rotas ao norte como ao sul, sendo esta última a mais provável. Levou aproximadamente dois meses para os israelitas chegarem ao Sinai, onde permaneceram acampados cerca de dez meses durante o período de revelação divina.

ÊXODO

c. A perversão do culto a Deus (32:1 a 35)
d. A confirmação da presença de Deus (33:1 a 34:35)
e. A construção do Tabernáculo de Deus (35:1 a 40:38)

ENQUANTO ISSO, EM OUTRAS PARTES DO MUNDO...

A Idade de Ferro tem início na Síria e na Palestina, enquanto pessoas em países mediterrâneos e escandinavos aperfeiçoam a arte da construção de navios.

RESPOSTAS PARA PERGUNTAS DIFÍCEIS

1. **Por que os registros históricos egípcios não reconhecem a devastação das pragas, a derrota do exército e a fuga de Israel que ocorreram durante o êxodo?**
A ausência de referências a Israel nos registros históricos egípcios disponíveis não deveria nos surpreender. A maioria desses registros existe na forma de inscrições oficiais em tumbas e monumentos de líderes antigos. Tais memoriais públicos e duradouros eram raramente utilizados para o registro de derrotas humilhantes e devastações. É interessante notar que uma das provas sutis da verdade da Escritura é a forma como ela registra tanto os triunfos como as tragédias do povo de Deus, ou seja, a Bíblia oferece tantos exemplos de fracasso como de fé.

2. **O que nós, do século XXI, devemos pensar sobre os milagres incríveis relatados em Êxodo de forma tão factual — por exemplo, a sarça em chamas não consumida pelo fogo, as pragas, a presença de Deus na coluna de nuvem e de fogo, a divisão das águas do mar Vermelho e o maná?**
O materialismo científico de muitas pessoas do século XXI torna difícil para elas considerarem aquilo que chamamos de *milagre*. Se as leis da natureza e da ciência são consideradas supremas, a existência de um Ser Supremo pessoal que está acima das leis da natureza e pode prevalecer sobre elas se torna inconcebível. Em outras palavras, exemplos de milagres fazem pouco para convencer alguém que já está convencido de que milagres são impossíveis.

Milagres podem demonstrar a existência de Deus; eles não a provam. Os seres humanos exibem uma capacidade impressionante de bolar explicações alternativas para a atividade de Deus na História. Mas a questão não é que as pessoas do século XXI não podem acreditar em milagres; mas sim que elas muitas vezes não querem acreditar em milagres.

Para os cristãos, essa questão é resolvida pela fé. Quando aceitamos a Cristo, tivemos de crer no milagre central: Deus se fez homem como Jesus Cristo, que viveu, morreu e ressuscitou dentre os mortos para reinar eternamente como Senhor e Salvador. À luz desse milagre, os milagres registrados em Êxodo se tornam mais uma questão de maravilhamento e de adoração do que de especulação, visto que são exemplos dos esforços de Deus para se comunicar com as pessoas. Até os cristãos do século XXI são tomados por humildade e assombro diante do espantoso poder de Deus!

3. **Os Dez Mandamentos são expectativas ultrapassadas ou exigências divinas?**

As pessoas cometem um erro grave quando falam em "não quebrar os Dez Mandamentos". A História amplamente demonstra o fato de que elas persistem em quebrar a si mesmas nos Dez Mandamentos, uma vez que eles representam os padrões absolutos e imutáveis de Deus independentemente de quaisquer discussões a respeito de sua interpretação e aplicação.

O título "Dez Mandamentos" vem de Moisés (34:28), e a ênfase no próprio Deus falando e escrevendo essas palavras torna inaceitável quaisquer teorias de que Israel tomou emprestado de nações vizinhas conceitos ou padrões legais.

Os Dez Mandamentos podem ser agrupados em duas categorias: os verticais — o relacionamento da humanidade com Deus (20:2-11) — e os horizontais — o relacionamento da humanidade com a comunidade (20:12-17). Por esses Dez Mandamentos, a verdadeira teologia e adoração, o nome de Deus e o sábado, a honra familiar, a vida, o casamento, a propriedade, a verdade e a virtude estão bem protegidos.

4. **Por que há tantos detalhes específicos do tabernáculo e o que eles significam para nós hoje?**

Desde que Deus ditou a Moisés as plantas do tabernáculo, as pessoas têm se perguntado qual a significância exata dos detalhes. Vários termos são utilizados para indicar tempos na Bíblia quando eventos, pessoas ou coisas representam ideias maiores: tipologia e prenúncio. Por exemplo, o sacrifício de cordeiros no AT não tinha apenas um significado imediato limitado para que fosse compreendido o custo do perdão, mas tal prática também prenunciava o sacrifício do Cordeiro de Deus, Jesus, na cruz.

Uma vez que pelo menos algumas partes do tabernáculo têm significado especial — a Arca representando a aliança de Deus com seu povo —, estudantes da Escritura têm procurado outros significados mais profundos. É tentador estabelecer conexões entre cada item de mobília e cada peça de material de construção com Cristo; no entanto, se as declarações do NT não apoiam tais conexões e tal tipologia, devemos proceder com prudência. A beleza e eficiência do projeto do tabernáculo são um tributo ao caráter criativo de Deus, no entanto, aqueles que buscam significado oculto em cada detalhe correm o risco de perder a visão geral. O NT aponta repetidamente para o fato incrível da presença de Deus com o povo conforme representado no tabernáculo, mas outras lições do NT (particularmente o livro de Hebreus) ajudam a identificar os símbolos e significados mais profundos intencionados.

ÊXODO

APROFUNDAMENTO

1. Quais são os destaques da infância e juventude de Moisés?
2. Como Deus se fez conhecido ao longo de Êxodo?
3. Quais foram as dez pragas que assolaram os egípcios?
4. Como as pragas estavam relacionadas aos deuses adorados pelos egípcios?
5. Como a lei resumida nos Dez Mandamentos nos mostra que precisamos da ajuda de Deus?
6. Dos Dez Mandamentos, quais pautam nosso relacionamento com Deus e quais pautam nosso relacionamento com as outras pessoas?

Levítico

O plano para redenção

TÍTULO

O título original hebraico desse terceiro livro da lei provém da primeira frase, traduzida por "E ele chamou". Vários livros do AT derivam seus nomes hebraicos da mesma maneira (por exemplo, Gênesis: "No princípio"; Êxodo: "E estes são os nomes"). O título "Levítico" vem da versão grega (*Septuaginta*) do AT para o latim, chamada *Vulgata*, *Leuitikon*, que significa "assuntos dos levitas" (25:32-33). Embora o livro aborde as responsabilidades dos levitas, o que é muito mais significativo é que todos os sacerdotes são instruídos sobre como devem ajudar o povo quanto ao culto, e o povo, por sua vez, é instruído sobre como viver uma vida santa. Os escritores do NT citam o livro de Levítico mais de quinze vezes.

AUTOR E DATA

As questões relativas à autoria e à data são resolvidas pelo versículo final do livro: "São esses os mandamentos que o Senhor ordenou a Moisés, no monte Sinai, para os israelitas" (27:34; cf. 7:38; 25:1; 26:46). O fato de Deus ter dado essas leis a Moisés (cf. 1:1) aparece 56 vezes nos 27 capítulos de Levítico. Além de registrar prescrições detalhadas, o livro apresenta crônicas de diversos fatos históricos relacionados às leis (veja 8-10; 24:10-23). O êxodo ocorreu em 1445 a.C. (veja Introdução a Êxodo: Autor e data) e o tabernáculo foi concluído um ano mais tarde (Êx 40:17). Levítico retoma o registro nesse ponto, possivelmente revelado no primeiro mês (abibe/nisã) do segundo ano após o êxodo. O livro de Números começa depois disso, no segundo mês (zive; cf. 1:1).

CENÁRIO E CONTEXTO

Antes do ano em que Israel acampou no monte Sinai: (1) a presença da glória de Deus nunca havia habitado oficialmente entre os israelitas; (2) nunca havia existido um lugar central de adoração como o tabernáculo; (3) não havia sido dado um conjunto estruturado e regulamentado de sacrifícios e festas; e (4) não haviam sido designados um sumo sacerdote, um sacerdócio formal e um conjunto de obreiros para o tabernáculo. No fim de Êxodo, os pontos 1 e 2 haviam sido realizados, exigindo, desse modo, que os elementos 3 e 4 fossem estabelecidos, que é onde Levítico se encaixa. Em Êxodo 19:6, Israel é chamado para ser "um reino de sacerdotes e uma nação santa". Levítico, por sua vez, apresenta a instrução de Deus para o novo povo redimido, ensinando a eles a obedecerem a Deus e o modo como deveriam cultuá-lo.

LEVÍTICO 59

Até esse momento, para saber a maneira como deveriam cultuar a Deus e viver perante ele, Israel dispunha apenas dos registros históricos dos patriarcas. Tendo sido escravos durante séculos no Egito, a terra de um aparentemente infinito número de deuses, o conceito que os israelitas tinham de culto e vida piedosa estava gravemente distorcido. A tendência deles de apegar-se ao politeísmo e a rituais pagãos é confirmada na peregrinação pelo deserto, por exemplo, quando adoraram o bezerro de ouro (cf. Êx 32). Deus não permitiria que eles cultuassem da maneira como seus vizinhos egípcios o faziam, tampouco toleraria as ideias egípcias sobre moralidade e pecado. Com as instruções de Levítico, os sacerdotes podiam conduzir devidamente Israel no culto ao Senhor.

Embora o livro contenha uma grande parte da lei, ele é apresentado em formato histórico. Imediatamente após Moisés ter supervisionado a construção do tabernáculo, Deus veio em glória para habitar ali, o que marcou o encerramento do livro de Êxodo (40:34-38). Levítico começa quando Deus chama Moisés do tabernáculo e termina com os mandamentos dados a ele na forma de legislação obrigatória. O Rei de Israel (Deus) havia ocupado o seu palácio (o tabernáculo), instituído a sua lei e declarado que era parceiro na aliança com os seus súditos.

Nenhuma movimentação geográfica acontece nesse livro. O povo de Israel permanece ao pé do Sinai, o monte no qual Deus desceu para entregar a sua lei (25:1; 26:46; 27:34). Os israelitas ainda estavam lá um mês depois, quando o registro de Números começou (cf. Nm 1:1).

PRINCIPAIS PERSONAGENS

- **Moisés**: profeta e líder que atuou como porta-voz de Deus para explicar sua lei a Israel (1:1; 4:1; 5:14; 6:1 a 27:34).
- **Arão**: irmão de Moisés e primeiro sumo sacerdote de Israel (1:7; 2:3,10; 3:5,8,13; 6:9 a 24:9).
- **Nadabe**: filho de Arão, em treinamento para se tornar sacerdote, morreu por causa de sua desobediência aos mandamentos de Deus (8:36; 10:1-2).
- **Abiú**: filho de Arão, em treinamento para se tornar sacerdote, morreu por causa de sua desobediência aos mandamentos de Deus (8:36; 10:1-2).
- **Eleazar**: filho de Arão que o sucedeu como sumo sacerdote de Israel (10:6-20).
- **Itamar**: filho de Arão que também se tornou sumo sacerdote (10:6-20).

TEMAS HISTÓRICOS E TEOLÓGICOS

As ideias principais em torno das quais Levítico se desenvolve são o caráter santo e a vontade de Deus para a santidade de Israel. A santidade de Deus, a pecaminosidade humana, os sacrifícios e a presença de Deus no santuário são os temas mais comuns no livro. Com tom claro e imbuído de autoridade, o livro fornece instrução com vistas à santidade pessoal segundo as exigências de Deus (11:44-45; 19:2; 20:7; cf. 1Pe 1:14-16). As questões que diziam respeito à vida de fé em Israel tendem a focar na pureza dentro dos contextos rituais, mas sem excluir a preocupação pela pureza pessoal desse povo. Na verdade, há uma contínua ênfase na santidade pessoal em resposta à santidade de Deus (cf. essa ênfase nos capítulos 17 a 27). Em mais de 125 ocasiões, Levítico acusa a humanidade de impureza e/ou instrui sobre como se purificar, e a razão para tal santidade é afirmada em duas frases que se repetem mais de 50 vezes: "Eu sou o SENHOR" e "Eu sou santo".

O tema da aliança condicional mosaica ressurge ao longo do livro, mas especialmente no capítulo 26. Esse contrato para a nova nação não apenas detalha as consequências da obediência ou da desobediência às estipulações da aliança, mas também faz o mesmo de forma escrita para determinar a história de Israel. É inevitável reconhecer as implicações proféticas nas punições pela desobediência, as quais soam de maneira semelhante aos acontecimentos posteriores da deportação babilônica, do cativeiro e do subsequente retorno para a terra, quase 900 anos depois de Moisés ter escrito Levítico (por volta de 538 a.C.). As implicações escatológicas para a desobediência de Israel não serão concluídas até o Messias vir e, estabelecer o seu reino e pôr fim às maldições de Levítico 26 e Deuteronômio 28 (cf. Zc 14:11).

Os cinco sacrifícios e ofertas eram simbólicos. O propósito deles era permitir ao adorador verdadeiro, penitente e agradecido expressar fé em Deus e amor a ele mediante a observação desses rituais. Quando o coração não estava penitente e agradecido, Deus não se comprazia com o ritual (cf. Am 5:21-27). As ofertas eram queimadas, simbolizando o desejo do adorador de ser purificado do pecado e elevar a fumaça fragrante em verdadeiro culto a Deus. O grande número de pequenos detalhes na execução dos rituais objetivava ensinar exatidão e precisão que se manifestariam na maneira como o povo obedecia às leis morais e espirituais de Deus e em como reverenciavam cada faceta de sua palavra.

PRINCIPAIS DOUTRINAS

- **Sacrifício**: Deus exigia sacrifícios das pessoas para expiar o pecado (1:3, 9-13; 16:3; 17:8; 19:5; Êx 29:34; Dt 16:5-6; Jz 11:31; Sl 66:13-15; Mt 5:23-24; Rm 8:3; 12:1; Hb 2:17; 1Jo 2:2).
- **Santidade**: o atributo que resume o caráter perfeito de Deus; o povo de Israel foi chamado a ser santo como Deus é santo (11:44-45; 19:2; 20:7,26; 21:6-8; Êx 6:7; 19:6; Sl 22:3; 99:5; Is 41:14-16; 1Ts 4:7; 1Pe 1:14-16).
- **Israel como nação santa de Deus**: as pessoas mediante as quais Cristo entraria no mundo (26:42-46; Gn 15:12-21; Êx 19:5-6; 2Sm 7:13; 23:5; Hb 8:6-13).
- **Ofertas**: formas de adoração a Deus, para expressar o coração penitente e agradecido (1:1-17; 2:1-16; 3:1-17; 4:1-5:13; 5:14-6:7; Gn 4:4,5; Dt 16:10; 1Rs 18:33-40; Jó 42:8; 2Co 5:21; 2Tm 4:6).

LEVÍTICO   61

AS OFERTAS LEVÍTICAS — 1

Nome
Oferta do holocausto (*olah*, heb.): a. aroma agradável; b. voluntária.

Referências bíblicas
Levítico 1:3-17; 6:8-13.

Propósito
(1) Expiação pelo pecado em geral (1:4).
(2) Dedicação e consagração total a Deus; sendo assim chamada de "oferta inteiramente consumida pelo fogo".

Consistia em
Segundo a riqueza:
(1) Novilho sem defeito (1:3-9).
(2) Cordeiro ou cabrito sem defeito (1:10-13).
(3) Rolinha ou pombinho (1:14-17).

Porção de Deus
A totalidade do animal queimado no altar dos holocaustos (1:9), exceto a pele (7:8).

Porção dos sacerdotes
Somente a pele (7:8).

Porção do ofertante
Nenhuma.

Significância profética
Significa dedicação completa da vida a Deus:
(1) por parte de Cristo (Mt 26:39-44; Mc 14:36; Lc 22:42; Fp 2:5-11).
(2) por parte do cristão (Rm 12:1-2; Hb 13:15).

AS OFERTAS LEVÍTICAS — 2

Nome
Oferta de cereal (*minhah*, heb.): a. aroma agradável; b. voluntária.

Referências bíblicas
Levítico 2:1-6; 6:14-18; 7:12-13.

Propósito
A oferta de cereal acompanhava todos os holocaustos; significava reverência e gratidão do ofertante a Deus.

Consistia em
Três tipos:
(1) Punhado da melhor farinha misturada com óleo e incenso (2:1-3).
(2) Bolos feitos da melhor farinha, misturada com óleo, assados no forno (2:4) utilizando uma assadeira (2:4) ou cozidos em uma panela (2:5).
(3) Grãos esmagados de cereal novo, tostados no fogo, misturados com óleo e incenso (2:14-15).

Porção de Deus
Porção memorial queimada no altar dos holocaustos (2:2,9,16).

Porção dos sacerdotes
O restante da oferta de cereal seria comido no pátio do tabernáculo (2:3,10; 6:16-18; 7:14,15).

Porção do ofertante
Nenhuma.

Significância profética
Significa a humanidade perfeita de Cristo:
(1) a ausência do fermento simboliza a ausência de pecados de Cristo (Hb 4:15; 1Jo 3:5);
(2) a presença de óleo tipifica o Espírito Santo (Lc 4:18; 1Jo 2:20,27).

LEVÍTICO

AS OFERTAS LEVÍTICAS — 3

Nome
Oferta de comunhão (*shelem*, heb.): a. aroma agradável; b. voluntária.

Referências bíblicas
Levítico 3.1-17; 7.11-21; 28-34.

Propósito
A oferta de comunhão expressava paz e comunhão entre o ofertante e Deus; portanto, culminava em uma refeição comunitária.
Havia três tipos:
(1) *oferta de gratidão*: para expressar agradecimento por uma bênção ou um livramento não esperados;
(2) *oferta resultante de um voto*: para expressar agradecimento por uma bênção ou um livramento recebidos quando um voto havia acompanhado o pedido;
(3) *oferta voluntária*: para expressar agradecimento a Deus sem relação com nenhuma bênção ou livramento em particular.

Consistia em
Segundo a riqueza:
(1) animal do gado, macho ou fêmea, sem defeito (3:1-5);
(2) animal do rebanho, macho ou fêmea, sem defeito (3:6-11);
(3) cabrito (3:12-17).
Nota: Pequenos defeitos eram permitidos quando da oferta voluntária de um boi ou um carneiro (22:23).

Porção de Deus
Gordura queimada no altar dos holocaustos (3:3-5).

Porção dos sacerdotes
Peito e coxa direita (7:30-34).

Porção do ofertante
O restante seria comido no pátio pelo ofertante e sua família:
(1) *oferta de agradecimento*: deveria ser comida no mesmo dia (7:15).
(2) *oferta resultante de um voto e oferta voluntária*: deveria ser comida no primeiro e no segundo dias (7:16-18).
Nota: A oferta da comunhão é a única da qual o ofertante compartilharia.

Significância profética
Prenúncio da comunhão que o cristão tem com Deus por meio de Jesus Cristo (Rm 5:1; Cl 1:20).

AS OFERTAS LEVÍTICAS — 4

Nome

Oferta pelo pecado (*hattat*, heb.): a. aroma agradável; b. obrigatória.

Referências bíblicas

Levítico 4:1 a 5:13; 6:24-30.

Propósito

Expiar os pecados cometidos sem intenção, principalmente quando a reparação não era possível.

Consistia em

(1) Para o sumo sacerdote, novilho sem defeito (4:3-12).

(2) Para a congregação, novilho sem defeito (4:13-21).

(3) Para um líder, bode sem defeito (4:22-26).

(4) Para alguém da comunidade, cabra ou ovelha sem defeito (4:27-35).

(5) Em casos de falta de recursos, duas rolinhas ou dois pombinhos — um como oferta pelo pecado e o outro como holocausto (5:7-10).

(6) Em casos de extrema pobreza, um jarro da melhor farinha (5:11-13; cf: Hb 9:22).

Porção de Deus

(1) Partes de gordura a serem queimadas do altar dos holocaustos (4:8-10,19,26,31,35).

(2) Quando a oferta pelo pecado era para o sumo sacerdote ou para a congregação, o restante do animal deveria ser queimado fora do acampamento (4:11,12,20,21).

Porção dos sacerdotes

Quando a oferta pelo pecado era para um líder ou para alguém da comunidade, o restante do bode ou da ovelha deveria ser comido no pátio do tabernáculo (6:26).

Porção do ofertante

Nenhuma.

Significância profética

Prefigura o fato de que na morte de Cristo:

(1) ele se tornou pecado por nós (2Co 5:21);

(2) Cristo sofreu fora das portas da cidade de Jerusalém (Hb 13:11-13).

LEVÍTICO   65

AS OFERTAS LEVÍTICAS — 5

Nome
Oferta pela culpa (*'asham*, heb.): a. aroma não agradável; b. obrigatória.

Referências bíblicas
Levítico 5:14-6:7; 7:1-7.

Propósito
Expiar os pecados cometidos sem intenção, principalmente quando a restituição era possível.

Consistia em
(1) Se a ofensa era contra o Senhor (dízimo, oferta etc.), um carneiro do rebanho, sem defeito, deveria ser trazido; a restituição era determinada segundo a estimativa do sacerdote acerca do valor da transgressão, acrescentando-se um quinto do valor (5:15,16).
(2) Se a ofensa era contra o próximo, um carneiro do rebanho, sem defeito, deveria ser trazido; a restituição era determinada segundo o valor, acrescentando-se um quinto (6:4-6).

Porção de Deus
Partes de gordura a serem queimadas do altar dos holocaustos (7:3-5).

Porção dos sacerdotes
O restante deveria ser comido em lugar santo (7:6-7).

Porção do ofertante
Nenhuma.

Significância profética
Prenuncia o fato de que Cristo também é nossa oferta pela culpa (Cl 2:13).

PALAVRAS-CHAVE

Oferta: em hebraico, *qorban* — 2:3; 4:35; 6:18; 7:14,33; 9:4; 10:14 . Essa palavra é derivada do verbo "trazer para perto" e literalmente significa "o que traz para perto de Deus". O fato de que os israelitas podiam se aproximar de Deus para trazer presentes a ele revela sua misericórdia. Apesar das pessoas serem pecaminosas e rebeldes, Deus instituiu um sistema sacrifical por meio do qual o povo podia se reconciliar com ele. Os sacrifícios prenunciavam a morte de Jesus na cruz, a oferta final, aquela que pôs fim à necessidade de outras ofertas. Por meio da morte sacrifical de Cristo, fomos reconciliados com Deus de uma vez por todas (Hb 10:10-18). Uma resposta adequada à morte de Jesus por nós é oferecer nossa vida em sacrifício vivo a Deus (Rm 12:1).

Porção memorial: em hebraico, *'azkarah* — 2:2,9,16; 5:12; 6:15; 23:24; 24:7. A porção memorial de uma oferta de cereal era uma porção representativa queimada no altar em substituição à quantia total. O restante era um presente para o sacerdote, a fim de apoiá-lo em seu ministério. A palavra para *porção memorial* está relacionada ao verbo hebraico *zakar*, que significa "lembrar". Significa a lembrança por parte do adorador do caráter gracioso de Deus e de sua generosidade, principalmente a lembrança e bênção de Deus para o adorador.

Sangue: em hebraico, *dam* — 1:5; 3:17; 4:7; 8:15; 9:9; 16:18; 17:10; 20:11. Está relacionada à palavra hebraica *'adam*, que significa "vermelho" (Gn 25:30) e se refere a sangue, podendo ser o sangue de animais (Êx 23:18) ou de seres humanos (Gn 4:10). A palavra "sangue" também pode representar a culpa de uma pessoa, como podemos entender pela frase "merece a morte" (é preciso que sangue seja derramado); isto é, ele é responsável por sua própria culpa (20:9). O AT iguala *vida* com *sangue* (Gn 9:4; Dt 12:23), que vividamente ilustra a santidade da vida humana (Gn 9:6). Segundo o NT, "sem derramamento de sangue não há perdão" do pecado (Hb 9:22). Portanto, a ênfase no sangue nos sacrifícios do AT apontavam para o sangue que Cristo derramaria, isto é, a vida que ele daria por nós (Rm 5:9; 1Co 11:25-26).

Jubileu: em hebraico, *yobel* — 25:9,12,30,40,54; 27:18,24 —, literalmente significa "carneiro" ou "chifre de carneiro" (Êx 19:13; Js 6:5). Esse termo está associado com o ano de jubileu em Levítico 25:10 e em Números 36:4. O quinquagésimo ano era um ano de "jubileu" para os hebreus, marcado pelo toque das trombetas (25:9). Durante aquele ano, os israelitas eram instruídos a praticarem a liberdade: dívidas eram canceladas, escravos eram libertados, a terra descansava, a propriedade da família era resgatada (25:10-17). O fato de Jesus citar Isaías 48:8-9 parece indicar que ele igualou seu ministério terreno aos princípios do ano de jubileu (Lc 4:18-19).

O CARÁTER DE DEUS

- Deus é acessível (16:12-15).
- Deus é glorioso (9:6,23).
- Deus é santo (11:44-45).
- Deus se ira (10:2).

DESAFIOS DE INTERPRETAÇÃO

Levítico é tanto um manual para o culto a Deus em Israel como uma teologia da Antiga Aliança ritual. Hoje, é difícil que haja o entendimento abrangente das cerimônias, das leis e dos detalhes rituais prescritos no livro porque Moisés supôs certo entendimento do contexto histórico. No momento em que o desafio de compreender as detalhadas prescrições é alcançado, surge a questão de como os cristãos na igreja devem responder a elas, pois o NT claramente substitui a lei cerimonial do AT (cf. At 10:1-16; Cl 2:16-17), o sacerdócio levítico (cf. 1Pe 2:9; Ap.1:6; 5:10; 20:6) e o santuário (cf. Mt 27:51) com a instituição da Nova Aliança (cf. Mt 26:28; 2Co 3:6-18; Hb 7-10). Em vez de tentar praticar essas cerimônias ou buscar algum sentido espiritual mais profundo nelas, o foco deve estar no caráter santo e divino por trás delas. Essa pode ser parcialmente a razão pela qual as explicações das prescrições sobre pureza dadas por Moisés oferecem maior discernimento da mente de Deus do que as cerimônias em si. Os princípios espirituais por trás dos rituais são atemporais porque estão imbuídos da natureza de Deus. O NT deixa claro que, do Pentecostes em diante (cf. At 2), a igreja está sob a autoridade da Nova Aliança, e não da Antiga (cf. Hb 7-10).

> ## CRISTO EM LEVÍTICO
>
> As instruções claras de Deus a respeito das ofertas em Levítico apontam para o sacrifício expiatório de Cristo. Como os sacrifícios das pessoas representavam apenas uma remoção temporária dos pecados de Israel, era necessário que fossem continuamente repetidos. Jesus viveu uma vida perfeita na terra e se apresentou como sacrifício final por toda a humanidade. Em contraste à festa da Páscoa do AT, celebrada anualmente, os crentes constantemente comemoram a "festa" da nova Páscoa — Jesus Cristo, o Cordeiro pascal (1Co 5:7)

ESBOÇO

1. **Leis relativas ao sacrifício (1:1-7:38)**
   a. Legislação para o povo (1:1-6:7)
      - Oferta do holocausto (cap. 1)
      - Oferta de cereal (cap. 2)
      - Oferta de comunhão (cap. 3)
      - Oferta pelo pecado (4:1 a 5:13)
      - Oferta pela culpa (5:14 a 6:7)
   b. Legislação para o sacerdócio (6:8 a 7:38)
      - Oferta do holocausto (6:8-13)
      - Oferta de cereal (6:14-23)
      - Oferta pelo pecado (6:24-30)
      - Oferta pela culpa (7:1-10)

68 MANUAL BÍBLICO MACARTHUR

- Oferta da comunhão (7:11-36)
- Observações finais (7:37-38)

2. O início do sacerdócio (8:1 a 10:20)
 a. Ordenação de Arão e seus filhos (cap. 8)
 b. Primeiros sacrifícios (cap. 9)
 c. Execução de Nadabe e Abiú (cap. 10)

3. Prescrições sobre impureza (11:1 a 16:34)
 a. Animais imundos (cap. 11)
 b. Impureza da mulher depois do parto (cap. 12)
 c. Doenças imundas (cap. 13)
 d. Purificação de doenças (cap. 14)
 e. Impureza do homem e da mulher (cap. 15)
 f. Purificação do tabernáculo (cap. 16)

4. Orientações sobre santidade prática (17:1 a 27:34)
 a. Sacrifício e alimento (cap. 17)
 b. Comportamento sexual correto (cap. 18)
 c. Sociabilidade (cap. 19)
 d. Crimes capitais/graves (cap. 20)
 e. Instruções aos sacerdotes (cap. 21 a 22)
 f. Festas religiosas (cap. 23)
 g. O tabernáculo (24:1-9)
 h. Prestação de contas por blasfêmia (24:10-23)
 i. Ano sabático e ano do jubileu (cap. 25)
 j. Exortação à obediência à lei: bênçãos e maldições (cap. 26)
 k. Redenção de ofertas votivas (cap. 27)

ENQUANTO ISSO, EM OUTRAS PARTES DO MUNDO...

A cultura olmeca no México se desenvolve e a construção da Pirâmide do Sol é iniciada.

RESPOSTAS PARA PERGUNTAS DIFÍCEIS

1. Por que Deus tinha tantas regras específicas para os israelitas?

O propósito de Deus era criar um povo separado e santo (11:44-45). A vida dessas pessoas deveria refletir o caráter de Deus e contrastar com o comportamento das nações vizinhas. Eles deveriam obedecer às regras de Deus mesmo quando não entendiam os motivos.

Olhando em retrospectiva, muitas vezes podemos ver que Deus tinha vários motivos por trás de suas regras. Uma descoberta interessante sobre as regras levíticas

LEVÍTICO

a respeito da pureza é que elas estão de acordo com nossos padrões atuais de higiene, uma vez que requerem precauções muito semelhantes àquelas tomadas pelos profissionais da saúde, a fim de evitar infecções e contaminação. Deus não pediu que os israelitas se comportassem de maneiras prejudiciais a eles.

2. **O que a expressão "tipo de Cristo" significa quando usada para descrever alguém ou algum evento no AT?**

Certas pessoas e práticas registradas no AT servem como dicas e ilustrações daquilo que Jesus Cristo cumpriria por meio de sua vida, morte e ressurreição. Na maioria dos casos, as similaridades ou os paralelos são destacados no NT. Os seguintes eventos e práticas, alguns dos quais introduzidos em Levítico, prefiguram Cristo:

- a arca (Gênesis 7:16; 1Pedro 3:20-21);
- sacrifícios expiatórios (16:15-16; Hebreus 9:12,24);
- a serpente de bronze (Números 21:9; João 3:14-15);
- o assento da misericórdia (Êxodo 25:17-22; Romanos 3:25; Hebreus 4:16);
- o cordeiro pascal (Êxodo 12:3-6, 46; João 19:36; 1Coríntios 5:7);
- a novilha vermelha (Efésios 2:14,16);
- a rocha do monte Horebe (Êxodo 17:6; 1Coríntios 10:4);
- o bode expiatório (16:20-22);
- o tabernáculo (Êxodo 40:2,34; Hebreus 9:11; Colossenses 2:9);
- o véu do **tabernáculo** (Êxodo 40:21; Hebreus 10:20).

3. **Até que ponto os crentes de hoje devem se submeter às regras e aos regulamentos dados por Deus ao povo de Israel?**

O entendimento de um cristão acerca do AT deve ser moldado por Jesus e o NT. Jesus falou sobre isso quando disse: "Não pensem que vim abolir a Lei ou os Profetas; não vim abolir, mas cumprir" (Mt 5:17).

Com relação à lei cerimonial do AT, ao sacerdócio levítico e ao santuário, o NT registra um número de exemplos de como esse cumprimento por parte de Jesus se desenvolveu em entendimento e prática individuais (Mt 27:51; At 10:1-16; Cl 2:16-17; 1Pe 2:9; Ap 1:6; 5:10; 20:6). A instituição da Nova Aliança em Jesus e por meio dele (Mt 26:28; 2Co 3:6-18; Hb 7-10) coloca o AT sob uma nova luz.

O estudo mais proveitoso a respeito de Levítico é aquele que tem como foco as verdades contidas no entendimento do pecado, da culpa, da morte substitutiva e da expiação pela observação de aspectos que não são explicados nem ilustrados em nenhuma outra parte do AT. Autores posteriores da Escritura, principalmente os do NT, utilizam como fundação o entendimento básico dessas questões fornecidas em Levítico. Os aspectos sacrificais de Levítico apontam para o cumprimento pontual e definitivo na morte substitutiva de Jesus Cristo (Hb 9:11-12).

AS FESTAS JUDAICAS E O CUMPRIMENTO DELAS POR CRISTO

Festa	Mês do calendário judaico	Dia	Mês correspondente	Referências
Páscoa	nisã	14	mar/abr	Êx 12:1-14; Mt 26:17-20
*Pães asmos	nisã	15-21	mar/abr	Êx 12:15-20
Primícias	nisã ou sivã	16 6	mar/abr mai/jun	Lv 23:9-14 Nm 28:26
*Pentecostes (Colheita ou das Semanas)	sivã	6 (50 dias depois da colheita da cevada)	mai/jun	Dt 16:9-12; At 2:1
Trombetas, Rosh Hashanah	tisri	1-2	set/out	Nm 29:1-6
Dia da Expiação, Yom Kippur	tisri	10	set/out	Lv 23:26-32; Hb 9:7
*Tabernáculos (tendas ou barracas)	tisri	15-21	set/out	Ne 8:13-18; Jo 7:2
Dedicação (Luzes), Hanukkah	quisleu	25 (8 dias)	nov/dez	Jo 10:22
Purim	adar	14-15	fev/mar	Et 9:18-32

* As três principais festas para as quais era exigido de todo homem que viajasse até o templo em Jerusalém (Êx 23:14-19)

As festas (Lv 23)	O cumprimento em Cristo
Páscoa (mar/abr)	Morte de Cristo (1Co 5:7)
Pão asmos (mar/abr)	A vida sem pecado de Cristo (1Co 5:8)
Primícias (mar/abr)	Ressurreição de Cristo (1Co 15:23)
Pentecostes (mai/jun)	Derramamento do Espírito de Cristo (At 1:5; 2:4)
Trombetas (set/out)	A reunião de Israel por Cristo (Mt 24:31)
Expiação (set/out)	Sacrifício substitutivo de Cristo (Rm 11:26)
Tabernáculos (set/out)	Descanso e reunião com Cristo (Zc 14:16-19)

APROFUNDAMENTO

1. Quantos tipos diferentes de sacrifícios e ofertas podem ser identificados em Levítico?
2. O que o termo "santo" significa e de que formas ele é empregado em Levítico?
3. De que maneiras as leis introduzidas em Levítico contribuem para uma vida saudável?
4. Que tipos de sacrifícios e ofertas fazem parte do seu relacionamento com Deus?

Números

Registro de uma jornada pelo deserto

TÍTULO

O título "Números" provém da versão grega (*Septuaginta*) e da latina (*Vulgata*), as traduções antigas compiladas por estudiosos da Bíblia. O título grego antigo dado era *arithmoi*, que deu origem à palavra "aritmética". Mais tarde, os tradutores latinos deram ao livro o título de *numeri*, que originou a palavra "números". Essa designação é baseada nas contagens, que são o foco principal dos capítulos 1-4 e 26. O título hebraico mais comum vem da quinta palavra do texto hebraico de 1:1 "no deserto [do]", nome este que é muito mais descritivo do conteúdo total do livro, que relata a história de Israel durante quase 39 anos de peregrinação pelo deserto. Outro título hebraico, preferido por alguns antigos pais da igreja, baseia-se na primeira palavra do texto hebraico de 1:1: "e ele falou". Essa designação enfatiza que o livro registra a Palavra de Deus para Israel.

AUTOR E DATA

Números é o quarto dos cinco primeiros livros da Bíblia, que são coletivamente chamados de Lei ou Pentateuco. A autoria dessa coletânea de escritos é atribuída a Moisés ao longo das Escrituras (Js 8:31; 2Rs 14:6; Ne 8:1; Mc 12:26; Jo 7:19). O próprio livro de Números se refere aos escritos de Moisés em 33:2 e 36:13.

Números foi escrito no último ano da vida de Moisés — os eventos de 20:1 até o fim ocorreram no quadragésimo ano depois do êxodo. O relato termina com Israel posicionado no lado oriental do rio Jordão, em frente a Jericó (36:13), onde teve início a conquista da terra de Canaã (Js 3 a 6). O livro de Números deve ser datado, aproximadamente, de 1405 a.C., uma vez que estabelece a fundação para Deuteronômio, datado do décimo primeiro mês do quadragésimo ano depois do êxodo (Dt 1:3).

CENÁRIO E CONTEXTO

A maioria dos acontecimentos do livro ocorre "no deserto" (a palavra "deserto" é usada 48 vezes). O termo se refere à terra que contém pouca vegetação ou poucas árvores e, por causa do pequeno volume de chuva, não pode ser cultivada. Essa terra é bem mais aproveitada para apascentar rebanhos de animais. Em 1:1 a 10:10, Israel acampou no "deserto do Sinai", mesmo local onde o Senhor firmou a aliança mosaica com Israel (Êx 19-24). De 10:11 a 12:16, Israel viajou do Sinai para Cades. De 13:1 a 20:13, os acontecimentos se deram em Cades e ao redor dessa cidade, que estava localizada no "deserto de Parã" (12:16; 13:3,26), o "deserto de Zim" (13:21; 20:1). De 20:14 a 22:1, Israel viajou de Cades para as "campinas de Moabe". Todos os eventos de 22:2 a 36:13 ocorreram enquanto Israel estava acampado nas campinas ao norte de Moabe, que consistiam em uma área de terra plana e fértil no meio do deserto (21:20; 23:28; 24:1).

LOCALIZAÇÃO DAS TRIBOS NO ACAMPAMENTO ISRAELITA

NORTE

Dã (62.700)
Aser (41.500)
Naftali (53.400)
Total: 157.600

OESTE

Efraim (40.500)
Manassés (32.200)
Benjamim (35.400)
Total: 108.100

LESTE

Judá (74.600)
Issacar (54.400)
Zebulom (57.400)
Total: 186.400

Tenda do Encontro

Rúben (46.500)
Simeão (59.300)
Gade (46.650)
Total: 152.450

SUL

A maior parte do livro descreve os eventos que conduzem à primeira conquista fracassada da Terra Prometida no segundo ano após o êxodo, bem como os preparativos finais para a segunda conquista quase quatro décadas mais tarde. Nesse meio tempo, a tragédia de 37 anos desperdiçados é enfatizada por ser basicamente ignorada. Todos os incidentes registrados de 1:1 a 14:45 ocorreram em 1444 a.C., no ano seguinte ao êxodo. Tudo o que é mencionado depois de 20:1 é datado de 1406/1405 a.C., o quadragésimo ano depois do êxodo. As leis e os acontecimentos registrados de 15:1 a 19:22 não podem ser datados, mas possivelmente ocorreram entre 1443 a 1407 a.C. A falta de material dedicado a esse período de 37 anos, em comparação com os outros anos da jornada do Egito para Canaã, dá uma ideia do desperdício desses anos por causa da rebelião de Israel contra o Senhor e o consequente castigo.

NÚMEROS   73

PALAVRAS-CHAVE

Sacrifício: em hebraico, *zebach* — 6:17; 7:17,29,47,59,77; 15:3,5,8 —, provém de um verbo que significa "abater para oferta". Segundo a lei de Moisés, o sacerdote ofereceria sacrifícios em nome de um adorador ao queimá-los no altar (Êx 20:24). Os sacrifícios poderiam ser uma oferta de cereal (os primeiros frutos da colheita) ou sacrifícios de animais. Sob a lei, os sacrifícios de animais tinham um propósito principal: cobrir ou expiar o pecado (Lv 22:21; Hb 9:22). O pecado de um indivíduo era simbolicamente transferido para o animal sacrificado, providenciando uma expiação temporária que tinha de ser repetida todos os anos, pois somente lidava parcialmente com o pecado (Hb 10:4). Em última análise, todos os sacrifícios do AT apontam para e são tipos do sacrifício definitivo e suficiente realizado por Cristo (Is 53; 1Co 5:7; Hb 9:10).

Ungido: em hebraico, *mashach* — 3:3; 6:15; 7:1,10,84,88; 35:25 —, é um verbo que significa "molhar ou cobrir uma pessoa com azeite". Reis, sacerdotes e profetas eram ungidos no início do culto (8:12; 16:32; 2Sm 2:4; 5:3; 1Rs 19:15-16). Esse ritual identificava uma pessoa ou um objeto como separado para os propósitos especiais de Deus. Durante o êxodo, muitos objetos sagrados foram ungidos, inclusive o próprio tabernáculo. O óleo da unção era uma mistura requintada e cara de azeite com especiarias (7:1). Esse óleo especial simbolizava a consagração do tabernáculo e de todos os seus utensílios a Deus.

Voto: em hebraico, *neder* — 6:2,21; 15:3; 21:2; 30:2-3,9,13. Um voto a Deus é um compromisso voluntário de fazer algo que o agrada ou de se abster de certas práticas, a fim de demonstrar devoção a ele. Um exemplo vívido de voto no AT é o do nazireu (6:1-21). A Bíblia admoesta o crente a não fazer votos por impulso, já que são feitos diante de Deus, o juiz justo e santo (Ec 5:4). O motivo da admoestação é que um voto feito a ele é vinculante e deve ser cumprido.

Autoridades, líderes: em hebraico, *zaqen* — 11:16,24,25,30; 16:25; 22:4,7 —, uma palavra que significa "ancião". No AT, essa palavra se refere a uma pessoa idosa, em idade muito avançada (Gn 44:20; Jó 42:17) ou a uma pessoa madura que tinha autoridade na comunidade israelita (Êx 3:16; Js 8:33). As autoridades serviam como juízes (Êx 18:12), conselheiros (Ez 7:26) e oficiais governantes (Dt 19:12; Rt 4:2). A posição dessas pessoas era de grande honra (Pv 31:23; Is 9:15). Além da idade (segundo a tradição hebraica, um líder tinha de ser um homem de pelo menos 50 anos), uma autoridade tinha de mostrar sua maturidade ao temer a Deus, ser verdadeiro e não cobiçar (Êx 18:21).

PRINCIPAIS PERSONAGENS

- **Moisés:** grande profeta e líder que atuou como porta-voz de Deus para explicar sua lei a Israel (1:1,19,48; 5:1,4,5,11 — e mais de 200 outras referências).
- **Arão:** irmão de Moisés e primeiro sumo sacerdote de Israel (1:3,17,44; 2:1; 3:1-10; 12:1-5; 20:23-29).
- **Miriã:** irmã de Moisés e Arão, também compositora e profetisa; foi assolada pela lepra por ter ciúmes de Moisés (12; 20:1; 26:59).

74   MANUAL BÍBLICO MACARTHUR

- **Josué**: sucessor de Moisés como líder de Israel; uma das duas únicas pessoas a verem tanto o êxodo do Egito como a Terra Prometida (11:28; 13; 14; 26:65; 27:15-23; 32:11,12,28; 34:7).
- **Calebe**: um dos homens enviados por Moisés para observarem Canaã; fiel a Deus em seu desejo de conquistar a terra; uma das duas únicas pessoas a verem tanto o êxodo do Egito como a Terra Prometida (13-14; 26:65; 32:12; 34:19).
- **Eleazar**: filho de Arão que o sucedeu como sumo sacerdote de Israel (3:1-4; 4:16; 16:36-40; 20:25-29; 26:1-4,63; 27:2,15-23; 32:2; 34:17).
- **Corá**: levita que assistia no tabernáculo; morto por causa de sua rebeldia contra o Senhor (16:1-40; 26:9).
- **Balaão**: profeta e feiticeiro que parcialmente obedecia a Deus; tentou conduzir Israel à idolatria (22:1 a 24:25; 31:7,8,16).

TEMAS HISTÓRICOS E TEOLÓGICOS

Números relata as experiências de duas gerações do povo de Israel. A primeira geração participou do êxodo do Egito e sua história tem início em Êxodo 2:23 e continua ao longo de Levítico até os primeiros 14 capítulos de Números. Essa geração foi contada para a guerra da conquista de Canaã (1:1-46), porém, ao chegar à fronteira sul de Canaã, o povo se recusou a entrar na Terra Prometida (14:1-10). Por causa da sua rebeldia contra o Senhor, todos os adultos com mais de 20 anos (exceto Calebe e Josué) foram sentenciados a morrer no deserto (14:26-38). Nos capítulos 15 a 25, a primeira e a segunda gerações se sobrepõem — a primeira se extinguia enquanto a segunda se tornava adulta. Com a segunda contagem do povo começou a história da segunda geração (26:1-56). Esses israelitas foram à guerra (26:2) e herdaram a terra (26:52-56). A história dessa segunda geração, que começa em Números 26:1, estende--se pelos livros de Deuteronômio e Josué.

    Três temas teológicos permeiam Números. Primeiro, o próprio Senhor se comunicava com Israel por intermédio de Moisés (1:1; 7:89; 12:6-8), de modo que as palavras de Moisés tinham autoridade divina, e a resposta de Israel a Moisés espelhava a obediência ou a desobediência do povo ao Senhor. Em Números, há três divisões distintas baseadas na resposta de Israel à palavra do Senhor: obediência (caps. 1 a 10), desobediência (caps. 11 a 25) e obediência renovada (caps. 26 a 36). O segundo tema é que o Senhor é o Deus do juízo. Ao longo de Números, a "ira" do Senhor foi provocada em resposta ao pecado de Israel (11:1,10,33; 12:9; 14:18; 25:3-4; 32:10,13-14). A terceira seção enfatiza a fidelidade do Senhor em guardar sua promessa de dar à descendência de Abraão a terra de Canaã (15:2; 26:52-56; 27:12; 33:50-56; 34:1-29).

PRINCIPAIS DOUTRINAS

- **Rebeldia contra Deus**: resultou da combinação de Israel com povos gentios (14:26-38; Êx 34:6-7; Js 24:19; Sl 32:1-7; Os 10:9,10; 2Ts 2:3; Jd 1:14,15).

NÚMEROS 75

- **Herança da terra**: Deus assegurou a Terra Prometida para seu povo (16:14; 26:52-56; Lv 14:34; 1Cr 28:8; Ed 9:10-12; Sl 16:5-6; Jl 3:2; Cl 1:11-12; 1Pe 1:4).
- **Autoridade divina dada a Moisés**: Moisés falou as palavras de Deus e conduziu Israel (1:1; 7:89; 12:6-8); Deus também deu autoridade a outros profetas seus (Jr 5:12,13; 1Co 1:10) e a Jesus (Mt 29; 9:6; Mc 6:12; Lc 10:22).
- **O pecado de Israel e o juízo do Senhor**: Deus não tem favoritos; o pecado de Israel exigia punição (11:1,10,33; 12:9; 14:18; 25:3-4; 32:10,13,14; Lv 10:2; Dt 9:22; 2Rs 1:12; Sl 78:21; 106:15; Jn 4:2; Jo 3:18-19; Rm 5:9; 1Jo 4:17-18; Ap 20:11-15).
- **Fidelidade de Deus à sua aliança**: quando o povo de Deus é infiel, Deus permanece fiel (15:2; 26:52-56; 27:12; 33:50-56; 34:1-29; Js 11:23).

O CARÁTER DE DEUS

- Deus é longânimo (14:18).
- Deus é misericordioso (14:18).
- Deus é providente (26:65).
- Deus é verdadeiro (23:19).
- Deus se ira (11:1,33; 12:9-10; 14:37,40-45; 16:31,35; 21:6; 25:9; 32:14).

DESAFIOS DE INTERPRETAÇÃO

Quatro importantes desafios de interpretação são enfrentados pelo leitor de Números. Primeiro, é um livro à parte ou faz parte de um todo literário maior, o Pentateuco? Os livros bíblicos de Gênesis, Êxodo, Levítico, Números e Deuteronômio formam a Torá, e o restante da Escritura sempre vê esses cinco livros como uma unidade. O significado principal de Números não pode ser separado de seu contexto no Pentateuco: o primeiro versículo do livro fala do Senhor, de Moisés, do tabernáculo e do êxodo do Egito, e pressupõe que o leitor esteja familiarizado com os três livros anteriores a Números. Além disso, cada manuscrito hebraico disponível divide o Pentateuco exatamente da mesma maneira como o texto atual. Neles, o livro de Números é uma unidade

CRISTO EM NÚMEROS

O NT continua sendo uma fonte reveladora da presença de Cristo no livro de Números. No capítulo 21, versículos 4 a 9, os israelitas que olhavam para a serpente levantada por Moisés eram curados. João descreve isso como um retrato da crucificação: "Da mesma forma como Moisés levantou a serpente no deserto, assim também é necessário que o Filho do homem seja levantado" (Jo 3:14). O maná que servia de sustento ao povo também ilustrava Cristo como o Pão da Vida (Jo 6:31-33). Além disso, a rocha que trouxe água para o povo também era um tipo de Cristo. A carta de Paulo aos coríntios se refere a essa rocha: "e beberam da mesma bebida espiritual; pois bebiam da rocha espiritual que os acompanhava, e essa rocha era Cristo" (1Co 10:4).

bem definida, com integridade estrutural própria, e que tem começo, meio e fim, apesar de sua função dentro de um todo maior. Assim, o livro de Números também deve ser visto como uma obra singular.

O segundo desafio levanta a seguinte questão: "Há um sentido de coerência no livro de Números?" É evidente que Números contém uma grande variedade de materiais e formas literárias, inclusive listas de censos, genealogias, leis, narrativas históricas, poesia, profecia e listas de viagem. No entanto, todas se encontram misturadas para contar a história da jornada de Israel do monte Sinai às campinas de Moabe. A coerência de todos esses elementos em Números se reflete no esboço a seguir.

Uma terceira questão diz respeito ao expressivo número de homens que, segundo o livro, compõem as tribos de Israel em 1:46 e 26:51. Essas duas listas dos guerreiros de Israel, separadas por um período de 39 anos, elevam o total para mais de 600 mil. Esses números requerem que a população de Israel no deserto totalizasse em torno de 2,5 milhões em qualquer momento. De uma perspectiva natural, esse número de pessoas parece elevado demais para as condições do deserto, entretanto, deve-se reconhecer que o Senhor cuidou sobrenaturalmente de Israel durante 40 anos (Dt 8:1-5). Por isso os grandes números devem ser aceitos como são apresentados.

O quarto desafio de interpretação se refere ao profeta gentio Balaão, cuja história está registrada em 22:2 a 24:25. Embora Balaão tenha afirmado que conhecia o Senhor (22:18), a Bíblia consistentemente se refere a ele como falso profeta (2Pe 2:15-16; Jd 11). O Senhor usou Balaão como seu porta-voz para dizer as palavras verdadeiras que ele pôs na boca do profeta.

ESBOÇO

1. A experiência da primeira geração de Israel no deserto (1:1-25:18)
- a. A obediência de Israel ao Senhor (1:1 a 10:36)
  - A organização de Israel ao redor do tabernáculo do Senhor (1:1 a 6:27)
  - As orientações a Israel em relação ao tabernáculo do Senhor (7:1 a 10:36)
- b. A desobediência de Israel ao Senhor (11:1 a 25:18)
  - A murmuração de Israel durante a jornada (11:1 a 12:16)
  - A rebeldia de Israel e seus líderes em Cades (13:1 a 20:29)
  - A rebeldia de Israel e suas consequências (13:1 a 19:22)
  - A rebeldia de Moisés e Arão e suas consequências (20:1 a 29)
  - Nova murmuração de Israel durante a jornada (21:1 a 22:1)
  - Balaão abençoa Israel (22:2 a 24:25)
  - A rebeldia final de Israel no culto a Baal-Peor (25:1-18)

2. A experiência da segunda geração de Israel nas campinas de Moabe: Israel renova sua obediência ao Senhor (26:1 a 36:13)
- a. Os preparativos para a conquista da Terra Prometida (26:1 a 32:42)

NÚMEROS   77

b. A recapitulação da jornada no deserto (33:1-49)
c. A antecipação da conquista da Terra Prometida (33:50 a 36:13)

ENQUANTO ISSO, EM OUTRAS PARTES DO MUNDO...

Os chineses começavam a criar esculturas elaboradas com bronze.

RESPOSTAS PARA PERGUNTAS DIFÍCEIS

1. **O tamanho da população de Israel levanta questões acerca da exatidão dos números em Números. Foram tantas pessoas assim que vagaram pelo deserto? Como sobreviveram? Como cuidaram de si mesmas?**

Foi conduzido um censo do povo de Israel duas vezes durante sua peregrinação no deserto (1:46; 26:51), e nas duas vezes a conta total de guerreiros resultante excedeu 600 mil. Esses números indicam uma população para Israel no deserto de cerca de 2,5 milhões em ambos os momentos. A partir de uma perspectiva natural, esse valor parece alto demais para ser sustentado sob condições desérticas.

Antes de concluirmos que Moisés inflou os números, vários fatores devem ser considerados. Primeiro, o Senhor cuidou de Israel de modo sobrenatural durante 40 anos (Dt 8:1-5). Segundo, Deus estabeleceu práticas sanitárias que evitavam o tipo de crise de saúde que poderia ter ocorrido sob tais condições. Terceiro, embora Israel tenha vagado pelo deserto durante 40 anos, eles mudaram de acampamento apenas umas 40 vezes. Passar um ano em cada local preservava certa pastagem para os rebanhos e, ao mesmo tempo, mantinha a poluição das pessoas em um nível gerenciável. Cada censo teve a intenção de ser uma contabilização precisa do povo de Deus, portanto, devem ser aceitos como são apresentados.

2. **O capítulo 21, versículos 4 a 9, registra uma infestação de serpentes venenosas que morderam o povo. Moisés foi instruído por Deus a fazer uma serpente de bronze e colocá-la no alto de um poste. Quando as pessoas olhavam para ela, eram curadas. Isso não era algum tipo de idolatria?**

As circunstâncias que levaram à criação da serpente de bronze parecem familiares demais. O povo estava cansado e desanimado. Furiosos com Deus, eles reclamaram a Moisés. Estavam convencidos de que as coisas não podiam piorar, mas Deus mostrou que não era bem assim. Ele enviou serpentes venenosas e alguns morreram; outros sofreram mordidas dolorosas.

Quando se deram conta do erro que haviam cometido, os israelitas se arrependeram e imploraram a Moisés por ajuda. Não estavam praticando idolatria ao olhar para a serpente de bronze, mas sim agindo com fé, em obediência às orientações de Deus e de Moisés.

3. **Por que um profeta pagão e ganancioso como Balaão recebe tanta atenção na história bíblica?**

Balaão, cuja história é registrada em 22:2 a 24:25, de fato parece receber atenção especial. Apesar de Balaão afirmar que conhecia o Senhor (22.18), as Escrituras consistentemente se referem a ele como falso profeta (2Pe 2:15-16; Jd 11). Aparentemente, Deus colocou tal prioridade na mensagem que o caráter do mensageiro se tornou uma consideração secundária. O Senhor usou Balaão como porta-voz para proferir as palavras verdadeiras que colocou em sua boca, pois, apesar dos próprios planos do profeta pagão, Deus tinha um propósito com ele.

4. **O que os leitores modernos devem pensar da conversa de Balaão com uma jumenta (22:22-35)?**

Várias observações me vêm à mente quando as pessoas fazem esse tipo de pergunta. Primeiro, ela supõe que os leitores da antiguidade encarariam uma conversa com uma jumenta como algo menos estranho que os leitores modernos. Vale lembrar que o incidente não foi registrado como uma ocorrência comum, mas sim como algo extraordinário e notável. Segundo, podemos da mesma forma nos perguntar por que Deus não usou (ou não usa) animais falantes com mais frequência — o que poderia ser melhor para todos nós. Terceiro, por que não reconhecer o senso de humor de Deus nesse relato? Quarto, a exibição de paciência e persistência por parte de Deus nesses eventos deveria provocar em nós um senso de adoração humilde. Quinto, o incidente, por mais estranho que possa parecer, deve ser aceito como é apresentado.

APROFUNDAMENTO

1. Que considerações estavam por trás da contagem das pessoas à medida que peregrinavam no deserto?
2. Quais eventos levaram à decisão de Deus de reconduzir seu povo ao deserto por 40 anos?
3. De que maneiras diferentes os israelitas se rebelaram contra Deus?
4. Que benefícios poderiam ter sido realizados durante os 40 anos no deserto?
5. Quais princípios são ilustrados pela praga das serpentes venenosas no deserto (21:4-9)?
6. De que formas o episódio com Balaão ilustra o caráter de Deus (22:2 a 24:25)?

Deuteronômio

A grande revisão

TÍTULO

O título "Deuteronômio" provém da versão grega *Septuaginta*, que traduziu incorretamente a expressão hebraica "cópia de lei", de Deuteronômio 17:18, por "segunda lei". Mais tarde, essa mesma expressão foi traduzida como *Deuteronomium* na versão latina (*Vulgata*). O título hebraico original do livro é traduzido "Estas são as palavras" a partir das primeiras duas palavras hebraicas do livro. O título hebraico é uma descrição melhor do livro, já que não é uma "segunda lei", mas sim o registro das palavras de explicação de Moisés a respeito da lei. Deuteronômio completa a unidade literária composta pelas cinco partes chamada o Pentateuco, os primeiros cinco livros da Bíblia.

AUTOR E DATA

Moisés tem sido tradicionalmente reconhecido como o autor de Deuteronômio, uma vez que o próprio livro testifica que Moisés o escreveu (1:1,5; 31:9,22,24). Tanto o AT (1Rs 2:3; 8:53; 2Rs 14:6; 18:12) como o NT (At 3:22,23; Rm 10:19) apoiam a autoria mosaica. Enquanto Deuteronômio 32:48 a 34:12 foi acrescentado (provavelmente por Josué) após a morte de Moisés, o restante do livro provém da mão de Moisés exatamente antes de sua morte em 1405 a.C.

Em sua maior parte, o livro consiste em discursos de despedida que Moisés, homem de 120 anos de idade, proferiu a Israel, começando no primeiro dia do décimo primeiro mês do quadragésimo ano depois do êxodo do Egito (1:3). Esses discursos podem ser datados de janeiro-fevereiro de 1405 a.C. Em suas últimas semanas de vida, Moisés escreveu esses discursos e os entregou aos sacerdotes e líderes, a fim de que eles fossem transmitidos às futuras gerações de Israel (31:9,24-26).

CENÁRIO E CONTEXTO

Como Levítico, Deuteronômio não avança historicamente; antes, os fatos acontecem em um único local por um período de cerca de um mês (cf. Dt 1:3; 34:8; Js 5:6-12). Israel estava acampado na greta central do vale, a leste do Jordão (Dt 1:1). Em Números 36:13, essa localidade foi chamada de "campinas de Moabe", uma área ao norte do ribeiro do Arnom, defronte do rio Jordão e Jericó. Quase 40 anos haviam se passado desde que os israelitas tinham saído do Egito.

O livro de Deuteronômio se concentra nos acontecimentos sucedidos nas últimas semanas da vida de Moisés, e o evento mais importante foi a comunicação oral da revelação divina por Moisés ao povo de Israel (1:1 a 30:20; 31:30

a 32:47; 33:1-29). Os outros acontecimentos relatados foram: (1) Moisés regis-
trando a lei em um livro e a nomeação de Josué como o novo líder (31:1-29);
(2) Moisés avistando a terra de Canaã do monte Nebo (32:48-52; 34:1-4); e (3) a morte
de Moisés (34:5-12).

Deuteronômio foi originalmente endereçado, tanto em sua apresentação oral
como escrita, à segunda geração de Israel. Todos daquela geração com idades entre
40 e 60 anos (exceto Josué e Calebe, que eram mais velhos) haviam nascido no Egito
e tinham participado do êxodo enquanto crianças ou adolescentes; já as pessoas com
menos de 40 anos de idade tinham nascido e crescido no deserto. Em conjunto, per-
faziam a geração que estava prestes a conquistar a terra de Canaã sob a liderança de
Josué, 40 anos depois de terem deixado o Egito (1:34-39).

PRINCIPAIS PERSONAGENS

• **Moisés**: líder de Israel; instruiu o povo na lei de Deus, mas Deus não permitiu
  que ele entrasse na Terra Prometida (capítulos 1 a 5; 27; 29; 31 a 34).
• **Josué**: sucessor de Moisés; conduziu Israel durante sua entrada na Terra Prometida (1:37,38; 3:21-28; 31:3-23; 32:44; 34:9).

TEMAS HISTÓRICOS E TEOLÓGICOS

Como Levítico, Deuteronômio contém muitos detalhes relativos à lei, mas a ênfase
está no povo, e não nos sacerdotes. Quando Moisés convocou a segunda geração
de Israel para confiar no Senhor e ser obediente à aliança feita em Horebe (Sinai),
ele ilustrou suas colocações com exemplos da história passada de Israel. Lembrou a
Israel de sua rebelião contra o Senhor em Horebe (9:7 a 10:11) e em Cades (1:26-46),
que tiveram consequências devastadoras. Igualmente, lembrou-lhes da fidelidade do
Senhor em dar vitória sobre os inimigos (2:24 a 3:11; 29:2,7,8). E, o mais importante,
Moisés convocou o povo a tomar a terra que Deus havia prometido por juramento
aos seus pais Abraão, Isaque e Jacó (1:8; 6:10; 9:5; 29:13; 30:20; 34:4; cf. Gn 15:18-21;
26:3-5; 35:12). Moisés não apenas olhou para trás, mas também para adiante, e viu que
o futuro fracasso de Israel em obedecer a Deus levaria o povo a ser espalhado entre as
nações antes que o cumprimento do seu juramento aos patriarcas fosse completado
(4:25-31; 29:22 a 30:10; 31:26-29).

PRINCIPAIS DOUTRINAS

• **A Terra Prometida de Israel**: (1:8; 6:10; 9:5; 29:13; 30:20; 34:4; Gn 12:7; 15:5;
  22:17; Êx 33:1; Lv 18:24; Nm 14:23; 34:1-5; Js 24:13; Sl 105:44; Tt 3:5).
• **A fidelidade do Senhor em dar a Israel vitória sobre seus inimigos**: (2:24 a
  3:11; 29:2,7,8; Nm 21:3,33,34; Js 1:7; 10:8-12; Jz 1:1-4; 1Rs 2:3; Sl 18:43; Rm 8:37;
  1Co 15:54-57; 1Jo 5:4).
• **A rebeldia de Israel contra Deus**: (1:26-46; 9:7 a 10:11; Êx 14:11; Nm 14:1-4;
  Ed 4:19; Sl 106:24; Jr 5:6; Ez 18:31; Dn 9:24; 2Ts 2:2; Jd 1:11,15).

DEUTERONÔMIO 81

- **A dispersão de Israel como castigo de Deus**: (4:25-31; 29:22 a 30:10; 31:26-29; Lv 26:33; 1Rs 14:15; Ne 1:8; Sl 106:25-27; Ec 3:5; Jr 9:15-16; Am 9:8).
- **A santidade de Deus e de seu povo**: Deus declara Israel seu povo escolhido (7:6-11; 8:6,11,18; 10:12,16,17; 11:13; 13:3-4; 14:1-2; Êx 19:5-6; Pv 10:22; Am 3:2; Mq 6:8; Mt 22:37; Rm 12:1; 1Tm 1:5; 1Pe 2:9).

O CARÁTER DE DEUS

- Deus é acessível (4:7).
- Deus é eterno (33:27).
- Deus é fiel (7:9).
- Deus é glorioso (5:24; 28:58).
- Deus é ciumento (4:24).
- Deus é justo (10:17; 32:4).
- Deus é amoroso (7:7-8,13; 10:15,18; 23:5).
- Deus é misericordioso (4:31; 32:43).
- Deus é poderoso (3:24; 32:39).
- Deus cumpre suas promessas (1:11).
- Deus é providente (8:2,15,18).
- Deus é justo (4:8).
- Deus é verdadeiro (32:4).
- Deus é incomparável (4:35; 33:26).
- Deus é único (4:32-35,39,40; 6:4-5; 32:39).
- Deus é sábio (2:7).
- Deus se ira (29:20,27,28; 32:19-22).

DESAFIOS DE INTERPRETAÇÃO

O leitor de Deuteronômio confronta-se com três desafios de interpretação. Primeiro, o livro é um registro singular ou apenas parte de um todo literário maior, o Pentateuco? O restante da Escritura sempre vê o Pentateuco como uma unidade, portanto, o significado principal de Deuteronômio não pode ser dissociado de seu contexto no Pentateuco. Além disso, o livro pressupõe que o leitor esteja familiarizado com os quatro livros precedentes; na verdade, Deuteronômio traz para o foco tudo quanto fora revelado de Gênesis a Números, bem como suas implicações para os israelitas quando eles entraram na Terra Prometida. Entretanto, todos os manuscritos hebraicos disponíveis dividem o Pentateuco exatamente da mesma maneira que o presente texto, indicando que o livro é uma unidade bem definida, que relata os últimos sermões de Moisés dirigidos a Israel. Sendo assim, o livro também pode ser visto como um registro singular.

Segundo, a estrutura do Deuteronômio está baseada nos tratados seculares da época de Moisés? Durante os últimos 35 anos, muitos estudiosos evangélicos apoiaram a autoria mosaica de Deuteronômio, apelando para as semelhanças entre a estrutura do livro e a antiga forma dos tratados no Oriente Próximo de meados

CRISTO EM DEUTERONÔMIO

Deuteronômio fala de forma direta sobre a vinda de um novo Profeta semelhante a Moisés: "O SENHOR, o seu Deus, levantará do meio de seus próprios irmãos um profeta como eu; ouçam--no" (18:15). Esse profeta é interpretado como o Messias, ou Cristo, tanto no AT como no NT (34:10; At 3:22,23; 7:37).

Moisés ilustra um tipo de Cristo em vários aspectos: (1) ambos foram poupados da morte enquanto bebês (Êx 2; Mt 2:13-23) e (2) ambos agiram como sacerdote, profeta e líder de Israel (Êx 32:31-35; Hb 2:17; 34:10-12; At 7:52; 33:4,5; Mt 27:11).

O livro de Deuteronômio, assim como Salmos e Isaías, revela muito sobre os atributos de Deus, por isso é citado diretamente mais de 40 vezes no NT (excedido apenas por Salmos e Isaías) com muitas outras alusões ao seu conteúdo. Deuteronômio revela que o Senhor é o único Deus (4:39; 6:4) e que ele é ciumento (4:24), fiel (7:9), amoroso (7:13), misericordioso (4:31), mas se ira com o pecado (6:15). Esse é o Deus que chamou Israel para si. Mais de 250 vezes, Moisés repetiu para Israel a frase: "O SENHOR, o seu Deus". Israel foi chamado a obedecer (28:2), temer (10:12), amar (10:12) e servir (10:12) a seu Deus, andando nos seus caminhos e guardando seus mandamentos (10:12-13). Se obedecesse a Deus, o povo de Israel receberia bênçãos divinas (28:1-14). A obediência e a busca pela santidade pessoal sempre estão baseadas no caráter de Deus. Por causa de quem ele é, o seu povo deve ser santo (cf. 7:6-11; 8:6,11,18; 10:12,16,17; 11:13; 13:3,4; 14:1,2).

do segundo milênio a.C. (aproximadamente o tempo de Moisés). Esses tratados seculares de suserania (isto é, um governante que impõe sua vontade aos vassalos) seguiam um padrão estabelecido não utilizado em meados do primeiro milênio a.C. Esses tratados geralmente continham os seguintes elementos: (1) o preâmbulo, que identificava as partes da aliança; (2) o prólogo histórico, isto é, a história das negociações do rei com seus vassalos; (3) estipulações gerais e específicas; (4) testemunhas; (5) bênçãos e maldições; e (6) juramentos e ratificação da aliança. Acredita-se que Deuteronômio se aproxima dessa estrutura básica. Embora haja concordância de que 1:1-5 é um preâmbulo, 1:5 a 4:43 um prólogo histórico, e os capítulos 27 e 28 expressam bênçãos e maldições, não há consenso com relação a como o restante de Deuteronômio se enquadra nessa estrutura. Conquanto possa ter havido uma renovação da aliança nas campinas de Moabe, isso não está suficientemente explícito nem implícito em Deuteronômio. É melhor tomar o livro pelo que sustenta ser: a explicação da lei dada por Moisés à nova geração. A estrutura segue os sermões proferidos por Moisés — Veja o Esboço.

Terceiro, qual foi a aliança feita na terra de Moabe (29:1)? A opinião da maioria a considera uma renovação da aliança sinaítica, feita por volta de 40 anos antes com a primeira geração. Aqui, Moisés supostamente atualizou e renovou a mesma aliança com a segunda geração de Israel. O segundo ponto de vista a considera uma aliança palestina, que garante ao povo de Israel o direito à Terra Prometida, tanto naquele tempo como no futuro. Uma terceira posição sustentada é que Moisés, nos capítulos 29 e 30, antecipa a

DEUTERONÔMIO   83

Nova Aliança, uma vez que sabia que Israel não conseguiria guardar a aliança sinaítica. O terceiro ponto de vista parece ser o melhor.

PALAVRAS-CHAVE

Decretos: em hebraico, *choq* — 4:1,14; 5:1; 6:1; 7:11; 10:13; 16:12; 28:15; 30:16 —, transmite diversos significados no AT, inclusive um verbo que significa "fazer leis" ou "gravar" (Pv 8:15; Is 10:1; 49:16). Muitas vezes, se refere a mandamentos, ordens civis, prescrições legais e leis rituais decretadas por alguém em posição de autoridade — por uma autoridade humana (Mq 6:16) ou pelo próprio Deus (6:1). A lei de Moisés inclui mandamentos (*miswah*), julgamentos (*mispat*) e decretos (*choq*) (4:1-2). Israel foi convocado a obedecer aos decretos de Deus e prometeram fazê-lo (26:16-17).

Juramento: em hebraico, *shaba* '— 6:3; 7:8; 10:20; 13,17; 19:8; 29:13; 31:7. O verbo traduzido "jurar" está relacionado à palavra utilizada para o número sete. Na verdade, o verbo significa "vincular-se de forma plena", isto é, "sete vezes". Na antiguidade, os juramentos eram considerados sagrados. As pessoas prometiam ser fiéis à sua palavra independentemente do custo pessoal. O AT descreve Deus fazendo um juramento (Gn 24:7; Êx 13:5). Ele não foi obrigado a fazer isso; não tinha de jurar para garantir que sua própria palavra fosse cumprida. Antes, ele fez um juramento a fim de garantir ao seu povo que suas promessas eram completamente dignas de confiança.

Culto: em hebraico, *shachah* — 4:19; 8:19; 11:16; 26:10; 30:17. Essa palavra mais comum para "adoração" literalmente significa "fazer com que alguém se deite prostrado". Na antiguidade, uma pessoa se prostrava diante de outra que possuísse *status* superior: pessoas se curvavam diante do rei para expressar submissão completa ao reinado dele. Seguindo o exemplo das pessoas de fé da antiguidade, o verdadeiro culto cristão deve expressar mais do que amor a Deus; deve expressar submissão à sua vontade.

Amaldiçoado, maldito: em hebraico, *'arar* — 7:26; 13:17; 27:15,20,23; 28:16,19 —, literalmente, significa "ser objeto de maldição". Uma maldição é o oposto de uma bênção. Deseja ou roga doença ou destruição sobre uma pessoa ou um objeto. Deus amaldiçoou a serpente depois do pecado de Adão e Eva (Gn 3:14,17). Jeremias, em desespero, amaldiçoou o homem que trouxe notícia de seu nascimento (Jr 20:14-15). A seriedade da aliança de Deus para com seu povo é ilustrada pela ameaça de uma maldição sobre qualquer pessoa que a violasse (28:60-61). No NT, Paulo ensinou que Cristo se tornou "maldição" por nós, para nos livrar da maldição da lei (Gl 3:13).

ESBOÇO

1. Introdução: a localização histórica dos discursos de Moisés (1:1-4)

2. O primeiro sermão de Moisés: prólogo histórico (1:5 a 4:43)
    a. A recapitulação histórica dos atos graciosos de Deus de Horebe a Bete-Peor (1:5 a 3:29)

84　　　　MANUAL BÍBLICO MACARTHUR

    b.　Exortação a obedecer à lei (4:1-40)
    c.　A separação de três cidades de refúgio (4:41-43)

3. O segundo sermão de Moisés: as estipulações da aliança sinaítica (4:44 a 28:68)
    a.　Introdução (4:44-49)
    b.　Os elementos básicos do relacionamento de Israel e o Senhor (5:1 a 11:32)
- Os dez mandamentos (5:1-33)
- Consagração plena ao Senhor (6:1-25)
- Separação dos deuses dos outros povos (7:1-26)
- Advertência contra negligenciar o Senhor (8:1-20)
- Ilustrações da rebeldia de Israel no passado (9:1 a 10:11)
- Admoestação a temer o Senhor, amá-lo e obedecer à sua vontade (10:12 a 11:32)

    c.　Estipulações específicas para a vida na nova terra (12:1 a 26:19)
- Instruções para a vida de culto (12:1 a 16:17)
- Instruções para a liderança (16:18 a 18:22)
- Instruções para a ordem social (19:1 a 23:14)
- Instruções sobre leis diversas (23:15 a 25:19)
- Primícias e dízimos na Terra Prometida (26:1-15)
- Afirmação de obediência (26:16-19)

    d.　Bênçãos e maldições da aliança (27:1 a 28:68)

4. O terceiro sermão de Moisés: outra aliança (29:1 a 30:20)

5. Os últimos acontecimentos (31:1 a 34:12)
    a.　Uma mudança de liderança (31:1-8)
    b.　A futura leitura da lei (31:9-13)
    c.　O cântico de Moisés (31:14 a 32:47)
- Antecipação do futuro fracasso de Israel (31:14-29)
- Testemunha do cântico de Moisés (31:30 a 32:43)
- Aplicação do cântico de Moisés (32:44-47)

    d.　Os últimos acontecimentos da vida de Moisés (32:48 a 34:12)
- Orientações a respeito da morte de Moisés (32:48-52)
- A bênção de Moisés (33:1-29)
- A morte de Moisés (34:1-12)

ENQUANTO ISSO, EM OUTRAS PARTES DO MUNDO...

A Etiópia se torna uma potência independente e a Dinastia Shang prospera na China.

DEUTERONÔMIO

RESPOSTAS PARA PERGUNTAS DIFÍCEIS

1. Deuteronômio é simplesmente a versão de Moisés das alianças e dos tratados seculares de seus dias ou representa uma revelação singular de Deus?

O formato que Moisés usou para registrar não apenas o conteúdo de Deuteronômio, mas também o restante do Pentateuco assemelha-se a outros documentos oficiais de um tempo específico da História. Esse fato foi utilizado por historiadores na tentativa de estabelecer uma data para o livro. Também foi utilizado por aqueles que questionam a revelação singular de Deus para apoiar o argumento de que Moisés meramente copiou o estilo de outras nações de seus dias.

As pessoas que Deus usou para registrar sua revelação incluíram em seus escritos a personalidade, a educação ou o estilo deles. Moisés tinha o equivalente a diplomas avançados no melhor treinamento que o Egito tinha para oferecer a jovens príncipes (At 7:22). Se pensarmos no Pentateuco como o registro de Moisés guiado por Deus durante a peregrinação pelo deserto, não parecerá incomum que seu estilo de escrita seja semelhante aos escritos oficiais e políticos de seu tempo. O que distingue os escritos de Moisés, juntamente com o restante das Escrituras, não é tanto o estilo, mas sim o conteúdo imbuído de autoridade e inspirado por Deus.

APROFUNDAMENTO

1. O que diz Moisés sobre os motivos que o levaram a fazer uma recapitulação de tudo o que Deus tinha feito?
2. Segundo o capítulo 6 de Deuteronômio, como a lei deve ser preservada por cada geração?
3. Qual era a relação entre a Lei e a Terra Prometida?
4. De que formas o amor de Deus é revelado ao longo deste livro?
5. Por que Moisés morreu sem entrar na Terra Prometida?

Josué

O guerreiro corajoso de Deus

TÍTULO

Este é o primeiro dos doze livros históricos e recebeu seu nome dos feitos heroicos de Josué, o substituto por quem Moisés orou e a quem comissionou como líder de Israel (Nm 27:12-23). *Josué* significa "Javé salva" ou "o SENHOR é a salvação", e corresponde ao nome "Jesus" no NT. Deus libertou Israel nos dias de Josué e esteve pessoalmente presente como o Comandante Salvador, lutando em favor do seu povo (5:14 a 6:2; 10:42; 23:3,5; At 7:45).

AUTOR E DATA

Embora o autor não seja mencionado, o candidato mais provável é Josué, que foi a testemunha-chave ocular dos acontecimentos registrados (cf. 18:9; 24:26). Um assistente a quem Josué preparou pode ter concluído o livro, acrescentando comentários como os que dizem respeito à sua morte (24:29-33). Alguns têm sugerido que essa seção foi escrita pelo sumo sacerdote Eleazar ou seu filho, Fineias. Raabe ainda estava viva na época em que Josué 6:25 foi escrito. O livro foi concluído antes do reinado de Davi (15:63; cf. 2Sm 5:5-9), e o período mais provável da sua redação é por volta de 1405-1385 a.C.

Josué nasceu durante a escravidão egípcia, foi treinado por Moisés e, por escolha de Deus, foi elevado a essa posição-chave de conduzir Israel ao entrar em Canaã. Aspectos relevantes de sua vida incluem: (1) serviço (Êx 17:10; 24:13; 33:11; Nm 11:28); (2) ter comandado o exército (Êx 17:9-13); (3) ter espiado a terra (Nm 13 e 14); (4) ter suplicado (ou orado) por Moisés (Nm 27:15-17); (5) a soberania de Deus (Nm 27:18ss.); (6) a presença do Espírito (Nm 27:18; Dt 34:9); (7) ser escolhido por Moisés (Nm 27:18-23; Dt 31:7-8, 13 a 15); e (8) total desprendimento para seguir o Senhor (Nm 32:12).

CENÁRIO E CONTEXTO

Quando, antes de morrer, por volta de 1405 a.C., Moisés passou o bastão de liderança para Josué (Dt 34), Israel havia chegado ao fim do período de quarenta anos de peregrinações pelo deserto. Josué estava chegando perto dos 90 anos quando tornou-se líder de Israel e morreu mais tarde, aos 110 anos (24:29), depois de ter guiado Israel na expulsão da maioria dos cananeus e tendo dividido a Terra Prometida entre as doze tribos.

Posicionados nas campinas de Moabe, a leste do rio Jordão e da terra que Deus lhes havia prometido (Gn 12:7; 15:18-21), os israelitas aguardavam a orientação de

Deus para conquistar a Terra Prometida. No lado oeste do Jordão, eles confrontaram que haviam se afundado na tanto iniquidade,que Deus faria com que a Terra Prometida, por assim dizer, expelisse esses habitantes (Lv 18:24-25). Deus daria a Terra Prometida a Israel sob conquista, em primeiro lugar para cumprir a aliança firmada com Abraão e seus descendentes, mas também para aplicar o justo castigo divino aos habitantes pecadores (cf. Gn 15:16). Sabe-se que alguns povos possuíam há muito tempo algumas partes da Terra Prometida, mesmo antes dos dias de Abraão (Gn 10:15-19; 12:6; 13:7). Nos tempos de Josué, os habitantes haviam continuado a declinar moralmente pela adoração de muitos deuses.

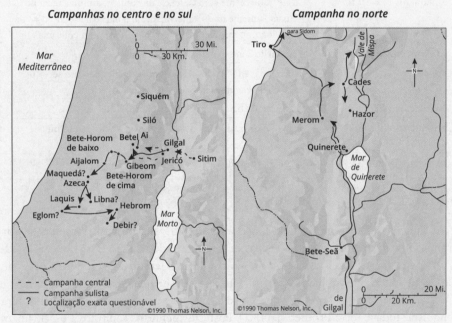

Do acampamento militar em Gilgal Josué lançou duas campanhas, conquistando, assim, o centro e o sul de Canaã.

Depois de conquistar o centro e o sul de Canaã, Josué levou suas forças ao norte, para Hazor.

PRINCIPAIS PERSONAGENS

- **Josué**: liderou Israel à posse da Terra Prometida (1-24).
- **Raabe**: prostituta de Jericó; sua vida foi preservada por causa de sua obediência a Deus; entrou para a genealogia de Davi e Jesus (2; 6:17,22,23,25).
- **Acã**: desobedeceu a Deus ao roubar os despojos de Jericó; levou Israel a perder a batalha contra Ai e, como castigo, foi apedrejado (7; 22:20).
- **Fineias**: sacerdote e filho de Eleazar; agiu como intermediário entre as tribos de Israel para evitar guerra civil (22:13,31-34; 24:33).

88 · MANUAL BÍBLICO MACARTHUR

- **Eleazar:** filho de Arão, o sucedeu como sumo sacerdote; ajudou Josué a liderar Israel (14:1; 17:4; 19:51; 21:1-3; 22:13-33; 24:33).

A PREPARAÇÃO DE JOSUÉ PARA O MINISTÉRIO

1. Êxodo 17:9,10,13,14	Josué liderou a batalha vitoriosa contra os amalequitas.
2. Êxodo 24:13	Josué, servo de Moisés, acompanhou o líder dos israelitas ao monte de Deus (cf. 32:17).
3. Números 11:28	Josué foi auxiliar de Moisés desde a sua mocidade.
4. Números 13:16	Moisés mudou o seu nome de Oseias ("salvação") para Josué ("o SENHOR salva").
5. Números 14:6-10,30,38	Josué, juntamente com Calebe e dez outros, espiou a terra de Canaã. Somente os dois incentivaram a nação a tomar posse da terra, logo, apenas eles, dentre os doze, entraram em Canaã.
6. Números 27:18	O Espírito Santo habitou em Josué.
7. Números 27:18-23	Para ajudar Moisés, Josué foi comissionado para um serviço espiritual pela primeira vez.
8. Números 32:12	Josué seguiu o Senhor de modo pleno.
9. Deuteronômio 31:23	Josué foi comissionado pela segunda vez, para substituir Moisés.
10. Deuteronômio 34:9	Josué foi cheio do espírito de sabedoria.

TEMAS HISTÓRICOS E TEOLÓGICOS

Uma característica digna de nota é a fidelidade de Deus no cumprimento de sua promessa de dar a Terra Prometida aos descendentes de Abraão (Gn 12:7; 15:18-21; 17:8). Deus guiou Israel (cf. 5:14 a 6:2) a habitar nos territórios a leste e a oeste do Jordão, de modo que a palavra "possuir" aparece quase vinte vezes no livro.

Relacionado a esse tema está o fracasso de Israel de empenhar-se o suficiente para conquistar toda a Terra Prometida (13:1). Posteriormente, os capítulos 1 e 2 de Juízes descrevem os resultados trágicos desse pecado. Versículos-chave se concentram: (1) na promessa de Deus da possessão da terra (1:3,6); (2) na meditação na lei de Deus, o que é estratégico para o povo (1:8); e (3) na posse efetiva de Israel de parte da Terra Prometida (11:23; 21:45; 22:4).

A tarefa de Josué consistiu em designar os assentamentos em áreas específicas da Terra Prometida, conforme registrado nos capítulos 13 ao 22. Os levitas foram colocados estrategicamente em 48 cidades, de modo que os ofícios espirituais de Deus oferecidos por meio deles estivessem razoavelmente ao alcance dos israelitas, onde quer que morassem.

JOSUÉ
89

PALAVRAS-CHAVE

Pedra: em hebraico, *'eben* — 4:3,5,9,20; 7:25; 8:31; 10:11,18. As pedras que cobriam o relevo do antigo Oriente Médio eram usadas de várias maneiras e serviam como material de construção para casas, muralhas da cidade e fortes (1Rs 5:17; 2Rs 12:12). Pedras eram utilizadas para fins religiosos, para construir pilares (Gn 35:14) e altares (Dt 27:5) sagrados. Além disso, eram empilhadas como memoriais, marcando locais de revelação divina (Gn 28:18,22) ou algum acontecimento significativo na vida de um indivíduo (Gn 31:46) ou nação (4:6). Como as pedras eram muitas vezes usadas como fundação para uma estrutura, Deus era chamado de "Rocha de Israel" (Gn 49:24). Mas Isaías também descreveu o Senhor como uma "pedra de tropeço" para os israelitas que o rejeitaram (Is 8:14). Essas mesmas imagens são aplicadas a Jesus Cristo no NT (Is 28:16; 1Pe 2:4-8).

Trompete: em hebraico, *shophar* — 6:5,8,9,13,16,20 —, um chifre de animal (tipicamente de um bode ou carneiro) usado como trompete (6:6; Jz 7:8). A palavra pode também se referir a um trompete de metal (Nm 10:2-7; 1Cr 15:28; 2Cr 15:14). O *shophar* era um instrumento de sinalização, utilizado na guerra (Jz 3:27) e para reunir as pessoas em festivais religiosos, como o Dia da Expiação (Lv 25:8; 2Sm 6:5; Jl 2:1). O toque do trompete anunciou a descida de Deus ao monte Sinai para revelar sua lei (Êx 19:20). Tanto o AT como o NT citam um trompete anunciando o dia do Senhor, ou seja, o dia que o Senhor virá em juízo (Sf 1:16; Mt 24:31).

Herança: em hebraico, *nachalah* — 13:14,33; 14:3; 17:4; 19:1,9,49; 21:3; 24:32 —, significa "posse" ou "propriedade" e está ligada às promessas de Deus, especialmente aquelas relacionadas à Terra Prometida (Gn 13:14-17). Ao se referir à Terra Prometida, essa palavra não meramente diz respeito àquilo que uma pessoa quer para seus filhos. Antes, Deus, o Criador do mundo, concedeu ao seu povo um pedaço de terra específico; estabeleceu suas fronteiras e prometeu entregá-lo aos israelitas. No entanto, o conceito da herança de Israel é mais significativo do que uma simples associação com a terra. Davi e Jeremias afirmaram que o próprio Deus é a verdadeira porção ou herança de seu povo (Sl 16:5; Jr 10:16). O povo de Deus pode encontrar alegria e realização em seu relacionamento com Deus. Nada que este mundo pode oferecer como herança se compara ao próprio Deus (1Pe 1:4).

Descanso: em hebraico, *shaqat* — 1:13; 3:13; 10:20; 13:27; 17:2; 21:44; 22:4; 23:1 —, significa "estar em paz". O descanso implica estar livre da ansiedade e de conflitos. Deus prometeu aos israelitas *descanso* na Terra Prometida (Êx 33:14; Dt 3:1-20; 12:9-10). No livro de Josué, a ideia de descanso está relacionada especificamente aos conflitos e às hostilidades de Israel com seus vizinhos. Deus prometeu ao seu povo um local de paz onde eles se estabeleceriam, e obter esse descanso dependia da obediência total de Israel ao mandamento de Deus de expulsar os cananeus (11:23; 14:15). Os autores do NT também falam do conceito de descanso. E costuma-se dizer aos cristãos que os céus lhes trarão descanso da morte, da dor, do pecado e de todas as outras lutas terrenas (Hb 4:1; Ap 21:4).

Deus queria que seu povo tomasse posse da Terra Prometida: (1) para cumprir sua promessa (Gn 12:7); (2) para preparar o cenário para desdobramentos posteriores no plano do seu reino (cf. Gn 17:8; 49:8-12), como, por exemplo, posicionar Israel para os acontecimentos nos períodos dos reis e dos profetas; (3) para punir nações que eram uma afronta a Deus por causa de sua extrema pecaminosidade (Lv 18:25); e (4) para servir de testemunho a outras nações (Js 2:9-11) à medida que a aliança de Deus alcançasse todos os povos (Gn 12:1-3).

PRINCIPAIS DOUTRINAS

- **A fidelidade de Deus em dar a Terra Prometida aos descendentes de Abraão:** (5:14 a 6:2; 11:23; 21:45; 22:4; Gn 12:7; 15:18-21; 17:8; Êx 33:2; Nm 34:2-15; Dt 12:9-10; 25:19; Hb 4:8).

O CARÁTER DE DEUS

- Deus é santo (24:19).
- Deus é ciumento (24:19).
- Deus cumpre suas promessas (22:4; 23:14).
- Deus é providente (7:14; 21:45).
- Deus se ira (10:25; 23:16).

DESAFIOS DE INTERPRETAÇÃO

Milagres sempre desafiam os leitores ou a acreditar que Deus, criador dos céus e da terra (Gn 1:1), pode realizar também outras obras poderosas ou explicá-las de maneira satisfatória. Do mesmo modo que no tempo de Moisés, também nesse livro os milagres fazem parte do propósito de Deus, tais como: (1) a abertura de um caminho através do rio Jordão (Js 3:7-17); (2) a queda dos muros de Jericó (Js 6:1-27); (3) a chuva de pedras (Js 10:1-11); e (4) o longo dia (Js 10:12-15).

Há vários desafios em Josué, e muitos se perguntam, por exemplo: como a bênção de Deus sobre a prostituta Raabe, que respondeu com fé no Senhor, combina com o fato de ela ter contado uma mentira (Js 2)? Em resumo, Raabe foi poupada não por causa de sua mentira, mas sim porque ela colocou sua fé em Deus. (Para um tratamento mais completo sobre essa passagem, veja a seção "Respostas para perguntas difíceis", a seguir). Outra

> ### CRISTO EM JOSUÉ
>
> Embora o livro de Josué não contenha profecias explícitas sobre Cristo como o Messias, Josué representa um tipo de Cristo, tanto em nome como em obras. O nome *Yeshua* representa o nome hebraico de Josué, e esse nome, que significa "Yahweh é Salvação", também é traduzido como "Jesus". Em dado momento, Josué recebeu uma visão do "comandante do exército do SENHOR" (5:13-14). Esse comandante representa Cristo (antes da encarnação como homem) e conduziu Josué, o comandante do exército de Israel, à vitória sobre os cananeus.

JOSUÉ

pergunta é por que os membros da família de Acã foram executados juntamente com ele (Js 7). Eles foram considerados cúmplices porque ajudaram a encobrir sua culpa e esconderam informações de outros. Semelhantemente, familiares morreram na rebeldia de Corá (Nm 16), na queda de Hamã (Et 9:13-14) e após a fuga de Daniel (Dn 6:24). Alguns também se perguntam o que significa o fato de Deus ter enviado vespões diante de Israel (Js 24:12). Essa descrição, também presente em Êxodo 23:28, é uma figura pitoresca (cf. também 23:13) que retrata a luta do próprio Deus para auxiliar Israel (23:3,5,10,18). Essa força extraordinária mandou o inimigo embora, como os temidos vespões literalmente podem fazer (Dt 7:20-21).

ESBOÇO

1. **A entrada na Terra Prometida (1:1 a 5:15)**

2. **A conquista da Terra Prometida (6:11 a 12:24)**
   a. A campanha no centro (6:1 a 8:35)
   b. A campanha no sul (9:1 a 10:43)
   c. A campanha no norte (11:1-15)
   d. Resumo das conquistas (11:16 a 12:24)

3. **A Terra Prometida é repartida (13:1 a 22:34)**
   a. Resumo das instruções (13:1-33)
   b. A oeste do Jordão (14:1 a 19:51)
   c. As cidades de refúgio (20:1-9)
   d. As cidades dos levitas (21:1-45)
   e. A leste do Jordão (22:1-34)

4. **A retenção da Terra Prometida (23:1 a 24:28)**
   a. O primeiro sermão de Josué (23:1-16)
   b. O segundo sermão de Josué (24:1-27)

5. **Pós-escrito (24:29-33)**

ENQUANTO ISSO, EM OUTRAS PARTES DO MUNDO...

No Egito, o reinado pacífico de Amenotep III aperfeiçoa e expande a cultura e o comércio egípcios (1420-1385 a.C.).

RESPOSTAS PARA PERGUNTAS DIFÍCEIS

1. **De que maneira podemos entender o caráter de Deus como revelado no restante das Escrituras em comparação com os mandamentos rigorosos de Deus para destruir completamente cidades e pessoas na conquista da Terra Prometida?**

Quando Josué deu ordem para a destruição de Jericó, ele estava ecoando os mandamentos bastante claros de Deus. Passagens como Êxodo 23:32-33; 34:1-16 e Deuteronômio 7:1-5; 20:16-18 tornam impossível amenizar ou evitar a verdade de que Deus ordenou a destruição de populações inteiras. Eles não eram apenas soldados matando soldados — muitas das vítimas eram mulheres e crianças. O desafio para estudantes sérios e humildes da Bíblia é enfrentar esses horrores e as lições difíceis que são ensinadas sem uma explicação adequada.

Se não tivermos uma admiração crescente pela santidade de Deus e seu justo juízo do pecado, nosso entendimento da graça e misericórdia de Deus esvanecerá, e sem um reconhecimento de que Deus pode castigar e realmente castiga, a possibilidade de misericórdia e perdão carrega pouco peso. Se não buscarmos ver o escopo completo das ações e do caráter de Deus, tenderemos a gravitar para o que gostamos ou não gostamos e perder as conexões. As lacunas em nosso entendimento podem ser parcialmente preenchidas pelo discernimento bíblico.

O papel de Israel na aplicação do juízo de Deus não tinha nada a ver com a justiça dos israelitas, mas, se não fosse pela graça de Deus, eles facilmente estariam no lugar daquelas pessoas que foram condenadas à morte.

> "Depois que o Senhor, o seu Deus, os tiver expulsado da presença de você, não diga a si mesmo: 'O Senhor me trouxe aqui para tomar posse desta terra por causa da minha justiça'. Não! É devido à impiedade destas nações que o Senhor vai expulsá-las da presença de você." (Dt 9:4)

Deus poderia ter usado doença, fome, incêndios ou dilúvios para limpar a terra, mas escolheu usar o povo de Israel. Em terríveis tragédias naturais, todos sofrem, e não é fácil aceitar que crianças pequenas compartilharam do destino de seus pais, mas muitas vezes isso acontece — e foi o que aconteceu à medida que Israel executava o juízo de Deus. Terá Deus incluído injustamente essas crianças no castigo ou os pais e líderes são responsáveis por colocar a vida de inocentes em risco por causa de sua rejeição de Deus? Algumas dessas questões terão de ser resolvidas antes da morte, quando ocorrer o juízo final (Hb 9:27).

2. **Por que Deus abençoou Raabe e lhe deu um papel singular na história apesar de sua mentira?**
A vida de Raabe não foi poupada por causa de sua mentira, mas porque ela pôs sua fé em Deus. O Senhor concedeu à Raabe uma oportunidade graciosa para se aliar a Deus ao proteger dois espiões israelitas, e ela agiu dentro de suas circunstâncias. Raabe mentiu de forma ousada e elaborada, e talvez sua reação inicial tenha sido simplesmente um hábito de sua profissão. Do ponto de vista do rei de Jericó, Raabe teria sido condenada por traição, e não simplesmente por mentir. Ela tinha uma nova devoção e ainda não sabia que o Deus em quem ela agora queria confiar condenava a mentira.

JOSUÉ   **93**

A mudança radical que veio sobre a vida de Raabe quando aqueles espiões bateram à porta pode ser vista de várias maneiras. Ela arriscou sua vida para confiar em Deus. O livro de Rute também revela que Raabe se casou e se tornou a tataravó do rei Davi, entrando, assim, para a genealogia de Jesus. Séculos mais tarde, Raabe foi uma das mulheres enumeradas em Hebreus 11 por causa de sua fé.

3. Como a garantia de sucesso que Deus deu a Josué se estende a nós?

O livro de Josué começa com Deus comissionando o novo líder de Israel. Deus descreveu a missão de Josué — ir e tomar posse da terra (1:2-6) e condicionou o sucesso dele a três fatores: (1) à presença do próprio Deus (1:5); (2) à força e coragem de Josué (1:7,9); e (3) à atenção dada por Josué à Palavra de Deus e à sua aplicação (1:7-8).

O processo de meditação bíblica começa com uma leitura lenta e atenta da Palavra de Deus, e depois avança para a familiaridade e a memorização. A fim de "meditar nelas [nas Escrituras] de dia e de noite" (Js 1:8), Josué precisava passar tempo suficiente com o Livro da Lei, para que ele o interiorizasse. O propósito da Palavra de Deus é alcançado quando a meditação nos conduz à aplicação — "cumpra fielmente tudo o que nele está escrito" (Js 1:8).

"Só então" — Deus disse a Josué — "os seus caminhos prosperarão e você será bem-sucedido" (Js 1:8). Josué descobriu que a principal medida da prosperidade e do sucesso era descobrir como Deus queria que seu povo vivesse e, então, viver dessa forma. Repetidamente, Deus garantiu a Josué que estaria com ele por onde ele andasse. Que melhor medida do sucesso poderia haver do que honrar o sempre-presente Deus com nossa obediência?

APROFUNDAMENTO

1. Que características de Josué fez dele um excelente líder de Israel?
2. Quais foram os maiores desafios de Josué como líder?
3. Releia Números 13 e 14 e compare as condutas e os atos do povo com a próxima geração que se aproximou da Terra Prometida em Josué 1 e 2.
4. De que formas Deus cumpriu suas promessas para Israel por meio de Josué?
5. Como você aplicaria Josué 24:15 em sua vida?

Juízes
Servos escolhidos para tempos turbulentos

TÍTULO

O livro recebe o título adequado de "Juízes", pois se refere aos líderes singulares dados por Deus ao seu povo para preservá-los dos inimigos (2:16-19). O fracasso de Israel em expulsar os povos da terra, conforme Deus havia ordenado, trouxe as consequências por ele preditas (Js 1:27 a 2:4). Os povos cananeus se tornaram espinhos para Israel e a terra estava em constante tribulação. Em tempos de desespero, o povo de Israel reconhecia seu pecado e clamava a Deus por perdão e livramento, e, em cada ocasião, Deus enviava líderes singulares (juízes) para libertá-los (2:16-19). O título hebraico significa "libertadores" ou "salvadores", como também juízes (cf. Dt 16:18; 17:9; 19:17). As carreiras de doze juízes estão inclusas nesse livro. Eli e Samuel, que aparecem em livros posteriores, elevaram o número para catorze. O próprio Deus é o juiz supremo (11:27). Juízes cobre cerca de 350 anos, a contar da conquista de Josué (por volta de 1398 a.C.) até Eli e Samuel, que julgaram antes do estabelecimento da monarquia (em torno de 1043 a.C.).

AUTOR E DATA

O autor não é mencionado no livro, mas a tradição judaica antiga identifica Samuel, profeta-chave que viveu na época em que os acontecimentos registrados sucederam e pode ter pessoalmente feito a recapitulação daquele período (cf. 1Sm 10:25). A época foi antes de Davi tomar Jerusalém, por volta de 1004 a.C. (2Sm 5:6-7), pois os jebuseus ainda controlavam a cidade (Jz 1:21). O escritor também trata de uma época anterior ao reinado de um rei (17:6; 18:1; 21:25), e, como o reinado de Saul começou por volta de 1043 a.C., é provável que Juízes tenha sido escrito um pouco depois disso.

CENÁRIO E CONTEXTO

Juízes é uma trágica continuação de Josué. Em Josué, o povo foi obediente a Deus quanto a conquistar a Terra Prometida, ao passo que, em Juízes, foi desobediente, idólatra e várias vezes derrotado. Juízes 1:1 a 3:6 tem o seu foco sobre os dias finais do livro de Josué; os versículos 6 a 9 do capítulo 2 fazem uma recapitulação da morte de Josué (cf. Js 24:28-31). O relato descreve sete ciclos distintos de Israel se afastando do Senhor, que tiveram início já antes da morte de Josué, tendo posteriormente se desviado de Deus totalmente. Cinco razões básicas são evidentes para esses ciclos de declínio moral e espiritual de Israel:

1. a desobediência ao não expulsar os cananeus da terra (Jz 1:19,21,35);
2. a idolatria (2:12);
3. os casamentos com os ímpios cananeus (3:5-6);
4. o fato de as pessoas não darem ouvidos aos juízes (2:17);
5. o fato de terem se desviado de Deus depois da morte dos juízes (2:19);

Uma sequência de quatro partes repetidamente ocorreu nessa fase da história de Israel:
- Israel abandona Deus;
- Deus pune, permitindo derrota e subjugação militares;
- Israel ora, clamando por libertação;
- Deus levanta "juízes" civis, ou às vezes líderes militares locais, que derrotam opressores.

OS JUÍZES DE ISRAEL

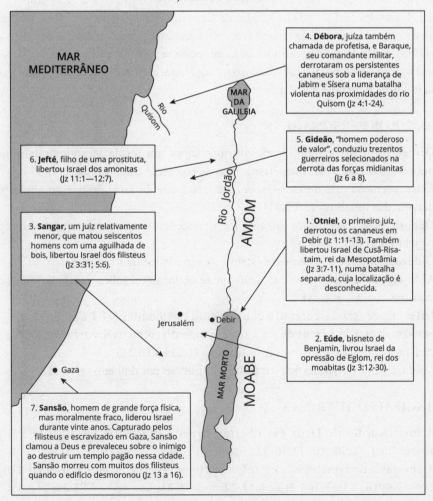

Catorze juízes surgiram, seis dos quais foram militares (Otniel, Eúde, Débora, Gideão, Jefté e Sansão). Dois homens foram de importância especial quanto ao contraste de liderança espiritual: (1) Eli, juiz e sumo sacerdote (não foi um bom exemplo para o povo); e (2) Samuel, juiz, sacerdote e profeta (foi um bom exemplo).

TEMAS HISTÓRICOS E TEOLÓGICOS

Juízes é temático em vez de cronológico; dentre seus temas destacam-se o poder de Deus e a misericórdia da aliança ao livrar graciosamente os israelitas das consequências dos seus erros, sofridas por causa das concessões pecaminosas (cf. 2:18-19; 21:25). Em sete períodos do pecado à salvação (cf. Introdução: Esboço), Deus compassivamente livrou o seu povo em diversas áreas geográficas dos territórios das tribos, os quais ele anteriormente havia distribuído por meio de Josué (Js 13 a 22). A apostasia cobriu toda a Terra Prometida, como é indicado pelo fato de que cada área é especificamente identificada: sul (3:7-31); norte (4:1 a 5:31); centro (6:1 a 10:5); leste (10:6 a 12:15); e oeste (13:1 a 16:31). O poder de Deus de fielmente resgatar brilha contra o pano de fundo tenebroso da lamentável concessão humana ao pecado e, às vezes, de suas bizarras tendências pecaminosas, como pode ser visto no resumo final (Jz 17 a 21). O último versículo (21:15) resume o livro: "Naquela época não havia rei em Israel; cada um fazia o que lhe parecia certo".

PRINCIPAIS PERSONAGENS

- **Otniel**: primeiro juiz de Israel; vitorioso sobre um rei da Mesopotâmia muito poderoso; trouxe a Israel quarenta anos de paz (1:13-14; 3:7-11).
- **Eúde**: segundo juiz de Israel; trouxe a Israel oitenta anos de paz ao ajudar na derrota dos moabitas (3:15-31).
- **Débora**: profetisa e única juíza de Israel; sucedeu Sangar como quarta juíza de Israel (4:4-16; 5).
- **Gideão**: quinto juiz de Israel; destruiu o exercido midianita (6 a 8).
- **Abimeleque**: o filho mau de Gideão que se declarou rei sobre Israel; matou 69 de seus meios-irmãos (8:31 a 9:57).
- **Jefté**: juiz de Israel e guerreiro que derrotou os amonitas (11:1 a 12:7).
- **Sansão**: dedicado a Deus desde o seu nascimento como nazireu; foi também juiz de Israel enviado para derrotar os filisteus (13:24 a 16:31).
- **Dalila**: amante de Sansão que o traiu com os filisteus por dinheiro (16:4-21).

PRINCIPAIS DOUTRINAS

- **A misericórdia de Deus em libertar Israel**: (2:16,18-19; Dt 30:3; Js 1:5; Sl 106:43-45; Lc 1:50; Rm 11:30-32; 2Co 1:3; Ef 2:4).
- **A apostasia de Israel**: (3:7; 4:1; 6:1; 8:33; 10:6; 13:1; 21:25; Nm 31:1-3; Dt 32:18; 1Sm 12:9; 1Rs 11:33; Is 1:4; Ez 6:11-14; Jo 3:18-21; Rm 7:5-6; Cl 3:25; Tt 3:3).

JUÍZES   97

PALAVRAS-CHAVE

Juiz: em hebraico, *shaphat* — 2:16,18; 10:2; 11:27; 12:9,11; 15:20, 16:31. Essa palavra hebraica para *juiz* significa "libertar" ou "governar". Os juízes de Israel tinham várias responsabilidades. Assim como os juízes de hoje, os do Antigo Testamento podiam decidir disputas e entregar veredictos (Êx 18:16), e também estavam envolvidos na execução do julgamento tanto na defesa dos justos (Sl 26:1) como na destruição dos ímpios (Êx 7:3). Muitos juízes eram líderes militares nomeados por Deus, imbuídos de autoridade pelo Espírito Santo (6:34; 15:14), e lutaram contra os opressores de Israel, libertando o povo. Mais tarde, o rei de Israel passou a ocupar a função de juiz nacional (1Sm 8:5). Em última análise, o Juiz perfeito de Israel é Deus, e somente ele é capaz de julgar os ímpios sem falhas e libertar os justos (Is 11:4).

Enigma: em hebraico, *chidah* — 14:12-19 —, significa "frase misteriosa" ou "quebra-cabeça". Na história de Sansão, o enigma é usado em um concurso de sabedoria. Provérbios atribui tais enigmas aos sábios (Pv 1:6), e, quando a rainha de Sabá testou a sabedoria de Salomão, suas perguntas são descritas por essa mesma palavra em hebraico (1Rs 10:1; 2Cr 9:1). No confronto de Deus com Miriã e Arão, Deus se descreve como falando "por enigmas" (a mesma palavra em hebraico) aos profetas, mas a Moisés falou face a face (Nm 12:6-8). Talvez Paulo tenha tido esse último conceito em mente quando advertiu os coríntios de que uma pessoa, ainda que tenha a capacidade de saber todos os mistérios, nada seria, se não tivesse o amor de Deus (1Co 13:2).

O CARÁTER DE DEUS
- Deus é justo (5:11).
- Deus se ira (9:56).

DESAFIOS DE INTERPRETAÇÃO

Os desafios mais interessantes são: (1) como encarar os atos violentos de homens contra inimigos ou concidadãos, com a aprovação de Deus ou sem ela; (2) o fato de Deus usar líderes que às vezes faziam a vontade dele e outras vezes seguiam seus próprios impulsos pecaminosos (Gideão, Eli, Jefté, Sansão); (3) como encarar o voto de Jefté e o sacrifício de sua filha (11:30-40); e (4) como equacionar a vontade soberana de Deus com sua obra providencial a despeito do pecado humano (cf. 14:4).

A cronologia dos diversos juízes em diferentes setores da terra levanta questões sobre quanto tempo se passou e como a totalidade do tempo se encaixa no período inteiro a partir do êxodo (por volta de 1445 a.C.) até

CRISTO EM JUÍZES

O livro de Juízes rastreia o povo de Israel durante sete períodos de rebeldia total contra Deus, e, durante cada período, juízes específicos são trazidos como libertadores e salvadores para o povo caído. Esses juízes ilustram Cristo como o Salvador e Rei definitivo de seu povo (Lc 2:11; Jo 4:42; Mc 15:2).

OS JUÍZES DE ISRAEL

Juiz e tribo	Referências bíblicas	Opressores	Período de opressão/ descanso
Otniel (Judá) Filho de Quenaz, irmão mais novo de Calebe	Jz 1:11-15; 3:1-11; Js 15:16-19; 1Cr 4:13	Cusã-Risataim, rei da Mesopotâmia	8 anos/40 anos
Eúde (Benjamin) Filho de Gera	Jz 3:12—4:1	Eglom, rei dos moabitas, amonitas e amalequitas	18 anos/80 anos
Sangar (talvez um estrangeiro) Filho de Anate	Jz 3:31; 5:6	Filisteus	Não registrado/ Não registrado
Débora (Efraim), Baraque (Naftali) Filho de Abinoão	Jz 4:1 a 5:31 Hb 11:32	Jabim, rei de Canaã; Sísera, comandante do exército	20 anos/40 anos
Gideão (Manassés) Filho de Joás, o abiezrita. Também chamado Jerubaal (6:32; 7:1) e Jurubesete (2Sm 11:21)	Jz 6:1 a 8:32; Hb 11:32	Midianitas; amalequitas; "Povo do Leste"	7 anos/40 anos
Abimeleque (Manassés) Filho de Gideão com uma concubina	Jz 8:33 a 9:57; 2Sm 11:21	Guerra civil	Abimeleque governou Israel por três anos
Tolá (Issacar) Filho de Pua	Jz 10:1-2		Julgou Israel por 23 anos
Jair (Gileade-Manassés)	Jz 10:3-5		Julgou Israel por 22 anos
Jefté (Gileade-Manassés) Filho de Gileade com uma prostituta	Jz 10:6 a 12:7 Hb 11:32	Filiesteus; amonitas; guerra civil com os efraimitas	18 anos/julgou Israel por 6 anos
Ibsã (Judá ou Zebulom) (Belém-Zebulom; cf. Js 19:15)	Jz 12:8-10		Julgou Israel por 7 anos
Elom (Zebulom)	Jz 12:11-12		Julgou Israel por 10 anos
Abdom (Efraim) Filho de Hilel	Jz 12:13-15		Julgou Israel por 8 anos
Sansão (Dã) Filho de Manoá	Jz 13:1 a 16:31	Filisteus Hb 11:32	40 anos/julgou Israel por 20 anos

JUÍZES

o quarto ano de Salomão, em torno de 967/966 a.C., que se acredita ter sido de 480 anos (1Rs 6:1). Uma explicação razoável é que as libertações e os anos de descanso sob os juízes em diversas áreas da terra incluem sobreposições, de modo que alguns deles não transcorreram consecutivamente, mas paralelamente durante os 480 anos. A estimativa de Paulo em Atos 13:20 de "cerca de quatrocentos e cinquenta anos" é uma aproximação.

O PERÍODO DOS JUÍZES

Eventos e Juízes	Anos
Israel serve a Cuchã-Risataim (3:7-8)	8
Paz após a libertação de Otniel (3:7-11)	40
Israel serve a Moabe (3:12)	18
Paz após a libertação de Eúde (3:12-30)	80
Sangar liberta Israel dos filisteus (3:31)	1
Israel serve a Canaã (4:1-3)	20
Paz após a libertação de Débora e Baraque (4:1 a 5:31)	40
Israel serve a Midiã (6:1-6)	7
Paz após a libertação de Gideão (6:1 a 8:35)	40
Abimeleque, rei de Israel (9:1-57)	3
A carreira de Tolá (10:1-2)	23
A carreira de Jair (10:3-5)	22
Israel serve a Amom e à Filístia (10:6-10)	18
A carreira de Jefté (10:6 a 12:7)	6
A carreira de Ibsã (12:8-10)	7
A carreira de Elom (12:11-12)	10
A carreira de Abdom (12:13-15)	8
Israel serve à Filístia (13:1)	40
A carreira de Sansão (12:1 a 16:31)	20

ESBOÇO

1. Introdução e resumo: a desobediência de Israel (1:1 a 3:6)
    a. A vitória parcial sobre os cananeus (1:1-36)
    b. O declínio e o castigo de Israel (2:1 a 3:6)

2. Uma história selecionada de juízes: a libertação de Israel (3:7 a 16:31)
    a. O primeiro período: Otniel contra os mesopotâmicos (3:7-11)
    b. O segundo período: Eúde e Sangar contra os moabitas (3:12-31)
    c. O terceiro período: Débora contra os cananeus (4:1 a 5:31)

d. O quarto período: Gideão contra os midianitas (6:1 a 8:32)
e. O quinto período: Tolá e Jair contra os bens de Abimeleque (8:33 a 10:5)
f. O sexto período: Jefté, Ibsã, Elom e Abdom contra os filisteus e os amonitas (10:6 a 12:15)
g. O sétimo período: Sansão contra os filisteus (13:1 a 16:31)

3. **Epílogo: o desamparo de Israel (17:1 a 21:25)**
    a. A idolatria de Mica e os danitas (17:1 a 18:31)
    b. O crime em Gibeá e a guerra contra Benjamim (19:1 a 21:25)

ENQUANTO ISSO, EM OUTRAS PARTES DO MUNDO...

Na China, declara-se a lei seca e fábricas de seda se tornam amplamente desenvolvidas para o uso no comércio chinês.

RESPOSTAS PARA PERGUNTAS DIFÍCEIS

1. **Homens como Gideão, Jefté e Sansão parecem exibir o mesmo tanto de fracassos e sucessos. Por que Deus usa líderes com fraquezas tão óbvias?**

Uma resposta óbvia é que, enquanto Deus optar por usar pessoas, ele vai acabar usando pessoas com fraquezas óbvias, e ninguém escapa dessa categoria. O que importa é que Deus usa as pessoas em seu plano apesar de suas fraquezas óbvias.

Isso quer dizer que os pecados de um líder devem ser ignorados? É claro que não. Na verdade, os líderes estão sujeitos a altos patamares de prestação de contas. Note, por exemplo, o fato de que Moisés abriu mão de sua oportunidade de entrar na Terra Prometida por causa de um acesso de raiva (Nm 20:10; Dt 3:24-27). Jefté fez um voto imprudente pelo qual sua filha sofreria a consequência primária (Jz 11:29-40). O que deve atrair nossa atenção a respeito desses servos de Deus não é tanto suas fraquezas, nem mesmo os grandes feitos que Deus realizou por meio deles, mas sim o fato de que eles permaneceram fiéis a Deus apesar de seus fracassos.

2. **O que temos a ganhar ao estudar a vida dos juízes de Israel?**

A Palavra de Deus inclui uma amostra rica da experiência humana. Apesar da transformação superficial de grande parte do mundo, as pessoas que nele habitam permanecem as mesmas. Quando estudamos a vida dos juízes, descobrimos a nós mesmos. As vitórias, as derrotas, os erros e os acertos compartilhados formam um elo comum ao longo dos séculos e voltam nossa atenção ao Deus presente de forma ativa na vida deles. O convite dos antigos permanece silenciosamente persuasivo: se vivêssemos de modo tão ousado por Deus, com certeza descobriríamos, dia após dia, o mesmo tipo de presença imediata de Deus que fez parte da experiência deles.

JUÍZES

APROFUNDAMENTO

1. Quem eram os doze juízes revisados neste livro e em que medida eles cumpriram satisfatoriamente a missão de liderança confiada a cada um deles?
2. Qual juiz você acredita ser o melhor exemplo a ser seguido?
3. Quais eram os principais sinais na vida dos israelitas indicadores de sua perda de compromisso com Deus e de seu compromisso com as culturas vizinhas?
4. Por que Deus continuamente regatava o povo?
5. Como você ilustraria o último versículo em Juízes de acordo com os tempos em que você vive: "Naquela época não havia rei em Israel; cada um fazia o que lhe parecia certo" (Jz 21:25)?

Rute

A família internacional de Deus

TÍTULO

De modo consistente, as versões antigas e as traduções modernas têm intitulado esse livro de Rute em memória da heroína moabita, mencionada doze vezes (1:4 a 4:13). Somente dois livros do AT recebem como título nomes de mulheres: Rute e Ester. Esse livro contém outra distinção: é o único livro do AT cujo nome vem de um antepassado de Jesus. Nenhum outro livro do AT faz referência a Rute, e no NT ela é mencionada apenas uma vez — no contexto da genealogia de Cristo (Mt 1:5; cf. Rt 4:18-22). "Rute" provavelmente vem de uma palavra moabita e/ou hebraica que significa "amizade". Ela chegou a Belém como estrangeira (2:10), tornou-se serva (2:13), casou-se com o rico Boaz (4:13) e foi incluída na linhagem de Cristo (Mt 1:5).

AUTOR E DATA

A tradição judaica credita a autoria do livro a Samuel, o que é possível, já que ele morreu (1Sm 25:1) somente depois de ter ungido Davi como o rei escolhido por Deus (1Sm 16:6-13). No entanto, nem referências internas nem testemunhos externos são conclusivos na identificação do autor. Essa história extraordinária muito provavelmente surgiu um pouco antes ou durante o reinado de Davi em Israel (1011-971 a.C.), já que Davi é mencionado no livro (4:17,22), mas não Salomão. Acredita-se que Goethe classificou essa anônima, mas ainda não superada obra da literatura, como "a mais admirável e completa obra numa escala menor". O que Vênus é para a estatuária e Mona Lisa para a pintura, Rute é para a literatura.

CENÁRIO E CONTEXTO

Além de Belém (1:1), Moabe, a eterna inimiga de Israel, que ficava a leste do mar Morto), é a única outra entidade geográfica/nacional mencionada (1:1-2). Esse país originou-se com Moabe, filho de uma relação incestuosa de Ló com sua filha mais velha (Gn 19:37). Séculos mais tarde, os judeus enfrentaram a oposição de Balaque, rei de Moabe, por meio do profeta Balaão (Nm 22 a 25). Moabe oprimiu Israel por 18 anos durante o tempo dos juízes (3:12-30), e Saul derrotou os moabitas (1Sm 14:47), ao passo que Davi pareceu desfrutar de uma relação de paz com eles (1Sm 22:3-4). Mais tarde, Moabe novamente incomodou Israel (2Rs 3:5-27; Ed 9:1). Por causa da adoração idólatra de Moabe a Quemos (1Rs 11:7,33; 2Rs 23:13) e sua oposição a Israel, Deus amaldiçoou Moabe (Is 15-16; Jr 48; Ez 25:8-11; Am 2:1-13).

A história de Rute aconteceu "na época dos juízes" (1:1), por volta de 1370 a 1041 a.C. (Jz 2:16-19), e, desse modo, liga o tempo dos juízes ao período dos reis de Israel. Deus usou uma "fome na terra" de Judá (1:1) para criar o cenário desse bonito drama, embora a fome não seja mencionada em Juízes, o que dificulta o estabelecimento da data dos acontecimentos de Rute. No entanto, voltando no tempo para a bem conhecida data do reinado de Davi (1011-971 a.C.), o período de tempo de Rute seria mais provavelmente durante o juizado de Jair, por volta de 1126-1105 a.C. (Jz 10:3-5).

Rute abrange um período de mais ou menos onze ou doze anos de acordo com o seguinte cenário: (1) 1:1-18, dez anos em Moabe (1:4); (2) 1:19 a 2:23, vários meses (meados de abril a meados de junho) nas plantações de Boaz (1:22 a 2:23); (3) 3:1-18, um dia em Belém e uma noite na eira; e (4) 4:1-22, cerca de um ano em Belém.

PRINCIPAIS PERSONAGENS

- **Rute**: nora de Noemi; mais tarde casou-se com Boaz; antepassada direta de Jesus (capítulos 1 a 4).
- **Noemi**: viúva de Elimeleque e sogra de Orfa e Rute; instruiu Rute com sabedoria (capítulos 1 a 4).
- **Boaz**: fazendeiro próspero que se casou com Rute, a moabita; antepassado direto de Jesus (capítulos 2 a 4).

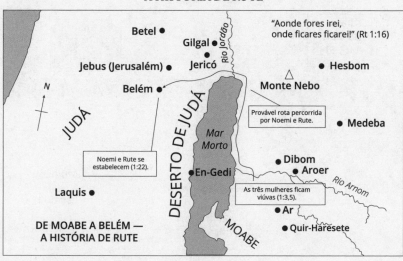

A HISTÓRIA DE RUTE

TEMAS HISTÓRICOS E TEOLÓGICOS

Todos os 85 versículos de Rute são aceitos como canônicos pelos judeus. Juntamente com Cântico dos Cânticos, Ester, Eclesiastes e Lamentações, Rute está entre os livros do AT do Megilote ou os "cinco rolos". Os rabinos leem esses livros nas sinagogas em cinco ocasiões especiais durante o ano, sendo que Rute é lido no Pentecostes por causa das cenas de colheita de Rt 2 a 3.

Genealogicamente, Rute volta no tempo quase 900 anos, referindo-se a acontecimentos na época de Jacó (4:11), e projeta-se no futuro cerca de cem anos para o vindouro reino de Davi (4:17,22). Enquanto Josué e Juízes enfatizam a herança da nação e da terra da promessa, Rute foca na linhagem de Davi remontando à era patriarcal.

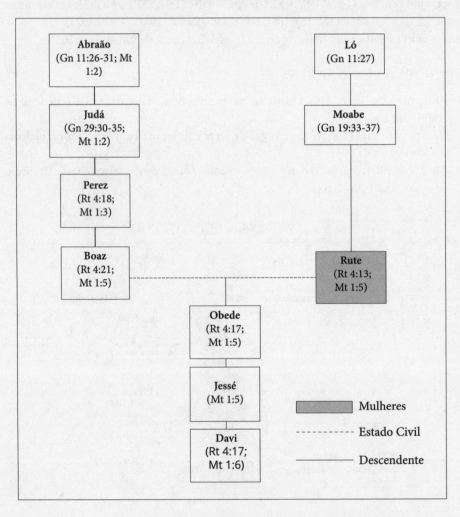

A ÁRVORE GENEALÓGICA DE RUTE

Pelo menos sete temas teológicos importantes aparecem em Rute. Primeiro, Rute, a moabita, ilustra que o plano redentor de Deus estende-se não somente aos judeus, mas também aos gentios (2:12). Segundo, Rute demonstra que as mulheres são coerdeiras

RUTE   105

com os homens da graça salvadora de Deus (cf. 1Pe 3:7). Terceiro, Rute retrata a mulher
virtuosa de Provérbios 31:10 (cf. 3:11). Quarto, Rute descreve a soberania de Deus (1:6;
4:13) e seu cuidado providencial (2:3) com pessoas aparentemente sem importância
em tempos aparentemente insignificantes, que mais tarde demonstraram ser de importância crucial para o cumprimento da vontade de Deus. Quinto, Rute, juntamente com
Tamar (Gn 38), Raabe (Js 2) e Bate-Seba (2Sm 11 a 12) estão na genealogia da linhagem
de Cristo (4:17,22; cf. Mt 1:5). Sexto, Boaz, como um tipo de Cristo, torna-se parente-
-resgatador de Rute (4:1-12). Por fim, o direito de Davi (e, assim, o direito de Cristo) ao
trono de Israel remonta a Judá (4:18-22; cf. Gn 49:8-12).

PRINCIPAIS DOUTRINAS

- **Redenção para judeus e gentios:** (2:12; 1Sm 24:19; Sl 58:11; At 13:46; Rm 10:11-
  12; Gl 3:28; Ef 2:14).
- **Mulheres como coerdeiras com os homens da graça salvadora de Deus:** (2:12; At
  17:12; Gl 3:28).
- **Características de uma mulher virtuosa:** (3:11; Pv 12:4; 31:10-31).
- **O direito de Davi (portanto, o direito de Cristo) ao trono de Israel:** (4:18-22;
  Gn 49:8-12; Mt 1:1-7; Lc 3:32).

O CARÁTER DE DEUS

- Deus é soberano (1:6; 4:13).
- Deus é providente (2:3).

PARENTE-RESGATADOR

Qualificação do AT	Cumprimento de Cristo
1. Relação por vínculo de sangue	Gl 4:4-5; Hb 2:16-17
2. Recursos necessários	1Co 6:20; 1Pe 1:18-19
3. Disposição para comprar	Jo 10:15-18; 1Jo 3:16

DESAFIOS DE INTERPRETAÇÃO

Rute deve ser considerado um relato histórico verídico. Os acontecimentos fidedignos
que envolvem Rute, além de serem plenamente compatíveis com Juízes e 1 e 2Samuel,
confirmam a autenticidade do livro, entretanto, algumas dificuldades requerem uma
atenção cuidadosa. Primeira, como Rute podia prestar culto no tabernáculo então em
Siló (1Sm 4:4) se Dt 23:3 proíbe expressamente os moabitas de entrarem na assembleia
por dez gerações? Uma vez que os judeus entraram na Terra Prometida, por volta de 1405
a.C., e Rute não havia nascido antes de 1150 a.C., ela representava, então, no mínimo, a

11ª geração (possivelmente posterior), se a limitação de tempo acabou em dez gerações. Se "dez gerações" era uma expressão idiomática que tinha o significado de "para sempre", como está implícito em Neemias 13:1, então Rute seria semelhante ao estrangeiro de Isaías 56:1-8, que se agregou ao SENHOR (1:16), obtendo, assim, permissão para entrar na assembleia.

CRISTO EM RUTE

Boaz, um tipo de Cristo, torna-se o resgatador de Rute (veja as seções Palavras-chave e Respostas para perguntas difíceis). Esse relato prenuncia a vinda de Jesus como redentor de todos os que creem (1Pe 1:18-19).

Segunda, não há indícios de imoralidade no fato de Boaz e Rute terem passando a noite juntos antes do casamento (3:3-18)? Rute recorreu a um antigo costume do Oriente Próximo ao pedir que Boaz a tomasse por esposa, simbolicamente retratado pela ação de estender a capa sobre a mulher pretendida (3:9), precisamente como Javé estendeu seu manto sobre Israel (Ez 16:8). No texto, não há sequer a menor insinuação de impropriedade moral, observando que Rute dormiu aos pés de Boaz (3:14). Assim, Boaz se tornou a resposta de Deus à sua própria oração feita anteriormente a favor de Rute (2:12).

Terceira, a lei estabelecida em Deuteronômio 25:5-6 (se um homem casado morrer e não tiver filhos, seu irmão deverá casar-se com a viúva para dar continuidade à família) não conduziria a incesto e/ou poligamia se o parente

---

PALAVRAS-CHAVE

Recolher: em hebraico, *Iaqat* — 2:2,7,15,17-19,23 —, nesse contexto, significa "colher" ou "juntar". No Antigo Testamento, descrevem-se pessoas recolhendo ou juntando uma variedade de objetos: pedras (Gn 31:46), prata (Gn 47:14), maná (Êx 16:4-5,26) e até homens vadios (Jz 11:3). O profeta Isaías usou esse termo para descrever como o Senhor ajuntaria seu povo espalhado e restauraria sua terra (Is 27:12). O verbo aparece 34 vezes no AT, com doze ocorrências em Rute 2. No capítulo 2, Rute faz usos das condições que o Senhor deu a Moisés. Deus havia ordenado aos israelitas que não colhessem tudo dos campos; antes, deveriam deixar grãos sem serem recolhidos, para que os pobres e os estrangeiros da terra pudessem colher para sua própria sobrevivência (Lv 19:9-10; 23:22).

Parente-resgatador: em hebraico, *ga'al* — 2:1,20; 3:9,12,13; 4:1,3,6,14 —, com o significado de "parente" se refere a "parente próximo", que agia como protetor ou guardião dos direitos da família. Ele podia ser chamado a desempenhar várias funções: (1) comprar de volta uma propriedade que a família havia vendido; (2) prover um herdeiro a um irmão falecido ao casar-se com a viúva e gerar um filho com ela; (3) comprar de volta um membro da família que havia sido vendido como escravo durante tempos de pobreza; e (4) vingar um parente assassinado matando o assassino. As Escrituras também chamam Deus de Redentor ou "parente próximo" de Israel (Is 60:16) e Jesus de Redentor de todos os crentes (1Pe 1:18-19).

RUTE

mais próximo já fosse casado? Deus não conceberia um bom plano para envolver imoralidades grosseiras puníveis com a morte. Deve-se assumir que a implementação de Deuteronômio 25:5-6 apenas envolveria o parente mais próximo qualificado para se casar, como é esclarecido em outras estipulações da lei.

Quarta, casar-se com uma moabita não era expressamente proibido pela lei? As nações ou pessoas com as quais o casamento era proibido eram aquelas que possuíam a terra em que Israel entraria (Êx 34:16; Dt 7:1-3; Js 23:12), o que não incluía Moabe (cf. Dt 7:1). Além disso, Boaz se casou com Rute, devota prosélita de Javé (1:16-17), e não com uma pagã que adorava Quemos, principal deus dos moabitas (cf. problemas posteriores em Ed 9:1-2; Ne 13:23-25).

ESBOÇO

1. **A falência de Elimeleque e Noemi em Moabe (1:1-5)**
2. **Noemi e Rute retornam para Belém (1:6-22)**
3. **Boaz recebe Rute no seu campo (2:1-23)**
4. **O romance de Rute com Boaz (3:1-18)**
5. **Boaz redime Rute (4:1-12)**
6. **Deus recompensa Boaz e Rute com um filho (4:13-17)**
7. **O direito de Davi ao trono de Judá (4:18-22)**

ENQUANTO ISSO, EM OUTRAS PARTES DO MUNDO...

Uma guerra civil é travada sob o reinado de Ramsés XI durante a 21ª Dinastia no Egito (1090 a 945 a.C.).

RESPOSTAS PARA PERGUNTAS DIFÍCEIS

1. O que é "parente-resgatador"?

Ao negociar com outro parente a aquisição da propriedade de Elimeleque e Noemi (4:1-12), Boaz se referiu a uma lei estabelecida por Moisés em Deuteronômio 25:5-10. Essa lei estabelecia medidas específicas a serem tomadas por uma família no caso de falecimento de um filho casado que não tinha um filho para herdar ou carregar seu nome. Outro (supostamente solteiro) homem da família deveria se casar com a viúva e o primeiro filho desse casal herdaria a propriedade do falecido.

O parente de Boaz estava disposto a negociar um acordo financeiro com Noemi a respeito de sua propriedade, mas não se deu conta de que Rute fazia parte do acordo. Quanto Boaz lhe informou disso, o homem abdicou imediatamente seu direito de reivindicar a propriedade, abrindo caminho para Boaz se casar com Rute. O processo de negociação demonstra um compromisso com integridade e honra.

APROFUNDAMENTO

1. De que maneiras o relacionamento entre Noemi e Rute ilustra as melhores formas de amizade?
2. Como a história de Rute ilustra a fidelidade de Deus?
3. De que maneiras Rute explicou e expressou sua fé em Deus?
4. Como Boaz demonstrou sabedoria em tratar da questão da herança de Noemi e Rute?
5. Descreva o relacionamento de Noemi com Deus ao longo do livro de Rute.
6. Pensando na sua vida, que ilustrações específicas da provisão de Deus você pode destacar?

1 e 2Samuel

Qualificações para um rei e o estabelecimento da linhagem de Davi

TÍTULO

Nos manuscritos hebraicos mais antigos, 1Samuel e 2Samuel eram considerados um só livro; mais tarde, eles foram divididos em dois pelos tradutores da versão grega (*Septuaginta*), e essa divisão foi seguida pela tradução para o latim (*Vulgata*) e pelas traduções modernas na nossa língua e no hebraico. Os primeiros manuscritos hebraicos deram ao primeiro livro o nome de "Samuel" em homenagem ao homem que Deus usou para estabelecer o reino de Israel. Os textos hebraicos subsequentes e as versões em português chamaram o livro dividido de "1Samuel e 2Samuel". A *Septuaginta* os designou "O Primeiro e o Segundo Livros dos Reinos", e a *Vulgata*, "Primeiro e Segundo Reis", sendo que os nossos 1 e 2Reis são chamados de "Terceiro e Quarto Reis".

AUTOR E DATA

A tradição judaica atribuía a autoria de "Samuel" ao próprio Samuel ou a Samuel, Natã e Gade (com base em 1Cr 29:29), mas Samuel não pode ser o autor, já que sua morte foi registrada em 1Samuel 25:1, antes mesmo dos acontecimentos associados ao reino de Davi. Além disso, Natã e Gade foram profetas do Senhor durante a vida de Davi e não estariam vivos quando o livro de Samuel foi escrito. Embora os registros escritos desses três profetas pudessem ter sido usados como fonte de informação para escrever 1 e 2Samuel, o autor humano desses livros é desconhecido. Essa obra chega ao leitor como uma composição anônima, isto é, o autor humano fala em nome do Senhor e dá a interpretação divina dos acontecimentos narrados.

Os livros de Samuel não contêm qualquer indicação clara da data de sua composição. Que seu autor os escreveu depois da divisão do reino entre Israel e Judá em 931 a.C. é evidente por causa das muitas referências feitas a ambos como entidades distintas (1Sm 11:8; 17:52; 18:16; 2Sm 5:5; 11:11; 12:8; 19:42-43; 24:1,9). Também a declaração de que "Ziclague pertence aos reis de Judá, até ao dia de hoje" em 1Samuel 27:6 nos apresenta uma clara evidência de que este foi escrito em data pós-salomônica. Entretanto, não existe essa clareza sobre qual seja a data mais tardia possível para a composição. No entanto, no cânone hebraico, 1 e 2Samuel foram incluídos nos Profetas Anteriores, juntamente com Josué, Juízes e 1 e 2Reis. Se os Profetas Anteriores foram compostos como uma unidade, então Samuel deve ter sido escrito durante o cativeiro babilônico (por volta de 560-540 a.C.), já que 2Reis termina durante o exílio (2Rs 25:27-30). Contudo, como Samuel possui um estilo literário distinto do de Reis, é muito provável que tenha sido escrito antes do exílio, durante o período do reino dividido (por volta de 931-722 a.C.), sendo que posteriormente passou a fazer parte dos Profetas Anteriores.

O REINO DE DAVI

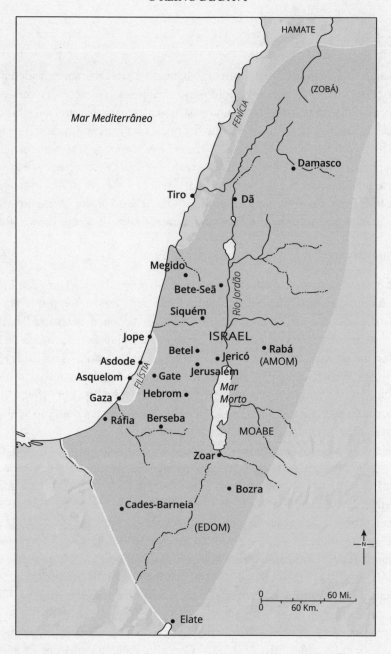

1 E 2SAMUEL

CENÁRIO E CONTEXTO

A maior parte da ação registrada em 1 e 2Samuel aconteceu na região do planalto central da terra de Israel e seus arredores. A nação de Israel se concentrava em grande parte numa área que se estendia por uma área de aproximadamente 144 quilômetros da região montanhosa de Efraim, ao norte (1Sm 1:1; 9:4) até a região montanhosa de Judá, ao sul (Js 20:7; 21:11), e entre 24 e 56 quilômetros do leste a oeste. Essa cadeia de montanhas central eleva-se entre 450 e 1000 metros acima do nível do mar, e as cidades principais de 1 e 2Samuel estavam localizadas nesse planalto central: Siló, residência de Eli e do tabernáculo; Ramá, a cidade natal de Samuel; Gibeá, o quartel-general de Saul; Belém, o local do nascimento de Davi; Hebrom, a capital de Davi quando ele governou Judá; e Jerusalém, a "cidade de Davi" definitiva.

Os acontecimentos de 1 e 2Samuel ocorreram entre cerca de 1105 a.C., o nascimento de Samuel (1Sm 1:1-28), até por volta de 971 a.C., as últimas palavras de Davi (2Sm 23:1-7). Portanto, os livros compreendem aproximadamente 135 anos de história, e, durante esses anos, Israel passou de um grupo de tribos frouxamente unidas sob "juízes" a uma nação unida, governada por uma monarquia centralizada. Os livros contemplam Samuel (por volta de 1105-1030 a.C.), Saul, que reinou aproximadamente de 1052-1011 a.C., e Davi, que foi rei da monarquia unificada no período de 1011-971 a.C.

PRINCIPAIS PERSONAGENS

1SAMUEL

- **Eli**: sumo sacerdote e juiz de Israel durante quarenta anos; treinou Samuel para ser juiz (1:3-28; 2:11 a 4:18).
- **Ana**: mãe de Samuel; dedicou seu filho ao Senhor quando ainda bebê (1:2 a 2:11,21).
- **Samuel**: sacerdote, profeta e o maior juiz de Israel; ungiu os dois primeiros reis de Israel (1:20; 2:11,18-26; 3:1-21; 7:3 a 13:15; 15:1 a 16:13; 19:18-24; 25:1; 28:3-16).
- **Saul**: primeiro rei de Israel nomeado por Deus; teve inveja de Davi e tentou matá-lo (9:2 a 11:15; 13:1 a 19:24; 20:24-33; 21:10-11; 22:6 a 24:22; 25:44 a 27:4; 28:3 a 31:12).
- **Jônatas**: filho de Saul; tornou-se amigo de Davi e o protegeu de Saul (13:1 a 14:49; 18:1 a 23:18; 31:2).
- **Davi**: o maior rei de Israel; também pastor, músico e poeta; antepassado direto de Jesus Cristo (16:11 a 30:27).

2SAMUEL

- **Davi**: ver anteriormente.
- **Joabe**: comandante militar do exército de Davi (2:13 a 3:39; 8:16; 10:7 a 12:27; 14:1-33; 18:2 a 24:9).
- **Bate-Seba**: cometeu adultério com Davi; tornou-se rainha de Israel e mãe de Salomão; antepassada direta de Jesus (11:1-26; 12:24).

- **Natã**: profeta e conselheiro de Davi; persuadiu-o a se arrepender de seu pecado (7:2-17; 12:1-25).
- **Absalão**: filho de Davi; tentou derrubar o trono de Israel (3:3; 13:1 a 19:10).

A VIDA DE DAVI

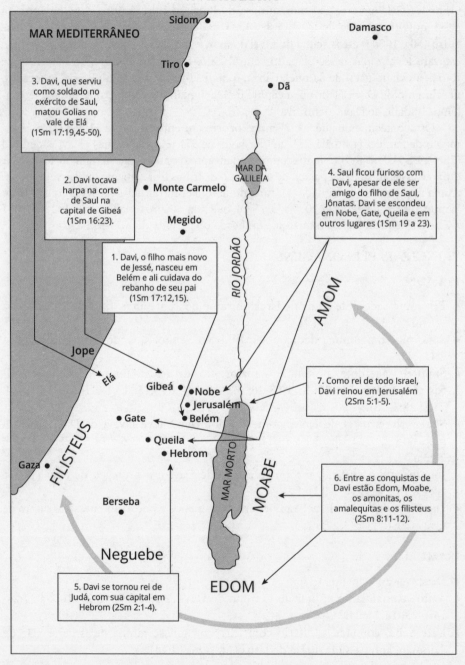

A VIDA E O MINISTÉRIO DE SAMUEL

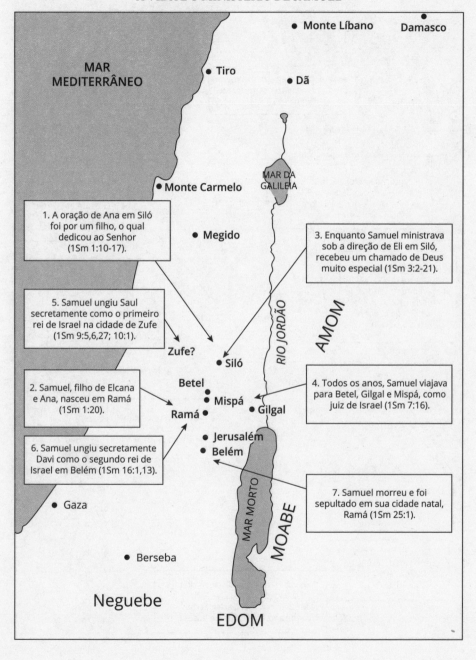

A AMEAÇA FILISTEIA

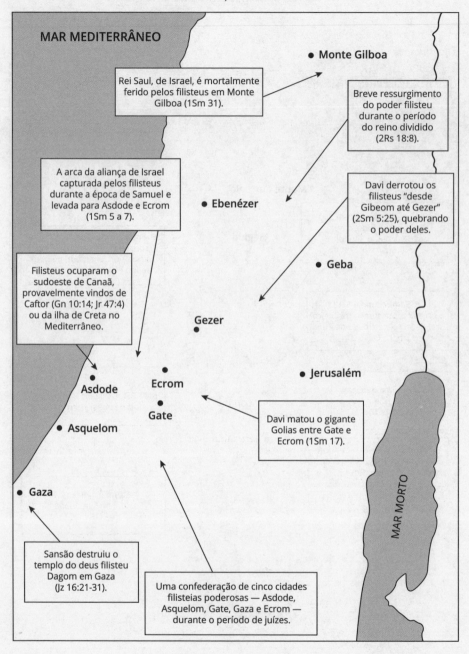

PALAVRAS-CHAVE

Ouvir: em hebraico, *shama* ' — 1:13; 2:23; 4:14; 7:9; 8:18; 17:11; 23:11; 25:24 —, também significa "obedecer". Essa importante palavra do AT aparece mais de mil vezes e implica que o ouvinte está dando atenção total ao locutor. Em alguns casos, seu significado vai além de ouvir e indica obediência ao que foi dito. Abraão foi abençoado não apenas por ouvir a voz de Deus, mas por obedecer-lhe (veja Gn 22:18, onde essa palavra é traduzida como "obedeceu"). No terceiro capítulo de 1Samuel, Samuel está ouvindo a palavra de Deus e está determinado a obedecer-lhe. Esse jovem é um exemplo do tipo de pessoa que Deus se compraz em usar — aquela que está sempre pronta para receber a palavra de Deus e a segui-la.

Rei: em hebraico, *melek* — 2:10; 8:6; 10:24; 15:11; 18:22; 21:11,16; 24:20 —, pode descrever o governante mesquinho de uma pequena cidade (Js 10:3) ou o monarca de um vasto império (Es 1:1-5). A competência de um rei da antiguidade incluía a força militar (8:20), a economia (1Rs 10:26-29), a diplomacia internacional (1Rs 5:1-11) e o sistema jurídico (2Sm 8:15). Muitas vezes, atuava como líder espiritual (2Rs 23:1-24), apesar de que os reis de Israel eram proibidos de desempenhar algumas funções sacerdotais (13:9-14). A Bíblia apresenta Davi como um exemplo de rei justo determinado a servir fielmente a Deus (At 13:22). A promessa de Deus de dar a Davi um reino eterno (2Sm 7:16) foi cumprida em Jesus Cristo, cuja ancestralidade humana se dá por meio da família real de Davi (Lc 2:4).

Destruir por completo, exterminar: em hebraico, *charam* — 15:3,8,9,15,18,20 —, refere-se à "separação" de coisas inapropriadas, normalmente por causa de impureza associada à idolatria. No mundo antigo, qualquer coisa sagrada ou impura era considerada inapropriada para o uso comum, portanto, estava sujeita à destruição completa. Segundo Deuteronômio 13:12-15, Israel deveria destruir todos e tudo que fossem perversos o suficiente para ser considerado corrompido. A violação desse mandamento custou a vida de Acã (Js 7) e o trono de Saul (15:9-11). Paulo nos lembra de que somos todos perversos, portanto, somos impuros e merecemos a destruição. Porém, Deus, em sua misericórdia, optou por salvar aqueles que depositam sua confiança em Jesus (Rm 3:10-26).

Arca: em hebraico, *'aron* — 6:2,4,10,12,17; 7:2; 11:11; 15:24 —, pode ser traduzida como "caixa" (2Rs 12:9) ou "sarcófago" (Gn 50:26), mas com mais frequência aparece na frase *'aron haberith*, que significa "arca da aliança". A arca era um baú de madeira revestido de ouro (Êx 25:10-22), onde ficavam guardados os Dez Mandamentos (Êx 40:20), a vara de Arão e um vaso de ouro contendo o maná (Hb 9:4). Ficava no Lugar Santíssimo como lembrança da aliança de Israel com Deus e de sua presença entre eles, e, quando os israelitas se tornaram descuidados com a arca (1Sm 4:1-11), Deus permitiu que ela fosse capturada para demonstrar que seu relacionamento com eles transcendia símbolos e superstições. O que ele exigia era contínua obediência à sua aliança e um coração contrito entregue a ele (Sl 51:17; Is 57:15).

PALAVRAS-CHAVE (continuação)

Arca: em hebraico, *'aron* — 6:2,4,10,12,17; 7:2; 11:11; 15:24 —, pode ser traduzida como "caixa" (2Rs 12:9) ou "sarcófago" (Gn 50:26), mas com mais frequência aparece na frase *'aron haberith*, que significa "arca da aliança". A arca era um baú de madeira revestido de ouro (Êx 25:10-22), onde ficavam guardados os Dez Mandamentos (Êx 40:20), a vara de Arão e um vaso de ouro contendo o maná (Hb 9:4). Ficava no Lugar Santíssimo como lembrança da aliança de Israel com Deus e de sua presença entre eles, e, quando os israelitas se tornaram descuidados com a arca (1Sm 4:1-11), Deus permitiu que ela fosse capturada para demonstrar que seu relacionamento com eles transcendia símbolos e superstições. O que ele exigia era contínua obediência à sua aliança e um coração contrito entregue a ele (Sl 51:17; Is 57:15).

Jerusalém: em hebraico, *yerushalaim* — 5:5; 8:7; 11:1; 15:8,29; 16:15; 17:20; 19:19; 24:16 —, relacionada à palavra "paz". Durante o reinado de Davi, Jerusalém se tornou a capital política e religiosa de Israel e central ao plano redentor de Deus. Essa cidade é descrita de várias formas no AT como a cidade de Deus (Sl 87:1-3), o lugar onde Deus colocou seu nome (2Rs 21:4), um lugar de salvação (Is 46:13), o trono de Deus (Jr 3:17) e uma cidade santa (Is 52:1). Os profetas anteciparam um período em que Jerusalém seria julgada por causa de sua iniquidade (Mq 4:10-12), mas, no pronunciamento do julgamento, eles podiam ver também sua restauração gloriosa (Is 40:2; 44:25-28; Dn 9:2, Sf 3:16-20). Essa visão de uma Jerusalém restaurada incluía a esperança de uma Nova Jerusalém em que Deus reuniria seu povo (Is 65:17-19; Ap 21:1-2).

Guerreiros (também "valentes" ou "poderosos"): em hebraico, *gibbor* — 1:25; 10:7; 16:6; 17:8; 20:7; 23:8,22 —, enfatiza excelência ou qualidade extraordinária. No AT, é usada para denotar a excelência de um leão (Pv 30:30), a valentia de homens bons ou ruins (Gn 10:9; 1Cr 19:8), de gigantes (Gn 6:4), de anjos (Sl 103:20) ou até mesmo de Deus (Dt 10:17; Ne 9:32). As Escrituras afirmam que o "guerreiro" não é vitorioso por causa de sua força (Sl 33:16), mas por causa de seu entendimento e conhecimento do Senhor (Jr 9:23-24). A expressão "Deus Poderoso" é usada três vezes no AT, inclusive na profecia messiânica de Isaías do nascimento de Jesus (Is 9:6; 10:21; Jr 32:18).

TEMAS HISTÓRICOS E TEOLÓGICOS

No início de 1Samuel, Israel estava espiritualmente deficiente. Os sacerdotes eram corruptos (1Sm 2:12-17,22-26), a arca da aliança não estava no tabernáculo (1Sm 4:3 a 7:2), havia prática de idolatria (1Sm 7:3-4) e os juízes eram desonestos (1Sm 8:2-3). Mediante a influência piedosa de Samuel (1Sm 12:23) e Davi (1Sm 13:14), essas condições foram revertidas. O livro de 2Samuel termina com a ira do Senhor sendo afastada de Israel (2Sm 24:25).

Durante os anos narrados em 1 e 2Samuel, os grandes impérios do mundo antigo estavam enfraquecidos. Nessa época, nem o Egito, nem as forças da

1 E 2SAMUEL

Mesopotâmia, da Babilônia e da Assíria eram consideradas ameaça para Israel. As duas nações mais hostis, aos israelitas eram a dos filisteus (1Sm 4; 7; 13 e 14; 17; 23; 31; 2Sm 5), a oeste, e a dos amonitas (1Sm 11; 2Sm 10 a 12), a leste. O maior contingente de filisteus havia migrado das ilhas egeias e da Ásia Menor no século XII a.C. Depois de ter acesso negado ao Egito, eles foram se estabelecendo entre outros filisteus que já estavam lá ao longo da costa mediterrânea da Palestina. Os filisteus controlavam o uso do ferro, o que lhes dava certa vantagem militar e econômica sobre Israel (1Sm 13:19-22). Os amonitas eram descendentes de Ló (Gn 19:38) que viviam no planalto transjordaniano. Davi conquistou os filisteus (2Sm 8:1) e os amonitas (2Sm 12:29-31), juntamente com outras nações ao redor de Israel (2Sm 8:2-14).

Em 1 e 2Samuel há quatro temas teológicos predominantes. O primeiro é a aliança davídica. Os livros são emoldurados por duas referências ao rei "ungido": na oração de Ana (1Sm 2:10) e na canção de Davi (2Sm 22:51). Essa é uma referência ao Messias, o Rei que triunfará sobre as nações que se opõem a Deus (veja Gn 49:8-12; Nm 24:7-9,17-19). De acordo com a promessa do Senhor, esse Messias viria por meio da linhagem de Davi e estabeleceria o trono de Davi para sempre (2Sm 7:12-16). Os acontecimentos da vida de Davi registrados em Samuel prenunciam as ações do filho maior de Davi (isto é, Cristo) no futuro.

O segundo tema é a soberania de Deus, vista claramente nesses livros. Um exemplo é o nascimento de Samuel em resposta à oração de Ana (1Sm 9:17; 16:12-13). Também, com relação a Davi, é bem evidente que nada pode frustrar o plano de Deus de fazê-lo reinar sobre Israel (1Sm 24:20).

Terceiro, a obra do Espírito Santo na capacitação de homens para desempenhar tarefas designadas por Deus é evidente. O Espírito do Senhor veio sobre Saul e Davi após terem sido ungidos como reis (1Sm 10:10; 16:13), e o poder do Espírito Santo trouxe profecia (1Sm 10:6) e vitória na batalha (1Sm 11:6).

Quarto, os livros de Samuel demonstram as consequências pessoais e nacionais do pecado. Os pecados de Eli e de seus filhos resultaram na morte deles (1Sm 2:12-17,22-25; 3:10-14; 4:17-18). A falta de reverência pela arca da aliança levou à morte muitos israelitas (1Sm 6:19; 2Sm 6:6-7), e a desobediência de Saul resultou em seu julgamento pelo Senhor, que o rejeitou como rei de Israel (1Sm 13:9,13-14; 15:8-9,20-23). Embora Davi tenha sido perdoado pelos pecados de adultério e assassinato depois de sua confissão (2Sm 12:13), ainda assim sofreu as inevitáveis e devastadoras consequências deles (2Sm 12:14).

PRINCIPAIS DOUTRINAS

1SAMUEL

- **Aliança davídica:** a promessa de Deus para Davi de estender seu trono e reino eternamente (2:10; Gn 49:8-12; Nm 24:7-9,17-19; 2Rs 8:19; 2Cr 13:5; 21:7; Sl 89:20-37; Is 16:5; At 15:16-18; Ap 22:16).
- **A obra do Espírito Santo**: capacita os homens a cumprir missões confiadas a eles por Deus (10:6,10; 16:13; Nm 11:25,29; Jd 14:6; 27:18; Mt 4:1; 28:19-20; Mc 13:11; Lc 1:35; Jo 14:16-17; At 1:8; 2:4; Rm 8:5-6; Gl 5:16-18; Tg 4:5,6).
- **Pecado**: o pecado de Israel gerou consequências pessoais e nacionais (3:10-14; 4:17-18; 6:19; 13:9,13-14; 15:8-9,20-23; Gn 3; Nm 4:15; 15:30-31; 1Rs 11:38; 13:34; 2Rs 21:12; Sl 106:43; Is 22:14; Jr 19:3; Ez 7:3; 18:30; Jo 8:34; Rm 2:5; Hb 10:4, 26-31).

2SAMUEL

- **Aliança davídica**: a promessa de Deus para Davi de estender seu trono e reino eternamente (7:12-16; 22:51; veja outras referências para a Aliança davídica em 1Samuel).
- **Pecado**: o pecado de Israel gerou consequências pessoais e nacionais (6:6-7; 12:13-14; veja outras referências para Pecado em 1Samuel).
- **Messias**: prenunciado a Davi por Natã para ser o rei ungido que triunfará sobre todas as nações opostas a Deus (7:12-16; 22:51; Mt 1:16-17; 12:22; Mc 1:1; Jo 7:42; At 2:30-33).

O CARÁTER DE DEUS

1SAMUEL

- Deus é santo (2:2).
- Deus é poderoso (14:6).
- Deus é providente (2:7-8; 6:7-10, 12; 30:6).
- Deus é justo (12:7).
- Deus é soberano (9:17; 16:12-13; 24:20).
- Deus é sábio (2:3).
- Deus se ira (5:6; 6:19; 7:10; 31:6).

2SAMUEL

- Deus é generoso (2:6).
- Deus cumpre suas promessas (7: 12-13).
- Deus é providente (17:14-15).

CRISTO EM 1 E 2SAMUEL

Em 1Samuel, a oração de Ana (2:10) antecipa um futuro rei ungido por Deus. Esse ungido, também chamado de Messias, cumpriria a promessa de Deus de estabelecer o trono de Davi para sempre.

A aliança davídica descrita em 2Samuel 7:12-16 revela a promessa de Deus de estender o reino de Davi por toda a eternidade. Cristo cumpre essa aliança como o Messias que descende diretamente da linhagem real de Davi. A vida de Davi registrada em 2Samuel prenuncia o reino futuro de Cristo.

1 E 2SAMUEL

- Deus é verdadeiro (2:6).
- Deus é incomparável (7:22).
- Deus é o único Deus (7:22).
- Deus é sábio (7:20).
- Deus se ira (6:7; 21:1; 24:1,15,17).

DESAFIOS DE INTERPRETAÇÃO

Os livros de Samuel contêm algumas questões de interpretação bastante discutidas: (1) Qual dos manuscritos antigos está mais próximo do original? O texto padrão hebraico (massorético) foi mal preservado e a *Septuaginta* diverge dele com frequência. Assim, a interpretação precisa do original do texto é, em algumas passagens, difícil de ser determinada (veja 1Sm 13:1). Essa é a razão de termos tantas discrepâncias numéricas. (2) Seria Samuel ambivalente em relação ao estabelecimento de um reino humano em Israel? É dito que, embora 1Samuel 9 a 11 apresente uma visão positiva do reinado, 1Samuel 8 e 12 são firmemente contra essa questão. É preferível, entretanto, ver o livro como apresentando uma perspectiva equilibrada do reinado humano. Conquanto o anseio de Israel por um rei fosse aceitável (Dt 17:15), sua razão em querer um rei demonstrava falta de fé no Senhor. (3) Como explicar o comportamento bizarro dos profetas? É comum assumir que 1 e 2Samuel apresentam os profetas como porta-vozes místicos de comportamento bizarro, exatamente como os profetas pagãos das outras nações. Porém, no texto não há nada que seja inconsistente com a visão dos profetas como comunicadores da revelação divina, algumas vezes profetizando com acompanhamento musical. (4) Como o Espírito Santo ministrava antes do Pentecostes? O ministério do Espírito Santo em 1Samuel 10:6,10; 11:16; 16:13-14; 19:10,23 e 2Samuel 23:2 não estava descrevendo a salvação como no sentido do NT, mas como uma capacitação do Senhor para o seu serviço (veja também Jz 3:10; 6:34; 11:29; 13:25; 14:6,19; 15:14). (5) Qual era a identidade do "espírito maligno do Senhor"? Seria um ser pessoal, isto é, um demônio, ou um espírito de descontentamento criado por Deus no coração (cf. Jz 9:23)? Tradicionalmente, esse espírito tem sido visto como um demônio. (6) Como Samuel apareceu em 1Samuel 28:3-5? Parece melhor entender essa aparição como o Senhor permitindo que o Samuel morto falasse com Saul. (7) Qual é a identidade da semente de Davi em 2Samuel 7:12-15? Normalmente, é considerada como sendo de Salomão. Entretanto, o NT refere-se a essas palavras como sendo Jesus, o Filho de Deus em Hebreus 1:5.

ESBOÇO

1Samuel

1. Samuel: profeta e juiz de Israel (1:1 a 7:17)
- a. Samuel, o profeta (1:1 a 4:1a)
  - O nascimento de Samuel (1:1-28)

- A oração de Ana (2:1-10)
- O crescimento de Samuel (2:11-26)
- A profecia contra a casa de Eli (2:27-36)
- A Palavra do Senhor por meio de Samuel (3:1 a 4:1a)

b. Samuel, o juiz (4:1b a 7:17)
- A saga da arca (4:1b a 7:1)
- A vitória de Israel sobre os filisteus e o juizado de Samuel (7:2-17)

2. Saul: o primeiro rei de Israel (8:1 a 15:35)

a. A ascensão de Saul ao reinado (8:1 a 12:25)
- Os israelitas pedem um rei (8:1-22)
- O processo para Saul tornar-se rei (9:1 a 11:13)
- A exortação de Samuel a Israel quanto ao rei (11:14 a 12:25)

b. O declínio de Saul no reinado (13:1 a 15:35)
- A repreensão de Saul (13:1-15)
- As guerras de Saul (13:16 a 14:52)
- A rejeição de Saul (15:1-35)

3. Davi e Saul: transferência do reinado em Israel (16:1 a 31:13)

a. A apresentação de Davi (16:1 a 17:58)
- A unção de Davi (16:1-13)
- Davi na corte de Saul (16:14-23)
- Davi, o guerreiro do Senhor (17:1-58)

b. Davi é afastado da corte de Saul (18:1 a 20:42)
- A raiva e o temor de Saul com relação a Davi (18:1-30)
- A defesa de Davi por Jônatas e Mical (19:1 a 20:42)

c. Davi foge da perseguição de Saul (21:1 a 28:2)
- Saul mata todos os sacerdotes em Nobe (21:1 a 22:23)
- Davi poupa a vida de Saul duas vezes (23:1 a 26:25)
- O desespero de Davi e o refúgio filisteu (27:1 a 28:2)

d. A morte de Saul (28:3 a 31:13)
- A última noite de Saul (28:3-25)
- A despedida de Davi pelos filisteus (29:1-11)
- Davi destrói os amalequitas (30:1-31)
- O último dia de Saul (31:1-13)

2SAMUEL

I. O reinado de Davi como rei de Israel (1:1 a 20:26)

a. A nomeação de Davi ao reinado de Judá (1:1 a 3:5)
- A morte de Saul e de Jônatas (1:1-27)
- Davi ungido por Judá (2:1-7)
- As vitórias de Davi sobre a casa de Saul (2:8 a 3:1)
- As esposas e os filhos de Davi em Hebrom (3:2-5)

1 E 2SAMUEL

b. A nomeação de Davi ao reinado de Israel (3:6 a 5:16)
- A morte de Abner e Isbosete (3:6 a 4:12)
- Davi ungido por todo Israel (5:1-5)
- A conquista de Jerusalém por Davi (5:6-12)
- As esposas e os filhos de Davi em Jerusalém (5:13-16)
c. O reino triunfante de Davi (5:17 a 8:18)
- As vitórias de Davi sobre os filisteus (5:17-25)
- As vitórias espirituais de Davi (6:1 a 7:29)
- As vitórias de Davi sobre os filisteus, moabitas, arameus e edomitas (8:1-18)
d. O reino turbulento de Davi (9:1 a 20:26)
- A misericórdia de Davi com Mefibosete (9:1-13)
- Os pecados de Davi de adultério e assassinato (10:1 a 12:31)
- Problemas na família de Davi (13:1 a 14:33)
- O estupro de Tamar (13:1-22)
- O assassinato de Amnom (13:23-39)
- O retorno de Absalão (14:1-33)
- As revoltas contra Davi (15:1 a 20:26)
- A revolta de Absalão (15:1 a 19:43)
- A revolta de Seba (20:1-26)

2. Epílogo (21:1 a 24:25)
a. O castigo de Deus a Israel (21:1-14)
b. Os heróis de Davi (21:15-22)
c. O cântico de louvor de Davi (22:1-51)
d. As últimas palavras de Davi (23:1-7)
e. Os guerreiros de Davi (23:8-39)
f. O castigo de Deus a Davi (24:1-25)

ENQUANTO ISSO, EM OUTRAS PARTES DO MUNDO...

Nas regiões hoje conhecidas como Nevada e Califórnia, nos Estados Unidos, povos indígenas chamados "Paiutes" prosperam, deixando evidências de cabanas construídas com palha, madeira e barro.

O uso de perucas se torna popular em meio à aristocracia egípcia e assíria.

DESENVOLVIMENTO DO ROTEIRO DE 2SAMUEL

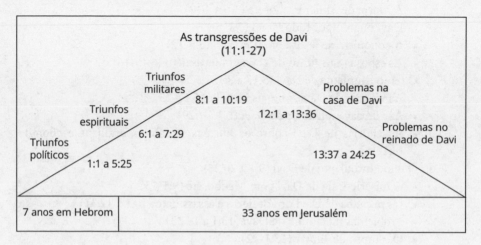

RESPOSTAS PARA PERGUNTAS DIFÍCEIS

1. **Se aceitarmos a visão crítica de que os antigos manuscritos sobreviventes de 1 e 2Samuel foram relativamente mal preservados, qual deveria ser nossa atitude com relação a esses livros como parte da Palavra de Deus?**
Em vista dos desafios envolvidos no processo de cópia à mão e de preservação dos rolos, é impressionante o fato de termos os documentos antigos que temos. Nossa atitude deveria estar mais inclinada para o maravilhamento de que há tão poucas discrepâncias do que para a preocupação com as dificuldades que possam nos intrigar e desafiar.

Muitas descobertas na ciência da análise de manuscritos antigos envolvem os erros típicos que comumente aparecem quando documentos escritos à mão são copiados. Por exemplo, quando duas linhas de texto terminam com a mesma palavra ou com as mesmas palavras, os olhos do copista tendem a pular a segunda linha, apagando-a completamente. Comparações cuidadosas entre manuscritos e reconstrução do texto muitas vezes revelam esses erros simples.

No caso de 1 e 2Samuel, temos duas famílias de textos antigos: (1) o texto massorético, em hebraico, e (2) a *Septuaginta*, traduzida para o grego por estudiosos judeus em torno de 100 a.C. Comparando os dois textos, é verdade que eles diferem com mais frequência aqui do que em outros livros do AT. Há discrepâncias frequentes entre os textos com relação aos números. Na resolução dessas discrepâncias, em virtude da idade e do idioma do texto massorético, este geralmente é considerado uma versão mais próxima do manuscrito original, a menos que a gramática e o conteúdo indiquem erro de cópia.

Um fato essencial a ser lembrado quando pensamos na possibilidade de erros textuais na Bíblia é o seguinte: as doutrinas fundamentais da fé cristã jamais se

1 E 2SAMUEL

baseiam em um único versículo da Bíblia, tampouco dependem de um trecho controverso dela. O plano de salvação de Deus e a ideia central dos ensinamentos cristãos podem ser encontrados em toda a Escritura.

2. **Como 1 e 2Samuel nos ajudam a entender o papel do Espírito Santo nos dias do AT?**

Os livros 1 e 2Samuel ilustram parte do papel do Espírito Santo no AT. As ações específicas do Espírito são notadas nas seguintes passagens: 1Samuel 10:6,10; 11:6; 16:13-14; 19:20,23 e 2Samuel 23:2. Essas referências oferecem várias conclusões a respeito do ministério do Espírito Santo: (1) era uma "vinda" ocasional sobre certa pessoa escolhida para uma tarefa ou declaração específica; (2) o ministério do Espírito não era controlado pela pessoa; (3) a expectativa da ajuda do Espírito podia ser dada e retirada; e (4) o Espírito Santo inspirava certas pessoas a falarem ou escreverem a mensagem de Deus.

Jesus prometeu a habitação do Espírito Santo, e não visitas-surpresa. Com certeza, algumas vezes os cristãos podem experimentar uma capacitação específica do Espírito Santo para determinada tarefa, porém, a imagem do ministério do Espírito Santo sofre uma mudança: de uma visitação externa por parte de Deus no AT para uma presença residente por parte Deus na vida do cristão no NT.

3. **O governo dos reis fazia parte do plano de Deus desde o início ou a reivindicação do povo por um rei trouxe a monarquia como uma forma de disciplina divina?**

Ao entrar na Terra Prometida, os israelitas encontraram cidades-estado cananeias governadas por reis (Js 12:7-14). Mais tarde, durante os dias dos juízes, Israel foi escravizado e oprimido por nações lideradas por reis (Jz 3:8,12; 4:2; 8:5; 11:12). O livro de Juízes menciona repetidamente a falta de um rei (Jz 17:6; 18:1; 19:1; 21:25). A ideia de ter um rei, como tinham as nações vizinhas, tornou--se uma grande tentação. Segundo Deuteronômio 17:14, no entanto, Deus sabia que esse seria o desejo deles e ele mesmo predisse que concederia autorização. Primeiro Samuel 8:4-20 revela que a motivação dos israelitas era, na verdade, a rejeição de Deus.

Apesar das advertências de Samuel a respeito das desvantagens da monarquia, o povo ofereceu o que eles achavam que eram três motivos razoáveis por que precisavam de um rei (1Sm 8:20): (1) ser como as outras nações; (2) ter um juiz nacional; e (3) ter um campeão de guerra. Cada um desses motivos contradizia os propósitos específicos de Deus: (1) Israel deveria ser uma nação santa; (2) Deus era o supremo juiz; (3) Deus havia lutado as batalhas dos israelitas por eles, enquanto um rei os enviaria para a batalha. O problema de Israel não consistia em ter um rei, mas substituir Deus por um governante humano. Eles trocaram um Governante maravilhoso e poderoso que não podiam ver por um que eles podiam ver, mas estava sujeito ao fracasso.

APROFUNDAMENTO

1SAMUEL

1. De que formas o nascimento e a infância de Samuel influenciaram sua vida como juiz e profeta?
2. Que traços de caráter notáveis são ilustrados na vida de Ana, a mãe de Samuel?
3. Como era o relacionamento de Samuel com os dois primeiros reis de Israel e o que esse relacionamento indicava sobre a visão de Deus a respeito dos reis?
4. Até que ponto a obediência é um tema central de 1Samuel?
5. Como o chamado específico de Deus na vida de Samuel influencia o seu entendimento do propósito de Deus para sua vida?

2SAMUEL

1. Que importantes traços do caráter de Davi são ilustrados em 2Samuel?
2. Em que aspectos Davi era um "homem segundo o coração de Deus"?
3. Que tipo de líder ou rei foi Davi?
4. Como a sequência de acontecimentos envolvendo Davi e Bate-Seba mostra a atratividade do pecado e suas consequências?
5. O que evitou a rejeição de Davi por Deus após seus pecados múltiplos?
6. Como a experiência de Davi impacta seu entendimento da visão de Deus para você e seu pecado?

1 e 2Reis

Decepção e tragédias reais

TÍTULO

Originalmente, os livros de 1Reis e 2Reis eram um só, chamado, no texto em hebraico, de "Reis", por causa da primeira palavra em 1:1. A tradução grega do AT (*Septuaginta*) dividiu o livro em dois, e isso também foi seguido pela nossa versão em latim (*Vulgata*) e pelas traduções para nossa língua. A divisão foi feita para facilitar a cópia desse longo livro nos pergaminhos e códices, não sendo baseada nas características de seu conteúdo. As Bíblias modernas em hebraico chamam os livros de "Reis A" e "Reis B". A *Septuaginta* e a *Vulgata* fazem uma correspondência entre os livros de Reis e os de Samuel, de modo que os títulos na *Septuaginta* são "O Terceiro e o Quarto Livro dos Reinados", e na *Vulgata*, "Terceiro e Quarto Reis". Combinados, os livros de 1 e 2Samuel e de 1 e 2Reis são uma crônica de toda a história dos reinos de Judá e de Israel, de Saul a Zedequias. Os livros de 1 e 2Crônicas apresentam apenas a história da monarquia em Judá.

AUTOR E DATA

A tradição judaica propôs que Jeremias tenha sido o autor de Reis, mas isso é improvável, porque o acontecimento final registrado no livro (veja 2Rs 25:27-30) ocorreu na Babilônia em 561 a.C. Jeremias nunca esteve na Babilônia, mas sim no Egito (Jr 43:1-7), e estaria com pelo menos 86 anos de idade em 561 a.C. Na verdade, a identidade do autor não nomeado permanece desconhecida. Como o ministério dos profetas é destacado em Reis, parece mais provável que esse livro tenha sido escrito por um profeta do Senhor, cujo nome não foi revelado, e que viveu no exílio com Israel, na Babilônia.

O livro de Reis foi escrito entre 561-538 a.C. Como o último acontecimento narrado (2Rs 25:27-30) estabelece a data provável mais recente de sua conclusão e, como não há registro do término do cativeiro babilônio em Reis, o livramento do exílio (538 a.C.) identifica a data aproximada de sua redação. Às vezes, essa data é questionada com base na declaração "até hoje" em 1Rs 8:8; 9:13,20-21; 10:12; 12:19; 2Rs 2:22; 8:22; 10:27; 14:7; 16:6; 17:23,34,41; 21:15. Entretanto, é melhor entender essas declarações como se tivessem sido feitas pelas fontes usadas pelo autor, em vez de feitas pelo próprio autor.

É evidente que para compor esse livro o autor fez uso de diversas fontes, inclusive os "registros históricos de Salomão" (1Rs 11:41), os "registros históricos dos reis de Israel" (1Rs 14:19; 15:31; 16:5,14,20,27; 22:39; 2Rs 1:18; 10:34; 13:8,12; 14:15,28; 15:11, 15, 21, 26, 31) e os "registros históricos dos reis de Judá" (1Rs 14:29; 15:7, 23; 22:45; 2Rs 8:23; 12:19; 14:18; 15:6, 36; 16:19; 20:20; 21:17,25; 23:28; 24:5).

Além disso, Isaías 36:1 a 39:8 complementou as informações usadas em 2Reis 18:9 a 20:19; Jeremias 52:31-34 parece ser a fonte de 2Reis 25:27-29. Essa explicação sugere um único autor inspirado, que viveu na Babilônia durante o exílio e usou o material pré-exílio que se encontrava disponível.

A DISSEMINAÇÃO DA FAMA DE SALOMÃO

A influência de Salomão nas questões econômicas e políticas foi intensificada pelo transporte e pelas rotas comerciais que cruzaram seu reino.

CENÁRIO E CONTEXTO

Deve-se fazer uma distinção entre o cenário das fontes dos livros e o cenário do próprio autor. O material original foi escrito pelos participantes e testemunhas oculares dos acontecimentos. Eram informações fidedignas, historicamente exatas, a respeito dos filhos de Israel, da morte de Davi à ascensão de Salomão (971 a.C.) até a destruição do templo e de Jerusalém pelos babilônios (586 a.C.). Portanto, o livro de Reis registra a história de dois grupos de reis e de duas nações com povos desobedientes, Israel e Judá, que progressivamente se tornaram indiferentes à lei de Deus e aos seus profetas, tomando o rumo do cativeiro.

O livro de Reis não apresenta apenas os fatos históricos exatos, mas também a sua interpretação. O autor, exilado na Babilônia, queria transmitir as lições

O REINO DIVIDIDO

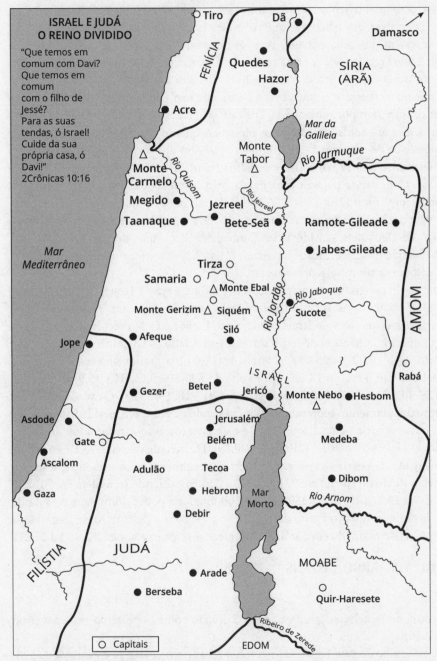

A glória do reino unido começou a desvanecer com a morte de Salomão, quando seu imprudente filho Roboão falou com aspereza aos representantes de Israel que solicitaram a redução da pesada carga tributária da época de Salomão (12:1-24). Roboão reinou sobre Judá ao sul e Jeroboão se tornou rei de Israel ao norte.

da história de Israel aos exilados. Especificamente, ele ensinou à comunidade exilada o motivo pelo qual o Senhor condenara Israel ao exílio. O autor estabeleceu, logo no início da narrativa, que o Senhor exigia obediência da parte dos reis à lei mosaica, caso estes quisessem que seus reinados recebessem a sua bênção, e que a desobediência traria o exílio (1Rs 9:3-9). A triste realidade revelada por essa história foi que todos os reis de Israel e a maioria dos reis de Judá "fizeram o mau aos olhos do Senhor". Esses reis maus levaram o seu povo a pecar por não combaterem a idolatria e, ao contrário, acabaram por sancioná-la. Por causa do fracasso dos reis, o Senhor enviou seus profetas para confrontar tanto os monarcas quanto o povo pelo seu pecado e a necessidade de retornarem a ele. Como a mensagem dos profetas foi rejeitada, estes prenunciaram que a(s) nação(ões) seria(m) levada(s) para o exílio (2Rs 17:13-23; 21:10-15). Como toda palavra profetizada pelos profetas em Reis, essa palavra do Senhor se confirmou (2Rs 17:5-6; 25:1-11). Portanto, Reis interpretou a experiência do povo com relação ao exílio e também os ajudou a entender a razão de terem sofrido o castigo de Deus pela sua idolatria. Também explicou que, do mesmo modo que Deus havia sido misericordioso com Acabe (1Rs 22:27-29) e Jeoaquim (2Rs 25:27-30), estava disposto a ser misericordioso com eles.

O cenário geográfico principal de Reis é toda a terra de Israel, de Dã a Berseba (1Rs 4:25), incluindo a Transjordânia. Quatro nações invasoras exerceram papéis importantes nas questões de Israel e Judá, de 971 a 561 a.C. No século X a.C., o Egito causou impacto na história de Israel durante os reinados de Salomão e Roboão (1Rs 3:1; 11:14-22,40; 12:2; 14:25-27). A Síria (Arã) foi uma grande ameaça à segurança de Israel durante o século IX a.C., por volta de 890-800 a.C. (1Rs 15:9-22; 20:1-34; 22:1-4,29-40; 2Rs 6:8 a 7:20; 8:7-15; 10:32-33; 12:17-18; 13:22-25). Os anos de 800-750 a.C. (aproximadamente) representaram meio século de paz e prosperidade para Israel e Judá, pois a Assíria neutralizou a Síria e não ameaçou o sul. Isso mudou durante o reinado de Tiglate-Pileser III (2Rs 15:19-20,29). Da metade do século VIII ao fim do século VII a.C., a Assíria aterrorizou a Palestina, finalmente conquistando e destruindo Israel (o Reino do Norte) em 722 a.C. (2Rs 17:4-6) e sitiando Jerusalém em 701 a.C. (2Rs 18:17 a 19:37). De 612 a 539 a.C., a Babilônia foi o poder dominante do mundo antigo, invadindo Judá (o Reino do Sul) três vezes, com a destruição de Jerusalém e do templo tendo ocorrido em 586 a.C., durante esse terceiro ataque (2Rs 24:1 a 25:21).

PRINCIPAIS PERSONAGENS

1 REIS

- **Davi**: rei de Israel; designou seu filho Salomão como o próximo rei a governar (1 a 2:10).
- **Salomão**: filho de Bate-Seba e Davi; terceiro rei a governar Israel e construtor do templo; Deus o tornou o homem mais sábio já nascido (1:10 a 11:43).
- **Roboão**: filho de Salomão, sucedeu-o como rei de Israel; seus atos perversos levaram à divisão de Israel em dois reinos; mais tarde, tornou-se rei do Reino do Sul de Judá (11:43 a 12:24; 14:21-31).

- **Jeroboão**: rei perverso das dez tribos de Israel (Reino do Norte); construiu altares idólatras e designou sacerdotes não levitas (11:24 a 14:20).
- **Elias**: profeta de Israel; realizou atos extraordinários de fé contra os profetas de Baal (17:1 a 19:21; 21:17-28).
- **Acabe**: oitavo rei e o mais perverso de Israel; praticou a iniquidade mais do que qualquer outro rei israelita (16:28 a 17:1; 18:1 a 19:1; 20:1 a 22:40).
- **Jezabel**: casou-se com Acabe, tornou-se rainha de Israel e promoveu a adoração a Baal (16:31; 18:4-19; 19:1-2; 21:5-27).

2REIS

- **Elias**: profeta de Israel; escapou da morte ao ser levado diretamente para os céus em um redemoinho (1:3 a 2:11; 10:10,17).
- **Eliseu**: profeta designado como sucessor de Elias (2:1 a 9:3; 13:14-21).
- **A mulher de Suném**: mulher que recebeu Eliseu em sua casa; Eliseu fez com que seu filho retornasse à vida (4:8-37; 8:1-6).
- **Naamã**: poderoso guerreiro sírio que sofria de lepra; curado por Eliseu (5:1-27).
- **Jezabel**: rainha perversa de Israel; tentou evitar que Israel adorasse a Deus; foi morta e devorada por cães (9:7-37).
- **Jeú**: rei ungido de Israel; usado por Deus para punir a família de Acabe (9:1 a 10:36; 15:12).
- **Joás**: rei de Judá que havia sido salvo da morte enquanto criança; seguiu mau conselho e foi assassinado por seus próprios oficiais (11:1 a 12:21).
- **Ezequias**: décimo terceiro rei de Judá que permaneceu fiel a Deus (16:20 a 20:21).
- **Senaqueribe**: rei da Assíria que ameaçou Judá; seu exército foi destruído pelo Senhor (18:13 a 19:36).
- **Isaías**: profeta que ministrou durante o reinado de cinco reis de Judá (19:2 a 20:19).
- **Manassés**: filho de Ezequias; tornou-se o décimo quarto rei de Judá; praticou o mal e trouxe castigo sobre Jerusalém (20:21 a 21:18).
- **Josias**: décimo sexto rei de Judá; bisneto de Ezequias; permaneceu fiel a Deus (21:24 a 23:30).
- **Jeoaquim**: décimo oitavo rei de Judá; praticou o mal aos olhos do Senhor (23:34 a 24:6).
- **Zedequias**: vigésimo rei de Judá; capturado pelos babilônios como castigo de Deus por ter praticado iniquidade (24:17 a 25:7).
- **Nabucodonosor**: rei da Babilônia a quem Deus permitiu conquistar Jerusalém (24:1 a 25:22).

OS REIS DE ISRAEL E JUDÁ

Rei	Escritura
Reino unificado	
Saul	1Samuel 9:1 a 31:13; 1Crônicas 10:1-14
Davi	2Samuel; 1Reis 1:1 a 2:9; 1Crônicas 11:1 a 29:30
Salomão	1Reis 2:10 a 11:43; 2Crônicas 1:1 a 9:31
Reino do Norte (Israel)	
Jeroboão I	1Reis 12:25 a 14:20
Nadabe	1Reis 15:25-31
Baasa	1Reis 15:32 a 16:7
Elá	1Reis 16:8-14
Zinri	1Reis 16:15-20
Tibni	1Reis 16:21-22
Onri	1Reis 16:21-28
Acabe	1Reis 16:29 a 22:40
Acazias	1Reis 22:51-53; 2Reis 1:1-18
Jorão	2Reis 2:1 a 8:15
Jeú	2Reis 9:1 a 10:36
Jeoacaz	2Reis 13:1-9
Jeoás	2Reis 13:10-25
Jeroboão II	2Reis 14:23-29
Zacarias	2Reis 15:8-12
Salum	2Reis 15:13-15
Menaém	2Reis 15:16-22
Pecaías	2Reis 15:23-26
Peca	2Reis 15:27-31
Oseias	2Reis 17:1-41
Reino do Sul (Judá)	
Roboão	1Reis 12:1 a 14:31; 2Crônicas 10:1 a 12:16
Abias	1Reis 15:1-8; 2Crônicas 13:1-22
Asa	1Reis 15:9-24; 2Crônicas 14:1 a 16:14
Josafá	1Reis 22:41-50; 2Crônicas 17:1 a 20:37
Jeorão	2Reis 8:16-24; 2Crônicas 21:1-20
Acazias	2Reis 8:25-29; 2Crônicas 22:1-9
Atalia (rainha)	2Reis 11:1-16; 2Crônicas 22:10 a 23:21
Joás	2Reis 11:17 a 12:21; 2Crônicas 23:1 a 24:27
Amazias	2Reis 14:1-22; 2Crônicas 25:1-28
Azarias (Uzias)	2Reis 15:1-7; 2Crônicas 26:1-23
Jotão	2Reis 15:32-38; 2Crônicas 27:1-9
Acaz	2Reis 16:1-20; 2Crônicas 28:1-27
Ezequias	2Reis 18:1 a 20:21; 2Crônicas 29:1 a 32:33
Manassés	2Reis 21:1-18; 2Crônicas 33:1-20
Amom	2Reis 21:19-26; 2Crônicas 33:21-25
Josias	2Reis 22:1 a 23:30; 2Crônicas 34:1 a 35:27
Jeoacaz	2Reis 23:31-33; 2Crônicas 36:1-4
Jeoaquim	2Reis 23:34 a 24:7; 2Crônicas 36:5-8
Joaquim	2Reis 24:8-16; 2Crônicas 36:9-10
Zedequias	2Reis 24:18 a 25:21; 2Crônicas 36:11-21

O IMPÉRIO BABILÔNICO

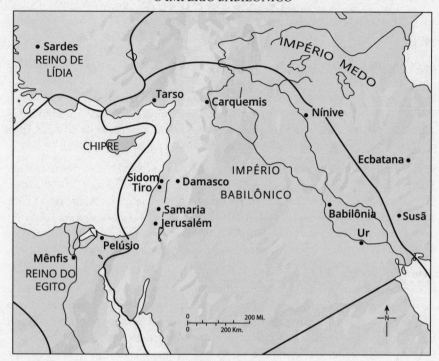

O TEMPLO DE SALOMÃO

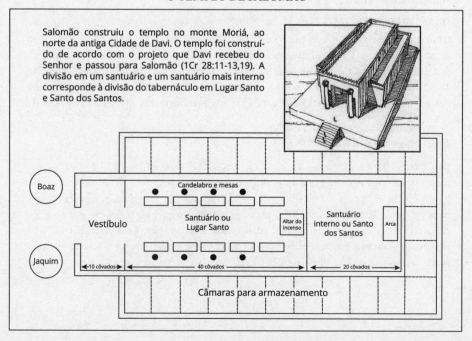

Salomão construiu o templo no monte Moriá, ao norte da antiga Cidade de Davi. O templo foi construído de acordo com o projeto que Davi recebeu do Senhor e passou para Salomão (1Cr 28:11-13,19). A divisão em um santuário e um santuário mais interno corresponde à divisão do tabernáculo em Lugar Santo e Santo dos Santos.

PALAVRAS-CHAVE

1REIS

Baal: em hebraico, *ba'al* — 16:31; 18:19,21,26,40; 19:18; 22:53 —, literalmente, significa "mestre" ou "esposo". Baal se refere aos deuses pagãos da fertilidade e da tempestade de todo o antigo Oriente Médio. Na literatura cananeia, Baal é frequentemente associado à deusa da fertilidade, Aserá, mencionada várias vezes no AT (2Rs 21:7). A adoração às divindades pagãs incluía automutilação, prostituição ritual e sacrifício de crianças. Deus puniu os israelitas por terem adotado a adoração a Baal e a Aserá (Jz 2:11-15; Jr 19:4-6).

Súplica, clamor: em hebraico, *techinnah* — 8:28,33,45,47,52,54,59; 9:3 —, refere-se a um pedido para se obter favor ou misericórdia feito a Deus ou a outra pessoa (Jr 37:20; 38:26). Salomão usa essa palavra repetidamente em sua oração de dedicação do templo (8:23 a 9:3; 2Cr 6:14-42). A súplica é muitas vezes utilizada com relação à angústia de uma pessoa em meio a inimigos (Sl 55:1-3; 119:70; Jr 36:7). A Bíblia descreve as súplicas de Davi (Sl 6:9), de Salomão (9:3) e do rei ímpio Manassés, que se humilhou diante de Deus (2Cr 33:12-13).

Nome: em hebraico, *shem* — 1:47; 3:2; 5:5; 7:21; 8:17; 9:3; 11:36; 18:24 —, provavelmente, significa "marcar". Na história bíblica, o nome de uma pessoa muitas vezes descrevia características pessoais, tais como destino ou posição (veja 1Sm 25:25 para a explicação do nome de Nabal, que significava "insensato"). Às vezes, Deus renomeava as pessoas, a fim de refletir uma mudança de caráter ou *status* (veja Gn 35:10). Os vários nomes de Deus revelam aspectos importantes de sua natureza (por exemplo, Deus Altíssimo, Todo--poderoso, Eu Sou). O nome de Deus deve ser usado com honra e respeito (Êx 20:7). Deus compartilhou seu nome com Israel para expressar seu relacionamento íntimo baseado na aliança com eles (Êx 3:13-15).

Ouro: em hebraico, *zahab* — 6:21,28; 7:49; 9:28; 10:14; 12:28; 15:15; 20:3 —, descreve tanto a substância como a cor do ouro (1Rs 10:16; Zc 4:12). O ouro, geralmente mencionado com a prata, simbolizava riqueza (Gn 13:2; 2Cr 1:15; Ez 16:13). A maioria das referências ao ouro no AT está relacionada ao templo e palácio de Salomão (Êx 25:3; 2Cr 2:7; 9:13-27). Apesar de o ouro parecer precioso, não se compara ao valor da sabedoria (Jó 28:17), da boa estima (Pv 22:1) e aos mandamentos do Senhor (Sl 19:9-10; 119:72,127).

2REIS

Prata: em hebraico, *keseph* — 5:5,23; 6:25; 7:8; 12:13; 14:14; 20:13; 23:35 —, literalmente denominada "metal claro", era a unidade básica de dinheiro no AT (1Rs 21:6; Is 55:1). Não há referência, porém, a moedas de prata no AT porque, na antiguidade, a prata era avaliada por peso (Is 46:6; Jr 32:9-10). A prata, juntamente com o ouro, era um dos materiais valiosos utilizados na construção do tabernáculo e do templo (Êx 25:1-9; 2Cr 2:7). Em Eclesiastes, Salomão faz uma advertência em relação à prata: "Quem ama o dinheiro [a prata] jamais terá o suficiente" (Ec 5:10).

PALAVRAS-CHAVE (continuação)

Ira: em hebraico, 'aph — 13:3; 17:11; 21:6,15; 22:17; 23:26; 24:20 —, significa "nariz", "narina" ou "ira" (Gn 2:7; Pv 15:1). Esse termo muitas vezes ocorre com palavras que descrevem queimação. Ao longo do AT, figuras de linguagem, tais como "nariz queimando" tipicamente retrata ira como a respiração intensa de uma pessoa pelo nariz (Êx 32:10-12). A maior parte das referências do AT que utilizam essa palavra descreve a ira de Deus (Sl 103:8; Dt 4:24-25). A justa ira de Deus está reservada àqueles que violam sua aliança (Dt 13:17; 29:25-27; Js 23:16; Jz 2:20; Sl 78:38).

Altares idólatras: em hebraico, *bamah* — 12:3; 14:4; 15:4; 17:9; 23:8,15,20 —, muitas vezes se refere a uma área sagrada situada num local alto, tal como uma colina, daí o nome designativo "lugares altos". Antes da construção do templo, os israelitas adoravam o verdadeiro Deus em lugares altos (1Rs 3:2-4). No entanto, os israelitas começaram a adorar deuses pagãos nesses locais sagrados. Consequentemente, o termo *lugares altos* no AT se tornou associado à rebeldia e à apostasia de Israel (1Rs 14:23; Sl 78:58; Jr 19:5).

TEMAS HISTÓRICOS E TEOLÓGICOS

O livro de Reis concentra-se na história dos filhos de Israel, de 971 a 561 a.C. A passagem de 1Reis 1:1 a 11:43 trata da ascensão e do reinado de Salomão (971-931 a.C.). Os dois reinos divididos de Israel e Judá (931-722 a.C.) são abordados em 1Reis 12:1 e 2Reis 17:41. O autor arranjou o material de modo característico, em que a narrativa segue os reis tanto do norte como do sul. Para cada reino descrito, existe a seguinte estrutura literária. Cada rei é apresentado com: (1) seu nome e sua relação com o antecessor; (2) a data da sua ascensão em relação ao governante contemporâneo do outro reino; (3) a idade com que subiu ao trono (apenas para os reis de Judá); (4) a duração do reinado; (5) o local do reinado; (6) o nome da sua mãe (apenas para Judá); e (7) a avaliação espiritual do seu reinado. Essa introdução é acompanhada de uma narrativa dos acontecimentos que tiveram lugar durante o reinado de cada rei. Os detalhes dessa narrativa variam grandemente. A conclusão de cada reinado contém: (1) uma citação das fontes; (2) anotações históricas adicionais; (3) notas de óbito; (4) notas de sepultamento; (5) nome do sucessor; e (6) em alguns casos, um pós-escrito adicional (por exemplo, 1Rs 15:32; 2Rs 10:36). A passagem de 2Reis 18:1 a 25:21 trata do tempo em que apenas Judá existia (722-586 a.C.). Dois parágrafos de conclusão tratam dos acontecimentos depois do exílio babilônio (2Rs 25:22-26;27-30).

Três temas teológicos são destacados em Reis. Primeiro, o Senhor castigou Israel e Judá por terem desobedecido à lei (2Rs 17:7-23). Essa infidelidade por parte do povo foi seguida pela apostasia dos reis perversos que levaram o povo à idolatria (2Rs 17:21-22; 21:11), e então o Senhor exerceu sua justa ira contra o povo rebelde. Segundo, a palavra dos verdadeiros profetas confirmou-se (1Rs 13:2-3; 22:15-28; 2Rs 23:16; 24:2). Isso comprovou que o Senhor realmente manteve sua palavra, até mesmo suas advertências de julgamento. Terceiro, o Senhor lembrou-se da sua promessa feita a Davi (1Rs 11:12-13,34-36; 15:4; 2Rs 8:19). Mesmo quando os reis da linhagem de Davi se mostraram desobedientes ao Senhor, ele não pôs fim à família de Davi como fez com as famílias de Jeroboão I, Onri e Jeú, em Israel. Mesmo na conclusão do livro, a linhagem de Davi ainda persiste (2Rs 25:27-30), de modo que há esperança para o futuro "descendente" de Davi (veja 2Sm 7:12-16). O Senhor é, portanto, visto como fiel, e sua palavra é digna de confiança.

PRINCIPAIS DOUTRINAS

1REIS

- **Deus castiga as nações apóstatas**: (9:3-9; Dt 4:26; 28:37; 2Sm 14 a 16; 2Cr 7:19-20; Sl 44:14; 89:30; Jr 24:9; Os 5:11-12; Mt 23:33-36; Jo 3:18-19; 12:48; Rm 2:5-6; 2Pe 3:10; Ap 18:10).
- **Profecias cumpridas**: (13:2-5; 22:15-28; Nm 27:17; 2Rs 23:15-20; 2Cr 18:16; Mt 9:36; Mc 6:34; Jo 2:18).
- **Deus é fiel à sua aliança com Davi**: (11:12-13,34-36; 15:4; 2Sm 7:12-16; Lc 1:30-33; At 2:22-36).

2REIS

- **Deus castiga as nações apóstatas**: (17:7-23; 21:10-15; Jz 6:10; 1Sm 3:11; Jr 6:9; 19:3; Lm 2:8; Am 7:7-8; Mt 23:33-36; Jo 3:18-19; 12:48; Rm 2:5-6; 2Pe 3:10; Ap 18:10).
- **Profecias cumpridas**: (23:16; 24:2; 1Rs 13:2; Jr 25:9; 32:28; 35:11; Ez 19:8).
- **Deus é fiel à sua aliança com Davi** (8:19; 25:27-30; 2Sm 7:12-16; Lc 1:30-33; At 2:22-36).

O CARÁTER DE DEUS

1REIS

- Deus enche os céus e a terra (8:27).
- Deus é glorioso (8:11).
- Deus é misericordioso (8:23).
- Deus cumpre suas promessas (8:56).
- Deus é providente (21:19; 22:30,34,37-38).

2REIS

- Deus é compassivo (13:23).
- Deus é o único Deus (19:15).
- Deus se ira (19:28,35,37; 22:17).

DESAFIOS DE INTERPRETAÇÃO

O maior desafio de interpretação de Reis diz respeito à cronologia dos reis de Israel e de Judá. Embora os dados cronológicos sejam abundantes nos livros, eles são de difícil interpretação por dois motivos. Primeiro, parece haver uma inconsistência interna nas informações oferecidas. Por exemplo, 1Reis 16:23 diz que Onri, rei de Israel, começou a reinar no 31º ano de Asa, rei de Judá, e que reinou por 12 anos. Porém, de acordo com 1Reis 16:29, Onri foi sucedido pelo seu filho, Acabe, no 38º ano de Asa, o que dá a Onri um reinado de apenas sete anos, e não doze. Segundo, por meio de fontes extrabíblicas (grega, assíria e babilônia) relacionadas a dados de astronomia, uma série de datas confiáveis podem ser calculadas de 892 a 566 a.C. Como se acredita que Acabe e Jeú, reis de Israel, foram citados em registros assírios, 853 a.C. pode ser estabelecido como o ano da morte de Acabe e 841 a.C., como o ano em que Jeú passou a reinar. Com essas datas estabelecidas, é possível trabalhar de frente para trás e de trás para frente, a fim de determinar que a data de separação de Israel e Judá foi por volta de 931 a.C., a queda de Samaria, 722 a.C., e a queda de Jerusalém, 586 a.C. Mas quando os anos dos governos reais em Reis são somados, o número para Israel é de 241 anos (e não 210 anos, de 931 a 722 a.C.) e para Judá, 393 anos (e não os 346 anos, de 931 a 586 a.C.). É reconhecido que em ambos os reinos houve algumas corregências, isto é, período de governo em que dois reis, normalmente pai e filho, governaram ao mesmo tempo, de modo que os anos que se sobrepuseram foram contados duas vezes no total de ambos os reis. Além disso, métodos diferentes de reconhecer os anos de governo de um rei e calendários diferentes foram utilizados em épocas diferentes para os dois reinos, resultando em aparentes inconsistências internas. No geral, a exatidão da cronologia de Reis pode ser demonstrada e confirmada.Um segundo grande desafio de interpretação trata do relacionamento de Salomão com as alianças abraâmica e davídica. Alguns interpretam 1Reis 4:20-21 como o cumprimento das promessas feitas a Abraão (cf. Gn 15:18-21; 22:17). Entretanto, de acordo com Números 34:6, a fronteira ocidental da terra que fora prometida a Abraão era o mar Mediterrâneo. Em 1Reis 5:1ss., Hirão é visto como o rei independente de Tiro (ao longo do Mediterrâneo), que tratava com Salomão como um igual. O império

CRISTO EM 1REIS

A sabedoria de Salomão simboliza Cristo, "o qual se tornou sabedoria de Deus" (1Co 1:30). No entanto, no livro de 1Reis, Salomão levou seu reino à apostasia ao se casar com várias mulheres estrangeiras (11:1). Em contraste, o próprio Cristo proclamou que ele era "maior do que Salomão" (Mt 12:42). O futuro reino de Cristo não passará.

CRISTO EM 2REIS

Embora um grande castigo tenha vindo sobre Judá em virtude de sua desobediência, Deus poupou os judeus cativos na Babilônia. Esse grupo remanescente preservou a linhagem real de Davi por meio da qual Cristo entraria no mundo. A apostasia de Judá requeria juízo do Deus justo; ainda assim, o Senhor permaneceu fiel à aliança com Davi. Como descendente direto de Davi, Jesus, o Messias, libertou seu povo do cativeiro que os detinha em pecado.

de Salomão não foi o cumprimento da promessa da terra feita a Abraão pelo Senhor, embora uma grande parte dessa terra estivesse sob o controle de Salomão. Além disso, as declarações de Salomão em 1Reis 5:5 e 8:20 são suas reivindicações de ser ele o descendente prometido da aliança de Deus com Davi (cf. 2Sm 7:12-16). O autor do livro de Reis sugere a possibilidade de que o templo de Salomão era o cumprimento da promessa do Senhor feita a Davi. Entretanto, embora as condições para o cumprimento da promessa a Davi tenham sido repetidas a Salomão (1Rs 6:12), é claro que ele não as cumpriu (1Rs 11:9-13). Na verdade, nenhum dos reis históricos cumpriu a condição de total obediência, o sinal do Prometido. De acordo com o livro de Reis, o cumprimento da aliança abraâmica e da aliança davídica não aconteceu no passado de Israel, lançando, desse modo, a base para os últimos profetas (Isaías, Jeremias, Ezequiel e os doze), que levariam Israel a ter uma esperança futura sob o Messias, quando então as alianças se cumpririam (veja Is 9:6-7).

ESBOÇO

Como a divisão de 1 e 2Reis ocorreu de maneira arbitrária no meio da narrativa acerca do rei Acazias em Israel, o seguinte esboço serve tanto para 1Reis como para 2Reis.

1. O reino unido: o reinado de Salomão (1Rs 1:1 a 11:43)
   a. A ascensão de Salomão (1Rs 1:1 a 2:46)
   b. O princípio da sabedoria e da prosperidade de Salomão (1Rs 3:1 a 4:34)
   c. Os preparativos para a construção do templo (1Rs 5:1-18)
   d. A construção do templo e da casa de Salomão (1Rs 6:1 a 9:9)
   e. Os demais projetos de construção de Salomão (1Rs 9:10-28)
   f. O ápice da sabedoria e da prosperidade de Salomão (1Rs 10:1-29)
   g. O declínio de Salomão (1Rs 11:1-43)

2. O reino dividido: os reis de Israel e de Judá (1Rs 12:1 a 2Rs 17:41)
   a. A ascensão da idolatria: Jeroboão de Israel/Roboão de Judá (1Rs 12:1 a 14:31)
   b. Reis de Judá/Israel (1Rs 15:1 a 16:22)
   c. A dinastia de Onri e sua influência: a ascensão e a queda do culto a Baal em Israel e Judá (1Rs 16:23 a 2Rs 13:25)
   • A introdução do culto a Baal (1Rs 16:23-24)
   • A oposição de Elias ao culto a Baal (1Rs 17:1 a 2Rs 1:18)
   • A influência de Eliseu com relação ao verdadeiro Deus (2Rs 2:1 a 9:13)
   • A derrocada do culto a Baal em Israel (2Rs 9:14 a 10:36)
   • A derrocada do culto a Baal em Judá (2Rs 11:1 a 12:21)
   • A morte de Eliseu (2Rs 13:1-25)

1 E 2 REIS

    d. Reis de Judá/Israel (2Rs 14:1 a 15:38)

    e. A derrota e o exílio de Israel pela Assíria (2Rs 16:1 a 17:41)

3. O reino sobrevivente: os reis de Judá (2Rs 18:125:21)

    a. O reinado justo de Ezequias (2Rs 18:1 a 20:21)

    b. Os reinados perversos de Manassés e Amom (2Rs 21:1-26)

    c. O reinado justo de Josias (2Rs 22:1 a 23:30)

    d. A derrota e o exílio de Judá pela Babilônia (2Rs 23:31 a 25:21)

4. Epílogo: a contínua revolta do povo e a contínua misericórdia do Senhor (2Rs 25:22-30)

ENQUANTO ISSO, EM OUTRAS PARTES DO MUNDO...

O Império Persa é formado após a vitória sobre o rei da Lídia, os medos e a conquista da Babilônia pelo rei Ciro, o Grande (553 a 529 a.C.). Mais tarde, Ciro, o Grande, desenvolve um sistema de mensagens por meio de cavalos. Além disso, registra-se o primeiro uso do papiro pelos gregos.

RESPOSTAS PARA PERGUNTAS DIFÍCEIS

1. Como os seis livros — 1 e 2Samuel, 1 e 2Reis e 1 e 2Crônicas — estão relacionados entre si no registro da história do reino de Israel?

Os livros de 1 e 2Samuel e 1 e 2Reis fornecem um registro cronológico do reino de Israel em seu estado original e dividido, ao passo que 1 e 2Crônicas servem como uma revisão especial da linhagem de Davi (os reis de Judá).

As pessoas que somam os números dados para a duração dos reinados nesses livros são às vezes surpreendidas por inconsistências. Fontes extrabíblicas também fornecem algumas informações que criam problemas quando correlacionadas com o texto. Dois importantes fatores ajudam a explicar as aparentes inconsistências nesses registros: (1) em vários casos, houve corregência (pais e filhos compartilhando o trono), em que os anos de cada rei foram listados sem levar em conta a sobreposição; e (2) nem os calendários, nem a estimativa oficial dos anos foram sempre os mesmos nos dois reinos.

APROFUNDAMENTO

1 REIS

1. Que qualidades os reis bem-sucedidos tinham em comum?

2. Quais falhas de caráter e decisões ruins marcaram a vida dos reis que fracassaram?

3. Por que o reino de Davi se dividiu entre reino de Israel e reino de Judá?

4. Qual foi o papel desempenhado por Elias em 1Reis?

5. Como a construção e a dedicação do templo de Deus nos ensinam sobre maneiras eficazes e não eficazes de honrar a Deus?
6. Qual é o esforço sincero e mais concentrado que você está envidando em sua vida para a glória de Deus?

2REIS

1. Em que aspectos Elias e Eliseu eram diferentes e como eles influenciaram a sociedade da época?
2. Quais outros profetas são mencionados em 2Reis?
3. Quais são os propósitos de Deus atrás dos milagres que ocorreram em 2Reis?
4. Quantos reis Israel e Judá tiveram e quantos eram bons? Quantos eram perversos?
5. Que aspectos do caráter de Deus são ilustrados e enfatizados em 2Reis?
6. Como você entende e reconhece a paciência de Deus em sua própria vida?

1 e 2Crônicas
Revisão histórica e prelúdio para a tragédia

TÍTULO

Na Bíblia em hebraico, o título original é "Os anais (isto é, acontecimentos ou eventos) da época". Os livros 1 e 2Crônicas foram compostos como um só, mais tarde tendo sido dividido em dois livros na tradução para o grego do AT (*Septuaginta*), por volta de 200 a.C. O título também foi mudado, nesse tempo, para o título inexato de "as coisas omitidas", isto é, que trazia materiais não incluídos em 1e 2Samuel e 1 e 2Reis. O título na nossa língua, "Crônicas", teve sua origem na tradução para o latim de Jerônimo, a *Vulgata* (por volta de 400 d.C.), que utilizou o título mais completo "As crônicas de toda a história sagrada".

AS FONTES DE CRÔNICAS

A inspiração das Escrituras (2Tm 3:16) deu-se, muitas vezes, por meio de revelação direta de Deus sem um escritor humano — por exemplo, a lei mosaica. Em outros momentos, Deus usou fontes humanas, como mencionado em Lucas 1:1-4. Tal foi a experiência do cronista, como é evidenciado pelas várias fontes de contribuição. Tenha o material vindo mediante revelação direta ou por fontes já existentes, a inspiração de Deus por meio do Espírito Santo evitou que os autores humanos originais das Escrituras cometessem qualquer erro (2Pe 1:19-21). Embora tenha havido relativamente poucos erros dos escribas ao copiarem a Escritura, eles podem ser identificados e corrigidos. Assim, o conteúdo original, sem erros, da Bíblia foi preservado.

1. Registros históricos dos reis de Israel/Judá (1Cr 9:1; 2Cr 16:11; 20:34; 25:26; 27:7; 28:26; 32:32; 35:27; 36:8).
2. Registros históricos do rei Davi (1Cr 27:24).
3. Registros históricos do vidente Samuel (1Cr 29:29).
4. Registros históricos do profeta Natã (1Cr 29:29; 2Cr 9:29).
5. Registros históricos do vidente Gade (1Cr 29:29).
6. Profecias do silonita Aías (2Cr 9:29).
7. Visões do vidente Ido (2Cr 9:29).
8. Relatos do profeta Semaías (2Cr 12:15).
9. Relatos do vidente Ido (2Cr 12:15).
10. Anais do profeta Ido (2Cr 13:22).
11. Anais de Jeú (2Cr 20:34).
12. Anotações dos livros dos reis (2Cr 24:27).
13. Atos de Uzias registrados por Isaías (2Cr 26:22).

14. Cartas/mensagem de Senaqueribe (2Cr 32:10-17).
15. Visão do profeta Isaías (2Cr 32:32).
16. Palavras dos videntes (2Cr 33:18).
17. Registros históricos dos videntes (2Cr 33:19).
18. Orientações escrita por Davi e Salomão (2Cr 35:4).
19. Coletânea de lamentações (2Cr 35:25).

AUTOR E DATA

São inexistentes tanto em 1Crônicas como em 2Crônicas declarações explícitas acerca de seu autor humano, embora a tradição judaica favoreça bastante o nome de Esdras, o sacerdote (cf. Ed 7:1-6), como sendo "o cronista". Esses registros devem ter sido feitos em cerca de 450-430 a.C. O registro genealógico em 1Crônicas 1 a 9 sustenta uma data posterior a 450 a.C. para a sua redação. No NT, não há citações diretas de 1 e 2Crônicas.

CENÁRIO E CONTEXTO

O cenário histórico imediato compreende o retorno em três fases dos judeus do exílio na Babilônia à Terra Prometida: (1) sob Zorobabel em Esdras 1 a 6 (por volta de 538 a.C.); (2) sob Esdras em Esdras 7 a 10 (por volta de 458 a.C.) e (3) sob Neemias em Neemias 1 a 13 (por volta de 445 a.C.). A história anterior contempla a deportação/o exílio para a Babilônia (por volta 605-538 a.C.), conforme previsto/relatado em 2Reis, Ester, Jeremias, Ezequiel, Daniel e Habacuque. Os profetas dessa era de restauração foram Ageu, Zacarias e Malaquias.

Os judeus haviam retornado do seu cativeiro de setenta anos (c. 538 a.C.) para uma terra nitidamente diferente daquela que um dia fora governada pelo rei Davi (aproximadamente de 1011-971 a.C.) e pelo rei Salomão (971-931 a.C.): (1) não havia um rei judeu, mas sim um governador persa (Ed 5:3; 6:6); (2) não havia segurança em Jerusalém, por isso Neemias teve de reconstruir seus muros (Ne 1 a 7); (3) não havia templo, portanto, Zorobabel teve de reconstruir uma versão mais humilde do glorioso templo de Salomão (Ed 3); (4) os judeus já não dominavam a região, mas viviam na defensiva (Ed 4; Ne 4); (5) gozavam de poucas bênçãos divinas além do fato de terem retornado; (6) possuíam muito pouco da antiga riqueza do reino; e (7) a presença divina não residia mais em Jerusalém, tendo partido em cerca de 597-591 a.C. (Ez 8 a 11).

Em termos brandos, o futuro dos judeus parecia desolador quando comparado ao passado majestoso, principalmente dos dias de Davi e de Salomão. O retorno podia ser descrito como amargo e doce ao mesmo tempo, isto é, amargo porque essa penúria trazia lembranças dolorosas do que fora perdido por causa do castigo de Deus em virtude do pecado dos antepassados, e doce porque estavam de volta à terra que Deus havia dado a Abraão dezessete séculos antes (Gn 12:1-3). A genealogia seletiva do cronista e a história de Israel, estendendo-se de Adão

OS TEMPLOS DA BÍBLIA

Templo*	Data	Descrição	Referência
O Tabernáculo (Templo móvel)	Cerca de 1444 a.C.	Projeto detalhado recebido do Senhor por Moisés. Construído por artesãos divinamente designados. Profanado por Nadabe e Abiú.	Êx 25 a 30; Êx 35:30 a 40:38; Lv 10:1-7
Templo de Salomão	966-586 a.C.	Planejado por Davi. Construído por Salomão. Destruído por Nabucodonosor.	2Sm 7:1-29; 1Rs 8:1-66; Jr 32:28-44
Templo de Zorobabel	516-169 a.C.	Idealizado por Zorobabel. Construído por Zorobabel e pelos anciãos judeus. Profanado por Antíoco. Epífanes.	Ed 6:1-22; Ed 3:1-8; 4:1-14; Mt 24:15
Templo de Herodes	19 a.C.-70 d.C.	O templo de Zorobabel foi restaurado por Herodes, o Grande. Destruído pelos romanos.	Mc 13:2; 14-23; Lc 1:11-20; 2:22-38; 2:42-51; 4:21-24; At 21:27-33
Templo presente	Era presente	Encontra-se no coração do cristão. O corpo do cristão é o único templo do Senhor até o retorno do Messias.	1Co 6:19-20; 2Co 6:16-18
Templo de Apocalipse 11	Período de Tribulação	A ser construído durante a Tribulação pelo anticristo. A ser profanado e destruído.	Dn 9:2; Mt 24:15; Ts 2:4; Ap 17:18
Templo de Ezequiel (Milenar)	Milênio	Idealizado pelo profeta Ezequiel. A ser construído pelo Messias durante seu reino milenar.	Ez 40:1 a 42:20; Zc 6:12-13
O eterno templo da presença divina	O Reino Eterno	O maior templo de todos ("O Senhor Deus Todo-poderoso e o Cordeiro são o seu templo"). Um templo espiritual.	Ap 21:22; Ap 22:1-21

* O templo (*hieron*, em grego) é um local de adoração, um espaço sagrado ou santo construído basicamente para o culto nacional de Deus.

(1Cr 1:1) até o retorno da Babilônia (2Cr 26:23), teve como propósito lembrar aos judeus as promessas e os propósitos de Deus com respeito: (1) à Terra Prometida; (2) à nação; (3) ao rei da linhagem de Davi; (4) aos sacerdotes levitas; (5) ao templo; (6) e à adoração verdadeira, nenhum dos quais havia sido revogado com o cativeiro na Babilônia. Tudo isso servia, durante os tempos difíceis que enfrentavam, para lembrá--los da herança espiritual que possuíam e para incentivá-los a serem fiéis a Deus.

PRINCIPAIS PERSONAGENS

1CRÔNICAS

- **Davi**: rei de Israel e antepassado de Jesus Cristo; descrito por Deus como "homem segundo o meu próprio coração" (2:8 a 29:30; veja At 13:22).
- **Os guerreiros de Davi**: grupo especial de guerreiros dedicados a lutar pelo rei (11:10 a 28:1).
- **Natã**: profeta e conselheiro de Davi; revelou a vontade de Deus para Salomão construir o templo (17:1-15).
- **Salomão**: filho de Davi que se tornou o próximo rei de Israel (3:5 a 29:28).

2CRÔNICAS

- **Salomão**: rei de Israel e construtor do templo do Senhor; recebeu grande sabedoria de Deus (1:1 a 9:31).
- **Rainha de Sabá**: soube da fama de Salomão relacionada à sabedoria; foi a Jerusalém para pô-lo à prova com perguntas difíceis sobre seu sucesso (9:1-12; veja Mt 12:42).
- **Roboão**: filho perverso de Salomão que se tornou o próximo rei de Israel; dividiu o reino e mais tarde liderou o Reino do Sul de Judá (9:31 a 13:7).
- **Asa**: rei de Judá; tentou realizar os propósitos de Deus por meios corruptos (14:1 a 16:14).
- **Josafá**: sucedeu seu pai, Asa, como rei de Judá; seguiu a Deus, mas fez diversas escolhas ruins (17:1 a 22:9).
- **Jeorão**: filho perverso de Josafá que o sucedeu como rei de Judá; fomentou a idolatria e matou seus seis irmãos (21:1-20).
- **Uzias**: também chamado Azarias), sucedeu seu pai, Amazias, como rei de Judá; em geral, seguiu a Deus, mas manteve comportamento arrogante (26:1-23).
- **Acaz**: sucedeu seu pai, Jotão, como rei de Judá; conduziu o povo à adoração a Baal e a outras práticas idólatras que incluíram o sacrifício de crianças (27:9 a 29:19).
- **Ezequias**: sucedeu seu pai, Acaz, como rei de Judá; obedeceu a Deus e restaurou o templo; iniciou uma reforma religiosa em meio ao povo (28:27 a 32:33).
- **Manassés**: sucedeu seu pai, Ezequias, como rei de Judá; fez o mal aos olhos do Senhor, mas se arrependeu no fim de seu reinado (32:33 a 33:20).

1 E 2CRÔNICAS

- **Josias**: sucedeu seu pai, Amom, como rei de Judá; seguiu ao Senhor e encontrou o Livro da Lei do Senhor em meio à restauração do templo (33:25 a 35:27).

TEMAS HISTÓRICOS E TEOLÓGICOS

Os livros 1 e 2Crônicas, como foram chamados por Jerônimo, recriam uma história do AT em miniatura, com ênfases específicas na aliança davídica e no culto no templo. Em termos de paralelo literário, 1Crônicas faz par com 2Samuel, no sentido de que ambos detalham o reinado de Davi. O livro de 1Crônicas começa com Adão (1:1) e termina com a morte de Davi (29:26-30), em 971 a.C. O livro de 2Crônicas começa com Salomão (1:1) e cobre o mesmo período histórico de 1 e 2Reis, mas focaliza com exclusividade os reis do Reino do Sul de Judá, excluindo, desse modo, a história das dez tribos do norte e seus regentes, por causa da perversidade e da falsa adoração deles. Estende-se do reino de Salomão (1:1), em 971 a.C., até o retorno da Babilônia, em 538 a.C. (36:23). Mais de 55% do material em Crônicas é único, isto é, não é encontrado em 2Samuel nem em 1 ou 2Reis. O "cronista" parece ter omitido tudo o que era negativo ou que se opunha aos reinados da linhagem de Davi; por outro lado, ele parece ter feito contribuições singulares para a validação do culto no templo e da linhagem de Davi. Enquanto em 2Reis 25 o fim é sombrio com o exílio de Judá na Babilônia, 2Crônicas 36:22-23 conclui de modo auspicioso, com os judeus sendo libertados da Pérsia e retornando a Jerusalém.

Esses dois livros foram escritos para os judeus repatriados como uma crônica a respeito dos propósitos de Deus de futuras bênçãos, apesar do fracasso moral/espiritual no passado da nação, pelo qual o povo pagou um alto preço sob a ira de Deus. Os livros de 1 e 2Crônicas podem ser resumidos brevemente da seguinte maneira:

- uma história genealógica selecionada de Israel (1Cr 1 a 9);
- o reino unido de Israel sob Saul (1Cr 10), Davi (1Cr 11 a 29) e Salomão (2Cr 1 a 9);
- a monarquia de Judá no reino dividido (2Cr 10:36-21);
- a libertação de Judá do seu cativeiro de setenta anos (2Cr 36:22-23).

Os temas históricos estão ligados de modo inextricável aos teológicos, em que os propósitos de Deus para Israel têm sido e serão vividos no palco da história da humanidade. Esses dois livros foram escritos para assegurar aos judeus que haviam retornado que, apesar do seu passado cheio de altos e baixos e de sua atual luta, Deus seria fiel às promessas de sua aliança. Eles foram devolvidos por Deus à terra dada a Abraão, como raça cuja identidade étnica (judaica) não havia sido eliminada pelo exílio e cuja identidade nacional (Israel) havia sido preservada (Gn 12:1-3; 15:5), embora permanecessem sob o julgamento de Deus, conforme prescrito na legislação mosaica (Dt 28:15-68). A linhagem sacerdotal do filho de Eleazar, Fineias

144   MANUAL BÍBLICO MACARTHUR

e a linhagem levita ainda permaneciam intactas, a fim de garantir que o culto no templo pudesse continuar, na esperança de que a presença de Deus retornasse um dia (Nm 25:10-13; Ml 3:1). A promessa de um rei descendente de Davi ainda era válida, embora só fosse se cumprir no futuro (2Sm 7:8-17; 1Cr 17:7-15). A esperança individual de vida eterna e a restauração às bênçãos eternas de Deus permaneciam na nova aliança (Jr 31:31-34).

PALAVRAS-CHAVE

1CRÔNICAS

Filhos: em hebraico, *ben* — 1:43; 3:12; 4:25; 5:14; 7:14; 9:4; 11:22; 22:9; 26:28 —, significa, literalmente, "construir". Os antigos hebreus consideravam seus filhos "construtores" das gerações futuras. *Ben* pode se referir a um filho direto ou aos futuros descendentes de alguém (1Rs 2:1; 1Cr 7:14). Nomes do Antigo Testamento como Benjamim, que significa "filho da minha direita", incorporam esse substantivo em hebraico (Gn 35:18). No plural, *ben* pode ser traduzido como "crianças", independentemente do gênero (veja Êx 12:37). O próprio Deus usa esse termo para descrever seu relacionamento único com Israel: "Israel é o meu primeiro filho" (Êx 4:22).

2CRÔNICAS

Justo: em hebraico, *yashar* — 14:2; 20:32; 24:2; 25:2; 26:4; 27:2; 28:1; 34:2 —, significa, literalmente, "estar nivelado" ou "ser direito". A palavra *justo* se refere a ser reto ou íntegro — ou, em outras palavras, ser aprovado por Deus. A palavra é usada em muitos contextos para descrever a justiça de Deus (Dt 32:4; Sl 111:7-8), a integridade do discurso de uma pessoa (Jó 6:25; Ec 12:10) ou o estilo de vida de uma pessoa justa (Pv 11:3,6). Muitas vezes, esse termo é utilizado para avaliar a qualidade dos reis em 1 e 2Crônicas. Davi, como rei de Israel, exemplificou a justiça em sua vida (1Rs 3:6) e se tornou um padrão de julgamento dos reis que o sucederam (veja 17:3; 34:2).

Páscoa: em hebraico, *pesach* — 30:1,15; 35:1,9,11,13,18,19 —, significa, literalmente, "passar" ou "pular". A celebração da Páscoa comemorava o dia que Deus poupou a vida dos primogênitos dos israelitas da praga da morte lançada sobre os egípcios. O Senhor "passou adiante" ao ver o sangue do cordeiro marcando a porta das casas dos israelitas (Êx 12). A Páscoa, como especificada na lei de Moisés, relembra os israelitas da grande misericórdia de Deus sobre eles (veja Lv 23:5-8; Nm 28:16-25; Dt 16:1-8). No Novo Testamento, Jesus também comemorou a festa da Páscoa com seus discípulos (Mt 26:2,18). Cristo se tornou o Cordeiro Pascal supremo ao sacrificar sua própria vida por nossos pecados (Jo 1:29; 1Co 5:7; 1Pe 1:19).

Nesses livros, dois princípios básicos relacionados prevalecem por todo o AT, a saber: a obediência traz a bênção e a desobediência traz o castigo. Nas Crônicas, quando o rei obedecia ao Senhor e confiava nele, Deus o abençoava e protegia. Porém, quando ele desobedecia ao Senhor e/ou colocava sua confiança em alguma coisa ou pessoa que não o Senhor, ele retirava sua bênção e proteção. Três faltas graves dos reis de Judá suscitaram a ira de Deus: (1) o pecado pessoal; (2) a falsa adoração/idolatria, e/ou (3) a confiança no homem, em vez de em Deus.

1 E 2CRÔNICAS 145

PRINCIPAIS DOUTRINAS

1CRÔNICAS

- **Bênção**: quando o rei obedecia ao Senhor e confiava nele, Deus o abençoava e o protegia (11:4-9; 14:8-14; Êx 23:22; Dt 11:27; 1Sm 15:22; Sl 5:12; 106:3; Ec 12:13; Is 30:18; Mt 5:6; Lc 11:28).
- **Castigo**: quando o rei desobedecia ao Senhor e depositava sua confiança em outra coisa, Deus retirava sua bênção (10:1-7; Dt 28:41; Jó 12:23; Sl 78:32-33; Is 42:24; Ez 39:23; Os 4:17; Am 3:6; 4:10; Mq 6:9; Ml 2:2; Mt 7:22-23; 13:40-42; Jo 12:48).
- **A aliança davídica**: a promessa feita por Deus a Israel de restaurar um rei não foi abandonada por causa do exílio (17:7-15; 2Sm 7:1-17; 2Cr 3:1-2; Jr 31:31-34).

2CRÔNICAS

- **Sabedoria**: Salomão aprendeu que obter sabedoria era mais importante do que riquezas, honra ou vitória (1:7-12; 1Rs 3:9; Pv 3:15; 16:7-8; Mt 7:7; Tg 1:5).
- **Bênção**: quando o rei obedecia ao Senhor e confiava nele, Deus o abençoava e o protegia (7:13,19-20; 9:13-22; Êx 23:22; Dt 11:27; 1Sm 15:22; 1Cr 11:4-9; 14:8-14; Sl 5:12; 106:3; Ec 12:13; Is 30:18; Mt 5:6; Lc 11:28).
- **Castigo**: quando o rei desobedecia ao Senhor e depositava sua confiança em outra coisa, Deus retirava sua bênção (7:14-15; Dt 28:41; 1Cr 10:1-7; Jó 12:23; Sl 78:32-33; Is 42:24; Ez 39:23; Os 4:17; Am 3:6; 4:10; Mq 6:9; Ml 2:2; Mt 7:22-23; 13:40-42; Jo 12:48).
- **A aliança davídica**: a promessa feita por Deus a Israel de restaurar um rei não foi abandonada por causa do exílio (3:1-2; 2Sm 7:1-17; 1Cr 17:7-15; Jr 31:31-34).

O CARÁTER DE DEUS

1CRÔNICAS

- Deus é glorioso (16:24).
- Deus é santo (16:10).
- Deus é misericordioso (16:34).
- Deus é poderoso (29:11-12).
- Deus cumpre suas promessas (17:23,26).
- Deus é providente (29:12).
- Deus é o único Deus (17:20).
- Deus é sábio (28:9).

2CRÔNICAS

- Deus é bom (30:18).
- Deus é grande (2:5).

- Deus é justo (19:7).
- Deus é longânimo (33:10-13).
- Deus é poderoso (13:4).
- Deus é verdadeiro (6:17).

DESAFIOS DE INTERPRETAÇÃO

Primeiro e Segundo Crônicas apresentam uma combinação de registros genealógicos e históricos selecionados, mas neles não encontramos nenhum desafio insuperável. Surgem algumas questões, por exemplo: (1) Quem escreveu 1 e 2Crônicas? A justaposição de 2Crônicas 36:22-23 com Esdras 1:1-3 aponta para Esdras como autor? (2) O uso de fontes diversas compromete a doutrina da inerrância das Escrituras? (3) Como explicar as diferenças entre as genealogias de 1Crônicas 1 a 9 e as demais genealogias do AT? (4) As maldições de Deuteronômio 28 ainda estão em vigor, mesmo depois do fim do cativeiro de setenta anos? (5) Como explicar as poucas variações numéricas quando comparamos as passagens de Crônicas com as passagens paralelas de Samuel e Reis? (veja a seção Harmonia entre os livros de Samuel, Reis e Crônicas).

ESBOÇO

1CRÔNICAS

1. Genealogia seletiva (1:1 a 9:34)
   a. De Adão até antes de Davi (1:1 a 2:55)
   b. De Davi até o cativeiro (3:1-24)
   c. As doze tribos (4:1 a 9:2)
   d. Os habitantes de Jerusalém (9:3-34)

2. A ascendência de Davi (9:35 a 12:40)
   a. O legado e a morte de Saul (9:35 a 10:14)
   b. A unção de Davi (11:1-3)
   c. A conquista de Jerusalém (11:4-9)

CRISTO EM 1CRÔNICAS

A aliança de Deus com Davi consistia na promessa de uma dinastia eterna: "Quando a sua vida chegar ao fim e você se juntar aos seus antepassados, escolherei um dos seus filhos para sucedê-lo, e eu estabelecerei o reino dele. É ele que vai construir um templo para mim, e eu firmarei o trono dele para sempre. Eu serei seu pai, e ele será meu filho" (17:11-13). Como cumprimento dessa promessa, Salomão construiu o templo para o Senhor. O cumprimento definitivo dessa aliança virá com o estabelecimento do reino eterno de Cristo, o Messias, descendente direto de Davi.

CRISTO EM 2CRÔNICAS

Em 2Crônicas, a linhagem de Davi permanece sob a proteção de Deus. Salomão deu continuidade à preparação de Davi para a construção do templo do Senhor. No Novo Testamento, Cristo se compara ao templo: "Destruam este templo, e eu o levantarei em três dias" (Jo 2:19). O templo que Salomão construiu foi destruído, no entanto, Cristo promete aos que nele creem um templo eterno nele mesmo. Em Apocalipse 21:22, a nova Jerusalém não possui templo, "pois o Senhor Deus Todo-poderoso e o Cordeiro são o seu templo".

d. Os homens de Davi (11:10 a 12:40)

3. O reinado de Davi (13:1 a 29:30)

a. A arca da aliança (13:1 a 16:43)
b. A aliança de Deus com Davi (17:1-27)
c. História militar selecionada (18:1 a 21:30)
d. Os preparativos para a construção do templo (22:1 a 29:20)
e. A transição para Salomão (29:21-30)

ENQUANTO ISSO, EM OUTRAS PARTES DO MUNDO...

Os espartanos desenvolvem o uso de produtos químicos, tais como enxofre, piche e carvão para fins militares.

2CRÔNICAS

1. O reinado de Salomão (1:1 a 9:31)

a. A coroação e o início (1:1-17)
b. A construção do templo (2:1 a 7:22)
c. Riqueza/realizações (8:1 a 9:28)
d. Morte (9:29-31)

2. Os reinados dos reis de Judá (10:1 a 36:21)

a. Roboão (10:1 a 12:16)
b. Abias (13:1-22)
c. Asa (14:1 a 16:14)
d. Josafá (17:1 a 21:3)
e. Jeorão (21:4-20)
f. Acazias (22:1-9)
g. Atalia (22:10 a 23:21)
h. Joás (24:1-27)
i. Amazias (25:1-28)
j. Uzias (26:1-23)
k. Jotão (27:1-9)
l. Acaz (28:1-27)
m. Ezequias (29:1 a 32:33)
n. Manassés (33:1-20)
o. Amom (33:21-25)
p. Josias (34:1 a 35:27)
q. Jeoacaz (36:1-4)
r. Jeoaquim (36:5-8)
s. Joaquim (36:9-10)
t. Zedequias (36:11-21)

3. O decreto de retorno de Ciro (36:22-23)

ENQUANTO ISSO, EM OUTRAS PARTES DO MUNDO...

Os rivais atenienses e espartanos fecham uma trégua de trinta anos (445 a 415 a.C.).

RESPOSTAS PARA PERGUNTAS DIFÍCEIS

1. **O uso de fontes externas influencia a afirmação de que as Escrituras não contêm erros? Esses outros documentos também foram inspirados por Deus?**

Os livros de 1 e 2Crônicas repetidamente citam outras fontes. Esdras inclui diversas citações diretas de documentos persas. Outras Escrituras incluem referências extra-bíblicas. A resposta para essa pergunta deve refletir não os casos isolados de textos externos, mas os vários lugares em que a Bíblia cita decretos estrangeiros, líderes pagãos e outros textos seculares.

O fato de uma fonte extrabíblica ser citada nas Escrituras não quer dizer que tal fonte seja inteiramente inspirada. O conteúdo bíblico é verdade. As fontes não são necessariamente verdadeiras por estarem na Bíblia; os fatos estão na Bíblia por serem verdadeiros. O conteúdo bíblico permanece verdadeiro mesmo quando citado fora da Bíblia. Alguns itens da verdade que foram originalmente registrados fora das Escrituras e estavam disponíveis àqueles a quem Deus inspirou para escreverem a Bíblia foram utilizados nas Escrituras.

Esses fatores extrabíblicos têm o efeito adicional de nos lembrar de que a Palavra de Deus foi dada em situações históricas reais, vivenciadas e escritas por pessoas sob a orientação de Deus. Essas citações enfatizam o relacionamento da Bíblia com a realidade. A Palavra de Deus revela o verdadeiro Deus: a realidade sublime.

APROFUNDAMENTO

1CRÔNICAS

1. À medida que você lê a revisão histórica dos nove primeiros capítulos de 1Crônicas, que propósitos você pode encontrar para esse registro?
2. Quais são os destaques e qual é o significado da vida do rei Davi do ponto de vista de 1Crônicas?
3. O que acontece com a arca da aliança em 1Crônicas? Qual é o pano de fundo desse evento (veja 1Sm 5-6)?
4. Se Davi era um homem segundo o coração de Deus, por que Deus não permitiu que ele construísse o grande templo em Jerusalém?
5. Como a importância da autêntica adoração é ilustrada em 1Crônicas?
6. Em que aspectos a sua própria prática de adoração corresponde aos ideais encontrados em 1Crônicas?

2CRÔNICAS

1. Quem você escolheria como os dois ou três melhores exemplos de bom rei em 2Crônicas?
2. Quais reis mais influenciaram o povo em direção à perversidade durante seu reinado?
3. Que lições sobre a oração podem ser encontradas em 2Crônicas?
4. Qual é o contexto e a significância de 2Crônicas 7:14?
5. Ao fim de 2Crônicas, a nação está em colapso e o templo, destruído. Como se deu essa tragédia?
6. Em que aspectos você tem se beneficiado de boas decisões tomadas há tempos?

CRONOLOGIA DOS REIS E PROFETAS DO ANTIGO TESTAMENTO

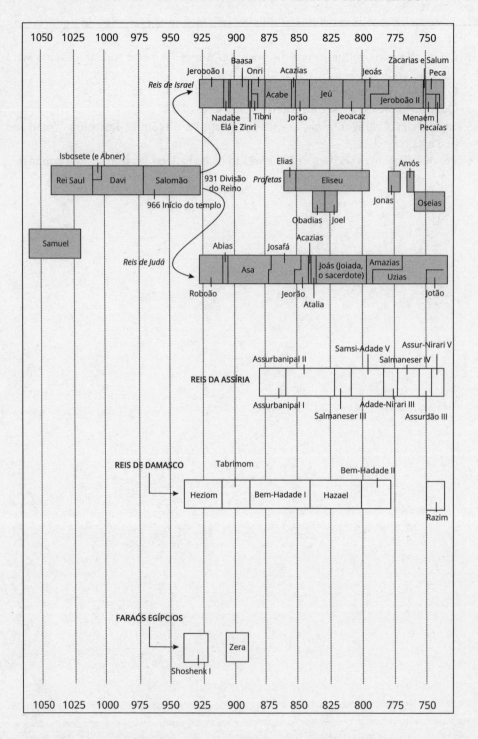

1 e 2 CRÔNICAS

CRONOLOGIA DOS REIS E PROFETAS DO ANTIGO TESTAMENTO

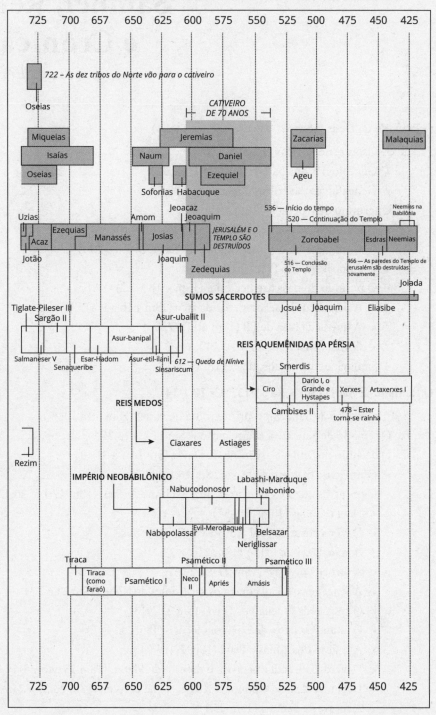

Samuel, Reis e Crônicas

Uma harmonia entre os livros

1. O Reinado de Deus (1Sm 1:1 a 7:17; 1Cr 1:1 a 9:44)

a. As listas genealógicas (1Cr 1:1 a 9:44)
  - Genealogias dos patriarcas (1Cr 1:1 a 2:2)
  - Genealogias das tribos de Israel (1Cr 2:3 a 9:44)

b. O término da teocracia (1Sm 1:1 a 7:17)
  - O início da vida de Samuel (1Sm 1:1 a 4:1a)
    - O nascimento e a infância de Samuel (1Sm 1:1 a 2:11)
    - Samuel em Siló (1Sm 2:12 a 4:1a)
  - O período do desastre nacional (1Sm 4:1b a 7:2)
    - A derrota de Israel e a perda da arca (1Sm 4:1b a 11a)
    - A queda da casa de Eli (1Sm 4:11b-22)
    - A arca de Deus (1Sm 5:1 a 7:2)
  - Samuel, o último dos juízes (1Sm 7:3-17)

2. O Reinado de Saul (1Sm 8:1 a 31:13; 1Cr 10:1-14)

a. A coroação de Saul como primeiro rei de Israel (1Sm 8:1a 10:27)
b. O reinado de Saul até a sua rejeição (1Sm 11:1 a 15:35)
c. O declínio de Saul e a ascensão de Davi (1Sm 16:1 a 31:13)
  - O início da história de Davi (1Sm 16:1-23)
  - O progresso de Davi e o aumento do ciúme de Saul (1Sm 17:1 a 20:42)
    - Davi e Golias (1Sm 17:1-51)
    - Davi na corte de Saul (1Sm 18:1 a 20:42)
  - A vida de Davi no exílio (1Sm 21:1 a 28:2)
    - A jornada de Davi (1Sm 21:1 a 22:5)
    - A vingança de Saul contra os sacerdotes de Nobe (1Sm 22:6-23)
    - O resgate de Queila por Davi (1Sm 23:1-13)
    - O último encontro de Davi com Jônatas (1Sm 23:14-18)
    - A traição dos zifitas a Davi (1Sm 23:19-24a)
    - Davi foge de Saul e vai para o deserto de Maom (1Sm 23:24b-28)
    - Davi foge de Saul e poupa a vida deste na caverna (1Sm 23:29 a 24:22)
    - A morte de Samuel (1Sm 25:1)
    - O casamento de Davi com Abigail (1Sm 25:2-44)

SAMUEL, REIS E CRÔNICAS

- Novamente Davi poupa a vida de Saul (1Sm 26:1-25)
- A união de Davi com os filisteus (1Sm 27:1 a 28:2)
- A ruína de Saul na guerra contra os filisteus (1Sm 28:3 a 31:13; 1Cr 10:1-14)
  - O medo de Saul dos filisteus (1Sm 28:3-6)
  - A visita de Saul à médium de En-Dor (1Sm 28:7-25)
  - Davi deixa os filisteus e vence os amalequitas (1Sm 29:1 a 30:31)
  - Saul e seus filhos são mortos (1Sm 31:1-13; 1Cr 10:1-14)

3. O reinado de Davi (2Sm 1:1 a 24:25; 1Rs 1:1 a 2:11; 1Cr 10:14 a 29:30)

a. As vitórias de Davi (2Sm 1:1 a 10:19; 1Cr 10:14 a 20:8)
  - Os triunfos políticos de Davi (2Sm 1:1 a 5:25; 1Cr 10:14 a 12:40)
    - Davi é rei de Judá (2Sm 1:1 a 4:12; 1Cr 10:1 a 12:40)
    - Davi é rei sobre todo Israel (2Sm 5:1 a 5:25)
  - Os triunfos espirituais de Davi (2Sm 6:1 a 7:29; 1Cr 13:1 a 17:27)
    - A arca da aliança (2Sm 6:1-23; 1Cr 13:1 a 16:43)
    - O templo e a aliança davídica (2Sm 7:1-29; 1Cr 17:1-27)
  - Os triunfos militares de Davi (2Sm 8:1 a 10:19; 1Cr 18:1 a 20:8)
b. Os pecados de Davi (2Sm 11:1-27)
  - O adultério de Davi com Bate-Seba (2Sm 11:1-5)
  - O assassinato de Urias, o hitita, por ordem de Davi (2Sm 11:6-27)
c. Os problemas de Davi (2Sm 12:1 a 24:25; 1Cr 21:1 a 27:34)
  - A casa de Davi sofre (2Sm 12:1 a 13:36)
    - A profecia de Natã contra Davi (2Sm 12:1-14)
    - Morte do filho de Davi (2Sm 12:15-25)
    - A lealdade de Joabe a Davi (2Sm 12:26-31)
    - O incesto de Amnom (2Sm 13:1-20)
    - O assassinato de Amnom (2Sm 13:21-36)
  - O reinado de Davi sofre (2Sm 13:37 a 24:25; 1Cr 21:1 a 27:34)
    - A rebelião de Absalão (2Sm 13:37 a 17:29)
    - O assassinato de Absalão (2Sm 18:1-33)
    - A restauração de Davi como rei (2Sm 19:1a 20:26)
    - O reinado de Davi é avaliado (2Sm 21:1a 23:39)
    - A contagem do povo por Davi (2Sm 24:1 a 24:25; 1Cr 21:1-30)
d. A preparação e organização de Davi para o templo (1Cr 22:1 a 27:34)
e. Os últimos dias de Davi (1Rs 1:1 a 2:11; 1Cr 28:1a 29:30)
  - A saúde de Davi em declínio: Abisague, a sunamita (1Rs 1:1-4)
  - A tentativa de Adonias de usurpar o trono (1Rs 1:5-9)

154   MANUAL BÍBLICO MACARTHUR

- A unção de Salomão como rei (1Rs 1:10-40; 1Cr 29:20-25)
- A submissão de Adonias (1Rs 1:41-53)
- As últimas palavras de Davi (1Rs 2:1-9; 1Cr 28:1 a 29:25)
  - As palavras de Davi para Israel (1Cr 28:1-8)
  - As palavras de Davi para Salomão (1Rs 2:1-9; 1Cr 28:9 a 29:19)
- A morte de Davi (1Rs 2:10-11; 1Cr 29:26-30)

4. O Reinado de Salomão (1Rs 2:12 a 11:43; 1Cr 29:20-30; 2Cr 1:1 a 9:31)

a. Início do reinado de Salomão (1Rs 2:12 a 4:34; 1Cr 29:20-30; 2Cr 1:1-17)
- O reinado de Salomão é estabelecido (1Rs 2:12; 1Cr 29:20-30; 2Cr 1:1)
- Os adversários de Salomão são eliminados (1Rs 2:13-46)
- O casamento de Salomão com a filha do faraó (1Rs 3:1)
- A condição espiritual de Salomão (1Rs 3:2-3)
- O sacrifício de Salomão em Gibeão (1Rs 3:4; 2Cr 1:2-6)
- O sonho de Salomão e a oração por sabedoria (1Rs 3:5-15; 2Cr 1:7-12)
- Salomão julga duas prostitutas com a sabedoria de Deus (1Rs 3:16-28)
- Os oficiais, o poder, a riqueza e a sabedoria de Salomão (1Rs 4:1-34; 2Cr 1:13-17)

b. O esplendor de Salomão (1Rs 5:1 a 8:66; 2Cr 2:1 a 7:22)
- Preparativos para a construção do templo (1Rs 5:1-18; 2Cr 2:1-18)
- A construção do templo (1Rs 6:1-38; 2Cr 3:1-14)
- A construção do palácio real (1Rs 7:1-12)
- A fabricação dos utensílios do templo (1Rs 7:13-51; 2Cr 3:15 a 5:1)
- A dedicação e o término do templo (1Rs 8:1-66; 2Cr 5:2 a 7:22)

c. A morte de Salomão (1Rs 9:1a 11:43; 2Cr 8:1a 9:31)
- A aliança de Davi é repetida (1Rs 9:1-9)
- A desobediência de Salomão à aliança (1Rs 9:10 a 11:8; 2Cr 8:1 a 9:12)
- O castigo de Salomão por quebrar a aliança (1Rs 11:9-40; 2Cr 9:13-28)
- A morte de Salomão (1Rs 11:41-43; 2Cr 9:29-31)

5. O Reino dividido (1Rs 12:1 a 22:53; 2Rs 1:1 a 17:41; 2Cr 10:1-28:27)

a. O reino se divide (1Rs 12:1 a 14:31; 2Cr 10:1-28:27)
- A causa da divisão (1Rs 12:1-24)
- Jeroboão, rei de Israel (1Rs 12:25 a 14:20; 2Cr 10:1 a 13:22)
- Roboão, rei de Judá (1Rs 14:21-31; 2Cr 10:1 a 12:16)

b. Os dois reis de Judá (1Rs 15:1-24; 2Cr 13:1 a 16:14)
- Abias (ou Jorão), rei de Judá (1Rs 15:1-8; 2Cr 13:1-22)
- Asa, rei de Judá (1Rs 15:9-24; 2Cr 14:1 a16:14)

c. Os cinco reis de Israel (1Rs 15:25 a 16:28; 2Cr 16:1-6)

SAMUEL, REIS E CRÔNICAS **155**

- Nadabe, rei de Israel (1Rs 15:25-31)
- Baasa, rei de Israel (1Rs 15:32 a 16:7; 2Cr 16:1-6)
- Elá, rei de Israel (1Rs 16:8-14)
- Zinri, rei de Israel (1Rs 16:15-20)
- Onri, rei de Israel (1Rs 16:21-28)

d. Acabe, rei de Israel (1Rs 16:29 a 22:40; 2Cr 16:1-34)
- O pecado de Acabe (1Rs 16:29-34)
- Elias, o profeta (1Rs 17:1 a 19:21; 2Cr 16:1-34)
- Guerras contra a Síria (1Rs 20:1-43)
- Nabote fraudado e assassinado (1Rs 21:1-16)
- A morte de Acabe (1Rs 21:17 a 22:40)

e. Josafá, rei de Judá (1Rs 22:41-50; 2Cr 17:1 a 21:3)

f Acazias, rei de Israel (1Rs 22:51-53; 2Rs 1:1-18; 2Cr 20:35-37)

g. Jorão, rei de Israel (2Rs 3:1 a 8:15; 2Cr 22:5-7)

h. Jeorão, rei de Judá (2Rs 8:16-24; 2Cr 21:4-20)

i. Acazias, rei de Judá (2Rs 8:25 a 9:29; 2Cr 22:1-9)

j. Jeú, rei de Israel (2Rs 9:30 a 10:36; 2Cr 22:7-12)

k. Atalia, rainha de Judá (2Rs 11:1-16; 2Cr 22:10 a 23:21)

l. Joiada, rei de Judá (2Rs 11:17 a 12:21; 2Cr 24:1 a 24:27)

m. Jeoacaz, rei de Israel (2Rs 13:1-9)

n. Jeoás (ou Joiada), rei de Israel (2Rs 13:10-25; 2Cr 25:17-24)

o. Amazias, rei de Judá (2Rs 14:1-22; 2Cr 25:1-28)

p Jeroboão II, rei de Israel (2Rs 14:23-29)

q. Uzias (ou Azarias), rei de Judá (2Rs 15:1-7; 2Cr 26:1-23)

r. Zacarias, rei de Israel (2Rs 15:8-12)

s Salum, rei de Israel (2Rs 15:13-15)

t. Menaém, rei de Israel (2Rs 15:16-22)

u. Pecaías, rei de Israel (2Rs 15:23-26)

v Peca, rei de Israel (2Rs 15:27-31)

w. Jotão, rei de Judá (2Rs 15:32-38; 2Cr 27:1-9)

x. Acaz, rei de Judá (2Rs 16:1-20; 2Cr 28:1-27)

y. Oseias, rei de Israel (2Rs 17:1-41)

6. O Reino Sobrevivente de Judá (2Rs 18:1 a 25:30; 2Cr 29:1 a 36:23)

a. Ezequias, rei de Judá (2Rs 18:1 a 20:21; 2Cr 29:1 a 32:33; Is 36 a 39)

b. Manassés, rei de Judá (2Rs 21:1-18; 2Cr 33:1-20)

c. Amom, rei de Judá (2Rs 21:19-26; 2Cr 33:21-25)

d. Josias, rei de Judá (2Rs 22:1 a 23:30; 2Cr 34:1 a 35:27)

e. Joacaz, rei de Judá (2Rs 23:31-34; 2Cr 36:1-4)

f. Jeoaquim, rei de Judá (2Rs 23:35 a 24:7; 2Cr 36:4-8)

g. Joaquim, rei de Judá (2Rs 24:8-16; 2Cr 36:9-10)

h. Zedequias, rei de Judá (2Rs 24:17 a 25:21; 2Cr 36:11-21)

i. Gedalias, rei de Judá (2Rs 25:22-26)

j. Joaquim é libertado na Babilônia (2Rs 25:27-30)

k. Ciro decreta a reconstrução em Jerusalém (2Cr 36:22-23)

Esdras

O retorno dos exilados

TÍTULO

Embora o nome Esdras não apareça na narrativa do retorno pós-exílio de Judá para Jerusalém antes de 7:1, o livro leva o seu nome ("o Senhor ajuda") como título. Isso acontece porque ambas as tradições judaica e cristã atribuem sua autoria ao famoso sacerdote-escriba. Os autores do Novo Testamento não citam o livro de Esdras.

AUTOR E DATA

É bem provável que Esdras seja o autor tanto do livro que traz o seu nome como de Neemias, que podem ter sido originalmente um livro só. Esdras 4:8 a 6:18 e 7:12-26 foram escritos em aramaico. Embora Esdras nunca cite a si mesmo como autor, argumentos internos parecem favorecer fortemente essa possibilidade. Depois da sua chegada a Jerusalém (por volta de 458 a.C.), ele deixou de escrever na terceira pessoa e passou a escrever na primeira pessoa. É possível que ele tenha usado a terceira pessoa na primeira parte porque estava contando suas lembranças. Além disso, acredita-se que Esdras possa ser o autor dos livros das Crônicas. Seria natural que o mesmo autor continuasse a narrativa do AT mostrando como Deus cumpriu a sua promessa de fazer o povo retornar para a Terra Prometida depois de setenta anos no cativeiro. Além disso, há um forte tom sacerdotal nas Crônicas, e Esdras descendia de sacerdotes da linhagem de Arão (cf. 7:1-5). Os versículos que encerram 2Crônicas (36:22-23) são praticamente idênticos aos versículos que iniciam o livro de Esdras (1:1-3a), o que afirma que ele escreveu ambos.

Esdras era um escriba que tinha acesso a uma série de documentos administrativos encontrados em Esdras e Neemias, especialmente àqueles citados no livro de Esdras. Bem poucas pessoas tinham acesso aos arquivos da realeza do Império Persa, mas Esdras provou ser uma exceção (cf. Ed 1:2-4; 4:9-22; 5:7-17; 6:3-12). O seu ofício de escriba da lei é descrito em 7:10: "Pois Esdras tinha decidido dedicar-se a estudar a Lei do Senhor e a praticá-la, e a ensinar os seus decretos e mandamentos aos israelitas". Ele era um homem forte e piedoso que viveu na época de Neemias (cf. Ne 8:1-9; 12:36). A tradição conta que ele foi o fundador da Grande Sinagoga, onde o cânone completo do AT foi reconhecido formalmente pela primeira vez.

Esdras liderou a segunda leva de judeus que retornaram da Pérsia (por volta de 458 a.C.); portanto, a finalização do livro aconteceu em algum momento das várias décadas seguintes (aproximadamente em 457-444 a.C.).

CENÁRIO E CONTEXTO

No passado, Deus havia livrado Israel dos mercados de escravos do Egito no êxodo (por volta de 1445 a.C.). Centenas de anos mais tarde, antes dos acontecimentos de Esdras, Deus disse ao seu povo que, se este optasse por quebrar a aliança feita com ele, novamente permitiria que eles fossem escravizados por outras nações (Jr 2:14-15). Apesar das repetidas advertências de Deus por intermédio de seus profetas, Israel e Judá optaram por rejeitar o seu Senhor e participaram da adoração dos deuses estrangeiros, além de adotarem as práticas abomináveis que acompanhavam a idolatria (cf. 2Rs 17:7-18; Jr 2:7-13). Fiel à sua promessa, Deus castigou os rebeldes Israel e Judá usando os assírios e os babilônios como seus instrumentos.

Em 722 a.C., os assírios deportaram as dez tribos do norte e as espalharam por todo o seu império (cf. 2Rs 17:24-41; Is 7:8). Muitos séculos mais tarde, em 605-586 a.C., Deus usou os babilônios para destruir e quase despovoar Jerusalém. Pelo fato de Judá persistir em sua infidelidade à aliança, Deus castigou o seu povo com setenta anos de cativeiro (Jr 25:11), do qual esse povo retornou para Jerusalém, como nos informa os relatos em Esdras e Neemias. Ciro, o persa, derrotou a Babilônia em 539 a.C., e o livro de Esdras começa com o decreto de Ciro um ano mais tarde, autorizando os judeus a retornarem para Jerusalém (538 a.C.) e narrando o restabelecimento do calendário nacional de Judá com suas festas e sacrifícios, inclusive a reconstrução do segundo templo (iniciada em 536 a.C. e concluída em 516 a.C.).

Assim como houve três levas de cativos de Israel para a Babilônia (605 a.C., 597 a.C. e 586 a.C.), também ocorreram três retornos para Jerusalém, durante um período

ESDRAS

de mais de nove décadas. Zorobabel retornou primeiro em 538 a.C. Ele foi seguido por Esdras, que liderou o segundo retorno em 458 a.C. Neemias fez o mesmo treze anos depois, em 445 a.C. A autonomia política total, no entanto, jamais voltou. Os profetas Ageu e Zacarias ministraram durante o tempo de Zorobabel, por volta 520 a.C. e nos anos seguintes.

PRINCIPAIS PERSONAGENS

- **Esdras**: escriba e mestre da Palavra de Deus que iniciou uma reforma religiosa entre o povo; conduziu o segundo grupo de exilados da Babilônia a Jerusalém (7:1 a 10:16).
- **Ciro**: rei persa que conquistou a Babilônia; auxiliou o retorno dos exilados israelitas à terra natal (1:1 a 6:14).
- **Zorobabel**: conduziu o primeiro grupo de exilados israelitas de Babilônia a Jerusalém; concluiu a reconstrução do templo (2:2 a 5:2).
- **Ageu**: profeta pós-exílio que encorajou Zorobabel e o povo de Israel a continuarem a reconstrução do templo (5:1-2; 6:14).
- **Zacarias**: profeta pós-exílio que encorajou Zorobabel e o povo de Israel a continuarem a reconstrução do templo (5:1-2; 6:14).
- **Dario I**: rei persa que apoiou a reconstrução do templo pelos israelitas (4:5 a 6:14).
- **Artaxerxes**: rei persa que permitiu o retorno de Esdras a Jerusalém (7:1) e reinstituiu a adoração no templo e o ensino da lei.

TEMAS HISTÓRICOS E TEOLÓGICOS

O retorno dos judeus do cativeiro na Babilônia se assemelhou a um segundo êxodo, divinamente espelhado de certo modo na primeira redenção de Israel da servidão no Egito. A viagem de retorno da Babilônia envolveu atividades semelhantes àquelas do êxodo original: (1) a reconstrução do templo e dos muros da cidade; (2) o restabelecimento da lei, que fez com que Zorobabel, Esdras e Neemias coletivamente parecessem um segundo Moisés; (3) o desafio dos inimigos locais; e (4) a tentação de casar com não judeus, resultando na idolatria. Outros paralelos entre o êxodo original e o retorno da Babilônia envolvem a ideia que os exilados devem ter tido de que Deus lhes estava dando uma oportunidade de recomeçar do zero.

Nesse relato de retorno, Esdras baseou-se numa série de documentos administrativos persas a que ele tinha acesso como escriba. A presença dos próprios documentos administrativos da realeza carrega uma mensagem poderosa quando acompanhada pela afirmação ressonante: "a mão do Senhor, o seu Deus, estava sobre ele/mim" (7:6, 28). Os decretos, pregões, cartas, listas, genealogias e memoriais, muitos dos quais foram escritos pela administração persa, comprovam a soberana mão de Deus na restauração de Israel. A mensagem principal do livro é que foi Deus quem orquestrou a condição funesta (cativeiro) passada e que ele continuaria a trabalhar por meio de um rei pagão e seus sucessores para dar a Judá esperança no futuro (retorno).

A administração de Deus supera a de qualquer um dos reis deste mundo, portanto, o livro de Esdras é uma mensagem da permanente aliança da graça de Deus com Israel.

Outro tema importante que surge em Esdras é a oposição dos habitantes samaritanos locais, cujos ancestrais tinham sido trazidos da Assíria (4:2; cf. Jo 4:4-42). Por razões de sabotagem espiritual, os inimigos de Israel pediram para participar da reconstrução do templo (4:1-2). Depois de serem rejeitados, os inimigos contrataram conselheiros contra os judeus (cf. 4:4-5). Mas o Senhor, por meio da ministração de Ageu e Zacarias, com as palavras "Coragem! Ao trabalho [...] Porque eu estou com vocês" (Ag 2:4; cf. Ed 4:24 a 5:2), reavivou o espírito do povo e de seus líderes para que seguissem com a construção. Ela foi retomada (aproximadamente em 520 a.C.) e o templo foi logo concluído, dedicado e voltou ao serviço de Deus (por volta de 516 a.C.).

PRINCIPAL DOUTRINA

- **A soberania de Deus**: o Senhor controlou e guardou o caminho dos israelitas do exílio ao seu retorno à Terra Prometida (2:1; Gn 50:20; Jó 42:2; Pv 16:1; Mt 10:29-30; Jo 6:37; Rm 8:28).

PALAVRAS-CHAVE

Judeus: em hebraico, *yehudi*— 4:12,23; 5:1,5; 6:7,8,14 —, de uma raiz que significa "louvar" ou "dar graças". Jacó usou esse termo durante a bênção de seu filho Judá em Gênesis 49:8: "Judá, seus irmãos o louvarão". Um judeu pode ser uma pessoa da tribo de Judá (Nm 10:14) ou um israelita que vive na região geográfica conhecida como Judá (veja Jr 7:30). Durante o período pós-exílio, "judeu" passou a se referir aos israelitas como grupo de pessoas. O uso do termo "judeu" também é encontrado no NT — Jesus é chamado "rei dos judeus" (Mt 27:29). Mais adiante, Paulo esclarece que o verdadeiro judeu é uma pessoa marcada pela "circuncisão [...] operada no coração" (Rm 2:28-29).

Remanescente: em hebraico, *sha'ar* — 9:8,15 —, significa, literalmente, "permanecer" ou "restar". *Remanescente* se refere às poucas pessoas que sobrevivem após uma catástrofe, tal como o dilúvio. Na Bíblia, essa palavra geralmente se refere à reduzida população israelita que sobreviveu ao exílio (9:8). Os profetas também usam essa palavra para descrever os israelitas que continuaram fiéis a Deus (Am 5:14-15). O profeta Isaías descreveu o ajuntamento, pelo Messias, do remanescente de Israel disperso por todas as nações, inclusive atraindo alguns gentios para si mesmo (Is 11:10-11,16). O *remanescente*, portanto, aponta para a fidelidade da aliança de Deus em poupar seu povo. Por meio da preservação de Israel, o mundo inteiro seria abençoado com a vinda do Messias (Gn 12:3).

O CARÁTER DE DEUS

- Deus é bom (8:18).
- Deus é poderoso (8:22).

- Deus é justo (9:15).
- Deus é sábio (7:25).
- Deus se ira (8:22).

DESAFIOS DE INTERPRETAÇÃO

Primeiro, como os livros históricos pós-exílio de 1 e 2Crônicas, Esdras, Neemias e Ester se relacionam aos profetas pós-exílio Ageu, Zacarias e

> ### CRISTO EM ESDRAS
>
> O retorno de Israel à Terra Prometida ilustra o perdão incondicional oferecido por meio de Cristo. A proteção de Deus sobre seu povo reforçou sua aliança com Davi para preservar sua linhagem. Jesus, descendente direto da linhagem de Davi, viria mais tarde trazer salvação para o mundo inteiro.

Malaquias? Os dois livros das Crônicas foram escritos por Esdras como lembrete do prometido reino de Davi, do sacerdócio araônico e do culto apropriado no templo. Ageu e Zacarias profetizaram durante o período de Esdras 4 a 6, quando a construção do templo foi retomada. Malaquias escreveu durante a segunda visita de Neemias à Pérsia (cf. Ne 13:6).

Segundo, a que propósito serve esse livro? Esdras relata historicamente os primeiros dois de três retornos pós-exílio a Jerusalém do cativeiro na Babilônia. O primeiro retorno (capítulos 1 a 6) aconteceu sob Zorobabel (por volta de 538 a.C.) e o segundo (capítulos 7 a 10) foi liderado pelo próprio Esdras (por volta de 458 a.C.). Espiritualmente, Esdras restabeleceu a importância do sacerdócio araônico ao traçar sua linhagem a Eleazar, Fineias e Zadoque (cf. Ed 7:1-5). Ele relatou a construção do segundo templo (capítulos 3 a 6). A maneira como ele tratou o grave pecado dos casamentos mistos com estrangeiros está presente nos capítulos 9 e 10. E, o que é mais importante, ele conta como a soberana mão de Deus moveu reis e superou adversários variados para restabelecer Israel e a descendência de Abraão, tanto no âmbito nacional como individual, na terra que havia sido prometida a Abraão, Davi e Jeremias.

Terceiro, o templo foi construído durante o reinado de Ciro. A menção de Assuero (4:6) e Artaxerxes (4:7-23) pode levar alguns a pensarem que o templo também foi construído durante os seus reinados. Essa conclusão, entretanto, contradiz a História. Esdras não estava escrevendo sobre os empreendimentos, mas continuava a relatar a oposição dos dois depois da construção do templo, que persistia até mesmo nos seus dias. É notório, então, que Esdras 4:1-5; 4:24 a 5:2 tratam da reconstrução do templo sob Zorobabel, enquanto 4:6-23 é um parêntese que relata a história da oposição nos tempos de Esdras e Neemias.

Quarto, o intérprete deve decidir onde encaixar Ester no tempo de Esdras. Um exame cuidadoso indica que a história dela se passou entre os acontecimentos dos capítulos 6 e 7.

Quinto, como o divórcio em Esdras 10 se correlaciona com o fato de Deus odiar o divórcio (Ml 2:16)? Esdras não estabelece a norma; antes, trata-se de um caso especial na História. Parece que foi decidido (Ed 10:3) com base no princípio de que o mal menor (divórcio) seria preferível ao mal maior da raça judaica ser contaminada pelos casamentos mistos, para que a nação e a linhagem messiânica de Davi não acabasse sendo misturada à dos gentios. A resolução de tal problema desse modo aumenta ainda mais a misericórdia de Deus, pois a outra solução possível seria matar todos os envolvidos (marido, esposa e filhos) por apedrejamento, como foi feito no primeiro êxodo em Sitim (Nm 25:1-9).

ESBOÇO

1. O primeiro retorno sob Zorobabel (1:1 a 6:22)
   a. O decreto de Ciro para o retorno (1:1-4)
   b. Tesouros para a reconstrução do templo (1:5-11)
   c. Os que voltaram (2:1-70)
   d. A construção do segundo templo (3:1 a 6:22)
   - Início da construção (3:1-13)
   - Surgem os adversários (4:1-5)
   - Digressão sobre oposição futura (4:6-23)
   - A construção renovada (4:24 a 5:2)
   - A oposição renovada (5:3 a 6:12)
   - O templo é concluído e dedicado (6:13-22)

2. O segundo retorno sob Esdras (7:1 a 10:44)
   a. A chegada de Esdras (7:1 a 8:36)
   b. Esdras lidera o reavivamento (9:1 a 10:44)

ENQUANTO ISSO, EM OUTRAS PARTES DO MUNDO...

As guerras médicas finalmente cessam (490 a 449 a.C.) depois de o ateniense Címon, filho de Milcíades, derrotar os persas em Salamina.

RESPOSTAS PARA PERGUNTAS DIFÍCEIS

1. Que partes do AT e pessoas foram ativas nos eventos relativos ao retorno dos judeus do exílio?

Cinco livros históricos (1 e 2Crônicas, Esdras, Neemias e Ester) resultam dos eventos após o exílio ou os relatam. Três livros proféticos (Ageu, Zacarias e Malaquias) vêm do mesmo período. O termo "pós-exílico" é frequentemente utilizado para descrever tais livros e pessoas.

Os livros de 1e 2Crônicas fornecem um resumo da história a partir dos últimos dias do exílio. Esdras e Neemias relatam os dias difíceis e emocionantes do retorno para Judá e a reconstrução da nação. Ageu e Zacarias foram profetas ativos durante o período registrado em Esdras 4 a 6, quando o templo estava sendo reconstruído. Malaquias escreveu e profetizou durante a visita de Neemias à Pérsia (Ne 13:6).

ESDRAS

Embora parte do propósito desses livros seja confirmar a aliança contínua de Deus com a casa de Davi e a linhagem não interrompida, o enfoque muda da realeza para outros servos de Deus. Um escriba, um copeiro e profetas se tornam os agentes divinos centrais. Até mesmo Ester, embora fosse rainha, teve de confiar em Deus, e não em sua posição e em seu poder, a fim de cumprir a missão que ele lhe havia confiado para a preservação dos judeus na Pérsia.

Tudo isso prepara o cenário para as expectativas mistas acerca do nascimento de Jesus, do cumprimento da aliança de Deus com Davi e do envolvimento pessoal de Deus na história da salvação.

2. **Como o tratamento dado por Esdras para os casamentos mistos e o divórcio se enquadra no padrão geral dos ensinamentos bíblicos sobre essas questões importantes?**

Esdras 9 e 10 registram um momento crítico no restabelecimento do povo judeu em sua terra natal. Nos anos que antecederam a chegada de Esdras da Pérsia, muitos dos judeus que haviam retornado do exílio se casaram com mulheres pagãs da região. Essa prática não reflete nenhuma circunstância como aquelas que encontramos no casamento de Raabe ou Rute — gentias que passaram a crer em Deus. Os judeus que se casaram com estrangeiras após o retorno do exílio pecaram ao não levarem em consideração o histórico pagão dessas mulheres. Esdras recebeu a notícia dos casamentos mistos como parte do relatório quando chegou a Jerusalém.

Para Esdras, tal notícia era devastadora. Historicamente, o casamento misto com pagãos havia desempenhado um papel-chave nas repetidas quedas da nação. Esses casamentos eram um ato de desobediência a Deus. Esdras sentiu-se envergonhado e angustiado com essa situação (Ed 9:3-4). Sua dor era aberta e condenatória. Por fim, os homens confessaram seu erro e decidiram que aqueles que haviam se casado com mulheres pagãs teriam de "mandar de volta" (divorciar-se de) suas esposas. Mas Deus não havia mudado de ideia em relação ao divórcio. Malaquias, que viveu nesse mesmo período, declarou que Deus odeia o divórcio (Ml 2:16).

Algumas observações importantes podem ser feitas sobre essa passagem em Esdras. Ela não estabelece que o divórcio é aceitável sob circunstâncias normais. Além disso, é fácil ignorar o fato de que, embora a solução do divórcio tenha sido uma decisão coletiva, cada um desses casamentos foi examinado individualmente. É provável que os casos em que a mulher havia se convertido tenham sido tratados de forma diferenciada dos casos em que as esposas viam questões de fé como uma violação do acordo de casamento.

A misericórdia de Deus brilha na humildade da confissão e no cuidado ao enfrentar essas questões. Uma interpretação rigorosa da lei teria levado todas as partes envolvidas à morte por apedrejamento. No entanto, a vontade de corrigir a situação abriu porta para a solução, embora em alguns casos isso tenha envolvido a dor e a tristeza do divórcio.

APROFUNDAMENTO

1. Que tipo de pessoa era Esdras?
2. Descreva o comportamento, os sentimentos e as experiências dos primeiros peregrinos que retornaram à Terra Prometida do cativeiro.
3. Que tipos de oposição à reconstrução de Jerusalém e do templo enfrentou o povo?
4. Qual foi o papel desempenhado pela Palavra de Deus na vida daqueles que retornaram do cativeiro?
5. De que formas os que retornaram do exílio demonstraram sua fé em Deus?
6. Você tem confiado em Deus para ajudá-lo a reconstruir as ruínas de seu passado?

Neemias

Reconstruindo os muros

TÍTULO

Neemias ("o Senhor consola") é um copeiro famoso que nunca aparece nas Escrituras, exceto nesse livro. Como os livros de Esdras e Ester, que receberam seus nomes em homenagem a seus contemporâneos (veja a Introdução a Esdras e a Ester), o livro de Neemias narra alguns fatos que ocorreram durante a sua liderança e recebeu como título o seu nome. Tanto a *Septuaginta*, em grego, como a *Vulgata*, em latim, chamam esse livro de "Segundo Esdras". Embora na maioria das versões da Bíblia na nossa língua os livros de Esdras e Neemias estejam separados, é possível que tivessem sido reunidos num único livro, como estão atualmente nos textos em hebraico. Os autores do Novo Testamento não citam Neemias.

AUTOR E DATA

Embora grande parte desse livro tenha sido nitidamente extraído dos diários pessoais de Neemias e escrito de seu ponto de vista pessoal (1:1 a 7:5; 12:27-43; 13:4-31), tanto a tradição judaica como a cristã reconhecem Esdras como seu autor. Isso é fundamentado em evidências externas, como o fato de Esdras e Neemias terem sido originalmente um único livro, conforme refletido na *Septuaginta* e na *Vulgata*, bem como em evidências internas, como a menção recorrente do tema da "mão do SENHOR", que domina tanto o livro de Esdras como o de Neemias, e o papel do autor como sacerdote-escriba. Como escriba, ele tinha acesso aos arquivos reais da Pérsia, o que explica o grande número de documentos encontrados nos registros dos dois livros, especialmente no livro de Esdras. Poucas pessoas teriam tido acesso aos arquivos da realeza do Império Persa, mas Esdras provou ser uma exceção (cf. Ed 1:2-4; 4:9-22; 5:7-17; 6:3-12).

Os acontecimentos em Neemias 1 têm início no fim do ano de 446 a.C., o vigésimo ano do reinado do rei persa Artaxerxes (464-423 a.C.). O livro segue em ordem cronológica, do primeiro mandato de Neemias como governador de Jerusalém no período de 445 a 433 a.C., aproximadamente, (Ne 1 a 12) até o seu segundo mandato, que possivelmente teve início por volta de 424 a.C. (Ne 13). Neemias foi escrito por Esdras em algum momento durante ou depois do segundo mandato de Neemias, mas antes de 400 a.C.

CENÁRIO E CONTEXTO

Fiel à sua promessa de castigo, Deus usou os assírios e babilônios como instrumentos para executar sua punição sobre os desviados reinos de Judá e Israel. Em 722 a.C., os assírios exilaram as dez tribos do norte e as espalharam por todo o mundo conhecido de então (2Rs 17). Muitos séculos depois, por volta de 605-586 a.C., Deus usou os babilônios para saquear, destruir e quase despovoar Jerusalém (2Rs 25), porque Judá havia persistido em sua infidelidade à aliança. Deus castigou o seu povo com setenta anos de cativeiro na Babilônia (Jr 25:11).

CRONOLOGIA DE NEEMIAS

Referência		Data	Acontecimento
1:1,4	nov/dez	446 a.C. (quisleu)	Neemias fica sabendo dos problemas e ora
2:1-5	mar/abr	445 a.C. (nisã)	Neemias é enviado a Jerusalém
3:1; 6:15	jul/ago	445 a.C. (abe)	Neemias dá início à construção do muro
6:15	ago/set	445 a.C. (elul)	Neemias conclui a construção do muro
7:73b	set/out	445 a.C. (tisri)	Celebração do Dia das Trombetas (subentendido)
8:13-15	set/out	445 a.C. (tisri)	Celebração da Festa dos Tabernáculos
9:1	set/out	445 a.C. (tisri)	Tempo de confissão
12:27	set/out	445 a.C. (tisri)	É feita a dedicação do muro
13:6		445-433 a.C.	O primeiro mandato de Neemias como governador (Ne 1 a 12)
13:6		433-424 a.C. (?)	Neemias volta para a Pérsia
Sem ref.		433-? a.C.	Malaquias profetiza em Jerusalém durante a ausência de Neemias
13:1,4,7		424-? a.C.	Neemias retorna e cumpre um segundo mandato como governador (Ne 13)

Durante o cativeiro dos judeus, a liderança do império mundial passou dos babilônios para os persas (por volta de 539 a.C.; Dn 5), depois do que Daniel recebeu a maior parte das suas revelações proféticas (cf. Dn 6; 9 a 12). O livro de Esdras começa com o decreto de Ciro, rei persa, para que o povo de Deus retornasse para Jerusalém, a fim de reconstruir a casa do Senhor (aproximadamente em 539 a.C.), e narra o restabelecimento do calendário nacional de Judá das festas e dos sacrifícios. Zorobabel e Josué lideraram o primeiro retorno (Ed 1 a 6) e reconstruíram o templo. Ester nos dá um vislumbre dos judeus que ficaram para trás na Pérsia (por volta de 483-473 a.C.), quando Hamã tentou eliminar o povo judeu. Esdras 7 a 10 conta o segundo retorno liderado por Esdras em 458 a.C. Neemias narra o terceiro retorno para reconstruir os muros ao redor de Jerusalém (por volta de 445 a.C.). Nessa época, na história de Judá, o Império Persa dominava todo o mundo do antigo

Oriente Próximo. Sua administração de Judá, embora fosse liberal, estava atenta a qualquer sinal de perturbação da ordem ou revolta entre os vassalos. A reconstrução dos muros de cidades conquistadas representava uma forte ameaça à administração central persa. Somente a um confidente muito próximo do rei poderia ser confiada uma tarefa como essa. No momento mais importante da revitalização de Judá, Deus levantou Neemias para exercer um dos ofícios de maior confiança no império — o de copeiro e confidente do rei. A vida sob o rei persa Artaxerxes (464-423 a.C., aproximadamente) tinha as suas vantagens para Neemias. Tal qual José, Ester e Daniel, ele havia conquistado uma posição importante no palácio que então governava o mundo antigo, posição essa que permitiria a Deus usá-lo para liderar a reconstrução dos muros de Jerusalém, apesar das implicações que isso teria para o controle persa dessa cidade.

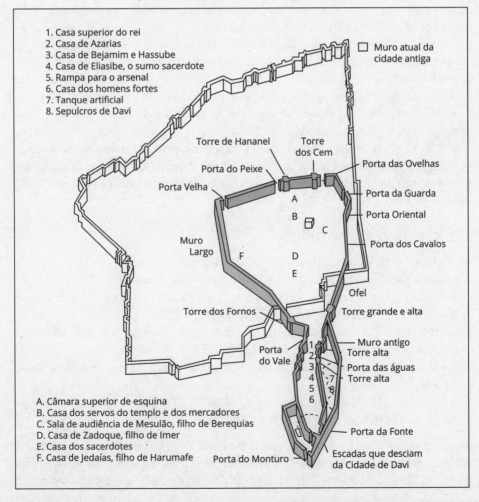

JERUSALÉM NA ÉPOCA DE NEEMIAS

Vários marcos geográficos na cidade de Jerusalém são mencionados em Neemias (3:12-18; 12:27-39). Conforme reconstruída por Zorobabel, Esdras e Neemias, a cidade pós-exílica de Jerusalém era consideravelmente menor e menos magnificente do que a cidade que havia caído nas mãos dos babilônios em 586 a.C.

Há várias outras observações históricas de interesse. Primeiro, Ester era a madrasta de Artaxerxes e pode facilmente ter influenciado o rei a ser favorável aos judeus, especialmente Neemias. Segundo, as setenta semanas proféticas de Daniel tiveram início com o decreto para a reconstrução da cidade emitido por Artaxerxes em 445 a.C. (cf. capítulos 1 e 2). Terceiro, os Papiros Elefantinos (documentos egípcios), datados do fim do século V a.C., apoiam o relato de Neemias ao mencionar Sambalate, o governador da Samaria (2:19), Joanã (6:18; 12:23) e Neemias sendo substituído como governador de Jerusalém por Bigvai (por volta de 410 a.C; Ne 10:16). Por fim, Neemias e Malaquias apresentam os últimos escritos canônicos do AT, tanto em termos da época em que ocorreram os acontecimentos (capítulo 13; Ml 1 a 4) quanto à época em que foram registrados por Esdras. Desse modo, as mensagens seguintes de Deus para Israel não surgiram senão depois que mais de quatrocentos anos de silêncio se passassem, quando foram anunciados os nascimentos de João Batista e Jesus Cristo (Mt 1; Lc 1 e 2).

Com a revelação completa da história de Israel no AT antes da encarnação de Cristo tendo sido completada, os judeus ainda não tinham experimentado a plenitude das várias alianças que Deus havia feito com eles e suas respectivas promessas. Embora houvesse um remanescente judeu, como fora prometido a Abraão (cf. Gn 15:5), não parece que este fosse tão numeroso como na época do êxodo (Nm 1:46). Os judeus nem possuíam a Terra Prometida (Gn 15:7), nem a governavam como nação soberana (Gn 12:2). O trono de Davi estava vazio (cf. 2Sm 7:16), embora o sumo sacerdote fosse da linhagem de Eleazar e Fineias (cf. Nm 25:10-13). A promessa de Deus de consumar a nova aliança de redenção esperava o nascimento, a crucificação e a ressurreição do Messias (cf. Hb 7 a 10).

PRINCIPAIS PERSONAGENS

- **Neemias**: copeiro influente do rei persa Artaxerxes; liderou o terceiro grupo de exilados para Jerusalém para reconstruir o muro da cidade (1:1 a 13:31).
- **Esdras**: liderou o segundo grupo de exilados para Jerusalém; trabalhou com Neemias como escriba e sacerdote de Israel (8:1 a 12:36).
- **Sambalate**: governador da Samaria que tentou desencorajar o povo e frustrar a reconstrução do muro de Jerusalém (2:10 a 13:28).
- **Tobias**: oficial amonita que ridicularizou a reconstrução do muro e desencorajou o povo (2:10 a 13:7).

TEMAS HISTÓRICOS E TEOLÓGICOS

A cuidadosa atenção à leitura da Palavra de Deus a fim de realizar a sua vontade é um tema constante. O reavivamento espiritual veio como resposta à leitura de Esdras do "Livro da Lei de Moisés" (8:1). Depois da leitura, Esdras e alguns sacerdotes

NEEMIAS 169

explicaram o seu significado às pessoas que ali compareceram (8:8). No dia seguinte, Esdras se reuniu com os chefes de todas as famílias, os sacerdotes e os levitas "para estudarem as palavras da Lei" (8:13). O sistema de sacrifícios foi seguido com muita atenção para que tudo fosse feito "conforme está escrito na Lei" (10:34,36). Tão profundo era o cuidado em seguir a vontade revelada de Deus que eles se obrigaram "sob maldição e sob juramento a seguir a Lei de Deus" (10:29). Quando as reformas nos casamentos foram realizadas, eles agiram de acordo com aquilo que haviam lido no "Livro de Moisés" (13:1).

O segundo tema importante, a obediência de Neemias, é citado explicitamente por todo o livro, já que este é baseado nas memórias ou nos relatos em primeira pessoa de Neemias. Deus trabalhou por meio da obediência de Neemias; no entanto, ele também trabalhou por meio daqueles que tinham motivação perversa, por meio do coração iníquo de seus adversários. Os inimigos de Neemias fracassaram, não por causa do sucesso das estratégias dele, mas porque "Deus tinha frustrado a sua trama" (4:15). Deus usou a oposição dos adversários de Judá para levar o seu povo a se prostrar de joelhos do mesmo modo que usara o favor de Ciro para levar de volta o seu povo para a Terra Prometida, para financiar o seu projeto de construção, e até mesmo para proteger a reconstrução dos muros de Jerusalém. Não foi surpresa, então, quando Neemias reconheceu o verdadeiro motivo da sua estratégia para repovoar Jerusalém: "o meu Deus pôs no meu coração" (7:5). Foi Deus que realizou tudo.

PALAVRAS-CHAVE

Confessar: em hebraico, *yadah* — 1:6; 9:2-3 —, significa, literalmente, "arremessar" ou "afastar". Em hebraico, esse verbo transmite o ato de "afastar-se" do pecado e reconhecer nossa rebeldia contra os mandamentos de Deus (Ne 1:6; 9:2; Sl 32:3; Pv 28:13; Dn 9:4). A confissão também transmite ação de graças pela grandeza de Deus (1Rs 8:33,35). Ela é ação de graças porque reconhece a graça e a bondade do perdão de Deus (2Cr 30:22; Dn 9:4).

Temível: em hebraico, *yare'* — 1:5,11; 4:14; 6:14,19; 7:2 —, significa, literalmente, "temer". Em hebraico, essa palavra sugere a virtude que inspira reverência ou medo piedoso. O medo piedoso está fortemente relacionado à vida piedosa e ao respeito do caráter de Deus (Lv 19:14; 25:17; Dt 17:19; 2Rs 17:34). Enquanto o medo comum paralisa as pessoas, o medo piedoso conduz à submissão e à obediência a Deus. A pessoa que teme a Deus de forma adequada obedece à sua vontade (Sl 128:1) e evita o mal (Jó 1:1).

Outro tema em Neemias, como em Esdras, é a oposição. Os adversários de Judá deram início a boatos de que o povo de Deus tinha se revoltado contra a Pérsia. O objetivo era intimidar Judá para atrasar a reconstrução dos muros. Apesar da oposição externa e da corrupção e das dolorosas divisões internas, Judá concluiu a reconstrução dos muros da cidade em apenas 52 dias (6:15), experimentou o reavivamento depois da leitura da lei feita por Esdras (8:1ss.) e celebrou a Festa dos Tabernáculos (8:14ss.; aproximadamente em 445 a.C.).

A perspectiva detalhada do livro a respeito dos pensamentos, das motivações e das decepções pessoais de Neemias faz com que seja fácil para o leitor se identificar principalmente com ele, em vez de com o tema da "soberana mão do Senhor" e a mensagem principal do controle que ele exerce e sua intervenção nos assuntos do seu povo e de seus inimigos. Porém, o comportamento exemplar do famoso copeiro é obscurecido por Deus, que orquestrou a reconstrução dos muros, apesar de tanta oposição e muitos reveses; o tema da "bondosa mão de Deus" percorre todo o livro de Neemias (1:10; 2:8,18).

SETE TENTATIVAS PARA INTERROMPER O TRABALHO DE NEEMIAS

1.	2:19	Sambalate, Tobias e Gesém ridicularizaram Neemias.
2.	4:1-3	Sambalate e Tobias ridicularizaram Neemias.
3.	4:7-23	O inimigo ameaçou um ataque militar.
4.	6:1-4	Sambalate e Gesém tentaram atrair Neemias para fora de Jerusalém, para Ono.
5.	6:5-9	Sambalate ameaçou Neemias com acusações falsas.
6.	6:10-15	Semaías, Noadia e outros foram pagos para profetizar falsamente e descredibilizar Neemias.
7.	6:17-19	Tobias tinha espiões em Jerusalém e escreveu cartas a Neemias a fim de intimidá-lo.

PRINCIPAIS DOUTRINAS

- **A Palavra de Deus**: a leitura da Palavra de Deus requer grande atenção para que sua vontade seja feita (8:1,8,13; 10:29,34,36; 13:1; Ed 7:10; Sl 119:16,140; Lc 11:28; Jo 5:39; Tg 1:25).
- **Obediência**: Deus operou por meio da obediência de Neemias (7:5; Ex 19:5; Dt 13:4; 1Sm 15:22; Jr 7:23; Ec 12:13; Hb 11:6; 1Pe 1:2).
- **Oposição**: apesar da oposição local e da corrupção devastadora, Judá concluiu os muros de Jerusalém em apenas 52 dias (6:15; 8:1,14; Sl 7:1; 69:26; Zc 2:8; Mt 5:10; Lc 6:22; Rm 8:35; 2Tm 3:12).

O CARÁTER DE DEUS

- Deus é glorioso (9:5).
- Deus é bom (1:10; 2:8,18; 9:35).

NEEMIAS

- Deus é generoso (9:17).
- Deus é longânimo (9:30).
- Deus é misericordioso (9:17,27).
- Deus é poderoso (1:10).
- Deus é providente (9:6).
- Deus é justo (9:8).
- Deus é o único Deus (9:6).
- Deus é sábio (9:10).

CRISTO EM NEEMIAS

O livro de Neemias mostra a reconstrução da cidade de Jerusalém e o reavivamento do povo. No entanto, Israel ainda esperava a vinda de um rei. Cristo, o Messias, completa essa restauração de Israel como o tão esperado Rei dos Judeus (Mt 27:11).

DESAFIOS DE INTERPRETAÇÃO

Primeiro, como grande parte de Neemias é explicado com relação às portas de Jerusalém (cf. Ne 2; 3; 8; 12), é necessário ver o mapa "Jerusalém na época de Neemias" para uma melhor orientação. Segundo, o leitor deve reconhecer que a cronologia dos capítulos 1 a 12 abrange cerca de um ano (445 a.C.), seguido por um grande intervalo de templo (mais de vinte anos) depois de Neemias 12 e antes de Neemias 13. Por fim, deve-se reconhecer que Neemias exerceu dois mandatos como governador de Jerusalém, o primeiro de 445-433 a.C. (cf. Ne 5:14; 13:6) e o segundo tendo se iniciado em 424 a.C., e se estendido no máximo até 410 a.C.

ESBOÇO

1. **O primeiro mandato de Neemias como governador (1:1 a 12:47)**
    a. O retorno de Neemias e a reconstrução (1:1 a 7:73a)
       - Neemias vai para Jerusalém (1:1 a 2:20)
       - Neemias e o povo reconstroem os muros (3:1 a 7:3)
       - Neemias relembra o primeiro retorno sob Zorobabel (7:4-73a)
    b. O reavivamento e a renovação de Esdras (7:73a a 10:39)
       - Esdras expõe a lei (7:73b a 8:12)
       - O povo cultua e se arrepende (8:13 a 9:37)
       - Esdras e os sacerdotes renovam a aliança (9:38 a 10:39)
    c. O restabelecimento e regozijo de Neemias (11:1 a 12:47)
       - Jerusalém é repovoada (11:1 a 12:26)
       - O povo dedica os muros (12:27-47)

2. **O segundo mandato de Neemias como governador (13:1-31)**

ENQUANTO ISSO, EM OUTRAS PARTES DO MUNDO...

Platão começa a estudar filosofia sob a orientação de Sócrates (407 a 399 a.C.).

RESPOSTAS PARA PERGUNTAS DIFÍCEIS

1. **Que qualidades de liderança Neemias ilustra por meio de sua vida?**

   Como muitos líderes bíblicos, Neemias demonstrou um entendimento do chamado de Deus em sua vida. Fosse como o copeiro do rei ou como o reconstrutor de Jerusalém, Neemias buscava seus objetivos com comprometimento, planejamento cuidadoso, delegação estratégica, solução criativa de problemas, enfoque na tarefa adiante e dependência contínua de Deus, principalmente com relação a áreas além de seu controle. Cada uma das qualidades de liderança citadas anteriormente pode ser ilustrada a partir da conclusão bem-sucedida dos esforços de Neemias para a reconstrução dos muros de Jerusalém.

   Primeiro, Neemias demonstrou seu comprometimento mediante seu interesse e sua profunda preocupação com a condição de seus companheiros judeus em Judá. Então, ele orou e planejou. Reivindicou a promessa de Deus de trazer seu povo de volta para a Terra Prometida, mas não supôs que ele faria parte da operação de Deus. Ele se declarou disponível (1:11; 2:5).

   Ao chegar a Jerusalém, Neemias inspecionou pessoalmente a necessidade antes de revelar seus planos. Então, ele alistou a ajuda dos líderes locais e os desafiou a assumir responsabilidade pelo bem comum, colocando diante deles um objetivo bastante específico — a reconstrução dos muros. Os trabalhadores foram encarregados de reconstruir os trechos do muro que passavam perto de seus lares. Assim, eles podiam enxergar o benefício de ter restabelecida a barreira de proteção.

   À medida que o trabalho ia avançando, Neemias não se permitiu distrair por ataques de vários reis ou truques de inimigos. Levou as ameaças a sério o suficiente para armar as pessoas, mas não tão a sério a ponto de o trabalho ser interrompido. Em cada virada, encontramos Neemias buscando a Deus em oração, colocando diante dele cada decisão a ser tomada. Neemias foi bem-sucedido porque nunca perdeu de vista os verdadeiros motivos para o trabalho e a fonte de poder com a qual realizá-lo.

2. **Como Neemias se encaixa na cronologia da história do mundo?**

   Não fica claro como Neemias se tornou o copeiro do rei Artaxerxes, mas o fato de Ester ser a madrasta do rei pode ter contribuído para sua inclinação em considerar um judeu para tal cargo de confiança. Quando Neemias cumpriu sua missão de reconstruir os muros de Jerusalém, o Império Persa dominava há quase cem anos. O decreto de repatriação do rei Ciro em 539 a.C. estimulou um grupo de judeus a retornar para Israel sob Zorobabel. Seu estado desesperado quase um século mais tarde levou Neemias a tomar uma atitude.

   Documentos egípcios antigos (Papiros de Elefantina) datados aproximadamente do século V a.C., confirmam independentemente parte do relato de Neemias. Sambalate, o governador da Samaria (2:19), Joanã (6:18; 12:23) e o próprio Neemias são mencionados.

Os acontecimentos registrados em Neemias, juntamente com as profecias de Malaquias, formam os escritos inspirados finais do AT. Deus optou por permanecer em silêncio durante quatrocentos anos após esse período, silêncio este que terminou com o anúncio do nascimento de João Batista e de Jesus Cristo.

APROFUNDAMENTO

1. Quais aspectos de caráter de Neemias mais o impressionam?
2. Quais características de liderança são ilustradas por meio da vida de Neemias?
3. Como Neemias fez uso da oração em seu papel de liderança?
4. Como Neemias lidou com as dificuldades?
5. O grande trabalho de Neemias teve início com um desejo. Qual era esse desejo e como o guiou em suas ações?
6. Quais são os desejos que lhe fornecem uma grande perspectiva sobre sua vida?

Ester

Uma rainha que servia a Deus

TÍTULO

"Ester" tem sido usado como título sem variações ao longo do tempo. Tanto esse livro como o de Rute são os únicos do AT que receberam o nome em homenagem a mulheres. Semelhantemente a Cânticos dos Cânticos, Obadias e Naum, o NT não cita Ester, nem faz qualquer alusão a esse livro.

"Hadassa" (2:7), que significa "murta", era o nome hebraico de Ester; este último deve ter se originado da palavra persa para "estrela" ou, possivelmente, do nome da deusa babilônica do amor, Istar. Ester era filha de Abiail, que havia morrido; ela cresceu na Pérsia com seu primo mais velho, Mardoqueu, que criou a sobrinha órfã como se fosse sua própria filha (2:7,15).

AUTOR E DATA

O autor permanece desconhecido, embora Mardoqueu, Esdras e Neemias tenham sido sugeridos. Quem quer que tenha escrito o livro possuía um conhecimento minucioso dos costumes, da etiqueta e da história persas, além de estar bem familiarizado com o palácio em Susã (1:5-7). Ele também exibia grande conhecimento do calendário e dos costumes dos hebreus, ao mesmo tempo que demonstrava forte nacionalismo judaico. É possível que um judeu persa que, tendo-se mudado mais tarde para Israel, tenha escrito Ester.

Ester surge como o 17º livro na cronologia literária do AT e encerra a sua parte histórica. Além de Ester, apenas Esdras 7 a 10, Neemias e Malaquias relatam a história posterior do AT. O relato de Ester termina em 473 a.C., antes de Assuero morrer assassinado (por volta de 465 a.C.). Ester 10:2 fala como se o reinado de Assuero estivesse concluído, portanto, a data mais antiga de sua redação seria depois do seu reinado, em meados do século V antes de Cristo. A data razoável mais recente seria antes de 331 a.C., quando a Grécia conquistou a Pérsia.

CENÁRIO E CONTEXTO

A narrativa se passa durante o período persa da história mundial, de 539 a.C. (Dn 5:30-31) a 331 a.C. (Dn 8:1-27), aproximadamente. Assuero governou por volta de 486 a 465 a.C., e Ester cobre o período de 483-473 a.C. do seu reinado. O nome Assuero representa a transliteração hebraica do nome persa "Khshayarsha", enquanto "Xerxes" representa o seu nome grego.

Os acontecimentos de Ester ocorreram durante um extenso período de tempo, entre o primeiro retorno dos judeus depois do cativeiro de setenta anos na Babilônia (Dn

ESTER

9:1-19) sob Zorobabel, por volta de 538 a.C. (Ed 1 a 6), e o segundo retorno liderado por Esdras, por volta de 458 a.C. (Ed 7 a 10). A viagem de Neemias (o terceiro retorno) de Susã a Jerusalém (Ne 1 a 2) ocorreu mais tarde (aproximadamente em 445 a.C.).

FESTAS JUDAICAS

Festa	Mês do calendário judaico	Mês correspondente	Referências
Páscoa	nisã 14	mar/abr	Êx 12:1-14; Mt 26:17-20
*Pães Asmos	nisã 15-21	mar/abr	Êx 12:15-20
*Primícias	nisã 6 ou sivã 16	mar/abr mai/jun	Lv 23:9-14 Nm 28:26
*Pentecostes (Colheita ou das Semanas)	Sivã 6 (50 dias depois da colheita da cevada)	mai/jun	Dt 16:9-12; At 2:1
Trombetas, Rosh Hashanah	tisri 1-2	set/out	Nm 29:1-6
Dia da Expiação, Yom Kippur	tisri 10	set/out	Lv 23:26-32; Hb 9:7
*Tabernáculos (Tendas ou Barracas)	tisri 15-22	set/out	Ne 8:13-18; Jo 7:2
Dedicação (Luzes), Hanukkah	quisleu 25 (8 dias)	nov/dez	Jo 10:22
Purim (Sortes)	adar 14-15	fev/mar	Et 9:18-32

* As três principais festas para as quais era exigido de todo homem que viajasse até o templo em Jerusalém (Êx 23:14-19).

Tanto Ester como Êxodo relatam como forças estrangeiras buscaram eliminar o povo judeu e como a soberania de Deus preservou esse povo de acordo com a promessa de aliança a Abraão 2100-2075 a.C., aproximadamente (Gn 12:1-3; 17:1-8). Como resultado do fato de Deus ter prevalecido, Ester 9 e 10 registram o início de Purim — uma nova festa anual no 12º mês (fevereiro/março) para celebrar a sobrevivência nacional. Purim se tornou uma das duas únicas festas dadas fora da legislação mosaica a ser celebrada ainda hoje em Israel ("Hanukkah", a Festa da Dedicação, ou Festa das Luzes, é a outra, cf. Jo 10:22).

PRINCIPAIS PERSONAGENS

- **Ester**: tornou-se rainha da Pérsia em lugar de Vasti; salvou os judeus contra o plano perverso de Hamã (2:7 a 9:32).

- **Mardoqueu**: adotou e criou Ester, e foi conselheiro dela enquanto rainha; mais tarde, substituiu Hamã como segundo em comando sob o rei Xerxes (2:5 a 10:3).
- **Rei Xerxes I**: rei da Pérsia; casou-se com Ester, tornando-a rainha (1:1 a 10:3).
- **Hamã**: segundo em comando sob o rei Xerxes; planejou exterminar os judeus (3:1 a 9:25).

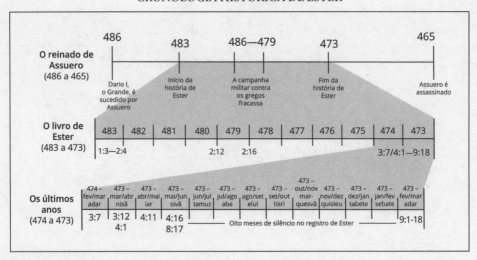

TEMAS HISTÓRICOS E TEOLÓGICOS

Todos os 167 versículos de Ester foram aceitos como canônicos, embora a ausência do nome de Deus tenha provocado algumas dúvidas desnecessárias sobre a sua autenticidade. A *Septuaginta*, versão grega da Bíblia, acrescentou mais 107 versículos apócrifos que supostamente compensariam essa ausência. Junto com Cântico dos Cânticos, Rute, Eclesiastes e Lamentações, Ester faz parte dos livros do AT chamados de Megilote ou "cinco rolos". Os rabinos leem esses livros na sinagoga em cinco ocasiões especiais durante o ano — Ester é lido no Purim (cf. 9:20-32).

A gênese histórica para o drama vivido entre Mardoqueu (benjamita, descendente de Saul — 2:5) e Hamã (agagita — 3:1,10; 8:3,5; 9:24) volta no tempo quase mil anos, quando os judeus saíram do Egito (por volta de 1445 a.C.) e foram atacados pelos amalequitas (Êx 17:8-16), cuja linhagem começou com Amaleque, neto de Esaú (Gn 36:12). Deus pronunciou uma maldição sobre os amalequitas, que resultou na total eliminação deles como nação (Êx 17:14; Dt 25:17-19). Embora Saul (por volta de 1030 a.C.) tenha recebido ordem para matar todos os amalequitas, inclusive o rei Agague (1Sm 15:2-3), ele a desobedeceu (1Sm 15:7-9), desagradando a Deus (1Sm 15:11, 26; 28:18). Samuel finalmente despedaçou Agague (1Sm 15:32-33). Pelo fato de descender de Agague, Hamã nutria grande hostilidade contra os judeus.

ESTER 177

A época de Ester começou 550 anos depois da morte de Agague, mas, apesar dessa passagem do tempo, nem Hamã, o agagita, nem Mardoqueu, o benjamita, tinham se esquecido da hostilidade tribal que ainda ardia em suas almas. Isso explica a recusa de Mardoqueu de inclinar-se diante de Hamã (3:2-3) e por que Hamã tentou, de modo tão cruel, exterminar o povo judeu (3:5-5,13). Conforme o esperado, a profecia de Deus de extinguir os amalequitas (Êx 17:14; Dt 25:17-19) e a promessa de preservar os judeus (Gn 17:1-8) prevaleceram.

Por causa da fidelidade de Deus em salvar o seu povo, a Festa de Purim (chamada assim por causa da palavra acadiana para "sortes" — 3:7; 9:26), feriado anual com dois dias de festa, alegria, envio de alimentos uns para os outros e doação de presentes aos pobres (9:21-22), foi decretada para ser celebrada por todas as gerações, por todas as famílias, em todas as províncias e cidades (9:27-28). Posteriormente, Ester acrescentou um novo elemento, o jejum com lamentação (9:31). Na Bíblia, Purim não é mencionado nem mais uma vez, embora tenha sido celebrado em Israel ao longo dos séculos.

O livro de Ester pode ser comparado a um jogo de xadrez; Deus e Satanás (como jogadores invisíveis) movimentam reis, rainhas e nobres de verdade. Quando Satanás colocou Hamã em jogo, foi como se ele anunciasse "xeque". Então, Deus posicionou Ester e Mardoqueu a fim de colocar Satanás em "xeque-mate!" Desde a queda do homem (Gn 3:1-19), Satanás vem tentando romper o relacionamento de Deus com sua criação humana, destruindo as promessas da aliança de Deus com Israel. Por exemplo, a linhagem de Cristo, por meio da tribo de Judá, foi mortalmente reduzida apenas a Joás, que foi salvo e preservado (2Cr 22:10-12). Posteriormente, Herodes matou os bebês de Belém, pensando que Cristo estaria entre eles (Mt 2:16). Satanás tentou a Cristo para que este renunciasse a Deus e o adorasse (Mt 4:9). Pedro, ante a insistência de Satanás, tentou impedir a jornada de Cristo ao calvário (Mt 16:22). Por fim, Satanás entrou em Judas, que, por sua vez, entregou Cristo aos judeus e aos romanos (Lc 22:3-6). Ainda que Deus não seja citado em Ester, ele está presente por toda parte como aquele que se opôs aos planos diabólicos de Satanás e os frustrou mediante sua intervenção providencial.

Em Ester, todas as promessas da aliança incondicional de Deus a Abraão (Gn 17:1-8) e a Davi (2Sm 7:8-16) foram ameaçadas. Entretanto, o amor de Deus a Israel não pode ser mais evidente do que nesse dramático resgate do seu povo de uma eliminação iminente.

PRINCIPAIS DOUTRINAS

- **Purim como celebração da fidelidade de Deus**: (3:7; 9:21-22,26-28,31; Dt 16:11,14; Ne 8:10,12).
- **A promessa de Deus para preservar os judeus**: (4:14; 8:17; Gn 17:1-8; 2Sm 7:8-16; 2Cr 22:10-12; Sl 121:4; Is 65:8-9; Jr 50:20; Mt 2:16).

PALAVRAS-CHAVE

Jejum: em hebraico, *tsum* — 4:3; 4:16 —, a palavra-raiz simplesmente significa "abster-se de comida". No entanto, algumas vezes, jejuar também significava abster de bebidas, banhos, unção com óleo ou relações sexuais. Em essência, o jejum reconhece a fragilidade humana diante de Deus e apela para sua misericórdia. O jejum era uma prática comum no mundo antigo, associada a lamentação pelos mortos (2Sm 12:21-22), oração intercessora (4:3,16), arrependimento e contrição pelo pecado (Jr 36:9; Jn 3:5) e tempos de angústia (Jz 20:26; Ne 1:4). O jejum era exigido no Dia da Expiação (veja a frase "quando vocês se humilharão" em Lv 16:31). O jejum variava em duração de um (1Sm 14:24; Dn 6:18) a sete dias (1Sm 31:13) e podia durar até quarenta dias em situações extraordinárias (Êx 34:28). Mas, independentemente de qual tipo de jejum era feito, o profeta Isaías admoestou o povo para a participação em atos de retidão e justiça social com o jejum (Is 58:3-9).

Pur: em hebraico, *pur* — 3:7; 9:24,26 —, no livro de Ester, refere-se à palavra em hebraico "sorte". As pessoas lançavam sortes (semelhantemente a jogar dados) para fazer escolhas aleatórias (Ne 11:1). As sortes eram também utilizadas para conhecer a vontade de certos deuses (Jn 1:7). Em Ester, Hamã lançou sortes para determinar o dia certo para destruir os judeus. Deus, em contrapartida, revelou seu poder soberano ao escolher aquele dia em particular para a libertação dos judeus. Até hoje os judeus comemoram a festa de Purim em memória de seu livramento (9:28).

O CARÁTER DE DEUS

- Deus é providente (8:5-17).

DESAFIOS DE INTERPRETAÇÃO

A questão mais óbvia levantada por Ester vem do fato de que Deus não é citado em parte nenhuma, como no Cântico dos Cânticos. Os céticos poderão questionar: "Por que Deus nunca é citado se ao rei persa foram feitas mais de 175 referências? Se a soberania de Deus prevaleceu para salvar os judeus, por que ele não recebeu o reconhecimento apropriado?" Parece satisfatório responder que, se Deus desejasse ser citado, ele poderia simples e soberanamente fazer com que o autor escrevesse a respeito dele e da maneira como ele agiu para salvar Israel. Essa situação parece ser mais um problema no nível humano do que no divino, pois

CRISTO EM ESTER

Embora Deus não seja especificamente mencionado em Ester, sua proteção soberana sobre seu povo permanece evidente ao longo de todo o livro. Deus colocou Ester em uma posição-chave a fim de frustrar o plano de Hamã para exterminar os judeus. Ester se assemelha a Cristo em sua disposição para sacrificar sua própria vida em favor de seu povo e também representa a posição de Cristo como defensor de Israel. Em todos esses eventos, Deus declara seu amor a Israel em seu cuidado constante pelos judeus: "O protetor de Israel não dormirá; ele está sempre alerta" (Sl 121:4).

ESTER

Ester é a clássica ilustração da providência de Deus, já que ele, com poder invisível, controla todas as coisas para os seus propósitos. Não existem milagres em Ester, mas a preservação de Israel por meio do controle providencial de cada acontecimento e pessoa revela a onisciência e a onipotência do Senhor. A questão não é se o nome dele é citado ou não. Ele é claramente o protagonista nesse drama.

Um segundo desafio de interpretação é o fato de Mardoqueu e Ester parecerem ter levado um estilo de vida secular, sem zelo pela santidade. Mardoqueu guardou segredo a respeito de sua herança judaica, bem como a de Ester, ao contrário do que fez Daniel (Dn 6:5). Em contraste com Esdras, a lei de Deus estava ausente (Ed 7:10). Neemias tinha um amor por Jerusalém que parece não ter feito parte dos sentimentos de Ester e Mardoqueu (Ne 1:1 a 2:5). Para mais observações sobre essa questão, veja o item "Respostas para perguntas difíceis".

ESBOÇO

1. Ester substitui Vasti (1:1 a 2:18)
   a. A insubordinação de Vasti (1:1-22)
   * A coroação de Ester (2:1-18)

2. Mardoqueu supera Hamã (2:19 a 7:10)
   a. A lealdade de Mardoqueu (2:19-23)
   b. A promoção de Hamã e o decreto (3:1-15)
   c. A intervenção de Ester (4:1 a 5:14)
   d. O reconhecimento de Mardoqueu (6:1-13)
   e. A queda de Hamã (6:14 a 7:10)

3. Israel sobrevive à tentativa de genocídio de Hamã (8:1 a 10:3)
   a. A defesa de Ester e Mardoqueu (8:1-17)
   b. A vitória dos judeus (9:1-19)
   c. O começo de Purim (9:20-32)
   d. A fama de Mardoqueu (10:1-3)

ENQUANTO ISSO, EM OUTRAS PARTES DO MUNDO...

Os chineses concluem a construção da primeira muralha para impedir a entrada dos hunos na China (356 a.C.).

RESPOSTAS PARA PERGUNTAS DIFÍCEIS

1. Por que Deus não é mencionado diretamente em Ester?
   As dicas normais sobre a presença de Deus parecem ausentes. Ninguém se refere à lei de Deus, sacrifícios, adoração ou oração. Deus não aparece para receber

reconhecimento público ou privado pela preservação dos judeus. No que se refere a Deus, Ester parece estranhamente silencioso.

De fato, o silêncio é tão óbvio que se torna uma questão. Ester desafia a tendência de exigir que Deus prove seu poder e sua presença. Deus deve aparecer? Com demasiada rapidez, esperamos que Deus demonstre sua identidade de maneiras inconfundíveis. Entretanto, Deus resistiu repetidamente ultimatos de homens, pois se revela a eles por seus propósitos, e não por exigências humanas.

Ao longo da história, Deus tem estado mais pronto a agir por trás dos bastidores do que em plena vista. A Bíblia está repleta de circunstâncias incomuns em que Deus trabalhou obviamente, mas Ester chega perto de revelar o procedimento padrão de Deus. As impressões digitais dele estão espalhadas por toda a história de Ester, e sua ausência superficial aponta para uma presença mais profunda. Deus escolheu o sutil, mas estava lá. Os acontecimentos em Ester nos dão um modelo de esperança quando Deus trabalha de modos menos óbvios em nossa vida.

2. **Por que Ester e Mardoqueu parecem levar um estilo de vida tão secular?**
Em contraste com seus quase contemporâneos Esdras, Neemias e Daniel, os personagens centrais em Ester parecem mundanos. A falta de referências a Deus é bastante evidente nas conversas entre Ester e Mardoqueu. Seriam estas indicações sutis de que eles eram pessoas cuja fé tinha pouco ou nenhum efeito em sua vida cotidiana?

O livro de Ester não resolve essa questão. Há vários fatores importantes, no entanto, que podem evitar que cheguemos a conclusões precipitadas a respeito de Ester e Mardoqueu. Entre eles está o fato de que o livro possui um âmbito limitado. Apenas alguns principais eventos são registrados. Poucos — se é que alguns — detalhes da vida dos personagens principais são revelados. Entretanto, a integridade de seus atos deve nos inclinar para dar-lhes um voto de confiança no que se refere à fé (4:13-16).

Aqui estão algumas observações acerca dessa questão: (1) embora a cautela de Mardoqueu em anunciar a herança dele e de Ester publicamente possa ser questionada, devemos nos lembrar de que outros também foram cautelosos em relação a essa questão (Neemias não faz nenhuma alusão a Deus em sua conversa com o rei Artaxerxes em Ne 2:1-8); (2) eventos públicos, tais como a Páscoa, tinham caído em desuso durante o cativeiro, de modo que havia menos ocasiões em que a fé era praticada abertamente (isso não quer dizer que os judeus não eram um povo marcado, já que eram identificados para fins da lei de Hamã); e (3) quando apropriado, Ester anunciou publicamente sua herança judaica (7:3-4). Essas considerações não eliminam as acusações de que Ester e Mardoqueu pareciam menos devotos a Deus do que, por exemplo, Daniel. Porém, o fato de que Deus operou seus propósitos na vida deles é bastante evidente no livro.

APROFUNDAMENTO

1. Que perspectivas acerca do mal do racismo você pode identificar em Ester?
2. Embora Deus não seja especificamente mencionado em Ester, como você o vê operando?
3. Que tipo de pessoa era Ester? Como você sabe?
4. De que diferentes formas Deus preparou o livramento e a segurança de seu povo?
5. Estabeleça os contrastes entre o caráter de Hamã e o de Mardoqueu.
6. De que maneiras você diria que está ativamente envolvido para fazer a diferença em seu próprio tempo da História?

Jó

Os justos podem sofrer

TÍTULO

Como acontece com outros livros da Bíblia, Jó traz o nome do personagem principal da narrativa. Esse nome pode ter derivado da palavra hebraica usada para "perseguição", significando, assim, "o perseguido", ou de uma palavra árabe que significava "arrepender-se", designando, dessa maneira, "o arrependido". O autor relata uma época na vida de Jó em que ele foi testado e o caráter de Deus, revelado. Escritores do Novo Testamento citam Jó diretamente duas vezes (Rm 11:35; 1Co 3:19); além disso, Ezequiel 14:14,20 e Tiago 5:11 mostram que Jó foi uma pessoa real.

AUTOR E DATA

O livro não menciona o nome de seu autor. Jó é um candidato improvável, pois a mensagem do livro está baseada na sua ignorância quanto ao que havia acontecido no céu e qual a relação desses acontecimentos com suas aflições. Uma tradição talmúdica sugere Moisés como o autor, já que a terra de Uz (1:1) ficava próxima de Midiã, onde Moisés viveu por quarenta anos, e poderia ter obtido um registro da história nesse lugar. Salomão também é uma boa possibilidade tanto pela semelhança do conteúdo com partes do livro de Eclesiastes, como pelo fato de ter escrito os outros livros de sabedoria (com exceção de Salmos, do qual foi autor apenas do 72 e do 127). Apesar de ter vivido bem depois de Jó, é possível que Salomão tenha escrito sobre acontecimentos que ocorreram muito antes de sua época, da mesma maneira que Moisés foi inspirado a escrever sobre Adão e Eva. Eliú, Isaías, Ezequias, Jeremias e Esdras também têm sido sugeridos como possíveis autores, mas sem apoio.

A data de redação do livro pode ser bem posterior aos acontecimentos que ele relata. Essa conclusão se baseia: (1) na idade de Jó (42:16); (2) ele chegou perto dos 200 anos de idade, o que

RESUMO BIOGRÁFICO DE JÓ
1. Um homem espiritualmente maduro (1:1,8; 2:3).
2. Pai de muitos filhos (1:2; 42:13).
3. Proprietário de muitos rebanhos (1:3; 42:12).
4. Um homem rico e influente (1:3b).
5. Um sacerdote para a sua família (1:5).
6. Um marido amável e sábio (2:9).
7. Um homem de proeminência nas questões da comunidade (29:7-11).
8. Um homem benevolente (29:12-17; 31:32).
9. Um líder sábio (29:21-24).
10. Produtor agrícola (31:38-40).

JÓ
183

está de acordo com o período patriarcal (Abraão viveu 175 anos ; Gn 25:7); (3) na unidade social, que era a de família patriarcal; (4) os caldeus que mataram os servos de Jó (1:17) eram nômades e ainda não haviam se estabelecido em cidades; (5) a riqueza de Jó era medida pelos seus rebanhos em vez de por ouro e prata (1:3; 42:12); (6) nas funções sacerdotais de Jó dentro de sua família (1:4-5); e (7) no silêncio sobre assuntos como a aliança de Abraão, Israel, o êxodo e a lei de Moisés. Os acontecimentos da odisseia de Jó pareciam ser patriarcais. Jó, por outro lado, parecia conhecer as histórias de Adão (31:33) e do dilúvio dos dias de Noé (12:15). Esses detalhes históricos/culturais encontrados no livro parecem situar os acontecimentos cronologicamente numa provável época após Babel (Gn 11:1-9), mas anterior a Abraão ou contemporânea dele (Gn 11:27ss.), tornando-o o livro mais antigo da Bíblia.

CENÁRIO E CONTEXTO

O livro começa com uma cena no céu que deixa tudo claro ao leitor (1:6 a 2:10). Jó estava sofrendo por causa de uma disputa entre Deus e Satanás. Ele nunca soube disso, nem seus amigos; por isso todos se esforçaram para explicar o sofrimento a partir da perspectiva da ignorância, até que, no fim, Jó apoiou-se unicamente em sua fé na bondade de Deus e na esperança da redenção. O fato de Deus ter defendido a confiança de seu servo é a mensagem dominante do livro. Quando não há nenhuma explicação racional, nem mesmo teológica, para a dor e o sofrimento, confie em Deus.

PRINCIPAIS PERSONAGENS

- **Jó**: paciente durante o sofrimento; sua fé foi provada por Deus, mas ele não pecou colocando a culpa nele (1:1 a 42:16).
- **Elifaz, de Temã**: amigo de Jó; acreditava que Jó estava sofrendo por causa de seu pecado (2:11; 4:1 a 5:27; 15:1-35; 22:1-30; 42:7-9).
- **Bildade, de Suá**: outro amigo de Jó; acreditava que Jó não havia se arrependido de seu pecado, daí seu sofrimento (2:11; 8:1-22; 18:1-21; 25:1-6; 42:9).
- **Zofar, de Naamate**: um terceiro amigo de Jó; acreditava que Jó merecia sofrer mais por causa de seu pecado (2:11; 11:1-20; 20:1-29; 42:9).
- **Eliú, de Buz**: indignou-se contra os três amigos de Jó; acreditava que Deus estava usando o sofrimento para moldar o caráter de Jó (32:1 a 37:24).

TEMAS HISTÓRICOS E TEOLÓGICOS

A ocasião e os acontecimentos que se seguiram às aflições de Jó apresentam questões que são importantes para a fé cristã de todos os tempos. Por que Jó serve a Deus? Jó é exaltado pela sua retidão, sendo comparado a Noé e Daniel (Ez 14:14-20), e pela sua perseverança espiritual (Tg 5:11). Outras questões surgem ao longo da provação de Jó, como: "Por que o justo sofre?" Conquanto uma resposta a essa pergunta possa parecer importante, o livro não apresenta nenhuma. Jó nunca soube as razões de seu sofrimento; tampouco seus amigos. O justo sofredor parece não tomar nenhum conhecimento do debate celestial entre Deus e Satanás que precipitou sua dor. De fato, quando finalmente confrontado pelo Senhor do universo, Jó colocou a mão sobre a boca e nada disse. A silenciosa resposta de Jó de maneira alguma banaliza toda a intensa dor e perda que sofreu. Ela simplesmente destacou a importância de confiar nos propósitos de Deus em meio às provações, pois o sofrimento, como todas as outras experiências humanas, é dirigido pela perfeita sabedoria divina. No fim, a lição que permanece é que ninguém jamais sabe o verdadeiro motivo de seu sofrimento; porém, é necessário confiar no Deus soberano. Essa é a verdadeira resposta para o sofrimento.

UMA COMPARAÇÃO DA TEOLOGIA DE SATANÁS COM A DOS AMIGOS DE JÓ

Satanás	Amigos
SE Jó for abençoado por Deus,	ENTÃO, ele será fiel.
SE Jó for fiel,	ENTÃO, ele será abençoado.
SE Jó não for abençoado por Deus (Satanás acusou Deus de subornar seus seguidores)	ENTÃO, ele será infiel.
SE Jó for infiel,	ENTÃO, ele será castigado.

O livro trata de dois temas principais e de vários outros menores, tanto na estrutura da narrativa do prólogo (capítulos 1 e 2) como do epílogo (42:7-17) e no relato poético do tormento de Jó que está no meio (3:1 a 42:6). A chave para a compreensão do primeiro tema do livro é observar o debate entre Deus e Satanás no céu e em como esse debate se liga com os três ciclos dos debates terrenos entre Jó e seus amigos. Deus queria provar o caráter dos crentes para Satanás e todos os demônios, anjos e povos. As acusações são feitas por Satanás, que duvidou de Deus quanto à retidão de Jó, chegando a questioná-la. Satanás acusou o justo de ser fiel a Deus apenas por causa das bênçãos que podia obter. Segundo Satanás, uma vez que Jó não servia a Deus com a motivação correta, todo o relacionamento entre ele e Deus era uma farsa. A certeza de Satanás de que podia colocar Jó contra Deus, sem dúvida, veio do fato de que ele havia levado os anjos a rebelar-se contra o Senhor. Satanás achou que conseguiria destruir a fé que Jó tinha em Deus ao lhe infligir sofrimentos e demonstrar, desse modo, que a fé salvadora poderia ser abalada. Deus permitiu que Satanás tentasse provar seu ponto de vista, mas ele falhou quando a verdadeira fé em Deus provou-se inabalável. Até mesmo a esposa de Jó lhe disse para amaldiçoar a Deus (2:9), mas ele se recusou; sua fé em Deus jamais falhou (veja 13:15). Satanás tentou fazer o mesmo com Pedro (veja Lc 22:31-34) e foi malsucedido em destruir a sua fé (veja Jo 21:15-19). Quando Satanás fez tudo o que pôde para destruir a fé salvadora, esta permaneceu

JÓ 185

firme (cf. Rm 8:31-39). No fim, Deus provou a Satanás que a fé salvífica não pode ser destruída, não importa quanta provação um santo sofra ou quão incompreensível e imerecida ela pareça.

O segundo tema, que está relacionado, preocupa-se em provar o caráter de Deus para os homens. Será que esse tipo de provação, no qual Deus e seu oponente, Satanás, discutem, usando o justo Jó para estabelecer um precedente, sugere a falta de compaixão e misericórdia da parte de Deus para com seu servo? De modo algum. Como Tiago afirma: "Vocês ouviram falar sobre a perseverança de Jó e viram o fim que o Senhor lhe proporcionou. O Senhor é cheio de compaixão e misericórdia" (Tg 5:11). A ideia era provar exatamente o contrário (42:10-17). Jó afirma: "Aceitaremos o bem dado por Deus, e não o mal?" (2:10). O servo de Deus não nega que esteja sofrendo. Nega que seu sofrimento seja resultado do pecado. Ele também não compreende por que está sofrendo. Com o coração voltado à adoração e com humildade (42:5-6), Jó simplesmente confia suas aflições a um Criador soberano e perfeitamente sábio — e era isso que Deus queria que ele aprendesse com seu conflito com Satanás. Por fim, Deus cobriu Jó com bênçãos além do que ele poderia imaginar.

O DESAFIO DE DEUS PARA JÓ

Diante do desafio temível de Deus, Jó podia apenas se humilhar	
Desafio de Deus	A resposta de Jó
Primeiro, a ignorância de Jó (38:1—40:2) Ele estava ausente na criação Ele não pode explicar as forças da natureza	Jó admite sua ignorância e se cala (40:3-5)
Segundo, a fragilidade de Jó (40:6—41:34) Ele não pode prevalecer sobre os caminhos de Deus Ele não pode controlar as forças da natureza	Jó confessa sua arrogância e se arrepende (42:2-6)

A verdade mais importante do livro é o inescrutável mistério do sofrimento do inocente. Deus determina que seus filhos caminhem em dor e sofrimento, às vezes por causa do pecado (cf. Nm 12:10-12), às vezes para a disciplina (cf. Hb 12:5-12), às vezes para o fortalecimento (cf. 2Co 12:7-10; 1Pe 5:10), e às vezes para poder revelar seu consolo e graça (2Co 1:3-7). Mas há momentos em que a razão para o sofrimento dos santos é desconhecida, porque ela tem propósitos celestiais que os que estão na terra não conseguem discernir (cf. Êx 4:11; Jo 9:1-3).

Jó e seus amigos queriam analisar o sofrimento a fim de encontrar causas e soluções. Empregando toda a sã teologia e discernimento da situação de que dispunham, eles procuraram respostas, mas tudo o que encontraram foram ideias erradas e inúteis, pelas quais Deus os repreendeu no fim (42:7). Eles não podiam compreender por que

Jó sofria, pois desconheciam o que havia acontecido no céu entre Deus e Satanás. Achavam que conheciam todas as respostas; porém, com a insistente ignorância deles, apenas intensificaram o dilema.

A partir de alguns elementos desse grande tema, podemos perceber as seguintes verdades na experiência de Jó:

- Há questões que estão sendo tratadas no céu por Deus que os crentes desconhecem totalmente; no entanto, a vida deles pode ser afetada por elas.
- Até mesmo o melhor dos esforços para explicar as questões da vida pode ser inútil.
- O povo de Deus sofre. Coisas ruins acontecem o tempo todo com pessoas boas; assim, ninguém pode julgar a espiritualidade de outra pessoa com base em suas aflições ou em seus sucessos.
- Ainda que Deus pareça distante, perseverar na fé é a melhor virtude, uma vez que ele é bom e a pessoa pode, confiantemente, entregar a sua vida nas mãos dele.
- Em meio ao sofrimento, o crente não deve abandonar Deus, mas aproximar-se dele para que a comunhão possa trazer consolo — sem receber nenhuma outra explicação.
- O sofrimento pode ser intenso, mas chegará ao fim para o justo, que será grandemente abençoado por Deus.

PRINCIPAL DOUTRINA

- **Fidelidade em meio ao sofrimento**: (2:9; 13:15; Nm 12:10-12; Lc 22:31-34; Jo 21:15-19; 2Co 1:3-7; 12:7-10; Hb 12:5-12; 1Pe 5:10).

O CARÁTER DE DEUS

- Deus liberta (33:27-28).
- Deus é glorioso (37:22).
- Deus é invisível (23:8-9).
- Deus é justo (4:17; 8:3; 34:12; 37:23).
- Deus é amoroso (7:17).
- Deus é poderoso (5:9; 9:4,10; 26:14; 36:22; 40:9).
- Deus é providente (1:21; 26:10; 37:9-13).
- Deus é reto (36:3).
- Deus é insondável (11:7; 37:23).
- Deus é sábio (9:4; 11:11; 21:22; 23:10; 28:24; 34:21; 36:4-5; 37:16).
- Deus se ira (9:13; 14:13; 21:17).

DESAFIOS DE INTERPRETAÇÃO

A maior dificuldade de interpretação envolve a mensagem principal do livro. Apesar de muitas vezes ser considerada a questão premente do livro, a razão do sofrimento nunca é revelada a Jó, ainda que o leitor saiba que ela envolve uma discussão entre

Deus e Satanás — uma questão que está totalmente além da compreensão de Jó. O comentário de Tiago (5:11) sobre o caso de Jó leva à conclusão de que o objetivo era demonstrar a compaixão e misericórdia de Deus, mas, sem qualquer desculpa, não oferece nenhuma explicação para a provação de Jó. Os próprios leitores acabarão levando a sua proverbial

> ### CRISTO EM JÓ
>
> O livro de Jó levanta muitas questões relacionadas ao propósito do sofrimento. Embora respostas diretas sejam difíceis de serem encontradas em Jó, nossa esperança reside em Cristo, que se identifica com nosso sofrimento (Hb 4:15). Por fim, Jó clama a Cristo, o Mediador entre Deus e o homem (9:33; 25:4; 33:23).

mão à boca, sem nenhum direito de questionar ou acusar o Todo-poderoso e sábio Criador, que agirá conforme lhe apraz e, em assim fazendo, tanto prova o seu ponto de vista no reino espiritual a anjos e demônios como define a sua compaixão e misericórdia. Lançar mão da "teodiceia", isto é, a tentativa do ser humano de defender o envolvimento de Deus nas calamidades e nos sofrimentos, mostra-se apropriado nessas circunstâncias, ainda que, ao final, fique aparente que Deus não quer nem precisa de uma defesa humana. O livro de Jó ilustra expressivamente Deuteronômio 29:29: "As coisas encobertas pertencem ao SENHOR, o nosso Deus..."

A natureza da culpa e da inocência de Jó levanta questões surpreendentes. Deus declarou que Jó "era homem íntegro e justo; temia a Deus e evitava fazer o mal" (1:1). Porém, os amigos que foram até ele para confortá-lo levantaram uma questão crucial baseada em sua aflição: teria ele pecado? Em diversas ocasiões, Jó prontamente admitiu que sim (7:21; 13:26). No entanto, ele questionou a extensão de seu pecado quando comparado à severidade de seu sofrimento. Por fim, Deus censurou Jó por causa de sua exigência de ser justificado das acusações de seus amigos (capítulos 38 a 41), mas também afirmou que a declaração de Jó estava correta e que o que os amigos haviam dito estava errado (42:7).

Outro desafio que surge é manter separados os pré-entendimentos que Jó e seus consoladores tinham quanto às aflições pelas quais ele passava. De início, todos concordaram que Deus pune o mal, recompensa a obediência e que para isso não há exceções. Jó, diante de seu sofrimento, ainda que inocente, foi forçado a concluir que pode haver exceções, porque o justo também sofre. Ele também observou que o ímpio prospera. Todos esses fatos são bem mais do que meras exceções à regra, o que forçou Jó a repensar seu conceito simplista sobre a soberana interação de Deus com o seu povo. O tipo de sabedoria que Jó desenvolve não dependia meramente da promessa de recompensa ou punição. As longas discussões entre Jó e seus acusadores foram tentativas de reconciliar suas observações acerca da injustiça da punição de Deus em sua vida. Esse tipo de método é perigoso, pois a mente de Deus é vasta demais para ser entendida pela racionalidade humana.

PALAVRAS-CHAVE

Íntegro: em hebraico, *tam* — 1:1,8; 2:3; 8:20; 9:20-22 —, significa "ser completo". Refere-se à integridade ou perfeição (ausência de defeitos) de um indivíduo. Em Cântico dos Cânticos, esse termo é usado como uma palavra carinhosa para se referir à sulamita (veja "Mulher ideal" em 5:2; 6:9). No AT, a integridade é muitas vezes associada ao justo (1:1,8; 2:3; Sl 37:37; Pv 29:10) em contraste com o ímpio (9:22; Sl 64:2-4). A afirmação de Jó de que ele era íntegro concorda com a avaliação de Deus a respeito dele, porém não indica perfeição absoluta (1:8; 9:21; 14:16-17). O salmista escreve que o futuro do homem íntegro é paz, como foi o caso de Jó (42:10-12; Sl 37:37).

Aflição: em hebraico, *'oni* — 10:15; 30:16,27; 36:8, 15, 21 —, deriva de uma raiz que significa "miséria" ou "pobreza". A imagem evocada por esse termo é a de uma pessoa curvada sob o peso de um fardo opressivo. A Bíblia retrata o Senhor como aquele que vê as aflições que trazem dor ao seu povo e que ouve os clamores angustiados dos atribulados (como em Gn 16:11; Êx 2:23-25). O Senhor nos orienta a colocar nossos fardos sobre ele, pois ele é forte o suficiente para carregá-los e nos ama tanto que nos ajudará em nosso momento de necessidade (1Pe 5:7). Além disso, uma vez que ele controla todos os acontecimentos, podemos ter certeza de que ele está realizando o bem em meio às dificuldades temporárias pelas quais estamos passando (Rm 8:28). A história inteira de Jó fornece um exemplo vívido para esse fato (42:10-17; 2Co 12:7-10).

Ver, olhar: em hebraico, *ra'ah* — 19:27; 22:12; 40:11 —, termo comum utilizado em referência à função natural dos olhos; portanto, é frequentemente traduzido como "ver" (Gn 48:10; Dt 1:8; 2Rs 3:14; Mq 7:9-10). Essa palavra também tem vários significados metafóricos, tais como aceitação (Gn 7:1; Nm 23:21) e provisão (Gn 22:8,14; 1Sm 16:1). Pode até passar a noção de segurança e salvação, como é o caso aqui. Em 42:5, a palavra significa "ver", no sentido de "ver para reconhecer" ou "experimentar de forma completa" algo previamente conhecido ou compreendido.

Por fim, Deus não deu nenhuma explicação a Jó; antes, chamou todas as partes para um nível mais profundo de confiança no Criador, que governa um mundo dominado pelo pecado com poder e autoridade, dirigido pela perfeita sabedoria e misericórdia. Para compreender esse livro, é necessário: (1) uma compreensão da natureza da sabedoria, particularmente da diferença entre a sabedoria do homem e a de Deus; (2) admitir que faltou a Jó e a seus amigos a sabedoria divina para interpretar de modo preciso todas as circunstâncias dele, apesar de que seus amigos continuaram tentando, enquanto Jó aprendeu a se contentar com a soberania e misericórdia de Deus. O ponto decisivo ou a definição para essa questão encontra-se no capítulo 28, onde o caráter da sabedoria divina é explicado: ela é rara e inestimável; o homem não tem como obtê-la; e Deus é seu único detentor. Podemos não saber o que está acontecendo no céu ou quais são os propósitos de Deus, mas temos de confiar nele. Por causa disso, a questão do sofrimento do cristão é subordinada à questão da sabedoria divina.

JÓ   189

ESBOÇO

1. O dilema (1:1 a 2:13)
   a. Introdução a Jó (1:1-5)
   b. O debate entre Deus e Satanás (1:6 a 2:10)
   c. A chegada dos amigos (2:11-13)

2. Os debates (3:1 a 37:24)
   a. O primeiro ciclo (3:1 a 14:22)
   - O primeiro discurso de Jó expressa desespero (3:1-26)
   - O primeiro discurso de Elifaz é gentil e o exorta à humildade e ao arrependimento (4:1 a 5:27)
   - A resposta de Jó a Elifaz expressa angústia e questiona as adversidades, pedindo compaixão pela sua dor (6:1 a 7:21)
   - O primeiro discurso de Bildade acusa Jó de desafiar a Deus (8:1-22)
   - A resposta de Jó a Bildade admite sua imperfeição, mas afirma poder protestar o que parece injusto (9:1 a 10:22)
   - O primeiro discurso de Zofar diz a Jó que ele se acerte com Deus (11:1-20)
   - A resposta de Jó a Zofar diz que seus amigos estão errados e que somente Deus sabe de todas as coisas, e que há de falar por ele (12:1 a 14:22)
   b. O segundo ciclo (15:1 a 21:34)
   - O segundo discurso de Elifaz acusa Jó de presunção e desrespeito à sabedoria dos ancestrais (15:1-35)
   - A resposta de Jó a Elifaz apela a Deus contra seus injustos acusadores (16:1 a 17:16)
   - O segundo discurso de Bildade diz a Jó que ele está sofrendo exatamente o que merece (18:1-21)
   - A resposta de Jó a Bildade clama pela piedade de Deus (19:1-29)
   - O segundo discurso de Zofar acusa Jó de rejeitar a Deus por questionar sua justiça (20:1-29)
   - A resposta de Jó diz que Zofar desconhece a realidade (21:1-34)
   c. O terceiro ciclo (22:1 a 26:14)
   - O terceiro discurso de Elifaz denuncia a crítica de Jó quanto à justiça de Deus (22:1-30)
   - A resposta de Jó a Elifaz é que Deus sabe que ele é inculpável e que, em sua providência e propósito aperfeiçoador, o Criador permite o sucesso temporário do ímpio (23:1 a 24:25)
   - O terceiro discurso de Bildade zomba do apelo direto de Jó a Deus (25:1-6)
   - A resposta de Jó a Bildade é que Deus de fato é perfeitamente sábio e absolutamente soberano, mas não da maneira simplista como eles viam (26:1-14)

d. A defesa final de Jó (27:1 a 31:40)
- O primeiro monólogo de Jó afirma a sua retidão e que homem algum pode sondar a sabedoria de Deus (27:1 a 28:28)
- O segundo monólogo de Jó relembra o seu passado, descreve o seu presente, defende a sua inocência e pede que Deus o defenda (29:1 a 31:40)
e. Os discursos de Eliú (32:1 a 37:24)
- Eliú entra no debate a fim de quebrar o impasse (32:1-22)
- Eliú acusa Jó de presunção por criticar a Deus, não reconhecendo que Ele pode ter um propósito amoroso, até mesmo ao permitir que Jó sofresse (33:1-33)
- Eliú declara que Jó desafiou a integridade de Deus ao afirmar que ele não recompensa a vida piedosa (34:1-37)
- Eliú exorta Jó a esperar pacientemente no Senhor (35:1-16)
- Eliú acredita que Deus está disciplinando Jó (36:1-21)
- Eliú defende que observadores humanos dificilmente esperam compreender de modo correto a maneira como Deus administra a justiça e a misericórdia (36:22 a 37:24)

3. A libertação (38:1 a 42:17)
a. Deus interroga Jó (38:1 a 41:34)
- A primeira resposta de Deus a Jó (38:1 a 40:2)
- A resposta de Jó a Deus (40:3-5)
- A segunda resposta de Deus a Jó (40:6 a 41:34)
b. Jó confessa, adora e é justificado (42:1-17)
- Jó julga a si mesmo (42:1-6)
- Deus repreende Elifaz, Bildade e Zofar (42:7-9)
- Deus restaura a família, a riqueza e a vitalidade de Jó (42:10-17)

ENQUANTO ISSO, EM OUTRAS PARTES DO MUNDO...

Os egípcios descobrem o uso do papiro e estabelecem as primeiras bibliotecas no Egito.

RESPOSTAS PARA PERGUNTAS DIFÍCEIS

1. **Que tipo de relacionamento Jó tinha com Deus?**
A biografia de Jó começa com uma descrição de seu caráter, composta de quatro elementos: "era homem íntegro e justo; temia a Deus e evitava fazer o mal" (1:1). Ele orava por seus filhos e se preocupava com o relacionamento deles com Deus (1:5). Era bem-sucedido e rico, o estereótipo do homem abençoado. De fato, Deus adiciona sua própria aprovação de Jó, usando as mesmas características que abrem o livro (1:8).

Diante da repentina e esmagadora perda de tudo o que tinha — filhos, servos, rebanhos —, Jó inicialmente reagiu com o luto e o reconhecimento da soberania de Deus. "'O Senhor o deu, o Senhor o levou; louvado seja o nome do Senhor'. Em tudo isso Jó não pecou e não culpou a Deus de coisa alguma" (1:21b-22).

Sob o julgamento severo de seus amigos, Jó lutou para entender por que Deus não parecia disposto a solucionar seus problemas. Tendo Deus falado, ao menos parte da dificuldade de Jó foi esclarecida: ele havia confundido relacionamento com Deus com familiaridade com Deus. O Senhor não repreendeu a fé ou sinceridade de Jó; antes, questionou a insistência dele em receber uma resposta para suas aflições. Ao permitir que Jó ouvisse uma pequena parte da extensão de sua ignorância, Deus lhe mostrou que havia muito que ele nunca entenderia. Como criação, Jó simplesmente não tinha o direito de exigir uma resposta do Criador. As últimas palavras de Jó são cheias de humildade e arrependimento: "Meus ouvidos já tinham ouvido a teu respeito, mas agora os meus olhos te viram. Por isso menosprezo a mim mesmo e me arrependo no pó e na cinza" (42:5-6).

Jó passou seus últimos dias gozando do mesmo tipo de relacionamento que tinha antes com Deus. Orou por seus amigos e formou uma nova família, com filhos piedosos. Viveu uma vida plena.

2. Que tipo de relacionamento Satanás tem com Deus no livro de Jó?

Satanás pode ser o grande adversário de Deus, mas eles não estão no mesmo nível. Satanás é uma criação, ao passo que Deus é o Criador. Ele era um anjo que, em seu papel exaltado, recusou-se a servir e se rebelou contra Deus.

O contínuo conflito entre Satanás e Deus é ilustrado quando aquele afirma que pessoas íntegras permanecem fieis a Deus somente enquanto elas recebem coisas boas, que confiam em Deus apenas enquanto ele é bom para elas. Satanás desafiou as afirmações de Deus a respeito da integridade de Jó. Ele afirmou que a integridade de Jó não havia sido comprovada, e até duvidou dela. Aparentemente, Satanás estava convencido de que podia destruir a fé de Jó em Deus por meio do sofrimento.

Mais uma vez, Satanás foi derrotado à medida que Deus demonstrou, por meio de Jó, que a fé salvadora não pode ser destruída, não importa quantas dificuldades o crente enfrente ou o quão incompreensível e não merecido o sofrimento pareça.

Após ter fracassado em destruir Jó, Satanás desaparece da história. Ele permanece o inimigo derrotado de Deus, ainda se enfurecendo contra o triunfo inevitável de Deus.

3. Por que pessoas justas e inocentes sofrem?

É claro que nenhum ser humano é verdadeiramente justo ou inocente. A Bíblia claramente afirma que todos pecaram (Rm 3:23). Todos os pecadores merecem ser castigados, eternamente. É isso o que torna a graça de Deus tão maravilhosa!

Ao compreender essa verdade, no entanto, deve-se reconhecer que, numa escala humana relativa, há pessoas justas e inocentes. Isto é, algumas pessoas são mais morais e virtuosas do que outras e algumas são mais inocentes. Considere, por exemplo, uma pessoa que se esforça ao máximo para praticar a ética da reciprocidade ou outra que vive generosamente para os pobres. E considere a inocência ingênua das criancinhas. Então, essa pergunta poderia ser refeita: Por que criancinhas e pessoas que vivem de modo exemplar sofrem?

Essa pergunta revela a premissa de que há uma conexão direta entre a retidão e a inocência, de um lado, e uma vida sem sofrimento, do outro. Pode até haver uma conexão, mas ela não é direta. De fato, o pecado mais cedo ou mais tarde leva ao sofrimento, porém este não é um indicador infalível do pecado. Os amigos de Jó não foram capazes de enxergar além desse ponto. Para eles, o sofrimento de uma pessoa era sempre o efeito cuja única causa era o pecado que ela cometera.

É verdade que os justos e os inocentes sofrem por uma variedade de motivos: (1) às vezes, atos justos num mundo pecaminoso envolvem sofrimento — por exemplo, quando um justo sacrifica sua vida por outra pessoa; (2) às vezes, o pecado dos outros leva uma pessoa justa a sofrer — por exemplo, uma criança sofre como resultado dos atos de seus pais; (3) os justos e os inocentes não estão isentos de situações dolorosas que emergem num mundo imperfeito e pecaminoso, tais como ter uma dor de dente ou um dedo esmagado na porta do carro; e (4) as pessoas às vezes sofrem por um motivo não específico, sem que haja nenhum esclarecimento. Jó é uma ilustração perfeita dessa última experiência.

4. Por que Deus não responde todas as perguntas de Jó (e as nossas)?
Essa pergunta pressupõe que, se Deus respondesse todas as nossas perguntas, seria mais fácil crer. Isso não é verdade. A confiança excede respostas. Às vezes, perguntas se tornam uma forma de evitar a confiança.

A verdade é que devemos confiar em Deus mais do que em nossa capacidade de entender os caminhos dele. A lição aprendida com a experiência de Jó não nos proíbe de fazer perguntas. Muitas vezes, essas perguntas nos conduzirão aos motivos de nosso sofrimento. Mas a experiência de Jó também nos mostra que podemos não ser capazes de entender todo o nosso sofrimento o tempo todo, às vezes nem mesmo parte dele.

Deus não responde todas as nossas perguntas por que somos simplesmente incapazes de entender muitas de suas respostas.

APROFUNDAMENTO

1. O que aprendemos sobre o caráter de Satanás com o livro de Jó?
2. Resuma os argumentos dos amigos de Jó.
3. O que Deus diz aos amigos de Jó?
4. O que Deus diz finalmente a Jó?
5. Como Jó muda do homem justo no início do livro para aquele no fim do livro?
6. De que maneira o livro de Jó afeta suas perguntas sobre o sofrimento?

Salmos

Hinário de uma nação

TÍTULO

No texto hebraico, a coleção completa dos Salmos se chama "Louvores". Mais tarde, os rabinos passaram a chamá-la de "O livro dos louvores". A *Septuaginta*, tradução grega do AT, chamou-a de "Salmos" (cf. "Livro dos Salmos" no NT: Lc 20:42; At 1:20). O verbo grego do qual o substantivo "salmos" deriva indica, basicamente, "tocar ou tanger em cordas", o que sugere uma associação com acompanhamento musical. O título em português deriva do termo grego e seu contexto. Os salmos constituíam o antigo "hinário" de Israel inspirado por Deus (2Tm 3:16), que definia o espírito e o conteúdo de adoração adequados.

Há 116 salmos que contêm inscrições ou "títulos", e o texto hebraico inclui esses títulos nos próprios versículos. Quando os títulos são observados individualmente e estudados como um fenômeno geral, encontramos importantes indicações de que foram acrescentados aos seus respectivos salmos logo após a sua composição e que esses títulos contêm informações confiáveis (cf. Lc 20:42).

Esses títulos transmitem vários tipos de informação, como autoria, dedicatória, contexto histórico, indicação litúrgica para o líder do louvor, instruções litúrgicas (por exemplo, qual o tipo de música, se ela necessita de acompanhamento musical e que melodia utilizar), além de outras informações técnicas de significado incerto por serem muito antigas. Uma preposição hebraica bem pequena aparece anexada na maioria dos títulos dos salmos. Ela pode transmitir diferentes relacionamentos, como "de", "ao", "para", "em referência a", "sobre". Às vezes, ela aparece mais de uma vez, até mesmo em títulos breves, normalmente comunicando "de" ou "por" pessoa X e "para" a pessoa Y. Todavia, na maioria das vezes, essa pequena preposição indica a autoria de um salmo, seja "de" Davi, o perfeito salmista de Israel, ou "por" Moisés, Salomão, Asafe ou os filhos de Corá.

AUTOR E DATA

Da perspectiva divina, o saltério aponta para Deus como seu autor. Considerando a autoria a partir do lado humano, pode-se identificar uma lista de mais de sete compositores. O rei Davi escreveu pelo menos 73 dos 150 salmos. Aos filhos de Corá são atribuídos dez (Sl 42; 44 a 49; 84 a 85; 87); e Asafe contribuiu com doze (Sl 50; 73 a 83). Entre os outros autores estão Salomão (Sl 72; 127), Moisés (Sl 90), Hemã (Sl 88) e Etã (Sl 89). Os cinquenta salmos restantes permanecem anônimos em sua autoria, ainda que se considere que Esdras seja o autor de alguns. O período de Salmos se estende de Moisés, por volta de 1410 a.C. (Sl 90), ao período pós-exílio do fim do século VI ou começo do século V (Sl 126), que abrange cerca de 900 anos da história judaica.

CENÁRIO E CONTEXTO

Os salmos estão situados em dois cenários: (1) os atos de Deus na criação e na História, e (2) a história de Israel. Historicamente, eles abrangem o período da origem da vida até a alegria pós-exílio dos judeus libertados na Babilônia. Tematicamente, os salmos cobrem uma grande variedade de temas, da adoração celestial até a batalha terrena. A compilação dos salmos constitui o maior livro da Bíblia e o livro do AT mais citado no NT. O salmo 117 é o capítulo que está no meio da Bíblia (dentre 1.189), e o salmo 119 é o maior de toda a Escritura. Ao longo dos tempos, os salmos têm mantido seu principal propósito, isto é, promover a adoração e o louvor apropriados a Deus.

CONTEXTO HISTÓRICO DOS SALMOS DE DAVI

Salmo	Contexto Histórico	Texto do AT
Salmo 3	Quando Davi fugiu de seu filho Absalão	2Samuel 15:13-17
Salmo 7	A respeito das palavras de Simei, um benjamita	2Samuel 16:5; 19:16
Salmo 18	O dia em que o Senhor livrou Davi dos inimigos e de Saul	2Samuel 22:1-51
Salmo 30	Na dedicação da casa de Davi	2Samuel 5:11-12; 6:17
Salmo 34	Quando Davi se fingiu louco na presença de Abimeleque	1Samuel 21:10-15
Salmo 51	Quando Natã confrontou Davi a respeito de seu pecado com Bate-Seba	2Samuel 12:1-14
Salmo 52	Quando Doegue, o edomita, advertiu Saul a respeito de Davi	1Samuel 22:9-10
Salmo 54	Quando os zifeus advertiram Saul a respeito de Davi	1Samuel 23:19
Salmo 56	Quando os filisteus prenderam Davi em Gate	1Samuel 21:10-11
Salmo 57	Quando Davi entrou na caverna para fugir de Saul	1Samuel 22:1; 24:3
Salmo 59	Quando Saul mandou homens vigiar a casa de Davi para matá-lo	1Samuel 19:11
Salmo 60	Quando Davi lutou contra a Mesopotâmia e a Síria	2Samuel 8:3,13
Salmo 63	Quando Davi estava no deserto da Judeia	1Samuel 23:14; ou 2Samuel 15:23-28
Salmo 142	Quando Davi estava numa caverna	1Samuel 22:1; 24:3

SALMOS 195

PRINCIPAL PERSONAGEM

- **Davi**: rei de Israel; chamado pelo próprio Deus de "homem segundo o coração de Deus" (Sl 2-41; 51-70; 72:20; 78:70-71; 86; 89; 96; 101; 103; 105; 108-110; 122; 124; 131-133; 138-145).

TEMAS HISTÓRICOS E TEOLÓGICOS

O tema básico do livro de Salmos é desfrutar a vida real num mundo real, onde duas dimensões operam simultaneamente: (1) uma realidade horizontal ou temporal e (2) uma realidade vertical ou transcendental. Sem negar a dor da dimensão terrena, o povo de Deus deve viver em alegria e dependência da Pessoa e das promessas que estão por trás da dimensão eternal/celestial. Todos os ciclos das dificuldades e triunfos humanos oferecem oportunidades para a expressão de queixas, confiança, orações ou louvor dos homens ao Senhor soberano de Israel.

Diante disso, o livro de Salmos apresenta uma ampla exposição teológica, pautada de maneira prática na realidade do dia a dia. A pecaminosidade do homem está concretamente documentada, não apenas por meio dos padrões comportamentais dos ímpios, mas também pelos tropeços dos crentes. A soberania de Deus é reconhecida em toda parte, mas não em detrimento da responsabilidade humana. A vida muitas vezes parece estar fora de controle, mas, mesmo assim, todos os acontecimentos e as situações são compreendidos à luz da providência divina e considerados corretos de acordo com o cronograma de Deus. Apresentar vislumbres do futuro "dia do Senhor" sustenta o chamado à perseverança até o fim. Esse livro de louvor apresenta uma teologia bastante prática.

Um fenômeno normalmente mal entendido nos salmos é a associação que muitas vezes se desenvolve entre o "indivíduo" (o salmista) e os "muitos" (o povo teocrático). Praticamente, todos esses casos ocorrem nos salmos do rei Davi. Havia uma inseparável relação entre o governante mediador e seu povo; como era a vida e a devoção a Deus do rei, assim também era a vida e a devoção a Deus do povo. Além do mais, em certos momentos essa união parece atribuir ao salmista uma aparente ligação com Cristo nos salmos messiânicos. Os assim chamados salmos imprecatórios (que proferem palavra de maldição), em que o salmista manifesta-se contra seus inimigos, podem ser mais bem compreendidos a partir dessa perspectiva. Como mediador entre Deus e seu povo, Davi orava para que seus inimigos fossem castigados, já que esses inimigos não ofendiam somente a ele, mas, principalmente, ao povo de Deus. Em última análise, eles desafiavam o Rei dos reis, o Deus de Israel.

PRINCIPAIS DOUTRINAS

- **A pecaminosidade do homem**: (1:4; 5:4; 32:1-4; 36:1; 51:2; 66:18; 78:17; 106:43; Gn 6:5; Lv 15:14; Dt 31:18; Jó 4:17-19; Sl 130:3; Jr 17:9; Jo 1:10-11; Rm 5:15-17; 1Jo 1:8).
- **A lei de Deus**: (1:1-2; 78:1; 119:97; Êx 20:1-21; Dt 5:6-21; Jr 11:4; Rm 7:7-14; Tg 1:25; 1Jo 3:4).

TIPOS DE SALMOS

Tipo	Salmos	Ato de Adoração
Lamento individual e comunitário	3 a 7; 12 e 13; 22; 25 a 28; 35; 38 a 40; 42 a 44; 51; 54 a 57; 59 a 61; 63 e 64; 69 a 71; 74; 79 e 80; 83; 85 e 86; 88; 90; 102; 109; 120; 123; 130; 140 a 143	Expressa a necessidade da libertação de Deus.
Ação de graças	8; 18 e 19; 29 e 30; 32 a 34; 36; 40 e 41; 66; 103 a 106; 111; 113; 116 e 117; 124; 129; 135 e 136; 138 e 139; 146 a 148; 150	Alerta para as bênçãos de Deus e expressa gratidão.
Entronização	47; 93; 96 a 99	Descreve o governo soberano de Deus.
Peregrinação	43; 46; 48; 76; 84; 87; 120 a 134	Estabelece uma atmosfera de adoração.
Realeza	2; 18; 20 e 21; 45; 72; 89; 101; 110; 132; 144	Retrata Cristo, o governante soberano.
Sabedoria	1; 37; 119	Instrui com relação à vontade de Deus.
Imprecatórios	7; 35; 40; 55; 58 e 59; 69; 79; 109; 137; 139; 144	Invoca a ira e o castigo de Deus contra seus inimigos.

O CARÁTER DE DEUS

- Deus é acessível (15:1; 16:11; 23:6; 24:3-4; 65:4; 145:18).
- Deus nos liberta (106:43-45).
- Deus é eterno (90:2; 102:25-27; 106:48).
- Deus é glorioso (8:1; 19:1; 57:5; 63:2; 79:9; 90:16; 93:1; 96:3; 102:16; 104:1,31; 111:3; 113:4; 138:5; 145:5,11-12).
- Deus é bom (23:6; 25:8; 31:19; 33:5; 34:8; 52:1; 65:4; 68:10; 86:5; 104:24; 107:8; 119:68; 145:9).
- Deus é gracioso (116:5).
- Deus é grande (86:10).
- Deus é santo (22:3; 30:4; 47:8; 48:1; 60:6; 89:35; 93:5; 99:3, 5, 9; 145:17).
- Deus é imutável (102:26-27).
- Deus é justo (5:8; 7:9,17; 9:4; 11:7; 19:9; 22:31; 25:8; 31:1; 35:24,28; 36:6,10; 40:10; 48:10; 50:6; 51:14; 69:27; 71:2,15-16,19,24; 73:12-17; 85:10; 89:14; 92:15; 96:13; 97:2,6: 98:2,9; 99:3-4; 103:17; 111:3; 116:5; 119:7,40,62,123,137-138,142,144,172; 143:1,11; 145:7,17).
- Deus é amoroso (17:7; 24:12; 25:6; 26:3; 31:21; 36:7,10; 40:10-11; 42:7-8; 48:9; 63:3; 89:33,49; 92:2; 103:4; 107:43; 117:2; 119:76,88,149; 138:2; 143:8).
- Deus é longânimo (78:38; 86:15).

SALMOS 197

- Deus é misericordioso (6:2,4; 25:6; 31:7; 32:5; 36:5; 51:1; 52:8; 62:12; 86:5,15; 89:28; 103:4,8,11,17; 106:1; 107:1; 115:1; 118:1-4; 119:64; 130:7; 145:9; 147:11).
- Deus é Altíssimo (83:18).
- Deus é onipresente (139:7).
- Deus é o onisciente (139:1-6).
- Deus é poderoso (8:3; 21:13; 29:5; 37:17; 62:11; 63:1-2; 65:6; 66:7; 68:33,35; 79:11; 89:8,13; 106:8; 136:12).
- Deus cumpre suas promessas (89:3-4,35,36; 105:42).
- Deus é providente (16:8; 31:15; 33:10; 36:6; 37:28; 39:5; 73:16; 75:6-7; 77:19; 91:3-4,11; 104:5-9,27-28; 119:15; 121:4; 127:1-2; 136:25; 139:1-5,10; 140:7; 145:9,17; 147:9).
- Deus é soberano (2:4-5; 3:3; 72:5).
- Deus é verdadeiro (9:14; 11:7; 19:9; 25:10; 31:5; 33:4; 57:3,10; 71:22; 85:10; 86:15; 89:14,49; 96:13; 98:3; 100:5; 119:160; 139:2; 146:6).
- Deus é o único Deus (83:18; 86:10).
- Deus é insondável (145:3).
- Deus é sábio (1:6; 44:21; 73:11: 103:14; 104:24; 136:5; 139:2-4,12; 142:3; 147:5).
- Deus se ira (2:2-5,12; 6:1; 7:11-12; 21:8-9; 30:5; 38:1; 39:10; 58:10-11; 74:1-2; 76:6,8; 78:21-22,49-51,58-59; 79:5; 80:4: 89:30-32; 90:7-9,11; 99:8; 102:9-10).

DESAFIOS DE INTERPRETAÇÃO

É proveitoso identificar a recorrência de determinados gêneros literários em Salmos. Entre os mais óbvios, encontramos: (1) salmos de sabedoria, com instruções para uma vida reta; (2) salmos de lamentação, que retratam as aflições da vida (normalmente decorrentes de inimigos externos); (3) salmos de penitência (a maioria lida com o "inimigo" interior, isto é, o pecado); (4) salmos com ênfase no reinado (o rei como modelo espiritual e mediador); e (5) salmos de ações de graças. Uma combinação de estilo e tema ajuda a identificar esses gêneros à medida que eles aparecem.

A grande característica literária é que todos eles são poesia por excelência. Diferentemente do estilo de poesia ao qual estamos acostumados, que está baseada na rima e na métrica, a poesia hebraica é essencialmente caracterizada por paralelismos lógicos, que comparam ou contrastam ideias ou imagens dentro de uma obra literária. Alguns dos tipos

CRISTO EM SALMOS

Muitos dos salmos diretamente antecipam a vinda do Messias e Rei por meio da linhagem de Davi (2; 18; 20; 21; 24; 47; 110; 132). Uma vez que Cristo descendia da família real de Davi, os salmos messiânicos muitas vezes se referem a Cristo como Filho de Davi ou usam Davi como um tipo de Cristo. Algumas profecias messiânicas específicas e seus cumprimentos incluem 2:7 (e Mt 3:17; 16:10; Mc 16:6-7); 22:16 (e Jo 20:25,27; 40:7-8; Hb 10:7); 68:18 (e Mc 16:19; 69:21; Mt 27:34); 118:22 (e Mt 21:42).

mais importantes de paralelismo são: (1) sinonímico (o pensamento da primeira linha é repetido com conceitos similares na segunda [por exemplo, salmo 2:1]); (2) antitético (o pensamento da segunda linha é contrastado com o da primeira [por exemplo, salmo 1:6]); (3) climático (o pensamento da segunda linha e das subsequentes retoma uma palavra, frase ou conceito para aprimorar o desenvolvimento da ideia principal [por exemplo, salmo 29:1-2]); e (4) quiástico ou introvertido (as unidades lógicas são desenvolvidas em um padrão A... B... B'... A'... [por exemplo, salmo 1:2]).

PROFECIAS MESSIÂNICAS NOS SALMOS

Profecia	Salmo	Cumprimento
1. Deus anunciará que Cristo é seu filho	2:7	Mt 3:17; At 13:33; Hb 1:5
2. Todas as coisas serão postas sob os pés de Jesus	8:6	1Co 15:27; Hb 2:8
3. Cristo ressuscitará do túmulo	16:10	Mc 16:6-7; At 13:35
4. Deus desamparará Cristo em seu momento de agonia	22:1	Mt 27:46; Mc 15:34
5. Cristo será ridicularizado e insultado	22:7-8	Mt 27:39-43; Lc 23:35
6. As mãos e os pés de Cristo serão transpassados	22:16	Jo 20:25,27; At 2:23
7. Pessoas lançarão sortes sobre as vestes de Cristo	22:18	Mt 27:35-36
8. Nenhum dos ossos de Cristo será quebrado	34:20	Jo 19:32-33,36
9. Cristo será odiado injustamente	35:19	Jo 15:25
10. Cristo virá para cumprir a vontade de Deus	40:7-8	Hb 10:7
11. Cristo será traído por um amigo	41:9	Jo 13:18
12. O trono de Cristo será eterno	45:6	Hb 1:8
13. Cristo ascenderá ao céu	68:18	Ef 4:8
14. O zelo pela casa de Deus consumirá Cristo	69:9	Jo 2:17
15. Vinagre e fel serão oferecidos a Cristo	69:21	Mt 27:34; Jo 19:28-30
16. O traidor de Cristo será substituído	109:8	At 1:20
17. Os inimigos de Cristo se curvarão diante dele	110:1	At 2:34-35
18. Cristo será um sacerdote como Melquisedeque	110:4	Hb 5:6; 6:20; 7:17
19. Cristo será a pedra angular	118:22	Mt 21:42; At 4:11
20. Cristo virá no nome do Senhor	118:26	Mt 21:9

SALMOS   **199**

PALAVRAS-CHAVE

Pausa (Selá): em hebraico, *selah* — 3:2; 24:10; 39:11; 47:4; 60:4; 76:3; 88:10; 140:3 —, derivada do verbo *salal*, "elevar", "pausar", essa palavra ocorre em 39 salmos e na "Oração de Habacuque" (Hc 3). Não se conhece o sentido exato de "selá", isto é, o que exatamente deve ser elevado. Alguns acreditam que seja uma palavra enfática, exortando-nos a elevar o pensamento a Deus. Entretanto, a maioria dos estudiosos acredita que seja simplesmente uma forma de orientação musical, por exemplo, um marcador de interlúdio musical, um sinal de pausa ou de mudança de tom.

Esperança: em hebraico, *yachal* — 31:24; 42:11; 71:14; 119:49,116; 130:5; 131:3 —, significa "aguardar com expectativa". Quase metade das ocorrências se encontra em Salmos, sendo especialmente grande no salmo 119. Às vezes, a ideia de esperança é expressa com confiança (Jó 13:15; Is 51:5); outras vezes, a esperança é claramente em vão (Ez 13:6). A Bíblia descreve Noé esperando sete dias para soltar a pomba (Gn 8:12) e homens aguardando o conselho de Jó (Jó 29:21). Mas, de longe, o principal objeto da "espera com expectativa" ou "esperança" é Deus — sua palavra, seu juízo, sua misericórdia (33:18; 119:43; Mq 7:7). Tal esperança não é equivocada, pois aquele em quem esperamos é fiel para cumprir suas promessas.

Salmo: em hebraico, *mizmor* — 3; 9; 32; 54; 72; 84; 100; 101 —, derivada do verbo *zamar*, essa palavra significa "fazer música". Aparece apenas no livro de Salmos, com 57 ocorrências nos títulos. Pode designar um cântico de louvor ou, quem sabe, um cântico acompanhado por um tipo determinado de instrumento musical. Em 34 títulos de salmos, *mizmor* segue a frase "Para o mestre de música", talvez indicando que os salmos eram tipicamente cânticos acompanhados por instrumentos. Muitas vezes, o autor do salmo é também identificado, tais como os filhos de Corá (48; 84), Asafe (50; 82) e, principalmente, Davi (23; 29; 51).

Lei: em hebraico, *torah* — 1:2; 19:7; 37:31; 89:30; 119:1,55,174. Normalmente traduzido como "lei", o substantivo *torah* é derivado do verbo *yarah*, que significa "ensinar" e deve ser entendido no sentido de "orientação". Esse termo pode se referir a qualquer conjunto de regras, tais como a instrução dos pais (Pv 1:8) ou o ensino de um salmista (78:1). Em geral, porém, refere-se à lei de Deus. O escritor do salmo 119 expressa grande amor pela lei de Deus, pois ela o conduzia à sabedoria e retidão (119:97-176). No NT, Paulo também louvou a lei de Deus, pois ela apontou seu pecado e o fez enxergar sua necessidade desesperada de um salvador (Rm 7:7).

Verdade: em hebraico, 'emet — 15:2; 25:10; 30:9; 43:3; 71:22; 108:4; 146:6 —, significa verdade que se conforma a um padrão, quer seja uma realidade criada ou os padrões de Deus. A verdade é muitas vezes associada à misericórdia, principalmente a de Deus (57:3; 117:2; Gn 24:49). Essa palavra também é frequentemente usada no contexto da linguagem jurídica. Em contextos seculares, é utilizada para se referir a testemunhas e tribunais (Pv 14:25; Zc 8:16), ao passo que, em contextos religiosos, é usada em referência à lei e aos mandamentos de Deus (119:142,151). A verdade é preciosa, e sua ausência foi lamentada pelos profetas (Is 59:14; Jr 9:5; Os 4:1). Deus deseja verdade no íntimo de seu povo (15:2; 51:6); é, portanto, a base de um estilo de vida que agrada a ele (25:5,10; 26:3).

Numa escala maior, alguns salmos, em seu desenvolvimento do primeiro ao último versículo, empregam um arranjo acróstico ou alfabético. Os salmos 9 e 10; 25; 34; 37; 111 e 112; 119; 145 são conhecidos como acrósticos completos ou incompletos. No texto hebraico, a primeira letra da primeira palavra de cada versículo ou seção inicia-se com uma consonante hebraica diferente, que continua na ordem alfabética até que as 22 consoantes sejam utilizadas. Sem dúvida, esse recurso literário ajudava na memorização do conteúdo e servia para indicar que aquele determinado tema havia sido tratado de "A a Z". O salmo 119 apresenta-se como o mais completo exemplo dessa técnica; desde a primeira letra de cada uma das 22 seções de oito versos movem-se completamente por todo o alfabeto hebraico.

ESBOÇO

Logo em seu início, os 150 salmos canônicos foram organizados em cinco "livros". Cada um desses livros termina com uma doxologia (Sl 41:13; 72:18-20; 89:52; 106:48; 150:6). A tradição judaica apelou para o número 5, alegando que essas divisões refletiam o Pentateuco, isto é, os cinco livros de Moisés. É verdade que há grupos de salmos, como: (1) os reunidos pela associação a uma pessoa ou grupo (por exemplo, "Os filhos de Corá", Sl 42 a 49; Asafe, Sl 73 a 83), (2) os dedicados a uma função específica (por exemplo, "Cânticos de peregrinação", Sl 120-134), ou (3) os claramente dedicados ao louvor e à adoração (Sl 146 a 150). Nunca se encontrou uma resposta que desvendasse o "mistério" do tema da organização desse arranjo de cinco livros. Assim, não há uma estrutura temática identificável para toda a coleção de salmos.

ENQUANTO ISSO, EM OUTRAS PARTES DO MUNDO...

Os chineses compilam seu primeiro dicionário, contendo quarenta mil caracteres. O alfabeto hebraico é desenvolvido além das primeiras formas semíticas.

RESPOSTAS PARA PERGUNTAS DIFÍCEIS

1. **Por que há tantas expressões incômodas em Salmos, às vezes bem no meio de nossos capítulos favoritos, por exemplo, nos salmos 23 e 129?**

   Como os salmos refletem a vida real de modo autêntico, devemos esperar que eles sejam incômodos com relação às mesmas situações em que a vida é incômoda. Segundo o salmo 23, bem conhecido, a vida não tem a ver apenas com verdes pastagens e águas tranquilas, mas também inclui morte e inimigos. Os salmistas estavam convencidos de que conheciam o único Deus verdadeiro, e, quando alguém os tratava ou tratava o povo de Deus de modo inadequado, por vezes clamavam a Ele por um castigo bastante específico sobre seus inimigos. Um fato interessante sobre Salmos

SALMOS **201**

é seu registro imodesto desses apelos a Deus, que, falando com sinceridade, ecoam algumas de nossas mais profundas e ocultas reivindicações diante de Deus.

No caso de Davi, o papel que ele desempenhava como rei e representante do povo de Deus muitas vezes se confunde com sua autoconsciência individual. Por vezes, é difícil dizer se ele está falando por si mesmo ou pelo povo como um todo. Isso explica um pouco da amargura por trás dos salmos cheios de maldições, os quais invocam a justa ira e o castigo de Deus sobre seus inimigos.

2. O que são os vários tipos de Salmos?

Os salmos abrangem o amplo escopo da experiência humana. Alguns falam em termos gerais, ao passo que outros se expressam em termos bastante específicos os eventos mutantes da vida. Há um salmo para quase todo tipo de dia.

Uma maneira de classificar os salmos é agrupá-los em cinco tipos gerais:

- *Salmos sapienciais*: orientações para viver com sabedoria (1; 37; 119).
- *Salmos de lamentação*: meditações sobre as dores da vida (3; 17; 120).
- *Salmos de penitência*: meditações sobre as dores do pecado (51).
- *Salmos de realeza*: meditações sobre o governo soberano de Deus (2; 21; 144).
- *Salmos de ações de graças*: louvor e adoração oferecidos a Deus (19; 32; 111).

APROFUNDAMENTO

1. Com quais salmos você tem mais familiaridade e que impacto eles têm em sua vida?
2. Que aspectos de um relacionamento saudável com Deus podem ser encontrados no salmo 23?
3. Como você poderia usar o salmo 51 para explicar o autêntico arrependimento?
4. Leia o primeiro e o último salmo (salmos 1 e 150) e considere por que cada um deles foi escolhido para ocupar sua posição.
5. Qual é o tema central do salmo 119 e como a extensão dele contribui para o seu impacto?
6. Que salmo ou parte de um salmo você acha mais útil para a oração?

Provérbios

O caminho dos sábios

TÍTULO

Na Bíblia hebraica, o título é "Provérbios de Salomão" (1:1), como também na versão grega, a *Septuaginta*. O livro reúne 513 dos provérbios mais importantes de Salomão (1Rs 4:32; Ec 12:9), juntamente com alguns de outros autores provavelmente influenciados por ele. A palavra "provérbio" significa "ser como"; assim, Provérbios é um livro de comparações entre as imagens comuns e concretas da vida com suas verdades mais profundas. Os provérbios são declarações (ou ilustrações) morais simples que destacam e ensinam as realidades fundamentais da vida. Salomão buscava a sabedoria de Deus (2Cr 1:8-12)e forneceu "ditos práticos" criados para levar os homens a meditarem (1) no temor de Deus e (2) na vida segundo a sabedoria divina (1:7; 9:10). A síntese dessa sabedoria está personificada no Senhor Jesus Cristo (1Co 1:30).

AUTOR E DATA

O livro foi criado e compilado por Salomão e outros autores de 971 a 686 a.C., aproximadamente. A expressão "Provérbios de Salomão" está mais para um título do que para uma afirmação absoluta de autoria (1:1). Apesar de o rei Salomão, que governou Israel de 971 a 931 a.C., e recebeu grande sabedoria de Deus (veja 1Rs 4:29-34), ser o autor da seção didática (capítulos 1 a 9) e dos provérbios de 10:1 a 22:16, é bem provável que ele seja apenas o compilador dos "Ditados dos Sábios", em 22:17 a 24:34, que pertencem a uma data incerta anterior ao seu reinado. A compilação nos capítulos 25 a 29 foi originalmente escrita por Salomão (25:1), mas copiada e incluída mais tarde por Ezequias, o rei de Judá (por volta de 715-686 a.C.). O capítulo 30 reflete as palavras de Agur e o capítulo 31, as de Lemuel, que talvez fosse o próprio Salomão. Os provérbios foram reunidos em sua forma final nos dias de Ezequias ou mais tarde. Salomão escreveu seus provérbios antes que seu coração se afastasse de Deus (1Rs 11:1-11), já que o livro revela uma perspectiva piedosa e está dirigido ao "simples" e "jovens" que necessitam aprender o temor do Senhor. Salomão também escreveu os salmos 72 e 127, Eclesiastes e Cântico dos Cânticos. (veja "Autor de Data" de Eclesiastes e Cântico dos Cânticos.)

CENÁRIO E CONTEXTO

Esse livro apresenta três cenários: (1) a literatura de sabedoria geral; (2) as visões da corte real; e (3) a instrução que é fornecida na delicada ligação de um pai e uma mãe com seus filhos, tudo designado para promover a reflexão sobre Deus.

PROVÉRBIOS   203

MESTRES NOTÁVEIS NAS ESCRITURAS

Moisés
Célebre líder de Israel que ensinou a lei de Deus (Dt 4:5).

Bezalel e Aoliabe
Dois artesãos de grande destreza e chamados a ensinar os outros na construção do tabernáculo (Êx 35:30-35).

Samuel
O último juiz de Israel antes da monarquia, que ensinou ao povo "o caminho que é bom e direito" (1Sm 12:23).

Davi
Preparou seu filho Salomão para construir o templo, instruindo-o também sobre as divisões dos sacerdotes e dos levitas (1Cr 28:9-21).

Salomão
Conhecido por sua sabedoria extraordinária, que usou para ensinar vários tópicos, inclusive literatura, botânica e zoologia (1Rs 4:29-34).

Esdras
Escriba e sacerdote comprometido não apenas com a manutenção da lei, mas também com o ensino desta aos outros (Ed 7:10).

Jesus
Chamado de "Rabi" ("mestre" – Jo 1:38; compare com Mt 9:11, 26:18, e Jo 13:13), cujos ensinamentos revelaram as boas-novas da salvação (Ef 4:20-21).

Barnabé
Um dos mestres entre os cristãos de Antioquia (At 13:1), que teve grande impacto sobre Saulo após sua conversão (9:26-30).

Gamaliel
Célebre rabi judeu que foi mestre de Saulo durante sua mocidade (At 22:3).

Paulo
Talvez o mestre mais talentoso da igreja primitiva, que ensinou em todo o mundo romano, principalmente em Antioquia (At 13:1) e na escola de Tirano (19:9).

Priscila e Áquila
Dois cristãos que instruíram Apolo, jovem orador e talentoso, no caminho do Senhor (At 18:24-26).

Apolo
Poderoso mestre, natural de Alexandria, no Egito, cujos ensinamentos prepararam o caminho para o evangelho em Éfeso (At 18:24-26).

Timóteo
Mestre-pastor da igreja de Éfeso (1Tm 1:3; 2Tm 4:2).

Tito
Mestre-pastor de uma igreja na ilha de Creta (Tt 2:1-15).

Uma vez que Provérbios pertence aos livros de sabedoria, por sua própria natureza é algumas vezes de difícil compreensão (1:6). Os livros de sabedoria são parte do todo da verdade do AT; o sacerdote enunciava a *lei*, o profeta transmitia a *palavra* vinda de Deus e o sábio fornecia o seu *conselho* (Jr 18:18; Ez 7:26). Em Provérbios, Salomão, o sábio, traz esclarecimento aos intricados temas da vida (1:6) que não são diretamente tratados na lei ou nos profetas. Apesar de prático, Provérbios não é superficial nem leviano, pois contém elementos morais e éticos que enfatizam a vida reta que fluem de um relacionamento correto com Deus. Em 4:1-4, Salomão uniu três gerações quando confiou a seu filho Roboão o que havia aprendido com Davi e Bate-Seba. Provérbios atua como um padrão para a transmissão da verdade de geração a geração e como um vasto recurso para o conteúdo da verdade a ser transmitida. Esse livro contém os princípios e as aplicações das Escrituras que personagens piedosos da Bíblia ilustram em suas vidas.

PRINCIPAIS PERSONAGENS

- **Salomão**: rei de Israel, recebeu grande sabedoria de Deus (1Rs 4:29-34).
- **Agur**: filho de Jaque, um sábio desconhecido (Pv 30:1).
- **Lemuel**: rei cujos ensinamentos da mãe estão incluídos (Pv 31); a tradição judaica antiga o identifica como Salomão, mas, fora isso, pouco se sabe sobre ele.

TEMAS HISTÓRICOS E TEOLÓGICOS

Salomão subiu ao trono com grande promessa, privilégio e oportunidade. Deus atendeu ao seu pedido por entendimento (1Rs 3:9-12; 1Cr 1:10-11) e sua sabedoria excedeu a de qualquer outro homem (1Rs 4:29-31). Todavia, a triste realidade é que ele falhou em viver as verdades que conheceu e até transmitiu a seu filho Roboão (1Rs 11:1,4,6-11), que acabou rejeitando o ensinamento de seu pai (1Rs 12:6-11).

Provérbios contém uma mina de ouro de teologia bíblica, refletindo temas das Escrituras que são levados até o nível da justiça prática (1:3) por tratar das escolhas éticas do homem, trazendo à discussão a maneira em que ele pensa, vive e administra a sua vida diária à luz da verdade divina. De modo mais específico, Provérbios chama o homem a viver da maneira que Deus planejou que vivesse quando o criou (Sl 90:1-2,12).

A promessa recorrente de Provérbios é que, de modo geral, os sábios (os justos que obedecem a Deus) têm vida mais longa (9:11), prosperidade (2:20-22), experimentam a alegria (3:13-18) e a bondade de Deus aqui na terra (12:21), ao passo que os loucos sofrem vergonha (3:35) e morte (10:21). Por outro lado, vale lembrar que o princípio geral é equilibrado pela realidade de que os ímpios às vezes prosperam (Sl 73:3,12), ainda que apenas temporariamente (Sl 73:17-19). Jó fornece a ilustração de que há momentos em que os sábios piedosos enfrentam desgraças e sofrimentos.

Em Provérbios, vários temas importantes são discutidos; eles são apresentados de modo aleatório e tratam de diferentes tópicos, por isso torna-se útil estudar os provérbios de acordo com seus temas, conforme ilustrado a seguir:

1. O relacionamento do homem com Deus
    a. Sua confiança (Pv 22:19)
    b. Sua humildade (Pv 3:34)
    c. O temor de Deus (Pv 1:7)

PROVÉRBIOS   205

   d. Sua retidão (Pv 10:25)
   e. Seu pecado (Pv 28:13)
   f. Sua obediência (Pv 6:23)
   g. Diante da recompensa (Pv 12:28)
   h. Diante das provações (Pv 17:3)
   i. Diante de bênçãos (Pv 10:22)
   j. Diante da morte (Pv 15:11)

2. O relacionamento do homem consigo mesmo
   a. Seu caráter (Pv 20:11)
   b. Sua sabedoria (Pv 1:5)
   c. Sua insensatez (Pv 26:10-11)
   d. Seu discurso (Pv 18:21)
   e. Seu autocontrole (Pv 6:9-11)
   f Sua bondade (Pv 3:3)
   g. Sua riqueza (Pv 11:4)
   h. Seu orgulho (Pv 27:1)
   i. Sua ira   (Pv 29:11)
   j. Sua preguiça (Pv 13:4)

3. O relacionamento do homem com outras pessoas
   a. Seu amor (Pv 8:17)
   b. Seus amigos (Pv 17:17)
   c. Seus inimigos (Pv 19:27)
   d. Sua honestidade (Pv 23:23)
   e. Sua fofoca (Pv 20:19)
   f Como pai (Pv 20:7; 31:2-9)
   f. Como mãe (Pv 31:10-31)
   h. Como filho (Pv 3:1-3)
   i. Quanto à educação dos filhos (Pv 4:1-4)
   j. Quanto à disciplina dos filhos (Pv 22:6)

Os dois temas principais, que estão interligados e se repetem por todo o livro, são a sabedoria e a insensatez. A sabedoria, que inclui conhecimento, compreensão, instrução, prudência e obediência, é baseada no temor do Senhor e na Palavra de Deus. A insensatez é exatamente o contrário da sabedoria.

PRINCIPAIS DOUTRINAS

- **A retidão prática**: (1:3; Jo 14:21).
- **O relacionamento do homem com Deus**: (1:7; 3:34; 6:23; 10:22; 12:28; 15:11; 22:29; Gn 4:35; 26:12; Dt 8:18; Jó 28:28; Sl 19:8; 111:10; Ec 12:13; At 1:24; Tg 4:6; 1Pe 5:5; 2Pe 2:19).
- **O relacionamento do homem consigo mesmo**: (1:5; 3:3; 6:9-11; 11:4; 13:4; 20:11; 29:11; Êx 13:9; Dt 6:8; Jr 17:1; Ez 7:19; Sf 1:18; Mt 7:16; 2Co 3:3).

- **O relacionamento do homem com outras pessoas:** (3:1-3; 4:1-14; 8:17; 17:17; 19:27; 20:19; 23:23; Dt 8:1; Rt 1:16; 1Sm 2:30; Sl 34:11; Rm 16:18).

O CARÁTER DE DEUS

- Deus é misericordioso (28:13).
- Deus é onisciente (5:21).
- Deus é providente (3:6; 16:3,9,33; 19:21; 20:24; 21:30-31).
- Deus é sábio (3:19; 15:11).

DESAFIOS DE INTERPRETAÇÃO

O primeiro desafio é a natureza geralmente esquiva dos livros de sabedoria. Como no caso das parábolas, as verdades propostas muitas vezes permanecem encobertas se observadas apenas de modo superficial, precisando, assim, ser ponderadas no coração (1:6; 2:1-4; 4:4-9).

Outro desafio é o uso extensivo de paralelismos, que é a colocação de verdades lado a lado para que a segunda linha explique, complete, defina, enfatize ou alcance a conclusão lógica, o propósito definitivo, ou, em alguns casos, o ponto de vista contrastante. Frequentemente, o verdadeiro paralelo está apenas implícito. Por exemplo, 12:13 contém um paralelo não declarado, mas claramente subentendido — o que o justo supera suas aflições por causa do seu discurso virtuoso (cf. 28:7). Ao interpretar Provérbios, deve-se: (1) determinar o paralelismo e normalmente ter de completar o que era suposto, mas que não foi declarado pelo autor; (2) identificar as figuras de linguagem e parafrasear o pensamento sem essas figuras; (3) resumir a lição ou o princípio do provérbio em poucas palavras; (4) descrever o comportamento ensinado; e (5) encontrar exemplos dentro da Escritura.

Também são encontrados desafios nos vários contextos de Provérbios, todos os quais afetam a interpretação e a compreensão. Primeiro, há o cenário em que foram proferidos; a maior parte deles foi escrita no contexto dos jovens na corte do rei. Segundo, há o cenário do livro como um todo e como seus ensinamentos devem ser compreendidos à luz do restante da Escritura. Por exemplo, vale a pena comparar a sabedoria ensinada por Salomão com a sabedoria que Cristo personificou.

CRISTO EM PROVÉRBIOS

Os autores de Provérbios queriam que os cristãos não apenas ouvissem a verdade, mas que a praticassem. Esse livro chama atenção para que sabedoria se torne encarnada (capítulo 8), o que de fato ocorreu quando "os tesouros da sabedoria e do conhecimento" se tornaram carne em Cristo (Cl 2:3). Enquanto os leitores do AT de Provérbios eram guiados pela sabedoria por meio da palavra escrita, os cristãos do NT conheceram a Palavra de Deus na forma humana. Portanto, Cristo não apenas abrange Provérbios, mas de fato "se tornou sabedoria de Deus para nós" (1Co 1:30).

PROVÉRBIOS

Terceiro, há o contexto histórico que os princípios e verdades usam para extrair as ilustrações de seu próprio cotidiano.

O desafio final consiste em compreender que os provérbios são diretrizes divinas e observações sábias, isto é, ensinam princípios básicos (24:3-4) que nem sempre são leis inflexíveis ou promessas absolutas. Essas expressões de verdade geral (cf. 10:27; 22:4) normalmente têm "exceções" em virtude da incerteza da vida e do comportamento imprevisível dos homens caídos. Deus não garante o resultado ou a aplicação uniforme para cada provérbio, mas, ao estudá-los e aplicá-los, pode-se compreender a mente de Deus, seu caráter, seus atributos, suas obras e suas bênçãos. Todos os tesouros da sabedoria e do conhecimento expressos em Provérbios estão escondidos em Cristo (Cl 2:3).

PALAVRAS-CHAVE

Sabedoria: em hebraico, *chokmah* — 1:2; 4:5; 9:10; 14:6; 16:16; 18:4; 23:23; 31:26 —, também pode significar "habilidade", mas, em geral, é utilizada para descrever a aplicação diária da sabedoria prática. O livro de Provérbios ensina que a verdadeira sabedoria vai além do mero conhecimento da verdade para uma vida de integridade moral (8:7-9). Enquanto uma vida pecaminosa conduz à autodestruição, a vida abundante é encontrada na sabedoria de Deus (2:6; Jó 11:6).

Insensatez: em hebraico, *ivvelet* — 12:23; 14:1,24; 15:2,14; 19:3; 22:15; 24:9; 27:22 —, indica ausência de sabedoria. Com exceção de duas ocorrências em Salmos, esse termo aparece somente em Provérbios, em que a insensatez dos tolos é frequentemente contrastada com a sabedoria dos homens sábios e prudentes (13:16; 14:8,18,24). A insensatez caracteriza o discurso dos tolos e as reações da pessoa impulsiva (12:23; 14:17,29; 15:2,14; 18:13). A insensatez afeta o estilo de vida de uma pessoa, fazendo seu coração se irar contra Deus (15:21; 19:3). De fato, a insensatez é muitas vezes identificada com a iniquidade e o pecado (5:22-23; 24:9; Sl 38:4-5). Embora Provérbios não apresente muita esperança de separar um adulto tolo de sua insensatez, a vara da disciplina é identificada como uma solução para as crianças (22:15; 26:11; 27:22).

ENQUANTO ISSO, EM OUTRAS PARTES DO MUNDO...

Pequim, a atual capital da China, torna-se uma cidade estabelecida. Na transcrição fonética da língua chinesa para o alfabeto romano, a cidade se chama "Beijing".

ESBOÇO

1. Prólogo (1:1-7)
   a. Título (1:1)

b. Propósito (1:2-6)

c. Tema (1:7)

2. O louvor e a sabedoria para o jovem (1:8 a 9:18)

3. Provérbios para todos (10:1 a 29:27)

a. De Salomão (10:1 a 22:16)

b. De homens sábios (22:17 a 24:34)

c. De Salomão, compilados por Ezequias (25:1 a 29:27)

4. Notas pessoais (30:1 a 31:31)

a. De Agur (31:1-33)

b. De Lemuel (31:1-31)

RESPOSTAS PARA PERGUNTAS DIFÍCEIS

1. **Alguns provérbios parecem pouco claros ou até mesmo contraditórios. Como podemos estudá-los e aplicá-los se não os compreendemos?**

   Muitas vezes, esses provérbios que, à primeira vista, parecem pouco claros ou contraditórios se revelam esquivos e profundos. É verdade que alguns provérbios realmente declaram verdades óbvias e seu significado é bastante claro: "O filho tolo é a tristeza do seu pai e a amargura daquela que o deu à luz" (17:25). Mas muitos deles requerem meditação; por exemplo, "A sorte é lançada no colo, mas a decisão vem do Senhor" (16:33) ou "Há caminho que parece reto ao homem, mas no final conduz à morte" (16:25). O fato de que talvez tenhamos de fazer uma busca no restante da Bíblia ou uma análise mais profunda deveria tornar o livro de Provérbios ainda mais querido para nós. Se Deus escolheu essa abordagem incomum para nos ajudar a crescer, por que haveríamos de hesitar em dar toda nossa atenção a esse livro?

   Dado o contexto em torno de Provérbios — o restante da Palavra de Deus —, o fracasso de um estudante da Bíblia em compreender um provérbio não deve levar à conclusão de que há algo de errado com o texto. Uma conclusão melhor seria que o estudante ainda não sabe ou não prestou atenção o suficiente. Uma pessoa sábia coloca um provérbio esquivo em reserva para entendê-lo mais adiante, em vez de prontamente rejeitá-lo como inútil. No futuro, as lições de Deus na vida dessa pessoa poderá lançar nova luz sobre partes da Bíblia que têm sido difíceis de interpretar.

2. **Quais são alguns princípios gerais e testados ao longo do tempo que podem ajudar na interpretação de Provérbios?**

   Uma das características mais comuns de Provérbios é o uso do paralelismo, que é a colocação de verdades lado a lado para que a segunda afirmação explique, complete, defina e enfatize a primeira afirmação. Às vezes, uma conclusão lógica é alcançada; outras vezes, um contraste lógico é demonstrado.

   As seguintes orientações ajudarão um estudante a ganhar mais confiança ao interpretar Provérbios:

PROVÉRBIOS 209

- Determine quais fatos, princípios ou circunstâncias formam as ideias paralelas do provérbio — quais dois conceitos ou duas pessoas centrais estão sendo comparados ou contrastados;
- Identifique as figuras de linguagem e reestruture o pensamento sem essas figuras; por exemplo, reestruture a ideia por trás de "encoste a faca à sua própria garganta" (23:1-3);
- Em poucas palavras, resuma a lição ou o princípio do provérbio;
- Descreva o comportamento que está sendo ensinado ou estimulado;
- Pense em exemplos em outras passagens da Bíblia que ilustram a verdade do provérbio.

3. **Muitos provérbios parecem impor absolutos em situações da vida que são pouco claras. Como os provérbios se aplicam a decisões e experiências de vida específicas?**

Os provérbios são diretrizes divinas e observações sábias que ensinam princípios subjacentes da vida (24:3-4); não são leis inflexíveis, tampouco promessas absolutas, pois são aplicados em situações da vida raramente claras ou descomplicadas por outras condições. As consequências do comportamento de um tolo como descritas em provérbios se aplicam ao tolo completo. No entanto, a maioria das pessoas age com insensatez ocasionalmente, de modo que elas experimentam as consequências ocasionais do comportamento insensato. Torna-se evidente que os provérbios em geral têm exceções em virtude da incerteza da vida e do comportamento imprevisível das pessoas caídas.

O desafio e princípio maravilhosos expressos em 3:5-6 coloca uma pesada ênfase em confiar no Senhor "de todo o seu coração" e reconhecê-lo "em todos os seus caminhos". Até a prática parcial das condições dessas frases representa um grande desafio. Por causa da graça de Deus, não temos de executar com perfeição essas condições, a fim de experimentar a verdade de que "ele endireitará as suas [nossas] veredas".

Deus não garante o resultado ou a aplicação uniforme para cada provérbio, mas, ao estudá-los e aplicá-los, pode-se compreender a mente de Deus, seu caráter, seus atributos, suas obras e suas bênçãos. Em Jesus Cristo estão ocultos todos os tesouros da sabedoria e do conhecimento parcialmente revelados em Provérbios (Cl 2:3).

APROFUNDAMENTO

1. Usando a linguagem em Provérbios, como você definiria a sabedoria?
2. Quais diretrizes são oferecidas em Provérbios a respeito do relacionamento entre as pessoas?
3. Quais temas recorrentes a respeito do trabalho são encontrados em Provérbios?
4. Qual é o papel desempenhado por Deus no ensino de Provérbios?
5. Quais advertências e diretrizes são oferecidas em Provérbios a respeito do discurso ou da língua?
6. Comente sobre Provérbios 3,5-6 na medida em que essa passagem se relaciona com sua própria vida.

Eclesiastes

A vida sem Deus

TÍTULO

O título "Eclesiastes" tem sua origem nas traduções grega e latina do livro de Salomão. A *Septuaginta* usou o termo grego *ekklesiastes* para seu título, que significa "pregador", derivado da palavra *ekklesia*, traduzido no NT por "assembleia" ou "congregação". Tanto a versão grega como a latina tiraram seus títulos do título em hebraico *Qoheleth*, que significa "alguém que chama ou reúne" o povo. O título se refere àquele que se dirige à assembleia; portanto, o pregador (cf. 1:1-2,12; 7:27; 12:8-10). Juntamente com Rute, Cântico dos Cânticos, Ester e Lamentações, Eclesiastes faz parte dos livros que compõem o Megilote do AT, ou "cinco rolos". Mais tarde, os rabinos leriam esses livros na sinagoga nas cinco ocasiões especiais durante o ano, sendo que Eclesiastes era lido no Pentecostes.

AUTOR E DATA

O perfil autobiográfico do escritor do livro aponta de modo inequívoco para Salomão. As evidências são muitas, tal como: (1) os títulos indicam Salomão, "filho de Davi, rei em Jerusalém" (1:1) e "rei de Israel em Jerusalém" (1:12); (2) a odisseia moral do autor narra a vida de Salomão (1Rs 2 a 11); (3) o papel daquele que "ensinou conhecimento ao povo" e escreveu "muitos provérbios" (12:9) corresponde à sua vida. Tudo isso aponta para Salomão, o filho de Davi, como o autor.

Uma vez que Salomão é aceito como autor, a data e a ocasião ficam claras. Provavelmente, ele escreveu Eclesiastes nos últimos de sua vida (num período não posterior a 931 a.C.), com a principal intenção de advertir os jovens de seu reino, sem omitir os demais. Ele os alertou para que evitassem viver segundo o caminho da sabedoria humana e os exortou a viverem de acordo com a sabedoria de Deus revelada (12:9-14).

CENÁRIO E CONTEXTO

A reputação desfrutada por Salomão, de que era dotado de uma sabedoria extraordinária, se encaixa no perfil de Eclesiastes. Davi reconheceu a sabedoria de seu filho (1Rs 2:6,9) antes que Deus desse a Salomão uma porção adicional. Depois de ter recebido "um coração cheio de discernimento" do Senhor (1Rs 3:7-12), Salomão ganhou fama por conta de sua grande sabedoria para tomar decisões sensatas (1Rs 3:16-18), uma reputação que atraía "homens de todas as nações" à sua corte (1Rs 4:34). Além disso, compôs cânticos e provérbios (1Rs 4:32; cf. 12:9), uma atividade que cabia apenas aos

ECLESIASTES   211

maiores sábios. A sabedoria de Salomão era, como a riqueza de Jó, "maior do que a de todos os homens do oriente" (1Rs 4:30; Jó 1:3).

Eclesiastes se aplica a todos os que possam tomar conhecimento e se beneficiar, não tanto das experiências de Salomão, mas dos princípios que ele extraiu dessas experiências. O objetivo do livro é responder a algumas das mais desafiadoras questões da vida, particularmente aquelas que pareciam contrárias às expectativas de Salomão. Essa característica tem levado alguns estudiosos a concluir de modo equivocado que Eclesiastes é um livro de ceticismo. Porém, apesar de seu comportamento e modo de pensar absurdamente insensatos, Salomão nunca abandonou a fé em Deus (12:13-14).

PALAVRAS-CHAVE

Inutilidade (ou "vaidade"): em hebraico, *hebel* — 1:2; 2:1; 4:4; 6:2,11; 7:15; 8:14; 9:9. Basicamente, significa "neblina" ou "respiração", tal como o vapor da respiração quente de uma pessoa que rapidamente se dissipa no ar frio. Com essa palavra, o pregador descreveu a busca por prazeres mundanos, como riqueza, honra, fama e outros, semelhante a correr atrás do vento (2:17): absurda e inútil. Jeremias usou essa mesma palavra para denunciar a idolatria como inútil (Jr 18:15) e Jó a usou para lamentar a brevidade ou falta de sentido da vida humana (Jó 7:16). Mas o pregador de Eclesiastes usou essa palavra mais do que qualquer outro autor do AT. Segundo ele, tudo na vida é uma grande inutilidade, a menos que uma pessoa reconheça que tudo vem das mãos do Senhor (2:24-26).

Trabalho: em hebraico, *'amal* — 1:3; 2:10,21; 3:13; 4:8; 5:19; 6:7; 10:15 —, em geral, significa "laborar" ou trabalhar por ganhos materiais (Sl 127:1; Pv 16:26). Outros significados são "dificuldade" ou "males" (veja Jó 3:10). O esforço exigido para o trabalho e a realização humana produz "males" e "dificuldade" no sentido de que as necessidades mais profundas da alma humana jamais podem ser satisfeitas (6:7). Porém, quando os cristãos reconhecem que o trabalho é um dom de Deus, ele pode se tornar uma alegria (5:18-20). Nosso trabalho faz parte do plano de Deus para estabelecer seu reino eterno. Nesse sentido, podemos estar certos de que nosso comprometimento fiel com nosso trabalho terá consequências e trará recompensas eternas (veja 1Co 3:8,14; 15:58).

PRINCIPAL PERSONAGEM

* **Salomão:** rei de Israel; Deus satisfez o desejo de Salomão por sabedoria e ele se tornou a pessoa mais sábia que já viveu (Ec 1:1 a 12:14).

TEMAS HISTÓRICOS E TEOLÓGICOS

Como acontece na maioria dos livros de sabedoria, há pouca narrativa histórica em Eclesiastes além da peregrinação pessoal de Salomão. O sábio real estudou a vida com grande expectativa, mas repetidamente lamentou suas imperfeições, que reconheceu serem decorrentes da maldição (Gn 3:14-19). Eclesiastes representa a dolorosa autobiografia de Salomão que, na maior parte de sua vida, foi pródigo com as bênçãos recebidas mais para seu próprio prazer do que para a glória de Deus. Ele escreveu com a intenção de alertar as gerações futuras a não cometerem o mesmo erro trágico, e fez isso de modo muito semelhante ao que Paulo escreveu aos coríntios (cf. 1Co 1:18-31; 2:13-16).

A palavra-chave é "inutilidade" (ou vaidade), que expressa a tentativa inútil de obter satisfação à parte de Deus. Essa palavra é empregada 37 vezes para expressar as muitas coisas que são difíceis de entender a respeito da vida. Todos os objetivos e ambições terrenos, quando perseguidos como um fim em si mesmos, só produzem o vazio. Paulo provavelmente estava ecoando a insatisfação de Salomão quando escreveu: "[a natureza criada] foi submetida à inutilidade" (a "vaidade" de Salomão; Rm 8:19-21). A experiência de Salomão com os efeitos da maldição (veja Gn 3:17-19) o levou a ver a vida como "correr atrás do vento".

Salomão questionou "O que o homem ganha com todo o seu trabalho?" (1:3), uma pergunta que ele repetiu em 2:22 e 3:9. O sábio rei empregou considerável porção do livro para tratar desse dilema. A impossibilidade de compreender o funcionamento da criação e a providência divina em sua vida pessoal também perturbaram profundamente o rei, do mesmo modo que perturbaram Jó. Mas a realidade de que todos serão julgados diante de Deus, apesar de tantas incógnitas, emerge como a grande certeza. À luz desse julgamento por Deus, a única vida realizada será a daquele que verdadeiramente o reconheceu e o serviu. Qualquer outro tipo de vida é frustrante e sem propósito.

O equilíbrio apropriado entre o destacado tema do "desfrute a vida" com o do "julgamento divino" prende o leitor ao Deus de Salomão com o perfeito acorde da fé. Durante certo tempo, Salomão sofreu com o desequilíbrio de tentar desfrutar da vida sem levar em conta que o medo do julgamento do Senhor o manteria no caminho da obediência. No fim, ele veio a compreender a importância da obediência, e os trágicos resultados da experiência pessoal de Salomão, associados às contribuições de extraordinária sabedoria, tornam Eclesiastes um livro pelo qual todos os cristãos podem ser advertidos e fortalecer-se na fé (cf. 2:1-26). Ele mostra que, aquele que compreende que cada dia de vida, trabalho e provisão básica é um presente de Deus, e aceita tudo o que Deus lhe dá, este tem a vida plena (cf. Jo 10:10). Todavia, aquele

---

ECLESIASTES E AS "VAIDADES"

1. Sabedoria humana (2:14-16)

2. Esforço humano (2:18-23)

3. Realização humana (2:26)

4. Vida humana (3:18-22)

5. Inveja humana (4:4)

6. Sacrifício humano egoísta (4:7-8)

7. Poder humano (4:16)

8. Cobiça humana (5:10)

9. Acumulação humana (6:1-12)

10. Religião humana (8:10-14)

ECLESIASTES

que busca satisfação longe de Deus viverá de maneira vã, independentemente de tudo o que conseguir acumular.

PRINCIPAIS DOUTRINAS

- **Inutilidade (ou vaidade) da vida**: a tentativa inútil de se satisfazer sem Deus (1:2; 12:8; Gn 3:17-19; Sl 39:5-6; 62:9; 144:4; Rm 8:19-21; Tg 4:14).
- **O sentido da vida**: (1:3; 2:24; 3:9; 12:13-14; Is 56:12 a 57:2; Lc 12:19-21; Jo 10:10; 1Co 15:32; 1Tm 6:17).
- **Equilíbrio na vida**: há tempo e propósito para tudo (3:1 a 8:17; Êx 15:20; Sl 126:2; Am 5:13; Rm 12:15-16; Hb 9:27).
- **O temor do Senhor**: (12:13-14; Dt 6:2; 10:12; Mq 6:8; Mt 12:36; At 17:30-31; Rm 2:16; 1Co 4:5; 2Co 5:10).

O CARÁTER DE DEUS

- Deus é longânimo (8:11).
- Deus é poderoso (3:11).

DESAFIOS DE INTERPRETAÇÃO

A declaração do autor de que "nada tem sentido" envolve a mensagem principal do livro (cf. 1:2; 12:8). Ao declarar uma de suas conclusões nas primeiras linhas, o autor de Eclesiastes desafia os leitores a prestarem atenção. A palavra traduzida por "inutilidade" (ou vaidade) é usada pelo menos de três maneiras ao longo do livro. Em

CRISTO EM ECLESIASTES

Salomão escreveu Eclesiastes como uma advertência àqueles que tentam encontrar a alegria sem Deus. De fato, viver sem Deus é impossível, pois ele "pôs no coração do homem o anseio pela eternidade" (3:11). A felicidade, buscada por Salomão em experiências e na filosofia, continuou inalcançável sem Deus. Cristo não veio ao mundo para tornar a vida suportável aos homens, mas sim para que tenhamos vida plenamente (Jo 10:9-10). Cristo permanece o "único Pastor" que é a fonte de toda sabedoria (12:11). Portanto, toda busca sem Cristo é inútil.

cada caso, ela considera a natureza da atividade do homem "debaixo do sol" como: (1) "efêmera", que se refere à natureza transitória ou semelhante à neblina (cf. Tg 4:14) da vida; (2) "fútil" ou "sem sentido", que enfoca a condição amaldiçoada do universo e seus efeitos debilitantes sobre a experiência terrena do homem; ou (3) "incompreensível" ou "enigmática", que considera as questões inexplicáveis da vida. Em Eclesiastes, Salomão trata de todos os três significados. Conquanto em cada caso o contexto determine a qual significado Salomão está se referindo, o significado mais recorrente para *vaidade* é "incompreensível" ou "inexplicável", com relação aos propósitos de Deus.

ESBOÇO

O livro narra as investigações e as conclusões de Salomão a respeito da vida de trabalho do homem, que combina todas as atividades e seus possíveis resultados, incluindo a satisfação limitada. O papel da sabedoria em experimentar o sucesso aparece repetidas vezes, particularmente quando Salomão precisa reconhecer que Deus não revelou todos os detalhes. Esse fato leva Salomão à conclusão de que as questões básicas da vida depois da queda no Éden envolvem as bênçãos divinas que devem ser desfrutadas e o julgamento divino para o qual todos devem estar preparados.

1. Introdução (1:1-11)
    a. Título (1:1)
    b. Poema: uma vida de atividades que parece tediosa (1:2-11)

2. A investigação de Salomão (1:12 a 6:9)
    a. Introdução: o rei e sua investigação (1:12-18)
    b. A investigação da busca pelo prazer (2:1-11)
    c. A investigação da sabedoria e da loucura (2:12-17)
    d. A investigação do trabalho e dos ganhos (2:18 a 6:9)
- O homem tem de deixar seus ganhos para outros (2:18-26)
- O homem não consegue encontrar o momento certo de agir (3:1 a 4:6)
- O homem muitas vezes tem de trabalhar sozinho (4:7-16)
- O homem pode facilmente perder tudo o que conquistou (5:1 a 6:9)

3. As conclusões de Salomão (6:10 a 12:8)
    a. Introdução: o problema de não saber (6:10-12)
    b. O homem nem sempre consegue descobrir qual o melhor caminho para si porque sua sabedoria é limitada (7:1 a 8:17)
- Sobre a prosperidade e a adversidade (7:1-14)
- Sobre a justiça e a perversidade (7:15-24)
- Sobre as mulheres e a insensatez (7:25-29)
- Sobre o homem sábio e o rei (8:1-17)

    c. O homem não sabe o que sucederá depois dele (9:1 a 11:6)
- Ele sabe que morrerá (9:1-4)
- Não tem nenhum conhecimento na sepultura (9:5-10)
- Não sabe a hora da sua morte (9:11-12)
- Não sabe o que acontecerá (9:13 a 10:15)
- Não sabe o que de mal virá (10:16 a 11:2)
- Não sabe o que de bom virá (11:3-6)

    d. O homem deve desfrutar da vida, mas sem pecar, pois o julgamento virá para todos (11:7 a 12:8)

4. O conselho final de Salomão (12:9-14)

ENQUANTO ISSO, EM OUTRAS PARTES DO MUNDO...

A cultura chinesa avança na forma de sistema de escrita e técnica de pintura oriental, e teorias matemáticas, tais como a multiplicação e a geometria são desenvolvidas.

ECLESIASTES   215

RESPOSTAS PARA PERGUNTAS DIFÍCEIS

1. **Como a declaração do autor de que "nada tem sentido" está relacionada à mensagem do livro de Eclesiastes?**
   A palavra traduzida por "inutilidade" (ou vaidade) é usada pelo menos de três maneiras ao longo do livro (veja a discussão na seção "Desafios de interpretação"). Embora o contexto em cada uma das 37 ocorrências de "inutilidade" ajude a determinar o significado específico que Salomão tinha em mente, seu uso mais frequente transmitia a ideia de "incompreensível" ou "incognoscível". Ele estava expressando os limites humanos quando defrontado com os mistérios dos propósitos de Deus. A conclusão final de Salomão de "tema a Deus e obedeça aos seus mandamentos" (12:13-14) declara a única esperança para uma vida boa e resposta razoável de fé e obediência ao Deus soberano. Deus coordena de modo preciso todas as coisas debaixo do sol, cada uma a seu tempo de acordo com seu plano perfeito, mas revela somente o que sua perfeita sabedoria permite e considera que todos os homens são responsáveis por suas atitudes, pelas quais terão de prestar contas. Aqueles que se recusam a levar Deus e sua Palavra a sério serão condenados a uma terrível vida de futilidade.

2. **Quando o escritor de Eclesiastes encoraja seus leitores a "desfrutar a vida", ele tem em mente alguma condição ou precaução?**
   Salomão equilibrou o tema do "desfrute a vida" com o do "julgamento divino". Nem os melhores momentos da vida devem tirar de uma pessoa a consciência de Deus como Provedor a quem todos terão de prestar contas. Salomão declarou que a possibilidade de desfrutar baseava-se na fé (Ec 2:24-26).
   Parte de Eclesiastes relata a experiência do rei em sua tentativa de desfrutar a vida sem se preocupar com o julgamento de Deus. Salomão descobriu que tal esforço era inútil e, no fim, ele compreendeu a importância da obediência. Os trágicos resultados da experiência pessoal de Salomão, associados às contribuições de extraordinária sabedoria, tornam Eclesiastes um livro pelo qual todos os cristãos podem ser advertidos e fortalecer-se na fé (2:1-26). Ele mostra que, aquele que compreende que cada dia de vida, trabalho e provisão básica é um presente de Deus, e aceita tudo o que Deus lhe dá, esse tem a vida plena. Mas qualquer pessoa que busca satisfação longe de Deus viverá de maneira vã, independentemente dos sucessos pessoais.

APROFUNDAMENTO

1. Quantas buscas distintas Salomão experimentou em Eclesiastes?
2. O que ele buscava?
3. A quais conclusões Salomão chegou a respeito do sentido da vida?
4. Que entendimentos sobre o tempo e seus usos nos traz o capítulo 3:1-8?
5. O que a expressão "anseio pela eternidade" (3:11) significa em Eclesiastes?
6. De que maneiras específicas as descobertas de Salomão desafiam sua vida?

Cântico dos Cânticos

Deus honra o amor conjugal puro

TÍTULO

A versão grega (*Septuaginta*) e a versão latina (*Vulgata*) seguem o hebraico (texto massorético) com a tradução literal das duas primeiras palavras em 1:1 — "Cântico dos Cânticos". Algumas versões na nossa língua traduziram como "Cantares de Salomão", fornecendo, desse modo, o sentido completo de 1:1. O superlativo, "Cântico dos Cânticos" (cf. "Santo dos Santos", em Êx 26:33-34 e "Rei dos Reis", em Ap 19:16), indica que esse cântico é o melhor dentre as 1.005 obras musicais de Salomão (1Rs 4:32). A palavra traduzida por cântico normalmente se refere à música que honra ao Senhor (cf. 1Cr 6:31-32; Sl 33:3; 40:3; 144:9).

AUTOR E DATA

Salomão, que governou o reino unido por quarenta anos (971-931 a.C.), é citado pelo nome sete vezes nesse livro (1:1,5; 3:7,9,11; 8:11-12). Diante de suas habilidades de escritor, do seu talento musical (1Rs 4:32), e do significado de autoria, e não de dedicatória de 1:1, essa parte da Bíblia pode ter sido escrita em qualquer momento durante o seu reinado. Uma vez que as cidades do norte e do sul são citadas nas descrições e viagens de Salomão, ambos os períodos retratados e a época em que o livro foi escrito apontam para o reino antes de sua divisão, o que ocorreu após o término do seu reinado. Como essa parte das Escrituras contém um cântico escrito por um único autor, é melhor considerá-la como um acréscimo à literatura poética e de sabedoria em vez de uma série de poemas de amor sem um tema ou autor comum.

CENÁRIO E CONTEXTO

Dois personagens predominam nesse dramático e verdadeiro cântico de amor. Salomão, cujo reinado é mencionado cinco vezes (1:4,12; 3:9,11; 7:5), aparece como "o amado". A jovem sulamita (6:13) permanece obscura; é muito provável que ela morasse em Suném, aproximadamente 5 km ao norte de Jezreel, na parte mais baixa da Galileia. Alguns estudiosos sugerem que ela era a filha do faraó (1Rs 3:1), ainda que o livro não apresente nenhuma evidência para essa conclusão. Outros sugerem que se tratava de Abisague, a sunamita que cuidou do rei Davi (1Rs 1:1-4,15). O mais provável é que ela tenha sido uma jovem desconhecida proveniente de Suném, cuja família havia sido empregada por Salomão (8:11). Ela teria sido a primeira esposa de Salomão (Ec 9:9), antes de ele pecar por tomar outras 699 esposas e 300 concubinas (1Rs 11:3).

GEOGRAFIA DE CÂNTICO DOS CÂNTICOS

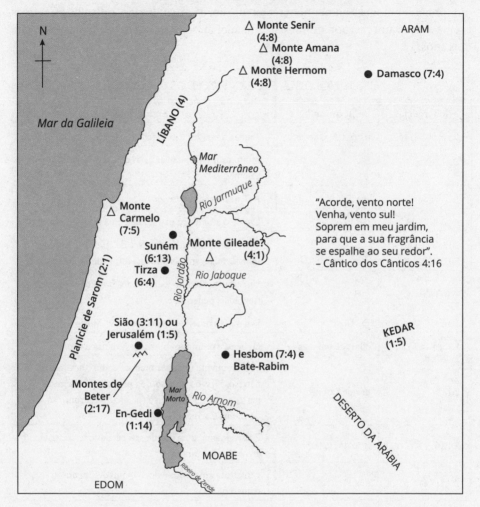

Outros personagens de menor relevância representam diferentes grupos nesse livro. Primeiro, observe os comentários frequentes das "Mulheres de Jerusalém" (1:5; 2:7; 3:5; 5:8,16; 8:4), que poderiam fazer parte da equipe de servos do palácio (cf. 3:10). Segundo, os amigos de Salomão ingressam em 3:6-11; e, terceiro, vêm os irmãos da sulamita (8:8-9). É provável que a afirmação de 5:1b seja a bênção de Deus sobre a união do casal. Pode-se acompanhar a narrativa observando as partes sugeridas conforme indicadas nos títulos das seções ao longo do livro.

O cenário combina paisagens rurais e urbanas. Algumas cenas acontecem no monte ao norte de Jerusalém, onde a sulamita morava (6:13) e onde Salomão conquistou proeminência como viticultor e pastor (Ec 2:4-7). A seção urbana inclui a festa de casamento e o período posterior na residência de Salomão em Jerusalém (3:6 a 7:13).

A primeira primavera aparece em 2:11-13 e a segunda, em 7:12. Se considerarmos uma cronologia sem nenhuma interrupção, o conteúdo de Cântico dos Cânticos aconteceu por um período mínimo de um ano, mas, provavelmente, não mais do que dois anos.

TERMINOLOGIA EM CÂNTICO DOS CÂNTICOS

Referências	Terminologia	Significado
1:5	"tendas de Quedar"	Tendas nômades tribais feitas de pele de cabrito escuro
1:5	"cortinas de Salomão"	Muito provavelmente as belas cortinas do palácio de Salomão
1:9	"égua"	A fêmea jovem do cavalo
1:12; 4:13-14	"nardo"	Um óleo aromático extraído de uma erva indiana
1:13; 3:6; 4:6,14; 5:1,5,13	"mirra"	Uma goma aromática da casca da árvore de bálsamo transformada em perfume na forma líquida ou sólida
1:14; 4:13	"hena"	Um arbusto comum, cujos frutos brancos exalam uma fragrância penetrante
1:14	"En-Gedi"	Um oásis exuberante a oeste do mar Morto
1:15; 4:1; 5:12	"olhos de pombas"	Os belos e profundos olhos cor de cinza da pomba
2:1	"flor de Sarom"	Provavelmente uma flor bulbosa como o açafrão, o narciso, a íris ou narciso-dos-prados, que cresce nas partes baixas do território (planície de Sarom), ao sul do monte Carmelo
2:1,16	"lírio dos vales"	Possivelmente uma flor de seis pétalas que cresce em áreas férteis e úmidas
2:3,5; 7:8; 8:5	"maçã"	Uma fruta aromática e doce — possivelmente o damasco
2:5	"passas"	Um alimento associado com as festas religiosas que contém possível significado erótico (cf. 2Sm 6:19; Os 3:1)
2:7,9,17; 3:5; 8:14	"gazelas"	Membros graciosos da família do antílope
2:7; 3:5	"corças"	A fêmea do veado
2:9,17; 8:14	"cervo"	Veado macho
2:14; 5:2; 6:9	"pomba"	Um símbolo comum do amor
2:17	"colinas escarpadas"	Uma ravina ou montes escarpados num local não identificado em Israel
3:6; 4:6,14	"perfumado com incenso"	Resina amarela extraída de árvores e usada para incenso/especiarias

CÂNTICO DOS CÂNTICOS

TERMINOLOGIA EM CÂNTICO DOS CÂNTICOS (continuação)

Referências	Terminologia	Significado
3:7,9	"liteira"	Uma cadeira de seda que transportava o rei e sua noiva
3:9; 4:8,11,15; 5:15	"Líbano"	Um país bonito, ao norte de Israel, na costa, com fontes de riqueza natural
4:1; 6:5	"Monte Gileade"	O alto platô a leste da Galileia e da Samaria
4:4	"torre de Davi"	Provavelmente a torre para guardar armas (cf. Neemias 3:19,25)
4:8	"alto do Amana"	A colina na qual o rio Amana tem sua fonte na Síria
4:8	"topo do Senir" e "alto do Hermom"	Os nomes amorreu e hebraico para o pico mais alto ao norte de Israel (de aproximadamente 3.000 m); cf. Dt 3:9
4:14	"açafrão"	Os pistilos e estames secos e moídos de um pequeno croco
4:14	"cálamo"	Uma grama selvagem com uma fragrância de gengibre
4:14	"canela"	Uma especiaria tirada da casca de uma árvore
5:14	"berilo"	Possivelmente uma pedra amarelada ou esverdeada como o topázio
5:14	"safiras"	O lápis-lazúli azul-celeste que era abundante no Oriente
6:4	"Tirza"	Um local conhecido por sua beleza natural e jardins localizados 10 km a noroeste de Siquém, na Samaria
6:13	"dança de Maanaim"	Literalmente "a dança de dois grupos", que é possivelmente uma dança de origem desconhecida associada com o local de Maanaim (cf. Gn 32:2)
7:4	"açudes de Hesbom"	Reservatório de água na cidade moabita de Hesbom, perto da atual Amã
7:4	"porta de Bate-Rabim"	Possivelmente o nome de um portão em Hesbom
7:4	"a torre do Líbano"	Possivelmente se refere à cor branca da montanha em vez de à sua altitude de 3 mil metros
7:4	"Damasco"	A capital da Síria ao leste das montanhas do Líbano
7:5	"monte Carmelo"	Uma grande montanha arborizada no norte de Israel
7:13	"mandrágoras"	Uma erva de fragrância pungente considerada afrodisíaca (cf. Gn 30:14)
8:11	'Baal-Hamom'	Um local não conhecido na parte montanhosa ao norte de Jerusalém

PRINCIPAIS PERSONAGENS

- **Rei Salomão**: o noivo; chamado de "amado" por sua esposa (1:7 a 8:12).
- **A Sulamita**: a nova noiva do rei Salomão (1:1 a 8:13).
- **As Mulheres de Jerusalém**: virgens não identificadas que incentivaram a Sulamita (1:4; 2:14; 3:5,10-11; 5:1,8; 6:1,12; 8:4).

Salomão e sua esposa mostram toda a afeição e o romance que as pessoas universalmente associam a estar apaixonado (Ct 2:16). Essa é apenas uma das inúmeras histórias de amor relatadas pela Bíblia.

CASAIS APAIXONADOS

Isaque e Rebeca (Gn 24:1-67)
Um pai procura e encontra uma esposa para seu filho, e o jovem casal se apaixona imediatamente.

Jacó e Raquel (Gn 29:1-30)
Jacó trabalha 14 anos para seu sogro a fim de se casar com Raquel.

Boaz e Rute (Rt 3 e 4)
Detalhes técnicos juntam uma viúva moabita e um proprietário de terras de Belém, e deles descende um rei.

Elcana e Ana (1Sm 1 e 2)
Uma mulher é amada por seu marido mesmo ela sendo estéril, e Deus, eventualmente, a abençoa com o nascimento de um filho, que viria a se tornar um dos grandes juízes de Israel.

Davi e Mical (1Sm 18:20-30)
O amor genuíno é manipulado por um rei ciumento, mas, em vez de se livrar de seu inimigo, ganha um genro.

Salomão e Sulamita (Cântico dos Cânticos)
A entrega e os deleites de dois amantes contados em um belo poema romântico.

Oseias e Gômer (Os 1:1 a 3:5)
Deus manda o profeta Oseias procurar uma esposa adúltera e restaura o relacionamento mesmo com tudo o que ela havia feito.

Cristo e a Igreja (Ef 5:25-33)
Tendo salvo sua esposa do pecado, Cristo a ama e a trata como seu próprio corpo, dando, assim, um exemplo para os esposos de todo o mundo.

TEMAS HISTÓRICOS E TEOLÓGICOS

Todos os 117 versículos de Cântico dos Cânticos são reconhecidos pelos judeus como parte de seus escritos sagrados. Juntamente com Rute, Ester, Eclesiastes e Lamentações, ele pertence ao Megilote dos livros do AT ou "cinco rolos". Os judeus leem esse cântico na Páscoa, chamando-o de "o Santo dos Santos". Surpreendentemente, Deus

CÂNTICO DOS CÂNTICOS

não é mencionado de modo explícito, exceto, possivelmente, em 8:6. Não há destaque para nenhum tema teológico. O NT nunca cita Cântico dos Cânticos de modo direto (nem Ester, Obadias ou Naum).

Em contraste com os dois extremos distorcidos da abstinência ascética e da luxúria pervertida fora do casamento, o antigo cântico de amor de Salomão exalta a pureza do afeto e do romance conjugal. O cântico faz um paralelo e reforça outras partes da Escritura que retratam o plano de Deus para o casamento, incluindo a beleza e a santidade da intimidade sexual entre marido e mulher. O Cântico se coloca ao lado de outras passagens clássicas da Escritura que detalham esse tema (por exemplo, Gn 2:24; Sl 45; Pv 5:15-23; 1Co 7:1-5; 13:1-8; Ef 5:18-33; Cl 3:18-19 e 1Pe 3:1-7); a passagem de Hebreus 13:4 capta a essência dessa canção: "O casamento deve ser honrado por todos; o leito conjugal, conservado puro; pois Deus julgará os imorais e os adúlteros".

PALAVRAS-CHAVE

Amado: em hebraico, *dod* — 1:14; 2:8; 4:16; 5:1,6,10; 6:1; 8:14. Na poesia de amor hebraica, *dod* é a palavra carinhosa usada para a pessoa amada do sexo masculino, normalmente traduzida como "amado" (Is 5:1). O autor do Cântico dos Cânticos emprega essa palavra 32 vezes. O nome Davi é derivado de *dod* e carrega o mesmo sentido, com significado de "querido". Quando *dod* é empregado na narrativa, significa "tio" ou outro parente próximo do sexo masculino (1Sm 14:50).

Mirra: em hebraico, *mor* — 1:13; 3:6; 4:6,14; 5:1,5,13 —, descreve um sabor amargo. Essa palavra deriva do verbo *marar*, que significa "ser amargo". A mirra é feita da goma ou seiva da casca de uma árvore de bálsamo árabe. A resina era prensada e misturada com óleo para produzir perfume (1:13; 5:1), incenso (3:6) e loção (Et 2:12). Noemi tomou o nome Mara como símbolo da amargura que havia experimentado em sua vida (Rt 1:20), e o menino Jesus foi presenteado com mirra pelos magos (veja Mt 2:11). A mirra era também uma especiaria de embalsamento nos tempos do NT e foi usada no corpo de Jesus (Jo 19:39).

PRINCIPAIS DOUTRINAS

- **O amor de Deus refletido no amor humano**: (6:2-3; Gn 29:20; Lv 19:18; 2Cr 36:15; Mt 14:14; Lc 15:20-24; Fp 1:8).
- **A graça de Deus concedida por meio do casamento**: (Rt 1:9; Ez 16:6-8; Mt 1:20; Hb 13:4; 1Pe 3:7).

O CARÁTER DE DEUS

- Deus é fiel (8:5).
- Deus é amoroso (8:6).
- Deus é puro (3:5; 4:1-16).

DESAFIOS DE INTERPRETAÇÃO

O Cântico dos Cânticos tem recebido algumas interpretações artificiais ao longo dos séculos por aqueles que usam o método de interpretação "alegórico", afirmando que o livro não tem bases históricas verdadeiras, mas que todo o seu conteúdo descreve o amor de Deus por Israel e/ou o amor de Cristo pela igreja. A ideia equivocada que encontramos na hinologia de que Cristo é a rosa de Sarom e o lírio dos vales resulta desse método (2:1). A variação "tipológica" admite a realidade histórica, mas conclui que o livro tem como objetivo final descrever o amor de Cristo, o noivo, pela igreja, a noiva.

CRISTO EM CÂNTICO DOS CÂNTICOS

As palavras de Salomão pintam, de forma íntima, o retrato do casamento. Além disso, Cântico dos Cânticos ilustra o relacionamento espiritual entre Deus e Israel, seu povo escolhido, e até o relacionamento que Deus deseja ter com cada indivíduo. Salomão busca expressar o amor do amado por sua noiva. Esse mistério pode apenas ser totalmente revelado no relacionamento íntimo entre Cristo e a Igreja (Ef 5:32).

Outro modo de abordar o Cântico dos Cânticos é tomá-lo como se apresenta e interpretá-lo no sentido histórico normal, entendendo o frequente uso da imagem poética para descrever a realidade. Ao agir dessa maneira, compreendemos que Salomão narra: (1) seus dias de namoro, (2) os primeiros dias do seu primeiro casamento, seguidos pelo (3) amadurecimento de seu casamento real durante os altos e baixos da vida. O Cântico dos Cânticos detalha as antigas instruções para o casamento contidas em Gênesis 2:24, fornecendo, assim, a música espiritual para uma vida conjugal harmoniosa. O livro é dado por Deus com a finalidade de demonstrar a sua intenção para o romance e o amor do casamento, a mais preciosa das relações humanas e a "graça da vida" (1Pe 3:7).

ENQUANTO ISSO, EM OUTRAS PARTES DO MUNDO...

O culto grego aos deuses alcança pleno desenvolvimento. Os principais deuses incluem Zeus, Hera, Posídon, Apolo, Ares, Deméter, Atena, Hermes e Ártemis.

ESBOÇO

1. O namoro (1:2 a 3:5)
   a. As lembranças dos amantes (1:2 a 2:7)
   b. As expressões de amor recíproco dos amantes (2:8 a 3:5)

2. A festa do casamento: união (3:6 a 5:1)
   a. O noivo real (3:6 a 5:1)
   b. O casamento e a primeira noite juntos (4:1 a 5:1a)
   c. A aprovação de Deus (5:1b)

CÂNTICO DOS CÂNTICOS

3. A vida conjugal: entrelaçamento (5:2 a 8:14)
    a. O primeiro grande desentendimento (5:2 a 6:3)
    b. A restauração (6:4 a 8:4)
    c. Crescendo na graça (8:5-14)

RESPOSTAS PARA PERGUNTAS DIFÍCEIS

1. O Cântico dos Cânticos deve ser interpretado como o amor entre dois indivíduos ou como uma alegoria do amor de Deus por Israel ou de Cristo pela igreja?

Interpretações alegóricas deste livro tendem a ser artificiais. Negar o contexto humano e histórico de Cântico dos Cânticos gera mais incômodo com o tema do que entendimento acerca da natureza da Bíblia. A linguagem alegórica e idealista empregada por amantes pode levar alguém a tomar liberdade e alegorizar a experiência toda, porém, os próprios amantes se oporiam a isso. A prática da alegorização desse livro é exterior às estruturas teológicas e filosóficas, não se baseando no conteúdo do próprio livro.

Uma forma de interpretação semelhante à alegorização toma uma abordagem "tipológica". Começa reconhecendo a validade histórica do relato, mas também insiste que somente a linguagem idealizada dos amantes pode, em última análise, descrever com exatidão o tipo de amor que Cristo demonstrou em relação à sua igreja.

Um modo mais satisfatório de abordar o Cântico é tomá-lo como se apresenta e interpretá-lo no sentido histórico normal, entendendo o uso da imagem poética para retratar a realidade. Essa interpretação afirma o relato de Salomão das três fases de seu relacionamento com a Sulamita: seus dias de namoro, os primeiros dias do casamento e o amadurecimento do casamento real ao longo dos dias bons e ruins da vida conjugal.

APROFUNDAMENTO

1. De que formas Cântico dos Cânticos capta a intensidade e a naturalidade do amor romântico?
2. Como Cântico dos Cânticos expressa e incentiva o compromisso?
3. Que fatores tornam as descrições da sexualidade de Cântico dos Cânticos saudáveis e boas em comparação com o que, em geral, encontramos em nossa cultura?
4. Que percepções sobre a expressão do apreço pela beleza do(a) companheiro(a) podemos encontrar em Cântico dos Cânticos?
5. Como você descreveria o papel de Cântico dos Cânticos dentro do restante da Bíblia?

Isaías

Anunciando o Rei sofredor

TÍTULO

O livro deriva o seu título do nome de seu autor, que significa "O Senhor é salvação", semelhantemente aos nomes Josué, Elias e Jesus. Isaías é citado diretamente no NT em torno de 65 vezes, muito mais que qualquer outro profeta do AT, além de ser mencionado por nome cerca de vinte vezes.

AUTOR E DATA

Isaías, filho de Amoz, profetizou em Jerusalém e seus arredores como profeta de Judá durante o reinado de quatro reis: Uzias (também chamado Azarias em 2Reis), Jotão, Acaz e Ezequias (1:1), de 739-686 a.C, aproximadamente. É evidente que Isaías vem de uma família de boa posição social, visto que ele tinha fácil acesso ao rei (7:3) e proximidade com um sacerdote (8:2). Casou-se e teve dois filhos, que receberam nomes simbólicos: Sear Jasube ("um remanescente voltará"; 7:3) e Maher-Shalal-Hash-Baz ("rapidamente até os despojos, agilmente até a pilhagem"; 8:3). Quando chamado por Deus para profetizar, no ano da morte do rei Uzias (c. 739 a.C.), ele respondeu com alegre disposição, embora soubesse, desde o início, que o seu ministério seria de advertências e exortações infrutíferas (6:9-13). Isaías foi criado em Jerusalém, e isso fazia dele uma opção muito apropriada para ser conselheiro político e religioso da nação.

Isaías foi contemporâneo de Oseias e Miqueias, e seu estilo literário não tem rival quanto à versatilidade de expressões, talento quanto às imagens e riqueza de vocabulário. Jerônimo, um dos pais da igreja primitiva, o comparou ao legendário orador grego Demóstenes. Seu vocabulário é constituído de cerca de 2.186 palavras diferentes, comparado a 1.535 em Ezequiel, 1.653 em Jeremias e 2.170 em Salmos. Em 2Crônicas 32:32, está registrado que ele também escreveu uma biografia do rei Ezequias. A vida do profeta Isaías estendeu-se até pelo menos 681 a.C., quando fez o registro da morte de Senaqueribe (cf. 37:38). É tradicionalmente aceito que ele tenha morrido sob o reinado de Manassés (por volta de 695-642 a.C.), cortado pelo meio com uma serra (cf. Hb 11:37).

CENÁRIO E CONTEXTO

Durante os 52 anos prósperos do reinado de Uzias (por volta de 790-739 a.C.), Judá tornou-se uma nação fortemente militarizada e comercialmente próspera, tendo edificado um porto comercial marítimo às margens do mar Vermelho, além de muros, torres e outras fortificações (2Cr 26:3-5,8-10,13-15).

ISAÍAS 225

Em contrapartida, esse período testemunhou um declínio na situação espiritual de Judá. A ruína de Uzias resultou da sua tentativa de assumir os privilégios do sacerdócio e pelo fato de ter queimado incenso no altar do Senhor (2Rs 15:3-4; 2Cr 26:16-19). Como consequência, ele foi castigado com lepra, doença da qual ele jamais se recuperou (2Rs 15:5; 2Cr 26:20-21).

Seu filho Jotão (750-731 a.C., aproximadamente) teve de assumir as responsabilidades do reino após a morte do pai. Durante o seu reinado (2Rs 15:19), a Assíria começava a emergir como uma nova grande potência internacional sob Tiglate-Pileser (por volta de 745-727 a.C.). Nesse tempo, Judá começou a enfrentar também a oposição de Israel e da Síria nas fronteiras ao norte (2Rs 15:37). Jotão era construtor e bélico como seu pai, mas a corrupção espiritual ainda existia na Terra Prometida (2Rs 15:34-35; 2Cr 27:1-2).

Acaz tinha 25 anos de idade quando começou a reinar em Judá e reinou até os 41 anos (2Cr 28:1,8; aproximadamente no período de 735-715 a.C.). Síria e Israel fizeram uma aliança para combater a emergente Assíria, que ameaçava pelo leste, mas Acaz recusou-se participar da aliança (2Rs 16:5; Is 7:6). Por causa disso, seu vizinho do norte queria destroná-lo, o que resultou em guerra (734 a.C.). Em pânico, Acaz pediu ajuda ao rei da Assíria (2Rs 16:7), que lhe respondeu de bom grado. Ele saqueou Gaza, levando todos da Galileia e Gileade para o cativeiro e, por fim, tomou Damasco (732 a.C.). A aliança de Acaz com a Assíria também fez com que ele construísse um altar pagão, que estabeleceu no templo de Salomão (2Rs 16:10-16; 2Cr 28:3). Durante o seu reinado (722 a.C.), a Assíria tomou a Samaria, capital do Reino do Norte, e levou muitas das pessoas mais capazes de Israel para o cativeiro (2Rs 17:6,24).

Ezequias iniciou o seu reinado em Judá em 715 a.C., e reinou durante 29 anos, até 686 a.C. (2Rs 18:1-2). Ao assumir o trono, a reforma do culto foi uma de suas prioridades (2Rs 18:4,22; 2Cr 30:1), e a ameaça de uma invasão da Assíria obrigou Judá a pagar pesados tributos a essa grande potência oriental. Em 701 a.C., Ezequias foi acometido por uma doença muito grave, mas ele orou a Deus que, graciosamente, deu-lhe mais 15 anos de vida (2Rs 20; Is 38), até 686 a.C. O governante da Babilônia, valendo-se da doença de Ezequias, enviou-lhe um emissário para parabenizá-lo pelo seu restabelecimento, provavelmente com a intenção de tentar formar uma aliança com Judá contra a Assíria (2Rs 20:12ss.; Is 39). Quando a Assíria começou a enfraquecer, por causa de disputas internas, Ezequias recusou-se a continuar pagando-lhe qualquer tributo (2Rs 18:7). Como consequência, em 701 a.C., Senaqueribe, o rei assírio, invadiu as fronteiras do reino de Judá, marchando rumo ao Egito pela parte sul de Israel. Durante a investida, ele destruiu muitas cidades de Judá, fazendo saques e levando muitos de seus moradores de volta ao cativeiro na Assíria. Enquanto sitiava Laquis, ele enviou um contingente para sitiar Jerusalém (2Rs 18:17 a 19:8; Is 36:2 a 37:8), mas a expedição falhou. Contudo, numa segunda tentativa, ele enviou mensageiros a Jerusalém, exigindo sua imediata rendição (2Rs 19:19ss.; Is 37:9ss.). Com o encorajamento de Isaías, Ezequias recusou-se a se render

226   MANUAL BÍBLICO MACARTHUR

e, quando o exército de Senaqueribe caiu numa armadilha, ele retornou para Nínive e nunca mais ameaçou Judá.

O JUÍZO DE DEUS SOBRE AS NAÇÕES

	Obadias	Amós	Isaías	Jeremias	Habacuque	Ezequiel
Amom		1:13-15 Castigo		49:1-6 Castigo; Restauração		25:1-7 Castigo
Babilônia			13:1—14:23 Castigo	50—51 Castigo	2:6-17 Castigo	
Damasco		1:3-5 Castigo	17:1-3 Castigo; Remanescente	49:23-27 Castigo		
Edom	1—14 Castigo	1:11-12 Castigo	21:11-12 Castigo	49:7-22 Castigo		25:12-14 Castigo
Egito			19 Castigo	46:1-26 Castigo		29—32 Castigo
Moabe		2:1-3 Castigo	15—16 Castigo; Remanescente	48 Castigo; Restauração		25:8-11 Castigo
Filístia		1:6-8 Castigo	14:29-32 Castigo	47 Castigo; Remanescente		25:15-17 Castigo
Tiro		1:9-10 Castigo	23 Castigo; Restauração			26—28 Castigo

PRINCIPAIS PERSONAGENS

- **Isaías**: profeta que ministrou durante o reinado de quatro reis de Judá; entregou uma mensagem tanto de castigo como de esperança (1 a 66).
- **Sear-Jasube**: filho de Isaías; seu nome significa "um remanescente voltará", denotando a prometida fidelidade de Deus a seu povo (7:3; 8:18; 10:21).
- **Maher-Shalal-Hash-Baz**: filho de Isaías; seu nome significa "rapidamente até os despojos, agilmente até a pilhagem", denotando o castigo vindouro de Deus (8:1,3,18).

TEMAS HISTÓRICOS E TEOLÓGICOS

Isaías profetizou durante o período do reino dividido, dirigindo a maior parte de sua mensagem a Judá, o Reino do Sul. Ele condenou o ritualismo vazio de seus dias (por exemplo, 1:10-15) e a idolatria na qual muitos haviam caído (por exemplo, 40:18-20). Ele previu a vinda do cativeiro babilônico de Judá por causa do seu afastamento do Senhor (39:6-7).

Como alguns outros livros proféticos do AT, Isaías contém uma série de revelações contra os inimigos estrangeiros de Israel e sobre elementos infiéis dentro do próprio Israel (capítulos 13 a 23). Começando com a Babilônia, o futuro inimigo que destruiria Judá (13:1a 14:23), Isaías segue profetizando o juízo do Senhor sobre a Assíria (14:24-27), Filístia (14:28-32), Moabe (15:1 a 16:14), Síria e Israel (17:1-11), todas as nações (17:12 a 18:7), Egito (19:1 a 20:6), Babilônia e seus aliados (21:1-16), Jerusalém e seus líderes infiéis (22:1-25) e a cidade de Tiro (23:1-18).

O cumprimento de algumas de suas profecias, enquanto Isaías ainda era vivo, deram credenciais para o seu ofício profético. Os esforços de Senaqueribe em conquistar Jerusalém falharam, exatamente como Isaías havia dito que aconteceria (37:6-7,36-38). O Senhor curou Ezequias de sua doença mortal, como Isaías predisse (38:5; 2Rs 20:7). Muito tempo antes de Ciro, rei da Pérsia, surgir no cenário mundial, Isaías o havia nomeado como o responsável pela libertação de Judá no cativeiro da Babilônia (44:28; 45:1). O cumprimento de suas profecias a respeito da primeira vinda de Cristo dá à profecia de Isaías ainda mais autoridade (por exemplo, 7:14). O fato de suas profecias já cumpridas terem se cumprido literalmente dão a segurança para afirmar que também as profecias a respeito da segunda vinda de Cristo serão vistas se cumprir literalmente.

Isaías nos fornece informações a respeito do futuro dia do Senhor e dos dias que se seguirão a ele. Ele descreve, com detalhes, aspectos do futuro reino de Israel sobre a terra que não são encontrados em nenhum outro livro do AT ou do NT, incluindo as mudanças que ocorrerão na natureza, no mundo animal, na posição de Jerusalém diante das outras nações do mundo, na liderança do Servo Sofredor, entre outros.

Por meio de um recurso literário chamado "perspectiva profética", Isaías previu acontecimentos futuros sem delinear a sequência exata deles ou do intervalo de tempo que os separa. Por exemplo, nada em Isaías revela quanto tempo durará o período que separa as duas vindas do Messias. Além disso, ele não deixa claro qual a distinção entre o futuro reino de Israel e o reino eterno, como João faz em Apocalipse 20:1-20; 21:1 a 22:5. No programa divino de revelação progressiva, os detalhes desses relacionamentos aguardavam um intérprete profético de um período posterior.

Também conhecido como "profeta evangélico", Isaías falou muito a respeito da graça de Deus para com Israel, especialmente nos últimos 27 capítulos. A peça central de Isaías é o incomparável capítulo 53, que retrata Cristo como o Cordeiro de Deus que foi sacrificado. Como a profecia de Isaías articulava-se em torno da encarnação e do sacrifício de Cristo, ele é o profeta do AT mais citado no NT.

DESCRIÇÃO DE ISAÍAS DO FUTURO REINADO DE ISRAEL

Descrição	Passagens de Isaías
O Senhor restaurará o remanescente fiel de Israel a Terra para habitar o reino em seu início.	1:9,25-27; 3:10; 4:3; 6:13; 8:10; 9:1; 10:20,22, 25,27; 11:11-12,16; 14:1-2; 14:22,26; 26:1-4; 27:12; 28:5; 35:9; 37:4,31-32; 40:2-3; 41:9; 43:5-6; 46:3-4; 49:5,8; 49:12,22; 51:11; 54:7-10; 55:12; 57:13,18; 60:4,9; 61:1-4,7; 65:8-10; 66:8-9,19.
Assim como o Senhor destrói os inimigos de Israel, ele proverá proteção para o seu povo.	4:5-6; 9:1,4; 12:1-6; 13:4; 14:2; 21:9; 26:4-5; 27:1-4; 30:30-31; 32:2; 33:16,22; 35:4; 49:8-9; 49:17-18; 52:6; 54:9-10; 55:10-11; 58:12; 60:10,12,18; 62:9; 66:16.
Israel desfrutará de grande prosperidade de muitos modos.	26:15,19; 27:2,13; 29:18-20; 22:22-23; 30:20; 32:3,15-20; 33:6,24; 35:3,5,6,8-10; 40:11; 42:6-7,16; 43:5,6,8,10,21; 44:5,14; 46:13; 48:6; 49:10; 52:9; 54:2-3; 55:1,12; 58:9,14; 60:5,16,21; 61:4,6-10; 62:5; 65:13-15,18,24; 66:21-22.
A cidade de Jerusalém se desenvolverá e atingirá a preeminência mundial.	2:2-4; 18:7; 25:6; 40:5,9; 49:19-21; 60:1-5, 13-15,17; 62:3-4.
Israel será o centro da atenção mundial.	23:18; 54:1-3; 55:5; 56:6-8; 60:5-9; 66:18-21
A missão de Israel será glorificar o Senhor.	60:21; 61:3.
Os gentios receberão bênçãos por meio do fiel Israel.	11:10; 19:18,24-25; 42:6; 45:22-23; 49:6; 51:5; 56:3,6-8; 60:3,7-8; 61:5; 66:19.
Sob o governo do Príncipe da Paz, a paz mundial prevalecerá.	2:4; 9:5-6; 11:10; 19:23; 26:12; 32:18; 54:14; 57:19; 66:12.
As condições morais e espirituais alcançarão o seu ponto mais alto desde a queda de Adão.	27:6; 28:6,17; 32:16; 42:7; 44:3; 45:8; 51:4; 61:11; 65:21-22.
A liderança governamental será suprema sob o comando do Messias.	9:6-7; 11:2-3; 16:5; 24:23; 25:3; 32:1,5; 33:22; 42:1,4; 43:15; 52:13; 53:12; 55:3-5.
Os seres humanos desfrutarão de vida longa.	65:20,22.
O entendimento acerca do Senhor será universal.	11:9; 19:21; 33:13; 40:5; 41:20; 45:6,14; 49:26; 52:10,13,15; 54:13; 66:23.
A natureza passará por uma grande renovação.	12:3; 30:23-26; 32:15; 35:1-4,6-7; 41:18-19; 43:19-20; 44:3,23; 55:1-2,13; 58:10-11.
Os animais "selvagens" serão domados.	11:6-9; 35:9; 65:25.
Não existirão tristeza e pesar.	25:8; 60:20.
Como uma parte da nova criação de Deus, um reino eterno virá após o reino milenar.	24:23; 51:6,16; 54:11-12; 60:11,19; 65:17.
O Rei punirá o pecado patente.	66:24.

ISAÍAS

PRINCIPAIS DOUTRINAS

- **Cristo como o Servo Sofredor:** (49:1 a 57:21; Sl 68:18; 110:1; Mt 26:39; Jo 10:18; At 3:13-15; Fp 2:8-9; Hb 2:9).
- **A primeira vinda do Messias:** (7:14; 8:14; 9:2,6-7; 11:1-2; Ez 11:16; Mt 1:23; Lc 1:31; 2:34; Jo 1:45; 3:16; Rm 9:33; 1Pe 2:8; Ap 12:5).
- **A segunda vinda do Messias:** (4:2; 11:2-6,10; 32:1-8; 49:7; 52:13,15; 59:20-21; 60:1-3; 61:2-3; Jr 23:5; Zc 3:8; Mt 25:6; 26:64; Rm 13:11-12; Fp 4:5; Ap 3:11).
- **Salvação por meio de Cristo:** (9:6-7; 52:13-15; 53:1-12; Is 12:2; Sl 103:11-12; Lc 19:9; Jo 3:16; At 16:31; Rm 3:21-24; 1Tm 1:15).

O CARÁTER DE DEUS

- Deus é acessível (55:3,6).
- Deus é eterno (9:6).
- Deus é fiel (1:18; 43:2; 49:7).
- Deus é glorioso (2:10; 6:3; 42:8; 48:11; 59:19).
- Deus é santo (5:16; 6:3; 57:15).
- Deus é justo (41:10; 45:21).
- Deus é bondoso (54:8,10; 63:7).
- Deus é Luz (60:19).
- Deus é longânimo (30:18; 48:9).
- Deus é amoroso (38:17; 43:3-4; 49:15-16; 63:9).
- Deus é misericordioso (49:13; 54:7-8; 55:3,7).
- Deus é poderoso (26:4; 33:13; 41:10; 43:13; 48:13; 52:10; 63:12).
- Deus é providente (10:5-17; 27:3; 31:5; 44:7; 50:2; 63:14).
- Deus é verdadeiro (25:1; 38:19; 65:16).
- Deus é incomparável (43:10; 44:6; 46:5,9).
- Deus é o único Deus (44:6, 8,24; 45:5-8,18,21-22; 46:9-11).
- Deus é insondável (40:28).
- Deus é sábio (28:29; 40:14,28; 42:9; 44:7; 46:10; 47:10; 66:18).
- Deus se ira (1:4; 3:8; 9:13-14,19; 13:9; 26:20; 42:24-25; 47:6; 48:9; 54:8; 57:15-16; 64:9).

CRISTO EM ISAÍAS

O livro de Isaías apresenta um dos exemplos mais impressionantes da profecia messiânica no AT. Com um imaginário vívido, Isaías descreve o futuro Cristo como o Servo Sofredor que "como um cordeiro foi levado para o matadouro" (53:7) e "justificará a muitos, e levará a iniquidade deles" (53:11).

Outras profecias messiânicas encontradas em Isaías com cumprimentos no NT incluem 7:14 (Mt 4:12-16); 9:6 (Lc 2:11; Ef 2:14-18); 11:1 (Lc 3:23, 32; At 13:22-23); 11:2 (Lc 3:22); 28:16 (1Pe 2:4-6); 40:3-5 (Mt 3:1-3); 42:1-4 (Mt 12:15-21); 42:6 (Lc 2:29-32); 50:6 (Mt 26:67; 27:26,30); 52:14 (Fp 2:7-11); 53:3 (Lc 23:18; Jo 1:11; 7:5); 53:4-5 (Rm 5:6,8); 53:7 (Mt 27:12-14; Jo 1:29; 1Pe 1:18-19); 53:9 (Mt 27:57-60); 53:12 (Mc 15:28); 61:1 (Lc 4:17-19,21).

DESAFIOS DE INTERPRETAÇÃO

Num livro importante e longo como Isaías, os desafios de interpretação são numerosos. As questões mais difíceis são se as profecias de Isaías receberão cumprimento literal ou não, e se o Senhor, em seu planejamento, abandonou a nação de Israel e a trocou permanentemente pela igreja do NT, de modo a não existir futuro para um Israel nacional.

PROFECIAS CUMPRIDAS DE ISAÍAS

A profecia	O cumprimento
O Messias...	Jesus Cristo...
Nascerá de uma virgem (Is 7:14)	Nasceu de uma virgem chamada Maria (Lc 1:26–31)
Terá um ministério galileu (Is 9:1-2)	Ministrou na Galileia dos gentios (Mt 4:13-16)
Será herdeiro do trono de Davi (Is 9:7)	Recebeu o trono de seu pai Davi (Lc 1:32-33)
Terá seu caminho preparado (Is 40:3–5)	Foi anunciado por João Batista (Jo 1:19-28)
Terá a face cuspida e as costas espancadas (Is 50:6)	Teve o rosto cuspido e lhe deram murros (Mt 26:67)
Será exaltado (Is 52:13)	Foi grandemente exaltado por Deus e pelo povo (Fp 2:9-10)
Terá sua aparência desfigurada pelo sofrimento (Is 52:14; 53:2)	Foi humilhado pelos soldados que puseram nele uma coroa de espinhos (Mc 15:15-19)
Trará expiação pelo sangue (Is 53:5)	Derramou seu sangue para nos expiar do pecado (1Pe 1:2)
Será desprezado e rejeitado (Is 53:1,3)	Não foi aceito por muitos (Jo 12:37-38)
Tomará sobre si nossos pecados e nosso sofrimento (Is 53:4-5)	Morreu por causa dos nossos pecados (Rm 4:25; 1Pe 2:24-25)
Será nosso substituto (Is 53:6,8)	Morreu em nosso lugar (Rm 5:6,8; 2Co 5:21)
Aceitará voluntariamente nossa culpa e nosso castigo (Is 53:7-8)	Calou-se sobre nossos pecados (Mc 15:4-5; Jo 10:11; 19:30)
Será enterrado no túmulo de um homem rico (Is 53:9)	Foi sepultado no túmulo de José, um homem rico de Arimateia (Mt 27:57-60; Jo 19:38-42)
Salvará aqueles que nele crerem (Is 53:10-11)	Proveu salvação a todos os que creem (Jo 3:16; At 16:31)
Morrerá com transgressores (Is 53:12)	Foi contado entre os transgressores (Mc 15:27-28; Lc 22:37)
Curará os que têm o coração quebrantado (Is 61:1-2)	Curou os que tinham o coração quebrantado (Lc 4:18-19).

ISAÍAS   231

PALAVRAS-CHAVE

Luz: em hebraico, *'or* — 2:5; 5:30; 10:17; 13:10; 30:26; 45:7; 58:10: 60:20 —, refere-se à luz literal ou simbólica. Essa palavra hebraica muitas vezes denota luz do dia ou amanhecer (Jz 16:2; Ne 8:3), mas também pode simbolizar vida e libertação (Jó 33:28,30; Sl 27:1; 36:9; 49:19; Mq 7:8-9). Na Bíblia, a luz é frequentemente associada ao verdadeiro conhecimento e entendimento (42:6; 49:6; 51:4; Jó 12:25) e até à alegria, à sorte e ao bem (Jó 30:26; Sl 97:11). A Bíblia descreve a luz como a roupa de Deus: um retrato vívido de sua honra, majestade, esplendor e glória (Sl 104:2; Hc 3:3-4). Um estilo de vida adequado é caracterizado como andar na luz de Deus (2:5; Sl 119:105; Pv 4:18; 6:20-23).

Bênção: em hebraico, *berakah* — 19:24-25; 44:3; 51:2; 61:9; 65:8,16; 66:3 —, deriva de um verbo que expressa várias ideias significativas, a saber "encher de poder", "tornar produtivo" ou "assegurar vitória". Essa palavra se refere à promessa de Deus para beneficiar todas as nações por meio dos descendentes de Abraão (Gn 12:3). Quando as pessoas proferem uma bênção, estão desejando bem a alguém ou oferecendo oração por essa ou outras pessoas (Gn 49; Dt 33:1). Os patriarcas do AT são muitas vezes lembrados pelas bênçãos que deram a seus filhos. Quando Deus concede uma bênção, ele a concede àqueles que fielmente lhe obedecem (Dt 11:27), dando-lhes salvação (Sl 3:8), vida (Sl 133:3) e sucesso (2Sm 7:29).

Servo: em hebraico, *'ebed* — 20:3; 24:2; 37:35; 42:1; 44:21; 49:5; 53:11 —, deriva de um verbo que significa "servir", "trabalhar" ou "escravizar". Embora *'ebed* possa querer dizer "escravo" (Gn 43:18), a escravidão em Israel era diferente que na maior parte do antigo Oriente Médio, sendo regulamentada pela lei de Moisés, que proibia a escravidão indefinida e exigia que os escravos fossem libertos no Ano Sabático (sétimo ano) (Êx 21:2) e no Ano do Jubileu (quinquagésimo ano) (Lv 25:25-28). Às vezes essa palavra hebraica pode se referir aos súditos de um rei (2Sm 10:19), mas em geral é mais bem traduzida como "servo". Deus se referiu aos seus profetas como "meus servos" (Jr 7:25) e ao Messias vindouro como seu Servo, Aquele que obedeceria perfeitamente à sua vontade (veja 42:1-4; 49:1-6; 50:4-9; 52:13 a 53:12).

Salvação: em hebraico, *yeshu'ah* — 12:2; 25:9; 33:6; 49:6; 51:8; 59:11; 62:1 —, descreve libertação da angústia e a vitória e o bem-estar resultantes. Esse termo ocorre com maior frequência em Salmos e Isaías, onde é muitas vezes utilizado juntamente com a palavra *justiça*, indicando uma conexão entre a justiça de Deus e seus atos de salvação (45:8; 51:6,8; 56:1; 62:1; Sl 98:2). Essa palavra pode ser usada para uma vitória militar (1Sm 14:45), mas, em geral, é usada para a libertação de Deus (Êx 15:2; Sl 13:5-6). As expressões "a salvação do Senhor e a salvação de nosso Deus" falam da obra de Deus em favor do seu povo. A expressão "o Deus da minha salvação" possui uma natureza mais privada, referindo-se à libertação de um indivíduo (12:2; 52:10; Êx 14:13; 2Cr 20:17; Sl 88:1; 98:3).

Com referência à primeira questão, o cumprimento literal de muitas profecias de Isaías já ocorreu (veja "Temas históricos e teológicos"). Afirmar que essas profecias ainda não cumpridas terão um cumprimento não literal não tem base bíblica. Isso desqualifica a tentativa de propor que o cumprimento de algumas promessas, feitas originalmente a Israel, devem ser cumpridas na igreja do NT. O reino prometido a

Davi pertence a Israel, e não à igreja. A futura exaltação de Jerusalém acontecerá na terra, não nos céus. Cristo reinará pessoalmente na terra, como a conhecemos, bem como nos novos céus e na nova terra (Ap 22:1,3).

A respeito da segunda questão, várias passagens de Isaías atestam que Deus não trocou o Israel étnico por um "novo Israel". Isaías tem muito a dizer a respeito da fidelidade de Deus para com Israel, pois ele não rejeitaria seu povo, a quem criou e escolheu (43:1). A nação está na palma de suas mãos e os muros de Jerusalém estão sempre diante de seus olhos (49:16). Ele está preso às suas palavras para cumprir as promessas que fez, de trazer o povo de volta para si mesmo e abençoá-lo em dias vindouros (55:10-12).

ESBOÇO

1. Julgamento (1:1 a 35:10)
   a. Profecias a respeito de Judá e Jerusalém (1:1 a 12:6)
   - Os pecados sociais de Judá (1:1 a 6:13)
   - As dificuldades políticas de Judá (7:1 a 12:6)
   b. Oráculos de castigo e salvação (13:1 a 23:18)
   - Babilônia e Assíria (13:1 a 14:27)
   - Filístia (14:28-32)
   - Moabe (15:1 a 16:14)
   - Síria e Israel (17:1-14)
   - Etiópia (18:1-7)
   - Egito (19:1 a 20:6)
   - A Babilônia persiste (21:1-10)
   - Edom (21:11-12)
   - Arábia (21:13-17)
   - Jerusalém (22:1-25)
   - Tiro (23:1-8)
   c. A redenção de Israel por meio do castigo mundial (24.1 a 27:13)
   - A devastação da terra pelas mãos de Deus (24:1-23)
   - A primeira canção de ação de graças pela redenção (25:1-12)
   - A segunda canção de ação de graças pela redenção (26:1-19)
   - O castigo de Israel e sua prosperidade final (26:20 a 27:13)
   d. Advertências contra a aliança firmada com o Egito (28.1 a 35:10)
   - Ai dos políticos embriagados (28:1-9)
   - Ai dos religiosos ritualistas (29:1-14)
   - Ai dos que escondem seus planos de Deus (29:15-24)
   - Ai dos partidários em favor de uma aliança com o Egito (30:1-33)
   - Ai dos que confiam em cavalos e seus cavaleiros (31:1 a 32:20)
   - Ai do destruidor da Assíria (33:1-24)
   - Um clamor por justiça contra as nações, particularmente contra Edom (34:1 a 35:10)

ISAÍAS   233

2. Interlúdio histórico (36:1 a 39:8)
- a. A tentativa de Senaqueribe de conquistar Jerusalém (36:1 a 37:38)
- b. A doença de Ezequias e a restauração de sua saúde (38:1-22)
- c. Os emissários da Babilônia a Jerusalém (39:1-8)

3. Salvação (40:1 a 66:24)
- a. A libertação do cativeiro (40:1 a 48:22)
  - Consolo para os exilados na Babilônia (40:1-31)
  - O fim do sofrimento de Israel (41:1 a 48:22)
- b. Os sofrimentos do Servo do Senhor (49:1 a 57:21)
  - A missão do Servo (49:1 a 52:12)
  - A redenção por meio do Servo Sofredor (52:13 a 53:12)
  - Os resultados da redenção obtida pelo Servo Sofredor (54:1 a 57:21)
- c. A glória futura do povo do Senhor (58.1 a 66:24)
  - Dois tipos de religião (58:1-14)
  - Súplica para que Israel abandone os seus pecados (59:1-19)
  - A futura bem-aventurança de Sião (59:20 a 61:11)
  - A proximidade da redenção de Sião (62:1 a 63:6)
  - Oração pela redenção da nação (63:7 a 64:12)
  - A resposta de Deus às súplicas de Israel (65:1 a 66:24)

ENQUANTO ISSO, EM OUTRAS PARTES DO MUNDO...

Rômulo, o lendário fundador de Roma, institui um novo calendário em que o ano é dividido em dez meses. Na Itália, a odontologia avança com a criação da dentadura.

RESPOSTAS PARA PERGUNTAS DIFÍCEIS

1. Isaías indica o abandono permanente por parte de Deus do povo escolhido?
As profecias de Isaías fornecem uma longa visão da história, portanto, apoiam o futuro papel de Israel no plano de Deus. Segundo Isaías, Deus pode castigar severamente seu povo, mas ele não substituiu o Israel étnico por um suposto "novo Israel". O imaginário do NT confirma essa visão de Isaías. Passagens como Romanos 11 certamente retratam os gentios enxertados na árvore do plano divino de salvação, porém essa mensagem não implica uma substituição completa. Deus não se esquece daqueles que a ele pertencem.

234 MANUAL BÍBLICO MACARTHUR

2. Em que aspectos as profecias de Israel ainda estão abertas ao cumprimento e de que forma?

O cumprimento literal de várias profecias de Isaías compõe parte do registro histórico antigo. Manuscritos como a cópia completa de Isaías encontrada entre os Manuscritos do Mar Morto já estavam bastante desgastados enquanto os acontecimentos da vida de Jesus ocorriam. A confiabilidade das declarações proféticas de Isaías sobre os eventos ocorridos sugere fortemente que suas profecias para o futuro também estarão corretas. Afirmar que as profecias não cumpridas podem ser cumpridas apenas figurativamente reflete uma visão bíblica e histórica limitada. A Palavra de Deus permanece firme. A tentativa de propor que a igreja recebe algumas das promessas feitas originalmente a Israel está fundamentada em terreno instável, pois o reino prometido a Davi pertence a Israel, e não à igreja. A futura exaltação de Jerusalém acontecerá na terra, não nos céus. Cristo reinará pessoalmente na terra, como a conhecemos, bem como nos novos céus e na nova terra (Ap 22:1,3).

APROFUNDAMENTO

1. O chamado de Isaías em 6:1-8 representa um evento memorável na Bíblia. O que ele indica a respeito da santidade de Deus?
2. No grande capítulo sobre a salvação (Is 53), como é descrito o plano de Deus?
3. Que elementos do caráter de Isaías podem ser encontrados no livro?
4. De que formas as profecias de Isaías equilibram esperança e salvação com julgamento e castigo?
5. Quais profecias sobre o Messias/Salvador se destacam para você em Isaías?
6. Como você entende o chamado de Deus em sua vida (veja 6:1-8 novamente)?

Jeremias
O testemunho das lágrimas

TÍTULO

Esse livro recebeu o nome do seu autor humano, que começa com "As palavras de Jeremias..." (1:1). Jeremias narra mais a respeito de sua própria vida do que qualquer outro profeta, falando do seu ministério, das reações dos seus ouvintes, de provações e dos seus sentimentos pessoais. O nome *Jeremias* significa "Javé lança", no sentido de lançar uma fundação, ou "Javé estabelece, designa ou envia".

Outros sete Jeremias aparecem na Bíblia (2Rs 23:31; 1Cr 5:24; 12:4,10,13; Ne 10:2; 12:1), e Jeremias, o profeta, é citado fora do seu livro algumas vezes (cf. 2Cr 35:25; 36:12,21-22; Dn 9:2; Ed 1:1; Mt 2:17; 16:14; 27:9). O AT e o NT citam Jeremias pelo menos sete vezes: (1) Daniel 9:2 (25:11-12; 29:10); (2) Mateus 2:18 (31:15); (3) Mateus 27:9 (18:2; 19:2,11; 32:6-9); (4) 1Coríntios 1:31 (9:24); (5) 2Coríntios 10:17 (9:24); (6) Hebreus 8:8-12 (31:31-34); e (7) Hebreus 10:16-17 (31:33-34).

AUTOR E DATA

Jeremias, que serviu como profeta e sacerdote, era filho de um sacerdote chamado Hilquias (não o sumo sacerdote citado em 2Rs 22:8, que descobriu o Livro da Lei). Ele era originário da pequena vila de Anatote (1:1), hoje chamada de Anata, que fica aproximadamente 4,5 km a nordeste de Jerusalém, nas terras herdadas pela tribo de Benjamim. Como uma lição prática para Judá, Jeremias nunca se casou (16:1-4). No seu ministério, ele foi auxiliado por um escriba chamado Baruque, a quem ditava as suas profecias e que tanto registrava suas palavras como tinha sob sua custódia os escritos compilados das mensagens do profeta (36:4,32; 45:1). Jeremias, que é conhecido como "o profeta chorão" (cf. 9:1; 13:17; 14:17), teve uma vida cheia de conflitos por causa das predições de castigos que vieram por meio da invasão dos babilônios. Ele foi ameaçado, tentaram tirar-lhe a vida, foi colocado em troncos,

PRINCIPAIS PROVAÇÕES DE JEREMIAS

1. Provação por ameaças de morte (11:18-23)
2. Provação por isolamento (15:15-21)
3. Provação por tortura no tronco (19:14 a 20:18)
4. Provação por prisão (26:7-24)
5. Provação por desafio (28:10-16)
6. Provação por destruição (36:1-32)
7. Provação por violência e encarceramento (37:15)
8. Provação pela fome (38:1-6)
9. Provação por correntes (40:1)
10. Provação pela rejeição (42:1-43:4)

forçado a fugir do rei Eliaquim, humilhado publicamente por um falso profeta e jogado numa cisterna.

Jeremias exerceu um ministério essencialmente direcionado ao seu próprio povo de Judá, mas que, algumas vezes, se estendeu a outras nações. Ele pediu com insistência a seus conterrâneos que se arrependessem para, desse modo, evitar o castigo de Deus por meio de uma invasão (capítulos 7 e 26). Uma vez que a invasão era certa, já que o povo não manifestou arrependimento, ele suplicou que não houvesse resistência aos invasores babilônios para evitar a destruição total do povo (capítulo 27). Ele também pediu aos delegados de outras nações que dessem ouvidos aos seus conselhos e também se submetessem aos babilônios (capítulo 27); ele profetizou a respeito de castigos divinos contra várias nações (25:12-38; capítulos 46 a 51).

A BABILÔNIA DOMINA

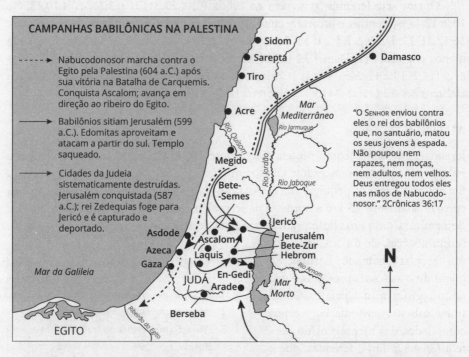

Embora Joel e Miqueias tivessem anteriormente profetizado sobre o castigo de Judá, durante o reinado de Josias, os principais profetas de Deus foram Jeremias, Habacuque e Sofonias. Mais tarde, os contemporâneos de Jeremias, Ezequiel e Daniel, desempenharam papéis proféticos proeminentes.

O período de seu ministério, que aconteceu ao longo de cinco décadas, vai do 13º ano do rei Josias de Judá, registrado em 1:2 (627 a.C.), até depois da queda de Jerusalém diante da Babilônia, em 586 a.C. (Jr 39 a 40; 52). Depois de 586 a.C., Jeremias foi forçado a partir com o remanescente de Judá para o Egito (Jr 43 a 44).

JEREMIAS

Ele, possivelmente, ainda atuava em seu ministério profético em 570 a.C. Uma nota rabínica diz que, quando a Babilônia invadiu o Egito, em 568/67 a.C., Jeremias teria sido levado cativo para a Babilônia. Ele pode ter vivido até escrever a cena final do seu livro, por volta de 561 a.C., na Babilônia, quando o rei de Judá, Jeoaquim, que estava cativo na Babilônia desde 597 a.C., recebeu permissão para ficar em liberdade durante os últimos dias de sua vida (52:31-34). Jeremias, se ainda estivesse vivo nesse tempo, deveria ter entre 85 e 90 anos de idade.

CENÁRIO E CONTEXTO

Os detalhes que compõem o cenário da época de Jeremias estão descritos em 2Reis 22 a 25 e 2Crônicas 34 a 36. As mensagens de Jeremias retratam: (1) o pecado do povo; (2) o invasor que Deus enviaria; (3) os rigores do cerco de Jerusalém; e (4) o flagelo da destruição. A mensagem de Jeremias a respeito do iminente castigo por causa da idolatria e outros pecados foi proclamada por cerca de quarenta anos (de 627-586 a.C. em diante). Suas profecias aconteceram durante o reinado dos últimos cinco reis de Judá (Josias, 640-609 a.C.; Jeoacaz, 609 a.C.; Jeoaquim, 609-598 a.C.; Joaquim, 598-597 a.C., e Zedequias, 597-586 a.C.).

A condição espiritual de Judá era de flagrante adoração a ídolos (cf. capítulo 2). O rei Acaz, que precedeu o seu filho Ezequias, bem antes de Jeremias, durante o ministério de Isaías havia estabelecido um sistema de sacrifício de crianças ao deus Moloque, no vale do Hinom, fora de Jerusalém (735-715 a.C.). Ezequias fez uma reforma religiosa e purificou Jerusalém dessa prática (Is 36:7), mas seu filho Manassés retomou a prática do sacrifício de crianças juntamente com outras atividades de idolatria, que persistiram até os dias de Jeremias (7:31; 19:5; 32:35). Muitos também adoravam a "Rainha dos Céus" (7:18; 44:19). A reforma de Josias, que atingiu o seu ápice em 622 a.C., forçou uma repressão exterior das piores práticas, mas o câncer mortal desse pecado era profundo e rapidamente floresceu de novo depois de um reavivamento superficial. A falta de sinceridade religiosa, a desonestidade, o adultério, a injustiça, a tirania contra os desvalidos e a difamação prevaleciam entre o povo como regra, e não exceção.

Acontecimentos políticos de grande importância ocorreram nos dias de Jeremias. A Assíria viu o seu poder enfraquecer-se gradativamente; então, em 626 a.C.; Assurbanipal morreu. A Assíria ficou tão enfraquecida que, em 612 a.C., sua capital, Nínive, aparentemente invencível, foi destruída (cf. o livro de Naum). O Império Neobabilônico, sob o comando de Nabopolassar (625-605 a.C.), tornou-se militarmente dominante com vitórias sobre a Assíria (612 a.C.), sobre o Egito (609-605 a.C.) e Israel em três fases (650 a.C., como em Dn 1; 597 a.C., como em 2Rs 24:10-16; e em 586 a.C., como em Jr 39, 40 e 52).

PRINCIPAIS PERSONAGENS

- **Jeremias**: sacerdote e profeta no Reino do Sul (Judá).
- **Rei Josias**: décimo sexto rei de Judá; tentou seguir a Deus (1:1-3; 22:11,18).

- **Rei Jeoacaz**: filho perverso de Josias e décimo sétimo rei de Judá (22:9-11).
- **Rei Jeoaquim**: filho perverso de Josias e décimo oitavo rei de Judá (22:18-23; 25:1-38; 26:1-24; 27:1-11; 35:1-19; 36:1-32).
- **Rei Joaquim (Conias)**: filho perverso de Jeoaquim e décimo nono rei de Judá (13:18-27; 22:24-30).
- **Rei Zedequias**: tio perverso de Joaquim e vigésimo rei de Judá (21:1-4; 24:8-10; 27:12-22; 32:1-5; 34:1-22; 37:1-21; 38:1-28; 51:59-64).
- **Baruque**: serviu como escriba de Jeremias (32:12-16; 36:4-32; 43:3 a 45:4).
- **Ebede-Meleque**: oficial etíope do palácio real, temente a Deus, ajudou Jeremias (38:7 a 39:16).
- **Rei Nabucodonosor**: o maior rei da Babilônia; conduziu o povo de Judá para o cativeiro (21 a 52).
- **Os recabitas**: descendentes de Jonadabe cuja obediência a Deus contrastava com a desobediência do povo de Israel (35:1-19).

TEMAS HISTÓRICOS E TEOLÓGICOS

O tema principal em Jeremias é o castigo que virá sobre Judá (capítulos 1 a 29) e a sua restauração no reino messiânico futuro (23:3-8; 30 a 33). Enquanto Isaías dedicou muitos capítulos à futura glória de Israel (Is 40 a 66), Jeremias deu muito menos espaço a esse tema. Uma vez que o castigo de Deus era iminente, ele concentrou a atenção nos problemas imediatos à medida que tentava fazer a nação voltar antes de atingir o ponto de onde não haveria mais volta.

Um tema secundário é a disposição de Deus de poupar e abençoar a nação apenas se o povo se arrependesse. Embora essa seja uma ênfase frequente, é retratada de modo mais vívido na casa do oleiro (18:1-11). Um foco adicional é o plano que Deus tem para a vida de Jeremias, tanto no que diz respeito à proclamação da mensagem de Deus como em seu comprometimento para cumprir toda a sua vontade (1:5-19; 15:19-21).

ILUSTRAÇÕES DO JUÍZO DE DEUS

O ramo de uma amendoeira (1:11-12)

Uma panela fervendo (1:13-16)

Leões (2:15; 4:7; 5:6; 50:17)

Um vento escaldante (4:11-12; 18:17; 23:19; 25:32)

Lobo (5:6)

Leopardo (5:6)

Corte dos ramos das vinhas de Judá (5:10)

Fogo (5:14)

Fazer ao templo (o lugar de adoração) o mesmo que fez a Siló (7:14)

Serpentes venenosas (8:17)

Destruição dos ramos da oliveira (11:16-17)

Desenraizamento (12:17)

Cinto de linho tornado inútil (13:1-11)

Vasilhas cheias de vinho, despedaçadas umas contra as outras (13:12-14)

Um vaso de barro quebrado (19:10-11; cf. 22:28)

Um martelo (Palavra de Deus) que despedaça a rocha (23:29)

Um cálice da ira (25:15)

Sião será arada como um campo (26:18)

Uso de um jugo com cordas e madeira (27:2; 28:13)

Um martelo (Babilônia) (50:23)

Uma montanha destruidora (Babilônia) (51:25)

JEREMIAS   239

Outros temas são: (1) o desejo de Deus que Israel seja terno para com ele, como nos
dias do primeiro amor (2:1-3); (2) as lágrimas do servo Jeremias, na qualidade de
"profeta chorão" (9:1; 14:17); (3) o relacionamento próximo que Deus tinha com Israel
e que ele ansiava por manter (13:11); (4) o sofrimento, como nas provações de Jeremias (11:18-23; 20:1-18), e a suficiência de Deus em toda tribulação (20:11-13); (5) o
papel vital que a Palavra de Deus pode desempenhar na vida (15:16); (6) o lugar da fé
para quem aguarda a restauração que vem de Deus, para quem nada é difícil demais
(capítulo 32, especialmente versículos 17 e 27); e (7) a oração pela coordenação entre
a vontade e as ações de Deus na restauração de Israel à sua terra (33:3,6-18)

PRINCIPAIS DOUTRINAS

- **Pecado**: o pecado de Israel demandava castigo de Deus (2:1-13,23-37;
  5:1-6; 7:16-34; 11:1-17; 17:1-4; 18:1-17; 23:9-40; Êx 23:33; Dt 9:16; 1Rs 11:39; Ed
  6:17; Jó 1:22; Sl 5:4; Mq 3:8; Mt 5:30; Lc 17:1; Rm 1:29).
- **Juízo/Castigo**: (4:3-18; 9:3-26; 12:14-17; 15:1-9; 16:5-13; 19:1-15; 24:8-10; 25:1-
  38; 39:1-10; 44:1-30; 46:1 a 51:14; Êx 12:12; Sl 1:5; Os 5:1; Am 4:12; Jo 12:31-32;
  Rm 14:10; 2Ts 1:7-10).
- **A restauração de Israel**: (23:3-8; capítulos 30 a 33; Dt 30:1-5; Sl 71:20-21;
  Is 49:6; Na 2:2; At 1:6-8; 15:16; 1Pe 5:10).

O CARÁTER DE DEUS

- Deus enche os céus e a terra (23:24).
- Deus é bom (31:12,14; 33:9,11).
- Deus é santo (23:9).
- Deus é justo (9:24; 12:1; 32:19; 50:7).
- Deus é bondoso (31:3).
- Deus é longânimo (15:15; 44:22).
- Deus é amoroso (31:3).
- Deus é misericordioso (3:12; 33:11).
- Deus é onipresente (23:23).
- Deus é poderoso (5:22; 10:12; 20:11; 37:27).
- Deus cumpre suas promessas (31:33; 33:14).
- Deus é soberano (5:22,24; 7:1-15; 10:12-16; 14:22; 17:5-10; 18:5-10; 25:15-38;
  27:5-8; 31:1-3; 42:1-22: 51:15-19).
- Deus é verdadeiro (10:10).
- Deus é incomparável (10:6).
- Deus é sábio (10:7,12; 32:19).
- Deus se ira (3:12-13; 4:8; 7:19-20; 10:10; 18:7-8; 30:11; 31:18-20; 44:3).

DESAFIOS DE INTERPRETAÇÃO

Surgem algumas questões, por exemplo: como explicar por que Deus proibiu a oração
pelos judeus (7:16) e disse que nem mesmo a defesa de Moisés e Samuel poderia

evitar o castigo (15:1)? Teria Jeremias feito realmente uma viagem de vários quilômetros de distância até o rio Eufrates ou ele enterrou o seu cinto nas redondezas (13:4-7)? A maldição lançada sobre a linhagem de Jeconias tem relação com Cristo (22:30)? Como devem ser interpretadas as promessas do retorno de Israel para a sua antiga terra (capítulos 30 a 33)? Como Deus vai cumprir a nova aliança em relação a Israel e à igreja? (31:31-34)? Veja a seção "Respostas para perguntas difíceis" para algumas dessas questões.

CRISTO EM JEREMIAS

O retrato de Cristo continua entremeado ao longo das profecias de Jeremias. Cristo como a "fonte de água viva" (2:13; Jo 4:14) contrasta fortemente com o castigo lançado sobre a nação não arrependida de Judá. Jeremias também retrata Cristo como o "bálsamo em Gileade" (8:22), o bom Pastor (23:4), "um Renovo justo" (23:5), "O Senhor é a Nossa Justiça" (23:6) e Davi, o rei (30:9).

Um desafio frequente é como compreender as mensagens do profeta com relação ao tempo do seu anúncio, uma vez que o livro de Jeremias não é sempre cronológico, mas organizado aleatoriamente, movendo-se para frente e para trás no tempo, de acordo com o tema abordado. Em contrapartida, Ezequiel geralmente coloca o seu material na ordem cronológica.

PALAVRAS-CHAVE

Curar: em hebraico, *rapha'* — 3:22; 6:14; 8:11; 15:18; 17:14; 30:17; 51:8 —, aplica-se literalmente ao trabalho de um médico. Ocasionalmente, refere-se a objetos inanimados e pode ser traduzida como "reparar" (1Rs 18:30). Em geral, essa palavra transmite a ideia de restaurar à normalidade, como em 2Crônicas 7:14, em que Deus promete curar a terra, se seu povo orar. Em Salmos, Deus é louvado por seu papel em curar doenças (Sl 103:3), curar os de coração quebrantado (Sl 147:3) e curar a alma ao fornecer salvação (Sl 30:3; 107:20). Isaías declarou que a cura do povo de Deus resulta das feridas sacrificais de seu filho (Is 53:5-12).

Pastor: em hebraico, *ro'ah* — 6:3; 23:4; 31:10; 43:12; 49:19; 50:44; 51:23 —, refere-se a alguém que alimenta e cuida de animais domésticos. Davi falou de Deus como seu Pastor porque era provido, sustentado e conduzido por ele (Sl 23). Reis e outros líderes também eram vistos como pastores do povo, sendo que, no antigo Oriente Médio, o título "pastor" era frequentemente aplicado a reis. Davi foi um verdadeiro rei-pastor, conduzindo e protegendo seu povo de forma responsável (2Sm 5:1-2). Jeremias repreendeu os líderes de Israel que eram falsos pastores e falhavam em zelar pelo bem-estar espiritual do povo de Deus (23:1-4).

Profeta: em hebraico, *nabi'* — 1:5; 6:13; 8:10; 18:18; 23:37; 28:9; 37:3; 51:59 —, provavelmente, deriva da palavra-raiz que significa "anunciar" ou "proclamar" (19:14; Ez 27:4). Pode também derivar de uma palavra hebraica que quer dizer "irradiar" ou "derramar". A profecia pode ser comparada com a "irradiação" do Espírito Santo em uma pessoa que entrega uma mensagem divina (compare com Am 3:8; Mq 3:8).

JEREMIAS   **241**

PALAVRAS-CHAVE (continuação)

Na época do AT, os profetas eram proclamadores ou porta-vozes que entregavam uma mensagem a alguém (veja 1:5; 2:8; 2Rs 17:13; Ez 37:7). No caso dos hebreus, os profetas eram mensageiros de Deus, e é por isso que muitas vezes eles começavam a mensagem com "assim diz o SENHOR dos Exércitos" (veja 9:7,17).

Palavra: em hebraico, *dabar* — 1:2; 5:14; 13:8; 21:11; 24:4; 32:8; 40:1; 50:1 —, deriva do verbo "dizer" e significa a palavra ou coisa dita. A expressão "palavra do SENHOR" é utilizada pelos profetas no início de uma mensagem divina (veja 1:13). No caso da literatura profética, *palavra* pode ser um termo técnico para profecia. Na Bíblia, a palavra de revelação está associada com profetas (26:5), assim como a sabedoria está associada com sábios e a lei, com sacerdotes (18:18). Jeremias usou *dabar* mais do que qualquer outro profeta, a fim de esclarecer a autoridade concedida a ele por Deus.

ESBOÇO

1. A preparação de Jeremias (1:1-19)
   a. O contexto de Jeremias (1:1-3)
   b. A escolha de Jeremias (1:4-10)
   c. A incumbência de Jeremias (1:11-19)

2. Proclamações a Judá (2:1 a 45:5)
   a. A condenação de Judá (2:1 a 29:32)
   - A primeira mensagem (2:1 a 3:5)
   - A segunda mensagem (3:6 a 6:30)
   - A terceira mensagem (7:1 a 10:25)
   - A quarta mensagem (11:1 a 13:27)
   - A quinta mensagem (14:1 a 17:18)
   - A sexta mensagem (17:9-27)
   - A sétima mensagem (18:1 a 20:18)
   - A oitava mensagem (21:1-14)
   - A nona mensagem (22:1 a 23:40)
   - A décima mensagem (24:1-10)
   - A décima primeira mensagem (25:1-38)
   - A décima segunda mensagem (26:1-24)
   - A décima terceira mensagem (27:1 a 28:17)
   - A décima quarta mensagem (29:1-32)
   b. Consolação para Judá: a nova aliança (30:1 a 33:26)
   - A previsão da restauração (30:1 a31:40)
   - A fé na restauração (32:1-44)
   - A previsão de restauração — parte 2 (33:1-26)
   c. Calamidades que virão sobre Judá (34:1 a 45:5)
   - Antes da queda de Judá (34:1 a 38:28)
   - Durante a queda de Judá (39:1-18)
   - Depois da queda de Judá (40:1 a 45:5)

242   MANUAL BÍBLICO MACARTHUR

3. Proclamações de castigo às nações (46:1 a 51:64)
    a. Introdução (46:1; cf. 25:15-26)
    b. Contra o Egito (46:2-8)
    c. Contra a Filístia (47:1-7)
    d. Contra Moabe (48:1-47)
    e. Contra Amom (49:1-6)
    f. Contra Edom (49:7-22)
    g. Contra Damasco (49:23-27)
    h. Contra Quedar e Hazor [Arábia] (49:28-33)
    i. Contra Elão (49:34-39)
    j. Contra a Babilônia (50:1 a 51:64)

4 A queda de Jerusalém (52:1-34)
    a. A destruição de Jerusalém (52:1-23)
    b. A deportação dos judeus (52:24-30)
    c. A libertação de Joaquim (52:31-34)

ENQUANTO ISSO, EM OUTRAS PARTES DO MUNDO...

São desenvolvidos sistemas hídricos, fazendo a água chegar a determinadas cidades: Jerusalém, por meio de túneis subterrâneos, e Nínive, por meio de poços, que foram melhorados sob Senaqueribe por meio da construção de tubulações.

RESPOSTAS PARA PERGUNTAS DIFÍCEIS

1. **Como explicar a ordem de Deus a Jeremias para que não orasse pelos judeus (7:16) e sua declaração de que nem mesmo a intervenção de Moisés e Samuel pelo povo poderia evitar o castigo (15:1)?**
Em geral, perguntas relacionadas à disposição de Deus — ou falta dela — para ouvir a oração de alguém devem ser respondidas com referência a passagens específicas. A ordem de Deus a Jeremias para que ele não orasse pelo povo resulta do fato de o povo ter rejeitado a Deus. O povo não tinha interesse nas orações de Jeremias, portanto, eram tão inúteis quanto se Deus não as ouvisse.

Em Jeremias 15:1, Deus descreve a condição pecaminosa desesperadora de seu povo afirmando que nem mesmo as orações de Moisés e Samuel evitariam as consequências que pairavam no horizonte. O erro espiritual que Deus expõe nessa passagem tem a ver com a tentação de oferecer a "oração certa" em substituição do autêntico arrependimento. A ideia errônea de que um ritual religioso vazio pode satisfazer a justa indignação de um Deus santo não se limita aos dias do AT. Ainda hoje, Deus permite que as pessoas sofram as consequências de seus atos como uma oportunidade para a disciplina e o arrependimento.

JEREMIAS   243

2. **A maldição na linhagem real de Joaquim está relacionada a Cristo (22:30)?**
Embora Joaquim tivesse progênie (1Cr 3:17-18), ele era considerado sem descendentes no sentido de que não tinha filhos que reinariam ("nem se assentará no trono..."), em virtude da maldição lançada sobre sua linhagem. Tal maldição continuou a ter efeito sobre seus descendentes até José, o marido de Maria. Como, então, poderia Jesus ser o Messias, já que seu pai estava sob essa maldição? A resposta é que José não estava envolvido na linhagem de sangue de Jesus, uma vez que ele nasceu da virgem Maria (Mt 1:12). O direito de sangue de Jesus ao trono de Davi veio por meio de Maria, de Natã, irmão de Salomão, e não de Salomão (linhagem de Joaquim), evitando assim a maldição (Lc 3:31-32). Cf. 36:30.

3. **Parte da profecia de Jeremias inclui a promessa de Deus de uma nova aliança com seu povo. O que é essa nova aliança e como ela se relaciona a Israel, ao NT e à igreja?**
Em Jeremias 31:31-34, Deus anunciou o futuro estabelecimento de uma nova aliança com seu povo, dizendo: "Porei a minha lei no íntimo deles e a escreverei nos seus corações. Serei o Deus deles, e eles serão o meu povo" (31:33). Essa aliança será diferente daquela que, Deus diz: "fiz com os seus antepassados quando os tomei pela mão para tirá-los do Egito; porque quebraram a minha aliança" (v. 32). A nova aliança será cumprida para indivíduos assim como para Israel como nação (v. 36; Rm 11:16-27). Entre os indicadores externos definitivos dessa aliança estão (1) o reestabelecimento do povo em sua terra (v. 38-40 e capítulos 30 a 33); e (2) um tempo de angústia (30:7).

A princípio, essa aliança, também anunciada por Jesus (Lc 22:20), começou a ser exercida em favor de ambos, judeus e gentios, na era da igreja (1Co 11:25; Hb 8:7-13; 9:15; 10:14-17; 12:14; 13:20). A ideia de um remanescente judeu que aparece com tanta frequência nas profecias do AT é identificada no NT como "remanescente escolhido pela graça" (Rm 11:5). A nova aliança será finalizada para o povo de Israel nos últimos dias, incluindo o ajuntamento em sua terra antiga, a Palestina (capítulos 30 a 33). Os fluxos das alianças abraâmica, davídica e da nova aliança se juntarão no reino milenar governado pelo Messias.

APROFUNDAMENTO

1. O que o primeiro capítulo de Jeremias indica sobre os planos de Deus para cada pessoa?
2. Jeremias serviu como profeta de Deus durante mais de quarenta anos. Em que aspectos ele fracassou? Em que aspectos ele teve sucesso?
3. O que Jeremias quer dizer quando escreve sobre a nova aliança (capítulo 31)?
4. Qual era o relacionamento de Jeremias com os reis de seus dias?
5. Como as profecias de Jeremias nos capítulos 46 a 52 enfatizam a soberania de Deus diante de nações aparentemente poderosas?
6. O que você tem a aprender com Jeremias sobre a fidelidade?

Lamentações

Esperança em meio à devastação

TÍTULO

O nome "Lamentações" deriva da tradução do título encontrado na tradução da *Vulgata* latina do AT grego, a *Septuaginta*, e transmite a ideia de "choro em voz alta". A exclamação hebraica *'ekah* ("como", que expressa "consternação", usada em 1:1; 2:1 e 4:1 dá ao livro o seu título hebraico. Contudo, desde cedo os rabinos passaram a denominá-lo "choro em voz alta" ou "lamentações" (cf. Jr 7:29). Nenhum outro livro do AT contém apenas lamentos, como faz esse angustiado cântico, que registra o funeral da antiga bela cidade de Jerusalém (cf. 2:15). Esse livro mantém viva a lembrança da queda de Jerusalém e ensina a todos os crentes como lidar com o sofrimento.

AUTOR E DATA

O autor de Lamentações não é nomeado no próprio livro, mas há indicações internas e históricas de que ele seria Jeremias. Na *Septuaginta*, o livro (1:1) começa da seguinte maneira: "Isso aconteceu depois que Israel foi levado cativo... Jeremias sentou-se e chorou [cf. 3:48-49]... lamentou... e disse...". Deus disse a Jeremias que pranteasse Judá (Jr 7:29), e Jeremias também escreveu lamentos para o rei Josias (2Cr 35:25).

Jeremias escreveu Lamentações na condição de testemunha (cf. 1:3-15; 2:6, 9; 4:1-12), possivelmente com a ajuda de seu secretário, Baruque (cf. Jr 36:4; 45:1), durante ou logo após a queda de Jerusalém, em 586 a.C. A cidade caiu em meados do mês de julho e o templo foi queimado em meados de agosto. Do mesmo modo, Jeremias viu serem destruídos os muros da cidade, suas torres, suas casas, seus palácios e o templo; ele escreveu enquanto tudo isso ainda estava dolorosamente vivo na sua memória, mas antes da sua partida forçada para o Egito, por volta de 583 a.C. (cf. 43:1-7). A linguagem usada em Lamentações é muito parecida com a que é empregada por Jeremias no seu muito mais extenso livro de profecias (cf. 1:2 com Jr 30:14; 1:15 com Jr 8:21; 1:6 e 2:11 com Jr 9:1,18; 2:22 com Jr 6:25; 4:21 com Jr 49:12).

CENÁRIO E CONTEXTO

As sementes proféticas da destruição de Jerusalém foram disseminadas por meio de Josué com 800 anos de antecedência (Js 23:15-16). No tempo de Jeremias, ao longo de 40 anos, ele profetizou a vinda do castigo de Deus e foi desprezado pelo povo por pregar a sua destruição (645-605 a.C., aproximadamente). Quando esse castigo veio ao povo descrente, por meio de Nabucodonosor e dos exércitos babilônicos, Jeremias ainda lhes respondeu com grande tristeza e compaixão pelo povo obstinado e

LAMENTAÇÕES 245

sofredor. Lamentações está estreitamente ligado ao livro de Jeremias, descrevendo a angústia sobre o fato de Jerusalém estar recebendo o castigo divino por causa de seus pecados impenitentes. No livro que tem seu nome, Jeremias havia predito o desastre nos capítulos 1 a 29. Em Lamentações, ele se concentra em descrever com mais detalhes o amargo sofrimento e a profunda tristeza que era sentida com a devastação de Jerusalém (cf. Sl 46:4-5). A destruição da cidade foi um acontecimento tão importante que os fatos são relatados em quatro capítulos do AT: 2Reis 25; Jeremias 39:1-11; 52; e 2Crônicas 36:11-21.

COMPARAÇÃO ENTRE 2REIS, JEREMIAS E LAMENTAÇÕES

Acontecimentos	2Reis 25 (veja também 2Cr 36:11-21)	Jeremias	Lamentações
1. O cerco de Jerusalém	1 e 2	39:1-3; 52:4-5	2:20-22; 3:5,7
2. A fome na cidade	3	37:21; 52:6	1:11,19; 2:11-12; 2:19-20; 4:4-5,9-10; 5:9-10
3. A fuga do exército e do rei	4 a 7	39:4-7; 52:8-11	1:3,6; 2:2; 4:19-20
4. A queima do palácio, do templo e da cidade	8 e 9	39:8; 52:13	2:3-5; 4:11; 5:18
5. A violação dos muros da cidade	10	33:4-5; 52:7	2:7-9
6. O exílio da população	11 e 12	28:3-4,14; 39:9-10	1:1,4-5,18; 2:9,14; 3:2,19; 4:22; 5:2
7. A pilhagem do templo	13 a 15	51:51	1:10; 2:6-7
8. A execução dos líderes	18 a 21	39:6	1:15; 2:2,20
9. A condição de Judá de vassalo	22 a 25	40:9	1:1; 5:8-9
10. O malogro da expectativa de ajuda estrangeira	24:7	27:1-11; 37:5-10	4:17; 5:6

Todos os 154 versículos têm sido reconhecidos pelos judeus como parte de seu cânone sagrado. Juntamente com Rute, Ester, Cântico dos Cânticos e Eclesiastes, Lamentações está entre os livros do AT que compõem o Megilote ("cinco rolos"), lido nas sinagogas em ocasiões especiais. Lamentações é lido no dia nove de abe (julho/agosto) para lembrar a data em que Jerusalém foi destruída por Nabucodonosor. De modo curioso, essa mesma data marcaria, posteriormente, a destruição do templo de Herodes pelos romanos em 70 d.C.

PRINCIPAIS PERSONAGENS

- **Jeremias**: profeta de Judá; pranteou a destruição de Jerusalém (1:1 a 5:22).
- **O povo de Jerusalém**: povo castigado por Deus por causa de seus grandes pecados (1:1 a 5:22).

TEMAS HISTÓRICOS E TEOLÓGICOS

O foco principal de Lamentações é o castigo divino que veio como resposta ao pecado de Judá. Esse tema pode ser rastreado ao longo de todo o livro (1:5,8,18,20; 3:42; 4:6,13,22; 5:16). Um segundo tema que pode ser percebido é a esperança que se encontra na misericórdia de Deus (como em 3:22-24, 31-33; cf. Sl 30:3-5). Embora o livro trate do tema da desgraça, ele se volta para a grande fidelidade de Deus (3:22-25) e se encerra com a graça, quando Jeremias passa da lamentação para a consolação (5:19-22).

O castigo soberano de Deus representa uma terceira corrente temática ao longo do livro. A sua santidade havia sido tão ofendida pelos pecados de Judá que ele finalmente enviou o flagelo destrutivo. A Babilônia foi escolhida para ser o seu instrumento humano de ira (1:5,12,15; 2:1,17; 3:37-38; cf. Jr 50:23). Jeremias menciona a Babilônia mais de 150 vezes nos capítulos 20:4 a 52:34, mas em Lamentações ele nunca cita de modo explícito a Babilônia nem seu rei, Nabucodonosor. Apenas o Senhor é identificado como aquele que lida com o pecado de Judá.

Em quarto lugar, como esse castigo avassalador parece ser o fim de toda a esperança para a salvação de Israel e do cumprimento das promessas de Deus (cf. 3:18), boa parte do livro foi escrita em forma de oração: (1) 1:11, que representa uma confissão de pecados em forma de lamento (cf. v.18); (2) 3:8, com sua angústia, quando Jeremias diz que Deus "não admite minha oração" (cf. Jr 7:16; Lm 3:43-54); (3) 3:55-59, onde Jeremias clama a Deus por alívio, ou 3:60-66, onde ele pede que Deus dê a recompensa a seus adversários (que Jr 50 e 51 garante); e (4) 5:1-22, com seu apelo aos céus para que a misericórdia seja restaurada (que Jr 30 a 33 assegura), com base na certeza de que Deus é fiel (3:23).

Uma quinta característica diz respeito a Cristo. As lágrimas de Jeremias (3:48-49) são comparadas ao choro de Cristo por causa da mesma cidade de Jerusalém (Mt 23:37-39; Lc 19:41-44). Embora Deus fosse tanto o juiz como o executor, era muito doloroso para ele enviar essa destruição. A afirmação "Em toda a aflição do seu povo ele [Deus] também se afligiu" (Is 63:9) era verdadeira, em princípio. Deus, um dia, secará dos olhos toda lágrima (Is 25:8; Ap 7:17; 21:4), quando o pecado não mais existirá.

Um sexto tema é uma advertência implícita a todos os que leem o livro de Lamentações. Se Deus não hesitou em castigar o seu amado povo (Dt 32:10), o que ele fará com as nações do mundo que rejeitam sua palavra?

LAMENTAÇÕES

PRINCIPAIS DOUTRINAS

- **O juízo de Deus sobre o pecado de Judá**: (1:5,8,18,20; 3:42; 4:6,13,22; 5:16; Dt 28:43; Ne 9:26; Sl 137:7; Jr 14:20; 30:14; 52:28; Ez 16:37; Dn 9:5,7,16; Os 2:10; Sf 3:4; Mt 23:31).
- **Esperança encontrada na compaixão de Deus:** (3:22-24,31-33; Sl 30:3-5; Is 35:1-10; Jr 30:1 a 31:40; Ez 37:1-28; Os 3:5; 14:1-9; Jl 3:18-21; Am 9:11-15; Mq 7:14-20; Sf 3:14-20; Zc 14:1-11; Ml 4:1-6).

O CARÁTER DE DEUS

- Deus é fiel (3:22-25; 5:19-22).
- Deus é bom (3:25).
- Deus é misericordioso (3:22-23,32).
- Deus se ira (1:5,12,15,18; 2:1,17,20-22; 3:37-39).

DESAFIOS DE INTERPRETAÇÃO

Certos detalhes colocam algumas dificuldades iniciais, tais como: (1) as orações imprecatórias para que venha castigo sobre outros pecadores (1:21-22; 3:64-66); (2) a razão pela qual Deus rejeita as orações (3:8); e (3) a necessidade de um castigo que é tão severo (1:1,14; 3:8). Sobre algumas dessas questões, veja o item "Respostas para perguntas difíceis".

> ### CRISTO EM LAMENTAÇÕES
>
> As lágrimas de Jeremias fluíam do profundo amor que ele tinha pelo povo de Israel (3:48-49). De modo semelhante, Cristo chorou pela cidade de Jerusalém, dizendo: "Jerusalém, Jerusalém, você, que mata os profetas e apedreja os que lhe são enviados! Quantas vezes eu quis reunir os seus filhos, como a galinha reúne os seus pintinhos debaixo das suas asas, mas vocês não quiseram" (Mt 23:37-39; Lc 19:41-44). Embora Cristo deva julgar aqueles que se rebelaram contra ele, ele também sente grande dor pela perda de seu povo querido.

ESBOÇO

1. O primeiro lamento: a devastação de Jerusalém (1:1-22)
   a. A tristeza de Jeremias (1:1-11)
   b. A tristeza de Jerusalém (1:12-22)

2. O segundo lamento: a ira de Deus é explicada (2:1-22)
   a. A perspectiva do Senhor (2:1-10)
   b. A perspectiva humana (2:11-19)
   c. A oração de Jeremias (2:20-22)

3. O terceiro lamento: Jeremias expressa a sua aflição (3:1-66)
   a. Sua aflição (3:1-20)
   b. Sua esperança (3:21-38)
   c. Seu conselho e sua oração (3:39-66)

4. O quarto lamento: a ira de Deus é detalhada (4:1-22)
   a. Para Jerusalém (4:1-20)

248   MANUAL BÍBLICO MACARTHUR

   b. Para Edom (4:21-22)

5. O quinto lamento: a oração do remanescente (5:1-22)
   a. Para que o Senhor se lembre dele (5:1-18)
   b. Para que o Senhor lhe traga a restauração (5:19-22)

PALAVRAS-CHAVE

Chora: em hebraico, *bakah* — 1:2,16 —, descreve o ato de emitir gritos, que expressa sentimentos que vão da dor à felicidade. Embora essa palavra seja muitas vezes associada à lamentação, o choro de um povo antigo que pranteava sua morte (2Sm 1:12), também é empregada com expressões de alegria (Gn 29:11). Os antigos choraram ao se despedir de Rute (Rt 1:9), sobre a destruição iminente (Jr 9:1), para expressar sua alegria sobre o templo reconstruído (Ed 3:12) e no sepultamento de um indivíduo (Gn 50:1). Em Lamentações, Jeremias chora pelos pecados do povo, os pecados que mais cedo ou mais tarde resultariam na destruição de Jerusalém (1:1,16).

Renovar: em hebraico, *chadash* — 5:21 —, pode significar "renovar" (Sl 51:10) ou "restaurar" (Is 61:4). Como adjetivo, essa palavra identifica algo novo, em contraste com algo velho (tal como a "colheita anterior" *versus* a "nova colheita", veja Lv 26:10), ou algo diferente quando comparado com o estado anterior (tal como "um novo espírito", veja Ez 11:19; 18:31). A Bíblia ensina que somente Deus torna as coisas novas, seja uma nova canção no coração dos fiéis (Sl 40:3), uma nova fase em seu plano de redenção (Is 42:9; 43:19), um novo nome (Is 62:2) ou novos céus e nova terra (Is 65:17).

ENQUANTO ISSO, EM OUTRAS PARTES DO MUNDO...

Pitágoras, o famoso matemático e criador do Teorema de Pitágoras, nasce em 581 a.C.

RESPOSTAS PARA PERGUNTAS DIFÍCEIS

1. Como a promessa de Cristo aparece num livro como Lamentações?
Jeremias atua como uma das fortes personalidades que prefiguram Jesus no AT. As lágrimas de Jeremias por Jerusalém (3:48-49) se comparam ao choro de Jesus pela mesma cidade (Mt 23:37-39; Lc 19:41-44). A dor de Jeremias prepara os crentes para que pensem em Deus como o Juiz justo que pode executar castigo, embora ele também se aflija pelo sofrimento de seu povo. Isaías descreveu esse princípio com a afirmação "Em toda a aflição do seu povo ele [Deus] também se afligiu" (Is 63:9).

    As lágrimas de Jeremias também servem como lembrança do estado de completa desesperança de uma pessoa sem Deus. As lágrimas apontam para a

LAMENTAÇÕES 249

promessa de Deus de que, um dia, ele removerá todo motivo para lágrimas e, então, as próprias lágrimas (Is 25:8; Ap 7:17; 21:4), quando o pecado não mais existirá.

2. **Qual parece ser o propósito de Deus ao incluir na Bíblia um livro como Lamentações?**

O livro de Lamentações apresenta uma advertência implícita a todos os leitores. Por meio das palavras de Jeremias vemos consequências interiores. A dor e a tristeza que fluem do castigo atuam como elemento dissuasivo. Se Deus não hesitou em castigar seu povo amado (Dt 32:10), o que fará às nações e aos povos do mundo que rejeitam sua Palavra?

3. **Que lições encontramos no ousado apelo de Jeremias para que Deus punisse os inimigos de Judá (1:21-22; 3:64-66) e em sua afirmação de que Deus rejeita sua oração (3:8)?**

Às vezes, as orações dos profetas e salmistas podem nos parecer severas. A ousadia de suas expressões nos faz lembrar de que, muitas vezes, o fato de Deus não ter prometido responder nossas orações de acordo com nossa vontade é uma coisa boa. Podemos expressar nossos verdadeiros desejos e nossas percepções. O apelo de Jeremias por retribuição foi parcialmente respondido pela queda da Babilônia (Is 46-47; Jr 50-51; Dn 5). Deus exercerá justiça em seu tempo. Todas as contas serão ajustadas no grande trono branco (Ap 20:11-15).

A descrição de Jeremias de sua vida de oração oferece um retrato vívido de como ele se sentia, e não exatamente do que Deus estava fazendo. A resposta negativa de Deus às orações de Jeremias não se devia aos pecados pessoais do profeta, mas sim ao pecado contínuo de Israel sem arrependimento, e Jeremias sabia disso. Mesmo assim, ele orou, chorou e desejou ver o arrependimento de seu povo.

APROFUNDAMENTO

1. Quais são as similaridades e as diferenças entre Lamentações e Jeremias?
2. Como a passagem 3:22-32 de Lamentações é compatível com o resto do livro?
3. Quais sentimentos intensos Jeremias expressa em Lamentações?
4. Que papel singular Lamentações desempenha na Escritura?
5. De que maneiras Lamentações pode ajudar em tempos de dor?

Ezequiel

Reflexões da glória de Deus

TÍTULO

O livro sempre foi chamado pelo nome do seu autor, Ezequiel (1:3; 24:24), que não é mencionado em nenhum outro lugar da Bíblia. Esse nome significa "fortalecido por Deus", o que, de fato, ele foi, para poder exercer o ministério profético para o qual Deus o chamou (3:8-9). Ezequiel permanece como um pilar solitário no centro da Bíblia. A localização e a solidão que cercavam seu ministério exigia a verdade de seu nome. Ezequiel faz uso de visões, profecias, parábolas, sinais e símbolos para proclamar e dramatizar a mensagem de Deus ao povo que estava no exílio.

AUTOR E DATA

Se o "trigésimo ano" de 1:1 estiver relacionado à idade de Ezequiel, ele então teria 25 anos quando foi levado cativo e 30 anos quando foi chamado para o ministério profético. Era com a idade de 30 anos que os sacerdotes davam início ao seu ofício sacerdotal, de modo que esse foi um ano importante para Ezequiel. Seu ministério teve início por volta de 593/592 a.C., e se estendeu por pelo menos 22 anos, até 571/570 a.C. (cf. 25:17). Ele foi contemporâneo tanto de Jeremias (que era aproximadamente vinte anos mais velho), como de Daniel (que teria a mesma idade que ele), a quem ele cita em 14:14,20; 28:3, como se fosse um profeta já bem conhecido. Do mesmo modo que Jeremias (Jr 1:1) e Zacarias (cf. Zc 1:1 com Ne 12:16), Ezequiel era profeta e sacerdote (1:3). Por causa de sua origem sacerdotal, tinha particular interesse nos detalhes do templo, bem como grande familiaridade com eles; assim, Deus o usou para escrever muito a respeito disso (8:1 a 11:25; 40:1 a 47:12).

O autor recebeu o chamado para profetizar em 593 a.C. (1:2), na Babilônia ("a terra dos caldeus"), durante o quinto ano do cativeiro do rei Jeoaquim, que começou em 597 a.C. Com frequência, Ezequiel data suas profecias a partir do ano 597 a.C. (8:1; 20:1; 24:1; 26:1; 29:1; 30:20; 32:1,17; 33:21; 40:1). Ele também data sua mensagem em 40:1 como sendo 593/572 a.C., o 14º ano após 586 a.C., isto é, o ano da queda final de Jerusalém. A última profecia de Ezequiel foi feita em 571/570 a.C. (29:17). Curiosamente, nem Ezequiel nem seu livro são citados em nenhum outro lugar da Escritura.

As profecias dos capítulos 1 a 28 estão em ordem cronológica. Em 29:1, o profeta volta a um ano antes de 26:1. Mas a partir de 30:1 (cf. 31:1; 32:1,17), ele é quase totalmente cronológico.

O capítulo 40 apresenta um plano detalhado para um novo templo em Jerusalém. Alguns interpretam essa profecia como um projeto exato de um templo físico a ser construído na cidade, ou em suas proximidades, durante um período milenar (de mil anos) futuro. Uma interpretação preferível enxerga o templo restaurado de Ezequiel não como um projeto, mas sim como uma visão que ressalta a pureza e a vitalidade espiritual do local ideal de adoração e daqueles que lá adoram. Assim, não tem a intenção de se referir a um cumprimento terreno, físico, mas expressa a verdade encontrada no nome da nova cidade: O Senhor ESTÁ AQUI (48:35). Para mais detalhes sobre essa questão, veja a seção "Respostas para perguntas difíceis".

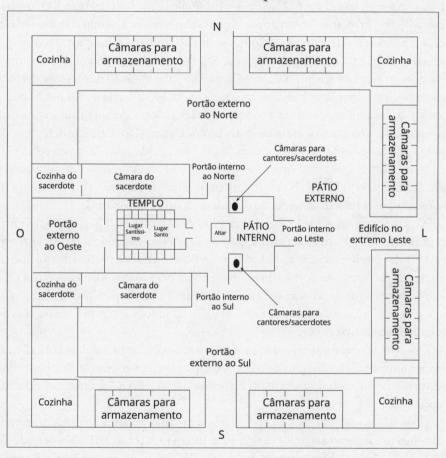

O TEMPLO DE EZEQUIEL

Ezequiel e sua esposa (mencionada em 24:15-27) estavam entre os dez mil judeus que foram levados cativos para a Babilônia em 597 a.C. (2Rs 24:11-18). Eles viveram em Tel-Abibe (3:15), às margens do rio Quebar, provavelmente na região sudeste da Babilônia. Ezequiel escreveu a respeito da morte de sua esposa no exílio (Ez 24:18), mas o livro nada menciona a respeito de sua própria morte; de acordo com a tradição rabínica, ele morreu às mãos de um príncipe israelita cuja idolatria ele repreendeu por volta de 560 a.C.

CENÁRIO E CONTEXTO

Da perspectiva histórica, o reino unificado de Israel durou mais de 110 anos (por volta de 1043-931 a.C.), sob os reinados de Saul, Davi e Salomão. Então, os reinos divididos, Israel (norte) e Judá (sul) se estenderam de 931 a.C. até 722/721 a.C., permanecendo o reino sobrevivente, Judá, por mais 135 anos, até que caiu sob as forças da Babilônia em 605-586 a.C.

No contexto mais imediato, várias características foram estratégicas. Na esfera política, o poder militar tão exultado da Assíria desmoronou em 626 a.C., e sua capital, Nínive, foi destruída em 612 a.C., pelos babilônios e medos (cf. Naum). O Império Neobabilônico firmou-se no cenário quando Nabopolassar assumiu o trono em 625 a.C., e o Egito, sob o reinado de Neco II, estava determinado a conquistar tudo o que pudesse. A Babilônia esmagou a Assíria em 612-605 a.C., e registrou uma vitória decisiva sobre os egípcios em 605 a.C., em Carquemis, não tendo deixado sobreviventes, de acordo com os registros babilônicos. Também em 605 a.C., liderados por Nabucodonosor, os babilônios iniciaram a conquista de Jerusalém e deram início ao processo de deportação dos cativos, entre os quais estava Daniel (Dn 1:2). Em dezembro de 598 a.C., ele novamente sitiou Jerusalém, tendo conseguido tomá-la em março de 597 a.C. Nessa ocasião, ele levou cativos o rei Jeoaquim e um grupo de dez mil pessoas, inclusive Ezequiel (2Rs 24:11-18). A destruição final de Jerusalém e a conquista de Judá, incluindo a terceira deportação de judeus, ocorreu em 586 a.C.

No aspecto religioso, o rei Josias (por volta de 640-609 a.C.) havia feito reformas em Judá (cf. 2Cr 34). Infelizmente, apesar de seus esforços, a idolatria havia entorpecido de tal modo a espiritualidade dos judeus que o reavivamento deles foi apenas superficial. Ao atravessar a Palestina, o exército egípcio matou Josias em 609 a.C., e durante os reinados de Jeoacaz (609 a.C.), Joaquim [Eliaquim] (609-598 a.C.), Jeoaquim (598-597 a.C.) e Zedequias (597-586 a.C.), os judeus mergulharam no pecado em direção ao castigo.

Quanto à situação interna, Ezequiel e os dez mil exilados na Babilônia (2Rs 24:14) viviam muito mais na condição de colonos do que de escravos, sendo-lhes permitido cultivar a terra sob condições bastante favoráveis (Jr 29). Ezequiel tinha inclusive sua própria casa (3:24; 20:1).

Com relação às profecias da época, falsos profetas iludiam os exilados, garantindo-lhes um retorno seguro e rápido para Judá (13:3,16; Jr 29:1). No período de 593-585 a.C., Ezequiel fez advertência ao povo de que a tão amada Jerusalém seria destruída totalmente e que o exílio deles seria prolongado, de maneira que não havia esperança de um retorno imediato. Em 585 a.C., um fugitivo de Jerusalém que conseguira escapar dos babilônios chegou a Ezequiel com as primeiras notícias de que Jerusalém havia caído em 586 a.C., cerca de seis meses antes (33:21). Isso despedaçou as falsas esperanças de uma libertação imediata para os exilados, de modo que o restante das profecias de Ezequiel diz respeito à futura restauração de Israel à sua terra natal e às bênçãos finais do reino messiânico.

EZEQUIEL 253

PALAVRAS-CHAVE

Filho do homem: em hebraico, *ben 'adam* — 2:1; 3:17; 12:18; 20:46; 29:18; 39:17; 44:5; 47:6 —, empregado mais de cem vezes em referência a Ezequiel. Serve tanto para enfatizar a diferença entre Deus, o Criador, e sua criação, como para marcar o profeta Ezequiel enquanto membro representativo da raça humana. A vida de Ezequiel era uma parábola viva para os hebreus cativos na Babilônia (compare 1:3; 3:4-7). Em palavras e ações, Ezequiel era um "sinal" para a nação de Israel (12:6). Jesus adotou o título Filho do homem porque ele também é uma pessoa representativa — o "último Adão", que se tornou um espírito doador de vida (veja Mt 8:20; 1Co 15:45). O título Filho do homem também se refere à visão de Daniel de "alguém semelhante a um filho de homem" (Dn 7:13). Portanto, esse título ressalta o mistério da encarnação, o fato de que Cristo é ao mesmo tempo divino e humano. Como o Deus-homem, Jesus se tornou um sinal glorioso para toda a humanidade pecaminosa (Lc 2:34).

Ídolos: em hebraico, *gillulim* — 6:4; 8:10; 14:6; 20:24; 23:30; 36:18; 44:10 —, relaciona-se a um verbo que significa "rolar" (Gn 29:3; Js 10:18). Essa palavra se refere a "coisas sem forma", como pedras ou troncos de árvores das quais os ídolos eram feitos (6:9; 20:39; 22:3; 1Rs 21:26). O profeta Ezequiel utiliza esse termo hebraico para "ídolos" aproximadamente quarenta vezes, sempre com sentido de desprezo, uma vez que esses falsos deuses haviam afastado Israel do verdadeiro Deus (14:5). A palavra *gillulim* pode ser relacionada a uma expressão hebraica semelhante que significa "excrementos". Mais tarde, comentaristas judeus ridicularizaram *gillulim* como os ídolos "de excremento", ídolos tão inúteis quanto excrementos.

Glória: em hebraico, *kabod* — 1:28; 3:23; 9:3; 10:18; 31:18; 43:2; 44:4 —, derivado de um verbo em hebraico utilizado para descrever o peso ou valor de alguma coisa. Pode se referir a algo negativo. Por exemplo, com relação à Sodoma, para retratar o severo grau do pecado, chegando ao ponto de tornar aquela cidade digna de destruição total (Gn 18:20). Mas, em geral, essa palavra é usada para descrever grandeza e esplendor (Gn 31:1). O substantivo é traduzido como "fama" em alguns casos (1Rs 3:13). A glória de Deus és descrita no AT como tomando a forma de uma nuvem (Êx 24:15-18) e enchendo o templo (1Rs 8:11). A reação adequada à glória de Deus é prestar reverência a ele, curvando-se diante dele, como fez Ezequiel (3:23; 43:3).

PRINCIPAIS PERSONAGENS

- **Ezequiel**: profeta ao povo de Israel no cativeiro na Babilônia (1:1 a 48:35).
- **Os líderes de Israel**: levaram o povo de Israel para a idolatria (7:268:12; 9:5-6; 11; 14:1-3; 20:1-3; 22:23-29).
- **Esposa de Ezequiel**: mulher sem nome cuja morte simbolizou a futura destruição do templo querido de Israel (24:15-27).
- **Nabucodonosor**: rei da Babilônia usado por Deus para conquistar Tiro, Egito e Judá (26:7-14; 29:17 a 30:10).

TEMAS HISTÓRICOS E TEOLÓGICOS

A "glória do Senhor" é o tema central em Ezequiel, aparecendo em 1:28; 3:12,23; 10:4,18; 11:23; 43:4-5; 44:4. O livro inclui descrições vívidas da desobediência de Israel e de Judá, apesar da bondade de Deus (capítulo 23; cf. capítulo 16). Isso mostra o desejo que Deus tinha de que Israel apresentasse frutos que ele pudesse abençoar; contudo, a autoindulgência tinha deixado Judá pronta para ser punida, como uma videira queimada (capítulo 15). O livro está repleto de referências à idolatria de Israel e às suas consequências, como a morte repentina de Pelatias (11:13), uma ilustração simbólica do desastre que viria a todo o povo.

Muitas cenas pitorescas ilustram princípios espirituais. Entre elas estão: a cena em que Ezequiel come um rolo (capítulo 2); os rostos dos quatro anjos, representando a criação sobre a qual Deus governa (1:10); a cena numa barbearia (5:1-4); as pinturas que aparecem nos muros do templo, lembrando a seus leitores aquilo que Deus realmente quer no lugar da sua habitação, a saber, santidade, e não imagens desagradáveis (8:10); e as brasas acesas espalhadas, retratando o castigo (10:2,7).

EXPERIÊNCIAS DE EZEQUIEL COM SINAIS

(veja Ez 24:24,27)

1. Ezequiel foi encarcerado dentro de sua casa, preso por cordas e ficou mudo (3:23-27).

2. Em sua pregação, Ezequiel usou um tijolo e uma assadeira de ferro como ilustrações (4:1-3).

3. Ezequiel teve de se deitar sobre o seu lado esquerdo por 390 dias, e sobre o seu lado direito por 40 dias (4:4-8).

4. Ezequiel teve de comer de maneira imunda (4:9-17).

5. Ezequiel teve de raspar a cabeça e a barba (5:1-4).

6. Ezequiel teve de fazer suas malas e abrir um buraco no muro de Jerusalém (12:1-14).

7. Ezequiel teve de comer pão com tremor e beber água com estremecimento (12:17-20).

8. Ezequiel brandiu uma espada afiada e bateu palmas (21:8-17).

9. Ezequiel retratou Israel no forno para fundição (22:17-22).

10. Ezequiel teve de cozinhar uma panela de carne (24:1-14).

11. Ezequiel não pôde lamentar a morte de sua esposa (24:15-24).

12. Ezequiel ficou mudo por um período de tempo (24:25-27).

13. Ezequiel colocou dois pedaços de madeira juntos, e eles se tornaram um (37:15-28).

Entre os temas teológicos em Ezequiel, os mais importantes são a santidade e a soberania de Deus, sendo eles muitas vezes transmitidos por frequentes contrastes entre o brilho da glória do Senhor e o desprezível contexto do pecado de Judá (1:26-28; muito comum nos capítulos 8 a 11; e 43:1-7). Estreitamente relacionado a isso

EZEQUIEL 255

está o propósito de Deus de um glorioso triunfo, de modo que todos "saberão que eu sou o Senhor". Essas palavras divinas, a assinatura do próprio Deus atestando os seus atos, são mencionadas mais de sessenta vezes, geralmente junto com um castigo (6:7; 7:4), mas ocasionalmente depois da restauração prometida (34:27; 36:11,38; 39:28).

Outro aspecto envolve os querubins de Deus executando seu programa nos bastidores (1:5-25; 10:1-22). Outro tema importante é Deus responsabilizando cada indivíduo pela busca da retidão (18:3-22).

Ezequiel também destaca a pecaminosidade de Israel (2:3-7; 8:9-10) e de outras nações (ao longo dos capítulos 25 a 32). Ele aborda a necessidade da ira de Deus para lidar com o pecado (7:1-8; 15:8); a frustração de Deus a respeito dos esquemas do homem para fugir da Jerusalém sitiada (12:1-13; cf. Jr 39:4-7); e a graça de Deus como parte da aliança abraâmica (Gn 12:1-3) sendo cumprida pela restauração da Terra Prometida aos descendentes de Abraão (capítulos 34,36 a 48; cf. Gn 12:7). Deus promete preservar um remanescente dos israelitas por meio do qual ele cumprirá suas promessas de restauração e manterá intacta a sua Palavra.

PRINCIPAIS DOUTRINAS

- **O trabalho dos querubins**: executam o programa de Deus nos bastidores de muitas maneiras demonstrando a glória de Deus (1:5-25; 10:1-22), destruindo o mal (Gn 19:12-13) e adorando a Deus (Dt 32:43; Is 6:2-4; Ap 4:6-8).
- **A pecaminosidade de Israel**: (2:3-7; 5:6; 8:9-10; 9:9; 1Sm 8:7-8; 2Rs 21:16; Sl 10:11; 94:7; Is 6:9; 29:15; Jr 3:25; Mq 3:1-3; 7:3; Jo 3:20-21; At 13:24; Ap 2:14).

O CARÁTER DE DEUS

- Deus é glorioso (1:28; 3:12,23; 9:3; 10:4,18-19; 11:23; 43:4-5; 44:4).
- Deus é santo (1:26-28; 8 a 11; 43:1-7).
- Deus é justo (18:25,29; 33:17,20).
- Deus é longânimo (20:17).
- Deus é providente (28:2-10).
- Deus se ira (7:19).

DESAFIOS DE INTERPRETAÇÃO

Ezequiel faz extenso uso de linguagem simbólica, como também o fizeram Isaías e Jeremias. Isso levanta a questão sobre se certas partes dos escritos de Ezequiel devem ser tomadas literal ou figuradamente. Outros desafios incluem como o castigo individual deve ser interpretado no capítulo 18, considerando que os ímpios escapam da morte em 14:22-23, ao passo que as pessoas piedosas morrem numa invasão (21:3-4); como Deus pôde permitir que a esposa fiel de um profeta morresse (24:15-27); quando alguns dos castigo anunciados para as nações terão a sua realização (capítulos

25 a 32); se o templo descrito nos capítulos 40 a 46 será literal e que forma terá; e como as promessas da futura restauração de Israel se relacionam com o projeto de Deus para a sua igreja. Veja a seção "Respostas para perguntas difíceis" em referência a algumas dessas questões.

ESBOÇO

De modo geral, o livro pode ser dividido em seções sobre condenação/retribuição e, em seguida, em consolação/restauração. Um olhar mais detalhado divide o livro em quatro seções. Na primeira, há profecias a respeito da destruição de Jerusalém (capítulos 1 a 24). Em segundo lugar, há profecias de retribuição às nações vizinhas (capítulos 25 a 32), com um lampejo da futura restauração que Deus fará de Israel (28:25-26). Em terceiro, há um capítulo de transição (33) que dá instruções concernentes a um último chamado para que Israel se arrependa. Por fim, a quarta divisão inclui ricas expectativas que envolvem a futura restauração de Israel que Deus fará (capítulos 34 a 48).

> ### CRISTO EM EZEQUIEL
>
> Ezequiel contém passagens que ilustram o triunfo de Israel por meio da obra do Messias. Cristo é retratado como "um broto bem do alto de um cedro" (17:22-24). Essa profecia messiânica demonstra a linhagem real de Cristo em conexão com Davi. O broto, usado constantemente na Escritura para retratar o Messias, mostra Cristo como "um renovo tenro" que será plantado nos montes altos de Israel (34:23-24; 37:24-25; Is 4:2; Jr 23:5; 33:15; Zc 3:8; 6:12). Nesse sentido, Ezequiel retrata Cristo como um ramo que se torna um "cedro viçoso", capaz de proteger Israel com sua sombra.
>
> Cristo também aparece como o Pastor que cuida de seu rebanho (34:11-31). No entanto, Ezequiel também descreve o julgamento do Pastor sobre os que abusam do povo de Israel (34:17-24; veja Mt 25:31-46).

1. Profecias a respeito da destruição de Jerusalém (1:1 a 24:27)
   a. A preparação e o chamado de Ezequiel (1:1 a 3:27)
   - Deus aparece a Ezequiel (1:1-28)
   - As atribuições que Deus dá a Ezequiel (2:1 a 3:27)
   b. Proclamação da condenação de Jerusalém (4:1 a 24:27)
   - Sinais do castigo iminente (4:1 a 5:4)
   - Mensagens a respeito do castigo (5:5 a 7:27)
   - Visões das abominações na cidade e no templo (8:1 a 11:25)
   - Explicações sobre o castigo (12:1 a 24:27)

2. Profecias a respeito da vingança contra as nações (25:1 a 32:32)
   a. Amom (25:1-7)
   b. Moabe (25:8-11)
   c. Edom (25:12-14)
   d. Filístia (25:15-17)

EZEQUIEL   257

    e. Tiro (26:1 a 28:19)
    f. Sidom (28:20-24) (Digressão): a restauração de Israel (28:25-26)
    g. Egito (29:1 a 32:32)

3. Provisão para o arrependimento de Israel (33:1-33)

4. Profecias a respeito da restauração de Israel (34:1 a 48:35)
    a. A reunião de Israel na Terra Prometida (34:1 a 37:28)
- A promessa de um pastor fiel (34:1-31)
- A punição das nações (35:1 a 36:7)
- Os propósitos da restauração (36:8-38)
- Imagens figurativas da restauração: ossos secos e dois pedaços de madeira (37:1-28)

    b. A retirada dos inimigos de Israel da Terra Prometida (38:1 a 39:29)
- A invasão de Gogue para pilhar Israel (38:1-6)
- A intervenção de Deus para proteger Israel (38:17 a 39:29)

    c. O restabelecimento da verdadeira adoração em Israel (40:1 a 46:24)
- O novo templo (40:1 a 43:12)
- A nova adoração (43:13 a 46:24)

    d. A redistribuição da Terra Prometida em Israel (47:1 a 48:35)
- A posição do rio (47:1-12)
- As porções de terra de cada tribo (47:13 a 48:35)

ENQUANTO ISSO, EM OUTRAS PARTES DO MUNDO...

Esopo, ex-escravo na Frígia, escreve suas famosas fábulas. Colonizadores gregos levam oliveiras para a Itália.

RESPOSTAS PARA PERGUNTAS DIFÍCEIS

1. **Ao ler Ezequiel, às vezes é difícil decidir se a linguagem utilizada pelo autor é descritiva de um evento literal ou simbólica de uma ideia ou de um princípio. Podemos usar alguns exemplos em Ezequiel para demonstrar a diferença?**
A vida de Ezequiel forneceu ao seu público uma sequência de experiências e atos que se tornaram lições. Algumas delas eram cenas de visões que detinham um significado especial. Por exemplo, os três primeiros capítulos do livro relatam grandes visões em que o profeta viu uma tempestade, seres celestes e um rolo comestível; ele também recebeu seu chamado para o ministério profético.

Além disso, Ezequiel executou determinados atos incomuns ou altamente simbólicos que tinham a intenção de retratar uma mensagem ou transmitir uma advertência. Em 4:1-3, o profeta recebeu direções para desenhar num tijolo e usar uma panela de ferro como um sinal de perigo para a nação de Israel. Outros sermões dramatizados foram: deitar-se sobre o lado direto ou esquerdo (4:4-8), fazer e assar pão (4:9-17), e cortar e queimar cabelo (5:1-4). Deus instruiu Ezequiel a reagir ante às tragédias em sua vida de forma que uma mensagem fosse comunicada ao povo. O profeta ficou sabendo da morte iminente de sua esposa, mas Deus lhe disse que sua perda seria uma importante lição às pessoas que precisavam ouvi-la. Assim como Ezequiel não deveria prantear pela morte de sua esposa, o povo não deveria lamentar quando finalmente enfrentasse a "morte" de Jerusalém. "Ezequiel lhes será um sinal; vocês farão o que ele fez. Quando isso acontecer, vocês saberão que eu sou o Soberano, o Senhor (24:24)".

A natureza singular da abordagem de Ezequiel gera um contraste marcante entre a clareza dessa mensagem e sua rejeição intencional pelo povo. O ministério de Ezequiel removeu todas as desculpas.

2. **Há alguma contradição entre 18:1-20, em que a responsabilidade individual pelo pecado é enfatizada, e 21:1-7, em que Deus exerce julgamento sobre "o justo e o ímpio" (v. 4)?**
Essas duas passagens possuem temas específicos bem diferentes. A primeira trata das consequências e responsabilidades pessoais que fazem parte da vida de cada pessoa. A responsabilidade de uma pessoa diante de Deus não pode ser reduzida nem eliminada ao culpar os outros ou oferecer desculpas. A segunda passagem trata das consequências coletivas do viver num mundo caído. Quando Deus optou por usar a Babilônia como instrumento de castigo, ele o fez inteiramente consciente de que algumas pessoas que o honravam sofreriam e morreriam como resultado. A ligação de uma pessoa com a sociedade significa que o bem e o mal que caem sobre essa sociedade podem cair sobre os membros que não contribuíram diretamente para a causa.

Os princípios em 18:1-20 finalmente prevalecem, pois descrevem o modo como Deus acertará as contas morais. Cada pessoa será responsabilizada por sua própria vida. Apenas aqueles "em Cristo" podem enfrentar esse acontecimento com esperança.

3. **O Templo nos capítulos 40 a 46 é literal?**
O templo mencionado nessa passagem não poderia ser o templo celeste, uma vez que Ezequiel foi levado a Israel para vê-lo (v. 2). Não poderia ser o templo de Zorobabel, uma vez que a glória de Deus não estava presente lá. Não poderia ser o templo eterno, pois o Senhor e o Cordeiro são o seu templo (cf. Ap 21:22). Portanto, o templo citado deve ser o templo milenar terreno, construído com todos os detalhes requintados que ainda serão descritos.

EZEQUIEL

O DISTRITO SAGRADO

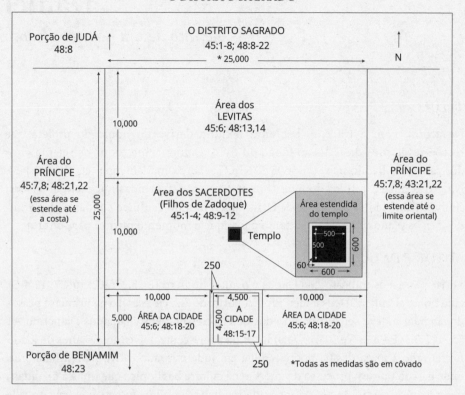

APROFUNDAMENTO

1. Que visões memoráveis são dadas a Ezequiel como parte de seu papel profético?
2. Como Ezequiel ilustra e descreve a santidade de Deus?
3. Que diferenças existem entre as falsas esperanças sendo oferecidas ao povo pelos contemporâneos de Ezequiel e as promessas de restauração que ele pregava?
4. Que palavras ásperas de julgamento Ezequiel entregou aos líderes?
5. Como Ezequiel enfatiza a importância da verdadeira adoração ao longo desse livro?

Daniel

Retrato de um homem piedoso

TÍTULO

De acordo com a tradição hebraica, o título deriva do nome do profeta que recebe revelações de Deus ao longo do livro. Daniel cobre todos os setenta anos do cativeiro babilônico (de 605-536 a.C., aproximadamente; cf. 1:1; 9:1-3). Nove dos doze capítulos do livro trazem revelações recebidas por meio de visões/sonhos. Daniel foi o porta-voz de Deus para o mundo gentílico e judaico, declarando-lhes os planos que ele tinha tanto para aquele momento quanto para o futuro.

AUTOR E DATA

Várias passagens indicam que Daniel é o autor do livro (8:15,27; 9:2; 10:2,7; 12:4-5), cujo nome significa "Deus é meu Juiz". A partir de 7:2, ele escreve na primeira pessoa do singular e deve ser distinguido dos outros três homens chamados Daniel no AT (cf. 1Cr 3:1; Ed 8:2; Ne 10:6). Quando ainda adolescente, talvez aos 15 anos de idade, foi retirado à força de sua nobre família em Judá e levado cativo para a Babilônia, onde passou por um processo de imersão na cultura babilônica que tinha a finalidade de prepará-lo para a tarefa de servir de mediador entre os judeus que haviam sido levados para lá. Ali ele passou o restante de sua longa vida (85 anos ou mais). Ele conseguiu tirar o máximo proveito do exílio, tendo sido bem-sucedido em exaltar a Deus pelo seu caráter e fidelidade. Rapidamente, por meio de nomeação real, ele foi elevado ao posto de estadista e serviu como confidente de reis, bem como profeta em dois impérios mundiais, isto é, Babilônia (2:48) e o Medo-Persa (6:1-2). Cristo confirmou Daniel como o autor desse livro (cf. Mt 24:15).

Daniel viveu além do tempo descrito em 10:1 (por volta de 536 a.C.). Parece bem provável que ele tenha descrito esse livro pouco tempo depois dessa data, mas antes de 530 a.C. A passagem de Daniel 2:4b a 7:28, que descreve profeticamente o curso da história dos gentios, foi originalmente e de modo apropriado escrita em aramaico, a língua usada nos negócios internacionais da época. Ezequiel, Habacuque, Jeremias e Sofonias foram os profetas contemporâneos de Daniel.

CENÁRIO E CONTEXTO

O livro começa no ano de 605 a.C., quando a Babilônia conquistou Jerusalém e levou para o exílio Daniel, seus três amigos e outros. Continua, em seguida, descrevendo o desaparecimento da supremacia babilônica em 539 a.C., quando o Império Medo-Persa sitiou e conquistou a Babilônia (5:30-31), e prossegue para além do ano 536

DANIEL   261

a.C. (10:1). Depois que Daniel foi levado para a Babilônia, os vitoriosos babilônios, em duas grandes investidas contra Jerusalém, a tomaram (em 597 a.C. e 586 a.C.). Em cada uma das investidas, eles deportaram mais judeus. De maneira apaixonada, Daniel lembra-se de sua casa e, particularmente, do templo de Jerusalém, quase 70 anos depois de haver sido tirado de lá (6:10).

O contexto da história de Daniel é aludido em parte por Jeremias, que cita o nome de três dos cinco reais de Judá antes do cativeiro (cf. Jr 1:1-3): Josias (por volta de 641-609 a.C.), Jeoaquim (por volta de 609-597 a.C.) e Zedequias (por volta de 597-586 a.C.). Joacaz (por volta de 609 a.C.) e Joaquim (598-597 a.C.) não são mencionados (veja Jeremias: Cenário e contexto). Daniel é mencionado também por Ezequiel (cf. 14:14,20; 28:3) como sendo justo e sábio. Ele é citado na epístola aos Hebreus como um dentre "os profetas, os quais pela fé [...] fecharam a boca de leões" (Hb 11:32-33).

Os judeus estavam há tanto tempo persistindo no pecado sem que houvesse arrependimento nacional que, finalmente, Deus resolveu castigá-los, e foi a esse respeito que Jeremias, Habacuque e Sofonias fizeram claras advertências. Antes disso, Isaías e outros profetas também haviam anunciado esse perigo. Quando o poder assírio caiu, em 625 a.C., os neobabilônios conquistaram: (1) a Assíria e sua capital, Nínive, em 612 a.C.; (2) o Egito, nos anos seguintes; e (3) Judá em 605 a.C., ocasião em que começaram a tomada de Jerusalém com a primeira das três investidas (as outras duas em 597 a.C. e 586 a.C.). Daniel estava no primeiro grupo de pessoas levadas para o exílio, tendo sido seguido por Ezequiel em 597 a.C.

Israel, o Reino do Norte, havia anteriormente caído diante da Assíria em 722 a.C. Nesse momento, com o cativeiro de Judá, a punição foi completada. Na Babilônia, Daniel recebeu a palavra de Deus a respeito de sucessivos estágios da dominação gentílica do mundo ao longo dos séculos até que o grande conquistador, o Messias, esmagasse todo senhorio gentio. Ele então derrotaria todos os inimigos e elevaria o povo da aliança às bênçãos em seu glorioso reino milenar.

PRINCIPAIS PERSONAGENS

- **Daniel**: também chamado Beltessazar; israelita cativo que se tornou conselheiro real (1:1 a 12:13).
- **Nabucodonosor**: grande rei da Babilônia; ficou temporariamente insano por não reconhecer a posição soberana de Deus (1:1 a 4:37).
- **Sadraque**: também chamado de Hananias; exilado judeu colocado como responsável pela província da Babilônia; foi salvo por Deus da "fornalha em chamas" (1:7; 2:49; 3:8-30).
- **Mesaque**: também chamado de Misael; exilado judeu colocado como responsável pela província da Babilônia; foi salvo por Deus da "fornalha em chamas" (1:7; 2:49; 3:8-30).
- **Abede-Nego**: também chamado de Azarias; exilado judeu colocado como responsável pela província da Babilônia; foi salvo por Deus da "fornalha em chamas" (1:7; 2:49; 3:8-30).

262   MANUAL BÍBLICO MACARTHUR

- **Belsazar**: sucessor de Nabucodonosor como rei da Babilônia; também usou Daniel como intérprete (5:1-30).
- **Dario**: sucessor persa de Belsazar como governante da Babilônia; seus conselheiros o pressionaram para que jogasse Daniel na cova dos leões (5:31 a 6:28).

TEMAS HISTÓRICOS E TEOLÓGICOS

Daniel foi escrito para trazer encorajamento aos judeus exilados por meio da revelação do plano de Deus a eles, tanto antes como depois do domínio dos gentios sobre o mundo. De proeminência sobre todos os demais temas em todo o livro é o controle soberano que Deus exerce sobre todos os assuntos que dizem respeito a todos os governantes e suas nações e a substituição deles pelo verdadeiro Rei. Os versículos-chave são 2:20-22,24 (cf. 2:28,37; 4:34-35; 6:25-27). Deus não sofreu derrota ao permitir a queda de Israel (Dn 1), mas estava providencialmente operando seus propósitos para uma manifestação certa e plena de seu Rei, o Cristo exaltado. De modo soberano, ele permitiu que os gentios dominassem Israel, isto é, a Babilônia (605-539 a.C.), o Império Medo-Persa (539-331 a.C.), a Grécia (331-146 a.C.), Roma (146 a.C.-476 d.C.) e tudo o mais até o segundo advento de Cristo. Esses estágios sob o domínio dos gentios estão expostos nos capítulos 2 e 7. Esse mesmo tema também abrange a experiência que teve Israel na derrota e, finalmente, na bênção de seu reino apresentada nos capítulos 8 a 12 (cf. 2:35,45; 7:27). Um aspecto-chave dentro desse tema geral do controle majestoso de Deus é a vinda do Messias para dominar o mundo em glória sobre todos os homens (2:35,45; 7:13-14,27). No capítulo 2, ele é semelhante a uma pedra, e semelhante ao Filho do Homem no capítulo 7. Além disso, ele é o Ungido (o Messias) em 9:26. O capítulo 9 nos fornece a estrutura cronológica da época de Daniel até o reino de Cristo.

Um segundo tema entretecido na obra de Daniel é a exibição do poder soberano de Deus por meio de milagres. A era de Daniel está entre as seis apresentadas na Bíblia que dão grande enfoque aos milagres por meio dos quais Deus realizou seus propósitos. Os outros períodos incluem: (1) a criação e o dilúvio (Gn 1 a 11); os patriarcas e Moisés (Gn 12 a Dt); (3) Elias e Eliseu (1Rs 17 a 2Rs 13); (4) Jesus e os apóstolos (os evangelhos e Atos); e (5) o tempo da segunda vinda de Cristo (Apocalipse). Deus, que tem o domínio eterno e a habilidade de agir de acordo com a sua vontade (4:34-35), é capaz de realizar milagres, sendo todos eles menores em grandeza do que o que ele exibiu quando agiu como criador em Gênesis 1:1. Daniel conta como Deus o capacitou para relatar e interpretar os sonhos que usou para revelar a sua vontade (capítulos 2, 4 e 7). Outros milagres são: (1) o escrito na parede e a interpretação que Daniel faz dele (capítulo 5); (2) sua proteção concedida aos três jovens lançados na fornalha em chamas (capítulo 3); (3) sua provisão de proteção a Daniel na cova dos leões (capítulo 6); e (4) suas profecias sobrenaturais (capítulos 2; 7 a 8; 9:24 a 12:13).

DANIEL   263

PALAVRAS-CHAVE

Interpretação: em aramaico, *peshar* — 2:6,30; 4:7,18; 5:7,15,17; 7:16 —, literalmente, significa "desatar" ou "afrouxar". Em outras palavras, Daniel podia desvendar os mistérios dos sonhos e das visões. Ele podia explicá-los ou resolvê-los, no entanto, ele sempre dava a Deus o crédito por essa habilidade (2:28).

Visão: em hebraico, *chazon* — 8:1,13,15,26; 9:21,24; 11:14 —, significa sonho ou visão. Essa palavra deriva de um verbo hebraico comum que significa "ver". Sonhos e visões eram muitas vezes reconhecidos pelos anciãos como revelações dos deuses, ou do próprio Deus, no caso dos hebreus (Is 1:1). Daniel recebeu uma mensagem visionária de Deus que falava sobre o futuro dos reinos da Pérsia e da Grécia. Seu sonho estava codificado em símbolos que exigiam a assistência interpretativa do anjo Gabriel (8:15-27). O autor de Provérbios argumenta que a revelação de Deus é essencial para o bem-estar da sociedade, e, sem a lei de Deus revelada nas Escrituras, o fundamento de uma sociedade vai a colapso (veja Pv 29:18).

PRINCIPAIS DOUTRINAS

- **O controle soberano de Deus**: (2:20-22,44; 1Rs 3:9-10; 4:29; Sl 31:15; Et 1:13; Jó 12:18,22; Hb 4:13; Tg 1:5).
- **Milagres de Deus**: (6:16-23; Ex 4:3-4; 14:21-22; Js 6:6-20; 1Rs 18:36,38; Mt 9:5-13; Lc 17:14; Jo 2:6-10; 3:2; At 14:13; 19:11).
- **O prometido Messias**: (2:35,45; 7:13-14,27; 9:26; Is 28:16; Ez 1:26; Mt 16:16-20; 24:30; Lc 20:18; Jo 3:35-36; 1Co 15:27; Ef 1:22; Fp 2:9-11).

O CARÁTER DE DEUS

- Deus é misericordioso (9:9).
- Deus é poderoso (3:17; 4:35).
- Deus é providente (4:29-31,37).
- Deus é justo (9:7,16).
- Deus é verdadeiro (4:37).
- Deus é sábio (2:20-22).
- Deus se ira (9:16).

DESAFIOS DE INTERPRETAÇÃO

Os principais desafios centram-se na interpretação das passagens a respeito da futura tribulação e as promessas do reino. Embora o uso do aramaico imperial e estudos arqueológicos tenham confirmado a data antiga para os escritos de Daniel, alguns intérpretes mais céticos, que relutam em reconhecer profecias sobrenaturais que já se cumpriram (há mais de cem apenas no capítulo 11), colocam esses detalhes no período intertestamentário, entre os últimos eventos do AT e os primeiros eventos do NT (por volta de 424 a.C. a 26 d.C.). Eles veem essas profecias não como predições miraculosas de acontecimentos futuros, mas simplesmente como observações de um escrito posterior, que está relatando acontecimentos de seus próprios dias. Desse modo, eles datam Daniel nos dias de Antíoco Epífanes IV (175-164 a.C., capítulo 8; 11:21-45). De acordo com esse esquema, a expectativa a respeito da pedra e do Filho do homem (capítulos 2 e 7) acaba sendo uma noção errada que realmente não aconteceu, ou o escritor do livro está mentindo intencionalmente.

No entanto, literalmente interpretadas, as obras de Daniel e de outros profetas ensinam um período futuro de sete anos de punição (cf. 7:21-22; 11:36-45; 12:1) e um reinado literal de mil anos (cf. Ap 20) depois da segunda vinda de Cristo, quando ele reinará sobre israelitas e gentios (7:27). Essa será uma época anterior e distinta

CRISTO EM DANIEL

Em Daniel, Cristo é retratado como uma pedra que "tornou-se uma montanha e encheu a terra toda" (2:35). As profecias de Daniel descrevem o reino de Cristo como "um reino que jamais será destruído e que [...] destruirá todos os [outros] reinos" (2:44). Cristo é chamado de o Ungido que será morto (9:25-26), e Daniel identifica a data de sua vinda, que corresponde à data da entrada triunfal de Jesus em Jerusalém.

Daniel também descreve Cristo como "alguém semelhante a um filho de homem" (7:13). Esse título foi usado pelo próprio Cristo (Mt 16:26; 19:28; 26:64) e demonstra a humanidade de Jesus. No entanto, Daniel descreve o Filho do Homem como aquele que se aproxima do Deus Todo-poderoso e recebe autoridade universal.

da era final e absolutamente perfeita, da última realidade, o estado definitivo, isto é, dos novos céus e da nova terra, com sua capital, a Nova Jerusalém (Ap 21 e 22). A interpretação literal da profecia conduz à perspectiva pré-milenar do fim dos tempos.

Muitos outros aspectos da interpretação desafiam os leitores, por exemplo: a interpretação dos números (1:12,20; 3:19; 9:24-27); identificar quem é aquele "semelhante a um filho de homem" (7:13-14); decidir entre ver o Antíoco do passado ou o Anticristo num futuro mais distantes em 8:19-23; explicar as setenta semanas de 9:24-27; e decidir se o Antíoco de 11:21-35 também está sendo considerado em 11:36-45 ou se trata-se do futuro anticristo.

ESBOÇO

1. Os antecedentes pessoais de Daniel (1:1-21)
   a. A conquista de Jerusalém (1:1-2)
   b. O alistamento de judeus para serem treinados (1:3-7)
   c. A coragem dos quatro homens na provação (1:8-16)
   d. A escolha dos quatro homens para cargos reais (1:17-21)

2. Profecias a respeito da dominação dos gentios (2:1 a 7:28)
   a. Os dilemas de Nabucodonosor (2:1 a 4:37)
   b. A humilhação e queda de Belsazar (5:1-31)

DANIEL   265

    c. A libertação de Daniel (6:1-28)
    d. O sonho de Daniel (7:1-28)

3. Profecias acerca do destino de Israel (8:1 a 12:13)
    a. A profecia do cordeiro e do bode (8:1-27)
    b. A profecia das setenta semanas (9:1-27)
    c. A profecia da humilhação e da restauração de Israel (10:1 a 12:13)

ENQUANTO ISSO, EM OUTRAS PARTES DO MUNDO...

O filósofo chinês Confúcio nasce e mais tarde dissemina suas filosofias pela Ásia.

RESPOSTAS PARA PERGUNTAS DIFÍCEIS

1. **Como podem aqueles que creem na natureza miraculosa de Deus nas profecias de Daniel e em outros milagres responder aos céticos que duvidam da autoria de Daniel e da data antiga para os escritos dele pelo fato de as predições serem tão precisas?**

A confiança na origem divina da Escritura não depende de uma fé cega. Há explicações razoáveis e provas aceitáveis que apontam para a confiabilidade da Bíblia. O uso de Daniel do que hoje é chamado de aramaico imperial ao escrever o livro aponta para uma data antiga. Os Manuscritos do Mar Morto oferecem provas que também fazem recuar a data para Daniel.

Quando profecias precisas e milagres possíveis são, por definição, descartados como inaceitáveis, provar o valor de Daniel se torna difícil. Essa dificuldade, porém, tem mais a ver com a descrença do que com a ausência de provas. Os intérpretes céticos, não dispostos a reconhecer as profecias sobrenaturais em Daniel que se cumpriram (há mais de cem apenas no capítulo 11), buscam substituir predições miraculosas com observação simples. Eles supõem que o autor de Daniel tenha vivido na época de Antíoco e relatado eventos presentes em forma profética. Em outras palavras, o autor escreveu como se estivesse prevendo certos eventos, quando, na realidade, estava escrevendo após os acontecimentos. Para estudiosos como esses, nenhum número de profecias cumpridas seria suficiente para convencê-los. De fato, eles se tornam uma lembrança para os crentes de que não é possível convencer por meio de argumentos uma pessoa a entrar no reino de Deus. Até as provas mais convincentes precisam da assistência do Espírito Santo para trazer pessoas resistentes para a fé autêntica.

2. **Quem era a quarta pessoa na fornalha em chamas de 3:19-25?**

O livramento de Sadraque, Mesaque e Abede-Nego das chamas foi um evento miraculoso impressionante. A fornalha era real. Os soldados que levaram os jovens para dentro da fornalha morreram. Por que complicar esse milagre com uma quarta pessoa na fornalha? Porque o próprio rei percebeu a discrepância entre o número de homens lançados na fornalha e o número de homens que ele viu andando pelo fogo. A verdade geralmente inclui complicações inesperadas.

O rei concluiu que a quarta pessoa era um ser celeste. Ele identificou o visitante de duas formas diferentes: "parece com um filho dos deuses" (3:25) e "anjo" (3:28). Quando ele ordenou que os três amigos saíssem da fornalha, o rei não estendeu o convite ao servo especial de Deus.

Visto a partir do contexto de toda a Bíblia, a quarta pessoa poderia ser a segunda pessoa da Trindade (Jesus Cristo) numa aparição pré-encarnada. Para outros exemplos semelhantes do AT, veja Êxodo 3:2, Josué 5:13-15 e Juízes 6:11 em diante. Embora o termo "anjo" seja usado nesses relatos, a pessoa tinha uma ligação especial com o Senhor; não era simplesmente um anjo qualquer, mas sim o Anjo do Senhor. Sua presença pode ser surpreendente, mas ele não tem a aparência deslumbrante de um anjo que provoca uma reação de espanto. O rei viu quatro homens na fornalha. Aquele que apareceu miraculosamente ele identificou como "um filho dos deuses". Talvez essa tenha sido uma exclamação inspirada.

3. **Por que o livro de Daniel é muitas vezes chamado de equivalente do AT do Apocalipse do NT?**

Os livros de Daniel e de Apocalipse complementam um ao outro em vários aspectos. Escritos com um intervalo de cerca de seiscentos anos, ambos tratam do plano de Deus na história. Embora boa parte da visão profética de Daniel já tivesse se cumprido na época em que João escreveu Apocalipse, há dois modos específicos em que a obra de João complementa a de Daniel: os dois livros tratam em parte de acontecimentos finais e oferecem visões proféticas paralelas dos últimos dias do universo original e do projeto de Deus dos novos céus, terra e reino.

Apocalipse confirma o entendimento da profecia que sugere que o cumprimento pode muitas vezes ocorrer em etapas ou em ondas. Por exemplo, muitas profecias reveladas a Daniel foram cumpridas até certo ponto nos eventos históricos que precedem a vida de Cristo, mas serão cumpridas definitiva e plenamente nos eventos finais da história.

APROFUNDAMENTO

1. Desenvolva um rascunho biográfico de Daniel. Que tipo de pessoa ele foi?
2. De que forma você consideraria Daniel como um exemplo para os jovens?
3. Como Daniel equilibrava suas responsabilidades como oficial do governo e seu relacionamento com Deus?
4. O que os amigos de Daniel nos ensinam sobre a fé?
5. Quais visões proféticas em Daniel mais aguçam sua curiosidade para aprender mais?
6. O que Daniel nos ensina a respeito de Deus?

Oseias
Amor incondicional e compaixão

TÍTULO

O título tem sua origem no personagem central e autor desse livro. O significado do seu nome — "salvação" — é o mesmo do nome Josué (cf. Nm 13:8,16) e Jesus (Mt 1:21). Oseias é o primeiro dos doze profetas menores. O termo "menor" é usado apenas em relação à brevidade das profecias quando comparadas com a extensão das obras de Isaías, Jeremias e Ezequiel.

AUTOR E DATA

O livro de Oseias é a única fonte de informação sobre o seu autor. Muito pouco se sabe sobre ele e ainda menos sobre seu pai, Beeri (1:1). É provável que Oseias fosse natural do Reino do Norte, Israel, uma vez que ele revela ter familiaridade com a história, as circunstâncias e a topografia do norte (cf. 4:15; 5:1,13; 6:8-9; 10:5; 12:11-12; 14:6). Isso faz com que ele e Jonas sejam os únicos profetas escritores do Reino do Norte. Embora tenha dirigido sua mensagem tanto para Israel (Reino do Norte) como para Judá (Reino do Sul), ele identificou o rei de Israel como sendo o "nosso rei" (7:5).

Oseias teve um ministério longo, tendo atuado no período 755-710 a.C., durante os reinados de Uzias (790-739 a.C.), Jotão (750-731 a.C.), Acaz (735-715 a.C.) e Ezequias (715-686 a.C.) em Judá, e Jeroboão II (793-753 a.C.) em Israel (1:1). A sua longa carreira profética se estendeu pelo reinado dos últimos seis monarcas de Israel, desde Zacarias (753-752 a.C.) até Oseias (732-722 a.C.). A deposição de Zacarias (último rei da dinastia de Jeú) em 752 a.C. é descrita como sendo um acontecimento futuro (1:4). Desse modo, ele foi o sucessor da pregação de Amós no norte e também foi contemporâneo de Isaías e Miqueias, os quais também profetizaram em Judá. As passagens de 2Reis 14 a 20 e 2Crônicas 26 a 32 trazem os registros do período histórico do ministério de Oseias.

CENÁRIO E CONTEXTO

Oseias iniciou seu ministério profético em Israel (também chamado de Efraim, o nome de sua maior tribo), durante os últimos dias de Jeroboão II, sob cuja liderança Israel estava desfrutando tanto de paz política como de prosperidade material, porém juntamente com corrupção moral e uma forte deterioração espiritual. Após a morte de Jeroboão II (753 a.C.), no entanto, prevaleceu a anarquia e Israel rapidamente declinou. Até que fosse derrotado pela Assíria, vinte anos mais tarde, quatro dos seis reis de Israel haviam sido assassinados por seus sucessores. Como profetizou nos dias que se avizinhavam da queda de Samaria, Oseias se concentrou na desobediência moral de Israel (cf. livro de Amós) e na violação de sua aliança firmada com o Senhor, anunciando que o castigo era iminente.

As circunstâncias que cercavam o Reino do Sul não eram muito melhores. Uzias usurpou para si as funções sacerdotais e, por isso, foi acometido de lepra (2Cr 26:16-21); Jotão tolerou práticas idólatras, o que abriu as portas para que Acaz incentivasse o culto a Baal (2Cr 27:1 a 28:4). O reavivamento promovido por Ezequias serviu apenas para diminuir a aceleração com que Judá se dirigia para o mesmo destino de seu reino irmão, Israel. Reis fracos em ambos os lados das fronteiras repetidamente buscaram alianças com seus vizinhos pagãos (7:11; cf. 2Rs 15:19; 16:7), em vez de buscarem a ajuda do Senhor.

PRINCIPAIS PERSONAGENS

- **Oseias**: profeta para Israel (Reino do Norte); seu casamento refletiu o relacionamento de Deus com Israel (1:1 a 14:9).
- **Gômer**: prostituta que se tornou esposa de Oseias (1:3-9).
- **Seus filhos**: Jezreel, Lo-Ruama, Lo-Ami; o nome de cada filho ilustra o relacionamento de Deus com Israel (1:3 a 2:1).

PALAVRAS-CHAVE

Tropeçar: em hebraico, *kashal* — 4:5; 5:5 —, literalmente, significa "cambalear", "pisar em falso e cair" ou "tropeçar". Os profetas frequentemente usavam essa palavra para descrever a vida espiritual dos hebreus. Por exemplo, Oseias assemelha ambos os falsos profetas e seus seguidores àqueles que tropeçam no escuro. Eles estão tropeçando no pecado da idolatria e caindo em sua ruína (4:5; 5:5; Is 3:8). Isaías adverte que os que confiam em sua própria força tropeçarão e cairão (Is 40:30), mas aqueles que são conduzidos pelo Senhor não tropeçarão (Is 63:13). De fato, o Senhor providenciará força para os que tropeçaram no passado e agora clamam por ele (1Sm 2:4).

Ser infiel, adulterar: em hebraico, *zanah* — 2:5; 3:3; 4:15 —, refere-se a ter relações sexuais ilícitas, principalmente envolvendo prostituição. Duas formas de prostituição eram praticadas no mundo antigo: a prostituição comum e a ritual ou "religiosa", que envolvia ritos pagãos de fertilidade. Ambas as formas eram estritamente proibidas na lei de Deus (Lv 19:29; Dt 23:17). O AT frequentemente usa a prostituição como imagem do pecado da idolatria. Israel deveria servir apenas a Deus (Êx 20:3), portanto a idolatria era como infidelidade conjugal contra o Senhor. Oseias se casou com uma prostituta como símbolo vivo da paciência de Deus com as infidelidades de Israel (veja o capítulo 1).

TEMAS HISTÓRICOS E TEOLÓGICOS

O tema de Oseias é o amor leal do Senhor pelo povo de sua aliança, Israel, apesar de sua idolatria. Por causa disso, Oseias tem sido chamado de João (o apóstolo do amor) do AT. O verdadeiro amor de Deus pelo seu povo é infinito, porém não tolera rivais. A

OSEIAS 269

mensagem de Oseias contém condenação, tanto no âmbito nacional como individual, mas, ao mesmo tempo, retrata de modo pungente o amor de Deus pelo seu povo de forma apaixonada. Oseias foi instruído por Deus para se casar com certa mulher e com ela viver as experiências da vida doméstica que era uma dramatização do pecado da infidelidade de Israel. A vida marital de Oseias e sua esposa, Gômer, é uma rica metáfora que esclarece os temas do livro: pecado, castigo e amor perdoador.

PRINCIPAL DOUTRINA

- **O amor incondicional de Deus pelo povo de sua aliança**: (6:1-3; 11:1-12; Dt 7:7; Jó 7:17; Is 49:15-16; Jo 3:16; Tt 3:4).

O CARÁTER DE DEUS

- Deus é acessível (14:2).
- Deus é bom (3:5).
- Deus é generoso (2:19).
- Deus é amoroso (11:4).
- Deus é misericordioso (2:23; 14:3-4).
- Deus é providente (2:8-9).

DESAFIOS DE INTERPRETAÇÃO

Que a esposa adúltera de Oseias é simbólica do Israel infiel não há dúvida, mas alguns questionamentos perduram. Primeiro, alguns sugerem que as cenas do casamento nos capítulos 1 a 3 devem ser tomadas apenas como alegorias. Contudo, não há nada na narrativa, apresentada em prosa simples, que questione a sua ocorrência real. Se não for real, muito de seu impacto ficará perdido. Quando alguns elementos não literais são introduzidos no livro, eles são precedidos por formas do verbo "ver" (5:13; 9:10,13), que é o artifício comum da língua hebraica para introduzir acontecimentos não literais. Além disso, não há registro de que algum profeta tenha feito a si mesmo objeto de alegoria ou parábola.

Segundo, quais eram as implicações morais da ordem que Deus deu a Oseias para se casar com uma prostituta? Parece melhor que se considere Gômer como sendo casta na época em que se casou com o profeta, tendo somente mais tarde caído na imoralidade. Para mais detalhes sobre essa questão, veja o item "Respostas para perguntas difíceis".

CRISTO EM OSEIAS

Oseias retrata o relacionamento entre um marido fiel (Oseias, Deus) e sua noiva infiel (Gômer, Israel). A presença de Cristo permeia o livro como o Amante e Redentor de seu povo, assim como Oseias agiu como o redentor de sua esposa, Gômer. Oseias também retrata a posição de Cristo como Salvador de seu povo: "Vocês não reconhecerão nenhum outro Deus além de mim, nenhum outro Salvador" (13:4).

Uma terceira dúvida surge a respeito da ligação entre os capítulos 1 e 3 e se a mulher de que fala o capítulo 3 é Gômer ou trata-se de outra. Há uma série de fatores que sugerem que a mulher do capítulo 3 seja Gômer. Em 1:2, a ordem dada por Deus foi "Vá, tome". Em 3:1, contudo, seu mandamento é "Vá, trate novamente", sugerindo que o amor de Oseias devesse ser renovado com relação à mesma mulher. Adicionalmente, na analogia do capítulo 1, Gômer representa Israel. Do mesmo modo que Deus renova o seu amor para com o Israel infiel, Oseias deveria renovar o seu amor pela infiel Gômer. Se o capítulo 3 estivesse se referindo a uma mulher diferente de Gômer, isso tornaria a analogia confusa.

ESBOÇO

1. A mulher adúltera e o marido infiel (1:1 a 3:5)
   a. Oseias e Gômer (1:1-11)
   b. Deus e Israel (2:1-23)
   c. A reconciliação entre as partes (3:1-5)

2. Israel, a nação adúltera e o Senhor fiel (4:1 a 14:9)
   a. A nação adúltera é julgada culpada (4:1 a 6:3)
   b. A nação adúltera é rejeitada (6:4 a 10:15)
   c. A nação adúltera é restaurada ao Senhor (11:1 a 14:9)

ENQUANTO ISSO, EM OUTRAS PARTES DO MUNDO...

A cidade de Roma é fundada.

RESPOSTAS PARA PERGUNTAS DIFÍCEIS

1. Deus realmente instruiu Oseias a se casar com uma prostituta?

Alguns intérpretes tentam amenizar a pergunta ao sugerir que as cenas conjugais apresentadas nos três primeiros capítulos de Oseias não passam de uma alegoria do relacionamento de Deus com seu povo, porém, não há nada na narrativa que estimule tal interpretação. A linguagem da ordem de Deus no texto original fornece certo respaldo para a castidade de Gômer no momento em que ela se casa com Oseias. As palavras "Vá, tome uma mulher adúltera" (1:2) podem ser entendidas profeticamente (olhando para o futuro). Assim, Gômer teria adotado comportamento adúltero após o casamento. Essa explicação se encaixa melhor na descrição de Israel, por parte de Deus, que saiu do Egito como "nos dias de sua infância" (2:15; 9:10) e então se afastou dele (11:1). O poder moral por trás do ato de Oseias em receber Gômer de volta depois do adultério (capítulo 3) depende da pureza da união original, que ela violou. Se Oseias tivesse se casado com uma prostituta reconhecida, não teria base para ofensa pelo adultério.

APROFUNDAMENTO

1. Ao ler o livro de Oseias, quais descrições visuais de Deus você pode encontrar?
2. De quantas maneiras diferentes Oseias retratou o amor de Deus por seu povo?
3. Qual é o significado do nome de cada filho de Oseias e Gômer?
4. Numa escala de dificuldade crescente, como você avaliaria a ordem de Deus para Oseias a fim de que ele se casasse com uma prostituta?
5. Como você descreveria o ato mais difícil que Deus já lhe pediu para executar?

Joel

O dia do Senhor

TÍTULO

Tanto a versão grega (*Septuaginta*) quanto a latina (*Vulgata*) seguem o texto hebraico massorético ao dar a esse livro o título de Joel em homenagem ao profeta recipiente da mensagem de Deus (1:1). Seu nome significa "O Senhor é Deus" e se refere a pelo menos uma dúzia de homens no AT. Joel é citado uma única vez no NT (At 2:16-21).

AUTOR E DATA

O autor identifica-se como "Joel, filho de Petuel" (1:1). A profecia fornece muito pouco a respeito do homem. Nem mesmo o nome de seu pai é mencionado em qualquer outro lugar do AT. Embora ele demonstre um profundo zelo pelos sacrifícios no templo (1:9; 2:13-16), sua familiaridade com a vida agrícola e pastoril e o fato de não ser contado entre os sacerdotes (1:13-14; 2:17) sugerem que ele não era um levita. A tradição extrabíblica indica que ele seria da tribo de Rúben, nascido na cidade de Betom ou Betaram, localizada a nordeste do mar Morto, na fronteira entre Rúben e Gade. O contexto da profecia, contudo, indica que ele era de origem judaica, dos arredores de Jerusalém, por causa da ausência do tom de um estrangeiro.

A datação da escrita do livro é estabelecida apenas com base na sua posição canônica, nas alusões históricas e nos elementos linguísticos. Considerando: (1) a ausência da menção de qualquer outro poder mundial posterior (Assíria, Babilônia ou Pérsia); (2) o fato de que o estilo de Joel se assemelha mais ao de Oseias e de Amós do que ao dos profetas pós-exílio; e (3) os paralelos verbais com outros profetas anteriores (Jl 3:16/Am 1:2; Jl 3:18/Am 9:13), uma data no final do século IX a.C., durante o reinado de Joás (por volta de 835-796 a.C), parece ser mais convincente. No entanto, embora a data do livro não possa ser conhecida com precisão, o impacto disso em sua interpretação é mínimo. A mensagem de Joel é atemporal, formando uma doutrina que pode ser repetida e aplicada em qualquer era.

CENÁRIO E CONTEXTO

Tiro, Sidom e Filístia fizeram frequentes incursões militares a Israel (3:2ss.). Uma seca muito prolongada e uma grande invasão de gafanhotos destruíram quase tudo o que era verde na terra, trazendo uma grave devastação econômica (1:7-20), o que deixou o Reino do Sul muito enfraquecido. Esse desastre natural forneceu para Joel a ilustração do juízo de Deus. Se a vinda dos gafanhotos foi um castigo de Deus por causa do pecado, o futuro castigo divino no Dia do Senhor será muito mais severo. Naquele

JOEL **273**

dia, Deus punirá os seus inimigos e abençoará os fiéis. Não é feita menção a qualquer pecado em especial, nem Judá é censurada por sua idolatria. Contudo, possivelmente por causa de uma reiterada indiferença, o profeta os chama para um arrependimento sincero, com a seguinte advertência: "Rasguem o coração, e não as vestes"(2:13).

PRINCIPAIS PERSONAGENS

- **Joel**: profeta para o povo de Judá durante o reinado de Joás (1:1 a 3:21).
- **O povo de Judá**: o Reino do Sul castigado por seus pecados por meio de uma praga de gafanhotos (1:2; 2:1; 3:1-2,19-21).

TEMAS HISTÓRICOS E TEOLÓGICOS

O tema do livro de Joel é o dia do Senhor. Ele permeia todas as partes de sua mensagem, tornando-a o tratado mais sistemático sobre o assunto em todo o AT (1:15; 2:1; 2:11; 2:31; 3:14). A expressão é empregada 19 vezes por oito autores diferentes no AT (Is 2:12; 13:6,9; Ez 13:5; 30:3; Jl 1:15; 2:1,11,31; 3:14; Am 5:18 [duas vezes], 20; Ob 15; Sf 1:7,14 [duas vezes]; Zc 14:1; Ml 4:5). O dia do Senhor não se refere a um tempo cronológico específico, mas a um período de ira e castigo que pertence exclusivamente ao Senhor. Trata-se de um período que revela de modo exclusivo o caráter de Deus — poderoso e santo — e, assim, aterrorizando os seus inimigos. Nem sempre o dia do Senhor se refere a um acontecimento escatológico. Às vezes, ele tem seu cumprimento histórico num futuro muito próximo, como pode ser visto em Ezequiel 13:5, em que ele fala da conquista e destruição de Jerusalém pela Babilônia. Como é comum na profecia, o cumprimento próximo é um acontecimento histórico a partir do qual se pode depreender um cumprimento mais distante e escatológico.

O dia do Senhor é frequentemente associado a abalos sísmicos (por exemplo, 2:1-11; 2:31; 3:16), violentas condições climáticas (Ez 13:5ss.), nuvens e densa escuridão (por exemplo, 2:2; Sf 1:7ss.), cataclismos (2:3,30) e como um "grande" e "terrível" (2:11) dia que "como destruição poderosa da parte do Todo-poderoso, ele virá" (1:15). A segunda metade de Joel descreve um período subsequente ao dia do Senhor em termos de promessas e esperança. Haverá nesse tempo um derramamento do Espírito sobre toda a carne, acompanhado de anúncios proféticos, visões, sonhos (2:28-29), bem como a volta de "Elias", uma epifania trazendo restauração e esperança (Ml 4:5-6). Como resultado do dia do Senhor, haverá bênçãos físicas, fertilidade e prosperidade (2:21ss.; 3:16-21). Nesse dia o castigo será derramado sobre os pecadores e, subsequentemente, levará as bênçãos sobre os penitentes e a reafirmação da aliança de Deus como o seu povo.

PRINCIPAL DOUTRINA

- **O dia do Senhor**: um período de ira e juízo do Senhor; o dia em que Deus revelará o seu caráter (1:15; 2:1-11,31; 3:16; Is 2:12; 13:6; Ez 13:5; Sf 1:14; Ml 4:5-6; At 2:20; 1Co 5:5; 2Co 1:14; 2Pe 3:10)..

O CARÁTER DE DEUS

- Deus é acessível (2:12).
- Deus é longânimo (2:13).
- Deus é misericordioso (2:13).
- Deus se ira (2:12-14).

DESAFIOS DE INTERPRETAÇÃO

É preferível ver o capítulo 1 como a descrição de uma invasão real de gafanhotos que devastou a terra. No capítulo 2, o intérprete encontra outro nível de descrições. Nesse caso, o profeta está projetando algo que vai além da praga de gafanhotos do capítulo 1, elevando o nível das descrições para outro patamar, com o aumento da intensidade da destruição dessa praga e da necessidade imediata de arrependimento. A escolha que o profeta faz do uso de comparações, por exemplo, "têm a aparência de cavalos" (2:4) e "atacam como guerreiros" (2:7), sugere que ele ainda está usando essa mesma invasão real de gafanhotos para ilustrar uma invasão que só pode ser a poderosa vinda do dia do Senhor.

Uma segunda questão com que os intérpretes se deparam é a citação que Pedro faz de Joel 2:28-32 em Atos 2:16-21. Para mais detalhes a respeito dessa questão, veja o item "Respostas para perguntas difíceis".

> ### CRISTO EM JOEL
>
> A profecia de Joel descreveu Deus derramando seu Espírito sobre o povo, com o propósito de que um dia "os seus filhos e as suas filhas profetizarão, os velhos terão sonhos, os jovens terão visões" (2:28-32). Pedro cita essa passagem de Joel como uma profecia prevista e demonstrada no Dia de Pentecostes (At 2:16-21). O cumprimento final da profecia de Joel virá no reino milenar de Cristo, quando o Espírito de Deus será derramado sobre toda a criação.

PALAVRAS-CHAVE

Espírito: em hebraico, *ruach* — 2:28 —, está relacionada a um verbo que significa "respirar" ou "soprar". Pode significar fôlego (Jó 9:18; 19:17), vento (Gn 8:1; Êx 10:13), ar (Ec 1:14; Is 26:18), o fôlego da vida (seja animal ou humano, veja Gn 6:17; 7:15), disposição ou estado de ânimo (Gn 41:8; Ez 21:7), um espírito maligno ou perturbador (1Sm 16:14-16) ou o Espírito de Deus (Gn 1:2; Sl 51:11). O espírito da vida é um presente de Deus a todas as criaturas (Jó 12:10; 33:4; Ec 12:7). A dádiva do Espírito Santo de Deus é um dom especial concedido aos crentes, trazendo vida espiritual (Sl 51:10-11; 143:10), poder (Jz 6:34), sabedoria e entendimento (Is 11:2) e revelação divina que conduz a uma melhor compreensão da Palavra de Deus e de seus caminhos perfeitos (2:28; Is 61:1-2).

ESBOÇO

Segundo 1:1, o conteúdo do livro está organizado em três unidades básicas. Na primeira seção (1:2-20), o profeta descreve o contemporâneo dia do Senhor. A terra está sofrendo uma grande devastação causada por uma praga de gafanhotos e pela estiagem. Os detalhes desse desastre (1:2-12) são seguidos de um apelo por arrependimento e correção de conduta da parte de todos (1:13-20).

A segunda seção (2:1-17) fornece uma transição entre a praga histórica e real dos gafanhotos descrita no capítulo 1 para o escatológico dia do Senhor em 2:18 a 3:21. Valendo-se de uma invasão de gafanhotos como pano de fundo, o profeta, com um progressivo nível de intensidade, pinta um quadro vívido e impressionante da visitação iminente do Senhor (2:1-11) e, com uma terminologia explícita e poderosa, obstinadamente renova o apelo por arrependimento (2:12-17).

Na terceira seção (2:18 a 3:21), o Senhor fala diretamente, assegurando ao povo que continuará presente em seu meio (2:27; 3:17,21). Essa porção do livro supõe que o arrependimento exigido (2:12-17) havia ocorrido e descreve a resposta solícita do Senhor (2:18-19a) à oração do seu povo. A passagem de Joel 2:18-21 faz a transição da mensagem de lamento e maldição para a garantia de que a presença de Deus permanecerá no meio do povo e da reversão do quadro de desastre que se abateu sobre as pessoas, com os versículos 19b e 20 introduzindo a essência e a natureza dessa mudança. O Senhor, então, faz três promessas para garantir aos penitentes a sua presença: restauração material por meio da cura divina da terra (2:21-27); restauração espiritual por meio do derramamento do seu Espírito (2:28-32); e restauração da nação por meio do castigo divino sobre os injustos (3:1-21).

1. A experiência do dia do Senhor (1:1-20)
    a. A fonte da mensagem (1:1)
    b. A ordem para contemplar a devastação (1:2-4)
    c. A devastação é total (1:5-12)
    d. Chamado ao arrependimento à luz da devastação (1:13-20)

2. O dia do Senhor é ilustrado: transição (2:1-17)
    a. O alarme soou (2:1)
    b. A invasão dos exércitos (2:2-11)
    c. Admoestação ao arrependimento (2:12-17)

3. O dia do Senhor é descrito: escatológico (2:18—3:21)
    a. Introdução (2:18-20)
    b. A restauração material (2:21-27)
    c. A restauração espiritual (2:28-32)
    d. A restauração nacional (3:1-21)

ENQUANTO ISSO, EM OUTRAS PARTES DO MUNDO...

O sistema de castas é desenvolvido na Índia, dando início a séculos de segregação racial.

RESPOSTAS PARA PERGUNTAS DIFÍCEIS

1. **O relato de Joel quer dizer que a terra de Israel foi de fato devastada por gafanhotos?**
Pragas de insetos como a relatada por Joel são bastante conhecidas em várias partes do mundo. Joel descreveu com detalhes os vários estágios da vida ou os vários tipos de gafanhotos (1:4). Os detalhes vívidos incluídos por Joel aumentam a utilidade desse acontecimento como ferramenta de ensino, mas também enfatizam o fato de que o profeta viu os restos desvastados de sua nação.

   A visão profética de Joel do dia do Senhor elevou a tragédia dos gafanhotos para se tornar uma ilustração da devastação final. Nas comparações do profeta, os gafanhotos "têm a aparência de cavalos" (2:4) e "atacam como guerreiros" (2:7), mas a mensagem implícita anuncia a vinda do Dia em que cavalos e guerreiros de verdade entrarão em cena, trazendo o juízo de Deus.

2. **Quando Pedro cita Joel 2:28-32 no início de seu sermão em Atos 2:16-21, como sua interpretação se relaciona ao cumprimento final de tal profecia?**
Algumas pessoas veem os eventos de Atos 2 e a destruição de Jerusalém em 70 d.C. como o cumprimento da passagem de Joel; outras reservam seu cumprimento final para o dia do Senhor. É provável que o derramamento inicial do Espírito Santo no Pentecostes não tenha sido o cumprimento da profecia de Joel, mas sim uma prévia e uma demonstração do poder e da operação do Espírito. O derramamento pleno do Espírito Santo virá no reinado do Messias, após o dia do Senhor. Essa foi a visão final na profecia de Joel.

APROFUNDAMENTO

1. Qual é a descrição detalhada da praga de gafanhotos fornecida por Joel?
2. Como Joel usou a expressão "O dia do Senhor"?
3. Como os gafanhotos ilustram as maneiras como Deus julga as nações?
4. Quais princípios de graça e misericórdia Joel incluiu em suas mensagens?
5. O que o uso da profecia de Joel por Pedro nos ensina a respeito do ministério do Espírito Santo (Jl 2; At 2)?

Amós

A necessidade da verdadeira justiça e adoração

TÍTULO

Como ocorre com os demais profetas menores, o título desse livro vem do profeta a quem Deus deu a sua mensagem (1:1). Amós significa "carga" ou "aquele que carrega um fardo". Ele não deve ser confundido com Amoz ("grande, forte"), o pai de Isaías (Is 1:1).

AUTOR E DATA

Amós era de Tecoa, uma pequena vila situada a uns 15 quilômetros ao sul de Jerusalém. Ele é o único profeta que declara qual era a sua ocupação antes de ter sido comissionado por Deus para o ministério; não tinha vindo de uma família nobre ou sacerdotal, mas trabalhava como pastor de rebanhos (1:1; cf. 2Rs 3:4) e apanhador de figos silvestres (7:14); foi contemporâneo de Jonas (2Rs 14:25), de Oseias (Os 1:1) e de Isaías (Is 1:1). Seu escrito é datado de meados do século VIII a.C., durante os reinados de Uzias, rei de Judá (por volta de 790-739 a.C.), e de Jeroboão II, rei de Israel (por volta de 793-753 a.C.), dois anos antes de um memorável terremoto (1:1; cf. Zc 14:5, por volta de 760 a.C.).

CENÁRIO E CONTEXTO

Amós era um profeta de origem judaica, chamado para transmitir uma mensagem principalmente para as tribos do norte de Israel (7:15). Politicamente, Israel vivia um tempo de prosperidade, sob o longo e seguro reinado de Jeroboão II, que, seguindo o exemplo de sei pai, Joás (2Rs 13:25), "restabeleceu as fronteiras de Israel" (2Rs 14:25) de modo significativo. Também foi um tempo de paz, tanto com Judá (cf. 5:5) como com seus vizinhos mais distantes. A constante ameaça da Assíria havia sido reprimida, possivelmente por causa do arrependimento de Nínive diante da pregação de Jonas (Jn 3:10). Espiritualmente, porém, foi um tempo de grave corrupção e decadência moral (4:1; 5:10-13; 2Rs 14:24).

PRINCIPAIS PERSONAGENS

- **Amós**: profeta de origem judaica que advertiu Israel a respeito do juízo de Deus (1:1 a 9:15).
- **Amazias**: rei de Judá (Reino do Sul); filho de Joás (7:10-17).
- **Jeroboão II**: rei perverso de Israel após seu pai, Jeoás (7:7-13).

TEMAS HISTÓRICOS E TEOLÓGICOS

Amós falou dos dois principais pecados de Israel: (1) a ausência de verdadeira adoração; e (2) a falta de justiça. Embora desempenhassem seus rituais cúlticos, as pessoas não buscavam ao Senhor de coração (4:4-5; 5:4-6), nem seguiam o modelo de justiça ordenado com relação aos seus próximos (5:10-13; 6:12). Essa apostasia, que era evidenciada por uma rejeição obstinada e contínua da mensagem profética de Amós, recebe a promessa de castigo divino. Por causa de sua aliança, no entanto, Deus não abandonará Israel totalmente, mas fará a restauração do remanescente fiel no futuro (9:7-15).

PRINCIPAIS DOUTRINAS

- **Verdadeira adoração a Deus:** (4:4-5; 5:4-6; Nm 28:3; Dt 4:29; 14:28; Lv 7:13; 2Cr 15:2; Jr 29:13; Is 55:3,6-7; Jo 4:20-24; Rm 1:25; Ap 4:10-11).
- **Justiça:** Deus deu a Israel um padrão de equidade com seus vizinhos (5:10-13; 6:12; Dt 16:20; 1Rs 22:8; Pv 31:9; Is 29:21; 56:1; 59:15; 66:5; Jr 17:16-18; Cl 4:1; 1Ts 2:10).
- **Futura restauração do remanescente fiel de Israel:** (9:7-15; Is 27; 42 a 44; 65; 66; Jr 30 a 33; Ez 36; 37; 40 a 48; Dn 9:20-27; 12:1-3; Os 2:14-23; 14:4-7; Jl 3:19-21; Ob 17,21; Mq 7:14-20; Sf 3:14-20; Ag 2:20-23; Zc 13; 14; Ml 4:1-3).

O CARÁTER DE DEUS

- Deus é santo (4:2).
- Deus é providente (3:6).

DESAFIOS DE INTERPRETAÇÃO

A profecia de Amós 9:11 já foi cumprida? Nessa passagem, o Senhor havia prometido que levantaria "a tenda caída de Davi". No NT, durante o Concílio de Jerusalém, reunido para discutir se os gentios deveriam ser admitidos na igreja sem se submeterem à circuncisão, Tiago cita essa passagem (At 15:15-16) para apoiar o sermão de Pedro a respeito de como Deus havia aberto o evangelho para os gentios. Alguns estudiosos têm, então, concluído que a passagem teve seu cumprimento em Jesus, o grande filho de Davi, por meio de quem a dinastia davídica foi restabelecida. A referência em Atos dos Apóstolos, no entanto, é mais bem entendida como uma ilustração das

A RESTAURAÇÃO FINAL DE ISRAEL	
1. Isaías 27; 42 a 44; 65 a 66	8. Obadias 17; 21
2. Jeremias 30 a 33	9. Miqueias 7:14-20
3. Ezequiel 36 a 37; 40 a 48	10. Sofonias 3:14-20
4. Daniel 9:20-27; 12:1-3	11. Ageu 2:20-23
5. Oseias 2:14-23; 14:4-7	12. Zacarias 13 e 14
6. Joel 3:18-21	13. Malaquias 4:1-3
7. Amós 9:11-15	

AMÓS 279

palavras de Amós, e não de seu pleno cumprimento. Veja "Respostas para perguntas difíceis" para mais detalhes sobre essa questão.

ESBOÇO

1. O julgamento das nações (1:1 a 2:16)

    a. Introdução (1:1-2)
    b. A punição dos inimigos de Israel (1:3 a 2:3)
    c. A punição de Judá (2:4-5)
    d. A punição de Israel (2:6-16)

2. As sentenças condenatórias contra Israel (3:1 a 6:14)

    a. O pecado da irresponsabilidade (3:1-15)
    b. O pecado da idolatria (4:1-13)
    c. O pecado da decadência moral/ética (5:1 a 6:14)

3. Visões do castigo e da restauração (7:1 a 9:15)

    a. O Senhor poupará (7:1-6)
      • A visão dos gafanhotos (7:1-3)
      • A visão do fogo (7:4-6)
    b. O Senhor não mais poupará (7:7 a 9:10)
      • A visão do prumo (7:7-9)
      • Interlúdio histórico (7:10-17)
      • A visão do cesto de frutas (8:1-14)
      • A visão do altar (9:1-10)
    c. O Senhor restaurará (9:11-15)

CRISTO EM AMÓS

As referências a Cristo no livro de Amós apontam para a restauração permanente de Israel. O Senhor fala por meio de Amós, declarando: "Plantarei Israel em sua própria terra, para nunca mais ser desarraigado da terra que lhe dei" (9:15). A restauração completa de Israel e a recuperação de sua terra serão cumpridas somente durante o segundo advento de Cristo, o Messias.

PALAVRAS-CHAVE

Buscar: em hebraico, *darash* — 5:4-6,14 —, descreve o ato de buscar, inquirir ou pedir. O povo de Israel começou a adorar falsos deuses de Betel e Gilgal (5:4). No entanto, Amós encoraja as pessoas a buscarem o único verdadeiro Deus. Ao longo da história, ninguém que tenha buscado a Deus em necessidade de segurança ou perdão ficou decepcionado com ele (Sl 34:4; 77:2; 1Cr 16:11; 2Cr 30:19).

ENQUANTO ISSO, EM OUTRAS PARTES DO MUNDO...

Os gregos começam a colonizar a região conhecida hoje como Espanha. A arte grega se desenvolve.

RESPOSTAS PARA PERGUNTAS DIFÍCEIS

1. **Uma vez que Amós 9:11 foi citada como profecia no NT, até que ponto ela foi cumprida?**

Esse versículo promete que o Senhor levantará "a tenda caída de Davi". O apóstolo Tiago citou essa mesma promessa em Atos 15:15-16 durante o Concílio de Jerusalém, reunido para discutir se os gentios deveriam ser admitidos na igreja sem se submeterem à circuncisão. Parece que Tiago se lembrou dessa passagem por ela apontar que parte do plano de Deus sempre foi incluir os gentios. Algumas pessoas, no entanto, têm concluído que o uso de Tiago indica o cumprimento pleno da profecia de Amós em Jesus, o grande filho de Davi, por meio de quem a dinastia davídica foi restabelecida.

Parece melhor ver o uso de Tiago como uma ilustração das palavras de Amós, em vez de um cumprimento. A profecia original contém a frase-chave "Naquele dia" (9:11), indicando, juntamente com os detalhes da passagem, que a profecia se refere ao retorno do Messias no seu segundo advento, para se sentar no trono de Davi. O estabelecimento da igreja pelos apóstolos e a inclusão dos gentios prepararam o cenário para tal cumprimento. As alusões temporais ao tempo futuro ("Naquele dia", 9:11), quando Israel terá a posse do "remanescente de Edom e todas as nações" (9:12), quando, como disse o Senhor, "Plantarei Israel em sua própria terra, para nunca mais ser desarraigado da terra que lhe dei", tornaram evidente que o profeta está falando do retorno do Messias no seu segundo advento, para se sentar no trono de Davi (cf. Is 9:7), e não do estabelecimento da igreja pelos apóstolos.

APROFUNDAMENTO

1. De que modo uma passagem como Amós 5:21-24 é aplicada ou ignorada pelos cristãos no mundo de hoje?
2. Como Amós salienta que cada pessoa deverá prestar contas de sua vida a Deus?
3. O que Amós tem a dizer aos cristãos que estão vivendo tempos de prosperidade?
4. Como a mensagem de Amós ataca aqueles que levam uma vida espiritual superficial?
5. Até que ponto você procura viver sua vida de acordo com o padrão de justiça de Deus?

Obadias

O julgamento de Deus sobre os inimigos de Israel

TÍTULO

Esse livro leva o nome do profeta que recebeu a visão (1:1). Obadias, que significa "servo do SENHOR" e ocorre vinte vezes no AT, referindo-se a, no mínimo, vinte outros indivíduos. Obadias, o livro mais curto do AT, não é citado no NT.

AUTOR E DATA

Não há informações precisas acerca do autor. Outras menções do AT a homens com esse nome parecem não se referir a esse profeta. A frequente alusão a Jerusalém, a Judá e a Sião no texto sugere que ele pertencia ao Reino do Sul (cf. versículos 10-12,17,21). É provável que Obadias tenha sido contemporâneo de Elias e Eliseu.

A data da escrita desse livro é igualmente difícil de determinar, apesar de sabermos que está ligada ao ataque edomita a Jerusalém descrito nos versículos 10-14. Aparentemente, Obadias escreveu logo depois do ataque. Durante a época do AT, Jerusalém sofreu quatro grandes invasões: (1) de Sisaque, rei do Egito, por volta de 925 a.C., durante o reinado de Roboão (1Rs 14:25-26; 2Cr 12); (2) dos filisteus e árabes entre 848-841 a.C., durante o reinado de Jeorão de Judá (2Cr 21:8-20); (3) de Jeoás, rei de Israel, por volta de 790 a.C. (2Rs 14; 2Cr 25); e (4) de Nabucodonosor, rei da Babilônia, que resultou na queda de Jerusalém em 586 a.C. Dessas quatro invasões, somente a segunda e a quarta apresentam uma possível correspondência com dados históricos. A segunda é preferível, tendo em vista a descrição de Obadias não indicar a destruição total da cidade que ocorreu no ataque de Nabucodonosor. Além disso, apesar de os edomitas terem participado da destruição de Jerusalém liderada por Nabucodonosor (Sl 137; Lm 4:21), é importante observar que Obadias não menciona os babilônios pelo nome (como fazem todos os outros profetas que escreveram sobre a queda de Jerusalém), nem faz referência à destruição do templo ou à deportação do povo; de fato, os cativos parecem ter sido levados para o sudoeste, e não para a Babilônia, ao leste (cf. versículo 20).

CENÁRIO E CONTEXTO

Os edomitas eram um povo originário de Esaú, o filho (gêmeo) primogênito de Isaque e Rebeca (Gn 25:24-26) que lutou com Jacó ainda no ventre materno (Gn 25:22). O nome "Esaú" significa "peludo", pois "seu corpo era como um manto de pelos" (Gn 25:25). Também é chamado de Edom, "vermelho", por ter vendido o seu direito de primogenitura em troca de um pouco de "ensopado vermelho" (Gn 25:30). Ele mostrou desconsideração pelas promessas da aliança ao se casar com duas mulheres cananeias (Gn 26:34) e, posteriormente, com a filha de Ismael (Gn 28:9). Gostava da vida ao ar livre e, depois que Jacó roubou dele a bênção de seu pai, foi destinado a permanecer em lugares abertos (Gn 25:27; 27:38-40). Esaú estabeleceu-se numa região constituída quase inteiramente de montes escarpados ao sul do mar Morto (Gn 33:16; 36:8-9; Dt 2:4-5) chamada Edom (em grego, Idumeia), uma área com cerca de 65 quilômetros de largura que se estende aproximadamente 160 quilômetros para o sul até o golfo de Ácaba. A famosa Estrada Real, uma rota importante de caravanas que ligava a África do Norte à Europa e à Ásia, passava pelo planalto oriental (Nm 20:17). A luta e o nascimento de Jacó e Esaú (Gn 25) constituem, em última análise, o pano de fundo da profecia de Gênesis 25:23: "Duas nações estão em seu ventre". Seus respectivos descendentes, Israel e Edom, nunca deixaram de ser inimigos. Quando Israel saiu do Egito, Edom negou ao irmão Jacó passagem por suas terras, situadas ao sul do mar Morto (Nm 20:14-21). Ainda assim, Deus instruiu Israel a tratar Edom com bondade (Dt 23:7-8). Depois de receber uma visão de Deus, Obadias foi enviado para descrever os crimes dos edomitas e pronunciar destruição total sobre Edom por causa da maneira como havia tratado Israel.

Os edomitas se opuseram a Saul (1043-1011 a.C., aproximadamente) e foram subjugados por Davi (por volta de 1011-971 a.C.) e a Salomão (por volta de 971-931 a.C.). Lutaram contra Josafá (por volta de 873-848 a.C.) e se rebelaram com sucesso contra Jeorão (por volta de 853-841 a.C.). Voltaram a ser conquistados por Judá sob o comando de Amazias (por volta de 796-767 a.C.), mas recuperaram a liberdade durante o reinado de Acaz (por volta de 735-715 a.C.). Posteriormente, os edomitas ficaram sob o domínio da Assíria e da Babilônia, e, no século V a.C., foram expulsos de seu território pelos nabateus. Eles se mudaram para a região ao sul da Palestina e passaram a ser chamados de idumeus.

Em 37 a.C., Herodes, o Grande, um idumeu, se tornou rei de Judá, então sob o domínio de Roma. De certo modo, a hostilidade entre Esaú e Jacó teve continuidade na tentativa de Herodes de matar Jesus. Os idumeus participaram da rebelião de Jerusalém contra Roma e, em 70 d.C., foram derrotados, juntamente com os judeus, por Tito. Ironicamente, os idumeus aplaudiram a destruição de Jerusalém em 586 a.C. (cf. Sl 137:7), mas morreram tentando defendê-la em 70 d.C. Subsequentemente, não se ouviu mais falar deles, conforme a profecia de Obadias de que Edom seria "eliminado para sempre" (versículo 10) e de que não haveria "sobreviventes da descendência de Esaú" (versículo 18).

PRINCIPAIS PERSONAGENS

- **Os edomitas:** a nação originária de Esaú, desprezada e castigada por Deus (versículos 1-16).

OBADIAS   283

PALAVRAS-CHAVE

Arrogância: em hebraico, *zadon* — versículo 3 —, literalmente, significa "agir ou falar com presunção" (Dt 18:22; 1Sm 17:28). Os autores do AT usaram esse substantivo para caracterizar a nação presunçosa de Edom (versículo 3; Jr 49:16). A arrogância vem quando os seres humanos pensam que podem viver sem Deus. No entanto, esse comportamento apenas conduz à vergonha e à destruição (Pv 11:2; 13:10; Jr 49:16; Ez 7:10-12).

TEMAS HISTÓRICOS E TEOLÓGICOS

Obadias é um estudo de caso das maldições e bênçãos de Gênesis 12:1-3, com dois temas inter-relacionados. O primeiro é o castigo dos edomitas por Deus pelo fato de terem amaldiçoado Israel. Aparentemente, isso foi dito a Judá, dando, assim, ao povo a certeza de que o Senhor puniria Edom por sua arrogância e por sua participação na queda de Judá. O segundo tema é a restauração de Judá, que abrangeria até mesmo o território dos edomitas (versículos 19-21; Is 11:14). A bênção de Obadias sobre Judá inclui o cumprimento próximo da destruição dos edomitas (versículos 1-15) sob o ataque dos filisteus e árabes (2Cr 21:8-20) e o cumprimento futuro do julgamento da nação no século I a.C., e a conquista final de Edom por Israel (versículos 15-21).

O JUÍZO DE DEUS SOBRE EDOM

Mais do que qualquer outra nação mencionada no AT, conforme relação, Edom é o objeto supremo da ira de Deus.

- Salmos 83:5-18; 137:7
- Isaías 11:14; 21:11-12; 34:5; 63:1-6
- Jeremias 49:7-22
- Lamentações 4:21-22
- Ezequiel 25:12-14; 35:1-15
- Joel 3:19
- Amós 1:11-12; 9:11-12
- Malaquias 1:2-5

PRINCIPAIS DOUTRINAS

- **O julgamento de Deus sobre Edom e as nações**: (versículos 1-16; Sl 83:5-18; 137:7; Is 11:14; 21:11-12; 34:5; 63:1-6; Jr 49:7-22; Lm 4:21-22; Ez 25:12-14; 35:1-15; Jl 3:19; Am 1:11-12; 9:11-12; Ml 1:2-5).
- **A compaixão da aliança de Deus com Israel**: (versículos 17-21; Sl 22:28; Is 14:1-2; Dn 2:44; Jl 2:32; Am 9:8; Tg 5:20; Ap 11:15).

O CARÁTER DE DEUS

- Deus está julgando (versículos 1-16).
- Deus está restaurando (versículos 17-21).

CRISTO EM OBADIAS

Em Obadias, Cristo age tanto como juiz sobre os inimigos de Israel (versículos 15-16) quanto como salvador de sua nação escolhida (versículos 17-20). O triunfo final de Israel vem apenas por meio do próprio Cristo.

DESAFIOS DE INTERPRETAÇÃO

A semelhança notável entre os versículos 1 a 9 de Obadias e Jeremias 49:7-22 levanta a seguinte pergunta: quem tomou emprestado de quem? Supondo que não houve uma terceira fonte comum, tudo indica que, quando apropriado, Jeremias tomou emprestado de Obadias, uma vez que os versículos compartilhados constituem uma unidade em Obadias, ao passo que, em Jeremias, eles estão espalhados entre outros versículos.

ESBOÇO

1. A sentença do julgamento de Deus sobre Edom (1-14)
    a. O castigo de Edom (1-9)
    b. Os crimes de Edom (10-14)

2. A punição das nações por Deus (15-16)

3. A restauração de Israel por Deus (17-21)

ENQUANTO ISSO, EM OUTRAS PARTES DO MUNDO...

Homero escreve os clássicos épicos gregos, a *Ilíada* e a *Odisseia*.

RESPOSTAS PARA PERGUNTAS DIFÍCEIS

1. **Por que Deus incluiu nas Escrituras um livro tão curto?**
   Primeiramente, Obadias não é o livro mais curto da Bíblia. Na verdade, há dois livros mais curtos: 2João (13 versículos) e 2João (14 versículos). Além disso, esses livros mais breves não devem ser ignorados, pois Deus comunica grandes coisas num espaço pequeno.

   Segundo, Obadias e outros livros concisos oferecem visões altamente concentradas a respeito de questões singulares. O profeta pode ter tido anos de ministério e dezenas de mensagens, mas tinha uma única visão. Deus lhe deu uma advertência poderosa para entregar, e até mesmo os ecos de sua verdade podem oferecer esperança às pessoas hoje. Nas palavras conclusivas de Obadias: "E o reino será do Senhor" (versículo 21b).

APROFUNDAMENTO

1. Quais eram as acusações específicas de Deus contra os edomitas?
2. Como Deus descreveu sua própria atitude com relação a Israel em Obadias?
3. Quais ilustrações de arrogância são incluídas por Obadias?
4. Como as advertências em Obadias contra a arrogância se aplica à sua vida pessoal?

Jonas

O missionário relutante

TÍTULO

Seguindo o texto massorético hebraico, o título do livro é derivado do nome do personagem principal, Jonas (que significa "pombo"), filho de Amitai (1:1). Tanto a *Septuaginta* como a *Vulgata* lhe dão o mesmo nome.

AUTOR E DATA

A autoria não é declarada de modo direto. Ao longo de todo o livro, o autor se refere a Jonas na terceira pessoa do singular, o que leva alguns estudiosos a crerem que o livro não foi escrito pelo profeta. O uso da terceira pessoa pelo autor não é, contudo, uma ocorrência incomum no AT (por exemplo, Êx 11:3; 1Sm 12:11). Ademais, as informações autobiográficas encontradas em suas páginas apontam claramente para Jonas como seu autor. É provável que o relato em primeira mão de acontecimentos e experiências tão extraordinários tenha sido registrado pelo próprio Jonas. O versículo introdutório não precisa ser entendido como indicação contrária, pois livros de outros profetas, como Oseias, Joel, Miqueias, Sofonias, Ageu e Zacarias têm introduções semelhantes.

De acordo com 2Reis 14:25, Jonas era de Gate-Hefer, nas proximidades de Nazaré. O contexto situa o relato no período correspondente ao longo e próspero reinado de Jeroboão II (por volta de 793-758 a.C.). Jonas é, portanto, um profeta das tribos do norte que exerceu o ministério pouco antes de Amós, durante a primeira metade do século VIII a.C., por volta de 760 a.C. Os fariseus se equivocaram quando disseram que "da Galileia não surge profeta" (Jo 7:52), pois Jonas era Galileu. De acordo com uma tradição judaica inaveriguável, Jonas era o filho da viúva de Sarepta ressuscitado dentre os mortos por Elias (1Rs 17:8-24).

CENÁRIO E CONTEXTO

Como profeta de Israel, o reino constituído pelas dez tribos do norte, Jonas viveu no mesmo contexto que Amós. A nação desfrutava um período de relativa paz e prosperidade. Uma vez que a Síria e a Assíria estavam enfraquecidas, Jeroboão II pôde restabelecer as fronteiras de Israel ao norte, até onde chegavam nos dias de Davi e Salomão (2Rs 14:23-27). Em termos espirituais, porém, foi um tempo de pobreza; a religião era ritualista e estava se tornando cada vez mais idólatra, e a justiça havia sido pervertida. A paz e a riqueza haviam tornado Israel espiritual, moral e eticamente corrompida (cf. 2Rs 14:24; Am 4:1ss.; 5:10-13). Como consequência, Deus castigaria o Reino do Norte permitindo que os assírios o destruíssem e levassem seu povo para o

286   MANUAL BÍBLICO MACARTHUR

cativeiro em 722 a.C. Duas pragas (765 e 759 a.C.) e um eclipse solar (763 a.C.) podem ter contribuído para o arrependimento de Nínive e preparado a cidade para receber a mensagem de castigo proclamada por Jonas.

PRINCIPAIS PERSONAGENS

- **Jonas**: relutante missionário aos habitantes de Nínive; precisou ser engolido por um peixe enorme para obeceder ao mandamento de Deus (1:1 a 2:10).
- **O comandante e a tripulação do navio de fuga de Jonas**: tentaram evitar a morte de Jonas; jogaram-no ao mar para fazer cessar a tempestade (1:5-16).

TEMAS HISTÓRICOS E TEOLÓGICOS

Apesar de ser um profeta de Israel, Jonas não é lembrado pelo seu ministério em Israel, o que pode explicar o equívoco dos fariseus no tempo de Jesus ao afirmar que nenhum profeta surgira da Galileia (cf. Jo 7:52). Antes, o livro relata o seu chamado para pregar o arrependimento em Nínive e sua recusa a obedecer. Nínive, a capital da Assíria, era infame por sua crueldade e uma inimiga histórica de Israel e Judá. O livro focaliza a cidade gentia fundada por Ninrode, bisneto de Noé (Gn 10:6-12). Apesar de talvez ter sido a maior cidade do mundo antigo (1:2; 3:2-3; 4:11), foi destruída cerca de 150 anos depois da geração que se arrependeu por ocasião da vinda de Jonas (612 a.C.), cumprindo, desse modo, a profecia de Naum (Na 1.1ss.). A aversão política dos israelitas à Assíria, juntamente com sua ideia de superioridade espiritual como beneficiários da bênção de Deus na aliança, criou em Jonas uma postura de resistência com relação ao chamado de Deus para o trabalho missionário. Jonas foi enviado a Nínive em parte para envergonhar Israel pelo fato de uma cidade pagã se arrepender mediante a pregação de um estrangeiro, enquanto Israel não havia se arrependido mesmo tendo ouvido a pregação de muitos profetas. O profeta não tardou em descobrir, porém, que o amor e a misericórdia de Deus são estendidos a todas as suas criaturas (4:2,10-11), e não apenas ao povo da aliança (cf. Gn 9:27; 12:3; Lv 19:33-34; 1Sm 2:10; Is 2:2; Jl 2:28-32).

O livro de Jonas revela o governo soberano de Deus sobre toda a humanidade e a criação, que veio a existir por meio dele (1:9) e atende a todas as suas ordens (1:4,17; 2:10; 4:6-7; cf. Mc 4:41). Jesus usou o arrependimento dos ninivitas para repreender os fariseus e, desse modo, ilustrar a dureza do coração desses homens e sua recusa em se arrepender (Mt 12:38-41; Lc 11:29-32). A cidade pagã de Nínive se arrependeu depois de ouvir a pregação de um profeta relutante, ao passo que os fariseus se recusaram a se arrepender depois de ouvir a pregação do maior de todos os profetas, apesar das esmagadoras evidências de que ele era, de fato, seu Senhor e Messias. Jonas retrata Israel, o povo escolhido e incumbido por Deus de servir como sua testemunha (Is 43:10-12; 44:8), que se rebelou contra a vontade de Deus (Êx 32:1-4; Jz 2:11-19; Ez 6:1-5; Mc 7:6-9), mas que tem sido preservado miraculosamente pelo Senhor ao longo dos séculos de exílio e dispersão para, um dia, proclamar sua verdade (Jr 30:11; 31:35-37; Os 3:3-5; Ap 7:1-8; 14:1-3).

PALAVRAS-CHAVE

Fazer, mandar, trazer: em hebraico, *manah* —1:17; 4:6-8 —, descreve o poder soberano de Deus para fazer cumprir sua vontade. Literalmente, *manah* significa poder para designar ou ordenar. O grande poder de Deus no livro de Jonas *de enviar* o peixe, *fazer crescer* uma planta, *mandar* uma lagarta ilustra sua soberania sobre toda a criação. Deus usou esses animais criados para revelar a Jonas sua misericórdia e seu amor pelo povo. Em todos os planos de Jonas, seu caminho foi cuidadosamente guiado por Deus (veja 4:6-8).

Muito paciente: em hebraico, *'erek 'appayim* — 4:2 —, expressão que significa "o nariz quei-ma" ou "o nariz se torna quente", caracterizando a respiração intensa de uma pessoa irada (Gn 30:2; Êx 4:14). No Antigo Testamento, a palavra para ira estava diretamente relacionada ao nariz. Assim, quando os autores do AT descrevem Deus como "muito paciente", eles literal-mente estão dizendo "com nariz comprido" (Sl 86:15; 103:8). A expressão idiomática hebraica "muito paciente" revela a grande misericórdia e compaixão de Deus (Sl 145:8; Jl 2:13).

PRINCIPAIS DOUTRINAS

- **A misericórdia de Deus para com todas as nações:** (4:2,10-11; Êx 34:6; Nm 14:18; Sl 86:5,15; Jl 2:13; 1Tm 2:4; 2Pe 3:9).
- **O governo soberano de Deus:** (1:4,9,17; 2:10; 4:6-7; Jó 42:2; Sl 107:25; 146:6; Ne 9:6; Mt 10:29-30; At 17:24; Rm 8:28).

O CARÁTER DE DEUS

- Deus é misericordioso (4:2,10-11).
- Deus é providente (1:4,15).
- Deus se ira (4:2).

DESAFIOS DE INTERPRETAÇÃO

A principal dificuldade consiste em definir se o livro deve ser interpre-tado como uma narrativa histórica ou como uma alegoria/parábola. Os milagres de grande proporção, como a preservação de Jonas durante três dias e três noites dentro do grande peixe, levou alguns céticos e críticos a negarem sua validade histórica e colo-carem lições espirituais no lugar de partes do livro (alegoria) ou do livro como um todo (parábola). Por mais grandiosos e miraculosos que tenham

CRISTO EM JONAS

Jonas ganha notoriedade como o único profeta com quem Jesus Cristo se identificou (Mt 12:39-41). Exatamente como Jonas permaneceu três dias e três noites no ventre de um grande peixe, Cristo usa essa experiência como exemplo para os três dias e três noites que ele ficaria "no cora-ção da terra" depois de sua crucificação.

sido os acontecimentos, porém, a narrativa deve ser considerada histórica. Considerando que o relato gira em torno de um profeta identificável do AT que viveu no século VIII a.C., e foi registrado na forma de narrativa, devemos considerar Jonas histórico. Além disso, Jesus não ensinou a narrativa de Jonas como parábola, mas sim como um relato verídico firmemente enraizado na história (Mt 12:38-41; 16:4; Lc 11:29-32).

ESBOÇO

1 O profeta foge da vontade de Deus (1:1-17)

   a. Deus comissiona Jonas (1:1-2)
   b. Jonas foge de Deus (1:3)
   c. Deus vai atrás de Jonas (1:4-16)
   d. Deus preserva Jonas (1:17)

2. O profeta se sujeita à vontade de Deus (2:1-10)

   a. O desamparo de Jonas (2:1-3)
   b. A oração de Jonas (2:4-7)
   c. O arrependimento de Jonas (2:8-9)
   d. O livramento de Jonas (2:10)

3. O profeta cumpre a vontade de Deus (3:1-10)

   a. Deus renova a comissão (3:1-2)
   b. Jonas obedece (3:3-4)
   c. A cidade se arrepende (3:5-9)
   d. O Senhor tem compaixão (3:10)

4. O profeta questiona a vontade de Deus (4:1-11)

   a. O desprazer de Jonas (4:1-5)
   b. Jonas é repreendido (4:6-11)

DEZ MILAGRES EM JONAS
1. "O Senhor, porém, fez soprar um forte vento sobre o mar"(1:4)
2. "a sorte caiu sobre Jonas" (1:7)
3. "e este [o mar] se aquietou" (1:15)
4. "O Senhor fez com que um grande peixe" (1:17)
5. "engolisse Jonas (vivo)" (1:17)
6. "E o Senhor deu ordens ao peixe, e ele vomitou Jonas em terra firme" (2:10)
7. "Tendo em vista o que eles fizeram e como abandonaram os seus maus caminhos, Deus se arrependeu e não os destruiu" (3:10)
8. "Então o Senhor Deus fez crescer uma planta sobre Jonas" (4:6)
9. "Deus mandou uma lagarta atacar a planta" (4:7)
10. "Deus trouxe um vento oriental muito quente" (4:8)

ENQUANTO ISSO, EM OUTRAS PARTES DO MUNDO...

O primeiro eclipse solar autêntico da história chinesa foi documentado em 6 de setembro de 775 a.C.

JONAS   289

RESPOSTAS PARA PERGUNTAS DIFÍCEIS

1. **As aventuras de Jonas foram algum tipo de história mítica ou o profeta realmente experimentou todos esses milagres incríveis?**

   As pessoas que têm dificuldade para crer em milagres não se dão bem com o livro de Jonas. Nesse livro, os milagres ocorrem em grande escala: uma tempestade violenta; sobrevivência dentro de um peixe enorme; arrependimento do líder de um reconhecido poder mundial. Tais milagres não são para aqueles cuja fé é hesitante. Alguns céticos e críticos simplesmente negam a validade histórica de Jonas; outros tentam oferecer lições espirituais substitutas, tornando partes de Jonas alegóricas ou interpretando o livro todo como uma parábola.

   Dois fatores defendem fortemente a aceitação desse livro como ele se apresenta. Primeiro, o papel dos milagres em Jonas ofendeu o personagem principal. Esses milagres fizeram com que Jonas parecesse covarde, malvado e amargo. Em vista da constante tensão entre o profeta e a missão que Deus lhe havia confiado, o maior milagre de todos provavelmente foi o fato de Jonas ter registrado esses eventos históricos humilhantes para ele, mas que glorificam a Deus. Segundo, Jesus se referiu a Jonas várias vezes como pessoa histórica, e não como parábola (veja Mt 12:38-44; 16:4; Lc 11:29-32).

2. **Por que Deus se importava com Nínive?**

   Essa também era a pergunta de Jonas. Com certeza, ele não se importava com Nínive. Ao contrário, ele esperava e orava para que Deus levasse a cabo sua intenção de destruir a cidade. Mas Jonas sabia também que Deus costuma dar advertências como oportunidades, e ele não queria que Nínive tivesse uma segunda chance.

   Jonas odiava Nínive e sua reputação. Ele se ressentia do sofrimento que havia recaído sobre seu próprio povo por meio dos governantes de Nínive. Ele não se identificava com as pessoas dessa região, vendo-as simplesmente como um inimigo sem face. Deus ofereceu a Jonas uma lição valiosíssima no tema da compaixão. Ele mexeu com o senso de indignação de Jonas por meio de uma planta e então explicou ao profeta que ele tinha o direito divino de exercer compaixão para com os milhares de pessoas em Nínive, que eram ignorantes de sua própria condição (4:1-11).

APROFUNDAMENTO

1. Por que Jonas não queria ir a Nínive?
2. Descreva os altos e baixos da postura de Jonas ao longo do livro.
3. Por que Deus resgata Jonas apesar de sua desobediência?
4. Que visões a respeito do amor de Deus o livro de Jonas nos oferece?
5. Em que aspectos específicos você se identifica com Jonas? O que você gostaria de evitar das experiências dele?

Miqueias

Quem é como Deus?

TÍTULO

O livro recebe o nome do profeta que, depois de ter recebido a palavra do Senhor, foi comissionado para proclamá-la. Miqueias, cujo nome é compartilhado por outros no AT (por exemplo: Jz 17:1; 2Cr 13:2; Jr 36:11), é uma forma abreviada de Micaías (ou Micaía) e significa "Quem é como o SENHOR?". Em 7:18, Miqueias faz um jogo de palavras com o seu próprio nome e pergunta: "Quem é comparável a ti, ó Deus?"

AUTOR E DATA

O primeiro versículo do livro estabelece Miqueias como autor, e essa é praticamente a única informação que temos a seu respeito. O texto não menciona sua ascendência, mas o nome sugere que ele pertencia a uma família temente a Deus. Como seu lugar de origem, o profeta indica a cidade de Moresete (1:1, 14) situada no sopé dos montes de Judá, aproximadamente 40 quilômetros a sudoeste de Jerusalém, na fronteira entre Judá e a Filístia, próximo de Gate. Proveniente de uma região agrícola produtiva, Miqueias era, como Amós, um homem do campo, distante das questões políticas e religiosas da sua nação. Não obstante, Deus o escolheu (3:8) para transmitir uma mensagem de julgamento sobre os príncipes e o povo de Jerusalém.

Miqueias data a sua profecia dos reinados de Jotão (750-731 a.C.), Acaz (731-715 a.C.) e Ezequias (715-686 a.C.). A condenação das injustiças sociais e da corrupção religiosa retoma os temas de Amós (meados do século VIII a.C.) e de seus contemporâneos: Oseias, no norte (por volta de 755-710 a.C.), e Isaías, no sul (por volta 739-690 a.C.). A mensagem de Miqueias corresponde ao que se sabe sobre o caráter de Acaz (2Rs 16:10-18) e de seu filho Ezequias antes das amplas reformas espirituais realizadas por ele (2Cr 29; 31:1). Suas referências à queda iminente de Samaria (1:6) o situam claramente antes de 722 a.C., por volta de 735-710 a.C.

CENÁRIO E CONTEXTO

Uma vez que o Reino do Norte estava prestes a ser derrubado pelos assírios em 722 a.C., durante o ministério de Miqueias, ao datar a sua mensagem o profeta menciona apenas os reis de Judá. Embora algumas de suas palavras tenham sido dirigidas a Israel (cf. 1:5-7), sua atenção estava direcionada ao Reino do Sul, onde ele vivia. A prosperidade econômica e a ausência de crises internacionais que marcaram os dias de Jeroboão II (793-753 a.C.), período em que as fronteiras de Judá e Israel se estenderam a ponto de alcançar os limites territoriais do tempo de Davi e Salomão (cf. 2Rs 14:23-27), estavam passando. A Síria e Israel invadiram Judá, e o perverso

MIQUEIAS   291

rei Acaz foi levado temporariamente para o cativeiro (cf. 2Cr 28:5-16; Is 7:1-2).
Quando a Assíria derrotou a Síria e Israel, o bondoso rei Ezequias rompeu sua
aliança com os assírios. Sua decisão resultou no cerco de Senaqueribe a Jerusalém
em 701 a.C. (cf. 2Rs 18-19; 2Cr 32), mas o Senhor enviou seu anjo para libertar Judá
(2Cr 32:21). Ezequias foi usado por Deus para conduzir Judá de volta à verdadeira
adoração.

Depois do reinado próspero de Uzias, falecido em 739 a.C., seu filho Jotão manteve as políticas de seu pai, mas não eliminou os centros de idolatria. A prosperidade
externa não passava de fachada que mascarava a corrupção social e o sincretismo
religioso desenfreados. A adoração a Baal, o deus cananeu da fertilidade, foi obtendo
espaço crescente dentro do sistema sacrifical do AT e alcançou proporções epidêmi-
cas durante o reinado de Acaz (cf. 2Cr 28:1-4). Quando Samaria caiu, milhares de
refugiados migraram para Judá, levando consigo o seu sincretismo religioso. Embora
Miqueias (e Oseias) tenha tratado dessa questão, o alvo de suas repreensões mais
mordazes e advertências mais severas era a desintegração dos valores sociais e pessoais (por exemplo: 7:5-6). A Assíria era a potência dominante e uma ameaça constante
a Judá. Diante disso, as predições de Miqueias de que a Babilônia, então sob domínio
assírio, conquistaria Judá (4:10) pareciam improváveis. Nesse sentido, Miqueias exerceu em Judá um papel semelhante ao do profeta Amós em Israel.

PRINCIPAL PERSONAGEM

- **O povo de Israel**: o Reino do Norte, que estava prestes a cair no cativeiro assírio
  (1:2-7:20).

TEMAS HISTÓRICOS E TEOLÓGICOS

Miqueias proclamou, essencialmente, uma mensagem de condenação a um povo
que insistia em praticar o mal. Como outros profetas (cf. Os 4:1; Am 3:1), apresentou
sua mensagem em terminologia jurídica (1:2; 6:1-2). A profecia é organizada em três
oráculos ou ciclos, cada um iniciado pela advertência "Ouçam" (1:2; 3:1; 6:1). Dentro
de cada oráculo, o profeta passa da condenação à esperança — condenação por causa
da transgressão da lei dada por Deus no Sinai e esperança por causa da aliança imutável de Deus com seus antepassados (7:20). Um terço do livro trata dos pecados do
povo, outro terço considera os castigos de Deus que estão por vir e a outra terça parte
promete esperança aos fiéis depois do castigo. O tema do caráter inevitável do castigo divino pelo pecado é combinado, desse modo, com o compromisso imutável de
Deus com as promessas de sua aliança. A combinação (1) da maneira absolutamente
coerente como Deus julga o pecado com (2) o compromisso inalterável de Deus com
a sua aliança por meio de um remanescente do seu povo proporciona aos ouvintes
uma revelação clara do caráter do Soberano do universo. Deus intervirá para julgar os
pecadores e abençoar aqueles que se arrependerem.

PRINCIPAIS DOUTRINAS

- **O julgamento de Deus por causa do pecado:** (1:2 a 2:5; 1Cr 16:33; Sl 96:13; Ec 3:17; Mt 7:22-23; Jo 12:48; Rm 2:12; 2Tm 4:1; Ap 20:12).
- **A aliança de Deus com os antepassados de Israel:** (7:20; Gn 15:7-18; 17:2-14,19,21; 26:3-4; 28:13-14; Êx 6:4; 2Sm 23:5; 1Cr 16:16-17; Sl 89:3-4; Lc 1:72-75; At 3:25; Gl 3:16).

O CARÁTER DE DEUS

- Deus é longânimo (7:1).
- Deus é misericordioso (7:18,20).
- Deus é providente (5:2).
- Deus é justo (6:4-5; 7:9).
- Deus é verdadeiro (7:20).
- Deus é o único Deus (7:18).
- Deus se ira (7:9,11).

PALAVRAS-CHAVE

Acusação: em hebraico, *rib* — 6:2 —, pode significar "disputa" ou "discussão" no sentido de contenda (Jz 12:2), "briga" (Pv 17:14; 18:6) ou até mesmo "denúncia" ou "causa" (Jó 31:13,35; Jr 11:20). Os profetas muitas vezes usavam essa palavra como um termo técnico, jurídico em contextos relacionados à aliança de Deus com Israel (Jr 25:31; Jl 4:1; 12:2). Ao longo do capítulo 6, Miqueias informa Judá de que Deus registrou uma acusação formal contra seu povo, ordenando que eles fossem julgados por um tribunal por violar as estipulações da aliança que proibiam a idolatria e exigindo justiça social (6:2-16).

Compaixão: em hebraico, *raham* — 7:19 —, traduzido aqui como *compaixão*, significa "amar do ventre", sendo muitas traduzido também como "misericórdia". A forma substantiva desse verbo significa "ventre", portanto, o verbo descreve o amor carinhoso de uma mãe por seu filho indefeso (1Rs 3:26). "Do ventre" expressa a profundidade do sentimento associado a esse amor. Deus ama seu povo com profunda compaixão e um amor que é quase impossível de ser descrito. Deus usou uma forma dessa palavra hebraica para revelar seu caráter e nome a Moisés: "E [o Senhor] passou diante de Moisés, proclamando: 'Senhor, Senhor, Deus compassivo e misericordioso, paciente, cheio de amor e de fidelidade'" (Êx 34:6).

DESAFIOS DE INTERPRETAÇÃO

A similaridade entre Miqueias 4:1-3 e Isaías 2:2-4 levanta a questão de quem citou quem. Não há consenso entre os intérpretes, nem respostas claramente definidas. A semelhança é compreensível, pois os dois profetas viviam próximos um do outro

MIQUEIAS   293

e profetizaram durante o mesmo
período. Deus transmitiu a mesma
mensagem por intermédio de dois
pregadores. As palavras introdutórias:
"Mas agora" (4:1) desassociam esses
versículos de um cumprimento pós-
-exílio e remetem a um período em
torno da segunda vinda de Cristo e
do inicio do milênio.

Além da citação em Isaías 2:2-4,
outras três passagens de Miqueias
são citadas na Bíblia: 3:12 é citado
em Jeremias 26:18 e poupou a vida
de Jeremias da sentença de morte
decretada pelo rei Jeoaquim; 5:2 é
citado pelos chefes dos sacerdotes e
os mestres da lei (Mt 2:6) em resposta

CRISTO EM MIQUEIAS

Miqueias fornece uma das profecias mais
significativas da Bíblia com relação ao local de
nascimento e à natureza eterna de Cristo: "Mas
tu, Belém-Efrata, embora pequena entre os clãs
de Judá, de ti virá para mim aquele que será o
governante sobre Israel. Suas origens estão no
passado distante, em tempos antigos" (5:2). Essa
passagem foi citada pelos chefes dos sacerdotes e mestres da lei em resposta à pergunta de
Herodes sobre o local de nascimento de Jesus
(Mt 2:6). Miqueias 7:6 também foi usado por
Jesus para explicar a natureza de sua vinda (Mt
10:35-36).

à pergunta de Herodes acerca de nascimento do Messias; e 7:6 é usado por Jesus em
Mateus 10:35-36 na comissão de seus discípulos.

ESBOÇO

1. Epígrafe (1:1)

2. Deus reúne os povos para castigar e livrar (1:2 a 2:13)
   a. Samaria e Judá são castigadas (1:2-16)
   b. Os opressores são julgados (2-1-5)
   c. Falsos profetas são repudiados (2:6-11)
   d. Promessa de livramento (2:12-13)

3. Deus julga os governantes e vem para livrar (3:1 a 5:15)
   a. Os líderes contemporâneos são culpados (3:1-12)
   b. Os líderes vindouros livrarão e restaurarão (4:1 a 5:15)

4. Deus acusa e traz livramento final (6:1 a 7:20)
   a. Mensagens de censura e lamento (6:1 a 7:6)
   b. Mensagens de confiança e vitória (7:7-20)

ENQUANTO ISSO, EM OUTRAS PARTES DO MUNDO...

O povo celta começa a deslocar-se em direção ao sul, da região hoje conhecida como Escócia, para colonizar o restante da Grã-Bretanha.

RESPOSTAS PARA PERGUNTAS DIFÍCEIS

1. **Como um livro como Miqueias é usado no Novo Testamento?**
   Duas vezes no evangelho de Mateus passagens de Miqueias desempenham um papel significativo em acontecimentos. Em Mateus 2:6, os chefes dos sacerdotes e os mestres da lei citam 5:2 em resposta à pergunta de Herodes acerca de nascimento do Messias. Mais adiante, em Mateus 10:35-36, Jesus cita 7:6 na comissão de seus discípulos. As pessoas no Novo Testamento eram bastante familiarizadas com os profetas do Antigo Testamento, e seus escritos e pensamentos estavam permeados com as frases e as predições que Deus havia dado àqueles mensageiros do passado.

APROFUNDAMENTO

1. Se os estudiosos religiosos dos dias de Jesus conheciam a profecia sobre o Messias e Belém, por que não acreditaram que Jesus era o Salvador?
2. Miqueias 6:6-8 ensina que podemos agradar a Deus e ganhar favor eterno ao agirmos com bondade?
3. Qual é o propósito de vivermos para agradar a Deus?
4. Como Miqueias confrontou a opressão nacional e pessoal que era desenfreada em seus dias?
5. Como Miqueias confrontou a falsa fé em sua própria sociedade? O que ele diria sobre o presente?

Naum

Execução do castigo postergado

TÍTULO

O livro recebe o nome do profeta que proclamou o oráculo de Deus contra Nínive, a capital da Assíria. Naum significa "conforto" ou "consolo" e é uma forma abreviada de Neemias ("conforto de Javé"). Não é citado no NT, mas é possível que haja uma alusão a Naum 1:15 em Romanos 10:15 (cf. Is 52:7).

AUTOR E DATA

O valor dos profetas não era sua vida pessoal, mas sim sua mensagem. Como resultado, as informações de contexto sobre o profeta fornecidas por meio da profecia são raras. Ocasionalmente, um dos livros históricos oferece algum esclarecimento. No caso de Naum, o texto só informa que ele era elcosita (1:1), uma referência à sua cidade natal ou ao local do seu ministério. As tentativas de localizar Elcós não foram bem-sucedidas. Algumas sugestões são: Al Qosh, na região norte do Iraque (nesse caso, Naum seria descendente dos exilados levados para a Assíria em 722 a.C.), Cafarnaum ("cidade de Naum") ou alguma localidade na região sul de Judá (cf. 1:15). O local onde o profeta nasceu ou onde ele estava morando, porém, não é relevante para a interpretação do livro.

Uma vez que a introdução do livro não cita nenhum rei, a data da profecia de Naum deve ser inferida a partir de dados históricos. A mensagem de castigo contra Nínive retrata uma nação forte e intimidante num período anterior não apenas à sua queda, em 612 a.C., mas provavelmente à morte de Assurbanipal em 626 a.C., depois da qual o poder da Assíria decaiu rapidamente. A menção da queda de Nô-Amom, também chamada Tebas (3:8-10), em 663 a.C. (nas mãos de Assurbanipal), parece ser uma lembrança recente, e a ausência de referências à restauração da cidade dez anos depois sugere uma data em meados do século VII a.C., durante o reinado de Manassés (por volta de 695-642 a.C.; 2Rs 21:1-18).

CENÁRIO E CONTEXTO

Um século depois de ter se arrependido mediante a pregação de Jonas, Nínive recaiu na idolatria, violência e arrogância (3:1-4). A Assíria estava no auge do poder e havia se recuperado da derrota de Senaqueribe (701 a.C.) em Jerusalém (cf. Is 37:36-38). Suas fronteiras se estendiam até o Egito. Pouco tempo antes, em 670 a.C., Esar-Hadom havia transferido povos conquistados para a Galileia e Samaria (cf. 2Rs 17:24; Ed 4:2), deixando a Síria e a Palestina extremamente enfraquecidas. Mas Deus usou o poder crescente de Nabopolassar, rei da Babilônia, e seu filho

Nabucodonosor (c. 612 a.C.) para derrubar Nínive. A destruição da Assíria ocorreu exatamente como Deus havia profetizado.

PRINCIPAL PERSONAGEM

- **O povo de Nínive**: assírios que se voltaram novamente para o mal, destinados à destruição (2:1-3:19).

PALAVRAS-CHAVE

Zeloso: em hebraico, *qanno'* — 1:2 —, está relacionado a uma raiz que pode significar "ter zelo" (1Rs 19:10,14) ou até "ser ciumento" (Zc 8:2). Um dos nomes de Deus é "Zeloso" (Êx 34:14). Quando a expressão "o SENHOR, o seu Deus, é Deus zeloso" é usada no AT, está normalmente associada à idolatria (Êx 20:5; Dt 4:24; 5:9; 6:15). O zelo de Deus pelo seu povo requer uma devoção exclusiva arraigada em sua santidade (Js 24:19) e em seu papel como Criador e Redentor (Sl 95:6-7; 96:2-5). Tendemos a associar o ciúme com um sentimento egocêntrico que, em geral, gera um sentimento de inadequação. O ciúme do Senhor, porém, vem de sua santidade, porque ele é o único Santo (veja Is 6:3; 40:25), não tolera rivais (Êx 20:5).

TEMAS HISTÓRICOS E TEOLÓGICOS

Naum constitui uma sequência do livro de Jonas, que havia profetizado mais de um século antes. Jonas relata como Deus suspendeu o castigo decretado sobre Nínive, ao passo que Naum destaca a execução posterior desse castigo. Nínive se orgulhava de ser uma cidade invulnerável, com muralhas de mais de 30 metros de altura e um fosso com aproximadamente 50 metros de largura e 20 metros de profundidade. Naum deixou claro, porém, que o Deus soberano (1:2-5) se vingaria daqueles que haviam transgredido a sua lei (1:8,14; 3:5-7). O mesmo Deus que enviaria o castigo por causa do mal também traria redenção e trataria os fiéis com bondade (cf. 1:7,12-13,15; 2:2). A profecia serviu de consolo para Judá e todos os que temiam os cruéis assírios. Nas palavras de Naum, Nínive terminaria "com uma enchente devastadora" (1:8). A profecia se cumpriu quando o rio Tigre transbordou e abriu nas muralhas uma brecha grande o suficiente para os babilônios passarem. Naum também predisse que a cidade seria escondida (3:11). Depois da destruição, em 612 a.C., Nínive só foi redescoberta em 1842 d.C.

PRINCIPAIS DOUTRINAS

- **O castigo de Deus**: o Deus soberano traria vingança sobre aqueles que transgrediram sua lei (1:8,14; 3:5-7; Êx 20:5; Dt 28:41; Jó 12:23; Ez 39:23; Jl 3:19; Am 3:6; At 17:31; Rm 2:16; Ap 6:17).
- **A bondade de Deus para com os fiéis**: (1:7,12-13,15; 2:2; Nm 6:22-27; Sl 46:1; Is 33:2-4; 37:3-7,29-38; Mt 11:28-29; 19:13-14; 2Tm 2:24; Tt 3:4; 1Jo 4:11).

O CARÁTER DE DEUS

- Deus é bom (1:7).
- Deus é ciumento (1:2).
- Deus é poderoso (1:3).
- Deus é providente (1:4).
- Deus é soberano (1:2-5).
- Deus se ira (1:2-3,6).

DESAFIOS DE INTERPRETAÇÃO

Com exceção da identidade de Elcós (cf. "Autor e data"), a profecia não apresenta nenhuma grande dificuldade interpretativa. O livro é uma declaração profética objetiva do castigo contra a Assíria e sua capital, Nínive, por causa das atrocidades e práticas idólatras do seu povo.

CRISTO EM NAUM

O retrato dos atributos de Deus feito por Naum também descreve a pessoa de Cristo em sua vinda futura. Cristo veio ao mundo pela primeira vez como o prometido Messias, trazendo os fiéis para perto de si. Naum descreve a proteção de Deus sobre os fiéis ao revelar: "O Senhor é bom, um refúgio em tempos de angústia" (1:7). No entanto, a segunda vinda de Cristo trará julgamento à medida que Cristo executa "vingança contra os seus adversários" (1:2).

ESBOÇO

1. Epígrafe (1:1)

2. Pronunciamento sobre a destruição de Nínive (1:2-15)
- a. A ilustração do poder de Deus (1:2-8)
- b. Declaração do castigo de Deus (1:9-15)

3. Detalhes sobre a destruição de Nínive (2:1-13)
- a. O ataque à cidade (2:1-10)
- b. O descrédito da cidade (2:11-13)

4. É exigida a destruição de Nínive (3:1-19)
- a. A primeira acusação (3:1-3)
- b. A segunda acusação (3:4-7)
- c. A terceira acusação (3:8-19)

ENQUANTO ISSO, EM OUTRAS PARTES DO MUNDO...

O Japão se torna uma nação reconhecida (660 a.C.).

APROFUNDAMENTO

1. De que modo todo o livro de Naum é um exemplo da paciência de Deus?
2. Quais eram as acusações de Deus contra a cidade de Nínive?
3. Por que Deus chamou a si próprio de zeloso?
4. Que exemplos da soberania de Deus estão inclusos em Naum?
5. Qual é sua visão a respeito de um possível castigo divino em sua vida?

Habacuque

O justo viverá pela sua fidelidade

TÍTULO

Esse livro profético leva o nome de seu autor, que possivelmente significa "aquele que abraça" (1:1; 3:1). No fim da profecia, tal nome se torna apropriado, pois o profeta se apega a Deus não obstante sua confusão a respeito dos desígnios do Senhor para o seu povo.

AUTOR E DATA

Como acontece com vários dos Profetas Menores, não se sabe nada sobre o profeta, exceto o que pode ser deduzido no livro. No caso de Habacuque, as informações internas são praticamente inexistentes, o que torna impossível estabelecer quaisquer conclusões certas acerca de sua identidade e vida. A apresentação simples como "profeta Habacuque" pode indicar que era um profeta bastante conhecido em sua época, portanto, dispensava apresentação. Sabe-se com certeza que foi contemporâneo de Jeremias, Ezequiel, Daniel e Sofonias.

A menção dos caldeus (1:6) sugere uma data no fim do século VII a.C., pouco antes de Nabucodonosor iniciar a sua campanha militar passando por Nínive (612 a.C.), Harã (609 a.C.) e Carquemis (605 a.C.), a caminho de Jerusalém (605 a.C.). O lamento amargo de Habacuque (1:2-4) pode refletir um período pouco tempo depois da morte de Josias (609 a.C.), época em que as reformas do rei piedoso (cf. 2Rs 23) foram rapidamente revertidas pelo seu sucessor, Jeoaquim (Jr 22:13-19).

CENÁRIO E CONTEXTO

Habacuque profetizou durante os últimos dias do Império Assírio e o início da ascensão da Babilônia como potência mundial sob Nabopolassar e seu filho Nabucodonosor. Quando Nabopolassar subiu ao poder, em 626 a.C., iniciou de imediato a expansão de sua influência para o norte e oeste. Sob a liderança de seu filho, o exército babilônico tomou Nínive em 612 a.C., e obrigou os nobres assírios a se refugiarem primeiro em Harã e depois em Carquemis. Nabucodosonor os perseguiu e tomou Harã em 609 a.C., e Carquemis em 606 a.C.

O rei egípcio Neco, de passagem por Judá em 609 a.C. com o objetivo de ajudar o rei fugitivo da Assíria, sofreu a oposição do rei Josias em Megido (2Cr 35:20-24). Josias foi morto na batalha subsequente e seu trono, ocupado por uma sucessão de três filhos e um neto. Algum tempo antes, ao descobrir o Livro da Lei no templo (622 a.C.), Josias instituiu reformas espirituais importantes em Judá (2Rs 22 a 23) e aboliu várias práticas idólatras de seu pai, Amom (2Rs 21:20-22), e de seu avô, Manassés

HABACUQUE   **299**

(2Rs 21:11-13). Logo depois da morte de Josias, porém, a nação voltou aos caminhos ímpios (cf. Jr 22:13-19), fato que levou Habacuque a questionar o silêncio de Deus e sua aparente falta de intervenção punitiva (1:2-4) a fim de purificar o povo da aliança.

PRINCIPAIS PERSONAGENS

- **Habacuque:** o último profeta enviado a Judá antes de cair no cativeiro babilônico (1:1 a 3:19).
- **Os caldeus:** babilônios levantados por Deus para castigar Judá (1:6-11; 2:2-20).

PALAVRAS-CHAVE

Imagem: em hebraico, *pesel* — 2:18 —, relaciona-se a uma raiz verbal que significa "esculpir pedra" ou "cortar ou talhar madeira" (veja Êx 34:4). Um *pesel* é uma imagem ou um ídolo feito de pedra, madeira ou metal, que se assemelha a um ser humano ou animal. Deus, no monte Sinai, proibiu os hebreus de fazerem tais ídolos (Êx 20:4) para que a ausência de imagens entre os eles fosse um diferencial de sua religião verdadeira. Infelizmente, Israel seguiu o exemplo de seus vizinhos pagãos e adorou imagens esculpidas (Jz 18:30; 2Cr 33:7). O salmista descreve tais imagens como sem valor e aqueles que as adoram como dignos de vergonha (Sl 97:7). Tanto Isaías (Is 40:19-20; 44:9-20) como Habacuque (2:18-19) ridicularizam os que depositaram sua confiança em imagens construídas com mãos humanas, uma vez que elas não podem ver, ouvir ou falar, nem fazer qualquer coisa por seus devotos.

TEMAS HISTÓRICOS E TEOLÓGICOS

Os primeiros versículos revelam uma situação histórica semelhante à dos dias de Amós e Miqueias. A justiça havia, basicamente, desaparecido da Terra Prometida; a violência e a perversidade corriam soltas. Em meio a esses dias de trevas, o profeta clamou por intervenção divina (1:2-4). Quando Deus respondeu que estava enviando os caldeus para punir Judá (1:5-11), Habacuque se viu diante de um dilema teológico ainda maior: Por que Deus não purificava o seu povo e restaurava a sua justiça? Como era possível que Deus usasse os caldeus para castigar um povo mais justo do que eles (1:12 a 2:1)? Deus responde que também castigará os caldeus (2:2-20), mas essa informação não é suficiente para sanar as dúvidas teológicas do profeta; na verdade, serve apenas para intensificá-las. Para Habacuque, a questão que exige uma resolução não é mais a resposta justa (ou ausência da mesma) de Deus diante do mal, mas sim a defesa do caráter de Deus e da aliança com seu povo (1:13). Como Jó, o profeta argumenta com Deus e, por meio dessa experiência, obtém uma compreensão mais profunda do caráter soberano do Senhor e uma fé mais firme nele (cf. Jó 42:5-6; Is 55:8-9). Por fim, Habacuque percebeu que Deus não deve ser adorado apenas por causa das bênçãos temporais que concede, mas pelo simples fato de ser quem ele é (3:17-19).

PRINCIPAIS DOUTRINAS

- **A natureza do juízo de Deus:** Deus usou os babilônios para castigar o povo de Judá (1:5-11; 2:2-20; Dt 28:49-50; 2Rs 24:2; 2Cr 36:17; Jr 4:11-13; Ez 7:24; 21:31; Mq 4:10; At 17:31; Rm 2:16; Ap 6:17).
- **Adoração apropriada a Deus:** Deus não deve ser adorado apenas por causa das bênçãos temporais que concede, mas pelo simples fato de ser quem ele é (3:17-19; Dt 28:1-14; Sl 97:12; Is 12:2; 41:16; 61:10; Lc 1:47; Fp 4:4; Ap 4:10-11).
- **Justificação pela fé:** Os seres humanos são salvos por meio da fé em Deus somente, e não por meio das obras (2:4; Gn 15:6; Lv 18:5; Is 45:25; 50:8-9; Zc 3:4-5; Jo 3:36; Rm 1:17; 5:1; Gl 3:11; Cl 1:22-23; Hb 3:12-14; 10:38).

O CARÁTER DE DEUS

- Deus é glorioso (2:14).
- Deus se ira (3:2).

DESAFIOS DE INTERPRETAÇÃO

As indagações do profeta representam algumas das questões mais fundamentais da vida e as respostas proporcionam uma base sólida para a construção de uma compreensão correta do caráter de Deus e de sua operação soberana na História. O cerne de sua mensagem é o apelo para confiar em Deus (2:4): "o justo viverá pela sua fidelidade".

> ### CRISTO EM HABACUQUE
>
> Embora Habacuque jamais mencione o nome de Cristo, ele se regozija no ministério salvador de Jesus como o "Deus da minha salvação" (3:18). Habacuque também prenuncia a salvação vindoura de Cristo: "Saíste para salvar o teu povo, para libertar o teu ungido" (3:13). Tanto o AT como o NT apontam com clareza para Cristo com o Ungido (Sl 28:8; Dn 9:25-26; At 4:27; 10:38; Hb 1:9).

As referências do NT a esse versículo atribuem importância teológica incomum a Habacuque. O autor de Hebreus cita Habacuque 2:4 para enfatizar a necessidade de o cristão permanecer firme e fiel em meio às aflições e provações (Hb 10:38). Em contrapartida, o apóstolo Paulo emprega o versículo duas vezes (Rm 1:17 e Gl 3:11) para ressaltar a doutrina da justificação pela fé. Embora esses usos diferentes possam indicar um conflito interpretativo, esse não é o caso. Todas as referências do NT apontam para além do ato de fé e incluem a continuidade desta. A fé não é um ato pontual, mas sim um modo de vida, e o verdadeiro cristão, declarado justo por Deus, perseverará na fé ao longo de toda a vida (cf. Cl 1:22-23; Hb 3:12-14). Confiará no Deus soberano que faz somente o que é certo.

ESBOÇO

1. Epígrafe (1:1)

2. As perplexidades do profeta (1:2 a 2:20)

HABACUQUE   301

    a. Sua primeira queixa (1:2-4)

    b. A primeira resposta de Deus (1:5-11)

    c. Sua segunda queixa (1:12 a 2:1)

    d. A segunda resposta de Deus (2:2-20)

3. A oração do profeta (3:1-19)

    a. Súplica pela misericórdia de Deus (3:1-2)

    b. Louvor ao poder de Deus (3:3-15)

    c. Promessa da suficiência de Deus (3:16-19)

ENQUANTO ISSO, EM OUTRAS PARTES DO MUNDO...

O templo de Ártemis, uma das sete maravilhas do mundo, é construído em Éfeso.

RESPOSTAS PARA PERGUNTAS DIFÍCEIS

1. **De que formas as respostas de Deus para as perguntas profundas de Habacuque oferecem ajuda para as pessoas que leem esse livro hoje?**
   As respostas de Deus às indagações do profeta proporcionam um entendimento adequado a respeito do caráter de Deus e de sua operação soberana na História. Em última análise, Habacuque demonstra que o sentido da vida não se encontra em respostas intelectuais bem argumentadas, mas sim na confiança depositada em Deus. O profeta ecoa o tema de uma vida genuinamente santa: "o justo viverá pela sua fidelidade" (2:4). Aqueles que leem o profeta hoje encontrarão um peregrino companheiro que poderá conduzi-los a confiar no Deus em quem ele veio a confiar.

2. **Que impacto tem Habacuque sobre o Novo Testamento?**
   Os autores do NT citaram Habacuque de modo a conferir-lhe importância. O autor de Hebreus citou 2:4 para enfatizar a necessidade de o cristão permanecer forte em meio às tribulações (Hb 10:38). Em contrapartida, o apóstolo Paulo empregou esse versículo duas vezes (Rm 1:17 e Gl 3:11) para ressaltar a doutrina da justificação pela fé.

APROFUNDAMENTO

1. Como Deus respondeu a primeira pergunta de Habacuque (Por que as coisas não são justas, Deus?)?

2. Como Deus respondeu a segunda pergunta de Habacuque (Por que o Senhor não faz algo quando as coisas não são justas, Deus?)?

3. Quando você experimenta lutas e dúvida, como as resolve?

4. Em que aspectos o livro de Habacuque é um tributo à soberania de Deus?

5. Para Habacuque, qual era a suprema fonte de esperança nesse mundo?

Sofonias

Abrigo em meio ao castigo

TÍTULO

Como é o caso nos escritos de todos os doze Profetas Menores, essa profecia leva o nome de seu autor, que provavelmente significa "o Senhor esconde" (cf. 2:3).

AUTOR E DATA

Sabe-se pouco sobre o autor, Sofonias. No AT, três outros indivíduos compartilham desse nome. Sofonias reconstitui sua genealogia até quatro gerações passadas, chegando ao rei Ezequias (por volta de 715-686 a.C.), e é o único profeta com sangue real (1:1). A genealogia real deve tê-lo ajudado a obter a atenção de Josias, rei de Judá, durante cujo reinado o profeta pregou.

O próprio Sofonias data sua mensagem do reinado de Josias (604-609 a.C.). As condições morais e espirituais descritas no livro (cf. 1:4-6; 3:1-7) parecem posicionar a profecia antes das reformas de Josias, quando Judá ainda definhava em idolatria e perversidade. Em 628 a.C., Josias derrubou todos os altares de Baal, queimou os ossos dos falsos profetas e quebrou as imagens de escultura (2Cr 34:3-7); e, em 622 a.C., o Livro da Lei foi encontrado (2Cr 34:8 a 35:19). Consequentemente, é bem provável que Sofonias tenha profetizado entre 635-625 a.C., e tenha sido, portanto, contemporâneo de Jeremias.

CENÁRIO E CONTEXTO

Sofonias profetizou durante um período de tribulação quase universal. Em termos políticos, a transferência iminente do poder mundial das mãos dos assírios para os babilônios enfraqueceu o domínio exercido por Nínive sobre Judá, fazendo soprar ventos de independência sobre o Reino do Sul pela primeira vez em cinquenta anos. O desejo do rei Josias de manter sua recém obtida liberdade das tributações e subserviência sem dúvida o levou a interferir posteriormente na tentativa do Egito de impedir a fuga do rei de Nínive em 609 a.C. (cf. 2Cr 35:20-27). Em termos espirituais, os reinados de Manassés (c. 695-642 a.C.), filho de Ezequias, que se estendeu por mais de quatro décadas, e de seu neto, Amom (por volta de 642-640 a.C.), que durou apenas dois anos, foram marcados por perversidade e rebeldia espiritual (2Rs 21; 2Cr 33). Os primeiros anos do reinado de Josias também foram caracterizados pela perversidade de seu pai (2Rs 23:4). Em 622 a.C., porém, enquanto fazia reparos na casa do Senhor, o sumo sacerdote Hilquias encontrou o Livro da Lei (2Rs 22:8). A leitura do Livro impeliu Josias a iniciar um extenso plano de reformas (2Rs 23). Foi durante os primeiros anos do reinado de Josias, antes do grande reavivamento, que Sofonias, o profeta

SOFONIAS **303**

da undécima hora, profetizou e, sem dúvida, exerceu influência sobre as amplas reformas realizadas por Josias durante o seu reinado. Os reis perversos que governaram
antes de Josias por 55 anos, porém, haviam deixado marcas tão profundas que Judá
nunca se recuperou. Os efeitos de meio século de liderança perversa deixaram uma
nação atolada no pecado, e as reformas do rei Josias resultaram apenas em mudanças
superficiais. Até a descoberta da Lei de Deus nos escombros do templo após o tempo
de Sofonias teve pouco efeito em longo prazo sobre o comportamento do povo. As
reformas de Josias foram tardias demais e não sobreviveram à sua morte.

PRINCIPAIS PERSONAGENS

- **Sofonias**: profeta que advertiu Judá sobre o castigo iminente e também sobre a
  esperança futura (1:1-3:20).
- **O povo de Judá:** conduzido pelo rei Josias a se arrepender, mas acabou no cativeiro babilônico (1:2 a 2:3; 3:1-20).

TEMAS HISTÓRICOS E TEOLÓGICOS

A mensagem de Sofonias sobre o dia do Senhor advertiu Judá de que os últimos dias
estavam próximos, mediante o castigo divino que seria executado por Nabucodonosor, por volta de 605-586 a.C. (1:4-13). No entanto, a sua profecia também olha além,
para o cumprimento distante dos castigos da septuagésima semana de Daniel (1:18;
3:8). A expressão "dia do Senhor" é empregada pelo autor com mais frequência do que
por qualquer outro autor do AT, sendo descrita como um dia que está perto (1:7) e um
dia de indignação, angústia, alvoroço, desolação, escuridão, dias de nuvens e densas
trevas, dias de trombeta e de rebate (1:15-16,18). Mesmo em meio a esses oráculos da
ira divina, porém, o profeta exorta o povo a buscar ao Senhor, oferecendo abrigo em
meio ao castigo (2:3) e proclamando a promessa de salvação futura para o remanescente fiel (2:7; 3:9-20).

PALAVRAS-CHAVE

Humildes: em hebraico, *'anav* — 2:3 —, algumas versões da Bíblia trazem "mansos". Esse
termo deriva de um verbo que significa "estar curvado" ou "estar aflito" (Sl 116:10). Formas
dessa palavra ocorrem duas vezes em 2:3 — a primeira tradução é "humildes" e a segunda
é "humildade". Muitas vezes, essa palavra se refere aos necessitados ou oprimidos (veja
Pv 14:21; Am 2:7). Mas também significa força de caráter ao enfrentar o sofrimento sem
ressentimento. Tal caráter está fundamentado numa sólida fé em Deus e em sua bondade e
numa firme submissão à vontade de Deus.

PRINCIPAIS DOUTRINAS

- **O dia do Senhor:** (1:7,14-16,18; 3:8; Is 2:12; 13:6,9; Ez 13:5; 20:3; Jl 1:15; 2:1,11,31;
  3:14; Am 5:18-20; Ob 1-21; Zc 14:1; Ml 4:5).

- **A graça de Deus em meio ao castigo:** (2:3; 3:14-20; Sl 45:2; Is 26:20; Jl 2:14; Am 5:14-15; Zc 12:10; Rm 5:21; 2Co 12:9; Hb 4:16).
- **Salvação para o remanescente fiel:** (2:7; 3:9-20; Is 35:4; 45:17; Jr 29:14; Mq 5:7-8; Zc 9:16; Jo 3:16; Lc 1:68; At 5:31; Rm 11:26).

O CARÁTER DE DEUS

- Deus castiga (1:2-3; 2:2; 3:6-7).
- Deus é justo (3:5).
- Deus é amoroso (3:17).
- Deus se ira (1:14-18).

DESAFIOS DE INTERPRETAÇÃO

O livro apresenta uma denúncia ambígua do pecado e advertência sobre o castigo prestes a sobrevir a Judá. Alguns estudiosos associam a frase "Então purificarei os lábios dos povos" (3:9) com a restauração de uma língua universal, semelhante a que existia antes da confusão de línguas na torre de Babel (Gn 11:1-9). Eles afirmam que a palavra "lábios" também aparece em Gn 11:7, onde é traduzida como "linguagem". Parece mais apropriado, porém, entender que a passagem aponta para uma purificação do coração e da vida veja o item "Respostas para perguntas difíceis", para mais detalhes sobre essa questão.

> ### CRISTO EM SOFONIAS
>
> Embora Sofonias retrate explicitamente o juízo de Deus, Cristo está presente como o "poderoso" que trará salvação à terra (3:17). O próprio Cristo fez alusões a Sofonias (1:3, veja Mt 13:41; e 1:15, veja Mt 24:29), ligando as profecias de Sofonias com sua segunda vinda.

ESBOÇO

1. Epígrafe (1:1)

2. O castigo do Senhor (1:2 a 3:8)
- a. Sobre toda a terra (1:2-3)
- b. Sobre Judá (1:4 a 2:3)
- c. Sobre as nações vizinhas (2:4-15)
  - Filístia (2:4-7)
  - Moabe/Amom (2:8-11)
  - Etiópia (2:12)
  - Assíria (2:13-15)
- b. Sobre Jerusalém (3:1-7)
- c. Sobre todas as nações (3:8)

3. A bênção do Senhor (3:9-20)
- a. Para as nações (3:9-10)
- b. Para Judá (3:11-20)

SOFONIAS   305

ENQUANTO ISSO, EM OUTRAS PARTES DO MUNDO...

Na Índia, o bramanismo se desenvolve com a conclusão dos Vedas, escritos sagrados da religião, educação e filosofia.

RESPOSTAS PARA PERGUNTAS DIFÍCEIS

1. **Até que ponto é válida a interpretação de 3:9: "Então purificarei os lábios dos povos" como uma antecipação profética da restauração divina de uma linguagem universal?**
   Embora algumas pessoas argumentem que essa passagem se refere à revogação da decisão de Deus de confundir as línguas na torre de Babel (Gn 11:1-9), o contexto da frase não fornece muito respaldo a essa interpretação. Embora seja verdade que a palavra "lábios" em Sofonias seja idêntica àquela usada em Gênesis, o contexto geral indica que Sofonias tinha em mente uma purificação do coração e da vida (Sf 3:13). No AT, o termo em questão é traduzido com mais frequência como "lábios". Quando combinado com "puros", a referência à fala diz respeito à purificação interior do pecado (Is 6:5) manifestado, no modo de falar (cf. Mt 12:34), que inclui a eliminação dos nomes de falsos deuses dos lábios do povo (Os 2:17). É improvável que Sofonias tivesse em mente uma única língua universal.

APROFUNDAMENTO

1. Por que Deus expressou uma reação tão forte à adoração de ídolos?
2. Que aspectos Sofonias revelou sobre o que ele chama de "grande dia"?
3. No livro de Sofonias, o que misericórdia tinha a ver com castigo?
4. Em que aspectos as pessoas estavam vivendo de modo ofensivo a Deus?
5. À medida que você lê a acusação do povo, pense nas formas como as pessoas de hoje praticam essas mesmas atitudes em relação a Deus.

Ageu

Deus terá o seu templo

TÍTULO

A profecia leva o nome de seu autor. Uma vez que esse nome significa "festivo", sugere que Ageu nasceu num dia de festa. Depois de Obadias, é o livro mais curto do AT e é citado uma vez no NT (cf. Hb 12:26).

AUTOR E DATA

Muito pouco se sabe a respeito de Ageu à parte dessa breve profecia. Ele é mencionado de passagem em Esdras 5:1 e 6:14, em ambas as ocasiões juntamente com o profeta Zacarias. A lista de refugiados em Esdras não menciona Ageu e não há nenhuma indicação quanto à sua ascendência ou linhagem tribal. A história também não fornece nenhum registro de sua ocupação. É a única pessoa do AT com esse nome, apesar da ocorrência de nomes semelhantes (cf. Gn 46:16; Nm 26:15; 2Sm 3:4; 1Cr 6:30). De acordo com Ageu 2:3, é possível que o profeta também tenha visto a glória do templo de Salomão antes de sua destruição e, portanto, estivesse com pelo menos 70 anos de idade quando escreveu a sua profecia.

A data da profecia não apresenta nenhuma ambiguidade ou controvérsia. A ocasião de cada uma de suas quatro profecias é claramente especificada (1:1; 2:1; 2:10; 2:20) num período de quatro meses no segundo ano (por volta de 520 a.C.) do rei persa Dario Histaspes (por volta de 521-486 a.C.). É bem provável que Ageu tenha voltado da Babilônia para Jerusalém com Zorobabel 18 anos antes, em 538 a.C.

CENÁRIO E CONTEXTO

Em 538 a.C., como resultado da proclamação de Ciro da Pérsia (cf. Ed 1:1-14), Israel pôde deixar a Babilônia e voltar para sua terra natal sob a liderança civil de Zorobabel e a direção espiritual do sumo sacerdote Josué (cf. Ed 3:2). Cerca de cinquenta mil judeus voltaram. Em 536 a.C., começaram a reconstruir o templo (cf. Ed 3:1 a 4:5), mas a obra foi abandonada em virtude da oposição dos povos vizinhos e à indiferença dos judeus (cf. Ed 4:1-24). Dezesseis anos depois, Ageu e Zacarias foram incumbidos por Deus de encorajar o povo a não apenas reconstruir o templo, mas também a reorganizar suas prioridades espirituais (cf. Ed 5:1 a 6:22). Seu ministério resultou na conclusão do templo quatro anos mais tarde (por volta de 516 a.C.; cf. Ed 6:15).

PRINCIPAIS PERSONAGENS

- **Ageu**: profeta de Judá após o retorno do exílio babilônico; impeliu o povo a reconstruir o templo (1:3 a 2:23).

AGEU   307

- **Zorobabel:** liderou os judeus durante a saída do exílio babilônico; serviu como o representante oficial da dinastia davídica; chamado de "anel de selar" (1:1 a 2:23).
- **Josué:** sumo sacerdote de Judá; colíder, juntamente com Zorobabel (1:1 a 2:4).
- **O povo de Judá:** encorajado por Ageu a concluir a reconstrução do templo (1:2,12; 2:2).

OS TEMPLOS DA BÍBLIA

Identificação	Data	Descrição	Referências
O tabernáculo (templo móvel)	Por volta de 1444 a.C.	Plano detalhado recebido do Senhor por Moisés. Construído por artesãos divinamente designados. Profanado por Nadabe e Abiú.	Êx 25 a 30; 35:30 a 40:38; Lv 10:1-7
O templo de Salomão	966-586 a.C.	Planejado por Davi. Construído por Salomão. Destruído por Nabucodonosor.	2Sm 7:1-29; 1Rs 8:1-66
O templo de Zorobabel	516-169 a.C.	Dado por meio de visão à Zorobabel. Construído por Zorobabel e os anciãos dos judeus. Profanado por Antíoco Epífanes.	Ed 3:1-8; 4:1-14; 6:1-22
O templo de Herodes	19 a.C.-70 d.C.	O templo de Zorobabel restaurado por Herodes, o Grande. Destruído pelos romanos.	Mc 13:2,4-23; Lc 1:11-20; 2:22-38; 2:42-51; 4:21-24; At 21:27-33
O templo atual	Era atual	Encontrado no coração do cristão. O corpo do cristão é o único templo do Senhor, até que o Messias volte.	1Co 6:19-20; 2Co 6:16-18
O templo de Apocalipse 11	Período de tribulação	A ser construído pelo anticristo durante a tribulação. A ser profanado e destruído.	Dn 9:2; Mt 24:15; 2Ts 2:4; Ap 17:1
O templo de Ezequiel (milênio)	Milênio	Dado por meio de visão ao profeta Ezequiel. A ser construído pelo Messias durante o seu reinado milenar.	Ez 40:1 a 42:20; Zc 6:12-13
O templo eterno da presença de Deus	O reino eterno	O maior templo de todos ("o Senhor Deus Todo-poderoso e o Cordeiro são o seu templo"). Um templo espiritual.	Ap 21:22; 22:1-21

O templo (*hieron*, em grego) é um local de adoração, um espaço sagrado e santo construído primariamente para a adoração nacional a Deus.

TEMAS HISTÓRICOS E TEOLÓGICOS

O tema central é a reconstrução do templo do Senhor, que estava em ruínas desde a sua destruição por Nabucodonosor em 586 a.C. Por meio das cinco mensagens do Senhor, Ageu exorta o povo a renovar seus esforços para construir a casa do Senhor. Para motivá-los, o profeta mostra que as secas e as más colheitas eram causadas por eles terem suas prioridades espirituais posicionadas incorretamente (1:9-11).

No entanto, para Ageu, a reconstrução do templo não era um fim em si. O templo representava o lugar de habitação de Deus, sua presença manifesta no meio de seu povo escolhido. A destruição do templo por Nabucodonosor ocorreu depois que a glória de Deus deixou o templo (cf. Ez 8 a 11); para o profeta, a reconstrução do templo era um convite à volta da presença de Deus no meio de Israel. Ageu usa a situação histórica como ponto de partida para celebrar a glória suprema do templo messiânico definitivo que ainda estava por vir (2:7), incentivando as pessoas com a promessa de paz (2:9), prosperidade (2:19), governo divino (2:21-22) e bênçãos nacionais (2:23) ainda maiores durante o milênio.

PALAVRAS-CHAVE

Anel de selar: em hebraico, *chotham* — 2:23 —, deriva de uma raiz verbal que significa "fixar um selo", "selar" ou "prender por meio de selo". Nos tempos do AT, o anel de selar era uma pedra gravada e colocada num anel, numa pulseira ou numa braçadeira de prata ou ouro (veja Ct 8:6). Quando pressionada sobre cera ou argila, o anel deixava a impressão da insígnia pessoal de seu portador (veja Êx 28:11,21,36; 39:6,14,30). O anel de selar era como uma carteira ou distintivo de identificação no mundo antigo (Gn 38:18). Simbolizava *status* ou posição e a natureza vinculante da autoridade anexa aos itens selados pelo anel (1Rs 21:8; Jó 38:14). A comparação de Zorobabel a um anel de selar (2:23) possui implicações messiânicas, uma vez que ele reverteria a maldição de Jeremias sobre a dinastia do rei Joaquim e restauraria a autoridade real à linhagem do rei Davi (Jr 22:24-30).

PRINCIPAIS DOUTRINAS

- **A presença de Deus no templo:** (1:7-8; 2:7-9; 1Rs 8:10-11; 2Cr 5:13-14; Ez 43:5; 1Co 6:19-20; 2Co 6:16-18; Ap 21:22; 22:1-21).
- **A obediência das pessoas que temiam a Deus:** (1:12-15; Dt 11:8; 1Cr 24:19; 2Cr 19:9; Ed 5:2; Pv 15:33; Cl 2:6-7; 3:22).

O CARÁTER DE DEUS

- Deus é glorioso (2:1-9).

DESAFIOS DE INTERPRETAÇÃO

A ambiguidade interpretativa mais evidente na profecia de Ageu é a expressão "as quais [todas as nações] trarão para cá os seus tesouros" (2:7). Embora haja várias traduções, existem basicamente apenas duas interpretações. Alguns argumentam que ela se refere a Jerusalém (cf. Is 60:11; 61:6). É mais provável, porém, que seja uma referência ao Messias, o Libertador pelo qual anseiam todas as nações. Veja a seção "Respostas para perguntas difíceis" para mais detalhes sobre essa questão.

CRISTO EM AGEU

O livro de Ageu revela a importante posição ocupada por Zorobabel na linhagem messiânica de Davi. Sua posição, ilustrada por um anel de selar (2:23; veja o quadro "Palavras-Chave"), deu continuidade à linhagem real de Davi, por meio da qual Cristo viria. O nome "Zorobabel" é encontrado tanto na ascendência de Maria (Lc 3:27) como de José (Mt 1:12), demonstrando sua importância em unir os ramos da linhagem de Cristo.

ESBOÇO E CRONOLOGIA

Tema	Referência	Ano	Mês	Dia
I. A repreensão pela desobediência	1:1-11	2	6	1
II. O remanescente atende e constrói	1:12-15	2	6	24
III. A volta da glória de Deus	2:1-9	2	7	21
IV. Questões religiosas	2:10-19	2	9	24
V. O reino do Senhor	2:20-23	2	9	24

ENQUANTO ISSO, EM OUTRAS PARTES DO MUNDO...

Abandonando as conveniências da vida palaciana, Buda deixa seu lar para iniciar seus estudos filosóficos. Em 521 a.C., prega seu primeiro sermão na cidade sagrada de Benares.

RESPOSTAS PARA PERGUNTAS DIFÍCEIS

1. **O que exatamente quis dizer Ageu ao empregar a expressão "as quais [todas as nações] trarão para cá os seus tesouros" (2:7)?**
   Várias traduções da frase original têm sido oferecidas, mas apenas duas interpretações parecem ser possíveis. Apontando para "Tanto a prata quanto o ouro me

pertencem" (2:8), assim como para referências como Isaías 60:5 e Zacarias 14:14, algumas pessoas argumentam que Ageu tinha em mente a cidade de Jerusalém, para onde as riquezas das nações serão trazidas durante o milênio. É mais provável, porém, que essa expressão seja uma referência ao Messias, o Libertador pelo qual anseiam todas as nações. Além de essa interpretação ser corrobada pelos rabinos da antiguidade e pela igreja primitiva, a menção da "glória" no versículo 9 sugere uma referência pessoal ao Messias (cf. Is 40:5; 60:1; Lc 2:32).

APROFUNDAMENTO

1. Quais foram as abordagens e os argumentos usados por Ageu para convencer o povo a reconstruir o templo?
2. A partir de Ageu, ilustre o conceito de prioridades.
3. O que Deus fez para advertir e incentivar o povo a trabalhar?
4. Que mensagem especial Deus entregou a Zorobabel, o líder dos israelitas, por meio de Ageu?
5. Quais tarefas em longo prazo a serem realizadas para Deus você assumiu em sua vida?

Zacarias

Preparação para a vinda do Messias

TÍTULO

A tradição universal, tanto dos judeus quanto dos cristãos, apoia a autoria do profeta Zacarias. Outros 29 homens do AT têm esse mesmo nome, que significa "o SENHOR se lembra". Em termos de abrangência dos escritos proféticos acerca do Messias, esse livro fica aquém apenas de Isaías.

AUTOR E DATA

Como Jeremias e Ezequiel, Zacarias também era sacerdote (Ne 12:12-16). De acordo com a tradição, era membro da Grande Sinagoga, um conselho com 120 membros criado por Neemias e presidido por Esdras. Posteriormente, esse conselho se transformou no Sinédrio, o grupo de anciãos que governava a nação. Zacarias nasceu na Babilônia e acompanhou o seu avô, Ido, no primeiro grupo de exilados que regressaram para Jerusalém sob a liderança de Zorobabel e do sumo sacerdote Josué (cf. Ne 12:4). Uma vez que Zacarias é mencionado ocasionalmente como filho de seu avô (cf. Ed 5:1; 6:14; Ne 12:16), acredita-se que seu pai, Baraquias, morreu quando Zacarias ainda era jovem demais para sucedê-lo como sacerdote.

As palavras de abertura de Zacarias são datadas de 520 a.C., o segundo ano de Dario I (cf. 1:1). Ciro, o imperador persa, havia morrido e sido sucedido por Cambises (por volta de 530-521 a.C.), que conquistou o Egito. Quando Cambises, que não possuía filhos, cometeu suicídio, Dario subiu ao trono ao suprimir uma revolução. Zacarias foi contemporâneo de Ageu e começou a profetizar dois meses depois dele (cf. "Cenário e contexto" de Ageu). É chamado de "jovem" em 2:4, o que sugere que Ageu era mais velho do que ele. Não se sabe ao certo a duração de seu ministério; a última profecia com data (7:1) foi transmitida cerca de dois anos depois da primeira, num período correspondente ao do ministério de Ageu (520-518 a.C.). Acredita-se que os capítulos 9 a 14 sejam de um período posterior de seu ministério. As diferenças de estilo e referências à Grécia indicam uma data por volta de 480-470 a.C., depois de Dario I (por volta de 521-486 a.C.), durante o reinado de Xerxes (por volta de 486-464 a.C.), o rei que escolheu Ester para ser rainha da Pérsia. Segundo Mateus 23:35, Zacarias foi assassinado entre o templo e o altar, um fim semelhante ao de outro homônimo de tempos mais antigos (cf. 2Cr 24:20-21), que foi apedrejado até à morte.

CENÁRIO E CONTEXTO

O contexto histórico de Zacarias é o mesmo do seu contemporâneo, Ageu (cf. "Cenário e Contexto" de Ageu). Em 538 a.C., Ciro da Pérsia libertou os cativos de Israel para que voltassem para a sua terra natal (cf. Ed 1:14), e cerca de cinquenta mil cativos regressaram à Babilônia. Imediatamente, começaram a reconstruir o templo (cf. Ed 3:1 a 4:5), mas em decorrência da oposição de seus vizinhos e da indiferença dos próprios judeus, a obra foi abandonada (cf. Ed 4:24). Dezesseis anos mais tarde (cf. Ed 5:1-2), Zacarias e Ageu foram incumbidos pelo Senhor de incentivar o povo a reconstruir o templo e, passados quatro anos, em 516 a.C., a reconstrução do templo foi concluída (Ed 6:15).

PALAVRAS-CHAVE

Anjo: em hebraico, *mal'ak* — 1:9,13; 2:3; 3:1,5; 4:1; 5:5; 6:5; 12:8 —, pode se referir a seres angelicais (4:1,5; Gn 19:1; Sl 91:11), mensageiros humanos (Gn 32:3; Dt 2:26) ou embaixadores (Is 30:4; Ez 17:15). Um uso especial é a manifestação da divindade conhecida como "Anjo de Deus" ou "Anjo do Senhor" no AT (1:11; 3:6; veja Gn 16:7-13; 21:17; 22:15; Êx 14:19). No AT, profetas (Ag 1:13) e sacerdotes (Ml 2:7) atuam como mensageiros de Deus. Em Zacarias, anjos trazem revelações de Deus sobre o futuro e interpretam sonhos e visões (1:14; 6:4-5). Jesus identificou o mensageiro que preparou o caminho para o dia do Senhor, prenunciado em Malaquias 3:1, como João Batista (Mt 11:10-11).

Renovo: em hebraico, *tsemach* — 3:8; 6:12 —, significa "rebento" ou "broto". É um dos títulos do Messias, o "Renovo", que brotaria da linhagem real de Davi, uma dinastia que havia sido interrompida com o exílio babilônico (Is 11:1). Muitos dos profetas prometeram que um rei da linhagem de Davi reinaria em justiça (Jr 23:5-6) e, como sacerdote, reestabeleceria a verdadeira adoração do Senhor (6:12-13). Em seu ministério, Jesus Cristo cumpriu essas predições ao desempenhar um papel real (veja Jo 12:13-15; 1Tm 6:13-16) e um papel sacerdotal (veja Hb 4:14).

PRINCIPAIS PERSONAGENS

- **Zacarias**: profeta de Judá após o exílio; incentivou o povo a terminar a reconstrução do templo (1:1 a 14:20).
- **Zorobabel**: líder dos exilados; executou o trabalho no templo (4:6-10).
- **Josué**: sumo sacerdote de Israel depois do retorno do remanescente para Israel (3:1-10; 6:11-13).
- **Os judeus reconstruindo o templo**: que retornaram à Jerusalém após o exílio babilônico para obedecer a Deus (1:16; 4:9; 6:15; 8:13).

TEMAS HISTÓRICOS E TEOLÓGICOS

Zacarias se uniu a Ageu para despertar o povo de sua indiferença, desafiando-o a retomar a obra do templo. O objetivo maior de Ageu era a reconstrução do templo; sua mensagem é transmitida em tom de censura pela indiferença, pelo pecado e pela falta de confiança do povo em Deus. Ageu foi usado para dar início ao reavivamento, ao passo que o papel de Zacarias foi manter o povo animado por meio de uma ênfase mais positiva, chamando os judeus ao arrependimento e assegurando-lhes repetidamente o cumprimento de bênçãos futuras. Zacarias procurou incentivar o povo a trabalhar na obra do templo com a promessa de que, um dia, o Messias viria para habitá-lo. Incentivou os judeus a construir não apenas pensando no presente, mas também na esperança da vinda futura do Messias. Reanimou o povo ainda oprimido pelas potências gentílicas (1:8-12) com a realidade de que o Senhor não havia se esquecido das promessas da aliança e os restauraria e abençoaria. O nome do livro (que significa "o Senhor se lembra") contém, em forma de semente, o tema da profecia.

AS VISÕES DE ZACARIAS

As visões de Zacarias tinham significado histórico em seus dias, mas também têm significado para todos os tempos. Deus salvará o seu povo e trará julgamento sobre os ímpios.

Visão	Significado
O homem e os cavalos entre as murtas (1:8)	O Senhor será novamente misericordioso para com Jerusalém (1:14,16-17)
Quatro chifres e quatro artesãos (1:18-20)	Aqueles que dispersaram Judá são expulsos (1:21)
O homem com uma corda de medir (2:1)	Deus será um muro de fogo protetor ao redor de Jerusalém (2:3-5)
A purificação de Josué (3:4)	O servo, o Renovo, vem para salvar (3:8-9)
O candelabro de ouro e as oliveiras (4:2-3)	O Senhor concede poder a Israel por meio de seu Espírito (4:6)
O pergaminho que voava (5:1)	A desonestidade é amaldiçoada (5:3)
A mulher dentro de um cesto (5:6-7)	A impiedade será removida (5:9)
Quatro carruagens (6:1)	Os espíritos do céu executam o julgamento sobre toda a terra (6:5,7)

Esse "apocalipse do AT", como muitas vezes é chamado, é relevante tanto para os ouvintes imediatos de Zacarias quanto para os ouvintes e leitores futuros. Essa característica se deve à estrutura da profecia, uma vez que o profeta inicia cada uma das três seções principais (capítulos 1 a 6; 7 e 8; 9 a 14) com referências históricas, mas, logo em seguida, avança no tempo e trata do segundo advento, quando o Messias voltará para o seu templo a fim de estabelecer seu reino aqui na terra.

Zacarias é o livro mais messiânico (com referências a Cristo, o Messias) e apocalíptico em seu debate sobre o fim dos tempos. Consiste, acima de tudo, numa profecia acerca de Jesus Cristo que focaliza a sua glória vindoura com o propósito de consolar Israel (cf. 1:13, 17). Embora seja repleto de visões, profecias, sinais, visitantes celestiais e da voz de Deus, o livro também é pratico e trata de questões como o arrependimento, o cuidado divino, a salvação e a vida de santidade. Pouco tempo depois, a profecia cessaria por mais de quatrocentos anos, até João Batista, de modo que Deus usou Zacarias para transmitir uma promessa rica e abundante para o futuro, a fim de sustentar o seu remanescente fiel durante os anos de silêncio.

PRINCIPAIS DOUTRINAS

- **Arrependimento**: o verdadeiro arrependimento requer mais que meras palavras; é necessário que a atitude mude também (1:1-6; 7:8-14; Is 31:6; 44:22; Jr 3:12; 18:11; Ez 18:30; Mq 7:19; Ml 3:7-10; Lc 15:20; Tg 4:8; 1Co 10:11; 2Co 6:6; Ap 21:3).
- **Cuidado divino**: a glória vindoura de Jesus Cristo consolará Israel (1:13,17; Sl 23:4; Is 30:26; 40:1-2; 51:3; Jr 29:10; 50:4; Os 6:1; 14:4; 2Co 1:3-7; Fp 2:1-2; 2Ts 2:16-17).
- **A rejeição do Messias em sua primeira vinda:** (9:1 a 11:7; 13:7-9; Sl 22:1-18; Is 52:13-15; 53:1-12; At 2:23; 1Pe 1:18-20).
- **A aceitação do Messias em sua segunda vinda:** (12:1 a 14:21; Jr 33:15-16; Dn 7:13-14; Rm 14:11; Fp 2:10; Ap 16:15).
- **Vida de santidade:** (7:1-7; Lv 20:7; Is 1:10-15; 58:3-9; Ec 3:12; Ef 5:1; Fp 1:21; Cl 3:12; 2Tm 3:16-17).

O CARÁTER DE DEUS

- Deus é bom (9:17).

DESAFIOS DE INTERPRETAÇÃO

Embora apresente vários desafios para o leitor, duas passagens proféticas são particularmente difíceis de interpretar. Em 11:8, o Bom Pastor "em um só mês [se livrou] dos três pastores". A presença do artigo definido indica familiaridade; assim, os judeus conheciam a identidade desses três pastores e não era preciso descrevê-los em detalhes. A referência não é tão simples para o leitor moderno. Várias sugestões são propostas para a identidade dessas pessoas. De acordo com uma das interpretações mais antigas, e provavelmente a mais correta, os três pastores são três grupos de líderes: os sacerdotes, os anciãos e os escribas de Israel. Durante o seu ministério na terra, Jesus também confrontou a hipocrisia dos líderes religiosos de Israel (cf. Mt 23) e os repudiou com acusações severas seguidas da destruição de Israel como

CRISTO EM ZACARIAS

O livro de Zacarias está repleto de passagens que prenunciam a vinda do Messias. Cristo é retratado como "meu servo, o Renovo" (3:8), "sacerdote no trono" (6:13) e "aquele a quem traspassaram" (12:10). Zacarias descreve Cristo como humilde e triunfante. Ele é o rei que traz a salvação, mas vem "humilde e montado num jumento" (9:9).

ZACARIAS 315

nação em 70 d.C. Desde a vinda de Cristo, o povo judeu não teve mais nenhum profeta, sacerdote ou rei.

Existe também controvérsia a respeito da identidade do indivíduo que tinha "feridas [...] no seu corpo" (13:6). Há quem o identifique com Cristo, considerando as feridas uma referência à sua crucificação. Cristo, porém, não poderia negar que era profeta nem poderia afirmar que era lavrador e havia sido ferido na casa de seus amigos. Sem dúvida, a passagem descreve um falso profeta (cf. v. 4-5) ferido num culto idólatra. O zelo pelo Senhor será tão grande no reino do Messias que os idólatras tentarão ocultar sua identidade de todas as maneiras, mas as cicatrizes que levam no corpo revelarão a sua iniquidade.

ESBOÇO

1. Chamado ao arrependimento (1:1-6)

2. Oito visões noturnas de Zacarias (1:7 a 6:15)
   a. O homem entre as murtas (1:7-17)
   b. Quatro chifres e quatro artesãos (1:18-21)
   c. O homem com uma corda de medir (2:1-13)
   d. A purificação do sumo sacerdote (3:1-10)
   e. O candelabro de ouro e as duas oliveiras (4:1-14)
   f. O pergaminho que voava (5:1-4)
   g. A mulher dentro de um cesto (5:5-10)
   h. Quatro carruagens (6:1-8)
   i. Apêndice: a coroação do sumo sacerdote Josué (6:9-15)

3. Quatro mensagens de Zacarias (7:1 a 8:23)
   a. Pergunta sobre o jejum (7:1-13)
   b. Quatro respostas (7:4 a 8:23)
   • Repreensão pelas motivações erradas (7:4-7)
   • Necessidade de arrependimento (7: 8-14)
   • Restauração do favor (8:1-17)
   • Jejuns transformados em festas (8:18-23)

4. Duas sentenças de Zacarias (9:1 a 14:21)
   a. A rejeição do Messias na primeira vinda (9:1 a 11:17)
   b. A aceitação do Messias na segunda vinda (12:1 a 14:21)

ENQUANTO ISSO, EM OUTRAS PARTES DO MUNDO...

Dois filósofos de importância mundial nasceram com um ano de diferença (em 550 e 551 a.C.) e morreram com um ano de diferença (em 480 e 479 a.C.): Gautama Buda, que deu origem ao budismo, e Confúcio, o renomado filósofo chinês.

RESPOSTAS PARA PERGUNTAS DIFÍCEIS

1. **Por que Zacarias é às vezes chamado de "Apocalipse do Antigo Testamento"?**
   A mensagem de Zacarias funciona mais ou menos como a do livro de Apocalipse. Suas profecias são relevantes tanto para os ouvintes imediatos de Zacarias quanto para gerações futuras. Essa característica se deve à estrutura da profecia, uma vez que o profeta inicia cada uma das três seções principais (capítulos 1 a 6; 7 e 8; 9 a 14) com referências históricas, mas, logo em seguida, avança no tempo e trata do segundo advento, quando o Messias voltará para o seu templo, a fim de estabelecer seu reino aqui na terra.

   O profeta lembrou o povo de que o Messias tinha um compromisso imediato e em longo prazo. As palavras de Zacarias eram, portanto, "boas e confortadoras" (1:13) tanto para os exilados do tempo do profeta como para o remanescente do povo escolhido de Deus nesse dia futuro. É essa função dupla de falar para o presente e para o futuro que leva algumas pessoas a conferir a Zacarias o título de "Apocalipse do Antigo Testamento".

APROFUNDAMENTO

1. Como você aplica em sua vida o conhecido versículo de Zacarias 4:6?
2. A qual evento histórico Zacarias 12:10 se refere?
3. De que maneiras Zacarias falou sobre o ciúme de Deus?
4. Como Zacarias adicionou sua voz à de Ageu para incentivar o povo a reconstruir o templo?
5. O que Zacarias tem a dizer a respeito de eventos futuros além do tempo de Cristo?

Malaquias
Últimas palavras proféticas

TÍTULO

O título do livro deriva do nome do autor da profecia, Malaquias. Com essa obra final dos Profetas Menores, Deus encerra o cânone do AT em termos históricos e proféticos.

AUTOR E DATA

Alguns sugerem que o livro tenha sido escrito por um autor anônimo, sob a alegação que o nome Malaquias, que significa "meu mensageiro" ou "mensageiro do SENHOR", poderia ser um título, e não um nome próprio. É ressaltado o fato de que o nome Malaquias não ocorre em nenhuma outra parte do AT nem no contexto fornecido pelo autor. No entanto, já que todos os outros livros proféticos identificam o seu autor historicamente no cabeçalho de introdução, podemos supor que Malaquias é, de fato, o nome do último profeta de Israel a registrar a sua profecia. A tradição judaica o identifica como um membro da Grande Sinagoga que reuniu e preservou os escritos da Bíblia.

A julgar exclusivamente pelas evidências internas, a profecia foi escrita no fim do século V a.C., mais provavelmente durante o período que Neemias voltou à Pérsia, por volta de 433-424 a.C. (cf. Ne 5:14; 13:6). Os sacrifícios estavam sendo realizados no segundo templo (1:7-10; 3:8), concluído em 516 a.C. (cf. Ed 6:13-15). Vários anos haviam se passado desde então e os sacerdotes haviam se tornado arrogantes e corruptos (1:6 a 2:9). A referência de Malaquias ao "governador" (1:8) pode ser associada ao período de domínio persa sobre Judá, quando Neemias estava visitando a Pérsia (Ne 13:6). Sua ênfase na lei (4:4) coincide com um enfoque semelhante de Esdras e Neemias (cf. Ed 7:14, 25-26; Ne 8:18). Outras preocupações em comum são o casamento com esposas estrangeiras (2:11-15; cf. Ed 9-10; Ne 13:23-27), a retenção do dízimo (3:8-10; cf. Ne 13:10-14) e as injustiças sociais (3:5; cf. Ne 5:1-13). Neemias foi a Jerusalém em 445 a.C., com o propósito de reconstruir os muros da cidade e voltou à Pérsia em 443 a.C. Regressou posteriormente para Israel (por volta de 424 a.C.) para tratar dos pecados descritos por Malaquias (Ne 13:6). É provável, portanto, que Malaquias tenha escrito durante a ausência de Neemias, quase um século depois que Ageu e Zacarias começaram a profetizar. Como em Apocalipse 2 e 3, onde Cristo escreve sobre a situação das igrejas, aqui Deus escreve por intermédio de Malaquias para revelar a Israel o que pensa a respeito da nação.

CENÁRIO E CONTEXTO

Apenas cinquenta mil exilados haviam deixado a Babilônia e regressado para Judá (538-536 a.C.). O templo havia sido reconstruído sob a liderança de Zorobabel (516 a.C.) e o sistema sacrifical havia sido restabelecido. Esdras havia regressado em 458 a.C., seguido por Neemias em 445 a.C. Apenas um século depois, o ritual religioso vazio havia tornado o coração dos Judeus insensível ao grande amor de Deus por eles e levado tanto o povo quanto os sacerdotes a se esquecerem da lei do Senhor. Mala-quias repreende e condena esses abusos, acusando o povo com dureza e chamando--o ao arrependimento. Ao voltar da Pérsia pela segunda vez (por volta de 424 a.C.), Neemias repreendeu os judeus por esses abusos no templo e no sacerdócio, pela não observância do descanso sabático e por terem se divorciado ilegalmente de suas espo-sas judias para se casarem com mulheres gentias (cf. Ne 13).

PALAVRAS-CHAVE

Dia: em hebraico, *yam* — 3:2,17; 4:1,3,5 —, tem uma variedade de usos no AT. Pode se referir às horas de claridade, em contraste à noite (Am 5:8), ou a um dia de 24 horas, assim como determinado dia do mês (Gn 7:11). Pode também se referir a um período, tal como "época" ou colheita (Pv 25:13), ou até a um ano (2Sm 13:23). Essa palavra é utilizada na importante expressão "dia do SENHOR" (veja Is 2:12; Ez 13:5; Jl 1:15; Sf 1:14). Para os profetas, o dia do Senhor será o dia futuro em que Deus triunfará definitivamente sobre todos os seus inimigos. Aquele dia será um dia de grande alegria e bênçãos para os servos fiéis de Deus (Is 2), ao passo que, para os inimigos dele, será um "dia de trevas" (Am 5:18).

Pôr à prova: em hebraico, *bachan* — 3:10 —, significa "testar" ou "submeter a teste" (Jó 23:10; Sl 139:23; Zc 13:9). Pode significar "provar" no sentido de distinguir uma coisa de outra (Jó 34:3). Quando essa palavra é usada para descrever a "provação" de alguém por parte de Deus, significa testar essa pessoa, de modo que a fé dela seja fortalecida (veja Sl 66:10-12; Jr 17:10; 20:12). O desafio de Malaquias aos israelitas para testarem a Deus é um exemplo raro em que as pessoas são incentivadas a colocarem à prova a fidelidade do Senhor (3:10). Essa palavra para "pôr à prova" pode ser contrastada com outro termo hebraico para testar: *nasah*, que é frequentemente empregado com sentido negativo para descrever a forma como Israel estava testando Deus com sua descrença (Êx 17:7; Sl 78:18; 95:9); era uma marca de adultério espiritual (Mt 12:38-39). Segundo Tiago, Deus coloca as pessoas à prova para lhes conceder a coroa da vida, mas ele não tenta ninguém (Tg 1:12-14).

No encerramento de mais de dois milênios de história do AT desde Abraão, nenhuma das promessas gloriosas das alianças abraâmica e davídica e da nova aliança havia se cumprido em sua totalidade. Apesar de alguns luminares na história de Israel, como Josué, Davi e Josias, tudo indicava que os judeus haviam perdido as oportuni-dades de receber o favor de Deus, pois, menos cem anos depois de voltar do cativeiro, já haviam afundado em pecados que excediam as iniquidades anteriores pelas quais o

MALAQUIAS 319

povo de Israel e Judá tinha sido deportado pelos assírios e pelos babilônios. Ademais, o Messias pelo qual esperavam há tanto tempo não havia chegado e a sua vinda não parecia estar próxima.

Malaquias escreve, portanto, a profecia conclusiva do AT, na qual transmite a mensagem divina de castigo sobre Israel pelo seu pecado contumaz e a promessa divina de que, num dia futuro, quando os judeus se arrependerem, o Messias será revelado e as promessas de Deus se cumprirão. Depois disso, Deus se calou por mais de quatrocentos anos, durante os quais as palavras de condenação de Malaquias ecoaram nos ouvidos do povo. Só no final desse período surgiu outro profeta, João Batista, com uma mensagem de Deus: "Arrependam-se, pois o Reino dos céus está próximo" (Mt 3:2). O Messias havia chegado.

PRINCIPAIS PERSONAGENS

- **Malaquias**: profeta de Judá; último profeta do Antigo Testamento antes de João Batista (1:1 a 4:6).
- **Os sacerdotes**: revelam sua infidelidade ao se casarem com mulheres estrangeiras e por interpretarem falsamente a Lei (1:7-8; 2:1-9).
- **O povo de Judá**: os homens se casaram com mulheres gentias e o povo caiu na idolatria (2:11-17).

TEMAS HISTÓRICOS E TEOLÓGICOS

O Senhor se refere repetidamente à sua aliança com Israel (cf. 2:4-5,8,10,14; 3:1) e, com as palavras de abertura, lembra à nação da sua infidelidade para com o amor divino e sua relação de matrimônio com Deus (cf. 1:2-5). O amor de Deus pelo seu povo está presente em todo o livro. Ao que parece, as promessas feitas por profetas anteriores acerca do Messias vindouro que traria consigo o livramento definitivo e uma era de bênçãos, e as palavras de encorajamento das promessas mais recentes (por volta de 500 a.C.), transmitidas por Ageu e Zacarias, só haviam servido para tornar o povo e seus líderes ainda mais obstinados em sua presunção. Acreditavam que podiam manter esse relacionamento de amor por meio de meros rituais formais e, ao mesmo tempo, viver como bem entendessem. O profeta repreende os sacerdotes (1:6 a 2:9) e o povo (2:10-16) com severidade e lembra-os de que a vinda do Senhor, a qual buscavam (3:1), se daria por meio do castigo para refinar, purificar e limpar (3:2-3). O Senhor não desejava apenas que seguissem a lei exteriormente, mas também que a aceitassem interiormente (cf. Mt 23:23). O profeta ataca a corrupção, a perversidade e a falsa segurança ao direcionar os castigos contra a hipocrisia, a infidelidade, a transigência, o divórcio, a falsa adoração e a arrogância do povo.

Malaquias pronunciou a sua profecia na forma de debate, empregando o método de perguntas e respostas. As acusações do Senhor contra o seu povo são respondidas, com frequência, com perguntas cínicas do povo (1:2,6-7; 2:17; 3:7-8,13). Em outras ocasiões, o profeta se apresenta como advogado de Deus num processo legal e propõe perguntas retóricas para o povo com base em suas críticas provocadoras (1:6, 8-9; 2:10,15; 3:2).

Malaquias acusa os sacerdotes e o povo de pelo menos seis pecados deliberados: (1) rejeitar o amor de Deus (1:2-5); (2) recusar dar a Deus a honra que lhe é devida (1:6 a 2:9); (3) desprezar a fidelidade de Deus (2:10-16); (4) redefinir a justiça de Deus (2:17 a 3:6); (5) roubar das riquezas de Deus (3:6-12); e (6) ultrajar a graça de Deus (3:13-15). Em três interlúdios, o profeta anuncia o castigo divino: (1) sobre os sacerdotes (2:1-9); (2) sobre a nação (3:1-6) e (3) sobre o remanescente (3:16 a 4:6).

PRINCIPAIS DOUTRINAS

- **A aliança de Deus com Israel:** (2:4-5,8,10,14; 3:1; Nm 3:44-48; 18:8-24; 25:12; Dt 33:8-11; Ez 34:25).
- **A infidelidade de Israel:** (1:2-5; Js 7:1; 1Cr 5:25; Ed 9:4; Sl 78:8; Is 1:21; Ez 44:10; Os 1:2; Mt 25:29; Lc 12:46; Rm 3:3; 2Tm 2:13).
- **A vinda do Senhor:** (3:1-3; Is 40:3; 63:9; Jr 10:10; Jl 2:11; Na 1:6; Hc 2:7; Mt 11:10; Mc 1:2; Lc 1:76; 7:27; Jo 1:23; 2:14-15).

O CARÁTER DE DEUS

- Deus é amoroso (1:2-3).

A VINDA DE CRISTO

Profecia de Malaquias	Confirmação no Novo Testamento
Como o mensageiro da aliança, Cristo vem ao seu templo (3:1) e purifica o seu povo (3:3)	Cristo purifica o templo (Jo 2:14-17) e santifica o seu povo (Hb 13:12)
Sua vinda traz julgamento (4:1)	Aqueles cujo nomes não constam no Livro da Vida são lançados no lago de fogo (Ap 20:11-15)
Como o sol da justiça, Cristo cura o seu povo (4:2)	Cristo cura a multidão; todas as enfermidades passarão (Mt 12:15; Ap 21:4)
Seu precursor prepara a vinda do Senhor (3:1; 4:5)	João Batista anuncia Cristo (Mt 11:10-14)

DESAFIOS DE INTERPRETAÇÃO

O significado do envio de Elias "antes do grande e temível dia do Senhor" (4:5) é controverso. A profecia se cumpriu em João Batista ou ainda está para se cumprir? Elias será reencarnado? Parece mais apropriado considerar a profecia de Malaquias uma referência a João Batista, e não a uma volta literal de Elias. Para mais detalhes sobre essa questão, veja o item "Respostas para perguntas difíceis".

MALAQUIAS   **321**

ESBOÇO

I. Condenação dos pecados de Israel (1:1 a 2:16)

   a. Lembrete do amor de Deus por Israel (1:1-5)

   b. Repreensão aos sacerdotes (1:6 a 2:9)
- Desprezo pelo altar de Deus (1:6-14)
- Desprezo pela glória de Deus (2:1-3)
- Desprezo pela lei de Deus (2:4-9)

   c. Repreensão ao povo (2:10-16)

2. Declaração de castigo e bênção para Israel (2:17 a 4:6)

   a. A vinda de um mensageiro (2:17 a 3:5)

   b. Chamado ao arrependimento (3:6-12)

   c. A crítica de Israel contra o Senhor (3:13-15)

   d. Consolo para o remanescente fiel (3:16 a 4:6)

CRISTO EM MALAQUIAS

As últimas palavras proféticas do AT ainda revelam esperança na vinda de Cristo, o Messias. Malaquias fala de dois mensageiros: o mensageiro que precederá Cristo, identificado no NT como João Batista (veja Mt 3:3; 11:10,14; 17:12; Mc 1:2; Lc 1:17; 7:26-27; Jo 1:23), e Cristo, "o mensageiro da aliança" (3:1). O livro de Malaquias encerra o AT e marca o início de quatrocentos anos de silêncio profético. No entanto, Malaquias deixa a seus leitores uma marcante proclamação: "aquele que vocês desejam, virá" (3:1).

ENQUANTO ISSO, EM OUTRAS PARTES DO MUNDO...

Os gregos começaram a construir o templo de Zeus em Olímpia e um templo de mármore dedicado ao deus Apolo em Delfos.

RESPOSTAS PARA PERGUNTAS DIFÍCEIS

1. **Em que aspectos João Batista cumpre a última profecia de Malaquias, em que Deus promete enviar o profeta Elias "antes do grande e temível dia do Senhor" (4:5)?**

   A identidade e o significado do "Elias" de Malaquias tem sido alvo de debate. Essa profecia foi cumprida em João Batista ou ainda será cumprida? Estaria Deus anunciando a reencarnação de Elias? As evidências parecem estar a favor de enxergar essa profecia de Malaquias como cumprida em João Batista. Não apenas o anjo anunciou que João Batista iria "adiante do Senhor, no espírito e no poder de Elias" (Lc 1:17), mas também o próprio João Batista afirmou que não era Elias (Jo 1:21). Assim, João foi semelhante a Elias (1) interiormente em "espírito e poder" e (2) exteriormente em seu modo de vida independente, austero e não conformista.

Se os judeus recebessem o Messias, João seria o Elias ao qual a profecia se referia (cf. Mt 11:14; 17:9-13); se rejeitassem o Rei, outro profeta semelhante a Elias seria enviado no futuro, talvez como uma das duas testemunhas (cf. Ap 11:1-19).

APROFUNDAMENTO

1. O que torna Malaquias significativo como o último profeta do AT?
2. Quando Deus fala em Malaquias 3:6, a que conclusões ele quer que as pessoas cheguem?
3. Que diferentes aspectos do pecado foram abordados por Malaquias em suas profecias?
4. O que aprendemos sobre o amor de Deus em Malaquias?
5. Em que aspectos o amor de Deus deixou uma marca permanente em sua vida?

Cronologia do Antigo Testamento

Livro	Data aproximada da escrita	Autor
Jó	Desconhecida	Anônimo
Gênesis	1445-1405 a.C.	Moisés
Êxodo	1445-1405 a.C.	Moisés
Levítico	1445-1405 a.C.	Moisés
Números	1445-1405 a.C.	Moisés
Deuteronômio	1445-1405 a.C.	Moisés
Salmos	1410-450 a.C.	Vários autores
Josué	1405-1385 a.C.	Josué
Juízes	Por volta de 1043 a.C.	Samuel
Rute	Por volta de 1030-1010 a.C.	Samuel (?)
Cântico dos Cânticos	971-965 a.C.	Salomão
Provérbios	971-686 a.C.	Basicamente, Salomão
Eclesiastes	940-931 a.C.	Salomão
1Samuel	931-722 a.C.	Anônimo
2Samuel	931-722 a.C.	Anônimo
Obadias	850-840 a.C.	Obadias
Joel	835-796 a.C.	Joel
Jonas	Por volta de 775 a.C.	Jonas
Amós	Por volta de 750 a.C.	Amós
Miqueias	735-710 a.C.	Oseias
Oseias	750-710 a.C.	Miqueias
Isaías	700-681 a.C.	Isaías
Naum	Por volta de 650 a.C.	Naum
Sofonias	635-625 a.C.	Sofonias
Habacuque	615-605 a.C.	Habacuque
Ezequiel	590-570 a.C.	Ezequiel
Lamentações	586 a.C.	Jeremias
Jeremias	586-570 a.C.	Jeremias

1Reis	561-538 a.C.	Anônimo
2Reis	561-538 a.C.	Anônimo
Daniel	536-530 a.C.	Daniel
Ageu	Por volta de 520 a.C.	Ageu
Zacarias	480-470 a.C.	Zacarias
Esdras	457-444 a.C.	Esdras
1Crônicas	450-430 a.C.	Esdras (?)
2Crônicas	450-430 a.C.	Esdras (?)
Ester	450-331 a.C.	Anônimo
Malaquias	433-424 a.C.	Malaquias
Neemias	424-400 a.C.	Esdras

Introdução ao Período Intertestamentário

Mais de quatrocentos anos separaram os acontecimentos finais (Ne 13:4-30) e a última profecia (Ml 1:1-4:6) registrada no Antigo Testamento (por volta de 424 a.C.) das ações iniciais (Lc 1:5-25) narradas no Novo Testamento (por volta de 424-26 a.C.). Como não houve nenhuma palavra profética de Deus durante esse tempo, esse período é, muitas vezes, chamado de "os quatrocentos anos silenciosos". Entretanto, a história desses anos segue o padrão predito em Daniel (Dn 2:24,45; 7:1-28; 8:1-27; 11:1-35) com precisão exata. Embora a voz de Deus estivesse silente, a sua mão estava ativamente direcionando o curso dos acontecimentos durante esses séculos.

A HISTÓRIA JUDAICA

Como predito por Daniel, o controle da terra de Israel passou do Império Medo-Persa para a Grécia e, depois, para Roma (Dn 2:39-40; 7:5-7). Durante aproximadamente duzentos anos, os judeus foram governados pelo Império Persa (539-332 a.C.). Os persas permitiram que os judeus retornassem, reconstruíssem o templo em Jerusalém e adorassem a Deus ali (2Cr 36:22-23; Ed 1:1-4). Durante cerca de cem anos depois da conclusão do cânone do Antigo Testamento, a Judeia continuou a ser um território persa sob o governo da Síria com o sumo sacerdote exercendo certa autoridade civil. Os judeus tinham permissão para observar suas crenças religiosas sem nenhuma interferência governamental oficial.

Entre 334 a.C. e 331 a.C., Alexandre, o Grande, derrotou o rei persa, Dario III, em três batalhas decisivas, o que deu a ele o controle das terras do Império Persa. A terra de Israel, assim, passou para o controle grego em 332 a.C. (Dn 8:5-7,20-21; 11:3). Alexandre permitiu que os judeus na Judeia seguissem suas leis e garantiu a eles a isenção de impostos durante os anos sabáticos. Entretanto, Alexandre procurou levar a cultura da Grécia (o "helenismo") para as terras que ele havia conquistado, pois queria criar um mundo unificado pela língua e pelo pensamento gregos. Essa política, mantida pelos sucessores de Alexandre, foi tão perigosa para a religião de Israel como o culto a Baal havia sido, porque a maneira grega de viver era sedutora, sofisticada e humanamente atraente, mas completamente ímpia.

Com a morte de Alexandre em 323 a.C., surgiu uma disputa entre seus generais quanto à divisão do seu império (Dn 8:22; 11:4). Ptolomeu I Sóter, fundador dos ptolomeus do Egito, assumiu o controle de Israel, embora um acordo assinado em 301 a.C. designasse a região para Seleuco I Nicátor, fundador dos selêucidas da Síria. Isso causou contínua disputa entre as dinastias selêucida e ptolomaica (Dn 11:5). Os ptolomeus governaram a Judeia de 301 a.C. a 198 a.C. (Dn 11:6-12). Sob o controle dos ptolomeus, os judeus tinham comparativa liberdade religiosa num cenário de opressão econômica.

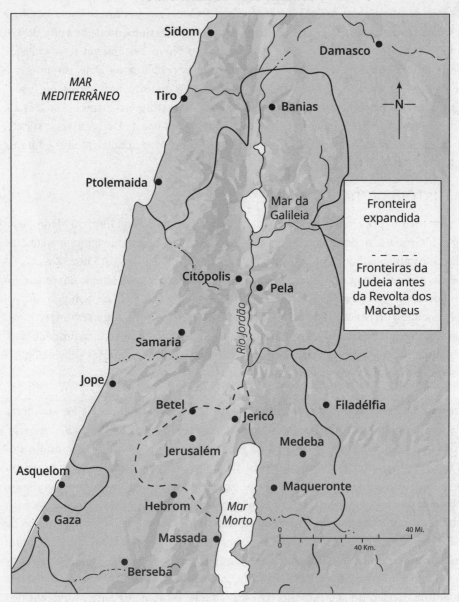

EXPANSÃO SOB OS MACABEUS

Em 198 a.C., Antíoco III, o Grande, derrotou Ptolomeu V e tomou o controle da Palestina (Dn 11:13-16). A Judeia ficou sobre o domínio selêucida até 143 a.C. (Dn 11:17-35). A tolerância inicial dos selêucidas com as práticas religiosas dos judeus chegou ao fim no reinado de Antíoco IV Epífanes (175-164 a.C.). Antíoco profanou e saqueou o templo em Jerusalém em 170 a.C. Em 167 a.C., ele ordenou a helenização da Palestina e proibiu os judeus de seguirem suas próprias leis, observarem os sábados e as festas, fazerem ofertas de sacrifício e circuncidarem seus filhos. Ordenou que cópias da Torá fossem destruídas e altares idólatras fossem erguidos; além disso, exigiu que os judeus oferecessem sacrifícios impuros e comessem carne de porco. Antíoco foi o primeiro monarca pagão a perseguir os judeus por causa da fé que professavam (Dn 8:9-14,23-25; 11:21-35).

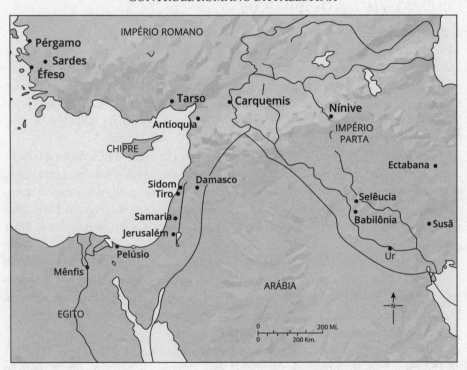

CONTROLE ROMANO DA PALESTINA

Um sacerdote idoso, Matatias, e seus cinco filhos lideraram a resistência judaica contra Antíoco e seus sucessores selêucidas. Isso ficou conhecido como a Revolta dos Macabeus, porque Judas Macabeu (lit., "Martelo") foi o primeiro líder entre os cinco filhos. Depois de 24 anos de guerra (166-142 a.C.), os judeus conseguiram obter a sua independência da Síria por causa da crescente pressão romana sobre os selêucidas. Os descendentes de Matatias fundaram a dinastia dos hasmoneus, um nome derivado de Hasmom, ancestral dos macabeus.

Os hasmoneus assumiram o ofício de sumo sacerdote, embora não pertencessem à linhagem de Zadoque (Nm 25:10-13; Ez 40:46; 48:11). Rapidamente, os hasmoneus começaram a adotar os modos helenísticos, as próprias práticas a que eles, de início, haviam resistido. A influência grega continuou na Palestina de 142 a.C., até 63 a.C. por meio dessa dinastia nativa.

A dinastia dos hasmoneus terminou em 63 a.C., quando Pompeu, um general de Roma, interveio num conflito entre dois pretendentes ao ofício de sumo sacerdote, Aristóbulo II e Hircano II. A Terra Prometida, então, passou para o controle romano (Dn 2:40; 7:7). A constante inquietação levou os romanos a colocar Herodes, o Grande, como rei da Judeia. Ele era idumeu de nascimento, judeu prosélito e totalmente greco-romano quanto aos seus pontos de vista. Reinou na Palestina de 37 a.C. até 4 a.C., e era o "rei dos judeus" quando Jesus nasceu (Mt 2:1-2).

DESENVOLVIMENTOS JUDAICOS

Diáspora. A dispersão de Israel começou com dois exílios, isto é, de Israel para a Assíria (2Rs 17:23) e de Judá para a Babilônia (2Rs 25:21). A maioria dos israelitas não retornou para a Judeia depois do exílio e, assim, se tornaram colonos, não mais cativos, no Império Persa. O movimento geográfico dos israelitas continuou ao longo dos impérios da Grécia e de Roma até que, por volta do século I d.C., os judeus eram encontrados desde a bacia do Mediterrâneo até a Mesopotâmia. Durante o período intertestamentário, a maioria dos israelitas vivia fora da Palestina.

Escribas e rabis. Acreditando que o exílio tinha vindo por causa de uma falta de conhecimento da Torá e da desobediência a ela, os exilados israelitas devotaram-se ao estudo do Antigo Testamento. Durante o período intertestamentário, os escribas tornaram-se mestres e eram considerados autoridades na interpretação das Escrituras. Os rabis eram mestres que transmitiam o entendimento das Escrituras dos escribas para o povo de Israel.

Sinagoga. Com a destruição do templo em 586 a.C., a sinagoga tornou-se o local de instrução e adoração para os judeus no exílio. Uma vez que a maioria dos judeus não retornou à Palestina depois do cativeiro, as sinagogas continuaram a funcionar na Diáspora e também foram estabelecidas na Palestina, mesmo depois da reconstrução do templo por Zorobabel em 516 a.C.

Septuaginta. Com a ênfase no uso da língua grega a partir de 330 a.C., os judeus da Diáspora falavam predominantemente essa língua. De acordo com a tradição judaica, por volta de 250 a.C., Ptolomeu Filadelfo reuniu 72 estudiosos que traduziram o Antigo Testamento para o grego em 72 dias. Assim, a palavra latina para "setenta", "*Septuaginta*" (LXX), foi o nome vinculado a essa tradução. Provavelmente traduzida no período de 250 a.C. a 125 a.C., em Alexandria, no Egito, a *Septuaginta* foi a tradução grega mais importante e amplamente utilizada do Antigo Testamento.

Fariseus. Esse partido religioso provavelmente começou com aqueles que se associaram aos macabeus na tentativa de livrar a Terra Prometida dos elementos helenistas. Quando os macabeus chegaram ao poder e se tornaram eles próprios helenistas,

INTRODUÇÃO AO PERÍODO INTERTESTAMENTÁRIO

aqueles "separaram-se" (a possível origem do nome "fariseu") da instituição religiosa oficial da Judeia. Os fariseus interpretavam a lei estritamente de acordo com uma tradição desenvolvida oralmente e procuravam tornar o próprio entendimento obrigatório para todos os judeus. Apesar de poucos em número, os fariseus gozavam da simpatia da maioria do povo na Palestina.

Saduceus. Provavelmente do nome "Zadoque", a linhagem sumo sacerdotal, esses judeus helenizados e aristocratas se tornaram os guardiões da política e das práticas do templo. Os saduceus rejeitavam o Antigo Testamento como Palavra de Deus, com exceção da Torá, bem como qualquer ensino que eles acreditavam que não era encontrado na Torá (os primeiros cinco livros do AT), por exemplo, a ressurreição dos mortos (At 23:6-8).

CRONOLOGIA DO PERÍODO INTERTESTAMENTÁRIO

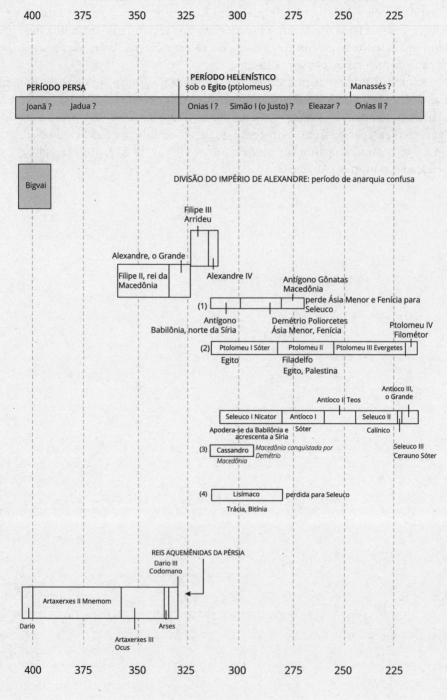

INTRODUÇÃO AO PERÍODO INTERTESTAMENTÁRIO 331

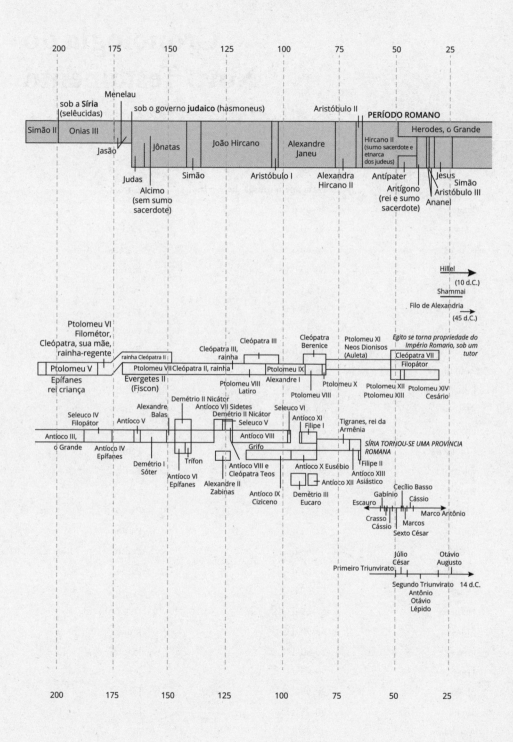

Cronologia do Novo Testamento

Livro	Data aproximada da escrita	Autor
Tiago	44-49 d.C.	Tiago
Gálatas	49-50 d.C.	Paulo
Mateus	50-60 d.C.	Mateus
Marcos	50-60 d.C.	Marcos
1Tessalonicenses	51 d.C.	Paulo
2Tessalonicenses	51-52 d.C.	Paulo
1Coríntios	55 d.C.	Paulo
2Coríntios	55-56 d.C.	Paulo
Romanos	56 d.C.	Paulo
Lucas	60-61 d.C.	Lucas
Efésios	60-62 d.C.	Paulo
Filipenses	60-62 d.C.	Paulo
Colossenses	60-62 d.C.	Paulo
Filemom	60-62 d.C.	Paulo
Atos	62 d.C.	Lucas
1Timóteo	62-64 d.C.	Paulo
Tito	62-64 d.C.	Paulo
1Pedro	64-65 d.C.	Pedro
2Timóteo	66-67 d.C.	Paulo
2Pedro	67-68 d.C.	Pedro
Hebreus	67-69 d.C.	Desconhecido
Judas	68-70 d.C.	Judas
João	80-90 d.C.	João
1João	90-95 d.C.	João
2João	90-95 d.C.	João
3João	90-95 d.C.	João
Apocalipse	94-96 d.C.	João

Introdução aos evangelhos

A palavra "evangelho", do grego *euangellion*, significa "boas-novas". No grego secular, *euangellion* se referia a uma boa notícia a respeito de um acontecimento importante. Os quatro evangelhos são as boas-novas sobre os acontecimentos mais significativos de toda a História — a vida, a morte redentora e a ressurreição de Jesus de Nazaré.

Os evangelhos não são biografias no sentido moderno da palavra, uma vez que eles não pretendem narrar a vida completa de Jesus (cf. Jo 20:30; 21:25). Com exceção das narrativas sobre o seu nascimento, eles dão pouca informação sobre os primeiros trinta anos de vida de Jesus. Apesar de o ministério público de Jesus ter durado somente três anos, os evangelhos dedicam maior parte de sua atenção à última semana de sua vida (cf. Jo 12—20). Embora eles sejam historicamente exatos e apresentem detalhes biográficos importantes da vida de Jesus, os objetivos principais dos evangelhos são teológicos e apologéticos (Jo 20:31). Eles fornecem respostas oficiais a questões sobre a vida e o ministério de Jesus, bem como fortalecem a segurança dos cristãos com relação à realidade de sua fé (Lc 1:4).

Embora muitos evangelhos falsos tenham sido escritos, a Igreja dos primórdios aceitou apenas Mateus, Marcos, Lucas e João como texto inspirado. Ainda que cada evangelho tenha seu ponto de vista e seu público singulares (veja a discussão sobre o "Problema Sinótico" em "Desafios de interpretação" de Marcos), Mateus, Marcos e Lucas compartilham um ponto de vista em comum, não compartilhado por João. Por causa disso, eles são conhecidos como evangelhos sinóticos (de uma palavra grega que significa "ver junto" ou "compartilhar de um mesmo ponto de vista"). Um exemplo dessa visão compartilhada é o enfoque comum dos três evangelhos no ministério de Cristo na Galileia, enquanto João enfatiza seu ministério na Judeia. Além disso, os evangelhos sinóticos contêm inúmeras parábolas, ao passo que João não registra nenhuma. João e os evangelhos sinóticos registram somente dois acontecimentos em comum (Jesus andando sobre as águas e a alimentação dos cinco mil) antes da semana da Paixão. Essas diferenças entre João e os evangelhos sinóticos, entretanto, não são contraditórias, mas sim complementares.

Como já observado, o escritor de cada evangelho escreveu de uma perspectiva única, para um público diferente. Como resultado, cada evangelho contém elementos distintos. Tomados em conjunto, os quatro formam um testemunho completo a respeito de Jesus Cristo.

Mateus escreveu principalmente para um público judaico, apresentando Jesus de Nazaré como o tão esperado Messias e o legítimo rei de Israel. Sua genealogia, diferentemente da de Lucas, focaliza a descendência real de Jesus do maior rei de Israel, Davi.

Ao longo de todo o livro de Mateus há citações do AT que apresentam vários aspectos da vida e do ministério de Jesus, como o cumprimento da profecia messiânica do AT. Somente Mateus usa a expressão "reino dos céus", evitando a expressão paralela "reino de Deus" por causa da conotação antibíblica que ela tinha para o pensamento judaico do século primeiro. Mateus escreveu o seu evangelho, então, para fortalecer a fé entre os judeus cristãos e isso fornece um recurso apologético útil para o evangelismo judaico.

Marcos tinha como alvo o público gentio, especialmente o romano (cf. "Cenário e contexto" de Marcos). Marcos é um evangelho de ação; o uso frequente de "imediatamente" e "então" mantém a sua narrativa em constante movimento. Jesus aparece em Marcos como o servo (cf. Mc 10:45) que veio para sofrer pelos pecados de muitos. O ritmo veloz na abordagem de Marcos agradaria especialmente aos romanos práticos e orientados para a ação.

Lucas escreveu para um público gentio mais amplo. Como um grego instruído, Lucas escreveu usando a linguagem grega mais sofisticada que qualquer outro autor do Novo Testamento. Ele foi um pesquisador cuidadoso (Lc 1:1-4) e um historiador exato. Lucas retrata Jesus como Filho do Homem (um título que aparece 26 vezes), a resposta para as necessidades e esperanças da raça humana, que veio para buscar e salvar os pecadores perdidos (Lc 9:56; 19:10).

João, o último evangelho a ser escrito, enfatiza a divindade de Jesus Cristo (por exemplo: 5:18; 8:58; 10:30-33; 14:9). João escreveu para fortalecer a fé cristã e conclamar os descrentes a se voltarem para a fé em Cristo. O apóstolo afirma claramente o seu propósito em 20:31: "Mas estes foram escritos para que vocês creiam que Jesus é o Cristo, o Filho de Deus e, crendo, tenham vida em seu nome".

Juntos, os quatro evangelhos tecem um retrato completo do Deus-homem, Jesus de Nazaré. Nele estavam combinadas a perfeita humanidade e divindade, fazendo dele o único sacrifício pelos pecados do mundo, bem como o digno Senhor daqueles que creem.

INTRODUÇÃO AOS EVANGELHOS

O IMPÉRIO ROMANO NA ERA DO NOVO TESTAMENTO

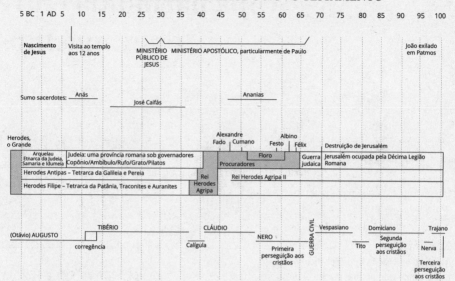

Uma harmonia entre os evangelhos

Temas	Mateus	Marcos	Lucas	João
Parte 1: Uma prévia de quem é Jesus				
O propósito de Lucas ao escrever um evangelho			1:1-4	
O prefácio de João: da pré-encarnação à crucificação				1:1-18
A linhagem legal de Jesus por meio de José e a linhagem natural por meio de Maria	1:1-17		3:23b-38	

Temas	Mateus	Marcos	Lucas	João
Parte 2: Os primeiros anos de João Batista				
O nascimento de Jesus prenunciado a Zacarias			1:5-25	
O nascimento de Jesus prenunciado a Maria			1:26-38	
A visita de Maria a Isabel			1:39-45	
O cântico de adoração de Maria			1:46-56	
O nascimento de João			1:57-66	
O cântico profético de Zacarias			1:67-79	
O crescimento de João e o início de sua vida			1:80	

Temas	Mateus	Marcos	Lucas	João
Parte 3: Os primeiros anos de Jesus Cristo				
Explicação a José sobre as circunstâncias do nascimento de Jesus	1:18-25			
O nascimento de Jesus			2:1-7	
O testemunho dos pastores			2:8-20	
A circuncisão de Jesus			2:21	
Jesus é apresentado no templo			2:22-38	
A volta para Nazaré			2:39	
A visita dos magos	2:1-12			
A fuga para o Egito	2:13-18			

Continua

UMA HARMONIA ENTRE OS EVANGELHOS

Continuação

Temas	Mateus	Marcos	Lucas	João
O novo lar em Nazaré	2:19-23			
O crescimento e a infância de Jesus			2:40	
A primeira Páscoa de Jesus em Jerusalém			2:41-50	
Da adolescência à fase adulta de Jesus			2:51-52	

Parte 4: O ministério de João Batista				
O início de seu ministério		1:1	3:1-2	
A pessoa, a proclamação e o batismo de João Batista	3:1-6	1:2-6	3:3-6	
As mensagens de João Batista aos fariseus, aos saduceus, às multidões, aos coletores de impostos e aos soldados	3:7-10			
Sua descrição a respeito de Cristo	3:11-12	1:7-8	3:15-18	

Parte 5: O fim do ministério de João e o começo do ministério de Cristo (a maior parte sendo na Judeia)				
O batismo de Jesus por João	3:13-17	1:9-11	3:21-23a	
A tentação de Jesus no deserto	4:1-11	1:12-13	4:1-13	
João se identifica aos sacerdotes e aos levitas				1:19-28
João identifica Jesus como o Filho de Deus				1:29-34
Os primeiros seguidores de Jesus				1:35-51
O primeiro milagre — água transformada em vinho				2:1-11
Visita a Cafarnaum com seus discípulos				2:12
A primeira purificação do templo na Páscoa				2:13-22
A reação inicial aos sinais milagrosos de Jesus				2:23-25
O encontro de Jesus com Nicodemos				3:1-21
João é substituído por Jesus				3:22-36
Jesus deixa a Judeia	4:12	1:14a	4:14a	4:1-4
A conversa com a mulher samaritana				4:5-26
O desafio da colheita espiritual				4:27-38
A evangelização de Sicar				4:39-42
A chegada à Galileia				4:43-45

Continua

338   MANUAL BÍBLICO MACARTHUR

Continuação

Temas	Mateus	Marcos	Lucas	João
Parte 6: O ministério de Cristo na Galileia				
A OPOSIÇÃO EM CASA				
Uma nova natureza do ministério galileu	4:17	1:14b-15	4:14b-15	
Um menino em Cafarnaum é curado por Jesus enquanto estava em Caná				4:46-54
Ministério e a rejeição em Nazaré			4:16-31	
Uma nova mudança para Cafarnaum	4:13-16			
O CHAMADO DOS DISCÍPULOS E O MINISTÉRIO PELA GALILEIA				
O primeiro chamado dos quatro	4:18-22	1:16-20		
O ensino na sinagoga de Cafarnaum autenticado pela cura de um homem possesso		1:21-28	4:31b-37	
A cura da sogra de Pedro e de outros	8:14-17	1:29-34	4:38-41	
Viagem pela Galileia com Simão e outros	4:23-24	1:35-39	4:42-44	
O segundo chamado dos quatro			5:1-11	
A cura de um leproso seguida de grande publicidade	8:2-4	1:40-45	5:12-16	
O perdão e a cura de um paralítico	9:1-8	2:1-12	5:17-26	
O chamado de Mateus	9:9	2:13-14	5:27-28	
O banquete na casa de Levi	9:10-13	2:15-17	5:29-32	
Condições alteradas em virtude da presença do Messias, explicadas por três ilustrações	9:14-17	2:18-22	5:33-39	
CONTROVÉRSIA ACERCA DO SÁBADO E RETIRADA				
Um paralítico é curado em Jerusalém no sábado				5:1-9
Esforços para matar Jesus por violar o sábado e dizer que era igual a Deus				5:10-18
Discurso para demonstrar a igualdade do Filho com o Pai				5:19-47
Controvérsia acerca dos discípulos colherem espigas no sábado	12:1-8	2:23-28	6:1-5	
Cura da mão atrofiada de um homem no sábado	12:9-14	3:1-6	6:6-11	
Retirada para o mar da Galileia com uma grande multidão vinda de vários lugares	12:15-21; 4:25		3:7-12	

Continua

UMA HARMONIA ENTRE OS EVANGELHOS   339

Continuação

Temas	Mateus	Marcos	Lucas	João
ESCOLHA DOS DOZE E SERMÃO DA MONTANHA				
Os doze apóstolos escolhidos		3:13-19	6:12-16	
Preparação para o sermão	5:1-2		6:17-19	
As bênçãos daqueles que herdam o reino e os "ais" daqueles que não herdam o reino	5:3-12		6:20-26	
Responsabilidade enquanto se espera pelo reino	5:13-16			
A lei, a justiça e o reino	5:17-20			
Seis contrastes na interpretação da lei	5:21-48		6:27-30,32-36	
Três práticas hipócritas a serem evitadas	6:1-18			
Três proibições contra a avareza, o julgamento ao próximo e a exposição imprudente das coisas sagradas	6:19 a 7:6		6:37-42	
Aplicação e conclusão	7:7-27		6:31,43-49	
Reação das multidões	7:28-29			
FAMA CRESCENTE E ÊNFASE NO ARREPENDIMENTO				
A fé de um centurião e a cura de seu servo	8:1,5-13		7:1-10	
Jesus ressuscita o filho de uma viúva em Naim			7:11-17	
A relação de João Batista com o reino	11:2-19		7:18-35	
Ais de Corazim e Betsaida por não se arrependerem	11:20-30			
Os pés de Cristo ungidos por uma mulher pecadora, mas arrependida			7:36-50	
PRIMEIRA REJEIÇÃO PÚBLICA PELOS LÍDERES JUDEUS				
Viagem com os Doze e outros seguidores			8:1-3	
Jesus é acusado de blasfêmia pelos escribas e fariseus	12:22-37	3:20-30		
Jesus nega pedido por um sinal milagroso	12:38-45			
Anúncio de novas relações espirituais	12:46-50	3:31-35	8:19-21	
PARÁBOLAS SOBRE O REINO				
A preparação para as parábolas	13:1-3a	4:1-2	8:4	
A parábola do semeador	13:3b-23	4:3-25	8:5-18	
A parábola do crescimento espontâneo da semente		4:26-29		
A parábola do joio	13:24-30			

Continua

340 MANUAL BÍBLICO MACARTHUR

Continuação

Temas	Mateus	Marcos	Lucas	João
A parábola do grão de mostarda		13:31-32	4:30-32	
A parábola do fermento	13:33-35	4:33-34		
Explicação da parábola do joio para os discípulos	13:36-43			
A parábola do tesouro escondido	13:44			
A parábola da pérola de grande valor	13:45-46			
A parábola da rede	13:47-50			
A parábola do dono de uma casa	13:51-52			
A OPOSIÇÃO CONTINUA				
Travessia do mar e Jesus acalma a tempestade	13:53; 8:18,23-27	4:35-41	8:22-25	
A cura do endemoninhado geraseno e a oposição resultante	8:28-34	5:1-20	8:26-39	
O retorno à Galileia, a cura da mulher que tocou o manto de Jesus e a ressurreição da filha de Jairo	9:18-26	5:21-43	8:40-56	
Três milagres de cura e outra acusação de blasfêmia	9:27-34			
Última visita à descrente Nazaré	13:54-58	6:1-6a		
ÚLTIMA CAMPANHA NA GALILEIA				
Falta de trabalhadores	9:35-38	6:6b		
Jesus envia os Doze	10:1-42	6:7-11	9:1-5	
Os trabalhadores são enviados	11:1	6:12-13	9:6	
A identificação incorreta de Jesus por Herodes	14:1-2	6:14-16	9:7-9	
A prisão e decapitação de João Batista	14:3-12	6:17-29		
O retorno dos apóstolos		6:30	9:10a	

Parte 7: O ministério de Cristo ao redor da Galileia				
LIÇÃO SOBRE O PÃO DA VIDA				
Retirada da Galileia	14:13-14	6:31-34	9:10b-11	6:1-3
Jesus alimenta os cinco mil	14:15-21	6:35-44	9:12-17	6:4-13
Tentativa prematura de proclamar Jesus rei é bloqueada	14:22-23	6:45-46		6:14-15
Jesus anda sobre as águas durante uma tempestade	14:24-33	6:47-52		6:16-21
Curas em Genesaré	14:34-36	6:53-56		
Discurso sobre o verdadeiro pão da vida				6:22-59
Deserção entre os discípulos				6:60-71

Continua

UMA HARMONIA ENTRE OS EVANGELHOS **341**

Continuação

Temas	Mateus	Marcos	Lucas	João
LIÇÃO SOBRE O FERMENTO DOS FARISEUS, DOS SADUCEUS E DOS HERODIANOS				
Conflito sobre a tradição da impureza cerimonial	15:1-20	7:1-23		7:1
Jesus cura a filha de uma mulher gentia de grande fé em Tiro e Sidom	15:21-28	7:24-30		
Curas em Decápolis	15:29-31	7:31-37		
Jesus alimenta os quatro mil em Decápolis	15:32-38	8:1-9		
Retorno para a Galileia e encontro com os fariseus e os saduceus	15:39-16:4	8:10-12		
Advertência sobre o erro dos fariseus, dos saduceus e dos herodianos	16:5-12	8:13-21		
Cura de um cego em Betsaida		8:22-26		
LIÇÃO DE MESSIANIDADE APRENDIDA E CONFIRMADA				
Pedro identifica Jesus como o Cristo e primeira profecia da igreja	16:13-20	8:27-30	9:18-21	
Primeira predição direta da rejeição, crucificação e ressurreição	16:21-26	8:31-37	9:22-25	
Vinda do Filho do Homem e castigo	16:27-28	8:38 a 9:1	9:26-27	
Transfiguração de Jesus	17:1-8	9:2-8	9:28-36a	
Ordem para manter segredo sobre a transfiguração	17:9	9:9-10	9:36b	
A vinda de Elias, de João Batista e do Filho do Homem	17:10-13	9:11-13		
LIÇÕES SOBRE RESPONSABILIDADE COM OS OUTROS				
Cura de um menino endemoninhado e repreensão por descrença	17:14-20[21]	9:14-29	9:37-43a	
Segunda predição da ressurreição	17:22-23	9:30-32	9:43b-45	
Pagamento do imposto do templo	17:24-27			
Discípulos disputam quem é o maior	18:1-5	9:33-37	9:46-48	
Advertência contra fazer um crente tropeçar	18:6-14	9:38-50	9:49-50	
Tratamento e perdão de um irmão pecador	18:15-35			
JORNADA PARA JERUSALÉM PARA A FESTA DOS TABERNÁCULOS (DAS CABANAS)				
Jesus rejeita os conselhos dos irmãos				7:2-9
Jornada pela Samaria			9:51-56	7:10
Compromisso total exigido dos seguidores	8:19-22		9:57-62	

Continua

MANUAL BÍBLICO MACARTHUR

Continuação

Temas	Mateus	Marcos	Lucas	João
Parte 8: o ministério posterior de Cristo na Judeia				
ENSINAMENTOS NA FESTA DOS TABERNÁCULOS (DAS CABANAS)				
Reação mista aos ensinamentos e milagres de Jesus				7:11-31
Tentativa frustrada de prender Jesus				7:32-52
[Jesus perdoa a mulher adúltera]				[7:53—8:11]
Conflito por causa da afirmação de Jesus de que é a luz do mundo				8:12-20
Convite para crer em Jesus				8:21-30
Relação com Abraão e tentativa de apedrejamento				8:31-59
LIÇÕES PARTICULARES SOBRE SERVIR COM AMOR E A ORAÇÃO				
Envio dos setenta			10:1-16	
Retorno dos setenta			10:17-24	
O bom samaritano			10:25-37	
Jesus visita Marta e Maria			10:38-42	
Ensino acerca da oração e parábola do amigo inoportuno			11:1-13	
SEGUNDO DEBATE COM ESCRIBAS E FARISEUS				
Terceira acusação de blasfêmia e segundo debate			11:14-36	
Ais dos escribas e fariseus enquanto Jesus come com um fariseu			11:37-54	
Jesus condena a hipocrisia dos fariseus			12:1-12	
Jesus adverte contra a ganância e a confiança nas riquezas			12:13-34	
Jesus adverte contra o despreparo para a vinda do Filho do Homem			12:35-48	
Jesus declara que veio trazer divisão			12:49-53	
Advertência contra a falta de discernimento acerca do tempo presente			12:54-59	
Duas alternativas: arrependimento ou morte			13:1-9	
Dirigente da sinagoga se indigna porque Jesus curou uma mulher no sábado			13:10-21	
ENSINO NA FESTA DA DEDICAÇÃO				
A cura de um cego de nascença				9:1-7
Reação dos vizinhos do cego				9:8-12

Continua

UMA HARMONIA ENTRE OS EVANGELHOS   **343**

Continuação

Temas	Mateus	Marcos	Lucas	João
Fariseus investigam a cura e expulsam o cego				8:13-34
Jesus se identifica para o cego				9:35-38
A cegueira espiritual dos fariseus				9:39-41
A alegoria do bom pastor e do ladrão				10:1-18
Mais divisão entre os judeus				10:19-21
Outra tentativa de apedrejar ou prender Jesus por blasfêmia				10:22-39
Parte 9: O ministério de Cristo na Pereia e região				
PRINCÍPIOS DO DISCIPULADO				
De Jerusalém à Pereia				10:40-42
Pergunta sobre a salvação e como entrar no reino			13:22-30	
Antecipação da morte de Jesus e lamento sobre Jerusalém			13:31-35	
Cura de um homem doente no sábado enquanto Jesus come na casa de um fariseu importante			14:1-24	
O preço do discipulado			14:25-35	
Parábolas em defesa da associação com pecadores			15:1-32	
Parábola para ensinar o uso adequado do dinheiro			16:1-13	
História para advertir contra o perigo da riqueza			16:14-31	
Quatro lições sobre o discipulado			17:1-10	
A RESSURREIÇÃO DE LÁZARO E BREVE VIAGEM PELA SAMARIA E GALILEIA				
A doença e morte de Lázaro				11:1-16
Jesus ressuscita Lázaro				11:17-44
A decisão do Sinédrio de matar Jesus				11:45-54
A cura de dez leprosos enquanto Jesus passa pela Samaria e Galileia			17:11-21	
Orientações acerca da vinda do Filho do Homem			17:22-37	
ENSINOS DURANTE A ÚLTIMA JORNADA PARA JERUSALÉM				
Duas parábolas acerca da oração: a viúva persistente e o fariseu e o publicano			18:1-14	
Conflito com o ensinamento dos fariseus sobre o divórcio	19:1-12	10:1-12		

Continua

344　　　　　MANUAL BÍBLICO MACARTHUR

Continuação

Temas	Mateus	Marcos	Lucas	João
Exemplo das crianças em relação ao reino	19:13-15	10:13-16	18:15-17	
As riquezas e o reino	19:16-30	10:17-31	18:18-30	
Parábola da soberania do proprietário	20:1-16			
Terceira predição acerca da ressurreição	20:17-19	10:32-34	18:31-34	
Advertência contra o orgulho ambicioso	20:20-28	10:35-45		
A cura do cego Bartimeu e seu companheiro	20:29-34	10:46-52	18:35-43	
A salvação de Zaqueu			19:1-10	
Parábola para ensinar a responsabilidade enquanto o reino não se manifesta			19:11-28	

Parte 10: A apresentação formal de Cristo a Israel e o conflito resultante				
ENTRADA TRIUNFAL E A FIGUEIRA				
Chegada em Betânia				11:55 a 12:1
Maria unge Jesus para seu sepultamento	26:6-13	14:3-9		12:2-11
A entrada triunfal em Jerusalém	21:1-11,14-17	11:1-11	19:29-44	12:12-19
Maldição da figueira com folhas, mas sem figos	21:18-19a	11:12-14		
Segunda purificação do templo	21:12-13	11:15-18	19:45-48	
O pedido de alguns gregos e a necessidade de o Filho do Homem ser levantado				12:20-36a
Partida da multidão descrente e a reação de Jesus				12:36b-50
A figueira seca e lição sobre a fé	21:19b-22	11:19-25-[26]		
A AUTORIDADE DE JESUS É QUESTIONADA				
Pergunta dos chefes dos sacerdotes e líderes religiosos do povo	21:23-27	11:27-33	20:1-8	
Cumprimento fiel da responsabilidade ensinado por três parábolas	21:28 a 22:14	12:1-12	20:9-19	
Pergunta dos fariseus e herodianos	22:15-22	12:13-17	20:20-26	
Pergunta dos saduceus	22:23-33	12:18-27	20:27-40	
Pergunta de um escriba fariseu	22:34-40	12:28-34		
RESPOSTA DE CRISTO AOS SEUS INIMIGOS				
A relação de Cristo com Davi como filho e Senhor	22:41-46	12:35-37	20:41-44	

Continua

UMA HARMONIA ENTRE OS EVANGELHOS

Continuação

Temas	Mateus	Marcos	Lucas	João
Sete ais dos escribas e fariseus	23:1-36	12:38-40	20:45-47	
Lamento sobre Jerusalém	23:37-39			
A viúva que doou tudo o que possuía		12:41-44	21:1-4	

Parte 11: Profecias em preparação à morte de Cristo				
O SERMÃO NO MONTE DAS OLIVEIRAS: PROFECIAS SOBRE O TEMPLO E O RETORNO DE CRISTO				
Preparação do discurso	24:1-3	13:1-4	21:5-7	
O início das dores	24:4-14	13:5-13	21:8-19	
O sacrilégio terrível e tribulação posterior	24:15-28	13:14-23	21:20-24	
A vinda do Filho do Homem	24:29-31	13:24-27	21:25-27	
Sinais de proximidade, mas hora desconhecida	24:32-41	13:28-32	21:28-33	
Cinco parábolas sobre vigiar e ser fiel	24:42 a 25:30	13:33-37	21:34-36	
Julgamento quando vier o Filho do Homem	25:31-46			
PREPARATIVOS PARA A TRAIÇÃO				
Plano do Sinédrio para prender e matar Jesus	26:1-5	14:1-2	21:37-22:2	
Judas concorda em trair Jesus	26:14-16	14:10-11	22:3-6	
A ÚLTIMA CEIA				
Preparação para a Páscoa	26:17-19	14:12-16	27:7-13	
Começo da refeição da Páscoa	26:20	14:17	22:14-16	
Jesus lava os pés dos discípulos				13:1-20
Identificação do traidor	26:21-25	14:18-21	22:21-23	13:21-30
Os discípulos disputam quem é o maior			22:24-30	
Primeira predição da negação de Pedro			22:31-38	13:31-38
Término da refeição e instituição da Ceia do Senhor (1Co 11:23-26)	26:26-29	14:22-25	22:17-20	
DISCURSO E ORAÇÕES DO CENÁCULO AO GETSÊMANI				
Jesus responde perguntas sobre seu destino, o Pai e o Espírito Santo				14:1-31
A videira e os ramos				15:1-17
Oposição do mundo				15:18 a 16:4
A vinda e o ministério do Espírito				16:5-15
Predição de alegria pela ressurreição				16:16-22
Promessa de orações respondidas e paz				16:23-33

Continua

346   MANUAL BÍBLICO MACARTHUR

Continuação

Temas	Mateus	Marcos	Lucas	João
A oração de Jesus pelos discípulos e por todos que nele crerem				17:1-26
Segunda predição da negação de Pedro	26:30-35	14:26-31	22:39-40a	18:1
As três orações agonizantes de Jesus no Getsêmani	26:36-46	14:32-42	22:40b-46	
Parte 12: A morte de Cristo				
TRAIÇÃO E PRISÃO				
Jesus é traído, preso e abandonado	26:47-56	14:43-52	22:47-53	18:2-12
JULGAMENTO				
Primeira fase judia, perante Anás				18:13-24
Segunda fase judia, perante Caifás e o Sinédrio	26:57-68	14:53-65	22:54	
A negação de Pedro	26:69-75	14:66-72	22:55-65	18:25-27
Terceira fase judia, perante o Sinédrio	27:1	15:1a	22:66-71	
Remorso e suicídio de Judas (At 1:18-19)	27:3-10			
Primeira fase romana: perante Pilatos	27:2,11-14	15:1b-5	23:1-5	18:28-38
Segunda fase romana, perante Herodes			23:6-12	
Terceira fase romana, perante Pilatos	27:15-26	15:6-15	23:13-25	18:39 a 19:16
CRUCIFICAÇÃO				
Zombaria pelos soldados romanos	27:27-30	15:16-19		
Jornada ao Gólgota	27:31-34	15:20-23	23:26-33a	19:17
As primeiras três horas da crucificação	27:35-44	15:24-32	23:33b-43	19:18-27
As últimas três horas da crucificação	27:45-50	15:33-37	23:44-45a,46	19:28-30
Testemunhas da morte de Jesus	27:51-56	15:38-41	23:45b,47-49	
SEPULTAMENTO				
Certificação da morte e obtenção do corpo	27:57-58	15:42-45	23:50-52	19:31-38
O corpo de Jesus é colocado no sepulcro	27:59-60	15:46	23:53-54	19:39-42
O sepulcro é velado pelas mulheres e vigiado por guardas	27:61-66	15:47	23:55-56	
Parte 13: a ressurreição e a ascensão de Cristo				
O SEPULCRO VAZIO				
O sepulcro é visitado pelas mulheres	28:1	16:1		
O rolamento da pedra de entrada	28:2-4			

Continua

UMA HARMONIA ENTRE OS EVANGELHOS   347

Continuação

Temas	Mateus	Marcos	Lucas	João
O sepulcro é encontrado vazio pelas mulheres	28:5-8	16:2-8	24:1-8	20:1
O sepulcro é encontrado vazio por Pedro e João			24:9-11,[12]	20:2-10
OS APARECIMENTOS PÓS-RESSURREIÇÃO				
Aparecimento a Maria Madalena		16:9-11		20:11-18
Aparecimento às outras mulheres	28:9-10			
O relato dos guardas às autoridades judaicas	28:11-15			
Aparecimento a dois discípulos no caminho para Emaús		16:12-13	24:13-32	
Relato dos dois discípulos aos demais (1Co 15:5a)			24:33-35	
Aparecimento aos dez discípulos reunidos		16:14	24:36-43	20:19-25
Aparecimento aos onze discípulos reunidos (1Co 15:5b)				20:26-31
Aparecimento aos sete discípulos durante uma pesca				21:1-25
Aparecimento aos doze na Galileia (1Co 15:5)	28:16-20	16:15-18		
Aparecimento aos discípulos em Jerusalém (At 1:3-8)			24:44-49	
A ASCENSÃO				
A bênção e partida de Cristo (At 1:9-12)		16:19-20	24:50-53	

O MINISTÉRIO DOS APÓSTOLOS

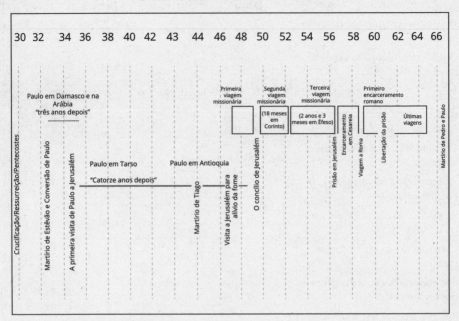

VISÃO GERAL DA VIDA DE CRISTO

Continua

VISÃO GERAL DO MINISTÉRIO DE CRISTO (Continuação)

26 Inverno	MINISTÉRIO PÚBLICO DE JOÃO BATISTA
Primavera	
Verão	O batismo de Cristo
Outono **27**	A tentação
Inverno	TÉRMINO DO MINISTÉRIO DE JOÃO E INÍCIO DO MINISTÉRIO DE JESUS
Primavera	Primeira Páscoa em seu ministério público
Verão	A conversa entre Nicodemos e Cristo
Outono **28**	Desafio de uma colheita espiritual
Inverno	Jesus chama os discípulos
Primavera	Segunda Páscoa (não mencionada nos evangelhos)
Verão	MINISTÉRIO NA GALILEIA
Outono **29**	Festa dos Tabernáculos; controvérsias acerca do sábado Sermão da Montanha Primeira rejeição pública; início do ministério por parábolas
Inverno	Última campanha na Galileia
Primavera	Terceira Páscoa O Pão da Vida
Verão	MINISTÉRIO AO REDOR DA GALILEIA Lição de messianidade aprendida e confirmada
Outono **30**	Festa dos Tabernáculos MINISTÉRIO POSTERIOR NA JUDEIA Festa da Dedicação
Inverno	MINISTÉRIO NA PEREIA E REGIÃO
Primavera	SEMANA DA PAIXÃO
Verão	RESSURREIÇÃO E ASCENSÃO

UMA HARMONIA ENTRE OS EVANGELHOS

O MINISTÉRIO DE JESUS CRISTO

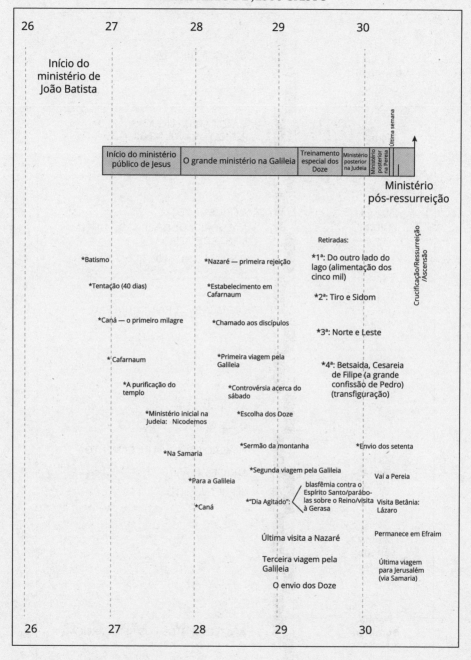

A SEMANA DO SOFRIMENTO, DA MORTE E DA RESSURREIÇÃO DE CRISTO

Manhã
Domingo
Noite

ENTRADA TRIUNFAL

Manhã
Segunda
Noite

MALDIÇÃO DA FIGUEIRA
PEDIDO DE ALGUNS GREGOS

Manhã
Terça
Noite

A FIGUEIRA SECA
A AUTORIDADE DE CRISTO É OFICIAL-
MENTE DESAFIADA

O SERMÃO NO MONTE DAS OLIVEIRAS

Manhã
Quarta
Noite

PREPARATIVOS PARA A TRAIÇÃO

Manhã
Quinta
Noite

A ÚLTIMA CEIA

O SERMÃO NO CENÁCULO

Manhã
Sexta
Noite

TRAIÇÃO E PRISÃO; JULGAMENTO

CRUCIFICAÇÃO

SEPULTAMENTO

Manhã
Sábado
Noite

Manhã
Domingo
Noite

APARECIMENTOS PÓS-RESSURREIÇÃO

Mateus

Jesus é o Messias prometido

TÍTULO

Mateus, que significa "presente do Senhor", era o outro nome de Levi (9:9), o publicano que deixou tudo para seguir a Cristo (Lc 5:27-28). Mateus foi um dos doze apóstolos (10:3; Mc 3:18; Lc 6:15; At 1:13). Em sua própria lista dos Doze, ele chama a si mesmo explicitamente de "o publicano" (10:3). Em nenhum outro lugar da Bíblia o nome de Mateus está associado ao termo "publicano"; os outros evangelistas sempre empregam o seu antigo nome, Levi, quando se referem ao seu passado pecaminoso. Isso é prova de humildade por parte de Mateus. Como acontece com os outros três evangelhos, esse livro é conhecido pelo nome do seu autor.

AUTOR E DATA

Nem a canonicidade e nem o fato de esse evangelho ter sido escrito por Mateus foram desafiados pela igreja primitiva. Eusébio (por volta de 265-339 d.C.) cita Orígenes (185-254 d.C., aproximadamente):

> Entre os quatro evangelhos, que são os únicos indiscutíveis na Igreja de Deus debaixo do céu, aprendi pela tradição que o primeiro foi escrito por Mateus, que havia sido publicano, mas que posteriormente tornou-se apóstolo de Jesus Cristo, e foi preparado para os convertidos do judaísmo. (História eclesiástica, 6:25)

Está claro que Mateus foi escrito numa data relativamente antiga — antes da destruição do templo em 70 d.C. Alguns estudiosos propuseram datas como 50 d.C. Veja uma discussão mais ampla sobre algumas das questões relacionadas à autoria e à datação desse evangelho, especialmente "O problema sinótico" na Introdução a Marcos.

CENÁRIO E CONTEXTO

O tom judaico de Mateus é notável, e isso já fica evidente logo na genealogia de abertura, que o autor remonta somente até Abraão. Em contrapartida, objetivando mostrar Cristo como o redentor da humanidade, Lucas prossegue até chegar a Adão. O propósito de Mateus é, de certo modo, mais estreito: demonstrar que Cristo é o Rei e o Messias de Israel. Esse evangelho faz mais de sessenta citações de passagens proféticas do AT, enfatizando como Cristo é o cumprimento de todas elas.

354 MANUAL BÍBLICO MACARTHUR

A probabilidade de que o público de Mateus fosse predominantemente judaico fica ainda mais evidente a partir de diversos fatos: ele normalmente cita os costumes judaicos sem explicá-los, diferentemente dos outros evangelhos (cf. Mc 7:3; Jo 19:40). Refere-se constantemente a Cristo como o "Filho de Davi" (1:1; 9:27; 12:23; 15:22; 20:30; 21:9,15; 22:42,45). Mateus inclusive respeita a sensibilidade judaica em relação ao nome de Deus, usando a expressão "reino dos céus", ao passo que os outros evangelistas falam do "reino de Deus". Todos os principais temas do livro estão baseados no AT e são abordados à luz das expectativas messiânicas de Israel.

O uso que Mateus faz do idioma grego pode sugerir que ele estava escrevendo na condição de judeu palestino para judeus helenistas de outros lugares. Ele escreveu como testemunha ocular de muitos dos acontecimentos que descreveu, dando testemunho de primeira mão sobre as palavras e obras de Jesus de Nazaré.

Seu propósito é claro: demonstrar que Jesus é o tão esperado Messias da nação judaica. A abundância das citações do AT é especialmente planejada para demonstrar o elo entre o Messias da promessa e o Cristo da História. Esse propósito nunca sai do foco de Mateus e ele até mesmo acrescenta vários detalhes incidentais das profecias do AT como prova das declarações messiânicas de Jesus (por exemplo: 2:17-18; 4:13-15; 13:35; 21:4-5; 27:9-10).

PRINCIPAIS PERSONAGENS

- **Jesus**: o prometido Messias e Rei dos judeus (1:1 a 28:20).
- **Maria**: a mãe de Jesus, o Messias (1:1 a 2:23; 13:55).
- **José**: marido de Maria e descendente de Davi; transferiu a linhagem real para Jesus (1:16 a 2:23).
- **João Batista**: profeta e precursor que anunciou a vinda de Cristo (3:1-15; 4:12; 9:14; 11:2-19; 14:1-12).
- **Os doze discípulos**: Simão Pedro, André, Tiago, João, Filipe, Bartolomeu, Tomé, Mateus, Tiago (filho de Alfeu), Tadeu, Simão, Judas Iscariotes; doze homens escolhidos por Jesus para auxiliá-lo em seu ministério na terra (4:18-22; 5:1; 8:18-27: 9:9 a 28:20).
- **Líderes religiosos**: eram os fariseus e os saduceus; dois grupos religiosos unidos pelo ódio a Jesus (3:7-10; 5:20; 9:11-34; 12:10-45; 15:1-20; 16:1-12; 19:1-9; 21:23 a 28:15).
- **Caifás**: sumo sacerdote e líder dos saduceus; realizou um julgamento ilegal que levou à morte de Jesus (26:3-4,57-68).
- **Pilatos**: governador romano que ordenou a crucificação de Jesus no lugar de Barrabás (27:1-65).
- **Maria Madalena**: seguidora devota de Jesus; primeira pessoa a vê-lo depois da ressurreição (27:56 a 28:11).

TEMAS HISTÓRICOS E TEOLÓGICOS

Uma vez que Mateus está preocupado em proclamar Jesus como Messias, o Rei dos Judeus, um interesse pelas promessas do reino constantes do AT transparece ao longo

MATEUS 355

de todo esse evangelho. A expressão que marca a assinatura de Mateus — "o reino dos céus" — ocorre 32 vezes nesse livro (e em nenhum outro lugar da Bíblia).

A genealogia de abertura é feita de modo a apresentar as credenciais de Cristo como rei de Israel, e o restante do livro completa esse tema. Mateus demonstra que Cristo é o herdeiro da linhagem real e, também, que Cristo é o cumprimento de dezenas de profecias do AT com relação ao rei que viria. Ele oferece prova atrás de prova para estabelecer a prerrogativa real de Cristo. Todos os outros temas históricos e teológicos do livro giram em torno deste.

PALAVRAS-CHAVE

Jesus: em grego, *Iēsous* — 1:1; 4:23; 8:22; 11:4; 19:1; 24:1; 26:52; 27:37 —, equivalente ao nome hebraico *Yeshua* (Josué), literalmente, "o Senhor salvará". Nos dias do AT, o nome Jesus era um nome judeu comum (Lc 3:29; Cl 4:11), no entanto, seu significado expressa a obra redentora de Jesus na terra. O anjo enviado a José afirmou a importância do nome de Jesus: "porque ele salvará o seu povo dos seus pecados" (1:21). Depois de Jesus ter se sacrificado pelos pecados de seu povo e ressuscitado dentre os mortos, os primeiros apóstolos o proclamaram como o único Salvador (At 5:31; 13:23).

Cristo: em grego, *Christos* — 1:1,18; 2:4; 11:2; 16:20; 23:8; 26:68; 27:22 —, significa, literalmente, "o Ungido". Muitos falam de Jesus Cristo sem perceber que o título *Cristo* é, na verdade, uma confissão de fé. *Messias*, o equivalente hebraico para Cristo, foi usado no AT para se referir a profetas (1Rs 19:16), sacerdotes (Lv 4:5,16) e reis (1Sm 24:6,10), no sentido de que todos eles eram ungidos com óleo. Essa unção simbolizava uma dedicação divina ao ministério. Jesus Cristo, como o Ungido, seria o Profeta, Sacerdote e Rei supremo (Is 61:1; Jo 3:34). Com sua confissão dramática, "Tu és o Cristo, o Filho do Deus vivo" (16:16), Pedro declarou sua fé em Jesus como o prometido Messias.

Bem-aventurado: em grego, *makarios* — 5:3-5,11; 16:17; 24:46 —, significa, literalmente, "feliz". Esse termo aparece na literatura clássica grega, na *Septuaginta* (a tradução grega do AT) e no NT para descrever o tipo de felicidade que vem apenas de Deus. No NT, *makarios* é normalmente escrito na forma passiva: Deus é aquele que abençoa alguém ou o torna bem-aventurado.

Reino dos céus: em grego, *hē Basileia tōn ouranōn* — 3:2; 4:17; 5:3,10; 10:7; 25:1 —, significa, literalmente, "reino de Deus". A fim de demonstrar respeito e honra, os judeus evitavam dizer o nome de Deus em voz alta. Em vez disso, muitas vezes usavam a palavra *céus* como alternativa para se referir a Deus, uma vez que ela também aponta para o reino de Deus. Jesus proclamou seu reino como residente no coração de seu povo. Esse reino espiritual exigia arrependimento interior, e não apenas submissão exterior; fornecia libertação do pecado, em vez da libertação política que muitos judeus desejavam.

Mateus registra cinco grandes sermões: o sermão da montanha (capítulos 5 a 7), o comissionamento dos apóstolos (capítulo 10), as parábolas sobre o reino (capítulo 13), um sermão sobre a semelhança do crente com uma criança (capítulo 18) e o sermão sobre a segunda vinda (capítulos 24 e 25). Cada sermão termina com alguma variação da frase "Quando Jesus acabou de dizer essas coisas" (7:28; 11:1; 13:53; 19:1; 26:1). Isso se torna um padrão que sinaliza o início de uma nova seção narrativa. Uma longa seção de abertura (capítulos 1 a 4) e uma breve conclusão (28:16-20) servem de capa para esse evangelho, que se divide naturalmente em cinco partes, cada uma com um sermão e uma seção narrativa. Alguns veem um paralelo entre essas cinco partes e os cinco livros de Moisés no AT.

O conflito entre Cristo e o farisaísmo é outro tema comum em Mateus, mas ele se propõe a mostrar o erro dos fariseus em benefício do público judaico, e não por razões pessoais ou de engrandecimento próprio. Mateus omite, por exemplo, a parábola do fariseu e do publicano, muito embora essa parábola o colocasse sob uma luz favorável.

Mateus também menciona os saduceus com mais frequência do que qualquer outro evangelho. Tanto os fariseus como os saduceus são geralmente retratados de maneira negativa e mostrados para servir de advertência. A doutrina deles é um fermento que deve ser evitado (16:11-12). Embora esses grupos fossem doutrinariamente opostos um ao outro, eles estavam unidos no ódio a Cristo. Para Mateus, eles simbolizavam todos aqueles em Israel que rejeitavam a Cristo como Rei.

A rejeição ao Messias de Israel é outro tema constante de Mateus, pois em nenhum outro evangelho os ataques contra Jesus são retratados de maneira tão forte como aqui. Desde a fuga do Egito até a cena da cruz, Mateus pinta um retrato mais vivo da rejeição a Cristo do que qualquer outro evangelista; em seu relato sobre a crucificação, por exemplo, nenhum ladrão se arrepende e nenhum amigo ou ente querido é visto aos pés da cruz. Na morte de Cristo, ele é abandonado até mesmo por Deus (27:46). A sombra da rejeição nunca é retirada da história.

Ainda assim, Mateus o retrata como um rei vitorioso que um dia virá "nas nuvens do céu com poder e grande glória" (24:30).

PRINCIPAL DOUTRINA

- **Jesus é o Messias**: também chamado de Cristo; profetizado no AT como o tão esperado Salvador que morreria pelos pecados do mundo (2:17-18; 4:13-15; 13:35; 21:4-5; 27:9-10; Gn 49:10; Dt 18:15-18; 2Sm 7:12-14; Is 52:13 a 53:12; Dn 9:26; Mq 5:2-5; Mc 1:1; Lc 23:2-3; Jo 4:26; At 18:28).

O CARÁTER DE DEUS

- Deus é acessível (6:6; 27:51).
- Deus é bom (5:45; 19:17).
- Deus é santo (13:41).
- Deus é longânimo (23:37; 24:48-51).
- Deus é perfeito (5:48).

- Deus é poderoso (6:13; 10:28; 19:26; 22:29).
- Deus é providente (6:26,33-34; 10:9,29-30).
- Deus é incomparável (19:17).
- Deus é o único Deus (4:10; 19:17).
- Deus é sábio (6:8,18; 10:29-30; 24:36).
- Deus se ira (10:28; 25:41).

DESAFIOS DE INTERPRETAÇÃO

Um desafio é o cronograma de Mateus. Uma comparação entre os evangelhos revela que Mateus coloca os fatos livremente fora de ordem. Em geral, ele apresenta uma abordagem temática à vida de Cristo baseada nos cinco sermões de Jesus:

- O Sermão da Montanha (capítulos 5 a 7).
- O comissionamento dos apóstolos (capítulo 10).
- As parábolas do reino (capítulo 13).
- A semelhança do crente com uma criança (capítulo 18).
- O sermão sobre a segunda vinda (capítulos 24 e 25).

Mateus não faz qualquer tentativa de seguir uma cronologia

CRISTO EM MATEUS

Mateus escreve principalmente aos judeus, defendendo Jesus como Rei e Messias de Israel. Ao citar em seu evangelho passagens proféticas do AT mais que sessenta vezes, ele enfatiza como Cristo, sendo o Messias, é o cumprimento de todas elas. Mateus demonstra a realeza de Cristo ao se referir constantemente a ele por "Filho de Davi" (1:1; 9:27; 12:23; 15:22; 20:30; 21:9,15; 22:42,45).

rígida. Ele lida com temas e conceitos amplos, sem estabelecê-la. Já os evangelhos de Marcos e Lucas seguem uma ordem cronológica mais precisa. As passagens proféticas apresentam um desafio interpretativo em particular. O sermão no monte das Oliveiras, por exemplo, contém alguns detalhes que evocam imagens da destruição violenta de Jerusalém em 70 d.C. As palavras de Jesus em 24:34 têm levado alguns a concluir que todas as coisas foram cumpridas — ainda que não literalmente — na conquista romana ocorrida naquela era, forçando o intérprete a encontrar nessas passagens sentidos espiritualizados e alegóricos. A abordagem correta é analisar o contexto histórico e a gramática, o que gera uma interpretação consistentemente futurística de profecias cruciais. Para mais detalhes sobre essa questão, veja o item "Respostas para perguntas difíceis".

AS PARÁBOLAS DE JESUS

Parábola	Mateus	Marcos	Lucas
1. Candeia debaixo de uma vasilha	5:14-16	4:21-22	8:16-17; 11:33-36
2. O homem prudente que construiu a sua casa sobre a rocha e o insensato que construiu a sua casa sobre a areia	7:24-27		6:47-49
3. O remendo de pano novo em roupa velha	9:16	2:21	5:36
4. Vinho novo em vasilha de couro velha	9:17	2:22	5:37-38
5. O semeador	13:3-23	4:2-20	8:4-15
6. O joio	13:24-30		
7. O grão de mostarda	13:31-32	4:30-32	13:18-19
8. O fermento	13:33		13:20-21
9. O tesouro escondido	13:44		
10. A pérola de grande valor	13:45-46		
11. A rede	13:47-50		
12. A ovelha perdida	18:12-14		15:3-7
13. O servo impiedoso	18:23-35		
14. Os trabalhadores na vinha	20:1-16		
15. Os dois filhos	21:28-32		
16. Os lavradores perversos	21:33-45	12:1-12	20:9-19
17. O banquete de casamento	22:2-14		
18. A figueira	24:32-44	13:28-32	21:29-33
19. As dez virgens insensatas e prudentes	25:1-13		
20. Os talentos	25:14-30		
21. A semente que germina		4:26-29	
22. O homem que sai de viagem		13:33-37	
23. O credor e os dois devedores			7:41-43
24. O bom samaritano			10:30-37
25. O amigo importuno			11:5-13
26. O rico insensato			12:16-21
27. Os servos vigilantes			12:35-40
28. O servo fiel e o servo perverso			12:42-48
29. A figueira estéril			13:6-9
30. O grande banquete			14:16-24
31. Construir uma torre e o rei que pretendia sair à guerra			14:25-35
32. A moeda perdida			15:8-10
33. O filho perdido			15:11-32
34. O administrador astuto			16:1-13
35. O rico e Lázaro			16:19-31
36. Servos inúteis			17:7-10
37. A viúva persistente			18:1-8
38. O fariseu e o publicano			18:9-14
39. As dez minas			19:11-27

MATEUS   **359**

ESBOÇO

1. (Prólogo) O Advento do Rei (1:1 a 4:25)

A. Seu nascimento (1:1 a 2:23)
- Sua linhagem (1:1-17)
- Sua chegada (1:18-25)
- A adoração que recebeu (2:1-12)
- Seus adversários (2:13-23)

b. Seu ingresso público no ministério (3:1 a 4:25)
- Seu precursor (3:1-12)
- Seu batismo (3:13-17)
- Sua tentação (4:1-11)
- Seu ministério inicial (4:12-25)

2. A autoridade do Rei (5:1 a 9:38)

a. Primeiro Sermão: o sermão da montanha (5:1 a 7:29)
- Retidão e felicidade (5:1-12)
- Retidão e discipulado (5:13-16)
- Retidão e a Escritura (5:17-20)
- Retidão e moralidade (5:21-48)
- Retidão e prática religiosa (6:1-18)
- Retidão e coisas materiais (6:19-34)
- Retidão e relações humanas (7:1-12)
- Retidão e salvação (7:13-29)

b. Primeira narrativa: os milagres autenticadores (8:1 a 9:38)
- A cura de um leproso (8:1-4)
- A cura do servo do centurião (8:5-13)
- A cura da sogra de Pedro (8:14-15)
- Multidões são curadas (8:16-22)
- Os ventos e o mar são repreendidos (8:23-27)
- A cura de dois endemoninhados (8:28-34)
- Um paralítico é curado e perdoado (9:1-8)
- Um publicano é chamado (9:9-13)
- Uma pergunta é respondida (9:14-17)
- Uma menina é ressuscitada (9:18-26)
- Dois homens cegos são curados (9:27-31)
- Um mudo fala (9:32-34)
- As multidões são vistas com compaixão (9:35-38)

3. O objetivo do Rei (10:1 a 12:50)

a. Segundo sermão: o comissionamento dos Doze (10:1-42)
- Os homens do Mestre (10:1-4)
- O envio dos discípulos (10:5-23)
- Sinais do discipulado (10:24-42)

b. Segunda narrativa: a missão do Rei (11:1 a 12:50)
- A identidade de Jesus é declarada pelos discípulos de João (11:1-19)

- Ais lançados sobre os impenitentes (11:20-24)
- Descanso oferecido aos cansados (11:25-30)
- Senhorio sobre o sábado é declarado (12:1-13)
- Oposição fomentada pelos líderes judaicos (12:14-45)
- Relacionamentos eternos definidos pela linhagem espiritual (12:46-50)

4. Os adversários do Rei (13:1 a 17:27)
 a. Terceiro sermão: as parábolas do reino (13:1-52)
- Os tipos de solo (13:1-23)
- O trigo e o joio (13:24-30,34-43)
- O grão de mostarda (13:31-32)
- O fermento (13:33)
- O tesouro escondido (13:44)
- A pérola de grande valor (13:45-46)
- A rede (13:47-50)
- O dono de uma casa (13:51-52)
 b. Terceira narrativa: o conflito do reino (13:53 a 17:27)
- Nazaré rejeita o Rei (13:53-58)
- Herodes manda matar João Batista (14:1-12)
- Jesus alimenta os cinco mil (14:13-21)
- Jesus caminha sobre as águas (14:22-33)
- Multidões buscam cura (14:34-36)
- Os escribas e fariseus desafiam Jesus (15:1-20)
- Uma mulher cananeia demonstra fé (15:21-28)
- Jesus cura as multidões (15:29-31)
- Jesus alimenta os quatro mil (15:32-39)
- Os fariseus e saduceus pedem um sinal (16:1-12)
- Pedro confessa a Cristo (16:13-20)
- Jesus prediz a sua morte (16:21-28)
- Jesus revela a sua glória (17:1-13)
- Jesus cura um jovem (17:14-21)
- Jesus profetiza a sua traição (17:22-23)
- Jesus paga o imposto do templo (17:24-27)

5. A administração do Rei (18:1 a 23:39)
 a. Quarto sermão: a semelhança do crente com uma criança (18:1-35)
- Um chamado a ter fé como uma criança (18:1-6)
- Uma advertência contra os escândalos (18:7-9)
- A parábola da ovelha perdida (18:10-14)
- Um padrão para a disciplina na igreja (18:15-20)
- Uma lição sobre o perdão (18:21-35)
 b. Quarta narrativa: o ministério em Jerusalém (19:1 a 23:39)
- Algumas lições do Rei (19:1 a 20:28)
  o Sobre o divórcio (19:1-10)
  o Sobre o celibato (19:11-12)

MATEUS   361

- o Sobre os filhos (19:13-15)
- o Sobre entrega (19:16-22)
- o Sobre quem pode ser salvo (19:23-30)
- o Sobre a igualdade no reino (20:1-16)
- o Sobre a sua morte (20:17-19)
- o Sobre a verdadeira grandeza (20:20-28)
- Alguns feitos do Rei (20:29 a 21:27)
  - o Ele cura dois cegos (20:29-34)
  - o Ele recebe adoração (21:1-11)
  - o Ele purifica o templo (21:12-17)
  - o Ele amaldiçoa uma figueira (21:18-22)
  - o Ele responde a um desafio (21:23-27)
- Algumas parábolas do Rei (21:28 a 22:14)
  - o Os dois filhos (21:28-32)
  - o Os maus lavradores (21:33-46)
  - o A festa das bodas (22:1-14)
- Algumas respostas do Rei (22:15-46)
  - o Aos herodianos, sobre o pagamento de impostos (22:15-22)
  - o Aos saduceus, sobre a ressurreição (22:23-33)
  - o Aos escribas, sobre o primeiro e grande mandamento (22:34-40)
  - o Aos fariseus, sobre o maior filho de Davi (22:41-46)
- Alguns pronunciamentos do Rei (23:1-39)
  - o Ai dos escribas e dos fariseus (23:1-36)
  - o Ai de Jerusalém (23:37-39)

6. A expiação do Rei (24:1 a 28:15)
a. Quinto sermão: o sermão do monte das Oliveiras (24:1 a 25:46)
  - A destruição do templo (24:1-2)
  - O sinal do fim dos tempos (24:3-31)
  - A parábola da figueira (24:32-35)
  - A lição de Noé (24:36-44)
  - A parábola dos dois servos (24:45-51)
  - A parábola das dez virgens (25:1-13)
  - A parábola dos talentos (25:14-30)
  - O castigo das nações (25:31-46)
b. Quinta narrativa: a crucificação e a ressurreição (26:1 a 28:15)
  - O plano para matar o Rei (26:1-5)
  - A unção de Maria (26:6-13)
  - A traição de Judas (26:14-16)
  - A Páscoa (26:17-30)
  - A profecia da negação de Pedro (26:31-35)
  - A agonia de Jesus (26:36-46)
  - A prisão de Jesus (26:47-56)
  - O julgamento perante o Sinédrio (26:57-68)
  - A negação de Pedro (26:69-75)

- O suicídio de Judas (27:1-10)
- O julgamento perante Pilatos (27:11-26)
- A zombaria dos soldados (27:27-31)
- A crucificação (27:32-56)
- O sepultamento (27:57-66)
- A ressurreição (28:1-15)

7. **(Epílogo) A comissão do Rei (28:16-20)**

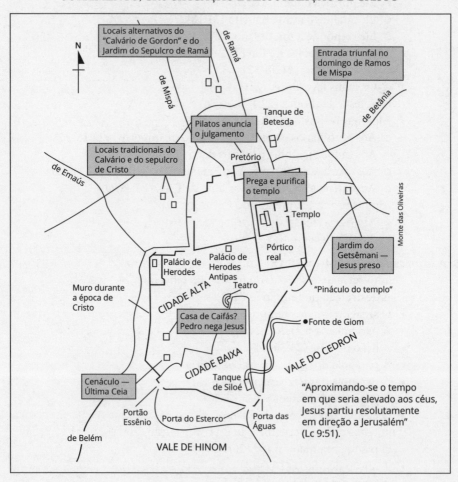

SOFRIMENTO, CRUCIFICAÇÃO E RESSURREIÇÃO DE CRISTO

ENQUANTO ISSO, EM OUTRAS PARTES DO MUNDO...

A primeira disputa registrada de sumô ocorre no Japão em 23 a.C.

MATEUS   **363**

RESPOSTAS PARA PERGUNTAS DIFÍCEIS

1. **Os três primeiros evangelhos possuem várias semelhanças em sua redação. Quem copiou de quem?**

   É verdade que até uma leitura rápida de Mateus, Marcos e Lucas revela várias semelhanças notáveis. Compare, por exemplo, Mateus 9:2-8, Marcos 2:3-12 e Lucas 5:18-26. Entretanto, existem também diferenças significativas no modo como cada escritor enxerga a vida, o ministério e os ensinamentos de Jesus. Essa questão sobre as semelhanças e diferenças entre os evangelhos é conhecida como "problema sinótico" (sin significa "juntos", e ótico, "ver"). Para uma ampla discussão sobre o "Problema Sinótico", veja Marcos: "Desafios de Interpretação".

2. **Por que são necessários três evangelhos semelhantes?**

   Uma análise criteriosa dos evangelhos, observando-se os pontos de vista dos escritores e os detalhes incluídos por eles, gera duas importantes conclusões: (1) as diferenças entre os evangelhos destacam a independência e o valor deles como parte de um retrato completo e (2) as semelhanças entre eles afirmam seu assunto e sua mensagem em comum. Os relatos nunca são contraditórios, mas sim complementares. Quando vistos juntos, apresentam uma compreensão mais plena de Cristo.

3. **Como as declarações proféticas de Jesus, muitas das quais se encontram em Mateus 24 e 25, devem ser interpretadas?**

   O sermão de Jesus no monte das Oliveiras (Mt 24 e 25) contém alguns detalhes que sugerem imagens da destruição de Jerusalém em 70 d.C. As palavras de Jesus em 24:34 já levaram alguns a concluir que todas as coisas foram cumpridas — ainda que não literalmente — na conquista romana ocorrida naquela era. Essa é a visão conhecida como "preterismo". Mas esse é um sério erro interpretativo, que força o intérprete a encontrar nessas passagens sentidos espiritualizados e alegóricos que não são respaldados pelos métodos exegéticos normais. A abordagem que honra a linguagem e a história por trás dos textos bíblicos é chamada de hermenêutica histórico-gramatical, que envolve uma análise da gramática utilizada e do contexto histórico para encontrar o significado intencional da passagem. Isso faz mais sentido e resulta numa interpretação consistentemente futurista das profecias cruciais

4. **Por que a genealogia de Jesus em Mateus é diferente daquela apresentada em Lucas?**

   As genealogias de Jesus registradas em Mateus e Lucas têm duas diferenças significativas. A primeira é que a genealogia de Mateus descreve a ascendência de Jesus por meio de José, ao passo que Lucas rastreia a linhagem de Jesus por meio de Maria. A segunda é que Mateus inicia sua genealogia com Abraão, uma vez que sua preocupação está relacionada à ligação judaica com Cristo e ao plano salvador de Deus, ao passo que Lucas começa sua genealogia com Adão e vê o papel de Cristo na salvação da humanidade.

364   MANUAL BÍBLICO MACARTHUR

5. **Mateus inclui algum material que não é encontrado nos outros evangelhos?**
   Mateus inclui nove eventos exclusivos da vida de Jesus:
   - O sonho de José (1:20-24).
   - A visita dos magos (2:1-12).
   - A fuga para o Egito (2:13-15).
   - Herodes mata todos os meninos (2:16-18).
   - Judas se arrepende (27:3-10; mas veja At 1:18-19).
   - O sonho da mulher de Pilatos (27:19).
   - Outras ressurreições (27:52).
   - O suborno dos soldados (28:11-15).
   - A Grande Comissão (28:19-20).

APROFUNDAMENTO

1. De que maneiras especiais Mateus escolheu introduzir a biografia de Jesus?
2. Escolha uma ou duas parábolas do reino em Mateus 13. Que ideia central Jesus estava ensinando por meio dessas parábolas?
3. Na seção chamada de "Sermão da Montanha" (Mt 5 a 7), sobre quantos assuntos diferentes Jesus falou?
4. Em seu evangelho, de que forma Mateus revelou Jesus como Rei?
5. Que razões você daria para Mateus citar o AT em seu evangelho com tanta frequência?
6. De que modo o evangelho de Mateus informa o seu relacionamento com Jesus Cristo?

Marcos
Jesus é o servo sofredor

TÍTULO

O nome desse evangelho vem de uma pessoa muito próxima do apóstolo Pedro, bem como um personagem recorrente no livro de Atos, onde Marcos é citado como "João, também chamado Marcos" (At 12:12,25; 15:37,39). Depois de ter sido liberto da prisão (At 12:12), Pedro foi à casa da mãe de João Marcos em Jerusalém.

João Marcos era primo de Barnabé (Cl 4:10) e, juntamente com ele, seguiu na primeira viagem missionária de Paulo (At 12:25; 13:5). Contudo, Marcos os abandonou no caminho para Perge, voltando para Jerusalém (At 13:13). Quando Barnabé quis que João Marcos participasse da segunda viagem missionária, Paulo recusou. O atrito resultante entre Paulo e Barnabé fez com que os dois se separassem (At 15:38-40).

Porém, a indecisão anterior de João Marcos evidentemente deu lugar a uma grande força e maturidade, e, com o passar do tempo, ele mostrou o seu valor até mesmo ao apóstolo Paulo. Quando escreveu a carta aos Colossenses, Paulo os instruiu que, se João Marcos fosse até eles, deveria ser bem recebido (Cl 4:10). Paulo até citou Marcos como "cooperador" (Fm 24). Mais tarde, Paulo disse a Timóteo: "Traga Marcos com você, porque ele me é útil para o ministério" (2Tm 4:11).

A restauração de João Marcos a um ministério de grande utilidade pode ter acontecido, em parte, por causa da mediação de Pedro. O relacionamento próximo de Pedro com Marcos fica evidente

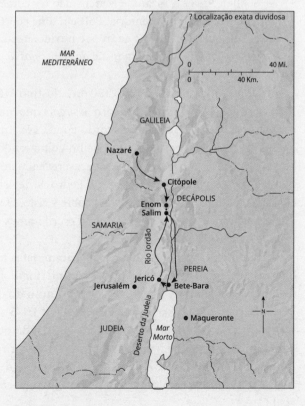

O BATISMO DE JESUS

a partir da referência que faz a ele, chamando-o de "Marcos, meu filho" (1Pe 5:13). Como se sabe, Pedro também havia fracassado, e sua influência sobre esse homem mais jovem sem dúvida foi fundamental para ajudá-lo a sair da instabilidade da sua juventude e entrar na força da maturidade, da qual ele precisaria para a obra à qual Deus o havia chamado.

AUTOR E DATA

Diferentemente das epístolas, os evangelhos não indicam o nome de seus autores. Contudo, os pais da igreja primitiva afirmam com unanimidade que Marcos escreveu esse segundo evangelho. Papias, bispo de Hierápolis, escrevendo por volta do ano 140 d.C., faz a seguinte observação:

> E o presbítero [o apóstolo João] disse isto: Marcos, tendo se tornado intérprete de Pedro, escreveu com precisão tudo de que se lembrou. Não foi, porém, na ordem exata que ele relatou os ditos ou os feitos de Cristo, pois ele nem ouviu nem acompanhou o Senhor. Contudo, posteriormente, como eu disse, ele acompanhou Pedro, que acomodou suas instruções às necessidades [de seus ouvintes], mas sem a intenção de fornecer uma narrativa regular dos ditos do Senhor. Essa é a razão de Marcos não ter cometido nenhum erro ao escrever algumas coisas de memória. Pois em uma coisa ele teve cuidado especial: não omitir qualquer coisa que tivesse ouvido, e não inserir qualquer coisa fictícia nas declarações. [*Da Exposição dos Oráculos do Senhor* (6)]

Escrevendo por volta do ano 150 d.C., Justino Mártir refere-se ao evangelho de Marcos como "as memórias de Pedro" e sugere que Marcos escreveu esse livro quando esteve na Itália. Isso está de acordo com a voz uniforme da tradição primitiva, que também considerava esse evangelho como tendo sido escrito em Roma, para benefício dos cristãos romanos. Ireneu, escrevendo por volta do ano 185 d.C. chama Marcos de "discípulo e intérprete de Pedro", e registra que o segundo evangelho consiste do que Pedro havia pregado sobre Cristo. O testemunho dos pais da Igreja difere quanto a esse evangelho ter sido escrito antes ou depois da morte de Pedro (por volta de 67-68 d.C.).

Estudiosos dos evangelhos já sugeriram datas para a composição de Marcos que variam de 50 a 70 d.C. Uma data anterior à destruição de Jerusalém e do templo no ano 70 d.C. é obrigatória em função do comentário de Jesus em 13:2. Lucas foi claramente escrito antes de Atos (At 1:1-3), e a data de composição deste último pode com muita probabilidade ser fixada por volta do ano 63 d.C., pois esse é um período imediatamente posterior ao término da narrativa (veja "Atos: Autor e data"). Portanto, é provável, ainda que não seja certo, que Marcos tenha sido escrito numa data anterior, provavelmente em algum momento dos anos 50 d.C.

A VIDA DE JESUS

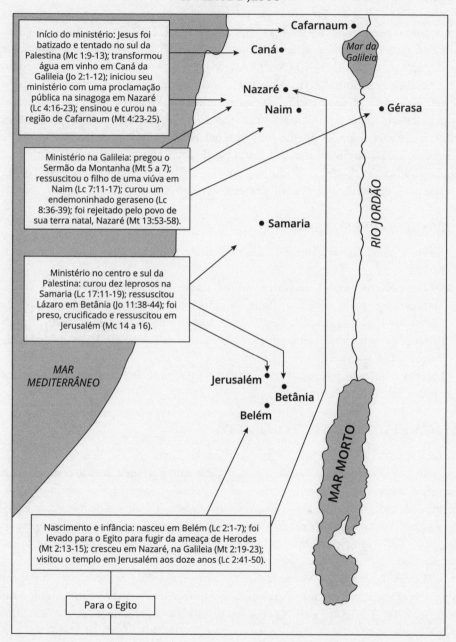

CENÁRIO E CONTEXTO

Enquanto o evangelho de Mateus foi orientado para um público judaico, Marcos parece ter sido escrito para os cristãos romanos, particularmente os gentios. Quando emprega termos aramaicos, Marcos os traduz para os seus leitores (3:17; 5:41; 7:11,34; 10:46; 14:36; 15:22,34). Em contrapartida, às vezes ele emprega expressões latinas em vez de seus equivalentes gregos (5:9; 6:27; 12:15,42; 15:16,39). Ele também conta o tempo de acordo com o sistema romano (6:48; 13:35) e explica cuidadosamente os costumes judaicos (7:3-4; 14:12; 15:42). Marcos omite elementos judaicos, como as genealogias encontradas em Mateus e Lucas. Esse evangelho também faz menos referências ao AT, além de incluir menos materiais que seriam de particular interesse para os leitores judaicos — como aqueles que criticam os fariseus e os saduceus (esses últimos são mencionados apenas uma vez, em 12:18). Quando menciona Simão de Cirene (15:21), Marcos o identifica como pai de Rufo, um proeminente membro da igreja de Roma (Rm 16:13). Tudo isso apoia a visão tradicional de que Marcos foi escrito para um público gentio, inicialmente em Roma.

PRINCIPAIS PERSONAGENS

- **Jesus**: o servo que se ofereceu como sacrifício pelos pecados do mundo (1:1 a 16:19).
- **Os doze discípulos**: Simão Pedro, André, Tiago, João, Filipe, Bartolomeu, Tomé, Mateus, Tiago (filho de Alfeu), Tadeu, Simão, Judas Iscariotes; doze homens escolhidos por Jesus para auxiliá-lo em seu ministério na terra (1:16 a 16:20).
- **Pilatos**: governador romano que ordenou a crucificação de Jesus no lugar de Barrabás (15:1-45).
- **Líderes religiosos judeus:** eram os fariseus e os saduceus; dois grupos religiosos unidos pelo ódio a Jesus (3:22; 11:27 a 15:32).

TEMAS HISTÓRICOS E TEOLÓGICOS

Marcos apresenta Jesus como o servo sofredor de Deus (10:45). Seu foco está mais nos feitos dele do que nos seus ensinos, enfatizando particularmente o serviço e o sacrifício. Marcos omite os longos sermões encontrados nos outros evangelhos, geralmente relatando apenas breves trechos que apresentam a essência do ensino de Jesus. Ele também omite qualquer relato a respeito dos ancestrais e do nascimento de Jesus, começando já no início do ministério público deste, quando ele foi batizado por João no deserto.

Marcos demonstra a humanidade de Cristo mais claramente do que qualquer outro evangelista, enfatizando suas emoções (1:41; 3:5; 6:34; 8:12; 9:36), suas limitações (4:38; 11:12; 13:32) e outros pequenos detalhes a respeito de Jesus que destacam o lado humano do filho de Deus (por exemplo: 7:33-34; 8:12; 9:36; 10:13-16).

PRINCIPAIS DOUTRINAS

- **A humanidade de Cristo**: Jesus se humilhou e tornou-se homem para reconciliar a humanidade com Deus (1:41; 3:5; 4:38; 6:34; 8:12; 9:36; 11:12; 13:32; Is 50:6; 53:7; Mq 5:2; Lc 2:4-7; Jo 1:14; Rm 1:3-4; 8:3; Fp 2:6-11; Cl 2:9; Hb 4:15; 5:7).

MARCOS   **369**

- **Condição de servo**: Jesus foi o exemplo perfeito de verdadeiro servo, mesmo na morte (8:34-37; 9:35; 10:43-45; Zc 9:9; Mt 20:28; 21:5; Lc 22:27; Jo 13:5; 2Co 8:9; Fp 2:7).

O CARÁTER DE DEUS

- Deus é acessível: 15:38
- Deus é o único Deus: 2:7; 12:29

DESAFIOS DE INTERPRETAÇÃO

O intérprete de Marcos se depara com três perguntas significativas: (1) Qual é a relação de Marcos com Lucas e

> ### CRISTO EM MARCOS
>
> Omitindo todos os relatos sobre a linhagem e o nascimento de Jesus, Marcos enfatiza o papel dele como o Servo Sofredor (10:45). Mais do que qualquer outro evangelho, Marcos se concentra nos feitos de Jesus, e não em seus ensinos.

Mateus? (veja "O problema sinótico", a seguir); (2) Como devem ser interpretadas as passagens que discutem o fim dos tempos?; (3) O evangelho de Marcos continha originalmente os últimos doze versículos do capítulo 16? (veja "Respostas para perguntas difíceis").

O PROBLEMA SINÓTICO

Uma leitura superficial dos evangelhos de Mateus, Marcos e Lucas é suficiente para revelar tanto semelhanças notáveis (cf. 2:3-12; Mt 9:2-8; Lc 5:18-26) como diferenças significativas em relação à visão sobre a vida, o ministério e o ensino de Jesus. A questão de como explicar essas semelhanças e diferenças é conhecida como o "problema sinótico" (*sin* significa "juntos", e *ótico* significa "ver").

A solução moderna — mesmo entre os evangélicos — tem sido assumir que existe algum tipo de dependência literária entre os evangelhos sinóticos. A teoria mais comumente aceita para explicar essa suposta dependência literária é conhecida como a teoria das "duas fontes". De acordo com essa hipótese, Marcos foi o primeiro evangelho a ser escrito e, então, Mateus e Lucas usaram-no como fonte para escrever seus evangelhos. Os proponentes dessa visão imaginam uma segunda fonte, não existente, chamada Q (do alemão *Quelle*, "fonte"), e argumentam que supostamente essa é a fonte do material presente em Mateus e Lucas que não aparece em Marcos. Eles apresentam várias linhas de evidências para apoiar esse cenário.

Em primeiro lugar, a maior parte de Marcos é paralela a Mateus e Lucas. Como Marcos é bem mais curto que Mateus e Lucas, os dois últimos devem ser expansões de Marcos. Segundo, os três evangelhos seguem o mesmo esboço cronológico geral, mas no momento em que Mateus ou Lucas se afasta da cronologia marcana, o outro concorda com Marcos. Dito de outra maneira, Mateus e Lucas não se afastam da cronologia de Marcos nos mesmos lugares. Isso, é argumentado, mostra que Mateus e Lucas usaram Marcos como sua estrutura histórica. Terceiro, nas passagens comuns aos três evangelhos, a fraseologia de Mateus e a de Lucas raramente concordam entre si quando diferem da de Marcos. Os proponentes da teoria das "duas fontes" veem isso como uma confirmação de que Mateus e Lucas usaram o evangelho de Marcos como fonte.

Porém, esses argumentos não provam isso. O fato é que o peso das evidências é muito forte contra essa teoria:

1) O testemunho praticamente unânime da igreja até o século XIX era de que Mateus fora o primeiro evangelho a ser escrito. Esse impressionante conjunto de evidências não pode ser ignorado.

2) Por que Mateus — que foi apóstolo e testemunha ocular dos acontecimentos da vida de Cristo — dependeria de Marcos (que não foi testemunha ocular), até mesmo para o relato de sua própria conversão?

3) Uma importante análise estatística dos evangelhos sinóticos revelou que os paralelos entre eles são muito menos extensos e que as diferenças são mais significativas do que normalmente se reconhece. Estas, em particular, argumentam contra a dependência literária entre os autores dos evangelhos.

4) Uma vez que os evangelhos registram fatos históricos reais, seria surpreendente se eles não seguissem a mesma sequencia histórica geral. O fato, por exemplo, de que três livros de história norte-americana apresentem a Guerra da Independência, A Guerra Civil, a Primeira Guerra Mundial, a Segunda Guerra Mundial, a guerra do Vietnã e a guerra do Golfo na mesma sequência cronológica não provaria que os autores tivessem lido os livros uns dos outros. A concordância geral quanto ao conteúdo não prova dependência literária.

5) As passagens nas quais Mateus e Lucas concordam entre si e discordam de Marcos (veja o argumento 3 em favor da teoria das "duas fontes") somam cerca de um sexto de Mateus e um sexto de Lucas. Se eles tivessem usado o evangelho de Marcos como fonte, não haveria explicação satisfatória para Mateus e Lucas tão frequentemente terem mudado a fraseologia de Marcos da mesma maneira.

6) A teoria das "duas fontes" não explica a importante seção do evangelho de Marcos (6:45 a 8:26) que Lucas omite. Essa omissão sugere que Lucas não havia lido esse livro quando escreveu seu evangelho.

7) Não há nenhuma evidência histórica ou manuscrita de que o documento Q tenha sequer existido; trata-se puramente de uma fabricação do ceticismo moderno e uma maneira de possivelmente negar a inspiração verbal dos evangelhos.

8) Qualquer teoria de dependência literária entre os autores dos evangelhos despreza a relevância de seus contatos pessoais uns com os outros. Tanto Marcos quanto Lucas foram companheiros de Paulo (cf. Fm 24); a igreja primitiva (incluindo Mateus) reuniu-se durante algum tempo na casa da mãe de Marcos (At 12:12); e Lucas poderia facilmente ter se encontrado com Mateus durante os dois anos em que Paulo esteve preso em Cesareia.

MARCOS   **371**

Tais contatos fazem com que as teorias de dependência literária mútua sejam desnecessárias.

A solução mais simples para o problema sinótico é que esse problema não existe! Uma vez que os críticos não podem provar a dependência literária entre os autores dos evangelhos, não há necessidade de explicá-la. A visão tradicional de que os autores dos evangelhos foram inspirados por Deus e escreveram independentemente uns dos outros — exceto pelo fato de todos os três terem sido movidos pelo mesmo Espírito Santo (2Pe 1:21) — permanece como a única visão plausível.

À medida que o leitor compara os vários pontos de vista nos evangelhos, fica clara a maneira como eles se harmonizam e formam um retrato mais completo do acontecimento ou da mensagem como um todo. Os relatos não são contraditórios, mas complementares, revelando uma compreensão mais plena quando são reunidos.

OS MILAGRES DE JESUS

Milagre	Mateus	Marcos	Lucas	João
A cura de um leproso	8:2	1:40	5:12	
A cura do servo de um centurião (paralítico)	8:5		7:1	
A cura da sogra de Pedro	8:14	1:30	4:38	
A cura de doentes ao anoitecer	8:16	1:32	4:40	
Jesus acalma a tempestade	8:23	4:35	8:22	
Demônios entram na manada de porcos	8:28	5:1	8:26	
A cura de um paralítico	9:2	2:3	5:18	
A ressurreição da filha de um dirigente da sinagoga	9:18,23	5:22,35	8:40,49	
A cura da mulher que sofria de hemorragia	9:20	5:25	8:43	
A cura de dois cegos	9:27			
A cura de um homem endemoninhado que não podia falar	9:32			
A cura de um homem com uma das mãos atrofiada	12:9	3:1	6:6	
A cura de um endemoninhado que era cego e mudo	12:22		11:14	
Jesus alimenta os cinco mil	14:13	6:30	9:10	6:1
Jesus anda sobre as águas	14:25	6:48		6:19

Continua

MANUAL BÍBLICO MACARTHUR

OS MILAGRES DE JESUS (Continuação)

Milagre	Mateus	Marcos	Lucas	João
A cura da filha de uma mulher cananeia	15:21	7:24		
Jesus alimenta os quatro mil	15:32	8:1		
A cura de um menino endemoninhado	17:14	9:17	9:38	
O imposto do templo na boca do peixe	17:24			
A cura de dois cegos	20:30	10:46	18:35	
A figueira se torna seca	21:18	11:12		
A expulsão de um espírito imundo		1:23	4:33	
A cura de um surdo-mudo		7:31		
A cura de um cego em Betsaida		8:22		
A fuga da multidão hostil			4:30	
A pesca maravilhosa			5:1	
Jesus ressuscita o filho de uma viúva em Naim			7:11	
A cura da mulher encurvada			13:11	
A cura do homem doente, com o corpo inchado			14:1	
A cura de dez leprosos			17:11	
A restauração da orelha do servo do sumo sacerdote			22:51	
A transformação da água em vinho				2:1
A cura do filho de um oficial (febre)				4:46
A cura de um paralítico em Betsaida				5:1
A cura um cego de nascença				9:1
A ressurreição de Lázaro				11:43
A segunda pesca				21:1

ESBOÇO

1. Prólogo: no deserto (1:1-13)
- a. A mensagem de João (1:1-8)
- b. O batismo de Jesus (1:9-11)
- c. A tentação de Jesus (1:12-13)

2. Início do ministério de Jesus: na Galileia e região (1:14 a 7:23)
- a. Ele anuncia a sua mensagem (1:14-15)
- b. Ele chama os seus discípulos (1:16-20)

MARCOS   373

c. Ele ministra em Cafarnaum (1:21-34)
d. Ele alcança a Galileia (1:35-45)
e. Ele defende o seu ministério (2:1 a 3:6)
f. Ele ministra às multidões (3:7-12)
g. Ele comissiona os Doze (3:13-19)
h. Ele repreende os escribas e os fariseus (3:20-30)
i. Ele identifica sua família espiritual (3:31-35)
j. Ele prega por meio de parábolas (4:1-34)
   • O semeador (4:1-9)
   • Por que usar parábolas (4:10-12)
   • A parábola do semeador é explicada (4:13-20)
   • A candeia (4:21-25)
   • A semente (4:26-29)
   • O grão de mostarda (4:30-34)
k. Ele demonstra o seu poder (4:35 a 5:43)
   • Ele acalma a tempestade (4:35-41)
   • Ele expulsa demônios (5:1-20)
   • Ele cura os doentes (5:21-34)
   • Ele ressuscita os mortos (5:35-43)
l. Ele volta à sua cidade natal (6:1-6)
m. Ele envia os seus discípulos (6:7-13)
n. Ele ganha um poderoso inimigo (6:14-29)
o. Os apóstolos reúnem-se a Jesus (6:30-32)
p. Ele alimenta os cinco mil (6:33-44)
q. Ele anda sobre as águas (6:45-52)
r. Ele cura muitas pessoas (6:53-56)
s. Ele responde as perguntas dos fariseus (7:1-23)

3. Expansão de seu ministério: em várias regiões gentias (7:24 a 9:50)
a. Tiro e Sidom: ele liberta a filha de uma mulher gentia (7:24:30)
b. Decápolis: ele cura um surdo-mudo (7:31-37)
c. Costa oriental da Galileia: ele alimenta os quatro mil (8:1-9)
d. Dalmanuta: as contendas com os fariseus (8:10-12)
e. Do outro lado do lago: ele repreende os discípulos (8:13-21)
f. Betsaida: ele cura um cego (8:22-26)
g. Cesareia de Filipe e Cafarnaum: ele instrui os discípulos (8:27 a 9:50)
   • Pedro confessa Jesus como Cristo (8:27-30)
   • Ele prediz sua morte (8:31-33)
   • Ele explica o preço do discipulado (8:34-38)
   • Ele revela a sua glória (9:1-10)
   • Ele esclarece o papel de Elias (9:11:13)
   • Ele expulsa um espírito obstinado (9:14-29)
   • Ele novamente prediz sua morte e ressurreição (9:30-32)
   • Ele define a grandeza do reino (9:33-37)

- Ele identifica o verdadeiro fruto espiritual (9:38-41)
- Ele adverte sobre as possíveis pedras de tropeço (9:42-50)

4. Conclusão de seu ministério: a estrada para Jerusalém (10:1-52)
   a. Ele ensina sobre o divórcio (10:1-12)
   b. Ele abençoa as crianças (10:13-16)
   c. Ele confronta o jovem rico (10:17-27)
   d. Ele confirma a recompensa dos discípulos (10:28-31)
   e. Ele prepara os discípulos para sua morte (10:32-34)
   f. Ele desafia os discípulos a servirem com humildade (10:35-45)
   g. Ele cura um cego (10:46-52)

5. Consumação de seu ministério: Jerusalém (11:1 a 16:20)
   a. A entrada triunfal (11:1-11)
   b. Purificação (11:12-19)
- A maldição da figueira (11:12-14)
- A purificação do templo (11:15-19)

   c. Ensino em público e em particular (11:20 a 13:37)
- Em público: no templo (11:20 a 12:44)

      a. Prelúdio: a lição sobre a figueira amaldiçoada (11:20-26)
      b. Em relação à sua autoridade (11:27-33)
      c. Em relação à rejeição a ele (12:1-12)
      d. Em relação ao pagamento de impostos (12:13-17)
      e. Em relação à ressurreição (12:18-27)
      f. Em relação ao grande mandamento (12:28-34)
      g. Em relação à verdadeira filiação do Messias (12:35-37)
      h. Em relação aos escribas (12:38-40)
      i. Em relação à verdadeira oferta (12:41-44)

- Em particular: no monte das Oliveiras (13:1-37)

      a. A pergunta dos discípulos sobre o fim dos tempos (13:1)
      b. A resposta do Senhor (13:2-35)

   d. Preparativos para a traição (14:1-2,10-11)
   e. Unção, Última Ceia, traição, prisão, julgamento [fase judaica] (14:3-9;12-72)
- A unção: Betânia (14:3-9)
- A Última Ceia: Jerusalém (14:12-31)
- A oração: Getsêmani (14:32-42)
- A traição: Getsêmani (14:43-52)
- O julgamento judaico: a casa de Caifás (14:53-72)

   f. Julgamento [fase romana], Crucificação (15:1-41)
- O julgamento romano: o pretório de Pilatos (15:1-15)
- A crucificação: o Gólgota (15:16-41)

   g. O sepultamento no túmulo de José de Arimateia (15:42-47)
   h. Ressurreição (16:1-8)
   i. Pós-escrito (16:9-20)

MARCOS

375

PALAVRAS-CHAVE

Fé: em grego, *pistis* — 2:5; 4:40; 5:34,36; 10:52; 11:22—, significa "confiança" ou "crença". Ter fé é abdicar da confiança em si mesmo e transferir essa confiança para outra pessoa ou coisa. A mulher que sofria de hemorragia há anos tinha colocado sua confiança nos médicos, mas, ao tocar o manto de Jesus, ela confiou nele para sua cura. Depois de ter sido curada, Jesus declarou que a fé dela a tinha curado (veja Mt 8:10; 9:22,29; 15:28; Lc 7:50; 8:48). Nas Epístolas, a palavra *pistis* às vezes se refere ao conteúdo da fé e das crenças de uma pessoa — a revelação de Deus nas Escrituras (veja Gl 1:23).

Evangelho: em grego, *euangelion* — 1:1,14-15; 13:10; 14:9; 16:15 —, literalmente, significa "boas-novas" ou "boa mensagem". Esse termo grego era originalmente utilizado por mensageiros que traziam a notícia de vitória numa batalha. No NT, ele aponta para as boas-novas da salvação: Jesus veio ao mundo para pôr fim ao poder do pecado na vida de seu povo ao oferecer sua própria vida como perfeito sacrifício na cruz. Cristo ordena que os crentes compartilhem com o mundo as boas-novas, que são a mensagem de doação de vida de Cristo para um mundo moribundo (16:15).

Mestres da lei, chefes dos sacerdotes: em grego, *grammateus* — 2:6; 3:22; 8:31; 9:14; 11:18; 12:38; 15:31 —, o significado literal é "escritor". Originalmente, os mestres da lei transcreviam a lei e liam a Escritura. Mais tarde, atuaram como advogados e estudiosos da religião ao interpretar a lei civil e religiosa. A palavra grega para *chefes dos sacerdotes* é traduzida como "os principais sacerdotes". Esse grupo incluía o sumo sacerdote e outros sacerdotes especializados na Escritura. Ironicamente, eles não percebiam que, ao zombar de Jesus, estavam cumprindo a profecia de Isaías a respeito do Messias: "Foi desprezado e rejeitado pelos homens, um homem de dores e experimentado no sofrimento" (Is 53:3).

ENQUANTO ISSO, EM OUTRAS PARTES DO MUNDO...

A dinastia Han tem início na China, criando o maior grupo étnico do país.

RESPOSTAS PARA PERGUNTAS DIFÍCEIS

1. **Como Marcos escreveu um dos evangelhos se não era um dos discípulos originais?**

   Embora Marcos não tenha sido um dos apóstolos originais de Jesus, ele estava envolvido em muitos eventos registrados no NT. Ele viajou com o apóstolo Pedro e aparece repetidamente ao longo do livro de Atos, onde é "também chamado Marcos" (At 12:12,25; 15:37,39). Quando Pedro foi libertado miraculosamente da prisão, seu primeiro ato foi ir à casa da mãe de João Marcos em Jerusalém (At 12:12). A restauração de João Marcos ao ministério eficiente e à preparação para escrever seu evangelho se deve, em parte, ao seu estreito relacionamento com Pedro (1Pe 5:13). O evangelho de Marcos representa primariamente a versão de Pedro da vida de Jesus.

2. Como deve ser interpretada a passagem sobre o fim dos tempos em Marcos?

O grande sermão de Jesus em Marcos 13 é conhecido como o sermão no monte das Oliveiras. Foi então que ele prenunciou a destruição do templo, que levantou uma pergunta por parte dos discípulos sobre o caráter do fim dos tempos. Quando Jesus fala sobre "o fim", ele se refere à consumação da era presente. Entre outras coisas, ele prenuncia a grande tribulação no futuro e sua vinda em poder e glória.

3. Os últimos doze versículos do capítulo 16 eram, originalmente, parte do evangelho de Marcos?

Evidências externas sugerem com firmeza que, originalmente, Marcos 16:9-20 não fazia parte do evangelho de Marcos. Embora a maioria dos manuscritos gregos contenha esses versículos, os mais antigos e confiáveis não os trazem. Um fim mais curto também existiu, porém não está incluído em alguns textos. Além disso, alguns manuscritos que incluem essa passagem destacam que ela estava ausente nos manuscritos gregos mais antigos, ao passo que outros trazem marcas de copistas indicando que a passagem era considerada espúria. Eusébio e Jerônimo, pais da Igreja do século IV, destacaram que praticamente todos os manuscritos gregos disponíveis a eles não tinham os versículos 9-20.

As evidências internas dessa passagem também pesam fortemente contra a autoria de Marcos. A transição gramatical entre os versículos 8 e 9 é abrupta e desajeitada, e o vocabulário nesses versículos não combinam com o restante de Marcos. Até os eventos e as pessoas mencionadas nessa passagem aparecem de forma desajeitada. Por exemplo, Maria Madalena é apresentada como se fosse uma nova pessoa em cena, em vez de alguém que já havia sido citada por Marcos três vezes (v. 1; 15:40,47). Claramente, Marcos 16:9-20 representa uma tentativa de completar o evangelho de Marcos.

Ainda que, na maior parte, resumam verdades ensinadas em outras partes da Bíblia, os versículos 9-20 devem sempre ser comparados com o restante das Escrituras, e nenhuma doutrina deve ser formulada tomando como base apenas esses versículos. Uma vez que, a despeito de todas essas considerações sobre a possível inafiançabilidade dessa seção, é possível estarmos errados sobre a questão. O melhor é considerar o significado dessa passagem e deixá-la no texto, como acontece com João 7:53 a 8:11.

4. Marcos inclui algum material não encontrado nos outros evangelhos?

Há três passagens em Marcos que são registradas exclusivamente em seu evangelho:

- A parábola da semente que germina (4:26-29).
- A cura de um surdo-mudo (7:31-37).
- A cura de um cego (8:22-26).

PLANTA DO TEMPLO DE HERODES

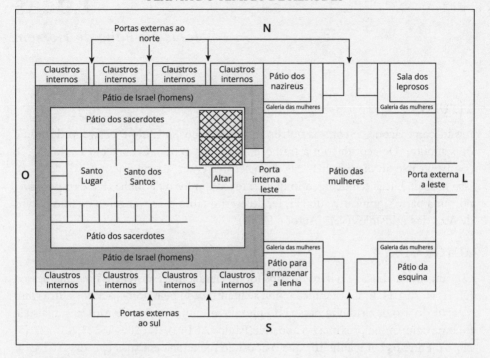

APROFUNDAMENTO

1. De que maneiras diferentes Marcos ilustra a atitude de Jesus de serviço ao próximo?
2. Que resposta Jesus esperava quando perguntou aos discípulos: "Quem vocês dizem que eu sou?" (Mc 8:29)?
3. Como Jesus revelou sua identidade como Filho de Deus no evangelho de Marcos?
4. Qual é o papel desempenhado pelos sinais milagrosos em demonstrar a identidade especial de Jesus em Marcos?
5. Como Marcos deixa claro em seu evangelho que aqueles que creem em Jesus têm a responsabilidade de transmitir as boas-novas aos outros?

Lucas
Jesus é o Filho do Homem

TÍTULO

Assim como acontece com os outros três evangelhos, o título é derivado do nome do seu autor. De acordo com a tradição, Lucas era gentio. O apóstolo Paulo parece confirmar isso ao distinguir Lucas daqueles que eram "da circuncisão" (Cl 4:11,14). Isso faria de Lucas o único gentio que escreveu um livro da Bíblia. Ele é responsável por uma parte significativa do NT, tendo escrito tanto esse evangelho quanto o livro de Atos dos Apóstolos (veja "Autor e Data").

AUTOR E DATA

O evangelho de Lucas e o livro de Atos foram claramente escritos pela mesma pessoa (cf. 1:1-4; At 1:1). Embora nunca tenha se identificado pelo nome, a autoria fica clara a partir do uso da primeira pessoa do plural em muitas seções de Atos nas quais ele foi uma companhia próxima do apóstolo Paulo (At 16:10-17; 20:5-15; 21:1-18; 27:1 a 28:16). Entre os companheiros que o apóstolo menciona em suas epístolas (Cl 4:14; 2Tm 4:11; Fm 24), Lucas é a única pessoa que se encaixa no perfil de autor desses livros. Isso está em perfeito acordo com a tradição primitiva da igreja que, com unanimidade, atribuía esse evangelho a Lucas.

Pouco se sabe a respeito de Lucas. Ele quase nunca incluiu detalhes autobiográficos e nada se sabe em definitivo a respeito do seu passado ou da sua conversão. Eusébio e Jerônimo o identificam como nativo de Antioquia (o que pode explicar o fato de tantas partes de Atos se concentrarem em Antioquia — cf. At 11:19-27; 13:1-3; 14:26; 15:22-23,30-35; 18:22-23). Lucas foi companhia frequente do apóstolo Paulo, pelo menos no período que vai da época da visão macedônia de Paulo (At 16:9-10) até o martírio do apóstolo (2Tm 4:11).

Paulo referiu-se a Lucas como médico (Cl 4:14). O interesse demonstrado por Lucas pelos fenômenos médicos fica evidente por meio da importância que ele deu ao ministério de cura de Jesus (por exemplo: 4:38-40; 5:15-25; 6:17-19; 7:11-15; 8:43-47,49-56; 9:2,6,11; 13:11-13; 14:2-4; 17:12-14; 22:50-51). Nos dias de Lucas, os médicos não possuíam um vocabulário de terminologia técnica específico; desse modo, quando ele discute curas e outras questões médicas, sua linguagem não é muito diferente da usada pelos autores dos outros evangelhos.

Lucas e Atos parecem ter sido escritos praticamente ao mesmo tempo — Lucas primeiro e Atos depois. Combinados, eles compõem um relato em dois volumes endereçado a "Teófilo" (1:3; At 1:1; veja "Cenário e contexto"), apresentando uma história abrangente da fundação do cristianismo, que vai do nascimento de Cristo à prisão domiciliar de Paulo em Roma (At 28:30-31).

LUCAS   379

O livro de Atos termina com Paulo ainda em Roma, o que leva à conclusão de que Lucas escreveu esses livros enquanto Paulo esteve preso ali (por volta de 60-62 d.C.). Lucas registra a profecia de Jesus sobre a destruição de Jerusalém em 70 d.C. (19:42-44; 21:20-24), mas não faz menção ao cumprimento dessa profecia, nem nesse evangelho, nem em Atos. Lucas preocupava-se muito em registrar o cumprimento das profecias (cf. At 11:28), de modo que é extremamente improvável que ele tenha escrito esses livros depois da invasão romana em Jerusalém. O livro de Atos também não faz menção à grande perseguição iniciada sob as ordens de Nero em 64 d.C. Além disso, muitos estudiosos definem a data do martírio de Tiago como tendo ocorrido em 62 d.C. e, se esse fato tivesse ocorrido antes que Lucas completasse sua história, ele certamente o teria mencionado. Portanto, a data mais provável para a composição desse evangelho é 60 ou 61 d.C.

CENÁRIO E CONTEXTO

Lucas dedicou suas obras ao "excelentíssimo Teófilo" (lit., "o que ama a Deus" — 1:3; cf. At 1:1). Essa designação, que pode ser um apelido ou um pseudônimo, é acompanhada por uma referência formal ("excelentíssimo"), possivelmente significando que "Teófilo" era um dignitário romano bastante conhecido, talvez um dos que eram do "palácio de César" e que se converteram a Cristo (Fp 4:22).

É quase certo, porém, que Lucas queria atingir um público mais amplo com a sua obra do que apenas esse homem. As dedicatórias presentes no início de Lucas e de Atos são semelhantes às que vemos em livros atuais. Não parecem ser uma saudação ao destinatário de uma epístola.

Lucas declarou expressamente que o conhecimento dos fatos registrados no seu evangelho veio de relatos de pessoas que haviam testemunhado pessoalmente os acontecimentos (1:1-2), deixando fortes evidências de que ele mesmo não foi uma testemunha ocular. A partir do prólogo, fica mais claro que o seu objetivo era apresentar um relato ordenado dos acontecimentos da vida de Jesus, mas isso não significa que ele sempre seguiu uma ordem cronológica rigorosa em todas as situações.

Ao reconhecer que compilou o seu relato a partir de várias fontes existentes à época, Lucas não estava desprezando a inspiração divina de sua obra. O processo de inspiração nunca se sobrepõe ou despreza a personalidade, o vocabulário e o estilo dos autores humanos das Escrituras. Os traços singulares dos autores humanos estão sempre estampados de maneira indelével em todos os livros da Escritura. A pesquisa de Lucas não é exceção a essa regra. A pesquisa em si foi orquestrada pela Providência divina e, em seus escritos, Lucas foi movido pelo Espírito Santo (2Pe 1:21). Portanto, o seu relato é infalivelmente verdadeiro.

PRINCIPAIS PERSONAGENS

- **Jesus**: o Filho do Homem que levou uma vida perfeita para reconciliar a humanidade pecaminosa com Deus (1:26 a 24:53).
- **Isabel**: esposa piedosa de Zacarias e mãe de João Batista (1:5-60).
- **Zacarias**: sacerdote judeu e pai de João Batista (1:4-79).
- **João Batista:** profeta e precursor que anunciou a vinda de Cristo (1:13-80; 3:2 a 9:9).

380   MANUAL BÍBLICO MACARTHUR

- **Maria**: a mãe virgem de Jesus (1:26 a 2:51).
- **Os doze discípulos**: Simão Pedro, André, Tiago, João, Filipe, Bartolomeu, Tomé, Mateus, Tiago (filho de Alfeu), Tadeu, Simão, Judas Iscariotes; doze homens escolhidos por Jesus para auxiliá-lo em seu ministério na terra (1:2; 5:30 a 12:55; 16:1 a 24:53).
- **Herodes, o Tetrarca**: filho de Herodes, o Grande; ordenou a execução de João Batista e participou do julgamento de Jesus (3:1-20; 9:7-9; 23:6-16).
- **Pilatos**: governador romano que ordenou a crucificação de Jesus no lugar de Barrabás (3:1; 13:1; 23:1-52).
- **Maria Madalena**: seguidora devota de Jesus; primeira pessoa a vê-lo após a ressurreição (8:2; 24:10).

PALAVRAS-CHAVE

Batizar: em grego, *baptizō* — 3:7,12,16,21; 7:29-30; 12:50 —, literalmente, significa "mergulhar" ou "imergir". As pessoas iam a João para serem imersas por ele no rio Jordão. O batismo dos gentios convertidos ao judaísmo era comum para os judeus, porém esse tipo de batismo era novo e estranho para eles. João os chamava para que fossem batizados como uma renúncia pública ao antigo estilo de vida. O batismo também simbolizava a preparação do coração deles para a vinda do Messias. Paulo ligava o batismo à identificação dos crentes com Cristo. Assim como um pedaço de pano embebido na tinta absorve sua cor, também uma pessoa imersa em Cristo deve assumir a natureza dele.

Riqueza, dinheiro: em grego, *mamōnas* — 16:9,11,13 —, literalmente, significa "riqueza", "dinheiro" ou "propriedade". Em Lucas 16, essa palavra é usada para "riquezas". Mamom é também considerado um ídolo ou deus no coração humano que está em conflito com o verdadeiro Deus. A Bíblia proclama que é impossível servir a esse deus mundano e ao Deus verdadeiro ao mesmo tempo.

Paraíso: em grego, *paradeisos* — 23:43 —, literalmente, significa "jardim" ou "parque". A *Septuaginta* emprega essa palavra literalmente em Eclesiastes 2:5 e Cântico dos Cânticos 4:13, embora esse termo também se refira ao jardim do Éden (veja Gn 2:8). Mais adiante, paraíso foi descrito como o lugar dos mortos justos no Hades (Lc 16:19-31). Quando Jesus falou com o ladrão na cruz, ele lhe garantiu que naquele dia estaria com ele no Paraíso (23:41). Isso parece indicar que essa palavra se refere a um lugar agradável para os justos entre os mortos. Apocalipse 2:7 fala dele como a restituição de um paraíso edênico, um lar eterno para os crentes (compare Gn 2 e Ap 22).

TEMAS HISTÓRICOS E TEOLÓGICOS

O estilo de Lucas é o de um autor acadêmico e bem letrado. Ele escreveu como o faz um historiador meticuloso, com frequência apresentando detalhes que ajudam a identificar o contexto histórico dos acontecimentos que descreve (1:5; 2:1-2; 3:1-2; 13:1-4).

Seu relato da natividade é o mais amplo entre os registros nos evangelhos e, tal como o restante da obra de Lucas, mais refinado quanto ao estilo literário. Ele incluiu na narrativa do nascimento uma série de salmos de louvor (1:46-55; 1:68-79; 2:14; 2:29-32,34-35). Só ele relata as circunstâncias incomuns que cercaram o nascimento de João Batista, a anunciação a Maria, a manjedoura, os pastores e Simeão e Ana (2:25-38).

Um tema recorrente em Lucas é a compaixão de Jesus pelos gentios, samaritanos, mulheres, crianças, publicanos, pecadores e outros frequentemente considerados proscritos em Israel. Todas as vezes que menciona um publicano (3:12; 5:27; 7:29; 15:1; 18:10-13; 19:2), ele o faz num sentido positivo. Contudo, Lucas não ignorou a salvação daqueles que eram ricos e respeitáveis — por exemplo, 23:50-53. Desde o início do ministério público de Jesus (4:18) até às últimas palavras do Senhor na cruz (23:40-43), Lucas enfatiza esse tema do ministério de Cristo aos párias da sociedade. Repetidas vezes ele mostra como o Grande Médico ministrou àqueles que eram mais conscientes de que eram necessitados (cf. 5:31-32; 15:4-7,31-32; 19:10).

A ênfase que Lucas dá às mulheres é particularmente significativa. Desde o relato da natividade, em que Maria, Isabel e Ana recebem destaque (capítulos 1 e 2), até os acontecimentos da manhã da ressurreição, nos quais as mulheres mais uma vez são personagens de grande importância (24:1,10), Lucas enfatiza o papel central das mulheres na vida e no ministério de Jesus (por exemplo: 7:12-15,37-50; 8:2-3,43-48; 10:38-42; 13:11-13; 21:2-4; 23:27-29,49,55-56).

Vários outros temas recorrentes formam linhas por todo o evangelho de Lucas. Temos como exemplos disso o temor na presença de Deus, o perdão (3:3; 5:20-25; 6:37; 7:41-50; 11:4; 12:10; 17:3-4; 23:34; 24:47), a alegria, a maravilha diante dos mistérios da verdade divina, o papel do Espírito Santo (1:15,35,41,67; 2:25-27; 3:16,22; 4:1,14,18; 10:21; 11:13; 12:10,12), o templo em Jerusalém (1:9-22; 2:27-38,46-49; 4:9-13; 18:10-14; 19:45-48; 20:1-21:6; 21:37-38; 24:53) e as orações de Jesus.

A partir de 9:51, Lucas dedica dez capítulos à narrativa da última viagem de Jesus a Jerusalém. Grande parte do material dessa seção é exclusiva de Lucas. É o cerne desse evangelho e apresenta um tema que Lucas enfatiza do início ao fim: a inexorável caminhada de Jesus à cruz. Esse era exatamente o propósito pelo qual Cristo veio à terra (cf. 9:22-23; 17:25; 18:31-33; 24:25-26,46) e ele não seria impedido. Salvar os pecadores era sua missão (19:10).

PRINCIPAIS DOUTRINAS

- **Temor dos homens na presença de Deus**: essa reação é normal e apropriada quando confrontados com as obras poderosas de Deus (1:30,65; 2:9-10; 5:10,26; 7:16; 8:25,37,50; 9:34,45; 12:5; 23:40; Lv 19:14,32; 25:17,36,43; Dt 25:18; Jz 6:22; 2Sm 23:3; 2Cr 20:29; 26:5; Pv 1:7; Ne 5:15; 13:22; Mc 16:5; At 9:31; 1Tm 5:20).

- **Os mistérios da verdade divina**: deslumbramento acerca dos mistérios das palavras e obras de Cristo (1:21,63; 2:18-19,33,47-48; 5:9; 8:25; 9:43-45; 11:14; 20:26; 24:12,41; Jó 11:7; Dn 2:47; Mt 13:35; Mc 4:10-20; Rm 11:25; 1Co 2:7; 4:1; Ef 5:32; Cl 1:25-27; 4:3; 1Tm 3:16; Ap 10:7).

MULHERES DO NOVO TESTAMENTO

Maria, a mãe virgem de Jesus, tem um lugar de honra entre as mulheres do Novo Testamento. Ela é um constante exemplo de fé, humildade e serviço (Lc 1:26-56). Outras mulheres notáveis do Novo Testamento são:

Nome	Descrição	Referência bíblica
Ana	Reconheceu Jesus como o tão esperado Messias	Lc 2:36-38
Berenice	Irmã de Agripa, diante de quem Paulo fez sua defesa	At 25:13
Candace	Uma rainha da Etiópia	At 8:27
Cloe	Mulher que sabia das divisões na igreja de Corinto	1Co 1:11
Cláudia	Cristã de Roma	2Tm 4:21
Dâmaris	Mulher de Atenas convertida pelo ministério de Paulo	At 17:34
Dorcas (Tabita)	Cristã em Jope que foi ressuscitada por Pedro	At 9:36-41
Drusila	Esposa de Félix, governador da Judeia	At 24:24
Isabel	Mãe de João Batista	Lc 1:5,13
Eunice	Mãe de Timóteo	2Tm 1:5
Herodias	Rainha que exigiu a execução de João Batista	Mt 14:3-10
Joana	Ajudava a suprir as necessidades materiais de Jesus	Lc 8:3
Loide	Avó de Timóteo	2Tm 1:5
Lídia	Convertida pelo ministério de Paulo em Filipos	At 16:14
Marta e Maria	Irmãs de Lázaro, amigas de Jesus	Lc 10:38-42
Maria Madalena	Mulher de quem Jesus expulsou demônios	Mt 27:56-61; Mc 16:9
Febe	Uma serva, talvez diaconisa, na igreja de Cencreia	Rm 16:1-2
Priscila	Esposa de Áquila, trabalhou com Paulo em Corinto e Éfeso	At 18:2,18-19
Salomé	Mãe de Tiago e João, discípulos de Jesus	Mt 20:20-24
Safira	Reteve bens da comunidade cristã primitiva	At 5:1
Suzana	Ajudava a suprir as necessidades materiais de Jesus	Lc 8:3

LUCAS   **383**

- **Perdão**: seu lugar na vida humana (3:3; 5:20-25; 6:37; 7:41-50; 11:4; 12:10; 17:3-4; 23:34; 24:47; Gn 50:20-21; Sl 7:4; Pv 19:11; Mt 6:1,15; 18:22; Mc 11:25; 2Co 2:5-11; Tg 2:13; 1Pe 4:18).
- **O papel do Espírito Santo**: o Espírito na nossa vida (1:15,35,41,67; 2:25-27; 3:16,22; 4:1,14,18; 10:21; 11:13; 12:10,12; Gn 1:2; Jó 26:13; Sl 104:30; Ez 37:11-14; Zc 4:7; Mt 12:28; Jo 14:16; 15:26; At 1:8; 8:29; Rm 8:11; 15:19; 1Co 2:4,13; 1Ts 1:5; 1Pe 3:18).
- **A morte de Cristo na cruz**: propósito da vinda de Cristo ao mundo (9:22-23; 17:25; 18:31-33; 24:25-26,46; Is 53:7-9; At 13:29; 1Co 1:18; 5:7; Gl 5:11; 6:14; Ef 5:2; Fp 2:8; Cl 2:14; Hb 10:1,10,12).

O CARÁTER DE DEUS

- Deus é acessível (23:45).
- Deus é santo (1:49).
- Deus é longânimo (13:6-9).
- Deus é misericordioso (1:50,78).
- Deus é poderoso (11:20; 12:5).
- Deus mantém suas promessas (1:38,45,54-55,69-73).
- Deus é providente (2:1-4; 21:18,32-33; 22:35).
- Deus é sábio (16:15).

DESAFIOS DE INTERPRETAÇÃO

Assim como Marcos, e ao contrário de Mateus, Lucas parece ter como alvo um público gentio (para uma discussão sobre o "Problema sinótico", veja Marcos: "Desafios de interpretação"). Ele identifica lugares que seriam familiares a qualquer judeu (por exemplo: 4:31; 23:51; 24:13), sugerindo que o seu público ia além daqueles que já possuíam conhecimento geográfico na Palestina. Ele normalmente prefere a terminologia grega aos hebraísmos (por exemplo: "lugar chamado Caveira" em vez de "Gólgota" em 23:33). Ocasionalmente, todos os outros evangelhos usam termos semitas como "Aba" (Mc 14:36), "rabi" (Mt 23:7-8; Jo 1:38,49) e "Hosana" (Mt 21:9; Mc 11:9-10; Jo 12:13), mas Lucas ou os omite ou prefere seus equivalentes gregos.

Lucas é mais econômico em citações do AT do que Mateus e, quando o faz, quase sempre usa a *Septuaginta* — a tradução da Bíblia hebraica para o grego. Além disso, a maioria das citações do AT feitas por Lucas são alusões, em vez de citações diretas, e

> ### CRISTO EM LUCAS
>
> O médico Lucas apresenta Jesus como o Grande Médico (5:31-32; 15:4-7,31-32; 19:10). Lucas analisa a interação de Jesus com os publicanos, as mulheres, as crianças, os gentios e os samaritanos, demonstrando seu ministério singular aos marginalizados da sociedade. Lucas também descreve Jesus como o Filho do Homem, enfatizando sua oferta de salvação para o mundo.

muitas delas aparecem nas palavras de Jesus, em vez de na narrativa de Lucas (2:23-24; 3:4-6; 4:4,8,10-12,18-19; 7:27; 10:27; 18:20; 19:46; 20:17-18,37,42-43; 22:37).

Mais do que os outros autores dos evangelhos, Lucas enfatizou o alcance universal do convite do evangelho. Ele retratou Jesus como o Filho do Homem, rejeitado por Israel e oferecido ao mundo. Como destacado anteriormente (veja "Temas históricos e teológicos"), Lucas repetidamente cita relatos de gentios, samaritanos e outros proscritos que encontraram graça aos olhos de Jesus. Essa ênfase é exatamente o que se esperaria de alguém próximo do "apóstolo para os gentios" (Rm 11:13).

No entanto, alguns críticos declaram ver uma enorme lacuna entre a teologia de Lucas e a de Paulo. É verdade que Lucas é praticamente destituído de terminologia exclusivamente paulina. Lucas escreveu de acordo com o seu próprio estilo, contudo, a teologia subjacente está em perfeita harmonia com a do apóstolo. A peça central da doutrina de Paulo é a justificação pela fé. Lucas também destacou e ilustrou a justificação pela fé em muitas das situações e parábolas que ele relata, em especial no relato do fariseu e do publicano (18:9-14), na conhecida história do filho pródigo (15:11-32), no incidente na casa de Simão (7:36-50) e na salvação de Zaqueu (19:1-10).

ESBOÇO

1. O prelúdio do ministério de Cristo (1:1 a 4:13)
   a. Preâmbulo (1:1-4)
   b. O nascimento de Jesus (1:5 a 2:38)
- A anunciação a Zacarias (1:5-25)
- A anunciação a Maria (1:26-38)
- A visitação (1:39-45)
- O *Magnificat* (1:46-56)
- O nascimento do precursor (1:57-80)
- O nascimento de Jesus (2:1-38)

   c. A infância de Jesus (2:39-52)
- Em Nazaré (2:39-40)
- No templo (2:41-50)
- Entre a sua família (2:51-52)

   d. O batismo de Jesus (3:1 a 4:13)
- A pregação de João Batista (3:1-20)
- O testemunho do céu (3:21-22)
- A genealogia do Filho do Homem (3:23-38)
- A tentação do Filho de Deus (4:1-13)

2. O ministério na Galileia (4:14 a 9:50)
   a. O início de seu ministério (4:14-44)
- Nazaré (4:14-30)
- Cafarnaum (4:31-42)
  - o Um demônio é expulso (4:31-37)
  - o Multidões são curadas (4:38-42)

LUCAS   385

o As cidades da Galileia (4:43-44)
b. O chamado de seus discípulos (5:1 a 6:16)
   • Quatro pescadores (5:1-26)
      o Pescando homens (5:1-11)
      o Curando enfermidades (5:12-16)
      o Perdoando pecados (5:17-26)
   • Levi (5:27 a 6:11)
      o O evangelho: não para os justos, mas para os pecadores (5:27-32)
      o Os odres: não os velhos, mas os novos (5:33-39)
      o O sábado: não como um fardo, mas para fazer o bem (6:1-11)
   • Os Doze (6:12-16)
c. A continuação da sua obra (6:17 a 9:50)
   • Pregando na planura (6:17-49)
      o Bem-aventuranças (6:17-23)
      o Ais (6:24-26)
      o Mandamentos (6:27-49)
   • Ministrando nas cidades (7:1 a 8:25)
      o Ele cura o servo de um centurião (7:1-10)
      o Ele ressuscita o filho de uma viúva (7:11-17)
      o Ele encoraja os discípulos de João Batista (7:18-35)
      o Ele perdoa uma mulher pecadora (7:36-50)
      o Ele reúne os discípulos afetuosos (8:1-3)
      o Ele ensina a multidão por meio de parábolas (8:4-21)
      o Ele acalma os ventos e as ondas (8:22-25)
   • Viajando pela Galileia (8:26 a 9:50)
      o Ele liberta um endemonhiado (8:26-39)
      o Ele cura uma mulher (8:40-48)
      o Ele ressuscita uma menina (8:49-56)
      o Ele envia os Doze (9:1-6)
      o Ele deixa Herodes perplexo (9:7-9)
      o Ele alimenta a multidão (9:10-17)
      o Ele prediz sua crucificação (9:18-26)
      o Ele revela a sua glória (9:27-36)
      o Ele expulsa um espírito imundo (9:37-42)
      o Ele instrui os seus discípulos (9:43-50)

3. A jornada para Jerusalém (9:51 a 19:27)
a. Samaria (9:51 a 10:37)
   • Uma aldeia não o recebe (9:51-56)
   • Ele despede os indecisos (9:57-62)
   • Ele envia os setenta (10:1-24)
   • Ele conta a parábola do bom samaritano (10:25-37)
b. Betânia e Judeia (10:38 a 13:35)

- Maria e Marta (10:38-42)
- A oração do Senhor (11:1-4)
- A importância da importunação (11:5-13)
- A impossibilidade da neutralidade (11:14-36)
- Ais contra os fariseus e os intérpretes da lei (11:37-54)
- Lições ao longo do caminho (12:1-59)
  - Contra a hipocrisia (12:1-12)
  - Contra o materialismo mundano (12:13-21)
  - Contra a preocupação (12:22-34)
  - Contra a infidelidade (12:35-48)
  - Contra o amor ao sossego (12:49-53)
  - Contra o despreparo (12:54-56)
  - Contra a divisão (12:57-59)
- Perguntas respondidas (13:1-30)
  - Sobre a justiça de Deus (13:1-9)
  - Sobre o sábado (13:10-17)
  - Sobre o reino (13:18-21)
  - Sobre os poucos que são salvos (13:22-30)
- O lamento de Cristo (13:31-35)

c. Pereia (14:1 a 19:27)
- Convidado de um fariseu (14:1-24)
  - Ele os testa a respeito do sábado (14:1-6)
  - Ele ensina sobre a humildade (14:7-14)
  - Ele fala sobre o banquete celestial (14:15-24)
- Mestre de multidões (14:25 a 18:34)
  - O custo do discipulado (14:25-35)
  - A parábola da ovelha perdida (15:1-7)
  - A parábola da dracma perdida (15:8-10)
  - A parábola do filho perdido (15:11-32)
  - A parábola do administrador infiel (16:1-18)
  - O rico e Lázaro (16:19-31)
  - Uma lição sobre o perdão (17:1-4)
  - Uma lição sobre a fidelidade (17:5-10)
  - Uma lição sobre a gratidão (17:11-19)
  - Uma lição sobre a prontidão (17:20-37)
  - A parábola do juiz iníquo (18:1-8)
  - A parábola do fariseu e do publicano (18:9-14)
  - Uma lição sobre assemelhar-se às crianças (18:15-17)
  - Uma lição sobre compromisso (18:18-30)
  - Uma lição sobre o plano de redenção (18:31-34)
- Amigo de pecadores (18:35 a 19:10)
  - Ele abre os olhos de um cego (18:35-43)
  - Ele busca e salva o perdido (19:1-10)

LUCAS 387

- Juiz de toda a terra (19:11-27)
  - o O fim de uma longa jornada (19:11)
  - o A parábola das minas (19:12-27)

4. A semana da Paixão (19:28 a 23:56)
  a. Domingo (19:28-44)
  - A entrada triunfal (19:28-40)
  - Cristo chora pela cidade (19:41-44)
  b. Segunda-feira (19:45-48)
  - Ele purifica o templo (19:45-46)
  - Ele ensina o povo (19:47-48)
  c. Terça-feira (20:1 a 21:38)
  - Ele discute com as autoridades judaicas (20:1-8)
  - Ele ensina as multidões da Páscoa (20:9 a 21:38)
    - o A parábola dos lavradores perversos (20:9-19)
    - o Uma resposta aos fariseus sobre o pagamento do imposto (20:20-26)
    - o Uma resposta aos saduceus sobre a ressurreição (20:27-40)
    - o Uma pergunta aos escribas sobre a profecia messiânica (20:41-47)
    - o A lição da oferta da viúva (21:1-4)
    - o Uma profecia sobre a destruição de Jerusalém (21:5-24)
    - o O sinal do fim dos tempos (21:25-38)
  d. Quarta-feira (22:1-6)
  - O plano contra Jesus (22:1-2)
  - Judas ingressa na conspiração (22:3-6)
  e. Quinta-feira (22:7-53)
  - Preparação para a Páscoa (22:7-13)
  - A Ceia do Senhor (22:14-38)
    - o É instituída a Nova Aliança (22:14-22)
    - o Discussões entre os discípulos (22:23-30)
    - o A negação de Pedro é predita (22:31-34)
    - o A promessa da provisão de Deus (22:35-38)
  - A agonia no jardim (22:39-46)
  - A prisão de Jesus (22:47-53)
  f. Sexta-feira (22:54 a 23:55)
  - A negação de Pedro (22:54-62)
  - Jesus é ridicularizado e espancado (22:63-65)
  - O julgamento diante do Sinédrio (22:66-71)
  - O julgamento diante de Pilatos (23:1-25)
    - o O indiciamento (23:1-5)
    - o A audiência com Herodes (23:6-12)
    - o A sentença de Pilatos (23:13-25)
  - A crucificação (23:26-49)
  - O sepultamento (23:50-55)
  g. Sábado (23:56)

5. A consumação do ministério de Cristo (24:1-53)
   a. A ressurreição (24:1-12)
   b. O caminho de Emaús (24:13-45)
   c. A ascensão (24:46-53)

ENQUANTO ISSO, EM OUTRAS PARTES DO MUNDO...

Marco Antônio e Cleópatra são derrotados por Otaviano na Batalha de Áccio em 30 a.C., e cometem suicídio. Como resultado, o Egito se torna uma província romana.

RESPOSTAS PARA PERGUNTAS DIFÍCEIS

1. O que sabemos sobre Lucas?
Segundo a tradição e evidências internas limitadas, Lucas era gentio. O apóstolo Paulo parece confirmar essa informação, distinguindo Lucas daqueles que eram "da circuncisão" (Cl 4:11,14). Eusébio e Jerônimo o identificam como nativo de Antioquia. Lucas foi companhia frequente de Paulo, a quem o apóstolo se referiu como médico (Cl 4:14). Para mais informações, veja "Autor e data".

2. Qual é a relação entre Lucas, Mateus e Marcos?
Uma leitura superficial dos três primeiros evangelhos é suficiente para revelar semelhanças notáveis. Compare Lucas 5:18-26, Mateus 9:2-8 e Marcos 2:3-12. Há também diferenças significativas, porém, na forma como cada autor aborda vários detalhes sobre Jesus. A questão de como explicar essas semelhanças e diferenças é conhecida como o "problema sinótico". Veja a discussão sobre o "Problema sinótico" em Marcos: "Desafios de interpretação".

3. Que passagens aparecem exclusivamente no evangelho de Lucas?
Lucas incluiu doze eventos ou passagens principais que não são encontrados nos outros evangelhos:
- Eventos que precedem o nascimento de João Batista e Jesus (1:5-80).
- Cenas da infância de Jesus (2:1-52).
- Herodes prende João Batista (3:19-20).
- O povo de Nazaré rejeita Jesus (4:16-30).
- Os primeiros discípulos são chamados (5:1-11).
- O filho de uma viúva é ressuscitado (7:11-17).
- Uma mulher unge os pés de Jesus (7:36-50).
- Algumas mulheres ministram a Cristo (8:1-3).
- Eventos, ensinamentos e milagres durante os meses que precedem a morte de Cristo (10:1 a 18:14).
- Cristo se hospeda na casa de Zaqueu (19:1-27).

LUCAS

- Jesus é julgado por Herodes (23:6-12).
- Algumas das últimas palavras de Jesus antes de sua ascensão (24:44-49).

APROFUNDAMENTO

1. Que evidências de que Lucas era médico podem ser apontadas em seu evangelho?
2. Como podemos dizer que o autor do evangelho de Lucas era um historiador?
3. Quais detalhes sobre o nascimento e a infância de Jesus você acha particularmente significativos? Por quê?
4. Como Jesus demonstra compaixão no evangelho de Lucas?
5. De que formas Lucas observou e reconheceu a presença do Espírito Santo ao longo de seu evangelho?
6. Que aspectos do relato da ressurreição por Lucas tornam evidente que ele reconhecia a importância histórica dos eventos registrados?

João

Jesus é o Filho de Deus

TÍTULO

O título do quarto evangelho, que segue o padrão dos demais, foi originalmente identificado como "Segundo João". Como no caso dos outros, "O Evangelho" foi acrescentado posteriormente.

AUTOR E DATA

Embora o nome do autor não apareça no evangelho, a tradição primitiva da igreja o identificou, de maneira firme e consistente, como sendo do apóstolo João. Irineu (130-200 d.C., aproximadamente), um dos pais da igreja primitiva, foi discípulo de Policarpo (70-160 d.C., aproximadamente), que foi discípulo do apóstolo João. Ele testificou com base na autoridade de Policarpo que João escreveu o evangelho já em idade avançada, durante o tempo em que morou em Éfeso, na Ásia Menor (*Contra heresias*, 2:22:5; 3:1:1). Depois de Irineu, todos os pais da Igreja aceitaram João como o autor do evangelho. Clemente de Alexandria (150-215 d.C., aproximadamente) escreveu que João, ciente dos fatos relatados nos outros evangelhos e sendo movido pelo Espírito Santo, compôs um "evangelho espiritual" (veja *História eclesiástica*, de Eusébio, 6:14:7).

Para reforçar a tradição primitiva da Igreja, há características internas significativas nesse evangelho. Enquanto os evangelhos sinóticos (Mateus, Marcos e Lucas) identificam o apóstolo João por nome aproximadamente vinte vezes (incluindo passagens paralelas), seu nome não é diretamente mencionado no evangelho de João. Em vez disso, o autor prefere identificar-se como "o discípulo a quem Jesus amava" (13:23; 19:26; 20:2; 21:7,20). A ausência de qualquer menção direta do nome de João é notável quando se considera o papel importante que outros discípulos citados por nome desempenham nesse evangelho. No entanto, a repetida autodesignação como "o discípulo a quem Jesus amava", a omissão deliberada de João do seu nome pessoal reflete a sua humildade e celebra o seu relacionamento com seu Senhor Jesus. Não havia necessidade de mencionar o seu nome, pois os leitores originais entendiam claramente que ele era o autor desse evangelho. Além disso, mediante um processo de eliminação baseado primariamente na análise de material nos capítulos 20 e 21, esse discípulo "a quem Jesus amava" acaba se revelando como sendo o apóstolo João (por exemplo: 21:24; cf. 21:2). Considerando-se que o autor do evangelho é preciso ao mencionar no livro os nomes de outros personagens, ele não teria omitido o nome de João se o autor fosse outra pessoa que não o apóstolo João.

O anonimato do evangelho reforça fortemente os argumentos a favor da autoria de João, pois somente alguém de autoridade bastante conhecida e proeminente como o apóstolo poderia ser capaz de escrever um evangelho que difere de modo tão marcante, quanto à forma e substância, dos outros e que recebeu aceitação unânime da igreja primitiva. Em contrapartida, os evangelhos apócrifos produzidos a partir de meados do século II foram falsamente atribuídos aos apóstolos e outras pessoas famosas intimamente associadas com Jesus, porém universalmente rejeitados pela Igreja.

PALESTINA

João e Tiago, seu irmão mais velho (At. 12:2), eram conhecidos como "filho[s] de Zebedeu" (Mt 10:2-4), e Jesus lhes deu o nome de "filhos do trovão" (Mc 3:17). João foi apóstolo (Lc 6:12-16) e um dos três amigos mais chegados de Jesus (juntamente com

Pedro e Tiago — cf. Mt 17:1; 26:37), tendo sido testemunha ocular e participante do ministério terreno dele (1Jo 1:1-4). Depois da ascensão de Cristo, João tornou-se uma "coluna" da igreja de Jerusalém (Gl 2:9). Ministrou juntamente com Pedro (At 3:1; 4:13; 8:14) até ir para Éfeso (segundo a tradição, antes da destruição de Jerusalém), onde escreveu esse evangelho e de onde os romanos o exilaram em Patmos (Ap 1:9). Além do evangelho que leva o seu nome, João também escreveu as epístolas 1, 2 e 3João e o livro de Apocalipse (Ap 1:1).

Embora provavelmente tenha sido escrito na grande cidade de Éfeso na província da Ásia Menor, do outro lado do mar Egeu da Grécia, o evangelho de João se passa com exclusividade na aparentemente insignificante região da Palestina. Entretanto, João mostra que os eventos descritos em seu evangelho são de significância universal, e ele escreve para que os que o lerem "creiam que Jesus é o Cristo" e que "tenham vida em seu nome" (20:31).

Levando-se em conta os escritos de alguns pais da Igreja que indicam que João estava escrevendo ativamente quando idoso e que tinha conhecimento dos evangelhos sinóticos, muitos datam o evangelho algum tempo depois da composição dos sinóticos, mas antes de João redigir as epístolas 1, 2 e 3João e o livro de Apocalipse. João escreveu seu evangelho por volta de 80-90 d.C., aproximadamente cinquenta anos depois de haver testemunhado o ministério terreno de Jesus.

CENÁRIO E CONTEXTO

Estratégico para o pano de fundo de João é o fato de que, segundo a tradição, João conhecia os evangelhos sinóticos. Aparentemente, ele escreveu o seu evangelho a fim de fornecer uma contribuição singular ao registro da vida do Senhor ("um evangelho espiritual") e, em parte, para complementar Mateus, Marcos e Lucas.

As características singulares do evangelho reforçam esse propósito: em primeiro lugar, João forneceu grande quantidade de material peculiar não registrado nos outros evangelhos. Segundo, muitas vezes ele forneceu informação que ajuda na compreensão de acontecimentos nos sinóticos. Por exemplo, embora os sinóticos comecem com o ministério de Jesus na Galileia, eles dão a entender que Jesus exerceu um ministério anterior a esse (por exemplo: Mt 4:12; Mc 1:14). João oferece uma resposta, fornecendo informação sobre o ministério anterior de Jesus na Judeia (capítulo 3) e na Samaria (capítulo 4). Em Marcos 6:45, depois de alimentar os cinco mil, Jesus fez com que seus discípulos atravessassem o mar da Galileia e se dirigissem a Betsaida. João registra o motivo. As pessoas estavam por aclamar Jesus rei por causa da milagrosa multiplicação do alimento, e, dessa maneira, ele estava evitando os esforços do povo, erroneamente motivado (6:26). Terceiro, João é o evangelho mais teológico de todos, contendo, por exemplo, um denso prólogo teológico (1:1-18), uma quantidade maior de material de ensino e discursivo do que material narrativo (por exemplo: 3:13-17) e a maior quantidade de ensino sobre o Espírito Santo (por exemplo: 14:16-17, 26; 16:7-14). Embora João conhecesse os evangelhos sinóticos e tivesse composto o seu tendo estes em mente, ele não dependeu deles para obter informação. Antes, ao compor o evangelho sob a inspiração do Espírito Santo, ele usou suas próprias lembranças na qualidade de testemunha ocular (1:14; 19:35; 21:24).

O evangelho de João é o único dentre os quatro que contém uma afirmação precisa sobre o propósito do autor (20:30-31). Ele declara: "estes foram escritos para que vocês creiam que Jesus é o Cristo, o Filho de Deus e, crendo, tenham vida em seu nome" (20:31). Os propósitos primários, portanto, são dois: evangelístico (converter não crentes) e apologético (explicar e defender a verdade). Reforça o propósito evangelístico o fato de que a palavra "crer" ocorre aproximadamente cem vezes no evangelho (os sinóticos a empregam menos da metade das vezes). João compôs o seu evangelho para fornecer razões para a fé salvadora de seus leitores e, consequentemente, assegurá-los de que receberiam o dom divino da vida eterna (1:12).

OS SETE SINAIS

Sinal	Significado
Jesus transforma água em vinho (Jo 2:1-12)	Jesus é a Fonte da vida.
Jesus cura o filho de um oficial (Jo 4:46-54)	Jesus é Mestre sobre a distância.
Jesus cura um paralítico próximo ao tanque de Betesda (Jo 5:1-17)	Jesus é Mestre sobre o tempo.
Jesus alimenta os cinco mil (Jo 6:1-14)	Jesus é o Pão da vida.
Jesus caminha sobre as águas e acalma a tempestade (Jo 6:15-21)	Jesus é Mestre sobre a natureza.
Jesus cura um cego de nascença (Jo 9:1-41)	Jesus é a Luz do mundo.
Jesus ressuscita Lázaro (Jo 11:17-45)	Jesus tem poder sobre a morte.

O propósito apologético está estreitamente ligado ao propósito evangelístico. João escreveu para convencer seus leitores da verdadeira identidade de Jesus, isto é, Deus-Homem encarnado, cujas naturezas divina e humana estavam perfeitamente unidas numa única pessoa, que era o profetizado Cristo ("Messias") e Salvador do mundo (por exemplo: 1:41, 3:16: 4:25-26; 8:58). Ele organizou todo o evangelho em torno de oito "sinais" ou provas que reforçam a verdadeira identidade de Jesus, conduzindo à fé. A primeira metade de sua obra centra-se em torno de sete sinais milagrosos escolhidos para revelar a pessoa de Cristo e gerar fé: (1) a transformação da água em vinho; (2) a cura do filho de um oficial; (3) a cura de um paralítico; (4) a alimentação de uma multidão; (5) Jesus andando sobre as águas; (6) a cura de um cego de nascença; e (7) a ressurreição de Lázaro. O oitavo sinal é a pesca milagrosa (21:6-11) depois da ressurreição de Jesus.

MANUAL BÍBLICO MACARTHUR

PRINCIPAIS PERSONAGENS

- **Jesus**: a Palavra de Deus que veio ao mundo; completamente Deus e completamente humano (1:1 a 21:25).
- **João Batista:** profeta e precursor que anunciou a vinda de Cristo (1:6-42; 3:23-27; 4:1; 5:33; 10:40-41).

PALAVRAS-CHAVE

A Palavra: em grego, *ho logos* — 1:1,14; 2:22; 5:24; 8:43; 15:3; 17:14,17 —, é usada para falar do Criador do universo e até da energia criativa que gerou o universo. No AT, o termo *logos* também pode ser ligado à sabedoria como uma personificação ou atributo de Deus (veja Pv 8). Tanto no uso judaico como no uso grego, *logos* estava associado à ideia de inícios — o mundo teve início com a Palavra (Gn 1:3). João especificamente empregou esse termo para identificar o Filho de Deus como divino. Jesus é a imagem do Deus invisível (Cl 1:15) e a essência de Deus (Hb 1:3). Na Trindade, o Filho atua como a revelação de Deus e é Deus na realidade.

Nascer de novo: em grego, *gennaō anōthen* — 3:3,7 —, literalmente, significa "nascer do alto". Jesus falou de um nascimento que era um novo nascimento ou um nascimento celestial ou ambos. É mais provável que Jesus estivesse falando de um nascimento celestial, porque ele descreveu esse nascimento usando uma analogia do vento, vindo de uma fonte celestial desconhecida. Nicodemos claramente entendeu que Jesus estava falando de um segundo nascimento natural — voltar para o ventre da mãe e renascer. Jesus explicou esse nascimento em 3:6-8 ao contrastar o nascer da carne com o nascer do Espírito.

Eu sou: em grego, *ego eimi* — 6:36; 8:58; 10:7,14; 15:1; 18:5 —, denota literalmente "autoidentidade na autossuficiência". Ao empregar essas duas palavras, Jesus proclama sua preexistência eterna e divindade absoluta. Jesus Cristo, o Filho de Deus, ao contrário de todos os mortais, não teve um começo. Ele é o eterno Deus. Jesus claramente afirma sua divindade ao empregar as palavras "Eu sou" para referir-se a sua própria pessoa. Em Êxodo 3:14, Deus revela sua identidade como "Eu Sou o que Sou". Assim, Jesus declarou, perante seus juízes, que era o sempre-existente e autoexistente Deus.

Crer: em grego, *pisteuo* — 1:7; 5:44; 6:64; 7:5; 10:26; 11:48; 13:19; 20:31 —, literalmente, significa "depositar confiança em alguém". A verdadeira crença em Jesus requer que confiemos nele completamente para a salvação (3:15-16). Enquanto Jesus ministrava aqui na terra, muitas pessoas creram em seus poderes miraculosos, mas não depositaram sua confiança no próprio Jesus (6:23-26). Outros estavam dispostos a crer em Jesus apenas como defensor político de Israel (Mc 15:32). Portanto, temos de crer e confiar no Jesus que nos é apresentado nas Escrituras: o Filho de Deus que humildemente sacrificou a si mesmo para nos livrar da escravidão do pecado (Gl 1:3-4; Fp 2:5-8).

JOÃO 395

- **Os doze discípulos**: Simão Pedro, André, Tiago, João, Filipe, Bartolomeu, Tomé, Mateus, Tiago (filho de Alfeu), Tadeu, Simão, Judas Iscariotes; doze homens escolhidos por Jesus para auxiliá-lo em seu ministério na terra (1:53 a 21:14).
- **Maria**: irmã de Lázaro; creu em Jesus e o ungiu antes de sua morte (11:1 a 12:11).
- **Marta**: irmã de Lázaro; conhecida por sua hospitalidade; cresceu em fé quando Jesus ressuscitou seu irmão (11:17-45).
- **Lázaro**: levantado dentre os mortos por Jesus, seu amigo (11:1 a 12:17).
- **Maria, mãe de Jesus**: demonstrou seu serviço a Jesus; confiada aos cuidados de João na morte de Jesus (2:1-12; 19:25-27).
- **Pilatos**: governador romano que ordenou a crucificação de Jesus no lugar de Barrabás (18:29 a 19:38).
- **Maria Madalena**: seguidora devota de Jesus; primeira pessoa a vê-lo após a ressurreição (19:25 a 20:18).

TEMAS HISTÓRICOS E TEOLÓGICOS

De acordo com os propósitos evangelístico e apologético de João, a mensagem geral do evangelho se encontra em 20:31: "Jesus é o Cristo, o Filho de Deus".

O livro, portanto, centra-se na pessoa e na obra de Cristo. Três palavras predominantes ("sinais", "crer" e "vida") em 20:30-31 recebem constante ênfase ao longo do evangelho para sublinhar o tema da salvação em Cristo, que é primeiramente apresentado no prólogo (1:1-18; cf. 1Jo 1:1-4) e repetido ao longo de todo o evangelho de várias maneiras (por exemplo: 6:35, 48; 8:12; 10:7,9; 10:11-14; 11:25; 14:6; 17:3). Além disso, João fornece o relato sobre o modo como homens responderam a Jesus Cristo e à salvação oferecida por ele. Em resumo, os enfoques do evangelho são: (1) Jesus como a Palavra, o Messias é o Filho de Deus, (2) que traz o dom da salvação para os homens, (3) que aceitam ou rejeitam a oferta de Jesus.

João também apresenta certos subtemas contrastantes que reforçam seu tema principal. Ele usa dualismo (vida e morte, luz e trevas, amor e ódio, do alto e de baixo) para transmitir informações vitais sobre a pessoa e obra de Cristo e a necessidade de se crer nele (por exemplo: 1:4-5, 12-13; 3:16-21; 12:44-46; 15:17-20). Há também sete declarações "Eu sou" enfáticas que identificam Jesus como Deus e Messias.

PRINCIPAIS DOUTRINAS

- **A divindade de Jesus Cristo**: quem Jesus realmente é (6:35; 8:12; 10:7,9; 10:11,14; 11:25; 14:6; 15:1,5; 20:28-31; Is 9:6; 40:9; Jr 23:5-6; Zc 13:7; Mt 1:23; Mc 2:7-10; Rm 9:5; 1Co 1:30; Fp 2:6; Cl 2:9; Tt 2:13; 1Jo 5:20; Ap 22:13).
- **Salvação mediante Jesus Cristo**: como as pessoas devem responder a Jesus (1:1-18; 6:35,48; 8:12; 10:7,9; 10:11-14; 11:25; 14:6; 17:3; Gn 3:15; Sl 3:8; 37:39; Is 45:2-22; 49:6; 59:16; 63:9; Lc 1:69; At 4:12; 16:31; Rm 5:8; 10:9; Ef 2:8; 5:23; 1Tm 1:10; Hb 2:10; 5:9; 1Pe 1:5; 1Jo 1:1-4).

AS DECLARAÇÕES "EU SOU"

Encontramos o significativo "Eu sou" do nosso Senhor (em grego, *ego eimi*) vinte e três vezes no texto grego desse evangelho (4:26; 6:20,35,41,48,51; 8:12,18,24,28,58; 10:7,9,11,14; 11:25; 13:19; 14:6; 15:1,5; 18:5-6,8). Em várias dessas ocorrências, ele anexa o "Eu sou" a sete grandes metáforas que expressam seu relacionamento salvador com o mundo.

"Eu sou o pão da vida" (6:35,41,48,51)

"Eu sou a luz do mundo" (8:12)

"Eu sou a porta das ovelhas" (10:7,9)

"Eu sou o bom pastor" (10:11,14)

"Eu sou a ressurreição e a vida" (11:25)

"Eu sou o caminho, a verdade e a vida" (14:6)

"Eu sou a videira verdadeira" (15:1,5)

O CARÁTER DE DEUS

- Deus é acessível (1:51; 10:7,9; 14:6).
- Deus é glorioso (1:14).
- Deus é invisível (1:18; 5:37).
- Deus é amoroso (3:16; 15:9-10; 16:27; 17:23,26).
- Deus é justo (17:25).
- Deus é espírito (4:24).
- Deus é verdadeiro (17:3,17).
- Deus é o único Deus (10:30; 14:9-11; 17:3).
- Deus se ira (3:14-18,36).

DESAFIOS DE INTERPRETAÇÃO

Pelo fato de João ter composto seu relato em estilo claro e simples, a tendência poderia ser subestimar a profundeza do evangelho. Uma vez que o evangelho de João é "espiritual" (veja "Autor e data"), as verdades que ele transmite são profundas. O leitor deve explorar o livro com oração e meticulosidade, a fim de descobrir a vasta riqueza dos tesouros espirituais que o apóstolo, sob a condução do Espírito Santo (14:26; 16:13), amorosamente depositou em seu evangelho.

CRISTO EM JOÃO

Sem dúvida, o evangelho de João é uma proclamação da divindade de Jesus Cristo. João revela a natureza de Jesus em sua primeira frase: "No princípio era aquele que é a Palavra. Ele estava com Deus, e era Deus" (1:1). Enquanto o evangelho de Marcos enfatiza Jesus como o Filho do Homem, a mensagem de João é que "Jesus é o Cristo, o Filho de Deus" (20:31). Notavelmente, Jesus se afirma como Deus em sete declarações enfáticas em que ele se identifica como "Eu sou" (6:35; 8:12; 10:7,9,11,14; 11:25; 14:6; 15:1,5).

JOÃO

A contagem cronológica entre o evangelho de João e os sinóticos representa uma dificuldade, especialmente com relação à data da Última Ceia (13:2). Enquanto os sinóticos retratam os discípulos e o Senhor fazendo a ceia pascal na noite de quinta-feira e a crucificação de Jesus na sexta-feira, o evangelho de João afirma que os judeus não entraram no pretório (a sede do governo romano) na sexta de manhã "para evitar contaminação cerimonial [...]; pois queriam participar da Páscoa" (18:28). Assim, os discípulos fizeram a refeição da Páscoa na quinta-feira à noite, mas os judeus não. Na verdade, João (19:14) afirma que o julgamento e a crucificação de Jesus aconteceram no dia da preparação para a Páscoa, e não depois de terem feito a refeição da Páscoa, de modo que o julgamento e a crucificação de Cristo na sexta-feira realmente aconteceram ao mesmo tempo em que os cordeiros da Páscoa estavam sendo mortos (19:14). A questão é: "Por que os discípulos fizeram a ceia da Páscoa na quinta-feira?"

A resposta encontra-se na diferença quanto ao modo em que os judeus contavam o início e o fim dos dias. De Josefo, da Mishná e outras fontes judaicas antigas, sabe-se que os judeus do norte da Palestina calculavam os dias do nascer ao pôr do sol. Essa área incluía a região da Galileia, onde Jesus e todos os discípulos, exceto Judas, haviam sido criados. Aparentemente, a maioria, se não todos, dos fariseus usava esse sistema de contagem. Mas os judeus do sul da Palestina, que englobava Jerusalém, calculavam os dias de um pôr do sol a outro pôr do sol. Pelo fato de todos os sacerdotes necessariamente residirem em Jerusalém ou perto dessa cidade, bem como a maioria dos saduceus, esses grupos seguiam o esquema do sul.

Não há dúvida de que essa variação às vezes causava confusão, mas também trazia alguns benefícios práticos. Durante o tempo da Páscoa, por exemplo, permitia que a festa pudesse ser celebrada legitimamente em dois dias seguidos, dando oportunidade para que os sacrifícios do templo fossem feitos durante um período total de quatro horas, em vez de duas. Essa separação de dias também pode ter tido o efeito de reduzir os choques regionais e religiosos entre os dois grupos.

Com base nisso, as aparentes contradições nos relatos dos evangelhos são facilmente explicadas. Sendo galileus, Jesus e seus discípulos consideravam que o dia da Páscoa teria inicio ao nascer do sol da quinta-feira e terminaria ao nascer do sol da sexta-feira. Os líderes judaicos que prenderam e julgaram Jesus, em sua maioria sacerdotes e saduceus, consideravam o dia da Páscoa como tendo início no pôr do sol da quinta-feira e terminando no pôr do sol da sexta-feira. Por meio dessa variação, predeterminada pela provisão soberana de Deus, Jesus pôde, portanto, legalmente celebrar a Páscoa com seus discípulos e, ainda assim, ser sacrificado no dia da Páscoa.

Novamente, pode-se ver como Deus, de modo soberano e maravilhoso, provê para o cumprimento exato de seu plano redentor. Jesus não foi vítima dos esquemas perversos dos homens, muito menos das circunstâncias. Cada palavra que ele disse e cada ação que efetuou foram divinamente dirigidas e asseguradas. Até mesmo as palavras e ações de outros contra ele foram divinamente controladas. Veja, por exemplo, 11:49-52; 19:11.

TÍTULOS DE JESUS

Os dois títulos ou nomes mais comumente usados pelos cristãos para se referir ao Senhor são *Jesus*, uma tradução do nome hebraico *Josué*, que significa "o Senhor salvará", e *Cristo*, uma tradução do termo grego *Christos*, que significa "Ungido" ou "Messias". A seguir estão alguns outros importantes nomes ou títulos de Cristo usados no Novo Testamento. Cada um deles expressa uma verdade distinta sobre Jesus e sua relação com os cristãos.

Nome ou título	Significado	Referência bíblica
Adão, último Adão	O primeiro de uma nova raça de redimidos	1Co 15:45
Alfa e Ômega	O início e o fim de todas as coisas	Ap 21:6
Pão da vida	O alimento essencial	Jo 6:35
Pedra angular	Uma base segura para a vida	Ef 2:20
Supremo pastor	Protetor, sustentador e guia	1Pe 5:4
Primogênito dentre os mortos	Leva-nos à ressurreição e à vida eterna	Cl 1:18
Bom pastor	Provedor e cuidador	Jo 10:11
Grande Pastor das ovelhas	Guia e protetor confiável	Hb 13:20
Sumo Sacerdote	Aquele que realizou um sacrifício perfeito pelos nossos pecados	Hb 3:1
O Santo de Deus	Sem pecado em sua natureza	Mc 1:24
Emanuel (Deus conosco)	Permanece conosco em todas as circunstâncias da vida	Mt 1:23
Rei dos reis, Senhor dos senhores	O Todo-poderoso, diante do qual todos se prostrarão	Ap 19:16
Cordeiro de Deus	Deu sua própria vida como sacrifício em nosso favor	Jo 1:29
Luz do mundo	Traz esperança em meio às trevas	Jo 9:5
Senhor da glória	O poder e a presença do Deus vivo	1Co 2:8
Mediador entre Deus e os homens	Leva-nos à presença de Deus, redimidos e perdoados	1Tm 2:5
Unigênito do Pai	O único Filho de Deus	Jo 1:14
Profeta	Proclamador fiel das verdades de Deus	At 3:22
Salvador	Liberta do pecado e da morte	Lc 1:47
Descendente de Abraão	Mediador da aliança de Deus	Gl 3:16
Filho do Homem	Identifica-se conosco em nossa humanidade	Mt 18:11
A Palavra	Estava com Deus na criação	Jo 1:1

JOÃO

ESBOÇO

1. A encarnação do Filho de Deus (1:1-18)

a. Sua eternidade (1:1-2)

b. Sua obra antes da encarnação (1:3-5)

c. Seu precursor (1:6-8)

d. Sua rejeição (1:9-11)

e. Sua aceitação (1:12-13)

f. Sua divindade (1:14-18)

2. A apresentação do Filho de Deus (1:19 a 4:54)

a. Apresentação por João Batista (1:19-34)
- Aos líderes religiosos (1:19-28)
- No batismo de Cristo (1:29-34)

b. Apresentação aos discípulos de João (1:35-51)
- André e Pedro (1:35-42)
- Filipe e Natanael (1:43-51)

c. Apresentação na Galileia (2:1-12)
- O primeiro sinal: água em vinho (2:1-10)
- Os discípulos creem (2:11-12)

d. Apresentação na Judeia (2:13 a 3:36)
- A purificação do templo (2:13-25)
- O ensino a Nicodemos (3:1-21)
- A pregação de João Batista (3:22-36)

e. Apresentação na Samaria (4:1-42)
- Testemunho à mulher samaritana (4:1-26)
- Testemunho aos discípulos (4:27-38)
- Testemunho aos samaritanos (4:39-42)

f. Apresentação na Galileia (4:43-54)
- Recepção pelos galileus (4:43-45)
- O segundo sinal: a cura do filho do oficial (4:46-54)

3. A oposição ao Filho de Deus (5:1 a 12:50)

a. Oposição na festa em Jerusalém (5:1-47)
- O terceiro sinal: a cura de um paralítico (5:1-9)
- Rejeição pelos judeus (5:10-47)

b. Oposição durante a Páscoa (6:1-71)
- O quarto sinal: a alimentação dos cinco mil (6:1-14)
- O quinto sinal: andando sobre o mar (6:15-21)
- Sermão sobre o pão da vida (6:22-71)

c. Oposição na Festa dos Tabernáculos (7:1 a 10:21)

d. Oposição na Festa da Dedicação (10:22-42)

e. Oposição em Betânia (11:1 a 12:11)
- O sétimo sinal: a ressurreição de Lázaro (11:1-44)

- O plano dos fariseus para matar Jesus (11:45-57)
- Maria unge Jesus (12:1-11)

f. Oposição em Jerusalém (12:12-50)
- A entrada triunfal (12:12-22)
- Sermão sobre fé e rejeição (12:23-50)

4. A preparação dos discípulos pelo Filho de Deus (13:1 a 17:26)

a. No cenáculo (13:1 a 14:31)
- O lava-pés (13:1-20)
- O anúncio da traição (13:21-30)
- Sermão sobre a partida de Cristo (13:31 a 14:31)

b. No caminho para o jardim (15:1 a 17:26)
- Instrução aos discípulos (15:1 a 16:33)
- Intercessão junto ao Pai (17:1-26)

5. A execução do Filho de Deus (18:1 a 19:37)

a. A rejeição de Cristo (18:1 a 19:16)
- Sua prisão (18:1-11)
- Seus julgamentos (18:12 a 19:16)

b. A crucificação de Cristo (19:17-37)

6. A ressurreição do Filho de Deus (19:38 a 21:23)

a. O sepultamento de Cristo (19:38-42)
b. A ressurreição de Cristo (20:1-10)
c. Aparecimentos de Cristo (20:11 a 21:23)
- A Maria Madalena (20:11-18)
- Aos discípulos, com exceção de Tomé (20:19-25)
- Aos discípulos e a Tomé (20:26-29)
- Afirmação do propósito do evangelho (20:30-31)
- Aos discípulos (21:1-14)
- A Pedro (21:15-23)

7. Conclusão (21:24-25)

ENQUANTO ISSO, EM OUTRAS PARTES DO MUNDO...

A música se desenvolve na Ásia enquanto a oitava chinesa é subdividida em sessenta notas musicais.

RESPOSTAS PARA PERGUNTAS DIFÍCEIS

1. **Como os estudiosos concluem que a frase "o discípulo a quem Jesus amava" era o modo de João de se referir a si mesmo em seu evangelho?**

JOÃO   **401**

Três dicas óbvias sobre o evangelho de João ajudam a identificar o discípulo sem nome que chamou a si mesmo de "o discípulo a quem Jesus amava" (13:23; 19:26; 20:2; 21:7,20):

- os pais da igreja primitiva invariavelmente identificaram o apóstolo João como autor desse evangelho;
- João é citado com frequência pelos autores dos outros evangelhos como participante ativo entre os discípulos de Jesus;
- o nome de João está ausente no quarto evangelho.

Se quatro pessoas viajarem juntas e cada uma delas carregar uma máquina fotográfica, as fotos de grupo tiradas por elas naturalmente não incluirá o membro do grupo que tirou a foto. De fato, é bem provável que um terceiro possa adivinhar quem tirou cada foto pela ausência de cada membro do grupo. O evangelho de João funciona desse modo. A ausência de João pelo nome acusa sua presença. As palavras "o discípulo a quem Jesus amava" transmitem tanto uma noção da humildade do apóstolo como da profundidade de seu relacionamento com Jesus. O uso dessa frase não significa que João achava que era o único discípulo a quem Jesus amava; antes, ela simplesmente expressa com sinceridade brutal o maravilhamento desse discípulo com o fato de que o Senhor o amava!

2. **O que faz o evangelho de João tão diferente dos outros três?**
Clemente de Alexandria (150-215 d.C., aproximadamente), um dos pais da Igreja, pode ter sido o primeiro a descrever a biografia de Jesus por João como um "evangelho espiritual". Aparentemente, João escreveu seu evangelho a fim de fornecer uma contribuição singular ao registro da vida do Senhor e também para complementar os evangelhos de Mateus, Marcos e Lucas (veja "Cenário e contexto" para uma discussão mais ampla sobre essa questão).

3. **A cronologia dos eventos em partes do evangelho de João parece ser diferente da dos outros. Como podemos explicar essas diferenças aparentes?**
A contagem cronológica entre o evangelho de João e os sinóticos de fato representa uma dificuldade, especialmente com relação ao relato da Última Ceia (13:2). Enquanto os sinóticos retratam os discípulos e o Senhor fazendo a ceia pascal na noite de quinta-feira e a crucificação de Jesus na sexta-feira, o evangelho de João afirma que o julgamento e a crucificação de Jesus aconteceram no dia da preparação para a Páscoa (19:14), e não depois de terem feito a refeição da Páscoa. A questão é: "Por que os discípulos fizeram a ceia da Páscoa na quinta-feira?" A resposta encontra-se no fato de que havia dois modos diferentes de os judeus contarem o início e o fim dos dias. Os judeus do norte da Palestina calculavam os dias do nascer ao pôr do sol, ao passo que os judeus do sul da Palestina calculavam os dias de um pôr do sol a outro. Com base nisso, as aparentes contradições nos relatos dos evangelhos são facilmente explicadas. Veja "Desafios de interpretação" para uma discussão mais ampla sobre essa questão.

APROFUNDAMENTO

1. Como você descreveria a diferença em estilo e abordagem entre João e o os outros três evangelhos?
2. Quais eram os propósitos de João nos primeiros dezoito versículos de seu evangelho?
3. Compare o uso da palavra *crer* em João 3:16 com a mesma palavra em outros versículos em João. Que tipo de crença Deus exige?
4. Sumarize o ensino de Jesus sobre o Espírito Santo em João 14:15-31 e 16:5-16.
5. Qual é a sua resposta para a pergunta de Jesus em João 11:25-26?
6. Como em todos os evangelhos, a ressurreição de Jesus é o clímax do evangelho de João. Por que esse evento é tão crucial para o cristianismo?

Atos dos Apóstolos

Cristo edifica sua igreja

TÍTULO

É possível que, originalmente, o livro de Atos não tivesse título. Os manuscritos gregos o intitulam "Atos" e muitos acrescentam "dos Apóstolos". A palavra grega traduzida por "atos" (*praxeis*) era muitas vezes usada para descrever as realizações de grandes homens. Atos, de fato, retrata personagens notáveis dos primeiros anos da Igreja, especialmente Pedro (capítulos 1 ao 12) e Paulo (capítulos 13 a 28). Porém, o livro poderia ser denominado mais apropriadamente de "Atos do Espírito Santo por meio dos Apóstolos", pois a obra soberana e superintendente do Espírito foi muito mais significativa do que a obra de qualquer homem. Era o ministério do Espírito que dirigia, controlava e dava poder; foi ele quem fortaleceu a Igreja e gerou seu crescimento em número, seu poder espiritual e sua influência.

AUTOR E DATA

Considerando-se que o evangelho de Lucas foi o primeiro livro endereçado a Teófilo (Lc 1:3), é lógico concluir que ele também é o autor de Atos, embora o seu nome não seja mencionado em nenhum dos livros. Os escritos dos pais da Igreja, tais como Irineu, Clemente de Alexandria, Tertuliano, Orígenes, Eusébio e Jerônimo afirmam a autoria de Lucas, e o mesmo acontece com o Cânon Muratoriano (por volta de 170 d.C.). Pelo fato de ele ser uma figura relativamente obscura, mencionada apenas três vezes no NT (Cl 4:14; 2Tm 4:11; Fm 24), é pouco provável que alguém tivesse forjado uma obra que parecesse ser da autoria de Lucas, uma vez que um forjador certamente teria atribuído essa obra a uma pessoa mais proeminente.

Lucas foi amigo chegado, companheiro de viagem e médico pessoal de Paulo (Cl 4:14). Foi pesquisador esmerado (Lc 1:1-4) e historiador minucioso, demonstrando conhecimento profundo das leis e dos costumes romanos, bem como da geografia da Palestina, da Ásia Menor e da Itália. Ao escrever Atos, Lucas baseou-se em fontes escritas (15:23-29; 23:26-30) e, sem dúvida, entrevistou figuras-chave, tais como Pedro, João e outros da igreja de Jerusalém. Os dois anos de Paulo na prisão de Cesareia (24:27) deram a Lucas ampla oportunidade de entrevistar Filipe e suas filhas (que foram consideradas importantes fontes de informação a respeito dos primeiros dias da Igreja). Por fim, o uso frequente que Lucas faz de pronomes na primeira pessoa do plural "nós" e "nos" (16:10-17; 20:5 a 21:18; 27:1 a 28:16) revela que ele testemunhou pessoalmente muitos dos acontecimentos registrados em Atos.

Alguns acreditam que Lucas escreveu Atos depois da queda de Jerusalém (70 d.C.; ele morreu provavelmente em meados do ano 80 d.C.). É mais provável, no entanto, que ele tenha escrito bem mais cedo, antes do fim do primeiro cárcere de

Paulo em Roma (por volta de 60-70 d.C.). Essa data é a explicação mais natural para o fim abrupto de Atos — que deixa Paulo esperando ser julgado perante César. Certamente, Lucas, que devotou mais da metade de Atos ao ministério de Paulo, forneceria o resultado desse julgamento e descreveria o subsequente ministério de Paulo, seu segundo cárcere (cf. 2Tm 4:11) e sua morte, se esses fatos tivessem ocorrido antes de ele escrever Atos. O silêncio de Lucas sobre acontecimentos tão importantes como o martírio de Tiago, líder da igreja de Jerusalém (62 d.C., segundo o historiador judeu Josefo), a perseguição sob Nero (64 d.C.) e a queda de Jerusalém (70 d.C.) também sugerem que ele escreveu Atos antes desses acontecimentos.

PALAVRAS-CHAVE

Espírito: em grego, *pneuma* — 2:4; 5:9; 8:39; 10:19; 11:12; 16:7; 19:21; 23:9 —, deriva do verbo *pneuo*, que significa "respirar" ou "soprar". Às vezes, esse termo é usado para se referir ao vento; outras vezes, à própria vida (veja Jo 3:8; Ap 13:15). Pode se referir à vida dos anjos (Hb 1:14), dos demônios (Lc 4:33) ou dos seres humanos (7:59). Essa palavra também é usada para se referir ao Espírito de Deus (veja 1Co 2:11), isto é, o Espírito Santo (Mt 28:19), a terceira pessoa da Trindade, aquele que habita nos cristãos (veja Tg 4:5; 1Jo 4:13). Esse mesmo Espírito é chamado de "Espírito de Jesus Cristo" (Fp 1:19); alguns manuscritos trazem o título "o Espírito de Jesus" em 16:7. Esse título enfatiza a ação unificada entre Jesus e o Espírito que permeia esse livro e seu companheiro, o evangelho de Lucas. Durante o ministério de Jesus na terra, os discípulos eram orientados por Jesus; agora, depois da ressurreição e ascensão de Cristo, pelo Espírito de Jesus.

Graça: em grego, *charis* — 4:33; 11:23; 13:43; 14:26; 15:11; 18:27; 20:32 —, provavelmente equivale à palavra hebraica *chesed*, que significa "benignidade", uma palavra frequentemente utilizada pelos salmistas para descrever o caráter de Deus. No Novo Testamento, a palavra *charis* normalmente significa favor divino ou benevolência, mas também significa "o que dá alegria" e "favor imerecido". Essa é uma ocorrência notável da palavra *graça* por ser uma das palavras favoritas de Paulo para o dom gratuito de Deus, a salvação, e aqui vemos Lucas empregando com o mesmo sentido.

Reunião: em grego, *epi to auto* — 1:15, 2:1,44 —, uma expressão que significa "para o mesmo propósito" ou "no mesmo lugar"; essa palavra transmite a ideia de propósito único ou unidade coletiva. No início da igreja, a palavra adquiriu um sentido especial, indicando a união do corpo de Cristo. Todos os membros da igreja não apenas se reuniam regularmente, como também compartilhavam todas as coisas e tinham compromisso uns com os outros e com Cristo, em uma união fervorosa.

CENÁRIO E CONTEXTO

Como Lucas deixa claro no prólogo do seu evangelho, ele escreveu para dar a Teófilo (e a outros que leriam a sua obra) "um relato dos fatos que se cumpriram" (Lc 1:1)

ATOS DOS APÓSTOLOS

durante o ministério de Jesus na terra. Assim, Lucas escreveu no seu evangelho "um relato ordenado" (Lc 1:3) desses extraordinários acontecimentos. Atos é uma continuação desse registro, descrevendo o que Jesus realizou por meio da igreja primitiva. Começando com a sua ascensão, passando pelo nascimento da Igreja no dia de Pentecostes e prosseguindo até a pregação de Paulo em Roma, Atos registra a propagação do evangelho e o crescimento da Igreja (cf. 1:15; 2:41,47; 4:4; 5:14; 6:7; 9:31; 12:24; 13:49; 16:5; 19:20). Também registra a crescente oposição ao evangelho (cf. 2:13; 4:1-22; 5:17-42; 6:9 a 8:4; 12:1-5; 13:6-12,45-50; 14:2-6,19-20; 16:19-24; 17:5-9; 19:23-41; 21:27-36; 23:12-21; 28:24).

Teófilo, cujo nome significa "aquele que ama Deus", é desconhecido na História, não sendo mencionado em nenhum outro livro exceto em Lucas e Atos. Não sabemos se ele foi algum cristão a quem Lucas estava instruindo ou um pagão a quem procurava converter. A maneira como Lucas se refere a ele — "excelentíssimo Teófilo" (Lc 1:3) — sugere que se tratava de um oficial romano de alguma importância (cf. 24:3; 26:25).

PRINCIPAIS PERSONAGENS

- **Pedro**: um dos doze discípulos de Jesus; chamado de "a Rocha" (1:13 a 12:18; 15:7-14).
- **João**: um dos doze discípulos de Jesus; chamado de "o discípulo a quem Jesus amava" (1:13; 3:1 a 4:31; 8:14-25; veja Jo 21:20).
- **Tiago**: um dos doze discípulos de Jesus, o primeiro a morrer por sua fé em Cristo (1:13; 12:1-2).
- **Estêvão**: um dos responsáveis pela distribuição de alimentos na igreja primitiva; martirizado por sua fé em Cristo (6:3 a 8:2; 22:20).
- **Filipe**: um dos responsáveis pela distribuição de alimentos na igreja primitiva; um dos primeiros missionários na Samaria (1:13; 6:5; 8:1-40; 21:8).
- **Paulo**: missionário e escritor do Novo Testamento; antes de se converter ao cristianismo, foi perseguidor dos cristãos e chamava-se Saulo (7:58 a 8:3; 9:1-30; 11:25-30; 12:25 a 28:30).
- **Barnabé**: seu nome significa "filho da consolação"; viajou com Paulo como missionário e depois com João Marcos (4:36; 9:27; 11:22 a 15:39).
- **Cornélio**: oficial do exército romano; um dos primeiros cristãos gentios (10:1-48).
- **Timóteo**: assistente de Paulo; mais tarde se tornou pastor em Éfeso (16:1 a 20:4).
- **Lídia**: vendedora de tecido de púrpura; cristã e anfitriã de Paulo e Silas (16:13-40).
- **Silas**: atuou como missionário; envolvido com os ministérios de Paulo, Timóteo e Pedro (15:22 a 18:5).
- **Apolo**: pregador natural de Alexandria que ministrou em Acaia; instruído por Áquila e Priscila (18:24 a 19:1).
- **Félix**: governador romano da Judeia; manteve Paulo preso durante dois anos (23:24 a 25:14).
- **Festo**: sucedeu Félix como governador; revisou o caso de Paulo com Herodes Agripa II (24:27 a 26:32).

406   MANUAL BÍBLICO MACARTHUR

- **Herodes Agripa II:** revisou o caso de Paulo com Festo; reagiu ao evangelho com sarcasmo (25:13 a 26:32).
- **Lucas:** médico que acompanhou Paulo em suas viagens; autor do livro de Atos (16:10 a 28:31).

TEMAS HISTÓRICOS E TEOLÓGICOS

Como o primeiro livro que trata da história da Igreja, Atos registra a reação inicial à Grande Comissão (Mt 28:19-20). O livro fornece informação sobre as primeiras três décadas da existência da Igreja — material não encontrado em nenhuma outra parte do NT. Embora não sendo uma obra primariamente doutrinária, Atos enfatiza que Jesus de Nazaré era o Messias de Israel há muito esperado, mostra que o evangelho é oferecido a todos os homens (não apenas ao povo judeu) e ressalta a obra do Espírito Santo (mencionado mais de cinquenta vezes). Atos faz também uso frequente do AT, por exemplo: 2:17-21 (Jl 2:28-32); 2:25-28 (Sl 16:8-11); 2:35 (Sl 110:1); 4:11 (Sl 118:22); 4:25-26 (Sl 2:1-2); 7:49-50 (Is 66:1-2); 8:32-33 (Is 53:7-8); 28:26-27 (Is 6:9-10).

Atos é rico em transições: do ministério de Jesus para o ministério dos apóstolos; da antiga aliança para a nova aliança; de Israel como nação testemunha para a Igreja (composta tanto de judeus como de gentios) como povo testemunha de Deus. O livro de Hebreus apresenta a teologia da transição da antiga para a nova aliança; Atos retrata o resultado prático da nova aliança na vida da Igreja.

PRINCIPAIS DOUTRINAS

- **O estabelecimento da Igreja:** a história de como a fé se propagou (2:1; 4:23-24,32-37; 9:31; Mt 16:18; Rm 12:5; 1Co 10:17; 12:12; Gl 3:28; Ef 4:15-16; 1Tm 3:15; Ap 19:8).
- **A obra do Espírito Santo:** como o Espírito de Deus orientou a Igreja e, individualmente, os cristãos (1:8; 2:2-4;16-18,38; 4:8; 8:29; 11:12; 13:2; 16:6; 21:11; Gn 6:3; Nm 11:25-27; Ne 9:30; Is 48:16; Zc 7:12; Jo 15:26; Rm 16,26; 1Co 2:4,9-10; Hb 2:4; 1Jo 3:24; 4:13; Ap 2:7,11,29).

O CARÁTER DE DEUS

- Deus é acessível (14:27).
- Deus é glorioso (7:2,55).
- Deus é bom (14:17).
- Deus é justo (17:31).
- Deus é o Altíssimo (7:48).
- Deus cumpre suas promessas (1:4; 2:33,39; 7:17; 13:2,23,32; 26:6-7).
- Deus é providente (1:26; 3:17-18; 12:5; 17:26; 27:22,31-32).
- Deus é sábio (15:18).

ATOS DOS APÓSTOLOS

DESAFIOS DE INTERPRETAÇÃO

Pelo fato de Atos ser basicamente uma narrativa histórica, e não um relato teológico como Romanos ou Hebreus, o livro contém poucos desafios de interpretação. Os que existem dizem respeito principalmente à natureza transicional do livro (veja "Temas históricos e teológicos") e envolvem o papel de sinais e milagres.

CRISTO EM ATOS

O livro de Atos narra o ministério de Jesus sendo passado para os seus discípulos. A missão deles era proclamar o Cristo ressurreto e cumprir a Grande Comissão, dada por Jesus (Mt 28:19-20). Os discípulos testemunharam a salvação que havia sido trazida por Cristo (4:12; 10:43).

ESBOÇO

Prólogo (1:1-8)

1. O Testemunho em Jerusalém (1:9 a 8:3)
   a. Os antecedentes da Igreja (1:9-26)
   b. A fundação da Igreja (2:1-47)
   c. O crescimento da Igreja (3:1 a 8:3)
- Apóstolos: pregando, curando e suportando perseguições (3:1 a 5:42)
- Diáconos: orando, ensinando e suportando perseguições (6:1 a 8:3)

2. O testemunho na Judeia e na Samaria (8:4 a 12:25)
   a. A pregação do evangelho aos samaritanos (8:4-25)
   b. A conversão de um gentio (8:26-40)
   c. A conversão de Saulo (9:1-31)
   d. A pregação do evangelho na Judeia (9:32-43)
   e. A pregação do evangelho aos gentios (10:1 a 11:30)
   f. A perseguição por parte de Herodes (12:1-25)

3. O testemunho até os confins da terra (13:1 a 28:31)
   a. A primeira viagem missionária de Paulo (13:1 a 14:28)
   b. O concílio de Jerusalém (15:1-35)
   c. A segunda viagem missionária de Paulo (15:36 a 18:22)
   d. A terceira viagem missionária de Paulo (18:23 a 21:16)
   e. Os julgamentos de Paulo em Jerusalém e Cesareia (21:17 a 26:32)
   f. A viagem de Paulo a Roma (27:1 a 28:31)

ENQUANTO ISSO, EM OUTRAS PARTES DO MUNDO...

Os romanos aprendem com os gauleses a usar sabão para fins de limpeza.

RESPOSTAS PARA PERGUNTAS DIFÍCEIS

1. **Como a autoria de Lucas do livro de Atos dos Apóstolos pode ser defendida se seu nome não é mencionado no livro?**

Os livros de Lucas e Atos dos Apóstolos compartilham de inúmeras marcas de autoria humana comum. Eles são endereçados à mesma pessoa — Teófilo (Lc 1:3; At 1:1). São paralelos em estilo. O segundo livro afirma ser uma extensão do primeiro. A ausência do nome do autor no texto não é um desafio raro no estabelecimento da autoria de um livro da Bíblia. Muitos livros da Bíblia nos chegam sem autoria humana óbvia. Na maioria dos casos, porém, dicas internas e externas nos conduzem a uma confiança razoável na identificação do autor. Um benefício criado pelo anonimato inicial reside em reconhecer que os livros da Bíblia tiveram origem na inspiração do Espírito Santo. Talvez seja preciso empreender esforços para descobrir quem Deus usou ao escrever um desses livros, mas o Autor original jamais é colocado em dúvida. Veja "Autor e data" para uma discussão mais ampla sobre essa questão.

2. **O que podemos aprender do livro de Atos sobre o papel especial do Espírito Santo em nossa vida?**

Uma cautela que devemos ter ao estudar o livro de Atos tem a ver com a diferença entre descrição e prescrição. Essa diferença desempenha um papel importante na interpretação dos livros bíblicos históricos. A descrição da Bíblia de um evento não quer dizer que tal evento ou ato pode ou deve se repetir ou se repetirá.

A chegada do Espírito Santo como o prometido Conselheiro (Jo 14:17), que Atos descreve como um evento impressionante (2:1-13), teve algumas repetições parciais e selecionadas (8:14-19; 10:44-48; 19:1-7). Esses foram casos especiais em que os cristãos receberam o Espírito Santo ou ficaram cheios dele. Em cada um desses casos, o som e as línguas de fogo presentes no evento original (2:1-13) estavam ausentes, mas as pessoas falaram em línguas que elas não conheciam (mas que outros reconheciam). Esses eventos não devem ser tomados como base para o ensino de que os cristãos de hoje devem esperar a mesma evidência — línguas — acompanhando o encher do Espírito Santo. Até no próprio livro de Atos, conversões autênticas não necessariamente levaram ao encher extraordinário do Espírito Santo. Por exemplo, uma multidão de três mil pessoas creu e foi batizada no mesmo Dia de Pentecostes (2:4), que começou tão dramaticamente com o dom das línguas, no entanto, não há menção de línguas no que se refere aos novos convertidos. Então, por que em alguns casos as línguas acompanharam a confirmação de fé? É provável que isso demonstrasse que cristãos de diferentes grupos estavam sendo atraídos para a Igreja. Cada novo grupo recebia um acolhimento especial do Espírito Santo. Assim, samaritanos (8:14-19), gentios (10:44-48) e cristãos da Antiga Aliança (19:1-7) foram acrescentados à Igreja e sua unidade foi estabelecida. Para demonstrá-la, era necessário ter, em cada caso, alguma réplica do que

ATOS DOS APÓSTOLOS   **409**

tinha ocorrido no Dia de Pentecostes com os judeus cristãos, tal como a presença dos apóstolos e a vinda do Espírito manifesta por meio das línguas do Pentecostes.

3. **Como o batismo do Espírito Santo (1Co 12:13) se relaciona às atividades do Espírito Santo no livro de Atos?**

Atos descreve uma série de ocasiões em que o Espírito Santo "encheu", "desceu sobre" ou "veio sobre" as pessoas (2:4; 10:44; 19:6). Pedro identifica esses atos de Deus como o cumprimento da profecia de Joel (Jl 2:28-32). A partir da perspectiva do NT como um todo, essas experiências não eram as mesmas, tampouco eram substituições para o que João Batista (Mc 1:8) e Paulo descreveram como o batismo do Espírito Santo (1Co 12:13). O batismo do Espírito Santo é um ato único mediante o qual Deus traz os cristãos para o seu corpo. O encher do Espírito Santo, em contrapartida, é uma realidade repetida do comportamento controlado pelo Espírito que Deus ordena que os cristãos mantenham (Ef 5:18). Pedro e outras pessoas que experimentaram o encher do Espírito Santo no Dia de Pentecostes (2:4) ficaram cheios do Espírito Santo novamente (4:8,31; 6:5; 7:55) e falaram com coragem a Palavra de Deus. Esse foi somente o começo. O encher do Espírito afeta todas as áreas da vida, e não apenas o falar com autoridade (Ef 5:18-33).

APROFUNDAMENTO

1. De qual evento do livro de Atos é mais provável que você teria participado? Por quê?
2. Como começou a Igreja? Como ela cresceu?
3. Que tipos diferentes de oposição os primeiros cristãos enfrentaram?
4. De que maneiras distintas esses cristãos compartilharam sua fé?
5. Como o Espírito Santo foi reconhecido e acolhido na igreja primitiva?
6. De que modo você continua a levar o evangelho para sua Jerusalém, Judeia, Samaria e para os confins da terra (At 1:8)?

A CARREIRA DO APÓSTOLO PAULO

Origem
Tarso da Cilícia (At 22:3), da tribo de Benjamin (Fp 3:5).

Treinamento
Aprendeu a fabricar tendas (At 18:3) e foi instruído por Gamaliel (At 22:3).

Religião anterior
Hebreu e fariseu (Fp 3:5), perseguia cristãos (At 8:1-3; Fp 3:6).

Salvação
Paulo encontrou o Cristo ressurreto a caminho de Damasco (At 9:1-8) e recebeu o encher do Espírito Santo na rua chamada Direita (At 9:17).

Chamado às missões
Na igreja de Antioquia, foi enviado à obra pelo Espírito Santo (At 13:1-3) e levou o evangelho aos gentios (Gl 2:7-10).

Papeis
Paulo falou pela igreja de Antioquia no concílio de Jerusalém (At 15:1-35), opôs-se a Pedro (Gl 2:11-21) e argumentou com Barnabé a respeito de João Marcos (At 15:36-41).

Realizações
Paulo realizou três viagens missionárias (At 13 a 20), fundou várias igrejas na Ásia Menor, na Grécia e, possivelmente, na Espanha (Rm 15:24,28). Além disso, escreveu cartas endereçadas a inúmeras igrejas e vários indivíduos, que agora compõem ¼ do Novo Testamento.

Fim da vida
Após ser preso em Jerusalém, foi enviado à Roma (At 21:27; 28:16-31). Segundo a tradição cristã, foi libertado da prisão, o que permitiu a ele continuar sua obra missionária na Macedônia. No entanto, foi preso novamente, encarcerado em Roma e decapitado fora da cidade.

PRIMEIRA E SEGUNDA VIAGENS DE PAULO

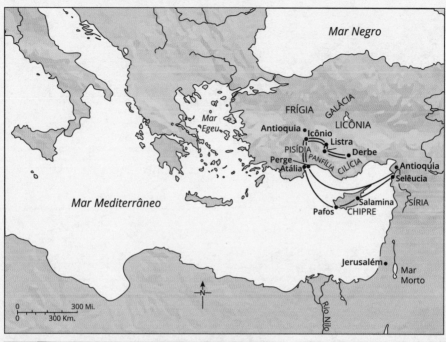

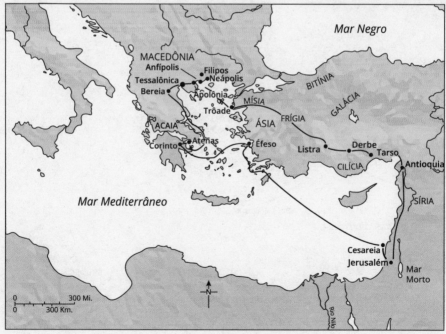

TERCEIRA E QUARTA VIAGENS DE PAULO

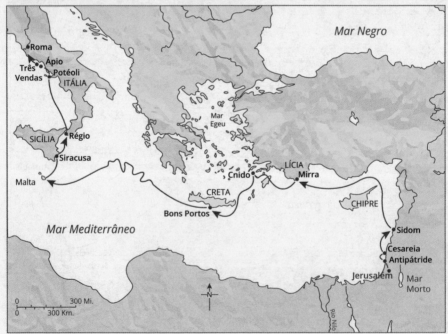

ATOS DOS APÓSTOLOS

PRINCIPAIS SERMÕES EM ATOS

Vários sermões estão registrados no livro de Atos, totalizando mais de vinte, sendo que a maioria vem de Pedro (sete) e Paulo (onze). A seguir, enumeramos os mais importantes, com o tema e a referência bibliográfica de cada um deles.

Sermão	Tema	Referência
Pedro à multidão no Dia de Pentecostes	Pedro explica o significado do Pentecostes	At 2:14-40
Pedro à multidão no templo	O povo judeu deveria arrepender-se de ter crucificado o Messias	At 3:12-26
Pedro ao Sinédrio	Testemunho de que um aleijado foi curado pelo poder de Jesus	At 4:5-12
Estêvão ao Sinédrio	Estêvão recapitula a história judaica, acusando os judeus de terem matado o Messias	At 7:2-53
Pedro aos gentios	Os gentios podem ser salvos do mesmo modo que os judeus	At 10:28-47
Pedro à igreja em Jerusalém	O testemunho de Pedro, de suas experiências em Jope e uma defesa do seu ministério aos gentios	At 11:4-18
Paulo à sinagoga em Antioquia	Jesus é o Messias que cumpriu as profecias do AT	At 13:16-41
Pedro ao concílio de Jerusalém	A salvação pela graça está disponível a todos	At 15:7-11
Tiago ao concílio de Jerusalém	A conversão dos gentios não exige a circuncisão	At 15:13-21
Paulo aos presbíteros de Éfeso	Permanecer fiel apesar dos falsos mestres e da perseguição	At 20:17-35
Paulo à multidão em Jerusalém	A declaração de Paulo de sua conversão e de sua missão aos gentios	At 22:1-21
Paulo ao Sinédrio	A defesa de Paulo, declarando-se fariseu e cidadão romano	At 23:1-6
Paulo ao rei Agripa	A declaração de Paulo de sua conversão e de seu zelo pelo evangelho	At 26:2-23
Paulo aos líderes judaicos em Roma	A declaração de Paulo a respeito de sua descendência judaica	At 28:17-20

O MINISTÉRIO DOS APÓSTOLOS

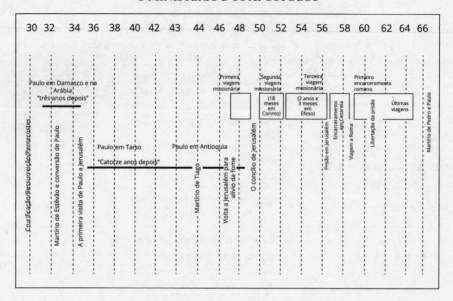

MINISTÉRIOS DO ESPÍRITO SANTO

Atuação	Referências bíblicas
Age no batismo	1Co 12:13
Chama ao ministério	At 13:2-4
Canal de revelação divina	2Sm 23:2; Ne 9:30; Zc 7:12; Jo 14:17
Dá poder	Êx 31:1-2; Jz 13:25; At 1:8
Enche	Lc 4:1; At 2:4; Ef 5:18
Garante	2Co 1:22; 5:5; Ef 1:14
Guarda	2Tm 1:14
Ajuda	Jo 14:16,26; 15:26; 16:7
Ilumina	1Co 2:10-13
Habita	Rm 8:9-11; 1Co 3:16; 6:19
Intercede	Rm 8:26-27
Produz frutos	Gl 5:22-23
Fornece caráter espiritual	Gl 5:16,18,25
Regenera	Jo 3:5-6,8
Restringe o pecado/convence do pecado	Gn 6:3; Jo 16:8-10; At 7:51
Santifica	Rm 15:16; 1Co 6:11; 2Ts 2:13
Sela	2Co 1:22; Ef 1:14; 4:30
Escolhe bispos	At 20:28
Fonte de comunhão	2Co 13:14; Fp 2:1
Fonte de liberdade	2Co 3:17-18
Fonte de poder	Ef 3:16
Fonte de unidade	Ef 4:3-4
Fonte de dons espirituais	1Co 12:4-11
Ensina	Jo 14:26; At 15:28; 1Jo 2:20,27

AS NAÇÕES DO PENTECOSTES

Pentecostes, uma festa judaica também conhecida como Festa das Semanas, marcava a conclusão da colheita da cevada. Nesse feriado anual, cerca de cinquenta dias após a ressurreição de Jesus, os judeus do Império Romano reuniam-se na cidade de Jerusalém para comemorar uma grande festa religiosa. Quando o Espírito Santo foi derramado sobre os apóstolos, eles "começaram a falar noutras línguas" e essas pessoas das outras nações os entendiam perfeitamente (At 2:5-13). O mapa a seguir mostra as diferentes regiões do Império Romano representadas em Jerusalém no Dia de Pentecostes.

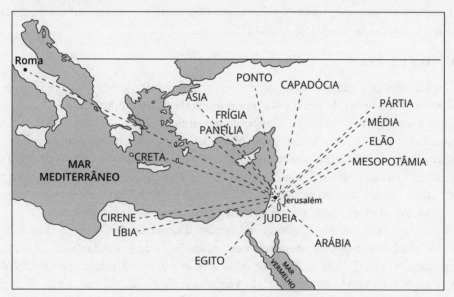

Romanos

Cristo edifica sua igreja

TÍTULO

O nome dessa epístola provém de seus destinatários originais: os membros da igreja de Roma, capital do Império Romano (1:7).

AUTOR E DATA

Ninguém contesta que foi Paulo quem escreveu Romanos. Assim como o seu homônimo, o primeiro rei de Israel (*Saul* era o nome de Paulo em hebraico e *Paulo* era seu nome em grego), Paulo era da tribo de Benjamim (Fp 3:5). Era também cidadão romano (At 16:37; 22:25). Paulo nasceu aproximadamente na mesma época que Cristo, em Tarso (At 9:11), importante cidade da província romana da Cilícia (At 21:39), localizada na Ásia Menor (atual Turquia). Ele passou grande parte da sua vida em Jerusalém como aluno do renomado mestre Gamaliel (At 22:3). Assim como o seu pai, Paulo era fariseu (At 23:6), membro da rígida seita judaica (cf. Fp 3:5).

Milagrosamente convertido quando estava a caminho de Damasco (por volta de 33-34 d.C.) para prender os cristãos dessa cidade, Paulo imediatamente começou a pregar o evangelho (At 9:20). Após quase não escapar com vida de Damasco (At 9:23-25; 2Co 11:32-33), Paulo passou três anos na Arábia nabateia, no sudeste do mar Morto (Gl 1:17-18). Durante esse tempo, recebeu boa parte de seu ensino teológico como revelação direta do Senhor (Gl 1:11-12).

Mais do que qualquer outra pessoa, Paulo foi o responsável pela disseminação do cristianismo por todo Império Romano. Ele fez três viagens missionárias ao longo do Mediterrâneo, pregando de maneira incansável o evangelho que antes havia procurado destruir (At 26:9). Quando voltou para Jerusalém, levando uma oferta para os necessitados da igreja local, foi falsamente acusado por alguns judeus (At 21:27-29), brutalmente espancado por uma multidão enraivecida (At 21:30-31) e preso pelos romanos. Embora dois governadores romanos, Félix e Festo, bem como Herodes Agripa, não o tivessem considerado culpado de crime algum, a pressão exercida pelos líderes judeus fez com que Paulo fosse mantido sob guarda policial romana. Depois de dois anos, o apóstolo exerceu os seus direitos de cidadão romano e apelou para César. Após uma desgastante viagem (At 27-28), durante a qual houve uma terrível tempestade de duas semanas, que culminou num naufrágio, Paulo chegou a Roma. Finalmente livre para um curto período de ministério, ele foi preso novamente e martirizado em Roma por volta de 65-67 d.C. (cf. 2Tm 4:6).

Embora fisicamente fraco (cf. 2Co 10:10; Gl 4:14), Paulo possuía uma força interior que lhe era concedida pelo poder do Espírito Santo (Fp 4:13). A graça de Deus era o suficiente para atender a todas as suas necessidades (2Co 12:9-10), o que permitiu que esse nobre servo de Cristo terminasse com êxito a sua carreira espiritual (2Tm 4:7).

Paulo escreveu a epístola aos Romanos em Corinto, conforme indicam as referências a Febe (Rm 16:1; Cencreia era o porto de Corinto), Gaio (Rm 16:23) e Erasto (Rm 16:23) — todos os quais estavam ligados a Corinto. O apóstolo escreveu a carta perto do fim de sua terceira viagem missionária (mais provavelmente em 56 d.C.), quando se preparava para partir a Palestina com uma oferta para os pobres cristãos da igreja de Jerusalém (Rm 15:25). Febe recebeu a grande responsabilidade de entregar essa carta aos cristãos romanos (16:1-2).

A CIDADE DE ROMA

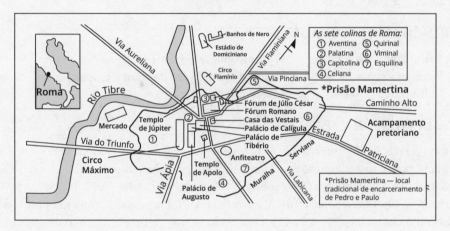

CENÁRIO E CONTEXTO

Roma era a capital e a cidade mais importante do Império Romano. Foi fundada em 753 a.C., porém não é mencionada na Escritura até os tempos do NT. Roma está localizada às margens do rio Tibre, a cerca de 25 km do mar Mediterrâneo. Até que outro porto artificial fosse construído próximo a Óstia, o porto principal de Roma era Putéoli, a cerca de 250 km de distância. Nos dias de Paulo, a população da cidade era de mais de um milhão de pessoas, a maioria de escravos. Roma ostentava suntuosas construções, como o palácio do imperador, o Circo Máximo e o Fórum, mas sua beleza era desfigurada pelos bairros miseráveis nos quais muitos viviam. De acordo com a tradição, Paulo foi martirizado fora de Roma, na Via Óstia, durante o reinado de Nero (54-68 d.C.).

É provável que a igreja de Roma tenha sido fundada por alguns dos convertidos no Dia de Pentecostes (cf. At 2:10). Há muito tempo Paulo sonhava visitar a igreja de Roma, mas foi impedido de fazê-lo (1:13). Pela providência de Deus, a impossibilidade de Paulo de visitar Roma deu ao mundo essa obra-prima da doutrina do evangelho.

O principal propósito de Paulo ao escrever a epístola aos Romanos era ensinar as grandes verdades do evangelho a respeito da graça para os cristãos que nunca haviam recebido instrução dos apóstolos. A carta também o apresenta à igreja em que ele nunca havia estado pessoalmente, mas esperava visitá-la em breve por diversas razões: edificar os cristãos (1:11), pregar o evangelho (1:15) e conhecer os cristãos romanos, pois, assim, eles poderiam encorajá-lo (1:12; 15:32), orar melhor por ele (15:30) e ajudá-lo com o ministério que ele planejava desenvolver na Espanha (15:28).

Diferentemente de suas outras epístolas (por exemplo: 1 e 2Coríntios e Gálatas), a razão pela qual Paulo escreveu não foi a de corrigir uma teologia incorreta ou repreender uma maneira profana de viver. A igreja de Roma era doutrinariamente sadia; entretanto, como todas as igrejas, necessitava dos ricos ensinamentos doutrinários e práticos que essa carta fornece.

PRINCIPAIS PERSONAGENS

- **Paulo**: apóstolo e autor do livro de Romanos (1:1 a 16:22).
- **Febe**: diaconisa da igreja em Cencreia; Paulo lhe confiou a entrega de sua carta (o livro de Romanos) aos cristãos romanos (16:1-2).

TEMAS HISTÓRICOS E TEOLÓGICOS

Como a epístola de Romanos é, principalmente, uma obra de ensino teológico, ela contém pouco material histórico. Como ilustração, Paulo usa personalidades conhecidas do AT, inclusive Abraão (capítulo 4), Davi (4:6-8), Adão (5:12-21), Sara (9:9), Rebeca (9:10), Esaú e Jacó (9:10-13) e o faraó (9:17). Ele também relata um pouco da história de Israel (capítulos 9 a 11). O capítulo 16 nos permite uma visão da natureza e do caráter da igreja do século I e de seus membros.

O tema predominante em Romanos é a justiça proveniente de Deus: a verdade gloriosa de que o Senhor justifica os pecadores culpados e condenados somente mediante a graça por meio de Cristo. Os capítulos 1 a 11 apresentam as verdades teológicas da doutrina, ao passo que os capítulos 12 a 16 detalham o trabalho prático na vida de cada cristão e na vida de toda a igreja. Alguns temas teológicos específicos incluem os princípios de liderança espiritual (1:8-15), a ira de Deus contra a humanidade pecadora (1:18-32), os princípios do julgamento divino (2:1-16), a universalidade do pecado (3:9-20), uma exposição e defesa da justificação pela fé (3:21 a 4:25), a certeza de salvação (5:1-11), a transferência do pecado de Adão (5:12-21), a santificação (capítulos 6 a 8), a soberania de Deus (capítulo 9), o plano de Deus para Israel (capítulo 11), os dons espirituais e a prática da piedade (capítulo 12), a responsabilidade do cristão para com seus governantes (capítulo 13) e os princípios da liberdade cristã (14:1 a 15:12).

PRINCIPAIS DOUTRINAS

- **Pecaminosidade do homem:** o pecado separa o ser humano de Deus; somente Jesus Cristo pode reconciliar Deus e o homem (3:9-20; Gn 3:6-7; 18:20; Êx 32:31;

Dt 9:7; 1Rs 8:46; 14:16; Sl 38:18; Pv 20:9; Ec 7:20; Jr 2:22; Rm 5:12; 2Co 5:21; Hb 4:15; 7:26).
- **Justificação pela fé:** libertação completa do juízo e da escravidão do pecado vem apenas mediante a fé em Jesus Cristo (1:16-17; 3:21 a 4:25; 5:1-2,18; Lv 18:5; Is 45:25; 50:8; 53:11; Jr 23:6; Hc 2:4; Jo 5:24; At 13:39; 1Co 6:11; Gl 2:14-21; 3:11; 5:4; Tt 3:7; Tg 2:10).
- **Santificação:** por meio da expiação de Cristo, os cristãos são glorificados e separados para o serviço a Deus (6:1 a 8:39; 15:16; Sl 4:3; Ez 37:28; At 20:32; 26:18; 2Co 6:17; Ef 5:26-27; 1Ts 4:3-4; 5:23; 2Ts 2:13; 2Tm 2:21; Hb 2:11; 13:12; 1Pe 1:2; Jd 1:1).
- **Reconciliação:** o sacrifício de Jesus Cristo renova o relacionamento entre Deus e o homem (5:1,10-11; Lv 8:15; 16:20; Dn 9:24; Is 53:5; Mt 5:24-26; 2Co 5:18-20; Ef 2:14-16; Cl 1:20-22; 2:14; Hb 2:17).

MENTORIA NO NOVO TESTAMENTO

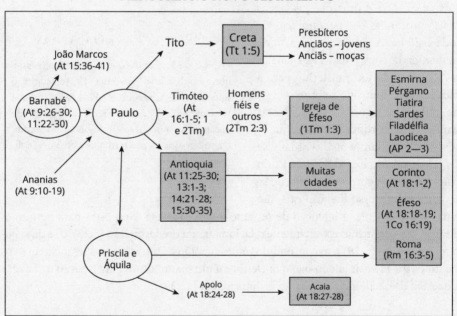

O CARÁTER DE DEUS

- Deus é acessível (5:2).
- Deus é eterno (1:20).
- Deus é perdoador (3:25).
- Deus é glorioso (3:23; 6:4).
- Deus é bom (2:4).
- Deus é incorruptível (1:23).
- Deus é justo (2:5,11; 3:4,25-26).

- Deus é longânimo (2:4-5; 3:25; 9:22).
- Deus é amoroso (5:5,8; 8:39; 9:11-13).
- Deus é misericordioso (9:15,18).
- Deus é poderoso (1:16,20; 9:21-22).
- Deus cumpre suas promessas (1:1-2; 4:13,16,20; 9:4,8; 15:8).
- Deus é providente (8:28; 11:33).
- Deus é reconciliador (5:1,10).
- Deus é insondável (11:33).
- Deus é sábio (11:33; 16:27).
- Deus se ira (1:18; 2:5-6,8; 3:5-6; 5:9; 9:18,20,22).

DESAFIOS DE INTERPRETAÇÃO

Como a obra doutrinária preeminente do NT, é natural que Romanos contenha muitas passagens difíceis. A discussão de Paulo a respeito da perpetuação do pecado de Adão (5:12-21) é uma das passagens mais profundas e penetrantes de toda a Bíblia. A natureza da união da humanidade com Adão e a maneira como o pecado foi transferido para a raça humana tem sido sempre o tema de muitas discussões (veja "Respostas para perguntas difíceis"). Os estudiosos da Bíblia também discordam se 7:7-25 descreve a experiência de Paulo como cristão ou como incrédulo, ou se trata de um recurso literário que não tem, absolutamente, a intenção de ser autobiográfico (veja "Respostas para perguntas difíceis"). As doutrinas estreitamente relacionadas da predestinação (8:28-30) e da soberania de Deus (9:6-29) têm confundido muitos cristãos. Outras discussões incluem se os capítulos 9 a 11 ensinam ou não que Deus tem um plano futuro para a nação de Israel e a questão da obediência do cristão às autoridades (13:1-7).

CRISTO EM ROMANOS

O livro de Romanos, que é basicamente uma obra doutrinária, apresenta Cristo como o Redentor da humanidade. Paulo declara que somente a fé em Cristo reconcilia a humanidade pecaminosa com o Deus Todo-poderoso. Assim, o homem é justificado mediante a obra de Cristo na cruz.

PALAVRAS-CHAVE

Justificação: em grego, *dikaiōsis* — 4:25; 5:18 —, deriva do verbo grego *dikaiō*, que significa "absolver" ou "declarar justo", usado por Paulo em 4:2,5; 5:1. É um termo jurídico relacionado ao veredito favorável num julgamento. A palavra retrata o cenário de um tribunal em que Deus é o juiz que determina a fidelidade de cada pessoa à Lei. Na primeira seção de Romanos, Paulo deixa claro que ninguém é justo (3:9-20). A Lei não foi dada para justificar pecadores, mas para expor o pecado deles. Para remediar

Continua

ROMANOS 421

PALAVRAS-CHAVE (Continuação)

essa situação deplorável, Deus enviou seu Filho para morrer por nossos pecados em nosso lugar. Quando cremos em Jesus, Deus nos transmite a sua justiça e somos declarados justos diante dele. Assim, Deus demonstra que ele é tanto um Juiz justo como Aquele que nos declara justos, nosso Justificador (3:26).

Reconciliação: em grego, *katallagē* — 5:11; 11:15 —, em essência, significa "mudar" ou "trocar". No contexto do relacionamento entre as pessoas, o termo implica uma mudança no comportamento por parte de ambos os indivíduos, uma mudança da inimizade para a amizade. Quanto utilizado para descrever o relacionamento entre Deus e um indivíduo, o termo implica uma mudança no comportamento por parte da pessoa e de Deus. A necessidade de mudança nos modos pecaminosos de um ser humano é óbvia, mas alguns argumentam que não é necessária nenhuma mudança por parte de Deus. Ainda assim, inerente à doutrina da justificação é a alteração do comportamento de Deus com relação ao pecador. Deus declara a justiça de um indivíduo que antes era seu inimigo.

Esperança: em grego, *elpis* — 4:18; 5:2; 8:20,24; 12:12; 15:4,13 —, denota "expectativa confiante" ou "antecipação", e não "pensamento desejoso", na linguagem comum. O uso da palavra *esperança* nesse contexto é raro e irônico, pois indica que os gentios, sabendo nada ou pouco sobre o Messias, estavam esperando sua vinda. No entanto, precisamos pensar somente em Cornélio (At 10) para nos dar conta de que alguns gentios antecipavam a vinda do Messias judeu. Jesus foi enviado não apenas para a salvação dos judeus, mas também dos gentios. Uma vez que Deus é o Autor de nossa salvação, podemos chamá-lo de "Deus da esperança", pois ele nos deu esperança (15:13).

Lei: em grego, *nomos* — 2:12,27; 3:27; 4:15; 7:1,7,23; 9:31; 13:10 —, significa um princípio interior de ação, bom ou ruim, operando com a regularidade da lei. Esse termo também se refere a um padrão para a vida de uma pessoa. O apóstolo Paulo descreveu três leis desse tipo. A primeira é chamada de "lei do pecado", que operava por meio de sua carne, levando-o a pecar. Paulo, como todos os cristãos, precisavam de outra lei para superar a "lei do pecado", isto é, da "lei do Espírito de vida", que nos liberta "da lei do pecado e da morte" (8:2). Ao observar essa "lei", os cristãos podem satisfazer plenamente as justas exigências da lei de Deus (8:4). A lei de Deus é o padrão para a ação humana que corresponde à natureza justa de Deus.

ESBOÇO

1. Saudação e introdução (1:1-15)

2. Tema (1:16-17)

3. Condenação: a necessidade da justiça de Deus (1:18 a 3:20)
  a. Os gentios injustos (1:18-32)
  b. Os judeus injustos (2:1 a 3:8)
  c. A humanidade injusta (3:9-20)

4. Justificação: a provisão da justiça de Deus (3:21 a 5:21)
  a. A fonte da justiça (3:21-31)

b. O exemplo da justiça (4:1-25)

c. As bênçãos da justiça (5:1-11)

d. A imputação da justiça (5:12-21)

5. Santificação: a demonstração da justiça de Deus (6:1 a 8:39)

6. Restauração: a recepção da justiça de Deus (9:1 a 11:36)

7. Aplicação: o comportamento da justiça de Deus (12:1 a 15:13)

8. Conclusão, saudações e bênção (15:14 a 16:27)

ENQUANTO ISSO, EM OUTRAS PARTES DO MUNDO...

O budismo é introduzido na China pelo imperador MingTi.

RESPOSTAS PARA PERGUNTAS DIFÍCEIS

1. **Quem foi o apóstolo Paulo e por que ele parece ter dois nomes?**

   O apóstolo Paulo (nome grego) também era conhecido como Saulo (nome hebreu). Juntamente com seu nome duplo, ele podia exercer cidadania dupla como descendente judeu da tribo de Benjamim (Fp 3:5) e como Romano (At 16:37; 22:25). Paulo nasceu mais ou menos na época do nascimento de Cristo, em Tarso, que se situa na moderna Turquia (At 9:11).

   Mais do que qualquer outro indivíduo, Paulo foi responsável pela propagação do cristianismo no Império Romano. Ele fez três viagens missionárias na região ao norte do mar Mediterrâneo, incansavelmente pregando o evangelho que um dia ele tentou destruir (At 26:9). Foi preso em Jerusalém (At 21:27-31), apelou para César e finalmente chegou a Roma (capítulos 27 e 28). Livre para um curto período de ministério, Paulo foi preso novamente e martirizado em Roma por volta de 65-67 d.C. (Veja "Autor e data" para uma discussão mais ampla).

2. **Quando Paulo escreve em Romanos 5:12 "da mesma forma como o pecado entrou no mundo por um homem, e pelo pecado a morte, assim também a morte veio a todos os homens, porque todos pecaram", o que ele quer dizer?**

   A discussão de Paulo sobre a perpetuação do pecado de Adão (5:12-21) é uma das passagens mais profundas e significativas da Escritura. Ela estabelece a base para o ensino de Paulo de que a morte de um homem (Cristo) pode conceder salvação a muitos. Para provar o seu argumento, ele usa Adão para estabelecer o princípio de que é possível a ação de um homem afetar, de maneira inexorável, muitas outras pessoas.

ROMANOS

Nessa passagem, a palavra pecado não se refere a um pecado específico, mas à propensão que entrou no âmbito humano por meio de Adão. Os seres humanos se tornaram pecadores por natureza. Adão passou a todos os seus descendentes a herança da natureza pecaminosa que ele possuía por causa de sua primeira desobediência. Ele pegou a infecção; o resto de nós a herdou. A natureza pecaminosa está presente no momento da concepção (Sl 51:5), tornando impossível para o homem viver de modo agradável a Deus.

Quando Adão pecou, seu pecado transformou sua natureza interior e trouxe morte espiritual e depravação, o que foi transmitido a seus descendentes (toda a humanidade). Pelo fato de que toda a humanidade existia nos lombos de Adão e, pela procriação, ter herdado a sua decadência e depravação, pode-se dizer que todos pecaram nele. Portanto, os seres humanos não são pecadores porque pecam, mas pecam porque são pecadores.

3. **Em versículos como Romanos 5:12 e 6:23, a que tipo de morte Paulo se refere?**
Na terminologia bíblica, a palavra morte possui três manifestações distintas:

- Morte espiritual ou separação de Deus (Ef 1:1-2,4,18).
- Morte física (Hb 9:27).
- Morte eterna (também chamada de segunda morte), que inclui não apenas separação eterna de Deus, mas também tormento eterno no lago de fogo (Ap 20:11-15).

O pecado entrou na humanidade por meio de Adão, trazendo com ele todos esses aspectos da morte. Originalmente, Adão não foi submetido à morte, mas por meio de seu pecado a morte se tornou uma certeza obscura para ele e sua posteridade. A morte a qual se refere Romanos 6:23 inclui a primeira e a terceira descrições acima. Esse versículo descreve duas certezas inexoráveis: (1) a morte espiritual é o salário para toda pessoa que é escrava do pecado; e (2) a vida eterna é um dom gratuito dado por Deus aos pecadores indignos que creem no seu Filho (Ef 2:8-9).

4. **Em Romanos 7:7-25, qual é a perspectiva de Paulo? Ele está descrevendo sua própria experiência como cristão ou não cristão ou seu estilo é simplesmente um recurso literário?**
Paulo usa o pronome pessoal eu durante essa passagem, utilizando sua própria experiência como exemplo do que é verdadeiro para a humanidade não redimida (7:7-12) e para os cristãos (7:13-25). Alguns interpretam essa crônica do conflito interior de Paulo como uma descrição de sua vida antes de Cristo. Eles apontam que Paulo descreve o indivíduo como "vendido como escravo ao pecado" (7:14), como se "nada de bom" habitasse nele (7:18), e como um "miserável homem" preso a um "corpo sujeito a esta morte" (7:24). Tais descrições parecem contradizer o modo como Paulo descreve o cristão anteriormente (6:2,6-7,11,17-18,22).

Entretanto, é correto entender aqui que Paulo está falando de um cristão. Essa pessoa deseja obedecer à lei de Deus e odeia o pecado (7:15,19,21). Ela é humilde, reconhecendo que nada de bom habita em sua humanidade (7:18). Ela vê o pecado em si mesma, mas não como tudo o que há ali (7:17,20-22). E ela serve a Jesus Cristo com a sua mente (7:25). Paulo já havia estabelecido que nenhuma dessas atitudes descreve o não salvo (1:18-21,32; 3:10-20). O uso de Paulo dos verbos no presente em 7:14-25 reforça a ideia de que ele está descrevendo sua atual experiência como cristão.

Mesmo aqueles que concordam que ele está se referindo a um cristão autêntico ainda encontram espaço para a discórdia. Alguns veem um cristão carnal sob a influência de hábitos antigos; outros, um cristão legalista, frustrado por suas tentativas fracassadas de agradar a Deus mediante o seu próprio esforço ao cumprir a lei mosaica. Porém, o pronome pessoal eu refere-se ao apóstolo Paulo, um padrão de saúde e maturidade espiritual. Isso nos conduz à conclusão de que Paulo, em 7:7-25, deve estar descrevendo todos os cristãos — mesmo os mais espirituais e maduros — que, quando se avaliam com honestidade com relação ao padrão justo da lei de Deus, percebem como são deficientes. Perceba, em especial, a sinceridade e transparência de Paulo nas quatro lamentações (7:14-17,18-20,21-23,24-25).

5. **Explique o processo ao qual Paulo se refere em Romanos 8:28-30 e 9:6-29. O que palavras como "chamados", "de antemão conheceu", "predestinou" e "eleição" nos dizem sobre nosso posicionamento diante de Deus?**
Com essas palavras, Deus revela em termos humanos seu papel divino no processo da salvação. A descrição de Paulo ofende o espírito humano pelo fato de minimizar nosso papel. No entanto, apenas aqueles que veem sua impotência diante do pecado podem enxergar o quão gracioso Deus é ao agir e escolher de antemão. Nunca surpreendemos a Deus; ele está sempre à nossa frente! "Mas Deus demonstra seu amor por nós: Cristo morreu em nosso favor quando ainda éramos pecadores" (Rm 5:8).

A palavra "chamados" se refere não somente ao convite geral de Deus para crermos no evangelho, mas também à atração que ele exerce sobre todos os que por ele foram escolhidos para a salvação.

O termo "de antemão conheceu" (8:29) não se refere simplesmente à onisciência de Deus — de que na eternidade passada ele já sabia quem viria a Cristo. Em vez disso, diz respeito a uma escolha predeterminada de colocar o seu amor em nós e estabelecer um relacionamento íntimo. O termo "eleição" (9:11) se refere à mesma ação por parte de Deus (1Pe 1:1-2,20). A salvação não está relacionada a nenhum esforço humano. Até mesmo a fé é um dom de Deus (Rm 1:16; Jo 6:37; Ef 2:8-9).

O verbo "predestinar" (8:29) significa, literalmente, "destinar, designar ou determinar antecipadamente". Aqueles que Deus escolhe, ele destina para o seu propósito final, que é a semelhança com o seu Filho (Ef 1:4-5,11).

O objetivo do propósito de Deus da predestinação dos seus é que eles sejam feitos como Jesus Cristo.

A realidade e a segurança do nosso posicionamento diante de Deus residem, em última análise, no caráter e na decisão de Deus, e não em nós mesmos. Paulo resumiu seus ensinos sobre a segurança do cristão em Cristo com um crescendo de perguntas e respostas sobre as preocupações que os seus leitores ainda possam ter, que culminam em "Quem nos separará do amor de Cristo?" (8:35). A resposta de Paulo é quase uma expressão poética de louvor à graça de Deus em completar a salvação em todos os escolhidos e que creem — um hino de segurança.

APROFUNDAMENTO

1. Quais principais temas são introduzidos por Paulo no primeiro capítulo de Romanos?
2. Como Paulo discute o assunto do pecado tanto no âmbito pessoal como em relação ao mundo em geral?
3. De que formas os seguintes versículos (3:23; 5:8; 6:23; 10:9-10) estabelecem o evangelho de Romanos 1:16?
4. Como os últimos cinco capítulos de Romanos diferem dos onze primeiros?
5. Ao entendimento de quais palavras-chave você dedicou tempo durante o seu estudo de Romanos?
6. Resuma o que Paulo escreveu sobre o caráter e a obra de Deus em Romanos.
7. Como a mensagem de Romanos impacta a sua vida?

1Coríntios

Disciplina para uma igreja não disciplinada

TÍTULO

A carta recebeu o nome da cidade de Corinto, onde estava localizada a igreja para a qual ela foi escrita. Com exceção das epístolas pessoais dirigidas a Timóteo, Tito e Filemom, todas as cartas de Paulo levam o nome da cidade onde se encontrava a igreja à qual a epístola foi endereçada.

AUTOR E DATA

Como indicado no primeiro versículo, a carta foi escrita pelo apóstolo Paulo, cuja autoria não pode ser seriamente questionada. A autoria paulina tem sido mundialmente aceita pela Igreja desde o século I, quando 1Coríntios foi escrita. Internamente, o apóstolo afirmou ter escrito a epístola (1:1,13; 3:4-6; 4:15; 16:21). Externamente, essa correspondência tem sido reconhecida como genuína desde 95 d.C., por Clemente de Roma, que estava escrevendo para a igreja de Corinto. Outros líderes cristãos antigos que autenticaram Paulo como autor incluem Inácio (por volta de 110 d.C.), Policarpo (por volta de 135 d.C.) e Tertuliano (por volta de 200 d.C.).

O mais provável é que essa epístola tenha sido escrita na primeira metade de 55 d.C., em Éfeso (16:8-9,19) durante a terceira viagem missionária de Paulo. O apóstolo pretendia permanecer em Éfeso para completar seu terceiro ano de estadia (At 20:31) até o Pentecostes (maio/junho) de 55 d.C. (16:8). Então, ele esperou o inverno (55-56 d.C.) para partir para Corinto (16:6; At 20:2). Sua ida para Corinto foi antecipada até mesmo enquanto ele escrevia (4:19; 11:34; 16:8).

CENÁRIO E CONTEXTO

A cidade de Corinto estava localizada na Grécia meridional, onde ficava a província de Acaia, a cerca de 73 km a oeste de Atenas. Essa parte mais baixa, o Peloponeso, está ligada ao restante da Grécia por um extenso istmo de 7 km, o qual é cercado a leste pelo golfo Sarônico e a oeste pelo golfo de Corinto. Corinto fica perto do centro do istmo e está situada de modo proeminente num alto planalto. Por muitos séculos, todo o tráfego de norte a sul tinha de passar por essa antiga cidade ou perto dela. Como a viagem marítima ao redor do Peloponeso era uma jornada longa e perigosa de cerca de 400 km, a maioria dos capitães levava seus navios ligados a defesas ou a roldanas pelo istmo para além de Corinto. Compreensivelmente, a cidade prosperou como um grande centro comercial não apenas para a maior parte da Grécia, mas para boa parte da região do Mediterrâneo, inclusive a África do Norte, a Itália e a Ásia Menor. Um canal pelo istmo foi iniciado pelo imperador Nero durante o século I d.C., porém foi concluído somente no fim do século XIX.

Os jogos do istmo, um dos eventos atléticos mais famosos daqueles dias (os outros eram os Jogos Olímpicos), eram sediados em Corinto, o que provocava um tráfego ainda mais intenso de pessoas. Mesmo pelos padrões pagãos de sua própria cultura, Corinto tornou-se tão corrupta moralmente que seu nome virou sinônimo de depravação; "corintianizar" representava imoralidade flagrante e libertinagem acompanhada de embriaguez. Em 6:9-10, Paulo lista alguns dos pecados específicos pelos quais a cidade era conhecida e que, anteriormente, tinham caracterizado muitos cristãos dessa igreja. Infelizmente, alguns dos piores pecados ainda eram encontrados entre certos membros da igreja. Um desses pecados, o incesto, era condenado até mesmo pela maioria dos gentios pagãos (5:1).

Como a maioria das cidades gregas antigas, Corinto tinha uma acrópole (literalmente, "cidade alta"), elevada a 600 metros, que era usada tanto para defesa quanto para adoração. O edifício mais proeminente na acrópole era um templo dedicado a Afrodite, a deusa grega do amor. Cerca de mil sacerdotisas, as quais eram prostitutas "religiosas", viviam e trabalhavam lá e desciam para a cidade à noite, a fim de oferecer seus serviços aos homens da cidade e aos visitantes estrangeiros.

A igreja em Corinto foi fundada por Paulo na sua segunda viagem missionária (At 18:1ss.). Como sempre, seu ministério começou na sinagoga, onde Paulo era auxiliado por dois cristãos judeus, Priscila e Áquila, com os quais morou por algum tempo e os quais foram seus companheiros de profissão. Logo em seguida, Silas e Timóteo juntaram-se a eles, e Paulo começou a pregar ainda mais intensamente na sinagoga. Quando a maioria dos judeus resistiu ao evangelho, ele deixou a sinagoga, mas não antes que Crispo, chefe da sinagoga, sua família e muitos outros coríntios tivessem se convertido (At 18:5-8).

Após ministrar em Corinto por mais de um ano e meio (At 18:11), Paulo foi levado diante de um tribunal romano por alguns líderes judeus. Como as acusações eram estritamente religiosas, e não civis, o procônsul, Gálio, as rejeitou. Logo depois, Paulo levou Priscila e Áquila com ele para Éfeso. De lá, eles voltaram para Israel (versículos 18 a 22).

Incapaz de romper totalmente com a cultura da qual vinha, a igreja em Corinto era excepcionalmente faccionária, o que demonstrava a sua carnalidade e imaturidade. Depois de o talentoso Apolo ter ministrado na igreja por algum tempo, alguns de seus admiradores estabeleceram um grupo fechado que tinha pouco a ver com o restante da igreja. Outro grupo, fiel a Paulo, desenvolveu-se; um outro declarava lealdade a Pedro (Cefas), e ainda um outro, a Cristo somente (veja 1:10-13; 3:1-9).

O problema mais sério da igreja de Corinto era o mundanismo, uma relutância em se separar da cultura que os rodeava. A maioria dos cristãos não conseguia deixar, de maneira consistente, sua conduta antiga, egoísta, imoral e pagã. Foi necessário que Paulo escrevesse a eles para corrigir isso, bem como ordenar aos cristãos fiéis que não somente rompessem a comunhão com os membros desobedientes e não arrependidos, como também os expulsassem da igreja (5:9-13).

PALAVRAS-CHAVE

Ressurreição: em grego, *anastasis* —15:12-13,21,42 —, literalmente, significa "ressuscitar dentre os mortos". Essa é a redação na primeira metade de 15:12 e em outros versículos (veja At 17:31; 1Pe 1:3). Ao falar da ressurreição em geral, a Bíblia também usa a expressão "ressurreição dos mortos". Essa é a redação na segunda metade de 15:12 (veja também 15:13,42). Em Romanos 1:4, Paulo se refere à ressurreição de Cristo como "ressurreição dentre os mortos". A mesma terminologia é usada em 15:21, em que o texto grego diz, literalmente: "Visto que a morte veio por meio de um só homem, também a ressurreição dos mortos veio por meio de um só homem." A ressurreição de Cristo incluiu a ressurreição dos crentes para a vida eterna. Quando Cristo se levantou dentre os mortos, muitos se levantaram com ele, pois uniram-se a ele em sua ressurreição (veja Rm 6:4-5; Ef 2:6; Cl 3:1).

Dons [espirituais]: em grego, *charisma* —12:4,9,28,30-31 —, semelhante à palavra *charis*, que significa "graça" ou "favor"; *charisma* quer dizer "aquilo que é dado graciosamente". Paulo empregou o termo *charisma* de forma sinônima ao termo grego *ta pneumatika* (literalmente, "as coisas espirituais"), pois as coisas dadas graciosamente são dons espirituais. Esses dons foram concedidos pelo Senhor a vários indivíduos da igreja, de modo a avivar as reuniões e edificar os crentes do corpo da igreja. Cada membro recebeu pelo menos um tipo de *charisma*, seja o dom do ensino, da profecia, do exercício da fé, da cura, de operar milagres, de discernir espíritos, de falar em línguas, de interpretar línguas e outros.

Antes de escrever essa carta inspirada, Paulo havia escrito outra (veja 5:9) para a igreja, a qual também era de natureza corretiva. Como uma cópia dessa carta nunca foi encontrada, ela tem sido citada como "a epístola perdida". Houve uma outra carta não canônica depois de 1Coríntios, denominada, geralmente, de "a carta rigorosa" (2Co 2:4).

PRINCIPAIS PERSONAGENS

- **Paulo**: autor das cartas à igreja de Corinto (1:1 a 16:24).
- **Timóteo**: missionário enviado por Paulo para auxiliar a igreja de Corinto (4:17; 16:10-11).
- **Membros da casa de Cloe**: comunicaram a Paulo as divisões entre os cristãos da igreja de Corinto (1:11).

TEMAS HISTÓRICOS E TEOLÓGICOS

Embora o principal objetivo dessa epístola seja a correção do comportamento, e não da doutrina, Paulo dá ensinamentos elementares sobre muitas doutrinas diretamente relacionadas às questões do pecado e da justiça. De uma maneira ou de

1CORÍNTIOS

outra, viver de modo errado sempre deriva da crença errada. Os pecados sexuais, por exemplo, incluindo o divórcio, estão inevitavelmente relacionados à desobediência ao plano de Deus para o casamento e a família (7:1-40). A adoração adequada é determinada por algumas coisas como o reconhecimento do caráter santo de Deus (3:17), a identidade espiritual da igreja (12:12-27) e a participação pura na Ceia do Senhor (11:17-34). Não é possível que a igreja seja edificada fiel e efetivamente sem que os cristãos entendam e exerçam seus dons espirituais (12:1 a 14:40). A importância da doutrina da ressurreição, é claro, não pode ser superestimada, pois se não há ressurreição dos mortos, então Cristo não ressuscitou. E, se Cristo não ressuscitou, então é vã a pregação e a fé (15:13-14).

Além de todos esses temas, Paulo trata brevemente do julgamento divino dos cristãos, o qual, se bem compreendido, produzirá os motivos corretos para uma vida piedosa (veja 3:13-15). O correto entendimento dos ídolos e dos falsos deuses, em geral, deveria ajudar os coríntios imaturos a pensar de modo maduro a respeito de certas coisas, como comer carne sacrificada a ídolos (8:1 a 11:1). O correto entendimento e a expressão do amor genuíno e piedoso eram obrigatórios para o uso adequado dos dons e mesmo para o correto conhecimento a respeito de todas as coisas de Deus (13:1-13).

Assim, Paulo trata da cruz, da sabedoria divina, da sabedoria humana, da obra do Espírito quanto à iluminação, da carnalidade, das recompensas eternas, da transformação da salvação, da santificação, da natureza de Cristo, da união com ele, do papel sagrado da mulher, do casamento e do divórcio, do batismo, da habitação e do dom do Espírito, da unidade da igreja num só corpo, da teologia do amor e da doutrina da ressurreição. Tudo isso estabelece a verdade fundamental para um comportamento piedoso.

PRINCIPAIS DOUTRINAS

- **Pecado sexual**: desobediência ao plano de Deus para o casamento e a família (6:13,18; 7:1-40; 2Sm 11:1-4; Pv 2:16-19; Mt 5:32; 19:9; Mc 7:21; At 15:20; Rm 13:13; Gl 5:19; Ef 5:5; Cl 3:5; Hb 12:16; Jd 1:4,7).
- **Adoração apropriada**: Deus merece que nós o adoremos de todo o nosso coração. A adoração apropriada inclui o reconhecimento do caráter santo de Deus (3:17), a participação pura da Ceia do Senhor (11:17-34) e uma identificação espiritual com a igreja (12:12-27; Mt 2:1-2; 2:11; 28:16-17; Jo 4:20-24; 9:30-38; Rm 1:25; Hb 1:6; Ap 4:10-11).
- **Dons espirituais**: capacitações divinas para o ministério que o Espírito Santo concede em certa medida a todos os cristãos (12:1 a 14:40; Is 35:4-6; Jl 2:28-29; Mt 7:22-23; 12:28; 24:24; At 2:1-4; 8:17-20; 10:44-46; 19:6; 1Ts 5:20; 2Ts 2:9; 1Tm 4:14; 2Tm 1:6; Ap 13:13-14).
- **Ressurreição de Jesus**: central à esperança dos cristãos; sem a ressurreição, a fé em Cristo seria inútil (15:4,12-28; Sl 2:7; 16:10; Is 26:19; Mt 20:19; Mc 9:9; 14:28;

Lc 24:45-46; Jo 2:19-22; 10:18; At 1:3; 2:24; 3:15; 13:33-35; Rm 1:4; 4:25; 6:4; 8:11,34; Ef 1:20; Fp 3:10; Cl 2:12; 2Tm 2:8; 1Pe 1:3,21; 3:18; Ap 1:18).

O CARÁTER DE DEUS

- Deus é fiel (1:9; 10:13).
- Deus é glorioso (11:7).
- Deus é santo (6:9-10).
- Deus é poderoso (1:18,24; 2:5; 3:6-8; 6:14).
- Deus é o único Deus (8:4,6).
- Deus é sábio (1:24; 2:7).
- Deus se ira (10:22).

DESAFIOS DE INTERPRETAÇÃO

De longe, o tema mais controverso para a interpretação é o da manifestação dos dons, abordado nos capítulos 12 a 14, principalmente os dons de operar milagres e o de falar em línguas. Muitos acreditam que todos os dons são permanentes, de modo que o dom de falar em línguas cessará somente no momento em que os dons de profecia e da ciência cessarem (13:8), isto é,

> ### CRISTO EM 1CORÍNTIOS
>
> A carta de Paulo aos coríntios ajudou os cristãos a amadurecerem em seu entendimento de Cristo e corrigirem alguns falsos ensinamentos que haviam se propagado. Paulo enfatizou a realidade da morte e da ressurreição de Cristo para pessoas que estavam começando a negar a ressurreição dos mortos (15:12-28). A santificação mediante Cristo também é retratada como um processo contínuo por meio do qual os cristãos buscam a santidade na vida cotidiana (1:2,30).

quando aquele que é perfeito tiver vindo (13:10). Aqueles que sustentam que as línguas e os milagres são ainda dons espirituais válidos na igreja hoje acreditam que eles devam ser exercitados com a mesma intensidade com que o eram nos tempos do NT pelos apóstolos. Outros acreditam que tais dons cessaram. (Para uma discussão mais ampla sobre essa questão, veja "Respostas para perguntas difíceis").

O tema do divórcio também é um problema para muitos. O capítulo 7 trata do assunto, porém requer uma interpretação cautelosa para produzir uma doutrina bíblica consistente a respeito dessa questão. Os defensores do universalismo, a ideia de que todas as pessoas, no fim, serão salvas, usam a passagem de 15:22 para apoiar seu ponto de vista, afirmando que, assim como toda a humanidade morreu espiritualmente por causa do pecado de Adão, toda ela será salva por meio da justiça de Cristo. (Veja "Respostas para perguntas difíceis").

Do capítulo 15, a frase obscura "batizam pelos mortos" (versículo 29) é usada para defender a ideia de que uma pessoa morta pode ser salva ao ser batizada, de maneira indireta, por meio de um cristão vivo. Há mais de quarenta explicações sugeridas para esse batismo. Independentemente de como esse versículo específico é interpretado, o erro de que as pessoas mortas têm a oportunidade de serem salvas é provado por muitas outras passagens que são incontestavelmente claras.

Um assunto menos sério refere-se ao significado de 6:4, o qual diz respeito a cristãos levarem outros cristãos ao tribunal diante de incrédulos. Esse é um versículo difícil de traduzir, como indica a grande variedade de interpretações na nossa língua. Entretanto, o significado básico é claro: quando os cristãos tiverem discussões e disputas terrenas entre eles, é inconcebível que se voltem àqueles menos qualificados (incrédulos) para a resolução da questão. Os cristãos mais leigos em assuntos legais, conhecedores da Palavra de Deus e obedientes ao Espírito, são muito mais competentes para solucionar as controvérsias entre os cristãos do que o incrédulo mais experiente, que não possui a verdade e o Espírito de Deus.

APARECIMENTOS DO CRISTO RESSURRETO

A ressurreição física de Jesus é central para a fé Cristã. Ao registrar os aparecimentos do Cristo ressurreto, o NT não deixa dúvidas a respeito desse acontecimento.

- Em Jerusalém ou ao seu redor:
  - A Maria Madalena (Jo 20:11-18)
  - A outras mulheres (Mt 28:8-10)
  - A Pedro (Lc 24:34)
  - A dez discípulos (Lc 24:36-43; Jo 20:19-25)
  - Aos Onze, inclusive a Tomé (Jo 20:26-29)
  - Em sua ascensão (Lc 24:50-53; At 1:4-12)
- Aos discípulos a caminho de Emaús (Lc 24:13-35)
- Na Galileia (Mt 28:16-20; Jo 21:1-24)
- A quinhentas pessoas (1Co 15:6)
- A Paulo na estrada para Damasco (At 9:1-6; 18:9-10; 22:1-8; 23:11; 26:12-18; 1Co 15:8)

ESBOÇO

1. Introdução: o chamado e os benefícios da santidade (1:1-9)

2. Divisões na igreja (1:10 a 4:21)

    a. A necessidade da união (1:10 a 3:23)

    b. A necessidade do serviço (4:1-21)

432   MANUAL BÍBLICO MACARTHUR

3. Imoralidade na igreja (5:1 a 6:20)

4. Casamento na igreja (7:1-40)

5. Liberdade na igreja (8:1 a 11:1)

6. Adoração na igreja (11:2 a 14:40)
- a. Os papéis dos homens e das mulheres na igreja (11:2-16)
- b. A Ceia do Senhor (11:17-34)
- c. Dons Espirituais (12:1 a 14:40)

7. A esperança da igreja: ressurreição (15:1-58)

8. Uma incumbência à igreja (16:1-24)
- a. Coleta (16:1-4)
- b. Planos pessoais e saudações (16:5-24)

ENQUANTO ISSO, EM OUTRAS PARTES DO MUNDO...

O imperador romano Cláudio I é envenenado por sua quarta mulher, Agripina. Nero, filho de um casamento anterior de Agripina, sucede Cláudio como imperador.

RESPOSTAS PARA PERGUNTAS DIFÍCEIS

1. **Que fatores dificultaram o enraizamento saudável do evangelho na cidade de Corinto?**

   A mentalidade dos coríntios tornou quase impossível para a igreja romper completamente com a cultura que a cercava. A congregação se comportava continuamente de forma faccionária, o que demonstrava a sua carnalidade e imaturidade. Depois de o talentoso Apolo ter ministrado na igreja por algum tempo, alguns de seus admiradores estabeleceram um grupo fechado que tinha pouco a ver com o restante da igreja. Outro grupo, fiel a Paulo, também acabou sendo criado; outro, ainda, declarava lealdade a Pedro (Cefas), e ainda outro, a Cristo somente (veja 1:10-13; 3:1-9). Em vez de a igreja ter um impacto significativo sobre a cidade, esta é que tinha um impacto demasiadamente grande sobre a igreja.

   Paulo sabia que a igreja em Corinto nunca se tornaria uma testemunha fiel de Cristo até que seus membros compreendessem que aqueles que afirmavam pertencer à igreja, mas continuavam a ser desobedientes e impenitentes diante de Deus, deveriam ser removidos no corpo local (5:9-13). Os coríntios não pareciam dispostos a pagar o preço da obediência.

2. **Como o ensino de Paulo em 1Coríntios ajuda a resolver a controvérsia a respeito dos dons abordados nos capítulos 12 a 14?**

1CORÍNTIOS

Três capítulos nessa carta são dedicados à questão dos dons espirituais na igreja. De longe, o tema mais controverso para a interpretação é o da manifestação dos dons, principalmente os dons de operar milagres e o de falar em línguas. Paulo sabia que esse assunto era controverso, porém vital para a saúde da igreja. A situação da falsa religião em Corinto provocava manifestações espirituais forjadas que tinham de ser confrontadas. A igreja havia sido informada a respeito desse assunto por Paulo, e seu comportamento seria ajustado pela verdade e pelo Espírito.

As categorias de dons nesses versículos não se referem a talentos ou a habilidades naturais, uma vez que tanto cristãos como incrédulos possuem tais recursos. Esses dons são, de maneira soberana e sobrenatural, concedidos pelo Espírito Santo a todos os cristãos (12:7,11), visando capacitá-los a edificar espiritualmente uns aos outros de modo efetivo e, assim, honrar ao Senhor.

A variedade de dons pode ser classificada em dois tipos gerais: (1) fala e (2) serviço (12:8-10; Rm 12:6-8; 1Pe 4:10-11). Os dons da fala, ou verbais (profecia, conhecimento, sabedoria, ensino e exortação) e os dons do serviço, não verbais (liderança, ajuda, contribuição, misericórdia, fé e discernimento) são todos os dons permanentes que atuarão ao longo de toda a existência da igreja. O propósito deles é edificar a igreja e glorificar a Deus. Tanto essa lista como a de Romanos 12:3-8 são mais bem vistas como uma representação das categorias dos dons entre os quais o Espírito Santo escolhe para dar a cada cristão aquele ou aqueles que lhe apraz (12:11). Alguns cristãos podem ser dotados com dons semelhantes aos de outros quanto à categoria, mas são pessoalmente únicos, pois o Espírito ajusta cada dom ao indivíduo.

Os dons de milagres, cura, línguas e interpretação de línguas foram de manifestação temporária, restritos à era apostólica, portanto, cessaram. O propósito deles era autenticar os apóstolos e suas mensagens como a verdade Palavra de Deus. Uma vez que a Palavra de Deus escrita foi concluída e passou a autenticar a si mesma, esses dons deixaram de ser necessários.

3. **Como Paulo trata a questão do divórcio para a igreja em Corinto?**
Paulo ensinou sobre o divórcio ao responder uma série de perguntas que a igreja havia enviado a ele. A primeira delas tinha a ver com o casamento, uma área problemática em virtude da corrupção moral de uma cultura que tolerava a fornicação, o adultério, a homossexualidade, a poligamia e o concubinato.

O apóstolo lembrou os cristãos que seu ensino tinha como base o que Jesus tornou claro durante seu ministério na terra (Mt 5:31-32; 19:5-8), e o próprio Jesus baseou seu ensino na Palavra de Deus anteriormente revelada (Gn 2:24; Ml 2:16).

Paulo usou como ponto de partida a proibição do divórcio por parte de Deus, escrevendo que, nos casos em que um cristão já tinha se divorciado de seu cônjuge cristão, exceto por motivo de adultério (7:10-11), nenhuma das partes era livre para casar-se com outra pessoa. Sendo assim, eles deveriam se reconciliar ou permanecer solteiros.

434   MANUAL BÍBLICO MACARTHUR

Paulo, então, acrescentou algumas instruções úteis sobre a questão dos conflitos conjugais nos casos em que um dos cônjuges se converteu ao cristianismo (7:12-16). Primeiro, o cônjuge cristão deve fazer o melhor em seu casamento, buscando ganhar seu companheiro para Cristo. Porém, se o cônjuge não cristão decidir pela separação, a orientação de Paulo é "que se separe" (7:15). Esse termo se refere ao divórcio (7:10-11). Quando um cônjuge ímpio não tolera a fé de seu companheiro e quer o divórcio, é melhor deixar isso acontecer, de modo a preservar a paz na família (Rm 12:18). Portanto, o vínculo do casamento é quebrado apenas por motivo de morte (Rm 7:2), adultério (Mt 19:9) ou caso o cônjuge ímpio decida pela separação.

Quando o vínculo do casamento é quebrado por algum dos motivos citados anteriormente, o cristão está livre para se casar com outro cristão (7:15). Ao longo da Escritura, sempre que ocorre o divórcio legítimo, casar-se novamente é uma opção. Quando o divórcio é permitido, também o é o novo casamento.

Em geral, a conversão e a obediência a Cristo devem nos conduzir a mais fidelidade e comprometimento em todos os relacionamentos. A passagem 7:1-24 claramente repete os princípios básicos de que os cristãos devem aceitar prontamente a condição conjugal e situações sociais nas quais Deus os colocou, contentando-se em servir ao Senhor até que ele os leve a um outro lugar.

4. **Qual seria a diferença se a ressurreição de Jesus jamais tivesse acontecido?**
A ressurreição de Jesus é a parte menos opcional da fé cristã; é a mais importante dentre as crenças essenciais sustentadas pelos cristãos. O apóstolo Paulo identificou pelo menos seis consequências desastrosas, que seriam inevitáveis caso a ressurreição de Jesus se revelasse uma farsa:

- A pregação de Cristo seria sem sentido e sem significado (15:14).
- A fé em Cristo seria inútil, uma vez que ele ainda estaria morto (15:14).
- As testemunhas e os pregadores da ressurreição seriam todos mentirosos (15:15).
- Ninguém seria redimido (salvo) do pecado (15:17).
- Todos os cristãos antigos estariam perdidos (15:18).
- Os cristãos teriam sido as pessoas mais dignas de compaixão do mundo (15:19).

No centro do cristianismo está o Cristo ressurreto, vitorioso e que virá novamente.

5. **1Coríntios 15:22 realmente ensina o universalismo (a ideia de que todas as pessoas serão salvas)?**
Algumas pessoas, tendo uma noção errônea da justiça e uma visão inadequada de Deus, buscam enxergar esse versículo como base para sua crença no universalismo (a salvação de todos independentemente da fé). Os dois usos da palavra todos em 15:22 são semelhantes apenas no sentido de que ambos se aplicam aos

1CORÍNTIOS

descendentes. A segunda ocorrência se aplica apenas aos cristãos. O contexto imediato (versículo 23) limita essa segunda ocorrência a todos "os que lhe [Cristo] pertencem". Várias outras passagens ensinam, de maneira clara, contra o universalismo ao afirmarem o castigo eterno dos incrédulos (Mt 5:29; 10:28; 25:41,46; Lc 16:23; 2Ts 1:9; Ap 20:15).

APROFUNDAMENTO

1. As pessoas estavam escolhendo lados e formando panelinhas na igreja em Corinto. Como Paulo respondeu a isso?
2. Ao responder perguntas sobre convicções relacionadas à "carne oferecida aos ídolos", Paulo explicou e aplicou quais princípios do comportamento cristão?
3. Que tipos de imoralidade na igreja em Corinto Paulo teve de confrontar e como ele o fez?
4. Os capítulos 11 a 14 tratam de várias questões que impactam a adoração coletiva. Quais são os ensinamentos centrais desses capítulos e como você tem visto tais ensinamentos serem aplicados ou ignorados na sua igreja?
5. Em que aspectos a descrição de Paulo acerca da ressurreição de Jesus e a explicação de seu significado difere daquela que se encontra nos evangelhos?
6. Como a ressurreição de Jesus Cristo tem impactado a sua vida?

2Coríntios

Palavras de um pastor carinhoso

TÍTULO

Essa é a segunda epístola do NT escrita pelo apóstolo Paulo aos cristãos da igreja em Corinto (veja "Autor e data" de 1Coríntios).

AUTOR E DATA

É incontestável que foi o apóstolo Paulo quem escreveu 2Coríntios; a falta de qualquer motivo para um falsificador escrever essa epístola tão pessoal e biográfica tem levado até mesmo os estudiosos mais críticos a afirmar Paulo como o seu autor.

Muitas considerações estabelecem uma data provável para a escrita dessa carta. Fontes extrabíblicas indicam que julho de 51 d.C. tenha sido a data mais provável do início do proconsulado de Gálio (cf. At 18:12). O julgamento de Paulo diante dele em Corinto (At 18:12-27) provavelmente ocorreu logo após Gálio ter assumido o cargo. Ao deixar Corinto (provavelmente em 52 d.C.), Paulo foi de navio para a Palestina (At 18:18), concluindo, assim, sua segunda viagem missionária. Ao retornar a Éfeso em sua terceira viagem missionária (possivelmente em 52 d.C.), Paulo ministrou lá por cerca de dois anos e meio (At 19:8,10). O apóstolo escreveu 1Coríntios em Éfeso próximo ao término desse período (1Co 16:8), provavelmente em 55 d.C. Como Paulo planejava permanecer em Éfeso até a primavera seguinte (cf. a referência ao Pentecostes em 1Co 16:8) e 2Coríntios foi escrita depois de ele ter deixado Éfeso (veja "Cenário e contexto"), a data mais provável para 2Coríntios é o fim de 55 d.C. ou o início de 56 d.C.

CENÁRIO E CONTEXTO

A ligação de Paulo com a importante cidade comercial de Corinto (veja "Cenário e contexto" de 1Coríntios) começou em sua segunda viagem missionária (At 18:1-18), quando ele passou 18 meses (At 18:11) ministrando lá. Depois de deixar Corinto, Paulo ouviu falar a respeito da imoralidade que havia nessa igreja e escreveu uma carta (que foi perdida), mencionada em 1Co 5:9, a fim de confrontar esse pecado. Durante o seu ministério em Éfeso, ele recebeu outras notícias a respeito de problemas na igreja de Corinto, como divisão entre os membros (1Co 1:11). Além disso, os coríntios escreveram uma carta a Paulo (1Co 7:1) pedindo esclarecimentos a respeito de algumas questões. Paulo respondeu, escrevendo a carta conhecida como 1Coríntios. Planejando permanecer em Éfeso um pouco mais (1Co 16:8-9), Paulo enviou Timóteo à cidade (1Co 4:17; 16:10-11). Notícias preocupantes a respeito de

2CORÍNTIOS

outras dificuldades em Corinto chegaram ao apóstolo (possivelmente por meio de Timóteo), incluindo a chegada de falsos apóstolos.

Com a intenção de criar uma plataforma para ensinar um falso evangelho, esses falsos apóstolos começaram atacando o caráter de Paulo, pois tinham de convencer as pessoas a trocá-lo por eles, caso quisessem ter êxito na pregação da doutrina do demônio. Temporariamente abandonando o trabalho em Éfeso, Paulo foi imediatamente a Corinto. Do ponto de vista de Paulo, a visita não foi bem-sucedida ("visita que causasse tristeza", 2:1), sendo que alguém na igreja de Corinto (provavelmente um dos falsos apóstolos) chegou até mesmo a insultá-lo publicamente (2:5-8, 10; 7:12). Entristecido pela falta de lealdade dos coríntios em defendê-lo, buscando poupá-los de mais uma repreensão (cf. 1:23) e esperando, talvez, que o tempo os trouxesse à razão, Paulo retornou a Éfeso. De Éfeso, Paulo escreveu o que é conhecida como a "carta severa" (2:4) e a enviou com Tito a Corinto (7:5-16). Ao deixar Éfeso após o tumulto incitado por Demétrio (At 19:23 a 20:1), Paulo partiu para Trôade para encontrar Tito (2:12-13). Entretanto, estava tão ansioso por notícias de como os coríntios haviam respondido à "carta severa" que não conseguia ministrar lá, embora o Senhor tivesse aberto uma porta (2:12; cf. 7:5). Então, partiu para a Macedônia para procurar por Tito (2:13). Para imenso alívio e alegria de Paulo, Tito o encontrou com a notícia de que a maioria dos coríntios havia se arrependido da rebelião deles contra Paulo (7:7). Suficientemente sensato para saber que algumas atitudes rebeldes ainda existiam às escondidas e que poderiam irromper novamente, Paulo escreveu (possivelmente de Filipos, cf. 11:9; Fp 4:15; também, alguns manuscritos antigos registram Filipos como o lugar da redação) aos coríntios a carta denominada 2Coríntios. Nessa carta, embora o apóstolo tenha expressado seu alívio e alegria diante do arrependimento deles (7:8-16), sua preocupação principal foi defender o seu apostolado (capítulos 1 a 7), exortar os coríntios a retomar os preparativos para a coleta para os pobres de Jerusalém (capítulos 8 e 9) e confrontar diretamente os falsos apóstolos (capítulos 10 a 13). Então, como havia escrito, ele foi a Corinto (12:14; 13:1-2). A participação da igreja de Corinto na oferta para Jerusalém (Rm 15:26) indica que a terceira visita de Paulo a essa igreja foi bem-sucedida.

PRINCIPAIS PERSONAGENS

- **Paulo**: autor das cartas à igreja em Corinto (1:1 a 13:14).
- **Timóteo**: missionário enviado por Paulo para auxiliar a igreja de Corinto (1:1-19).
- **Tito**: homem gentio que ajudou na coleta para a igreja em Jerusalém; confiado por Paulo para entregar suas cartas aos coríntios (2:13; 7:6 a 8:24; 12:18).
- **Falsos apóstolos**: falsos mestres da igreja em Corinto que se faziam passar por cristãos (11:13-15).

TEMAS HISTÓRICOS E TEOLÓGICOS

A epístola 2Coríntios complementa o registro histórico a respeito do relacionamento de Paulo com a igreja de Corinto registrado em Atos e 1Coríntios. Ela contém, também, importantes dados biográficos a respeito de Paulo.

Embora se trate de uma carta bastante pessoal, escrita por um apóstolo no ardor da batalha contra aqueles que atacavam a sua credibilidade, 2Coríntios contém diversos temas teológicos importantes. Retrata Deus, o Pai, como Consolador misericordioso (1:3; 7:6), o Criador (4:6), aquele que ressuscitou Jesus da morte (4:14; cf. 13:4) e que ressuscitará os cristãos também (1:9). Cristo é aquele que sofreu (1:5), que cumpriu as promessas de Deus (1:20), que foi o Senhor proclamado (4:5), que manifestou a glória de Deus (4:6) e aquele que, em sua encarnação, tornou-se pobre por causa dos cristãos (8:9; cf. Fp 2:5-8). A carta retrata o Espírito Santo como Deus (3:17-18) e o penhor da salvação dos cristãos (1:22; 5:5). Satanás é identificado como o "deus desta era" (4:4; cf. 1Jo 5:19), enganador (11:14) e o líder dos homens e dos anjos enganadores (11:15). O fim dos tempos inclui tanto a glorificação do cristão (4:16 a 5:8) quanto o seu castigo (5:10). A verdade gloriosa da soberania de Deus na salvação é o tema de 5:14-21, enquanto 7:9-10 relata a resposta do ser humano à oferta da salvação por parte de Deus — o arrependimento verdadeiro. Essa carta também apresenta o resumo mais claro e conciso a respeito da expiação substitutiva de Cristo encontrado em toda a Bíblia (5:21) e define a missão da igreja de proclamar a reconciliação (5:18-20). Por último, a natureza da nova aliança recebe a sua exposição mais completa fora do livro de Hebreus (3:6-16).

PALAVRAS-CHAVE

Serviço: em grego, *leitourgia* — 9:12 —, indica "ministério público" ou "dever oficial". A palavra relacionada *leitourgos* é usada frequentemente na literatura grega para designar um homem que, realizou, algum serviço público (veja Rm 13:6). Em geral, significa servidor público ou administrador. Paulo usou *leitourgia* em conexão com o serviço daqueles que trabalhavam em benefício da igreja.

Apóstolo: em grego, *apostolos* —1:1; 11:5,13; 12:11-12 —, significa "enviado". Entre seus muitos discípulos, Jesus escolheu doze para serem seus apóstolos. Esses foram os homens enviados por Jesus para levar sua mensagem ao mundo e levantar igrejas. Paulo também se tornou apóstolo por nomeação do Cristo ressurreto, que o encontrou a caminho para Damasco (veja At 9). O discipulado de Paulo foi acompanhado por grande sofrimento: para piorar, alguns falsos mestres da igreja em Corinto questionaram sua autoridade. Portanto, em 2Coríntios, Paulo repetidamente defende a autenticidade de seu apostolado.

2CORÍNTIOS

PRINCIPAIS DOUTRINAS

- **Reconciliação com Deus**: o sacrifício de Jesus Cristo renova o relacionamento entre Deus e o homem (5:17-21; Rm 5:1,10-11; Lv 8:15; 16:20; Dn 9:24; Is 53:5; Mt 5:24-26; Ef 2:14-16; Cl 1:20-22; 2:14; Hb 2:17).
- **Expiação substitutiva de Cristo**: a obra de Cristo na cruz pagou o preço pelo pecado (5:21; Is 53; Dn 9:24-27; Zc 13:1,7; Jo 1:29,36; 11:50-51; At 4:10; Rm 3:25; 5:8-11; Gl 1:4; 1Ts 1:10; 1Tm 2:5-6; 1Pe 1:11,20; 1Jo 2:2; 4:10; Ap 13:8).
- **Garantia de salvação para os cristãos**: Deus adota os cristãos fiéis como seus próprios filhos (1:22; 5:5; Sl 3:8; 37:39; Is 45:21-22; 59:16; 63:9; Jr 3:23; Mc 16:16; At 4:12; 16:31; Rm 10:9; Ef 2:8; 1Ts 5:9; 1Tm 2:4; Hb 5:9; 1 Pe 1:5).
- **A natureza de Satanás**: o rebelde original em meio à criação de Deus (4:4; 11:14-15; Gn 3:1-14; Jo 1:6; Zc 3:1; Mt 4:3-10; 13:19; Lc 10:18; Ef 2:2; 6:11-12; 1Ts 2:18; 2Ts 2:9; 1Tm 3:6; 1Pe 5:8; 2Pe 2:4; 1Jo 3:8; 5:19).
- **Castigo**: a justa resposta de Deus para o pecado (5:9-11; Gn 19:29; Dt 32:39; Is 1:9; Mt 12:36-37; Rm 1:18 a 2:16; 2Pe 2:5-6).

O CARÁTER DE DEUS

- Deus é consolador (1:3; 7:6).
- Deus é glorioso (4:6).
- Deus é amoroso (9:7; 13:11).
- Deus é misericordioso (1:3).
- Deus é poderoso (6:7; 9:8; 13:4).
- Deus cumpre suas promessas (1:20; 6:18; 7:1).
- Deus é reconciliador (5:18-19).
- Deus é espírito (3:17).
- Deus é verdadeiro (1:20).

DESAFIOS DE INTERPRETAÇÃO

O principal desafio que confronta o intérprete é a relação entre os capítulos 10 a 13 e os capítulos 1 a 9, e a óbvia mudança no tom. Veja a discussão sobre esse assunto em "Respostas para perguntas difíceis". A identidade dos inimigos de Paulo em Corinto produziu interpretações variadas, assim como a identidade do irmão que acompanhou Tito a Corinto (8:18,22). Há também dúvida se o ofensor mencionado em 2:5-8 é o homem incestuoso de 1Coríntios 5. Por fim, é difícil também explicar a visão de Paulo (12:1-5) e identificar, especificamente, o seu "espinho na carne", "o mensageiro de Satanás", enviado para atormentá-lo (12:7). (Veja "Respostas para perguntas difíceis").

> ### CRISTO EM 2CORÍNTIOS
>
> A segunda carta de Paulo aos coríntios revela Jesus Cristo como aquele que consola os perseguidos (1:5; 12:9), cumpre as promessas de Deus (1:20), permanece Senhor sobre a humanidade (4:5) e perfeitamente reconcilia os cristãos com Deus (5:19). Paulo declara o salvo como nova criação, reconciliado por meio de Cristo "para que nele nos tornássemos justiça de Deus" (5:21).

ESBOÇO

1. A saudação de Paulo (1:1-11)

2. O ministério de Paulo (1:12 a 7:16)
    a. Os planos de Paulo (1:12 a 2:4)
    b. O castigo do ofensor (2:5-11)
    c. A ausência de Tito (2:12-13)
    d. A natureza do ministério (2:14 a 6:10)
       • O triunfo do ministério (2:14-17)
       • A excelência do ministério (3:1-5)
       • O fundamento do ministério (3:6-18)
       • O tema do ministério (4:1-7)
       • As provações do ministério (4:8-18)
       • A motivação do ministério (5:1-10)
       • A mensagem do ministério (5:11-21)
       • Direção do ministério (6:1-10)
    e. Os coríntios são exortados (6:11 a 7:16)
       • A abrirem o coração para Paulo (6:11-13)
       • A separarem-se dos incrédulos (6:14 a 7:1)
       • A estarem certos do amor de Paulo (7:2-16)

3. A coleta de Paulo (8:1 a 9:15)
    a. Os padrões para a oferta (8:1-9)
       • Os macedônios (8:1-7)
       • Jesus Cristo (8:8-9)
    b. O propósito da oferta (8:10-15)
    c. Os procedimentos para a oferta (8:16 a 9:5)
    d. A promessa da oferta (9:6-15)

4. O apostolado de Paulo (10:1 a 12:13)
    a. A autoridade apostólica (10:1-18)
    b. A conduta apostólica (11:1-15)
    c. O sofrimento apostólico (11:16-33)
    d. As credenciais apostólicas (12:1-13)

5. A visita de Paulo (12:14 a 13:13)
    a. A generosidade de Paulo (12:14-18)
    b. As advertências de Paulo (12:19 a 13:10)
    c. A bênção de Paulo (13:11-14)

ENQUANTO ISSO, EM OUTRAS PARTES DO MUNDO...

Nero é declarado imperador romano aos 17 anos. Durante seu reinado, ocorreu o grande incêndio de Roma, que destruiu dois terços da cidade.

RESPOSTAS PARA PERGUNTAS DIFÍCEIS

1. **O que Paulo quer dizer ao escrever sobre estar "em Cristo" e alguém ser uma "nova criação"?**

Paulo usa a expressão "em Cristo" quando escreve sobre os diversos aspectos de nosso relacionamento com Jesus Cristo como Senhor e Salvador. Essas duas palavras compreendem uma breve, porém profunda, declaração do significado da redenção do cristão (salvação), a qual inclui o seguinte:

- a segurança do cristão em Cristo, que suportou no seu corpo o castigo de Deus contra o pecado;
- a aceitação do cristão em (por meio de) Cristo, somente em quem Deus se compraz;
- a futura segurança do cristão em Cristo, que é a ressurreição para a vida eterna e o único fiador pela herança do cristão no céu;
- a participação do cristão na natureza divina de Cristo, a Palavra eterna (2Pe 1:4).

Todas as mudanças trazidas por Cristo para a vida do cristão resultam em um estado que pode ser corretamente chamado de "nova criação". Essa expressão descreve algo criado em um nível qualitativamente novo de excelência. Diz respeito a outros conceitos bíblicos como a regeneração e o novo nascimento (Jo 3:3; Ef 2:1-3; Tt 3:5; 1Pe 1:23; 1Jo 2:29; 3:9; 5:4). Essa expressão abrange o perdão dos pecados do cristão, pagos pela morte substitutiva de Cristo (Gl 6:15; Ef 4:24).

2. **Por que o tom de 2Coríntios muda tão abruptamente entre 9:15 e 10:1?**

Mesmo um leitor casual geralmente percebe a mudança brusca no tom que ocorre entre os capítulos 9 e 10 de 2Coríntios. Essa aparente diferença tem dado origem a várias explicações a respeito da relação entre os capítulos 1 a 9 e 10 a 13.

Alguns argumentam que os capítulos 10 a 13 eram, originalmente, parte da "carta severa" mencionada por Paulo em 2:4, portanto, cronologicamente, esses quatro capítulos são anteriores aos capítulos 1 a 9. Os capítulos 10 a 13 não podem, entretanto, ter sido escritos antes dos capítulos 1 a 9, uma vez que se referem à visita de Tito como um acontecimento passado (veja 8:6; 12:18). Além disso, o ofensor, cuja provocação a Paulo levou à "carta severa" (2:5-8), não é mencionado em lugar nenhum nos capítulos 10 a 13.

Outros concordam que os capítulos 10 a 13 vêm depois dos capítulos 1 a 9, mas acreditam que eles formam uma carta separada. Eles presumem que Paulo, após enviar os capítulos 1 a 9 aos coríntios, recebeu notícias a respeito de um novo problema em Corinto, e então escreveu os capítulos 10 a 13 em resposta. Uma variação desse ponto de vista é que Paulo teria interrompido sua escrita de 2Coríntios depois dos capítulos 1 a 9; então, ouviu más notícias a respeito de Corinto antes de retomar a escrita dos capítulos 10 a 13. Esse ponto de vista preserva a unidade de 2Coríntios; todavia, Paulo não menciona em nenhum lugar nos últimos quatro capítulos ter recebido novas notícias de Corinto.

A melhor interpretação vê 2Coríntios como uma carta unificada com duas seções distintas. Os capítulos 1 a 9 são endereçados à maioria arrependida (veja 2:6) e os capítulos 10 a 13, à minoria ainda influenciada pelos falsos mestres. O apoio para esse ponto de vista é que: (1) não há evidência histórica (dos manuscritos gregos, de escritos pelos pais da igreja ou das traduções antigas) de que os capítulos 10 a 13 tenham circulado como carta separada; todos os manuscritos gregos os apresentam após os capítulos 1 a 9; (2) as diferenças no tom entre os capítulos 10 a 13 e os capítulos 1 a 9 têm sido exageradas (compare 6:11; 7:2 com 11:11; 12:14); e (3) os capítulos 10 a 13 formam a conclusão lógica dos capítulos 1 a 9, pois Paulo preparou os coríntios para a sua visita prometida (1:15-16; 2:1-3).

3. **A que Paulo se refere com a expressão "espinho na carne" (12:7)?**
Paulo inicia seu relato sobre o espinho na carne ao revelar a razão por que o espinho lhe foi dado: "para impedir que eu me exaltasse". Em outras palavras, para mantê-lo humilde. Assim como no caso de Jó, Satanás era a causa imediata, mas Deus era a causa final. É por isso que o espinho não foi removido apesar dos pedidos de Paulo (12:8). Deus tinha um propósito ao permitir o sofrimento de Paulo dessa maneira — para lhe mostrar que "Minha graça é suficiente para você" (12:9).

O uso de Paulo da palavra "mensageiro" (do grego angellos, ou anjo) de Satanás sugere que o "espinho na carne" (literalmente, "um perigo para a carne") era demônio, e não uma doença física. Dos 188 usos da palavra grega angellos no NT, pelo menos 180 se referem a anjos. Esse anjo em particular era de Satanás, um demônio que afligia Paulo.

Possivelmente, a melhor explicação para esse demônio era que ele estava habitando no cabeça da conspiração dos coríntios, o líder dos falsos apóstolos. Por intermédio deles, tal demônio estava destruindo a amada igreja de Paulo e, desse modo, perpassando o corpo do apóstolo com uma dolorosa estaca. Outro apoio para esse ponto de vista vem do contexto dos capítulos 10 a 13, em que Paulo envolve seus adversários (os falsos profetas). O verbo traduzido como "atormentar" sempre se refere a uma pessoa ser maltratada por outras (Mt 26:67; Mc 14:65; 1Co 4:11; 1Pe 2:20). Por fim, o AT descreve os inimigos pessoais de Israel como espinhos (Nm 33:55; Js 23:13; Jz 2:3; Ez 28:24).

APROFUNDAMENTO

1. Com base nos comentários de Paulo ao longo de 2Coríntios, qual era o relacionamento do apóstolo com a igreja em Corinto?
2. Que princípios da disciplina na igreja Paulo explicou e aplicou nessa carta?
3. Sobre quais aspectos de sua própria luta e crescimento espiritual Paulo escreveu nessa carta?
4. Em 2Coríntios 4, como Paulo explicou os limites do ministério e as razões por trás do poder do evangelho?

5. Como os comentários de Paulo a respeito da coleta das igrejas asiáticas para a igreja em Jerusalém ajuda você a entender alguns dos princípios da doação entre os cristãos?
6. Em sua resposta àqueles que desafiavam sua autoridade apostólica, quais eram as preocupações centrais de Paulo?
7. Em que aspectos você se identifica com as lições de Paulo sobre o espinho na carne (12:7)?

A ÁGORA DE CORINTO

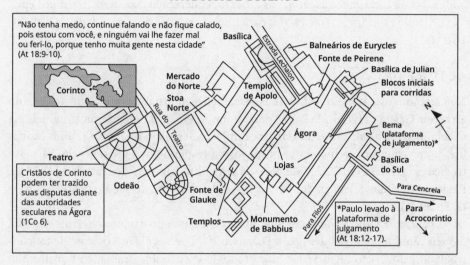

Gálatas

Libertos e justificados pela fé

TÍTULO

Gálatas deriva o seu título (*Pros Galatas*) da região na Ásia Menor (atual Turquia), onde estavam localizadas as igrejas às quais foi endereçada essa carta. É a única epístola de Paulo especificamente escrita para igrejas em mais de uma cidade (1:2; cf. 3:1; 1Co 16:1).

AUTOR E DATA

Não há motivos para se questionar as declarações internas de que o apóstolo Paulo escreveu Gálatas (1:1; 5:2). Paulo nasceu em Tarso, uma cidade na província da Cilícia, não muito distante da Galácia. Em Jerusalém, sob o famoso rabino Gamaliel, ele recebeu um treinamento minucioso a respeito das Escrituras do AT e das tradições rabínicas (At 22:3). Membro da seita ultraortodoxa dos fariseus (At 23:6), Paulo foi uma das celebridades em ascensão do judaísmo do século primeiro (1:14; cf. Fp 3:5-6).

O curso da vida de Paulo tomou um rumo inesperado e impressionante quando, em seu caminho de Jerusalém para Damasco, para perseguir os cristãos, ele foi confrontado pelo Cristo ressurreto e glorificado. Esse encontro dramático transformou Paulo de principal perseguidor do cristianismo em seu maior missionário, e suas três viagens missionárias e sua viagem a Roma transformou o cristianismo de uma fé que dizia respeito somente a um pequeno grupo de cristãos judeus palestinos em um fenômeno que se espalhou por todo o império. Gálatas é uma das 13 cartas inspiradas endereçadas por ele às congregações gentias ou aos seus cooperadores — para mais informações biográficas sobre Paulo, veja "Autor e data" de Romanos.

No capítulo 2, Paulo descreveu a sua visita ao Concílio de Jerusalém de Atos 15, de modo que ele deve ter escrito Gálatas depois desse evento. Como a maioria dos estudiosos data o Concílio de Jerusalém em 49 d.C., aproximadamente, a data mais provável de Gálatas é logo em seguida.

CENÁRIO E CONTEXTO

Nos dias de Paulo, a palavra *Galácia* possuía dois significados distintos. Em um sentido étnico estrito, a Galácia era a região central da Ásia Menor habitada pelos gálatas. Eles eram um povo celta que havia migrado da Gália (a atual França) para aquela região no século III a.C. Os romanos conquistaram os gálatas em 189 a.C., porém lhes permitiram ter certa independência até 25 a.C., quando a Galácia se tornou uma província romana, incorporando algumas regiões não habitadas pelos

GÁLATAS 445

gálatas étnicos (por exemplo, partes da Licaônia, da Frígia e da Pisídia). Num sentido político, a palavra *Galácia* passou a descrever toda a província romana, e não simplesmente a região habitada pelos gálatas étnicos.

Paulo fundou igrejas nas cidades gálatas meridionais de Antioquia, Icônio, Listra e Derbe (At 13:14 a 14:23). Essas cidades, embora dentro da província romana da Galácia, não estavam na região dos gálatas étnicos, e não há registro de igrejas fundadas por Paulo na região norte e menos povoada.

Esse uso da palavra *Galácia* em dois sentidos faz com que seja mais difícil determinar quem eram os destinatários originais da epístola. Alguns interpretam *Galácia* em seu estrito sentido racial e argumentam que Paulo enviou essa epístola para as igrejas da região norte da Galácia, habitada pelos descendentes étnicos dos gauleses. Embora o apóstolo, aparentemente, tenha atravessado a fronteira para as margens da Galácia étnica em pelo menos duas ocasiões (At 16:6; 18:23), Atos não registra que ele tenha fundado quaisquer igrejas ou que tenha desenvolvido qualquer ministério evangelístico lá.

Como nem Atos nem Gálatas mencionam quaisquer cidades ou povos do norte da Galácia (étnica), é razoável acreditar que Paulo tenha endereçado essa epístola às igrejas localizadas na parte sul da província de Roma, porém fora da região dos gálatas étnicos. Atos registra a fundação de algumas igrejas pelo apóstolo em Antioquia da Pisídia (13:14-50), Icônio (13:51 a 14:7; cf. 16:2), Listra (14:8-19; cf. 16:2) e Derbe (14:20-21; cf. 16:1). Além disso, as igrejas das quais Paulo estava falando na carta haviam, aparentemente, sido estabelecidas antes do Concílio de Jerusalém (2:5), e as igrejas do sul da Galácia se encaixavam nesse critério, tendo sido fundadas durante a primeira viagem missionária de Paulo, antes de o Concílio se reunir. Paulo só visitou a Galácia (étnica) do norte depois do Concílio de Jerusalém (At 16:6).

Paulo escreveu Gálatas para se contrapor aos falsos mestres judaizantes que estavam abalando a doutrina central do NT da justificação pela fé. Ignorando o decreto expresso do Concílio de Jerusalém (At 15:23-29), eles espalhavam o perigoso ensino de que os gentios deveriam, primeiro, tornar-se prosélitos judeus e submeter-se a todas as leis mosaicas antes de poderem se tornar cristãos (veja 1:7; 4:17,21; 5:2-12; 6:12-13). Chocado com a receptividade dos gálatas a essa heresia demoníaca (cf. 1:6), Paulo escreveu essa carta a fim de defender a justificação pela fé e advertir essas igrejas a respeito das terríveis consequências de abandonar a doutrina cristã essencial. Gálatas é a única epístola escrita por Paulo que não contém um elogio a seus leitores. Essa omissão óbvia reflete a urgência que ele sentia em confrontar a deserção e defender a doutrina essencial da justificação.

PRINCIPAIS PERSONAGENS

- **Paulo**: encorajou os gálatas a lembrarem-se da libertação da lei por meio de Cristo Jesus (1:1 a 6:18).

- **Pedro**: líder da igreja em Jerusalém; foi confrontado por Paulo por buscar a salvação na lei (1:18 a 2:21).
- **Barnabé**: viajou com Paulo como missionário; permitiu que ele corrigisse várias de suas crenças errôneas (2:1-13).
- **Tito**: cristão gentio e amigo chegado de Paulo; mais tarde, serviu na ilha de Creta (2:1-3).
- **Abraão**: Paulo usou a vida de Abraão para exemplificar a salvação de Deus somente pela fé (3:6 a 4:22).
- **Falsos mestres**: mestres persuasivos que tentaram afastar o povo dos ensinamentos de Paulo (4:17-20).

AS CIDADES DA GALÁCIA

TEMAS HISTÓRICOS E TEOLÓGICOS

Gálatas fornece valiosas informações históricas a respeito do passado de Paulo (capítulos 1 a 2), incluindo seus três anos de permanência nas regiões da Arábia nabateia (1:17-18), que Atos não menciona; sua visita de 15 dias a Pedro após a sua estadia na Arábia (1:18-19); sua viagem para participar do Concílio de Jerusalém (2:1-10); e seu confronto com Pedro (2:11-21).

Como já foi observado, o tema central de Gálatas (como o de Romanos) é a justificação pela fé. Paulo defende essa doutrina (a qual é o cerne do evangelho) tanto em sua ramificação teológica (capítulos 3 e 4) quanto em sua consequências práticas

GÁLATAS 447

(capítulos 5 e 6). Ele também defende a sua posição como apóstolo (capítulos 1 e 2), uma vez que, em Corinto, os falsos mestres haviam tentado ganhar audiência para o ensino herege ao atacar a credibilidade de Paulo. Os principais temas teológicos de Gálatas são bastante semelhantes aos de Romanos; por exemplo, a incapacidade da lei para justificar (2:16; cf. Rm 3:20); a morte dos cristãos para a lei (2:19; cf. Rm 7:4); a crucificação do cristão com Cristo (2:20; cf. Rm 6:6); a justificação de Abraão pela fé (3:6; cf. Rm 4:3); que os cristãos são filhos espirituais de Abraão (3:7; cf. Rm 4:10-11), portanto, abençoados (3:9; cf. Rm 4:23-24); que a lei não traz salvação, mas sim a ira de Deus (3:10; cf. Rm 4:15); que o justo deve viver pela fé (3:11; cf. Rm 1:17); a universalidade do pecado (3:22; cf. Rm 11:32); que os cristãos são batizados espiritualmente em Cristo (3:27; cf. Rm 6:3); a adoção dos cristãos como filhos espirituais de Deus (4:5-7; cf. Rm 8:14-17); que o amor cumpre a lei (5:14; cf. Rm 13:8-10); a importância do andar no Espírito (5:16; cf. Rm 8:4); a luta da carne contra o Espírito (5:17; cf. Rm 7:23,25); e a importância de os cristãos levarem a carga uns dos outros (6:2; cf. Rm 15:1).

PRINCIPAIS DOUTRINAS

- **Justificação pela fé**: a libertação completa do castigo e da escravidão ao pecado vem apenas por meio da fé em Jesus Cristo (2:14-21; 3:11; 5:4; Lv 18:5; Is 45:25; 50:8; 53:11; Jr 23:6; Hc 2:4; Jo 5:24; At 13:39; Rm 1:16-17; 3:21 a 4:25; 5:1-2,18; 1Co 6:11; Tt 3:7; Tg 2:10).
- **A lei**: os cristãos estão libertos da escravidão ao pecado (2:20-21; 5:1; Jr 31:33; Rm 2:12; 6:14; 7:4-6; Gl 3:10-13; Hb 8:10).
- **O papel do Espírito Santo**: o Espírito permanece em batalha constante contra os desejos da carne (5:16-17; Jo 14:16; Rm 5:3-5; 7:23,25; 8:4-6; Fp 3:3; 1Pe 3:18).

LEI E GRAÇA

A função		O efeito	
da lei	*da graça*	*da lei*	*da graça*
Baseia-se em obras (3:10)	Baseia-se na fé (3:11-12)	As obras nos colocam debaixo de maldição (3:10)	Justifica-nos pela fé (3:3,24)
Nosso guardião (3:23; 4:2)	Está centrada em Cristo (3:24)	Guarda-nos para a fé (3:23)	Cristo vive em nós (2:20)
Nosso tutor (3:24)	Nosso certificado de liberdade (4:30-31)	Traze-nos a Cristo (3:24)	Adota-nos como filhos e herdeiros (4:7)

A lei funciona para (1) declarar nossa culpa, (2) conduzir-nos a Cristo e (3) orientar-nos em uma vida de obediência. No entanto, a lei não tem poder para salvar.

O CARÁTER DE DEUS

- Deus é misericordioso (6:16).
- Deus é poderoso (2:8).
- Deus cumpre suas promessas (3:16-19,21-22,29; 4:4).

DESAFIOS DE INTERPRETAÇÃO

Primeiro, Paulo descreveu uma visita a Jerusalém e um subsequente encontro com Pedro, Tiago e João (2:1-10). Há uma questão a ser solucionada nessa passagem com respeito a se essa foi sua visita ao Concílio de Jerusalém (At 15) ou sua visita anterior para levar a oferta que aliviaria a fome da igreja de Jerusalém (At 11:27-30). Segundo, aqueles que ensinam a regeneração batismal (a falsa doutrina de que o batismo é necessário para a salvação) sustentam o seu ponto de vista recorrendo a 3:27. Terceiro, outros têm utilizado essa epístola para sustentar seus ataques às funções bíblicas dos homens e das mulheres, declarando ser a igualdade espiritual ensinada em 3:28 incompatível com o conceito tradicional de autoridade e submissão. Quarto, aqueles que rejeitam a doutrina da segurança eterna argumentam que a frase "caíram da graça" (5:4) descreve cristãos que perderam a salvação (Veja "Respostas para perguntas difíceis").

Quinto, há controvérsias sobre se a afirmação de Paulo "Vejam com que letras grandes estou lhes escrevendo de próprio punho!" (6:11) diz respeito à toda a carta ou simplesmente aos versículos finais. Uma boa tradução do verbo grego indica que Paulo escreveu a epístola inteira com suas próprias mãos, e não apenas uma breve declaração no fim de um ditado ao secretário, como havia feito outras vezes. Por último, muitos afirmam que Paulo tenha eliminado o limite entre Israel e a igreja quando a identificou como o "Israel de Deus" (6:16). Mas por "Israel de Deus" Paulo quer dizer todos os cristãos judeus em Cristo, isto é, aqueles que são descendentes tanto biológicos como espirituais de Abraão.

> ### CRISTO EM GÁLATAS
>
> O livro de Gálatas trata da libertação que Cristo concede aos cristãos. Os gálatas foram tentados por legalistas judeus a trocar essa libertação e voltar à escravidão sob a lei (2:4). Por meio da carta aos gálatas, Paulo encoraja os cristãos: "permaneçam firmes e não se deixem submeter novamente a um jugo de escravidão" (5:1); antes, eles deveriam assumir sua posição de liberdade em Jesus Cristo.

ESBOÇO

1. Pessoal: o pregador da justificação (1:1 a 2:21)

    a. A correção apostólica (1:1-9)

    b. Credenciais apostólicas (1:10 a 2:10)

    c. A segurança apostólica (2:11-21)

GÁLATAS   **449**

2. Doutrinário: os princípios da justificação (3:1 a 4:31)

   a. A experiência dos gálatas (3:1-5)
   b. A bênção de Abraão (3:6-9)
   c. A maldição da lei (3:10-14)
   d. A promessa da aliança (3:15-18)
   e. O propósito da lei (3:19-29)
   f. A filiação dos cristãos (4:1-7)
   g. A futilidade do ritualismo (4:8-20)
   h. A ilustração da Escritura (4:21-31)

3. Prática: os privilégios da justificação (5:1 a 6:18)

   a. A libertação do ritual (5:1-6)
   b. A libertação do legalismo (5:7-12)
   c. A liberdade no Espírito (5:13-26)
   d. A libertação da escravidão espiritual (6:1-10)
   e. Conclusão (6:11-18)

PALAVRAS-CHAVE

Princípios elementares: no grego, *stoicheia* — 4:3,9 —, pode significar "espíritos elementares". Literalmente, essa palavra quer dizer coisas colocadas em fila ou sequência, como o alfabeto. Foi usada para falar de princípios rudimentares (Hb 5:12) ou elementos básicos do universo, sejam físicos (2Pe 3:10), sejam espirituais. Se Paulo tinha em mente "princípios elementares", queria dizer que as pessoas são escravas dos elementos básicos da religião (veja Cl 2:20); se quis dizer "espíritos", queria dizer que as pessoas são escravas dos "espíritos elementares", isto é, determinados deuses ou demônios. "Princípios elementares" se encaixa no contexto geral de Gálatas, ao passo que "espíritos" concorda com 4:8-10. Tanto num caso como no outro, Paulo queria dizer que as pessoas estavam numa condição de escravidão até a vinda de Cristo.

Carne: no grego, *sarx* — 5:17 —, na literatura grega, a palavra *sarx* geralmente significa apenas o corpo humano, tendo sido empregada dessa forma também no Novo Testamento (veja Jo 1:14; Ap 17:16; 19:18,21). No entanto, Paulo usa esse termo com frequência para se referir ao ser humano caído como um todo (e não somente ao corpo pecaminoso), contaminado pelo pecado, incluindo a alma e a mente (cf. 1:16; 2:20; 4:13-14; 6:12-13). Portanto, o apóstolo muitas vezes coloca a *carne* em oposição ao *Espírito* como duas forças completamente opostas. O incrédulo pode viver apenas na carne, mas o cristão pode viver na carne ou no Espírito. Paulo repetidamente encoraja os cristãos a vencerem as obras da carne ao viver pelo Espírito.

ENQUANTO ISSO, EM OUTRAS PARTES DO MUNDO...

Os godos, migrando da atual Suécia, estabelecem um reinado na região da bacia do Vístula, a maior bacia hidrográfica da Polônia.

RESPOSTAS PARA PERGUNTAS DIFÍCEIS

1. **Como os acontecimentos mencionados em Gálatas se encaixam na cronologia de Atos?**

   Uma comparação entre as referências em Atos (11:27-30; 15:2,12,22,35) e em Gálatas (1:18; 2:1-10) parece indicar pelo menos três visitas de Paulo a Jerusalém, inclusive sua viagem para participar do Concílio nesta cidade. Outras visitas ocorreram após o Concílio (At 18:18-22; 21:15-17). A visita mencionada em Gálatas 1:18 registra o primeiro contato direto de Paulo com os apóstolos em Jerusalém depois de sua própria conversão. O capítulo 2:1 menciona um período de 14 anos, após a qual Paulo retornou a Jerusalém, provavelmente como participante do Concílio (At 15), convocado para tratar da questão da salvação dos gentios.

   Linguisticamente, a palavra novamente (2:1) não precisa se referir à próxima visita; antes, pode simplesmente significar "novamente" ou "outravez", sem estar relacionada ao número de visitas que ocorreram no meio-tempo. De fato, Paulo visitou Jerusalém ao menos uma vez durante o período de 14 anos para aliviar a fome da igreja em Jerusalém (At 11:27-30; 12:24-25). É provável que ele não tenha mencionado essa visita em Gálatas porque não era importante para a defesa de sua autoridade apostólica.

2. **Gálatas 3:27 parece transmitir a ideia de que o batismo é necessário para a salvação. O que Paulo quis dizer nesse versículo?**

   Nesse versículo, o termo "batizados" não se refere ao batismo na água, o qual não pode salvar. Paulo emprega essa palavra de forma metafórica para falar sobre ser "imerso" ou "colocado em" Cristo. O contexto mais abrangente aqui se refere à fé e ao milagre espiritual da união com ele em sua morte e ressurreição, e não a uma cerimônia exterior. A frase que vem em seguida, "de Cristo se revestiram", retrata o resultado da união espiritual do cristão com Cristo. Paulo estava enfatizando o fato de que fomos unidos a Cristo por meio da salvação. Colocados diante de Deus, revestimo-nos de Cristo, de sua morte, de sua ressurreição e de sua justiça. Na prática, precisamos nos revestir de Cristo em nossa conduta perante nossa família, nossos amigos e nosso próximo (Rm 13:14).

3. **Como a afirmação de Paulo a respeito da igualdade entre gêneros, raças e posições sociais em 3:28 impacta outros ensinamentos bíblicos relacionados a essa questão?**

   O versículo 3:28 é às vezes citado por aqueles que desejam desafiar os conceitos tradicionais de autoridade e submissão, especialmente no que diz respeito ao casamento. Esse versículo não nega que Deus tenha planejado distinções raciais, sociais e sexuais entre os cristãos, mas afirma que essas distinções não implicam desigualdade espiritual perante Deus. Em outras palavras, a grande doutrina de igualdade espiritual não é incompatível com os papéis de liderança e submissão

GÁLATAS   451

ordenados por Deus na igreja, na sociedade e no lar. Jesus Cristo, embora totalmente igual ao Pai, assumiu um papel submisso durante a sua encarnação (Fp
2:5-8).

**4. O que a frase "caíram da graça" (5:4) quer dizer com relação à doutrina da
segurança eterna?**

Paulo utiliza dois termos nesse versículo que implicam separação, perda e queda: "separaram-se de Cristo" e "caíram da graça". A palavra grega para "separar"
quer dizer "estar separado" ou "estar afastado". E a palavra para "cair" quer dizer
"desprender-se de algo". O contexto esclarece o que Paulo quis dizer. Qualquer
tentativa de ser justificado pela lei é rejeitar a salvação apenas pela graça por meio
da fé. Aqueles uma vez expostos à verdade piedosa do evangelho, que, então, se
voltam contra Cristo (Hb 6:4-6) e buscam ser justificados pela lei, são separados
de Cristo e perdem todas as perspectivas da salvação piedosa dele. O fato de eles
terem abandonado a Cristo e o evangelho prova apenas que a fé que professavam
nunca havia sido genuína (Lc 8:13-14; 1Jo 2:19).

APROFUNDAMENTO

1. Como Paulo explicou a relação entre a lei e as obras da justiça no livro de Gálatas?
2. Por que Paulo chamou os gálatas de "insensatos"?
3. O que Paulo disse aos gálatas sobre a fé? Como tal descrição se encaixa em seu
   próprio entendimento da fé em seu relacionamento com Deus?
4. A que se referia Paulo ao discutir o conceito de "liberdade" com os gálatas?
5. Paulo discorreu minuciosamente sobre os efeitos da presença do Espírito Santo
   na vida do cristão (5:16-26). Quais são esses efeitos e como você os tem experimentado em sua vida?

Efésios

O corpo de Cristo é abençoado

TÍTULO

A carta é endereçada à igreja na cidade de Éfeso, capital da província romana na Ásia (Ásia Menor, atual Turquia). Como o nome Éfeso não é mencionado em todos os manuscritos antigos, alguns estudiosos acreditam que a carta era uma encíclica, escrita com a intenção de que circulasse e fosse lida por todas as igrejas da Ásia Menor, e que, simplesmente, foi enviada primeiro aos cristãos em Éfeso.

AUTOR E DATA

Não há indicação de que a autoria de Paulo deveria ser questionada. Ele é apontado como o autor na saudação inicial (1:1; 3:1). A carta foi escrita da prisão em Roma (At 28:16-31), talvez entre 60-62 d.C., e é, portanto, mencionada com frequência como a epístola da prisão (juntamente com Filipenses, Colossenses e Filemom). Pode ser que tenha sido escrita quase ao mesmo tempo que Colossenses e enviada inicialmente com essa epístola e Filemom por meio de Tíquico (Ef 6:21-22; Cl 4:7-8). Veja a seção "Autor de data" de Filipenses para uma discussão a respeito da cidade a partir de onde Paulo escreveu.

CENÁRIO E CONTEXTO

É provável que o evangelho tenha sido primeiramente levado a Éfeso por Priscila e Áquila, um casal excepcionalmente equipado (veja At 18:26), o qual foi deixado lá por Paulo durante a segunda viagem missionária (At 18:18-19). Localizada na foz do rio Caister, do lado leste do mar Egeu, a cidade de Éfeso talvez fosse mais bem conhecida pelo seu templo magnificente dedicado a Ártemis ou Diana, uma das sete maravilhas do mundo antigo. Ela era também um importante centro político, educacional e comercial, equiparado a Alexandria, no Egito, e Antioquia da Pisídia, na Ásia Menor meridional.

A jovem igreja começou com Priscila e Áquila, e foi firmemente estabelecida mais tarde por Paulo em sua terceira viagem missionária (At 19), tendo ele a pastoreado por cerca de três anos. Depois de Paulo ter saído, Timóteo pastoreou a congregação, possivelmente por um ano e meio, em especial para reagir contra o falso ensino de uns poucos homens influentes (tais como Himeneu e Alexandre), os quais eram, provavelmente, presbíteros nessa congregação (1Tm 1:3,20). Por causa desses homens, a igreja em Éfeso estava infestada de "mitos e genealogias intermináveis" (1:4) e de certas ideias ascéticas e em desacordo com a Bíblia, como a proibição do casamento e a abstinência de certos alimentos (4:3). Embora esses falsos mestres não compreendessem corretamente a Bíblia, eles expunham suas ímpias interpretações com segurança (1:7), as quais promoviam mais "controvérsias em vez de promoverem a obra de Deus, que é pela fé" (1:4). Depois de trinta anos ou mais, Cristo deu ao apóstolo João a carta para essa igreja, indicando que as pessoas de lá haviam abandonado o seu primeiro amor (Ap 2:1-7).

CIDADE DE ÉFESO

PRINCIPAIS PERSONAGENS

- **Paulo**: instruiu a igreja em Éfeso a respeito de sua posição como o corpo de Cristo e seu relacionamento com Deus (1:1 a 6:24).
- **Tíquico**: enviado por Paulo para encorajar os cristãos de Éfeso (6:21-22).

TEMAS HISTÓRICOS E TEOLÓGICOS

Os primeiros três capítulos são teológicos, enfatizando a doutrina do NT, ao passo que os três últimos são práticos e tratam do comportamento cristão. Acima de tudo, talvez, essa seja uma carta de encorajamento e admoestação, escrita para lembrar os cristãos a respeito das imensuráveis bênçãos em Jesus Cristo; e para que eles não fossem somente gratos por essas bênçãos, mas que vivessem de maneira digna delas. Não obstante, e de certo modo por causa das grandes bênçãos do cristão em Jesus Cristo, é certo que ele será tentado por Satanás à presunção e à complacência. Foi por essa razão que, no último capítulo, Paulo relembra os cristãos a respeito da completa e suficiente armadura espiritual concedida a eles por meio da Palavra de Deus e pelo seu Espírito (6:10-17) e sobre a necessidade da oração vigilante e persistente (6:18).

Um tema-chave da carta é o mistério (que significa uma verdade não revelada até então) da igreja de que, "mediante o evangelho, os gentios são coerdeiros com Israel, membros do mesmo corpo e coparticipantes da promessa em Cristo Jesus" (3:6), uma verdade totalmente escondida dos santos do AT (cf. 3:5,9). Todos os que creem em Jesus Cristo, o Messias, são iguais perante o Senhor como seus filhos e como cidadãos de seu reino eterno, uma verdade maravilhosa que somente os cristãos dessa época atual possuem. Paulo também fala a respeito do mistério da igreja como a noiva de Cristo (5:32; cf. Ap 21:9).

A verdade importante enfatizada é a igreja como o atual corpo espiritual e terreno de Cristo, uma verdade também distinta e não revelada anteriormente a respeito do povo de Deus. Essa metáfora retrata a igreja não como uma organização, mas como um organismo vivo, composto de partes mutuamente relacionadas e interdependentes. Cristo é a cabeça do corpo e o Espírito Santo, sua força vital, por assim dizer. O corpo funciona por meio do uso fiel dos diversos dons de seus membros, concedidos de maneira soberana e única pelo Espírito Santo a cada cristão.

PALAVRAS-CHAVE

Propósito, plano, vontade: em grego, *prothesis* — 1:9,11; 3:11; *boulē* —, 1:11; e *thelēma* — 1:1,5,9,11; 5:17; 6:6 — três palavras-chave, interligadas de forma conceitual, aparecem em 1:11. Uma dessas palavras (*thelēma*) foi empregada por Paulo duas vezes anteriormente (1:1,9) e transmite a ideia de desejo, inclusive desejo que vem do coração, pois expressa mais emoção do que de fato uma escolha. Portanto, a vontade de Deus está mais para um desejo que vem do coração do que uma intenção. A palavra *prothesis* denota intenção ou plano; ela literalmente significa "projeto de algo a se realizar", como a planta de um edifício. Esse plano foi criado de acordo com o propósito de Deus, uma tradução da palavra grega *boule*, que significa o resultado de determinação deliberada. Mas por trás do plano e do propósito não estava um projetista, mas sim um coração de amor.

Novo homem: em grego, *kainos anthrōpos* — 2:15; 4:24 —, a palavra para *novo* não significa algo mais recente em tempo, mas algo que possui uma qualidade ou natureza diferente. Portanto, o *novo homem* é a nova humanidade criada em Cristo, da qual participam todos os cristãos, tanto individualmente como coletivamente. Uma vez que Paulo já falou do novo homem criado em Cristo em termos de uma humanidade nova, unificada, coletiva (2:14-15), o novo homem nesses versículos também deve ser visto no sentido coletivo (veja Cl 3:9-11). No contexto imediato, Paulo está exortando cada cristão a revestir-se de sua nova natureza humana.

Outros temas importantes incluem as riquezas e a plenitude das bênçãos para os cristãos. Paulo escreve a respeito das "riquezas da graça de Deus" (1:7), das "insondáveis riquezas de Cristo" (3:8) e das "suas gloriosas riquezas" (3:16). Paulo admoesta os cristãos a serem "cheios de toda a plenitude de Deus" (3:19) "até que todos alcancemos a unidade da fé e do conhecimento do Filho de Deus e cheguemos à maturidade, atingindo a medida da plenitude de Cristo" (4:13) para enchermo-nos "pelo Espírito" (5:18). As riquezas que eles têm em Cristo são baseadas em sua graça (1:2,6-7; 2:7), sua paz (1:2), sua vontade (1:5), seu prazer e seu propósito (1:9), sua glória (1:12,14), seu chamado e sua herança (1:18), sua força e poder (1:19; 6:10), seu amor (2:4), o

EFÉSIOS   **455**

fato de tê-los criado (2:10), seu Espírito Santo (3:16), sua oferta e seu sacrifício (5:2) e sua armadura (6:11,13). A palavra "riquezas" é usada cinco vezes nessa carta; "graça", doze vezes; "glória", oito vezes; "plenitude" ou "cheios" é usada seis vezes e a expressão-chave "em Cristo" (ou "nele"), umas doze vezes.

PRINCIPAIS DOUTRINAS

- **O mistério da igreja, o corpo de Cristo**: todos os que creem em Jesus Cristo são iguais perante o Senhor como seus filhos e cidadãos de seu reino eterno (1:22-23; 3:6; 5:32; Cl 1:24; Ap 21:9).
- **As bênçãos de Jesus Cristo**: todos os cristãos recebem as riquezas insondáveis em Cristo mediante sua graça e herança (1:2,5-9; 2:7; 3:8,16,19; 4:13; 5:18; 6:10-13; Gn 24:31; 26:29; Sl 36:8; 63:5; 91:5-10; Is 12:2; 40:11; Mt 25:34; Jo 17:21; Ef 3:12; 2Pe 1:4; Ap 13:8).

O CARÁTER DE DEUS

- Deus é acessível (2:13,18; 3:12).
- Deus é glorioso (1:12; 3:16).
- Deus é generoso (2:7).
- Deus é amoroso (2:4-5).
- Deus é misericordioso (2:4).
- Deus é poderoso (1:19; 3:7,20; 6:10).
- Deus cumpre suas promessas (1:13; 2:12; 3:6).
- Deus é reconciliador (2:14,17).
- Deus é o único Deus (4:6).
- Deus é sábio (1:8; 3:10).
- Deus se ira (5:6).

DESAFIOS DE INTERPRETAÇÃO

A teologia geral de Efésios é direta, não ambígua e não apresenta ideias ou interpretações cujos significados sejam seriamente disputados. Há, todavia, algumas passagens que exigem uma reflexão cuidadosa para uma correta interpretação; são elas: (1) 2:8, na qual a pessoa deve decidir se o dom é a salvação ou a fé; (2) 4:5, na qual o tipo de batismo deve ser discernido; e (3) 4:8, em sua relação com Salmo 68:18.

CRISTO EM EFÉSIOS

No livro de Efésios, Paulo explica a relação singular entre Jesus e a igreja como seu corpo. Cristo é a cabeça da igreja que une os cristãos e fortalece o corpo (4:15-16). Paulo também focaliza na posição do cristão "em Cristo" (1:1,3-7,11-13; 2:5-6, 10,13,21; 3:6,12).

ESBOÇO

1. **Saudação (1:1-2)**
2. **O propósito de Deus para a igreja (1:3 a 3:13)**
   a. A predestinação em Cristo (1:3-6a)
   b. A redenção em Cristo (1:1b-10)
   c. A herança em Cristo (1:11-14)
   d. Os recursos em Cristo (1:15-23)
   e. A nova vida em Cristo (2:1-10)
   f. A unidade em Cristo (2:11 a 3:13)

3. **A plenitude de Deus para a igreja (3:14-21)**

4. **O plano de Deus para uma vida fiel na igreja (4:1-6)**

5. **O filho de Deus concede dons à igreja e a edifica (4:7-16)**

6. **O padrão e os princípios de Deus para os membros da igreja (4:17-32)**

7. **Os padrões de Deus para a fidelidade na igreja (5:1-21)**
   a. Andar em amor (5:1-7)
   b. Viver na luz (5:8-14)
   c. Andar em sabedoria e sobriedade (5:15-18a)
   d. Ser cheio do Espírito Santo (5:18b-21)

8. **Os padrões de Deus para a autoridade e a submissão na igreja (5:22 a 6:9)**
   a. Maridos e mulheres (5:22-33)
   b. Pais e filhos (6:1-4)
   c. Escravos e senhores (6:5-9)

9. **As provisões de Deus para as batalhas espirituais de seus filhos (6:10-17)**
   a. A luta do cristão (6:10-13)
   b. A armadura do cristão (6:14-17)

10. **O apelo de Deus por oração na igreja (6:18-20)**

11. **Bênção (6:21-24)**

ENQUANTO ISSO, EM OUTRAS PARTES DO MUNDO...

O historiador judeu Flávio Josefo está sendo preparado para se tornar um recurso inestimável sobre o contexto histórico de boa parte da Bíblia.

RESPOSTAS PARA PERGUNTAS DIFÍCEIS

1. **Por que Paulo usa a palavra "mistério" tantas vezes em sua carta aos Efésios?**
   Paulo emprega a palavra "mistério" seis vezes nessa carta (1:9; 3:3-5,9; 5:32; 6:19). Por comparação, essa palavra aparece duas vezes em Romanos, uma vez

em 1Coríntios, quatro vezes em Colossenses e uma vez em 1Timóteo. Diferentemente do nosso uso de "mistério" como uma série de pistas a ser seguidas para a resolução de um enigma, o uso desse termo por Paulo aponta para uma verdade esclarecida, mas não revelada até o presente momento. A palavra "mistério" preserva o sentido de que a verdade revelada tem implicações tão maravilhosas que continua a gerar sentimentos de maravilhamento e humildade entre aqueles que a aceitam.

Efésios apresenta vários aspectos do "mistério". Paulo explicou seu uso da palavra em 3:4-6 ao dizer que "mediante o evangelho, os gentios são co-herdeiros com Israel, membros do mesmo corpo e coparticipantes da promessa em Cristo Jesus". Quando as riquezas insondáveis de Cristo são anunciadas entre os gentios, o resultado é um entendimento da "administração deste mistério" (3:9). E quando o plano de Deus para o casamento humano é usado para explicar o relacionamento singular entre Cristo e sua noiva, a igreja, Paulo lembrou seus leitores de que o assunto é um mistério profundo (5:32). Por fim, Paulo pediu aos efésios que orassem por ele, para que pudesse tornar "conhecido o mistério do evangelho" (6:19). O evangelho não é misterioso por ser difícil de entender; antes, é misterioso porque é inesperado, imerecido e gratuito. Embora Paulo não tenha usado a palavra nessa passagem, seu sumário do mistério para os efésios pode ser encontrado em 2:8-9: "Pois vocês são salvos pela graça, por meio da fé, e isto não vem de vocês, é dom de Deus; não por obras, para que ninguém se glorie".

2. **Como graça, fé e obras compõem o processo de salvação que Paulo descreve em 2:8-10?**
Paulo descreve o processo efetivo de salvação como algo que Deus realiza graciosamente por meio da fé. A palavra "isto" no versículo 8 ("e isto não vem de vocês") se refere à declaração anterior a respeito da salvação, e não somente à graça, mas também à fé. Embora seja necessário que as pessoas creiam para serem salvas, essa fé também faz parte do dom de Deus que salva e não podemos exercê-la sozinhos. A graça de Deus realiza a ação crucial em todos os aspectos da salvação.

Até mesmo as "obras" — que não salvam — fazem parte do dom de Deus. Como no caso da salvação, a santificação e as boas obras de um cristão são estabelecidas por Deus de antemão. Oportunidades, força e vontade de fazer boas obras são subsequentes à decisão de Deus, sendo o resultado dela; são frutos capacitados por Deus e uma evidência de que a graça realizou a salvação por meio da fé (veja Jo 15:8; Fp 2:12-13; 2Tm 3:17; Tt 2:14; Tg 2:16-26).

3. **Paulo descreve uma série de papéis de liderança em 4:11. Como entendemos esses ofícios na igreja hoje?**
Cristo possui autoridade e soberania para conceder dons espirituais (4:7-8) àqueles a quem chamou para servir na igreja. Ele não apenas concede dons, mas também pessoas talentosas. Essa passagem usa cinco termos para descrever esses papéis: apóstolos, profetas, evangelista, pastores e mestres.

"Apóstolos" é um termo do NT usado particularmente para os doze discípulos que tinham visto o Cristo ressurreto (At 1:22), incluindo Matias, que substituiu Judas. Mais tarde, Paulo foi separado, exclusivamente, como apóstolo dos gentios (Gl 1:15-17). Esses apóstolos foram escolhidos diretamente por Cristo, de modo a serem chamados "apóstolos de Cristo" (Gl 1:1; 1Pe 1:1). Foram dadas as eles as seguintes três responsabilidades:

- estabelecer o fundamento da igreja (2:20);
- receber, declarar e escrever a Palavra de Deus (3:5; At 11:28; 21:10-11);
- apresentar confirmações dessa Palavra por meio de sinais, maravilhas e milagres (2Co 12:12; At 8:6-7; Hb 2:3-4).

O termo "apóstolo" é utilizado de um modo mais geral para outros homens da igreja primitiva, tais como Barnabé (At 14:4), Silas e Timóteo (1Ts 2:6), entre outros (Rm 16:7; Fp 2:25).

"Profetas" não eram cristãos comuns que tinham o dom da profecia, mas sim cristãos especialmente comissionados na igreja primitiva. O ofício de profeta parece ter sido exclusivamente para o trabalho na congregação local. Eles, algumas vezes, contaram a revelação prática e direta da parte de Deus para a Igreja (At 11:21-28) ou expuseram a revelação já dada (implícita em At 13:1). Desde que os papéis de apóstolo e profeta cessaram com a conclusão do NT, as necessidades contínuas de liderança da igreja têm sido satisfeitas por outros ofícios.

"Evangelistas" proclamavam as boas-novas da salvação em Jesus Cristo aos incrédulos (At 21:8; 2Tm 4:5). O verbo relacionado traduzido por "pregar o evangelho" é empregado 54 vezes e o substantivo relacionado traduzido por "evangelho" é empregado 76 vezes no NT.

A expressão "pastores e mestres" é mais bem compreendida no contexto como um ofício único de liderança na igreja. A palavra grega traduzida por "e" pode significar "em particular" (1Tm 5:17). O significado comum de pastor é "conduzir"; assim, as duas funções juntas definem o pastor-mestre. Ele é identificado como aquele que está sob o "grande Pastor" Jesus (Hb 13:20-21; 1Pe 2:25). Aquele que exerce esse ofício é também chamado de "presbítero" e "bispo" (At 20:28; 1Tm 3:1-7; Tt 1:5-9; 1Pe 5:1-2).

4. **Como os princípios da submissão e do amor estabelecem a expectativa de Deus acerca do casamento cristão, conforme descrito em 5:21-33?**
A seção que começa com o chamado para uma vida de sabedoria (5:15) conduz ao conselho geral de Paulo sobre submissão (5:21). Esse último versículo serve para introduzir a próxima seção (5:22-6:9), que torna clara as expectativas divinas para vários relacionamentos. Aqui Paulo declara de modo inequívoco que todo cristão cheio do Espírito deve ser humilde e submisso. Isso é fundamental para todos os relacionamentos dessa seção. Nenhum cristão é inerentemente superior a qualquer outro cristão. Diante de Deus, são iguais em todos os aspectos (3:28).

EFÉSIOS   **459**

Tendo estabelecido o princípio fundamental da submissão (5:21), Paulo o aplicou primeiramente à esposa. A ordem é irrestrita, aplicando-se a toda mulher cristã, independentemente de quais possam ser suas próprias habilidades, sua instrução, seu conhecimento da Escritura, sua maturidade espiritual, ou quaisquer outras qualificações em relação às de seu marido. A submissão não deve ser ordenada pelo marido, mas exercitada de maneira voluntária e carinhosa pela mulher. A expressão "cada uma a seu marido" limita a submissão da mulher ao homem que lhe foi concedido por Deus.

A esposa cheia do Espírito reconhece que o papel de liderança de seu marido não foi somente ordenado por Deus, mas é também um reflexo da própria liderança amorosa e leal de Cristo sobre a igreja. Assim como o Senhor libertou a sua igreja dos perigos do pecado, da morte e do inferno, também o marido sustenta, protege, preserva e ama a sua mulher, a conduzindo a bênçãos à medida que se submete (Tt 1:4; 2:13; 3:6).

Paulo tem muito mais a dizer ao homem colocado em posição de autoridade no casamento. Tal autoridade vem com responsabilidades supremas do marido em relação à sua esposa. Os maridos devem amar suas esposas com o mesmo amor sacrifical que Cristo tem pela igreja. Cristo entregou tudo o que tinha, inclusive a própria vida, pela igreja, e esse é o padrão de sacrifício para o amor de um marido para com sua mulher.

A clareza das orientações de Deus torna certo que os problemas no casamento devem sempre ser rastreados em ambas as direções, de modo que cada parceiro entenda claramente seus papéis e suas responsabilidades. O fracasso em amar é tão frequentemente fonte de tribulação conjugal quanto o fracasso em submeter-se.

5. **Por que Paulo insiste em 6:10-17 que os cristãos devem estar preparados para a batalha espiritual?**
O verdadeiro cristão descrito nos capítulos 1 a 3, que leva uma vida controlada pelo Espírito, conforme descrito em 4:1-6:9, com certeza enfrentará uma guerra espiritual. Assim, Paulo encerra sua carta com advertências a respeito de batalhas vindouras e orientações para viver em vitória. O Senhor fornece aos seus santos uma armadura suficiente para combater e derrotar o adversário. Efésios 6:10-13 brevemente estabelece verdades básicas com relação à preparação espiritual necessária de um cristão, bem como verdades acerca do inimigo, da batalha e da vitória. Os versículos 14 a 17 especificam as seis peças mais necessárias da armadura espiritual com a qual Deus equipa seus filhos para resistir e vencer os ataques de Satanás. O equipamento espiritual se assemelha ao equipamento militar usado por soldados nos dias de Paulo:

- *Cinto da verdade*: o soldado vestia uma túnica larga, feita de tecido. Posto que o combate antigo era, basicamente, corpo a corpo, uma túnica larga constituía um grande obstáculo e perigo. O cinto prendia o material solto. O cinto que junta todas as pontas espirituais soltas é a "verdade" ou, melhor, a "veracidade".

- *Couraça da justiça*: um pedaço de couro duro ou de um material pesado e sem mangas que cobria todo o tronco do soldado, protegendo o coração e outros órgãos vitais. Como a justiça ou a retidão é uma característica distinta do próprio Deus, não é difícil compreender por que ela é a principal proteção do cristão contra Satanás e suas artimanhas.

- *Pés calçados com a prontidão do evangelho da paz:* os soldados romanos usavam botas com pregos para que se prendessem ao chão durante o combate. O evangelho da paz pertence às boas-novas de que, por meio de Cristo, os cristãos estão em paz com Deus e ele está do lado deles (Rm 5:6-10).

- *Escudo da fé*: a palavra grega para escudo geralmente diz respeito a um grande objeto que protegia o corpo inteiro do soldado. A contínua confiança do cristão na Palavra de Deus e em sua promessa é absolutamente necessária "sobre todas as coisas" para protegê-lo das tentações de toda sorte de pecado.

- *Capacete da salvação*: o capacete protegia a cabeça, sempre um dos principais alvos durante a batalha. Essa passagem fala àqueles que já são salvos, portanto, não se refere à obtenção da salvação. Uma vez que Satanás busca destruir a certeza da salvação do cristão, com suas armas da dúvida e do desânimo, o cristão deve estar tão consciente de sua posição em Cristo quanto estaria consciente de um capacete sobre sua cabeça.

- *Espada do Espírito*: a espada era a única arma do soldado. De forma semelhante, a Palavra de Deus é a única arma da qual o cristão necessita, infinitamente mais poderosa do que qualquer arma de Satanás.

APROFUNDAMENTO

1. De que formas Paulo explicou em Efésios sua descrição da igreja como um mistério?
2. Quando Paulo descreveu a igreja como o corpo de Cristo no capítulo 4, que processos e relacionamentos ele destacou?
3. No capítulo 5, de que modo Paulo usou o casamento como um modelo para a compreensão do relacionamento entre Cristo e a igreja?
4. Quais são os componentes da armadura de Deus descritos por Paulo no capítulo 6? Como você os utiliza em sua vida espiritual?
5. Em que aspectos as orientações de Paulo a respeito da vida familiar e dos relacionamentos no trabalho afetam seu modo de viver?
6. De que forma a passagem de Efésios 2:8-10 representa seu próprio relacionamento com Cristo?

Filipenses

Cristo é a fonte da alegria e da força

TÍTULO

Filipenses tem seu nome derivado da cidade grega onde a igreja para a qual é endereçada estava localizada. Filipos foi a primeira cidade na Macedônia em que Paulo estabeleceu uma igreja.

AUTOR E DATA

O testemunho unânime da igreja primitiva foi que o apóstolo Paulo escreveu Filipenses. Nada na carta teria motivado um forjador a escrevê-la.

A questão a respeito de quando Filipenses foi escrito não pode ser separada da questão de onde a carta foi escrita. O ponto de vista tradicional é que Filipenses, juntamente com as outras "epístolas da prisão" (Efésios, Colossenses e Filemom), foi escrita durante o primeiro cárcere de Paulo em Roma (por volta de 60-62 d.C.). O entendimento mais natural a respeito das referências à "guarda do palácio" (1:13) e aos "santos ... que estão no palácio de César" (4:22) é de que Paulo tenha escrito Filipenses em Roma, onde o imperador morava. As semelhanças entre os detalhes sobre a prisão de Paulo fornecidos em Atos e nas "epístolas da prisão" também demonstram que essas epístolas foram escritas de Roma (por exemplo: Paulo era guardado por soldados, At 28:16; cf. 1:13-14; era-lhe permitido receber visitantes, At 28:30; cf. 4:18; e teve a oportunidade de pregar o evangelho, At 28:31; cf. 1:12-14; Ef 6:18-20; Cl 4:2-4).

Alguns têm afirmado que Paulo escreveu as epístolas da prisão durante os dois anos em que esteve preso em Cesareia (At 24:27). Entretanto, durante esse período, suas oportunidades de receber visitas e de proclamar o evangelho foram severamente limitadas (cf. At 23:35). As "epístolas da prisão" expressam a esperança de Paulo por uma sentença favorável (1:25; 2:24; cf. Fm 22). Em Cesareia, no entanto, a única esperança para a libertação de Paulo era subornar Félix (At 24:26) ou concordar em ser submetido a julgamento em Jerusalém sob Festo (At 25:9). Nas "epístolas da prisão", o apóstolo esperava que a decisão sobre o seu caso fosse conclusiva (1:20-23; 2:17,23). Esse não poderia ser o caso em Cesareia, uma vez que ali Paulo podia apelar para o imperador (e foi o que ele fez).

Outra alternativa que tem sido apresentada é que Paulo tenha escrito as "epístolas da prisão" em Éfeso. Porém, em Éfeso, assim como em Cesareia, nenhuma decisão conclusiva poderia ser tomada sobre o seu caso, por causa do seu direito de apelar para o imperador. E Lucas também estava com Paulo quando este escreveu Colossenses (Cl 4:14); entretanto, aparentemente ele não estava com o apóstolo em Éfeso. A passagem de At 19, que registra a estadia de Paulo em Éfeso, não é uma das seções de

Atos escrita na terceira pessoa (veja "Autor e data" de Atos). No entanto, o argumento mais poderoso contra Éfeso ter sido o ponto de origem das "epístolas da prisão" é que não há evidências de que Paulo tenha sequer sido preso em Éfeso.

Em vista das sérias dificuldades enfrentadas tanto pelo ponto de vista que argumenta em favor de Cesareia quanto de Éfeso, não há razão para se rejeitar a visão tradicional de que Paulo tenha escrito as "epístolas da prisão" (inclusive Filipenses) em Roma.

A crença de Paulo de que o seu caso seria decidido em breve (2:23-24) indica que Filipenses foi escrito perto do encerramento do período de dois anos enquanto Paulo esteve preso em Roma (por volta de 61 d.C.).

CENÁRIO E CONTEXTO

Originalmente conhecida como Krenides ("As pequenas fontes") por causa do grande número de fontes que havia em seus arredores, Filipos ("cidade de Filipe") recebeu o seu nome de Filipe II da Macedônia (o pai de Alexandre, o Grande). Atraído pelas minas de ouro que havia no local, Filipe conquistou a região no século IV a.C. No século II a.C., Filipos tornou-se parte da província romana da Macedônia.

A cidade viveu em relativa obscuridade durante os dois séculos seguintes até que um dos mais famosos acontecimentos na história romana trouxe a ela reconhecimento e expansão. Em 42 a.C., os exércitos de Antônio e Otávio derrotaram os de Brutus e Cassius na batalha de Filipos, colocando, desse modo, um fim à República Romana e prenunciando o Império. Depois da batalha, Filipos se tornou uma colônia romana (cf. At 16:12), e muitos veteranos do exército romano se estabeleceram lá. Como colônia, Filipos tinha autonomia do governo provincial e os mesmos direitos que tinham as cidades na Itália, inclusive o uso da lei romana, isenção de alguns impostos e cidadania romana para seus habitantes (At 16:21). O fato de ser uma colônia também era motivo de muito orgulho cívico por parte dos filipenses; eles usavam o latim como idioma oficial, adotaram os costumes romanos e governavam a sua cidade segundo o modelo das cidades italianas. Tanto Atos como Filipenses refletem o *status* de Filipos como uma colônia romana.

A descrição de Paulo dos cristãos como cidadãos do céu (3:20) era apropriada, posto que os filipenses orgulhavam-se de serem cidadãos de Roma (cf. At 16:21). É muito provável que os filipenses conhecessem bem alguns dos membros da guarda do palácio (1:13) e do palácio de César (4:22).

A igreja em Filipos, a primeira fundada por Paulo na Europa, data da segunda viagem missionária do apóstolo (At 16:12-40). Filipos, evidentemente, tinha uma população muito pequena de judeus. Por não haver homens suficientes para formar uma sinagoga (era exigido dez homens judeus que fossem chefes de família), algumas mulheres devotas se reuniam fora da cidade num lugar de oração (At 16:3) ao longo do rio Gangites. Paulo pregou o evangelho a elas e Lídia, uma comerciante rica que trabalhava com artigos caros tingidos de púrpura (At 16:14) que tornou-se

FILIPENSES

cristã (16:14-15). É provável que no seu início a igreja de Filipos tenha se reunido em sua casa espaçosa.

As oposições satânicas à nova igreja imediatamente surgiram na pessoa de uma escrava jovem, adivinha e endemoninhada (At 16:16-17). Não querendo nem mesmo um testemunho favorável de tal origem maligna, Paulo expulsou o demônio dela (At 16:18). O ato do apóstolo enfureceu os donos da jovem, os quais não mais poderiam vender seus serviços como adivinha (At 16:19). Eles arrastaram Paulo e Silas perante os magistrados da cidade (At 16:20) e inflamaram o orgulho cívico dos filipenses, alegando que os dois pregadores eram uma ameaça para os costumes romanos (At 16:20-21). Como resultado, Paulo e Silas foram açoitados e presos (At 16:22-24).

Os dois pregadores foram milagrosamente libertados da prisão nessa noite por um terremoto, o qual desalentou o carcereiro e abriu o seu coração e o de todas as pessoas da sua casa para o evangelho (At 16:25-34). No dia seguinte, os magistrados, aterrorizados ao descobrirem que haviam açoitado e aprisionado ilegalmente dois cidadãos romanos, imploraram a Paulo e Silas para saírem de Filipos.

PALAVRAS-CHAVE

Auxílio: em grego, *epichorēgia* —1:19 —, usado para descrever o que o administrador de um coral atuante numa peça grega forneceria aos membros desse coral; em resumo, ele arcava com todos os custos. Essa palavra veio a significar auxílio pleno de qualquer tipo. A oração dos filipenses geraria o *auxílio* do Espírito. Paulo estava na expectativa de obter o auxílio pleno do Espírito de Jesus Cristo como resultado da oração dos filipenses.

Sendo Deus ou existindo na forma de Deus: em grego, *morphē theou* — 2:6 —, *morphē*, a palavra para "forma", geralmente era empregada para expressar a maneira como uma coisa existe e sua aparência de acordo com o que ela é em si mesma. Portanto, a expressão "forma de Deus" pode ser corretamente entendida como a natureza e o caráter essenciais de Deus. Logo, dizer que Cristo existiu na forma de Deus é dizer que, além de sua natureza humana, Cristo possuía todas as características e qualidades pertencentes a Deus, pois ele é, de fato, Deus.

Excelente: em grego, *aretē* — 4:8 —, uma palavra rara no NT, mas utilizada com frequência nos escritos gregos para expressar excelência moral. Pedro, em sua primeira carta, usou essa palavra para descrever a natureza excelente ou as "excelências" de Deus (veja 1Pe 2:9, onde a palavra foi traduzida por "grandezas"). Embora várias pessoas possuam tal excelência, é uma qualidade que vem de Deus. Somente aqueles que receberam poder divino podem ser moralmente excelentes nessa terra (2Pe 1:3).

Aparentemente, Paulo visitou Filipos duas vezes durante a sua terceira viagem missionária, uma vez no início (cf. 2Co 8:1-5), e novamente próximo ao fim dela (At 20:6). Depois de cerca de quatro ou cinco anos da sua última visita a Filipos, enquanto prisioneiro em Roma, Paulo recebeu uma delegação da igreja de Filipos.

Os filipenses haviam, de modo generoso, sustentado Paulo no passado (4:15-16), e haviam feito uma contribuição generosa para os necessitados de Jerusalém (2Co 8:1-4). Nesse momento, quando souberam da prisão de Paulo, enviaram a ele outra contribuição (4:10) e, juntamente com ela, Epafrodito para auxiliar o apóstolo nas suas necessidades. Infelizmente, ele sofreu uma doença quase fatal (2:26-27) durante a sua viagem para Roma ou depois de ter chegado lá. Assim, Paulo decidiu enviá-lo de volta a Filipos (2:25-26) e escreveu a carta aos filipenses para ser enviada juntamente com ele.

Os objetivos de Paulo ao escrever essa epístola eram diversos. Primeiro, ele queria expressar, por escrito, o seu agradecimento pela oferta dos filipenses (4:10-18). Segundo, queria que os filipenses soubessem por que ele havia decidido mandar Epafrodito de volta, para que não pensassem que o serviço dele para Paulo havia sido insatisfatório (2:25-26). Terceiro, ele queria informá-los a respeito de sua situação em Roma (1:12-26). Quarto, escreveu para exortá-los à unidade (2:1-2; 4:2). Por fim, ele escreveu para adverti-los contra os falsos mestres (3:1 a 4:1).

PRINCIPAIS PERSONAGENS

- **Paulo**: escreveu aos filipenses sobre a alegria e a força encontradas em Cristo (1:1 a 4:23).
- **Timóteo**: missionário de ascendência judia e gentia; preparado por Paulo para dar continuidade ao seu ministério em Filipos (1:1 a 2:23).
- **Epafrodito**: obreiro fiel de Filipos; enviado a Paulo com recursos para auxílio (2:25-30; 4:18).
- **Evódia:** obreira fiel repreendida por Paulo por seu relacionamento conflituoso com Síntique, irmã da igreja (4:2-3).
- **Síntique**: obreira fiel repreendida por Paulo por seu relacionamento conflituoso com Evódia, irmã da igreja (4:2-3).

TEMAS HISTÓRICOS E TEOLÓGICOS

Uma vez que se trata de uma carta prática, Filipenses contém pouco material histórico (não há citações do AT), com exceção da importante exposição da autobiografia espiritual de Paulo (3:4-7). Do mesmo modo, há pouca instrução teológica direta, também com uma importante exceção. A magnificente passagem que descreve a humilhação e a exaltação de Cristo (2:5-11) contém um dos mais profundos e cruciais ensinos sobre o Senhor Jesus Cristo em toda a Bíblia. O tema principal de buscar ser semelhante a Cristo, como o elemento que mais caracteriza o amadurecimento espiritual e a única paixão de Paulo em sua própria vida, é apresentado em 3:12-14. Apesar da prisão de Paulo, o tom da carta é predominantemente de alegria (1:4,18,25-26; 2:2,16-18, 28; 3:1,3; 4:1,4,10).

FILIPENSES

PRINCIPAIS DOUTRINAS

- **A humildade de Cristo**: Cristo veio ao mundo para servir e sacrificar-se pela humanidade (2:5-8; Sl 22:6; 69:9; Is 50:6; 53:3,7; Zc 9:9; Mt 11:29; 13:55; Lc 2:4-7,51; 9:58; Jo 5:41; 13:14-15; Rm 15:3; 2Co 8:9; Hb 2:16; 4:15; 5:7).
- **A submissão a Cristo**: os cristãos devem buscar ser semelhantes a Cristo (1:21; 3:7-14; Gn 43:14; Jz 10:15; 1Sm 3:18; 2Sm 15:26; Jó 2:10; Sl 37:7; 46:10; Mt 6:10; At 7:59; Hb 12:6; 2Pe 1:14).
- **A provisão de Cristo para os cristãos**: Deus provê aos seus filhos todas as suas necessidades (4:13-19; Ne 9:19; Sl 146:7-9; Mt 9:36; Jo 7:37; 2Co 9:12; 12:9-10; Hb 4:16).

O CARÁTER DE DEUS

- Deus é glorioso (2:11).
- Deus é misericordioso (2:27).
- Deus é providente (1:12).

DESAFIOS DE INTERPRETAÇÃO

A principal dificuldade ligada a Filipenses é determinar onde a carta foi escrita (veja "Autor e data"). O texto em si apresenta apenas um importante desafio de interpretação: a identidade dos "inimigos da cruz". Como Paulo havia feito em muitos de seus contatos com igrejas que ele tinha fundado (At 20:28-31), ele advertiu os filipenses a respeito dos perigos dos falsos mestres. A linguagem de Paulo indica que esses mestres não afirmavam abertamente se opor a Cristo, à sua obra na cruz ou à salvação somente pela graça mediante a fé, no entanto, eles não buscavam a semelhança com Cristo por meio de uma vida piedosa. A fé deles era uma farsa. Ao que parece, estavam se fazendo passar por amigos de Cristo e, possivelmente, haviam até mesmo alcançado posições de liderança na igreja. A vida desses falsos mestres mostrava a quem eles eram de fato leais.

> ### CRISTO EM FILIPENSES
>
> Filipenses apresenta um dos testemunhos mais comoventes da vida de Cristo. Paulo descreve, de maneira íntima, seu relacionamento com o Senhor por meio das palavras "o viver é Cristo e o morrer é lucro" (1:21). A abnegação de Paulo não conduz a sentimentos de perda, mas à alegria e paz em Jesus Cristo (4:4-7). Assim, ele encoraja os cristãos a buscarem a semelhança com Cristo (2:5).

ESBOÇO

1. Saudação de Paulo (1:1-11)

2 A situação de Paulo (1:12-26)

3. As exortações de Paulo (1:27 a 2:18)
    a. Permanecer firme em meio à perseguição (1:27-30)
    b. União por meio da humildade (2:1-4)
    c. Lembrar o exemplo de Cristo (2:5-11)
    d. Ser luz num mundo de trevas (2:12-18)

4. Os companheiros de Paulo (2:19-30)
    a. Timóteo (2:19-24)
    b. Epafrodito (2:25-30)

5. As advertências de Paulo (3:1 a 4:1)
    a. Contra o legalismo (3:1-16)
    b. Contra a ilegalidade (3:17 a 4:1)

6. A admoestação de Paulo (4:2-9)

7. A gratidão de Paulo (4:10-20)

8. A despedida Paulo (4:21-23)

ENQUANTO ISSO, EM OUTRAS PARTES DO MUNDO...

Monges budistas migram da Índia para a China, trazendo com eles seus cânticos. Mais tarde, esses cânticos foram incorporados na música chinesa.

RESPOSTAS PARA PERGUNTAS DIFÍCEIS

1. O que podemos aprender a respeito de Jesus com a grande eulogia em 2:6-11?
Essa é uma passagem clássica do NT que sumariza a divindade, o caráter e a encarnação de Jesus Cristo. Apresenta-se de forma tão clara como unidade que, provavelmente, era cantada como um hino na igreja primitiva.

Essa meditação começa enfatizando a natureza eterna de Cristo (2:6). Paulo escolheu um termo que ressalta a essência da natureza de uma pessoa — seu contínuo estado e condição ("sendo Deus" ou "existindo na forma de Deus"). Ele escolheu aquela expressão que indica especificamente o caráter essencial e imutável de algo — o que ele é nele e em si mesmo. A doutrina fundamental da divindade de Cristo sempre abrangeu essas características essenciais (veja também Jo 1:1,3-4,14; 8:58; Cl 1:15-17; Hb 1:3). Embora Cristo tivesse todos os direitos, privilégios e honras da divindade — dos quais ele era digno e nunca poderia ser destituído deles — sua atitude não foi a de se apegar à sua posição, mas a de estar disposto a abrir mão dela por um período.

Em seguida, essa passagem descreve o processo pelo qual Cristo passou para realizar a encarnação. Primeiro, "esvaziou-se a si mesmo" (2:7). A palavra-raiz

FILIPENSES 467

grega empregada aqui, *kenosis*, agora é usada como o termo teológico para a doutrina do autoesvaziamento de Cristo durante a encarnação. Isso não significa, no entanto, que Jesus esvaziou-se a si mesmo da divindade; antes, ele renunciou aos seus privilégios, ou deixou-os de lado, em várias áreas:

- glória celestial (Jo 17:5);
- *autoridade independente*: durante a encarnação, Cristo submeteu-se totalmente à vontade de seu Pai (Mt 26:39; Jo 5:30; Hb 5:8);
- *prerrogativas divinas*: ele abdicou da manifestação voluntária de seus atributos divinos e submeteu-se à direção do Espírito (Mt 24:36; Jo 1:45-49);
- riquezas eternas (2Co 8:9);
- *um relacionamento favorável com Deus*: quando estava na cruz, ele sentiu a ira do Pai por causa do pecado do ser humano (Mt 27:46).

E a passagem continua: "vindo a ser servo, tornando-se semelhante aos homens" (2:7). A mesma palavra grega para "forma" do versículo 6 ocorre aqui. Cristo se tornou mais que Deus num corpo humano, mas assumiu todos os atributos da humanidade (Lc 2:52; Gl 4:4; Cl 1:22), ao ponto de ter se identificado com as necessidades e as fraquezas básicas dela (Hb 2:14,17; 4:15). Tornou-se o Deus-Homem: plenamente Deus e plenamente homem.

Então, Cristo realizou os plenos propósitos e as implicações de seu ato divino. Ele experimentou cada aspecto da vida como ser humano, o que incluiu a suprema obediência de morrer como um criminoso, seguindo o plano de Deus para ele (Mt 26:39; At 2:23).

A humilhação extrema de Cristo (2:5-8) está inseparavelmente ligada à sua exaltação por Deus (2:9-11). Jesus foi honrado, no mínimo, de seis maneira distintas: (1) sua ressurreição; (2) sua coroação (sua posição à destra de Deus); (3) seu ofício de interceder por nós, cristãos (At 2:32-33; 5:30-31; Ef 1:20-21; Hb 4:15; 7:25-26); (4) sua ascensão (Hb 4:14); (5) seu ofício reconhecido como substituto definitivo e perfeito do pecado; e (6) seu título e nome "Senhor", que o identifica plenamente como governador soberano e divino (Is 45:21-23; Mc 15:2; Lc 2:11; Jo 13:13; 18:37; 20:28; At 2:36; 10:36; Rm 14:9-11; 1Co 8:6; 15:57; Ap 17:14; 19:16). A Escritura afirma repetidamente que o título de Deus-Homem pertencia a Jesus.

2. Como as palavras alegria e regozijo captam a mensagem central de Paulo para esse grupo de cristãos?

Paulo usa a palavra "alegria" e suas variações inúmeras vezes nessa carta (por exemplo, 1:4,18,25; 2:2; 3:1; 4:1,4). Nos primeiros capítulos, esses dois termos são usados basicamente para descrever a experiência de vida de Paulo em Cristo. O começo do capítulo 3, porém, é um ponto de transição, mudando para uma seção de orientação espiritual. Com relação à expressão "alegrem-se no Senhor" (3:1), é a primeira vez nessa carta que Paulo acrescenta "no Senhor", apontando para o motivo da alegria do cristão e a esfera em que ela existe. Sem estar relacionada às circunstâncias da vida, a alegria do cristão flui de um relacionamento incontestável e imutável com o soberano Senhor.

O tema da alegria culmina em 4:4, com um mandamento duplo: "Alegrem-se sempre no Senhor. Novamente direi: Alegrem-se!". Os versículos que seguem estabelecem o comportamento externo e as atitudes internas que caracterizam uma pessoa cuja alegria é autêntica. Paulo também incluiu a promessa de Deus de conceder tanto sua presença como sua paz aos que se alegram no Senhor.

APROFUNDAMENTO

1. Leia Filipenses 2:5-11 e depois coloque em suas próprias palavras, descrevendo como as ações de Cristo afetam a sua vida.
2. Em Filipenses 3, a que Paulo comparou todas as suas realizações relativamente ao que significa conhecer a Cristo?
3. De quantas maneiras distintas você pode identificar a ênfase de Paulo na alegria nessa carta aos Filipenses?
4. Quais orientações oferecidas por Paulo no capítulo 4 estão relacionadas à sua vida de oração e meditação? Quantas delas você pratica?
5. O que Paulo quis dizer em Filipenses 4:13 e em que medida você tem vivenciado a verdade da descoberta do apóstolo?

Colossenses

O homem está aperfeiçoado no Deus-Filho

TÍTULO

Colossenses recebeu esse nome por causa da cidade de Colossos, onde se localizava a igreja para a qual a carta era endereçada. Também era para ser lida na igreja vizinha de Laodiceia (4:16).

AUTOR E DATA

Paulo é identificado como o autor no início (1:1; cf. v.23; 4:18), como habitualmente em suas epístolas. O testemunho da igreja primitiva, inclusive o de escritores importantes como Ireneu, Clemente de Alexandria, Tertuliano, Orígenes e Eusébio, confirma ser genuína a afirmação inicial. Uma evidência adicional da autoria de Paulo é fornecida pelos paralelos estreitos com o livro de Filemom, o qual é aceito universalmente como tendo sido escrito por Paulo. Ambos foram escritos (por volta de 60-62 d.C.) enquanto o apóstolo estava preso em Roma (4:3,10,18; Fm 9:10,13,23); além disso, os nomes das mesmas pessoas (por exemplo: Timóteo, Aristarco, Arquipo, Marcos, Epafras, Lucas, Onésimo e Demas) aparecem em ambas as epístolas, mostrando terem sido escritas pelo mesmo autor quase que ao mesmo tempo. Para informações biográficas a respeito de Paulo, veja "Autor e data" de Romanos.

CENÁRIO E CONTEXTO

Colossos era uma cidade da Frígia, na província romana da Ásia (parte da atual Turquia), aproximadamente 160 km a leste de Éfeso, na região das sete igrejas de Apocalipse 1 a 3. A cidade situa-se às margens do rio Lico, não muito distante de onde ele desaguava no rio Meandro. O Vale do Lico se reduzia a uma largura de aproximadamente 3 km em Colossos, e o Monte Cadmo se elevava a 2.400 metros acima da cidade.

Colossos era uma cidade próspera no século V a.C., quando o rei persa Xerxes (Assuero, cf. Et 1:1) marchava na região. A lã preta e as tinturas (feitas a partir das reservas de calcário que se encontravam na região) eram produtos importantes. Além disso, a cidade situava-se na junção das principais rotas comerciais norte-sul e leste-oeste. Nos dias de Paulo, no entanto, a principal estrada havia sido redirecionada para passar por Laodiceia, desviando-se, assim, de Colossos, o que levou essa cidade ao declínio, promovendo o crescimento das cidades vizinhas de Laodiceia e Hierápolis.

Embora a população de Colossos fosse essencialmente de gentios, havia uma grande colônia judaica que datava dos dias de Antíoco, o Grande (223-187 a.C.). A população mista de judeus e gentios de Colossos manifestava-se tanto na composição da igreja quanto na heresia que a assolava, a qual continha elementos do legalismo judeu e do misticismo pagão.

A igreja de Colossos foi estabelecida durante os três anos de ministério de Paulo em Éfeso (At 19), e seu fundador não foi Paulo, que nunca esteve lá (2:1), mas Epafras (1:5-7), que, aparentemente, foi salvo durante uma visita a Éfeso e, então, provavelmente estabeleceu a igreja em Colossos no seu retorno para a casa. Muitos anos depois de a igreja de Colossos ter sido fundada, uma perigosa heresia surgiu, ameaçando-a — heresia essa não identificada com nenhum sistema histórico particular. Ela continha elementos do que, mais tarde, ficou conhecido como gnosticismo: que Deus é bom, mas a matéria é má; que Jesus Cristo foi, simplesmente, um de uma série de emanações descendentes de Deus e um ser inferior a ele (uma crença que os levava a negar a verdadeira humanidade de Jesus), e que era necessário um conhecimento secreto e mais elevado do que a Escritura para a iluminação e a salvação. A heresia de Colossos também adotou aspectos do legalismo judeu; por exemplo, a necessidade da circuncisão para a salvação, a observância dos rituais cerimoniosos da lei do AT (as leis quanto aos alimentos, os festivais e o sábado) e de outras leis carnais. Ela também preconizava o culto aos anjos e a experiência mística. Epafras ficou tão preocupado com essa heresia que fez uma longa viagem de Colossos a Roma (4:12-13), onde Paulo estava preso.

Essa carta foi escrita da prisão em Roma (At 28:16-31), em alguma época entre 60-62 d.C., e, portanto, é conhecida como uma "epístola da prisão" (juntamente com Efésios, Filipenses e Filemom). Talvez tenha sido escrita quase ao mesmo tempo que Efésios e, a princípio, foi enviada com essa epístola e a de Filemom por Tíquico (Ef 6:21-22; Cl 4:7-8) — veja "Autor e data" de Filipenses para uma discussão sobre a cidade em que Paulo escreveu. Ele compôs essa carta para advertir os colossenses a respeito da heresia diante deles e a enviou por Tíquico, o qual estava acompanhando Onésimo, o escravo fugitivo, de volta para seu dono, Filemom, membro da igreja de Colossos (4:7-9; veja "Cenário e contexto" de Filemom). Epafras permaneceu em Roma (cf. Fm 23), talvez para receber orientações adicionais de Paulo.

PRINCIPAIS PERSONAGENS

- **Paulo**: buscou persuadir a igreja em Colossos que fugisse de falsas doutrinas que negam a divindade de Cristo (1:1 a 4:18).
- **Timóteo**: missionário e companheiro de viagem de Paulo (1:1).
- **Tíquico**: enviado à igreja em Colossos para levar cartas e notícias de Paulo (4:7-9).
- **Onésimo**: serviu fielmente com Paulo antes de voltar para Colossos a fim de se reconciliar com seu antigo mestre, Filemom (veja o livro de Filemom) (4:9).
- **Aristarco**: macedônio, da cidade de Tessalônica, que acompanhou Paulo em sua terceira viagem missionária (4:10).

COLOSSENSES   471

- **Marcos**: primo de Barnabé que acompanhou este e Paulo na primeira viagem missionária (4:10).
- **Epafras**: fundador da igreja em Colossos (1:7-8; 4:12-13).

GLÓRIAS DE CRISTO

"Não que possamos reivindicar qualquer coisa com base em nossos próprios méritos, mas a nossa capacidade vem de Deus."

(2Coríntios 3:5)

Um dos princípios mais importantes da Bíblia é a afirmação de que Jesus Cristo é totalmente suficiente para todas as questões de vida e santidade (2Pe 1.3-4)! Ele é suficiente para a criação (Cl 1.16-17), salvação (Hb 10.10-12), santificação (Ef 5.26-27) e glorificação (Rm 8.30). Ele é tão puro que não há nele nenhum defeito, mancha, sinal de pecado, desonra, mentira, engano, corrupção, erro ou imperfeição (1Pe 1.18-20).

Ele é tão completo que não há outro Deus além dele (Is 45.5); ele é o único filho amado (Jo 1.14-18); todos os tesouros da sabedoria e do conhecimento estão nele (Cl 2.3); a plenitude de Deus habita corporalmente nele (Cl 2.9); ele é herdeiro de todas as coisas (Hb 1.2); ele criou todas as coisas e todas as coisas foram criadas por ele, por meio dele e para ele (Cl 1.16); ele sustenta todas as coisas pela palavra de seu poder (Cl 1.17; Hb 1.3); ele é o primogênito de toda a criação (Cl 1.15); ele é a representação exata de Deus (Hb 1.3).

Ele é o único mediador entre Deus e o homem; ele é o sol que ilumina; o médico que cura; a coluna de fogo que defende; o amigo que conforta; a pérola que enriquece; a arca que suporta; e a rocha que sustém sob as maiores pressões; ele está assentado à direita do trono da majestade nas alturas (Hb 1.3; 8.1); ele é superior aos anjos (Hb 1.4-14); superior a Moisés; superior a Arão; superior a Josué; superior a Melquisedeque; superior a todos os profetas; maior que Satanás (Lc 4.1-12) e mais forte que a morte (1Co 15.55).

Ele é o primeiro é o último (Ap 1.17-18); ele é o imaculado Cordeiro de Deus; ele é a nossa paz (Ef 2.4); ele é a nossa esperança (1Tm 1.1); ele é a nossa vida (Cl 3.4); ele é o caminho vivo e verdadeiro (Jo 14.6); ele é a força de Israel (1Sm 15.29); ele é a raiz e geração de Davi, a brilhante Estrela da manhã (Ap 22.16); ele é fiel e verdadeiro (Ap 19:11); ele é o autor e consumador da nossa fé (Hb 12.1-2); ele é o autor da nossa salvação (Hb 2.10); ele é o campeão; ele é o escolhido (Is 42.1); ele é o apóstolo e sumo sacerdote da nossa confissão (Hb 3.1); ele é o Servo Justo (Is 53.11).

Ele é o Senhor dos Exércitos, o Redentor — o Santo de Israel, o Deus de toda a terra (Is 54.5); ele é o homem de dores (Is 53.3); ele é a luz; ele é o Filho do Homem (Mt 20.28); ele é a videira; ele é o Pão da Vida; ele é a Porta; ele é o Senhor (Fp 2.10-13); ele é profeta, sacerdote e rei (Hb 1.1-3); ele é o nosso descanso sabático (Hb 4.9); ele é a nossa Justiça (Jr 23.6); ele é o Maravilhoso Conselheiro, Deus Poderoso, Pai Eterno, Príncipe da Paz (Is 9:6); ele é o Supremo Pastor (1Pe 5:4); ele é o Senhor dos exércitos; ele é o Senhor das nações; ele é o Leão de Judá; a Palavra Viva; a Rocha da Salvação; o Espírito Eterno; ele é anterior a tudo; Criador e Consolador; Messias; ele é o grande Eu Sou (Jo 8.58)!

TEMAS HISTÓRICOS E TEOLÓGICOS

Colossenses contém ensinamentos a respeito de diversas áreas essenciais da teologia, inclusive a divindade de Cristo (1:15-20; 2:2-10), a reconciliação (1:20-23),

472   MANUAL BÍBLICO MACARTHUR

a redenção (1:13-14; 2:13-14; 3:9-11), a eleição (3:12), o perdão (3:13) e a natureza da igreja (1:18,24-25; 2:19; 3:11,15). Também, como observado anteriormente, essa epístola refuta o ensinamento herege que ameaçava a igreja de Colossos (capítulo 2).

A SUPREMACIA DE CRISTO

No governo universal
- A imagem visível de Deus (1:15)
- O agente da criação (1:16)
- O Sustentador (1:17)
- A cabeça do corpo, que é a igreja (1:18)

Na reconciliação
- Agrada ao Pai (1:19-20)
- Reconcilia-nos por meio de sua morte (1:21-22)
- Vive em nós como nossa esperança da glória (1:27)

Na sabedoria e no conhecimento
- A fonte de todos os tesouros (2:2-3)
- As filosofias mundanas não se fundamentam nele (2:8)

Na observância pessoal
- Estamos vivos nele (2:11-13)
- Não há necessidade de legalismo e ritualismo (2:16-23)

Na vida cristã
- Ele é nossa vida (3:3)
- Podemos evitar a imoralidade e abençoar os outros (3:5-14)

PRINCIPAIS DOUTRINAS

- **A divindade de Cristo:** Jesus não apenas veio de Deus; ele é o único verdadeiro Deus e Messias (1:15-20; 2:2-10; Sl 24:7,10; 45:6-7; Is 7:14; 8:13-14; 9:6; 40:3,11; Jr 23:5-6; Zc 13:7; Mt 1:23; 3:3; 12:8; 26:63-67; Mc 2:7,10; Jo 1:1,14,18; 3:16; At 10:36; Rm 9:5; Tt 2:13; Hb 13:20; 1Pe 2:8).
- **Reconciliação**: o sacrifício de Jesus Cristo renova o relacionamento entre Deus e o homem (1:20-22; 2:14; Lv 8:15; 16:20; Dn 9:24; Is 53:5; Mt 5:24-26; Rm 5:1,10-11; 2Co 5:18-20; Ef 2:14-16; Hb 2:17).
- **Redenção**: Jesus Cristo comprou nossa salvação por um alto preço, sua própria morte na cruz (1:13-14; 2:13-14; 3:9-11; Is 43:1; 44:21-23; Mt 20:28; Lc 1:68; At 20:28; 1Co 1:30; 6:20; 7:23; Gl 3:13; 4:4-5; Hb 9:12; 1Pe 1:19; Ap 5:9).
- **Eleição:** a vida e o futuro de cada cristão eram conhecidos de maneira íntima por Deus antes do início do tempo (3:12; Mt 20:16; Jo 6:44; 13:18; 15:16; At 22:14; Rm 8:29; 9:11,15-16; 1Co 1:27; Ef 1:4-5,11; 1Ts 1:4; 2Ts 2:13; Tt 1:1; 1Pe 1:2).

- **Perdão:** devemos perdoar o nosso próximo da mesma maneira misericordiosa que Deus nos perdoa (3:13; Sl 7:4; Pv 19:11; Mt 18:22; Mc 11:25; Lc 6:36; 17:4; 23:34; Rm 12:19; Ef 4:32; 1Pe 4:8).
- **A natureza da igreja como corpo de Cristo:** todos os que creem em Jesus Cristo são iguais perante o Senhor na qualidade de filhos e cidadãos de seu reino eterno (1:18,24-25; 2:19; 3:11,15; Ef 1:22-23; 3:6; 5:32; Ap 21:9).

O CARÁTER DE DEUS

- Deus é acessível (1:21-22).
- Deus é invisível (1:15).
- Deus é justo (3:25).
- Deus é poderoso (1:11; 2:12).
- Deus é reconciliador (1:20).
- Deus se ira (3:6).

DESAFIOS DE INTERPRETAÇÃO

As seitas que negam a divindade de Cristo se valem da descrição dele como "o primogênito sobre toda a criação" (1:15) como prova de que ele era um ser criado. A afirmação de Paulo de que os cristãos serão "san-tos, inculpáveis e livres de qualquer acusação, desde que continuem alicerçados e firmes na fé" (1:22-23) tem levado alguns a ensinar que os cristãos podem perder a salvação. (Veja "Respostas para perguntas difíceis" para uma discussão mais ampla sobre esses temas).

> ### CRISTO EM COLOSSENSES
>
> A mensagem de Colossenses afirma a perfeição do cristão em Cristo (1:28). Paulo ressaltou a divindade de Jesus contra aqueles que atacavam a pessoa de Cristo com "filosofias vãs e enganosas" (2:8-9). Aceitar a plenitude de Cristo como Deus permite que os cristãos recebem a plenitude da vida nele (2:10).

Outros defendem a existência do purgatório com base na afirmação de Paulo: "completo no meu corpo o que resta das aflições de Cristo" (1:24). Paulo estava vivenciando a perseguição intencionada para Cristo, pois os inimigos de Cristo não ficaram satisfeitos com sua morte na cruz e voltaram seu ódio para aqueles que pregavam o evangelho (cf. Jo 15:18,24; 16:1-3). Era nesse sentido que Paulo completava em seu corpo o que restava das aflições de Cristo.

Ainda outros encontram respaldo para a regeneração bastismal em Colossenses (2:12). A circuncisão simbolizava a necessidade do homem de ter o coração purificado (cf. Dt 10:16; 30:6; Jr 4:4; 9:26; At 7:51; Rm 2:29) e era o sinal exterior dessa purificação do pecado que vem pela fé em Deus (Rm 4:11; Fp 3:3). Na salvação, os cristãos passam por uma "circuncisão" espiritual por meio do "despojar do corpo da carne" (cf. Rm 6:6; 2Co 5:17; Fp 3:3; Tt 3:5). Esse é o novo nascimento, a nova criação na conversão. A confirmação exterior da transformação interior já realizada é agora o batismo em água do cristão (At 2:38).

474 MANUAL BÍBLICO MACARTHUR

Por fim, a identidade da "carta de Laodiceia" (4:16) também é fonte de controvérsias. A carta aos colossenses era para ser lida publicamente nas igrejas em Colossos e Laodiceia. A carta de Laodiceia tratava-se de outra carta escrita por Paulo, geralmente identificada como a epístola aos Efésios. Os manuscritos mais antigos de Efésios não contêm as palavras "em Éfeso", o que indica que, provavelmente, era uma carta circular intencionada para várias igrejas da região. Talvez Tíquico tenha entregue Efésios à igreja de Laodiceia primeiro.

PALAVRAS-CHAVE

Jesus Cristo: em grego, *Iēsous Christos* —1:1-4,28; 2:6; 3:17. Muitos acreditam que *Jesus Cristo* se refere ao primeiro e ao último nome de Jesus. No entanto, *Jesus* é um nome humano que significa "o Senhor salva" (veja Mt 1:21). O título *Cristo* descreve uma posição singular: Jesus é "o Ungido". Ele serve como o perfeito Rei, Profeta e Sumo Sacerdote da humanidade. O nome *Jesus Cristo* foi usado de modo prolífico depois de Jesus revelar-se como o Messias prometido. Paulo indicou a supremacia de Jesus Cristo ao usar esse nome combinado no início de sua carta aos colossenses.

Primogênito: em grego, *prōtotokos* — 1:15,18 —, literalmente, significa "primeiro no tempo" ou "em lugar". Nesse contexto, *prōtotokos* deve ser traduzido por supremo ou "primeiro em lugar". Portanto, Jesus Cristo é o "primeiro filho" que reina sobre toda a Criação (veja Êx 4:22; Dt 21:16-17; Sl 89:23). Esse título revela a humanidade do Filho como a primeira criatura de toda a Criação, no entanto, essa designação não sugere que Cristo tenha sido criado por Deus. O versículo seguinte claramente declara Cristo como o Criador de todas as coisas. Logo, ele é não é um ser criado, mas o Filho eterno de Deus e a segunda pessoa da Trindade.

Perfeito: em grego, *teleios* — 1:28; 4:12 ("plenamente") —, literalmente, significa "fim", "limite" ou "consumação". Paulo usa *teleios* para descrever a plenitude ou perfeição dos cristãos em Cristo. Os cristãos avançam para a "perfeição" e para a piedade quando sua fé amadurece por meio de provações (Tg 1:4). Os cristãos são aperfeiçoados quando expressam o amor de Deus aos outros (3:14; 1Jo 4:12). Assim como Paulo prosseguiu para o alvo da perfeição em sua caminhada cristã (Fp 3:12-14), nós também devemos fazer da perfeição em Cristo nosso alvo. Para a humanidade, o objetivo da perfeição será alcançado "quando [...] vier o que é perfeito" (1Co 13:10).

ESBOÇO

1. Assuntos pessoais (1:1-14)
   - a. A saudação de Paulo (1:1-2)
   - b. A gratidão de Paulo (1:3-8)
   - c. A oração de Paulo (1:9-14)

2. Instruções doutrinárias (1:15 a 2:23)
   - a. Sobre a divindade de Cristo (1:15-23)

COLOSSENSES

b. Sobre o ministério de Paulo (1:24 a 2:7)
c. Sobre a falsa filosofia (2:8-23)

3. Exortações práticas (3:1 a 4:18)
a. A conduta cristã (3:1-17)
b. As famílias cristãs (3:18 a 4:1)
c. O modo cristão de falar (4:2-6)
d. Amigos cristãos (4:7-18)

ENQUANTO ISSO, EM OUTRAS PARTES DO MUNDO...

Um embaixador do rei de Nu, país que se localizava na ilha do atual Japão, chega à China para prestar homenagem ao imperador da dinastia Han Guang Wudi.

RESPOSTAS PARA PERGUNTAS DIFÍCEIS

1. **De que modo uma passagem como 1:15-20, que descreve Cristo como o "o primogênito sobre toda a criação", se encaixa na doutrina bíblica da divindade de Cristo?**

Essa passagem, 1:15-20, inclui uma poderosa defesa da divindade de Cristo. Aparentemente, um elemento central da heresia que ameaçava a igreja de Colossos era a negação da divindade de Cristo. Ao longo dos séculos, algumas seitas têm usado a expressão "o primogênito sobre toda a criação" (1:15) para minar a divindade de Cristo. A premissa é que, se Jesus nasceu na criação, então ele se assemelha mais a nós do que a Deus.

A palavra grega para "primogênito" pode referir-se a alguém que nasceu primeiro cronologicamente, porém seu uso mais comum se refere à preeminência quanto à posição (Hb 1:6; Rm 8:9). Nesse contexto, o primogênito significa, claramente, o mais alto quanto à posição, e não o primeiro a ser criado (Sl 89:27; Ap 1:5) por vários motivos:

- Cristo não pode ser ambos, "primogênito" e "unigênito" (veja Jo 1:14,18; 3:16,18; 1Jo 4:9); e, quando o "primogênito" é alguém de uma classe, a classe está no plural (1:18; Rm 8:29), mas "criação", a classe aqui, está no singular.
- Se Paulo estivesse ensinando que Cristo era um ser criado, estaria concordando com a heresia sobre a qual estava escrevendo a fim de refutar.
- É impossível Cristo ser ao mesmo tempo um ser criado e o Criador de todas as coisas (1:16). Logo, Jesus é o primogênito no sentido de que ele tem a preeminência (1:18) e é o "herdeiro de todas as coisas" (Hb 1:2; Ap 5:1-7,13).

2. O que a condicional "desde que continuem alicerçados e firmes na fé" (1:22-23) tem a ver com os cristãos poderem ou não perder sua salvação?

A doutrina cristã que trata dessa questão é, em geral, chamada de "a perseverança dos santos". A Bíblia às vezes nos chama (como é o caso aqui) a nos apegarmos com firmeza à fé (Hb 10:23; Ap 3:11) ou nos adverte quanto a não nos afastarmos de Deus (Hb 10:26-29). Tais admoestações não negam as muitas promessas de que os cristãos perseverarão (Jo 10:28-29, Rm 8:38-39; 1Co 1:8-9; Fp 1:6). Antes, as advertências e os apelos estão entre os meios usados por Deus para assegurar nossa perseverança na fé. Sentenças condicionais como 1:22-23 simplesmente enfatizam o ponto de que aqueles que desertam de Cristo dão prova conclusiva de que nunca foram verdadeiros cristãos (1Jo 2:19). Dizer que Deus assegura nossa perseverança não é dizer que somos passivos no processo. Deus nos mantém "mediante a fé" (1Pe 1:5) — nossa fé.

3. O que eram as "epístolas da prisão" e em qual prisão Paulo se encontrava quando as escreveu?

Quatro das cartas de Paulo são agrupadas como as "epístolas da prisão": Efésios, Filipenses, Colossenses e Filemom. Cada uma delas inclui claras referências internas aos arredores do cárcere do autor (Ef 3:1; 4:1; 6:20; Fp 1:7,13-14,17; Cl 4:3,10,18; Fm 1,9,10,13,23). As semelhanças entre os detalhes sobre a prisão de Paulo fornecidos em Atos e nas "epístolas da prisão" dão respaldo à posição tradicional de que as cartas foram escritas em Roma. Esses detalhes incluem:

- Paulo era guardado por soldados (At 28:16; Fp 1:13-14);
- era-lhe permitido receber visitantes (At 28:30; Fp 4:18);
- Paulo teve a oportunidade de pregar o evangelho (At 28:31; Ef 6:18-20; Fp 1:12-14; Cl 4:2-4).

Cesareia e Éfeso também têm sido sugeridas como possíveis locais em que Paulo escreveu pelo menos algumas dessas cartas. Ele permaneceu preso em Cesareia durante dois anos (At 24:27), mas, durante esse período, teve as oportunidades de receber visitas e proclamar o evangelho severamente limitadas (At 23:35). As "epístolas da prisão" expressam a esperança de Paulo por uma sentença favorável (Fp 1:25; 2:24; Fm 23). Em Cesareia, no entanto, a única esperança para a libertação de Paulo era subornar Félix (At 24:26) ou concordar em ser submetido a julgamento em Jerusalém sob Festo (At 25:9). Nas "epístolas da prisão", o apóstolo esperava que a decisão sobre o seu caso fosse conclusiva (Fp 1:20-23; 2:17,23). Esse não poderia ser o caso em Cesareia, uma vez que ali Paulo podia apelar para o imperador (e foi o que ele fez).

Outra alternativa que tem sido apresentada é que Paulo tenha escrito as "epístolas da prisão" em Éfeso, porém a maioria das dificuldades enfrentadas pelos que apoiam o argumento de que as cartas foram escritas em Éfeso também são enfrentadas pelos que defendem a Cesareia. No entanto, o argumento mais

COLOSSENSES   477

poderoso contra Éfeso é que não há evidências de que Paulo tenha sequer sido preso em Éfeso.

À luz das sérias dificuldades enfrentadas por ambas as visões descritas anteriormente, não permanece nenhuma razão para rejeitarmos a visão tradicional de que Paulo escreveu as "epístolas da prisão" em Roma enquanto esperava uma audiência diante do imperador durante sua apelação na condição de cidadão romano.

APROFUNDAMENTO

1. Com base em seus contra-argumentos, qual falsa doutrina Paulo estava refutando em Colossenses?
2. Que temas específicos sobre o caráter de Jesus Cristo Paulo enfatizou em Colossenses?
3. Como Paulo enunciou os requisitos de um genuíno discípulo de Cristo em Colossenses?
4. No último capítulo de Colossenses, que tipo de ajuda Paulo pediu aos cristãos em Colossos?
5. De que formas distintas você confia em outros cristãos para encorajar seus esforços para seguir a Cristo?

1Tessalonicenses

Cristo virá novamente

TÍTULO

No NT grego, 1Tessalonicenses está registrada, literalmente, como "Para os tessalonicenses". Ela representa a primeira correspondência canônica do apóstolo Paulo para a igreja situada na cidade de Tessalônica (cf. 1:1).

AUTOR E DATA

O apóstolo Paulo identifica-se duas vezes como o autor dessa carta (1:1; 2:18). Silvano (Silas) e Timóteo (3:2,6), os companheiros de viagem de Paulo na segunda viagem missionária quando a igreja foi fundada (At 17:1-9), também foram mencionados na saudação de Paulo (1:1). Embora o apóstolo fosse o único autor inspirado, a maioria dos pronomes da primeira pessoa do plural (nós, nos, nosso) refere-se a todos os três. Entretanto, durante a viagem de Timóteo de volta a Tessalônica, eles se referem somente a Paulo e a Silvano (3:1-2,6). Geralmente Paulo fazia uso do plural de modéstia porque as cartas tinham total apoio de seus companheiros.

Até recentemente, a autoria paulina não havia sido questionada pelos críticos radicais. Suas tentativas de questionar a autoria paulina falharam em vista do peso combinado das evidências a favor de Paulo, tais como: (1) as declarações diretas da autoria de Paulo (1:1; 2:18); (2) a perfeita correlação da carta com as viagens de Paulo em Atos 16 a 18; (3) a abundância de detalhes minuciosos referentes a Paulo; e (4) a confirmação por meio das diversas e antigas autenticações históricas que começaram com o cânone de Marcião em 140 d.C.

A primeira das duas cartas de Paulo escritas de Corinto para a igreja de Tessalônica é datada 51 d.C., aproximadamente. Essa data foi atestada arqueologicamente por uma inscrição no templo de Apolo em Delfos (próximo de Corinto) que data o exercício do cargo de Gálio como procônsul na Acaia em 51-52 d.C. (At 18.12-17). Como a carta para as igrejas da Galácia foi escrita, provavelmente, por volta de 49-50 d.C., essa foi a segunda carta de sua correspondência canônica.

CENÁRIO E CONTEXTO

Tessalônica (atual Salônica) situa-se perto do antigo local das termas no golfo Térmico na parte setentrional do mar Egeu. Essa cidade tornou-se a capital da Macedônia (por volta de 168 a.C.) e desfrutou da posição de "cidade livre", a qual era governada pelos seus próprios cidadãos (At 17:6) sob o Império Romano. Como estava localizada na principal rodovia leste-oeste (a Via Egnatia), Tessalônica servia como o eixo da atividade política e econômica na Macedônia e ficou conhecida como "a mãe de toda a Macedônia". Nos dias de Paulo, a população chegou a 200 mil pessoas.

Originalmente, em sua segunda viagem missionária, Paulo tinha viajado 170 km de Filipos, via Anfípolis e Apolônia, para Tessalônica (50 d.C.; At 16:1 a 18:22). Como era seu costume ao chegar, ele buscou uma sinagoga onde ensinar o evangelho para os judeus locais (At 17:1-2). Nessa ocasião, dialogou com eles a partir do AT com relação à morte e ressurreição de Cristo, a fim de provar ser Jesus de Nazaré o verdadeiro Messias prometido (At 17:2-3). Alguns judeus creram e, em seguida, prosélitos helênicos e algumas das distintas mulheres da comunidade também se converteram (At 17:4). Mencionado entre esses novos cristãos estavam Jasom (At 17:5), Gaio (19:29), Aristarco (At 20:4) e Secundo (At 20:4).

COMUNIDADES COM IGREJAS CRISTÃS

Por causa do efetivo ministério deles, os judeus expulsaram a equipe de Paulo da cidade (At 17:5-9), de modo que eles foram para o sul a fim de evangelizar Bereia (At 17:10). Lá, Paulo teve uma experiência semelhante à de Tessalônica, com conversões seguidas de hostilidade; então, os cristãos mandaram Paulo embora. Ele foi para Atenas, ao passo que Silvano e Timóteo permaneceram em Bereia (At 17:11-14). Eles juntaram-se a Paulo novamente em Atenas (cf. At 17:15-16; 1Ts 3:1), de onde Timóteo foi, mais tarde, enviado de volta a Tessalônica (3:2). Aparentemente, algum tempo depois Silas viajou de Atenas para Filipos enquanto Paulo viajou sozinho para Corinto (At 18:1). Foi depois de Timóteo e Silvano se encontrarem com Paulo novamente em Corinto (At 18:5) que ele escreveu 1Tessalonicenses em resposta ao bom relatório de Timóteo a respeito da igreja.

Não há dúvida de que Paulo tinha inúmeros motivos para escrever, todos provenientes de sua extrema preocupação com o rebanho do qual havia sido separado. Alguns dos propósitos de Paulo incluíam claramente: (1) encorajar a igreja (1:2-10); (2) responder às falsas acusações (2:1-12); (3) consolar o rebanho perseguido (2:13-16); (4) expressar a sua alegria pela fé que eles demonstravam (2:17 a 3:13); (5) lembrá-los da importância da pureza moral (4:1-8); (6) condenar o estilo de vida preguiçoso (4:9-12); (7) corrigir o mal-entendido a respeito dos acontecimentos proféticos (4:13 a 5:11); (8) acalmar as tensões internas do rebanho (5:12-15); e (9) exortar o rebanho de acordo com os fundamentos da vida cristã (5:16-22).

PRINCIPAIS PERSONAGENS

- **Paulo**: escreveu para os cristãos da igreja em Tessalônica para confirmar a segunda vinda de Cristo e elogiá-los por sua fidelidade (1:1 a 5:28).
- **Timóteo**: atestou a fidelidade da igreja em Tessalônica (1:1 a 3:10).
- **Silas**: viajou com Paulo como missionário (1:1).

TEMAS HISTÓRICOS E TEOLÓGICOS

Ambas as cartas para Tessalônica são chamadas de "epistolas escatológicas". No entanto, à luz do enfoque mais abrangente dessas cartas na igreja, elas seriam classificadas de modo mais apropriado como "epístolas sobre a igreja". Cinco temas principais estão entremeados em 1Tessalonicenses: (1) um tema apologético com a correlação entre Atos e 1Tessalonicenses; (2) um tema eclesiástico com a descrição de uma igreja saudável e em desenvolvimento; (3) um tema pastoral com o exemplo das atividades e atitudes do pastoreio; (4) um tema escatológico com foco nos acontecimentos futuros como a esperança da igreja; e (5) um tema missionário com ênfase na proclamação do evangelho e no estabelecimento da igreja.

PRINCIPAIS DOUTRINAS

- **Santificação**: por meio da expiação de Cristo, os cristãos são glorificados e separados para o serviço a Deus (3:12-13; 4:3-4,16-18; 5:23; Sl 4:3; Ez 7:28; At 20:32; 26:18; Rm 6:1 a 8:39; 15:16; 2Co 6:17; Ef 5:26-27; 2Ts 2:13; 2Tm 2:21; Hb 2:11; 13:12; 1Pe 1:2; Jd 1:1).
- **A segunda vinda de Cristo**: o retorno de Cristo marcará o julgamento de toda a humanidade (1:10; 2:19; 3:13; 4:16; 5:23; Sl 50:3-4; Dn 7:13; Mt 24:36; 25:31; Mc 13:32; Jo 14:3; 1Co 1:8; Tt 2:13; 2Pe 3:12; Jd 1:14; Ap 1:7).

1 TESSALONICENSES

O CARÁTER DE DEUS

- Deus é fiel (5:24).
- Deus se ira (1:10; 2:16).

DESAFIOS DE INTERPRETAÇÃO

Os desafios para o entendimento dessa epístola envolvem, em especial, as seções de natureza escatológica: (1) a ira vindoura (1:10; 5:9); (2) o retorno de Cristo (2:19; 3:13; 4:15; 5:23); (3) o arrebatamento da igreja (4:13-18); e (4) o significado e a hora do dia do Senhor (5:1-11). Veja "Respostas para perguntas difíceis".

CRISTO EM 1 TESSALONICENSES

Primeira Tessalonicenses fala da esperança do cristão em Cristo, principalmente na segunda vinda do Senhor (1:10; 2:19; 3:13; 4:16; 5:23). Paulo instrui os cristãos a se prepararem para o dia do Senhor, que virá "como ladrão à noite" (5:2). Entretanto, esse dia não deve ser temido pelos cristãos, pois Cristo obtém nossa salvação e guarda-nos da ira de Deus.

PALAVRAS-CHAVE

Santificação: em grego, *hagiasmos* — 4:3-4 —, literalmente, significa"separar". Refere-se a um processo por meio do qual Deus separa o que é santo. Portanto, a santificação é perfeita somente em princípio, não tendo ainda sido alcançada pela humanidade. Apesar de estarmos num mundo caído, permanecemos diante de Deus como se já tivéssemos sido aperfeiçoados (Hb 10:10). O sacrifício único de Cristo nos santificou (tornou-nos santos), e essa santificação tem um resultado duradouro que continua a trabalhar em nós, tornando-nos santos (Hb 10:14).

Espírito; alma; corpo: em grego, *pneuma* — 4:8; 5:19,23 —, literalmente, "espírito"; em grego *psuchē* — 5:23 — literalmente, "vida"; em grego *soma* — 5:23 — literalmente, "corpo". Primeira Tessalonicenses 5:23 é o único lugar no NT em que o ser de uma pessoa é delineado em três partes. No entanto, nessa passagem, todas as três compõem uma pessoa inteira. O espírito capacita uma pessoa a contatar e ser regenerada pelo Espírito divino (Jo 3:6; Rm 8:16). O *psuchē*, que é traduzido por "alma", fala da personalidade ou essência de uma pessoa. Por fim, os escritores do NT identificam o "corpo" como uma entidade física separada da alma ou do espírito de uma pessoa. Como esse versículo indica, Deus trabalha de dentro para fora, santificando todo o nosso ser para a vida eterna.

Vinda: em grego, *parousia* — 2:19; 3:13; 4:15; 5:23 —, literalmente, significa "presença", geralmente usado do NT para descrever a visita de pessoas importantes, tais como a realeza. Assim, a palavra aponta para uma "vinda" singular e distinta. Esse termo é empregado no NT para designar a segunda vinda de Cristo. Essa vinda gloriosa revelará Cristo como rei sobre todas as coisas.

482 MANUAL BÍBLICO MACARTHUR

ESBOÇO

1. A saudação de Paulo (1:1)

2. Pensamentos particulares de Paulo (1:2 a 3:13)
 a. Ação de graças pela igreja (1:2-10)
 b. Lembrete à igreja (2:1-16)
 c. reocupações com a igreja (2:17 a 3:13)

3. Instruções práticas de Paulo (4:1 a 5:22)
 a. Sobre a pureza moral (4:1-8)
 b. Sobre um modo de viver disciplinado (4:9-12)
 c. Sobre a morte e o arrebatamento (4:13-18)
 d. Sobre uma vida santa e o dia do Senhor (5:1-11)
 e. Sobre os relacionamentos na igreja (5:12-15)
 f. Sobre os fundamentos da vida cristã (5:16-22)

4 A bênção de Paulo (5:23-24)

5. Observações finais de Paulo (5:25-28)

ENQUANTO ISSO, EM OUTRAS PARTES DO MUNDO...

Carataco, líder galense, é levado cativo por invasores romanos depois de ser traído pela rainha dos brigantes, Cartimandua.

RESPOSTAS PARA PERGUNTAS DIFÍCEIS

1. **Como Paulo respondeu às preocupações dos tessalonicenses a respeito do destino dos cristãos que já haviam morrido?**

   A declaração de Paulo em 4:13-18 fornece uma resposta firme e poderosa para algumas questões recorrentes que incomodam os cristãos diante da morte de seus entes queridos em Cristo. Os tessalonicenses tinham essas mesmas preocupações práticas. Apesar de o ministério de Paulo na Tessalônica ter sido breve, é evidente que as pessoas vieram a crer na realidade do retorno do Salvador (1:3,9-10; 2:19; 5:1-2; 2Ts 2:1,5); estavam vivendo na expectativa dessa vinda, esperando ansiosamente por Cristo. Elas sabiam que seu retorno era o evento culminante na história da redenção e ansiavam por participar dele. O versículo 13 (veja também 2Ts 2:1-3) indica que os cristãos estavam inquietos a respeito daqueles que poderiam perder o retorno de Cristo. Com base nas respostas de Paulo, parece que as principais dúvidas deles eram: "O que vai acontecer com os cristãos que morrerem antes da segunda vinda de Cristo? Vão perder seu retorno?"

   Claramente, os cristãos da igreja em Tessalônica tinham uma visão iminente do retorno de Cristo. É evidente que tinham interpretado o ensino de Paulo no sentido de que Cristo definitivamente viria muito em breve, durante a vida deles. É natural,

1TESSALONICENSES **483**

portanto, que tenham ficado confusos diante da perseguição que estava sofrendo, uma experiência da qual supunham que seriam libertos na volta de Cristo.

A resposta de Paulo começa com uma observação sobre o luto. Não diz que os cristãos não devem lamentar a morte de outro cristão. Em vez disso, Paulo defende que o luto pela morte de um cristão contém esperança, então, a carta oferece uma série de promessas que afetam "aqueles que nele [em Cristo] dormiram" (cristãos que morreram). Assim como Jesus morreu e ressurgiu, o mesmo acontecerá com os mortos em Cristo (4:14 e Jo 14:1-3; 1Co 15:51-58). Esses textos descrevem o arrebatamento da igreja (incluindo cristãos mortos), que ocorrerá quando Jesus vier buscar seus remidos e levá-los para o céu.

Os que estão vivos e os que morreram experimentarão o retorno do Senhor ao mesmo tempo (4:15). Aparentemente, os tessalonicenses estavam perfeitamente informados a respeito do julgamento do dia do Senhor (5:1-2), mas não a respeito do acontecimento precedente — o arrebatamento da igreja. Até Paulo revelá-lo, como revelação vinda de Deus para ele, esse acontecimento era um segredo, e a única menção anterior a respeito foi feita quando Jesus estava ensinando em João 14:1-3. Visto que Paulo não conhecia o cronograma de Deus, ele vivia e falava como se isso pudesse acontecer durante a sua vida. Como todos os cristãos da igreja primitiva, ele acreditava que a volta de Jesus estava próxima (Rm 3:20-21; 1Tm 6:14; Tt 2:13).

"O próprio Senhor descerá" (4:16). Isso cumpre a promessa de Jesus em João 14:1-3. Até então, ele permanecerá nos céus (1:10; Hb 1:1-3). Os cristãos que morreram ressuscitarão primeiro, a tempo de participar do retorno de Cristo (4:16; 1Co 15:52). Aqueles que estiverem vivos durante o arrebatamento acompanharão os mortos que ressurgirem primeiro (4:17) "para o encontro com o Senhor nos ares".

Paulo garantiu aos tessalonicenses e a todos os cristãos que Jesus não permitirá que nenhum dos que a ele pertencem percam o seu retorno. O último versículo do capítulo revela a intenção central de Paulo na passagem — encorajar os cristãos cujos entes queridos morreram. O consolo aqui se baseia no seguinte:

- os mortos ressuscitarão e participarão da vinda do Senhor;
- quando Cristo vier, os vivos se reunirão novamente com seus amados para sempre;
- todos os cristãos — tanto os vivos como os mortos — estarão com o Senhor eternamente (4:17-18).

2. **O que Paulo quis dizer com "tempos e épocas" (5:1) e por que não sentia necessidade de escrever a respeito disso para a igreja?**
O capítulo 5 começa com Paulo mudando de uma discussão sobre as bênçãos do arrebatamento dos cristãos (4:13-18) para o julgamento dos incrédulos (5:1-11). Os dois termos "tempos" e "épocas" dizem respeito, respectivamente, à mensuração do tempo e à característica das épocas (Dn 2:21; At 1:7). Em vez de escrever para eles sobre esse tema, Paulo precisava apenas lembrá-los do que eles já tinham sido ensinados.

Aparentemente, os tessalonicenses sabiam tudo quanto Deus pretendia que soubessem a respeito do julgamento vindouro e, uma vez que Paulo havia ensinado a eles o que precisavam saber a respeito do arrebatamento (4:13-18), seu dever remanescente era encorajá-los. Assim, o apóstolo exortou-os a viver uma vida piedosa tendo em vista o julgamento vindouro sobre o mundo, em vez de ficarem distraídos na busca por respostas sobre a hora profética. Eles podiam não saber a hora do juízo final de Deus, mas bem sabiam que ele viria de modo inesperado (5:2).

3. **Como Paulo associa sua voz ao restante da Escritura ao usar a expressão "o dia do Senhor" (5:2)?**
Há 19 usos indiscutíveis de o "dia do Senhor" no AT e quatro no NT (At 2:20; 1Ts 5:2; 2Ts 2:2; 2Pe 3:10). Os profetas do AT usavam "dia do Senhor" para descrever:

- Castigos históricos próximos (Is 13:6-22; Ez 30:2-19; Jl 1:15; 3:14; Am 5:18-20; Sf 1:14-18).
- Castigos divinos escatológicos distantes (Jl 2:30-32; Zc 14:1; Ml 4:1,5). Seis vezes ele é mencionado como o "dia do juízo" e quatro vezes como o "dia da vingança".

O NT chama-o de dia da "ira", da "sua intervenção" e "grande dia do Deus Todo-poderoso" (Ap 16:14).

Esses são os castigos assustadores de Deus (Jl 2:30-31; 2Ts 1:7) para a pecaminosidade devastadora do mundo. O vindouro "dia do Senhor", o qual desencadeará a ira de Deus, enquadra-se em duas partes: o fim do período de sete anos de tribulação (Ap 19:11-21) e o fim do reinado de mil anos. Na verdade, esses dois são separados por mil anos. Pedro refere-se ao fim do período de mil anos com relação ao derradeiro "dia do Senhor" (2Pe 3:10; Ap 20:7-15).

Aqui, a referência ao "dia do Senhor" diz respeito ao término do período de tribulação. A expressão descritiva "ladrão à noite" nunca é usada na Escritura para se referir ao arrebatamento da igreja; é usada com relação à vinda de Cristo em julgamento no dia do Senhor ao fim do período de sete anos de tribulação, que é distinto do arrebatamento da igreja (4:15) e ocorre imediatamente antes desse período de sete anos. É também usada para o juízo que encerrará o reinado de mil anos (2Pe 3:10). Como o ladrão vem inesperadamente e sem aviso, assim virá o dia do Senhor em ambas as fases finais.

APROFUNDAMENTO

1. O que Paulo ensinou a respeito da segunda vinda de Cristo em 1Tessalonicenses?
2. Como Paulo usou suas experiências pessoais para encorajar os tessalonicenses?
3. Que comentários e conselhos Paulo registrou a respeito da perseguição sofrida pelos cristãos de Tessalônica?
4. Que declarações de encorajamento Paulo fez sobre a fé dos tessalonicenses?
5. Que aspectos de sua vida servem como prova de que você está preparado para a segunda vinda de Cristo?

2Tessalonicenses
Consolo, correção e confrontação

TÍTULO

No NT grego, 2Tessalonicenses está listada como "Para os Tessalonicenses". Ela representa a segunda correspondência canônica de Paulo para os cristãos que congregavam na cidade de Tessalônica (cf. 1:1).

AUTOR E DATA

Paulo, como em 1Tessalonicenses, identificou-se duas vezes como o autor dessa carta (1:1; 3:17). Silvano (Silas) e Timóteo, os colaboradores de Paulo na fundação da igreja, estavam com ele quando o apóstolo a escreveu. Há fortes indícios, tanto na carta como em relação ao vocabulário, estilo e conteúdo doutrinário, de que Paulo é o único autor possível. Sem dúvida, essa epístola foi escrita poucos meses depois da primeira, enquanto Paulo ainda estava em Corinto com Silas e Timóteo (1:1; At 18:5) no fim de 51 d.C., ou início de 52 d.C. (veja "Autor e data" de 1Tessalonicenses).

CENÁRIO E CONTEXTO

Para informações a respeito da história de Tessalônica, veja "Cenário e contexto" de 1Tessalonicenses. Alguns sugeriram que Paulo escreveu essa carta em Éfeso (At 18:18-21); porém, sua estadia de 18 meses em Corinto proporcionou tempo suficiente para a autoria de ambas as epístolas aos tessalonicenses (At 18:11).

Aparentemente, Paulo havia sido informado a respeito dos acontecimentos em Tessalônica por meio de cartas e/ou mensageiros. Talvez o portador da primeira carta o tivesse colocado a par das condições da igreja, a qual havia amadurecido e crescido (1:3); no entanto, a pressão e a perseguição também haviam aumentado. As sementes da falsa doutrina referente ao Senhor tinham sido plantadas, e o comportamento das pessoas estava desordenado. Assim, Paulo escreveu ao seu amado rebanho que se encontrava: (1) desencorajado pela perseguição e necessitado de incentivo para perseverar; (2) ludibriado pelos falsos mestres, os quais os estavam confundindo a respeito da volta do Senhor; e (3) desobedientes aos mandamentos divinos, particularmente pela recusa a trabalhar. Paulo escreveu para tratar desses três assuntos e oferecer: (1) consolo para os cristãos perseguidos (1:3-12); (2) correção para os cristãos ensinados de maneira errada e que estavam temerosos (2:1-15); e (3) confrontação para os cristãos desobedientes e indisciplinados (3:6-15).

PRINCIPAIS PERSONAGENS

- **Paulo**: escreveu para dar orientações sobre como manter uma igreja saudável com um testemunho efetivo (1:1 a 3:18).

MANUAL BÍBLICO MACARTHUR

- **Silas**: viajou com Paulo como missionário (1:1).
- **Timóteo**: viajou com Paulo como missionário (1:1).

TEMAS HISTÓRICOS E TEOLÓGICOS

Embora os capítulos 1 e 2 contenham bastante material profético pelo fato de o principal assunto ser o mal-entendimento gerado pelos falsos profetas sobre o vindouro dia do Senhor, o melhor é ainda chamar essa carta de "pastoral". A ênfase é em como manter uma igreja saudável com um testemunho efetivo em resposta adequada à sã escatologia e à obediência à verdade.

A discussão sobre o futuro e o fim dos tempos, ou escatologia, domina as questões teológicas. Uma das afirmações mais claras sobre a escatologia pessoal para os incrédulos encontra-se em 1:9. A disciplina da igreja é o foco principal de 3.6-15, passagem que deve ser considerada juntamente com Mateus 18:15-20, 1Coríntios 5:1-13, Gálatas 6:1-5 e 1Timóteo 5:19-20 para um entendimento completo do ensino bíblico a respeito dessa tema.

COMPARAÇÃO ENTRE AS ÊNFASES DE 1TESSALONICENSES E 2TESSALONICENSES

1Tessalonicenses	2Tessalonicenses
Trata de como os tessalonicenses eram evangelizados à medida que recebiam a Palavra de Deus	Trata de como os tessalonicenses estão sendo edificados, observando o progresso deles na fé, no amor e na paciência
A iminência e a importância do retorno do Senhor são enfatizadas	Mal-entendidos a respeito do retorno do Senhor são corrigidos
Os santos são consolados e encorajados	Os santos são assegurados do juízo de Deus sobre seus inimigos

PRINCIPAIS DOUTRINAS

- **A disciplina da igreja**: orientações claras sobre uma conduta piedosa são necessárias para uma igreja saudável (3:6-15; Mt 18:15-20; 1Co 5:1-13; Gl 6:1-5; 1Tm 5:19-20).
- **A recompensa e o castigo eternos**: cada ser humano, após a morte, estará com Deus para sempre (recompensa eterna) ou ausente da presença dele e da eterna glória (castigo eterno) (1:5-12; Mt 8:12; 22:13; 25:30; Lc 16:24-26; Rm 2:7; 2Co 5:10; Cl 3:24; Hb 11:6; Ap 20:14-15; 22:5).

O CARÁTER DE DEUS

- Deus é bom (1:11).
- Deus é amoroso (2:16).
- Deus é justo (1:6).
- Deus se ira (1:8).

DESAFIOS DE INTERPRETAÇÃO

A recompensa e o castigo eternos são discutidos em 1:5-12 em termos tão gerais que é difícil identificar com exatidão alguns dos detalhes com relação ao tempo preciso. Questões referentes ao dia do Senhor (2:2), àquele que detém (2:6-7) e ao perverso (2:3-4, 8-10) fornecem ao intérprete materiais proféticos desafiadores. Veja "Respostas para perguntas difíceis".

CRISTO EM 2 TESSALONICENSES

A segunda carta de Paulo aos cristãos de Tessalônica descreve os efeitos da segunda vinda de Cristo. Enquanto 1Tessalonicenses revela a expectativa do retorno de Cristo, essa segunda carta fala sobre a glorificação dos cristãos e o julgamento dos incrédulos por parte de Deus naquele dia (1:10,12; 2:8-12).

PALAVRAS-CHAVE

Destruição: em grego, *olethros* — 1:9 —, não significa aniquilação ou extinção em que cessa a existência, mas sim a perda de tudo o que é bom e valioso. Em 1Coríntios, Paulo usa esse termo para falar das consequências imediatas do pecado (1Co 5:5). Em 1Tessalonicenses 1:91, ele usa essa mesma palavra para descrever as consequências eternas do pecado (veja também 1Tm 6:9). O castigo do pecado não é a aniquilação, mas sim a separação eterna do amor de Cristo. Assim como a vida eterna pertence aos cristãos, o sofrimento sem fim espera aqueles que se rebelam contra Cristo.

O perverso: em grego, *ho anomos* — 2:8 —, literalmente, "fora da lei", aponta para um homem consumido pela rebeldia. Essa figura maligna também é chamada de "anticristo" (1Jo 4:2-3) e "besta" (Ap 13:1). Ele permanece em oposição direta a Jesus Cristo, a encarnação da justiça. Ainda assim, no fim, esse homem será vencido pelo soberano Governador do universo.

ESBOÇO

1. A saudação de Paulo (1:1-2)

2. O consolo de Paulo para as aflições (1:3-12)
    a. Por meio do encorajamento (1:3-4)
    b. Por meio da exortação (1:5-12)

3. A correção de Paulo quanto aos erros proféticos (2:1-17)
    a. A crise profética (2:1-2)
    b. A correção apostólica (2:3-12)
    c. O consolo pastoral (2:13-17)

4. A preocupação de Paulo com a igreja (3:1-15)
    a. A respeito da oração (3:1-5)

488   MANUAL BÍBLICO MACARTHUR

    b. A respeito da vida indisciplinada (3:6-15)

5. A bênção de Paulo (3:16-18)

ENQUANTO ISSO, EM OUTRAS PARTES DO MUNDO...

O lago Fucino, que se localiza na região central da Itália, é drenado para o cultivo sob a orientação de Cláudio.

RESPOSTAS PARA PERGUNTAS DIFÍCEIS

1. **Como Paulo elabora ainda mais seu ensino sobre o dia do Senhor em 2:1-5?**

   Os cristãos de Tessalônica tinham um problema persistente com a tensão entre uma conduta de expectativa pelo iminente retorno do Senhor e as realidades da vida diária, que exigiam trabalho árduo e compromisso. Falsos mestres estavam colocando ainda mais lenha na fogueira. A ideia de que o dia do Senhor já havia chegado conflitava com o que Paulo lhes tinha ensinado anteriormente a respeito do arrebatamento. Quem quer que tenha dito que eles estavam no dia do Senhor afirmou que a mensagem vinha de Paulo, de modo que a mentira tinha recebido uma suposta autoridade apostólica. O resultado foi choque, medo e alarme. Esse equívoco, que causou perturbação entre os tessalonicenses, foi corrigido por Paulo em 2:1-12. Ele mostrou que o dia do Senhor não havia chegado e não chegaria até que certas realidades estivessem presentes, sobretudo "o homem do pecado" (versículo 3).

   O versículo 3 se refere à "apostasia". Paulo tinha em mente a apostasia (abandono da fé). Esse é um acontecimento claro e especificamente identificável e único, o ato de consumação da rebeldia, um acontecimento de magnitude máxima. A chave para identificar o acontecimento depende da identidade da principal pessoa envolvida. Paulo o chama de "homem do pecado". Essa figura também é chamada de "governante que virá" (Dn 9:26) e "chifre pequeno" (Dn 7:8). João o chama de "besta" (Ap 13:2-10,18), mas a maioria o conhece por anticristo. A apostasia está se referindo ao ato genuíno da apostasia final que revelará o último anticristo e estabelecerá o curso dos acontecimentos que prenunciarão o dia do Senhor. Aparentemente, ele será visto como um incentivador da religião, de modo que Deus e Cristo não aparecem como seus inimigos até a apostasia. Ele exalta a si mesmo e se opõe a Deus ao entrar no templo, o lugar de adoração a Deus, declarando ser ele mesmo Deus e exigindo adoração do mundo (versículo 4). Com essa atitude satânica de autoendeusamento, ele comete a grande apostasia em oposição a Deus. O período de sete anos de tribulação que se segue sob o reinado do anticristo (Dn 7:25; 11:36-39; Mt 24:15-21; Ap 13:1-8) culmina no dia do Senhor.

2TESSALONICENSES

489

Essa seção da carta de Paulo segue ressaltando que os tessalonicenses não deveriam se preocupar, achando que haviam perdido o arrebatamento e já estavam no dia do juízo; eram destinados à glória, e não à perdição, e não seriam incluídos no grupo dos enganados e julgados naquele dia.

2. **Como o ensino de Paulo a respeito da disciplina da igreja em 3:6-15 se encaixa em outras importantes passagens da Escritura sobre esse tema?**
Paulo endereça uma questão específica de disciplina da igreja em 3:6-15. Passagens paralelas proveitosas que devem ser consultadas ao estudar essa passagem incluem Mateus 18:15-20; 1Coríntios 5:1-13; Gálatas 6:1-5; e 1Timóteo 5:19-20.

Essa passagem dá orientações específicas sobre a natureza da reação da igreja a uma pessoa que deliberadamente se recusa a observar a Palavra de Deus, esperando se beneficiar da comunhão com o povo de Deus, embora não esteja disposta a participar ativamente. Nas palavras de Paulo: "Se alguém não quiser trabalhar, também não coma" (3:10). Tratava-se de cristãos que se comportavam de modo parasitário, usufruindo da generosidade dos outros cristãos. Paulo já havia tratado desse tema em sua primeira carta (1Ts 4:11).

Essa passagem oferece um mandamento enfático, uma confrontação pessoal e uma cautela compassiva. Primeiro, os versículos 6 e 14 instruem o restante da igreja a se afastar e não se associar com tal pessoa. Em outras palavras, Paulo estava orientando a igreja a não ter comunhão com cristãos descaradamente desobedientes, a fim de gerar vergonha (versículo 14) e arrependimento. Segundo, Paulo estava dando uma ordem direta aos preguiçosos: "trabalhem tranquilamente e comam o seu próprio pão" (versículo 12), removendo qualquer desculpa de que eles não tinham sido advertidos a respeito da disciplina. Terceiro, Paulo adicionou duas palavras cruciais de cautela. Ele lembrou os cristãos de que pessoas genuinamente necessitadas mereciam ajuda e os instruiu: "nunca se cansem de fazer o bem" (versículo 13). Além disso, alertou-os para que limitassem o afastamento disciplinar: "contudo, não o considerem como inimigo, mas chamem a atenção dele como irmão" (versículo 15). Embora um padrão impenitente de pecado deva ser tratado de forma decisiva, eles deveriam sempre se lembrar de que a pessoa sendo disciplinada é um irmão ou uma irmã em Cristo. Todas as admoestações a essa pessoa a respeito de seu pecado deveriam ser feitas com amor e preocupação e com oração por sua restauração.

APROFUNDAMENTO

1. De que formas a mensagem de 2Tessalonicenses se compara e contrasta com a mensagem de Paulo em 1Tessalonicenses?
2. Sumarize a descrição de Paulo dos últimos acontecimentos.
3. Que tipo de perspectiva e conduta Paulo esperava que os cristãos tivessem à luz da vinda de Cristo?
4. Como você descreveria sua conduta com relação à possibilidade de ser perseguido pelo fato de ser cristão?

1Timóteo

O jovem pastor

TÍTULO

Essa é a primeira de duas cartas inspiradas que Paulo escreveu ao seu amado filho na fé. Timóteo recebeu o seu nome, que significa "aquele que honra a Deus", de sua mãe (Eunice) e sua vó (Loide), judias devotas que se tornaram crentes no Senhor Jesus Cristo (2Tm 1:5) e ensinaram-lhe as Escrituras do AT desde a sua infância (2Tm 3:15). É possível que seu pai, um grego (At 16:1), tenha morrido antes de Timóteo conhecer Paulo.

Timóteo era de Listra (At 16:1-3), uma cidade na província romana da Galácia (parte da atual Turquia). Paulo levou Timóteo a Cristo (1:2,18; 1Co 4:17; 2Tm 1:2), sem dúvida durante o seu ministério em Listra em sua primeira viagem missionária (At 14:6-23). Quando voltou a visitar Listra em sua segunda viagem missionária, Paulo escolheu Timóteo para acompanhá-lo (At 16:1-3). Embora Timóteo fosse muito jovem (provavelmente estivesse no fim da adolescência ou com seus 20 e poucos anos, uma vez que cerca de 15 anos mais tarde Paulo se referiu a ele como jovem, 4:12), ele tinha a reputação de ser piedoso (At 16:2). Timóteo seria discípulo, amigo e colaborador de Paulo pelo resto da vida do apóstolo, tendo ministrado com ele em Bereia (At 17:14), Atenas (At 17:15), Corinto (At 18:5; 2Co 1:19) e o acompanhado em sua viagem a Jerusalém (At 20:4). Esteve com Paulo em sua primeira prisão em Roma e foi para Filipos (Fp 2:19-23) depois da libertação de Paulo. Além disso, Paulo várias vezes menciona Timóteo em suas epístolas (Rm 16:21; 2Co 1:1; Fp 1:1; Cl 1:1; 1Ts 1:1; 2Ts 1:1; Fm 1). Com frequência, Paulo enviou Timóteo a igrejas como seu representante (1Co 4:17; 16:10; Fp 2:19; 1Ts 3:2) e, em 1Timóteo, nós o encontramos em outra tarefa, servindo como pastor da igreja em Éfeso (1:3). De acordo com Hb 13:23, Timóteo foi preso em algum lugar e libertado.

AUTOR E DATA

Muitos críticos modernistas têm prazer em atacar as afirmações claras da Escritura e, sem nenhuma boa razão, negam que Paulo tenha escrito as epístolas pastorais (1Timóteo, 2Timóteo e Tito). Ignorando tanto o testemunho das próprias cartas (1:1; 2Tm 1:1; Tt 1:1) como o da igreja primitiva (o qual é tão forte para as epístolas pastorais como para qualquer outra das epístolas de Paulo, com exceção de Rm e 1Co), esses críticos sustentam que, no século II, um seguidor devoto de Paulo escreveu as epístolas pastorais. Como prova, oferecem cinco linhas de suposta evidência: (1) as referências históricas nas epístolas pastorais não podem ser harmonizadas com a cronologia da vida de Paulo dada em Atos; (2) o falso ensino descrito nas epístolas pastorais é gnosticismo plenamente elaborado do século II; (3) a estrutura organizacional da igreja nas epístolas pastorais é a do século segundo e era desenvolvida demais para a época de Paulo; (4) as epístolas pastorais não contêm os grandes temas da teologia de Paulo; (5) o vocabulário grego das epístolas pastorais contém muitas palavras que não se encontram nas outras cartas de Paulo, nem no restante do NT.

Embora não seja necessário dignificar tais ataques injustificados por parte dos incrédulos com uma resposta, de vez em quando uma explicação é elucidativa. Portanto, em contestação aos argumentos dos críticos, podemos observar que: (1) Esse argumento de incompatibilidade histórica é válido somente se Paulo nunca foi liberto da prisão em Roma, mencionada em Atos, mas ele foi libertado, uma vez que Atos não registra a execução de Paulo e ele próprio Paulo esperava ser liberto (Fp 1:19,25-26; 2:24; Fm 22). Os acontecimentos históricos nas epístolas pastorais não se encaixam na cronologia de Atos porque ocorreram depois da conclusão da narrativa do livro, que termina com a primeira prisão de Paulo em Roma. (2) Embora haja semelhanças entre a heresia das epístolas pastorais e o gnosticismo do século II (Veja "Cenário e contexto" de Colossenses para uma discussão sobre o gnosticismo), também há diferenças importantes. Ao contrário do gnosticismo do século II, os falsos mestres das epístolas pastorais ainda estavam dentro da igreja (cf. 1:3-7) e seus ensinamentos eram baseados no legalismo judaico (1:7; Tt 1:10,14; 3:9). (3) A estrutura organizacional da igreja mencionada nas epístolas pastorais é, de fato, consistente com a que Paulo estabeleceu (At 14:23; Fp 1:1). (4) As epístolas pastorais mencionam os temas centrais da teologia de Paulo, inclusive a inspiração da Escritura (2Tm 3:15-17); a eleição (2Tm 1:9; Tt 1:1-2); a salvação (Tt 3:5-7); a divindade de Cristo (Tt 2:13); a sua obra como mediador (2:5) e expiação substitutiva (sacrifício por nossos pecados) (2:6). (5) Os temas diferentes nas epístolas pastorais exigiram um vocabulário diferente em uma carta pessoal a um colega pastor, em comparação com o que usaria numa obra de teologia sistemática.

A ideia de que um "impostor piedoso" tenha escrito as epístolas pastorais enfrenta várias dificuldades: (1) a igreja primitiva não aprovava esse tipo de prática e seguramente teria denunciado esse incidente como um estratagema se, de fato, tivesse havido um (cf. 2Ts 2:1-2; 3:17); (2) por que falsificar três cartas que incluem um material semelhante e nenhuma doutrina divergente?; (3) no caso de uma falsificação, por que não inventar um itinerário para Paulo que estivesse de acordo com Atos?; (4) um seguidor devoto de Paulo que tivesse vivido numa época posterior teria colocado as palavras de 1:13,15 na boca do seu mestre?; (5) por que ele incluiria advertências a respeito de enganadores (2Tm 3:13; Tt 1:10), se ele mesmo era um?

Parece ser clara a evidência de que Paulo escreveu 1Timóteo e Tito pouco depois de ser liberto da primeira prisão em Roma (por volta de 62-64 d.C.), e 2Timóteo durante o tempo em que esteve preso pela segunda vez em Roma (por volta de 66-67 d.C.), pouco antes de sua morte.

492   MANUAL BÍBLICO MACARTHUR

CENÁRIO E CONTEXTO

Depois de ser liberto de sua primeira prisão em Roma (cf. At 28:30), Paulo tornou a visitar várias das cidades nas quais havia ministrado, inclusive Éfeso. Deixando Timóteo ali para tratar de problemas que haviam surgido na igreja de Éfeso, tais como a falsa doutrina (1:3-7; 4:1-3; 6:3-5), a desordem na adoração (2:1-15), a necessidade de líderes qualificados (3:1-14) e o materialismo (6:6-19), Paulo seguiu para a Macedônia, de onde escreveu essa carta para Timóteo a fim de ajudá-lo a cumprir a sua tarefa na igreja (cf. 3:14-15).

PRINCIPAIS PERSONAGENS

- **Paulo**: encorajou Timóteo em seu ministério em Éfeso (1:1 a 6:21).
- **Timóteo**: seu nome significa "aquele que honra a Deus"; serviu como o pastor da igreja em Éfeso (1:2 a 6:21).

TEMAS HISTÓRICOS E TEOLÓGICOS

A primeira epístola de Timóteo é uma carta prática que contém orientações pastorais de Paulo para Timóteo (cf. 3:14-15). Uma vez que Timóteo era bem versado na teologia de Paulo, o apóstolo não tinha necessidade de dar-lhe instrução doutrinária extensiva. Essa epístola, no entanto, expressa muitas verdades teológicas importantes, tais como a devida função da lei (1:5-11), a salvação (1:14-16; 2:4-6), os atributos de Deus (1:17), a queda (2:13-14), a pessoa de Cristo (3:16; 6:15-16), a eleição (6:12) e a segunda vinda de Cristo (6:14-15).

PRINCIPAIS DOUTRINAS

- **A salvação**: vem por meio de Jesus Cristo somente (1:14-16; 2:4-6; Gn 3:15; Sl 3:8; 37:39; Is 45:21-22; 49:6; 59:16; 63:9; Lc 1:69; Jo 1:1-18; 6:35,48; 8:12; 10:7,9; 10:11-14; 11:25; 14:6; 17:3; At 4:12; 16:31; Rm 5:8; 10:9; Ef 2:8; 5:23; 2Tm 1:10; Hb 2:10; 5:9; 1Pe 1:5; 1Jo 1:1-4).
- **A queda:** o pecado entrou no mundo por meio da desobediência dos dois primeiros seres humanos (2:13-14; Gn 3:6,11-12; 6:5; Jó 15:14; 25:4; Sl 51:5; Is 48:8; Jr 16:12; Mt 15:19; Rm 5:12,15,19; 2Co 11:3).
- **A pessoa de Cristo:** Cristo é plenamente Deus e plenamente homem (3:16; 6:15-16; Is 7:14; Mt 4:11; Jo 1:14; Rm 1:3-4; At 1:9; 1Jo 4:2-3; 5:6).
- **A eleição:** antes do início do tempo, Deus conhecia de modo íntimo a vida e o futuro de seus filhos (6:12; Dt 7:6; Mt 20:16; Jo 6:44; 13:18; 15:16; At 22:14; Ef 1:4; 1Ts 1:4; Tt 1:1).
- **A segunda vinda de Cristo:** o retorno de Cristo marcará o juízo de toda a humanidade (6:14-15; Sl 50:3-4; Dn 7:13; Mt 24:36; 25:31; Mc 13:32; Jo 14:3; 1Co 1:8; 1Ts 1:10; 2:19; 3:13; 4:16; 5:23; Tt 2:13; 2Pe 3:12; Jd 1:14; Ap 1:7).

O CARÁTER DE DEUS

- Deus é eterno (1:17).

- Deus é imortal (1:17; 6:16).
- Deus é invisível (1:17).
- Deus é longânimo (1:16).
- Deus é misericordioso (1:2,13).
- Deus cumpre suas promessas (4:8).
- Deus é o único Deus (2:5).
- Deus é sábio (1:17).

DESAFIOS DE INTERPRETAÇÃO

Há controvérsia sobre a identidade dos falsos mestres (1:3) e as genealogias (1:4) envolvidas em

> ### CRISTO EM 1TIMÓTEO
>
> A carta de Paulo a Timóteo descreve Cristo como "manifestado em corpo, justificado no Espírito, visto pelos anjos, pregado entre as nações, crido no mundo, recebido na glória" (3:16). Paulo também fala das ações de Cristo como resgate por todos e salvador da humanidade (2:6; 4:10). Paulo encoraja Timóteo a manter fé em Cristo (1:14) e a combater "o bom combate da fé" (6:12).

seu ensino (veja "Respostas para perguntas difíceis"). Além disso, o sentido exato de "entreguei a Satanás" (1:20) também é fonte de discussão. Nesse contexto, Paulo expulsou os dois homens da igreja para pôr fim à influência deles, removendo-os da proteção do povo de Deus. Ambos não estavam mais no ambiente da bênção de Deus, mas sob o controle de Satanás. Em alguns casos, Deus entregou os cristãos a Satanás para fins positivos, como a revelação do verdadeiro caráter da fé que os salvou, para mantê-los humildes e dependentes dele, para capacitá-los, a fim de fortalecerem os outros ou para oferecerem louvor a Deus (cf. Jó 1:1-22; Mt 4:1-11; Lc 22:31-33; 2Co 12:1-10; Ap 7:9-15). Deus entrega algumas pessoas a Satanás para que sejam castigadas, como aconteceu com o rei Saul (1Sm 16:12-16; 28:4-20), Judas (Jo 13:27) e o membro em pecado da igreja em Corinto.

A carta contém passagens fundamentais para a discussão sobre a extensão da expiação (2:4-6; 4:10) e se todos serão salvos (veja "Respostas para perguntas difíceis"). Nos capítulos 2 e 3, o ensino de Paulo sobre o papel das mulheres (2:9-15) tem gerado bastante controvérsia, principalmente a declaração de que elas não devem assumir papéis de liderança na igreja (2:11-12). É importante estar ciente dessas questões tratadas por Paulo. As mulheres da igreja estavam levando uma vida impura e egocêntrica (cf. 5:6,11-15; 2Tm 3:6) e essa prática era refletida nos cultos, durante os quais elas se tornavam distrações. Uma vez que a adoração era central na vida da igreja, Paulo pede que Timóteo confronte esse problema. Como as mulheres podem ser salvas dando à luz filhos (2:15) também tem confundido a muitos. A palavra "salva" aqui seria mais bem traduzida nesse contexto como "preservada". Paulo não está defendendo que as mulheres estão eternamente salvas pelo fato de terem filhos, nem que preservam a salvação por meio de crianças, pois ambas as colocações seriam contraditórias ao ensino do NT da salvação somente pela graça apenas mediante a fé (Rm 3:19-20). Paulo está ensinando que, apesar de a mulher carregar o estigma de ter sido o instrumento inicial que levou a raça humana ao pecado, são as mulheres, por meio da maternidade, que podem ser preservadas ou livres desse estigma ao criar uma geração de filhos piedosos (cf. 5:10). Pelo fato de as mães terem um vínculo singular e intimidade com seus filhos e muitas vezes passarem mais tempo com eles do que os pais, elas têm uma influência bem maior sobre a vida deles e, portanto, uma responsabilidade e oportunidade única para criar filhos piedosos.

Outra discussão é se a afirmação de que um bispo deve ser "marido de uma só mulher" exclui os divorciados e os não casados do ofício de bispo, bem como se Paulo se refere a esposas de diáconos ou a mulheres que servem como diaconisas (3:11). Isso não diz nada a respeito de casamento ou divórcio. A questão não é o estado civil do presbítero, mas sim sua moral e pureza sexual. Esse é o requisito primordial, pois é nessa área que os líderes estão mais propensos a fracassarem. Em 3:11, Paulo provavelmente se refere não a esposas de diáconos, mas sim a mulheres que servem como diaconisas.

PALAVRAS-CHAVE

Resgate: em grego, *antilutron* —2:6 —, literalmente, significa "resgate". Na verdade, esse termo é composto de duas partes: *anti*, que significa "substituição", e *lutron*, que significa "resgate de um escravo ou prisioneiro". O *antilutron* é um pagamento dado em substituição de um escravo, cujo dono aceita o pagamento em troca da libertação do escravo. Gálatas 3:13 mostra como Cristo pagou o resgate dos pecadores sujeitos à maldição da lei. O sacrifício de Cristo na cruz nos libertou da escravidão do pecado.

Bispo: em grego, *episkopos* —3:1-2 —, literalmente, significa "aquele que supervisiona". No NT, os anciãos atuavam como supervisores de suas congregações (At 20:17,28). Os anciãos eram responsáveis por cuidar dos assuntos internos da igreja. Para realizar essa tarefa, vários anciãos ocupavam posições de responsabilidade numa determinada congregação (veja At 14:23; Tt 1:5-7). Após a época do NT, o termo "ancião" foi substituído por "bispo" e tornou-se habitual um único bispo supervisionar cada congregação.

Conversas inúteis: em grego, *kenophōnia* — 6:20 —, literalmente, significa "palavras vazias". Paulo utiliza essa expressão para denotar vazio total de significado espiritual. Em outras palavras, a realização humana é zero se não vier da vontade de Deus. Nos dias de Paulo, os judaizantes tentavam atrair os cristãos por meio de filosofias que parecessem inteligentes. Paulo descreveu o papo furado deles como "conversas inúteis" (veja 6:20; Ef 5:6; Cl 2:8; 2Tm 2:16). Em contrapartida, o ensino de Paulo e dos apóstolos não foi em vão, mas durará toda a eternidade, pois teve origem na vontade imutável de Deus (Mt 5:18; 1Co 15:12-15).

Aqueles que creem que os cristãos podem perder a salvação citam a passagem de 4:1 para respaldar sua visão. A palavra grega para "abandonarão", que correponde à palavra "apostatar" em português, refere-se a alguém que se afasta de uma posição original. Trata-se de cristãos professos ou nominais que se associam àqueles que realmente creem no evangelho, mas o abandonam depois de crerem em mentiras e enganos, revelando, assim, a verdadeira natureza deles como não convertidos.

Há controvérsia sobre a identidade das viúvas em 5:3-16 — são mulheres necessitadas a quem a igreja ministra ou uma ordem de mulheres idosas que ministram à igreja? Essa seção se refere a mulheres necessitadas e respalda o mandato bíblico de que mulheres que perderam o sustento do marido devem receber cuidados (cf.

1TIMÓTEO

Êx 22:22-24; Dt 27:19; Is 1:17). A compaixão contínua de Deus pelas viúvas apenas reforça esse mandamento (cf. Sl 68:5; 146:9; Mc 12:41-44; Lc 7:11-17).

Por fim, a "dupla honra" concedida aos presbíteros que presidem bem (5:17-18) se refere a dinheiro ou maior reconhecimento por parte da congregação? Essa expressão não significa que esses homens deveriam receber exatamente o dobro de remuneração dos demais, mas, por terem obtido tal respeito, deveriam receber um salário mais generoso.

ESBOÇO

1. Saudação (1:1-2)

2. Orientações a respeito da falsa doutrina (1:3-20)
    a. A falsa doutrina em Éfeso (1:3-11)
    b. A verdadeira doutrina de Paulo (1:12-17)
    c. A exortação a Timóteo (1:18-20)

3. Orientações a respeito da igreja (2:1 a 3:16)
    a. A importância da oração (2:1-8)
    b. O papel das mulheres (2:9-15)
    c. As qualificações dos líderes (3:1-13)
    d. O motivo da carta de Paulo (3:14-16)

4. Orientações a respeito dos falsos mestres (4:1-16)
    a. A descrição dos falsos mestres (4:1-5)
    b. A descrição dos verdadeiros mestres (4:6-16)

5. Orientações a respeito das responsabilidades pastorais (5:1 a 6:2)
    a. A responsabilidade com os membros em pecado (5:1-2)
    b. A responsabilidade com as viúvas (5:3-16)
    c. A responsabilidade com os anciãos (5:17-25)
    d. A responsabilidade com os escravos (6:1-2)

6. Orientações a respeito do homem de Deus (6:3-21)
    a. O perigo do falso ensino (6:3-5)
    b. O perigo do amor ao dinheiro (6:6-10)
    c. O caráter apropriado e a motivação de um homem de Deus (6:11-16)
    d. O uso apropriado do tesouro (6:17-19)
    e. O uso apropriado da verdade (6:20-21)

ENQUANTO ISSO, EM OUTRAS PARTES DO MUNDO...

Casas da cova, um tipo de moradia semissubterrânea circular feita de barro, foram construídas pela tribo Mogollon, na região sudeste dos atuais Estados Unidos.

RESPOSTAS PARA PERGUNTAS DIFÍCEIS

1. **Quando Paulo escreve "Esta afirmação é fiel", ele está citando outra passagem bíblica?**

   Paulo usou essa frase diversas vezes nas epístolas pastorais (1:15; 3:1; 4:9; 2Tm 2:11; Tt 3:8). A afirmação que se segue em cada caso sumariza uma doutrina-chave. A expressão "digna de toda aceitação" adiciona ainda mais ênfase à declaração. Ao que parece, eram ditos bem conhecidos nas igrejas, como expressões concisas de verdades cardeais do evangelho. Em suas viagens juntos, Timóteo e Tito teriam ouvido Paulo elaborar mais sobre essas afirmações várias vezes.

   Esses ditos não citam outra passagem da Escritura diretamente, mas sumarizam o ensino bíblico. Por exemplo, a afirmação em 1:15, de que "Cristo Jesus veio ao mundo para salvar os pecadores", baseava-se nas declarações de Jesus registradas em Mateus 9:13 e Lucas 19:10. Naturalmente, o uso desses ditos por Paulo sob a inspiração do Espírito Santo confirma que, de fato, eram a Palavra de Deus.

2. **Se 2:4-6 declara que Deus "deseja que todos os homens sejam salvos", por que nem todos o são? Qual é o alcance da salvação?**

   A palavra grega traduzida por "deseja" não é aquela que geralmente expressa a vontade de Deus acerca de seu decreto (seu propósito eterno e soberano), mas sim a vontade de Deus a respeito de seu desejo. Há uma distinção entre o desejo de Deus e seu propósito eterno de salvação, que deve transcender seus desejos. O Senhor não deseja que os homens pequem. Ele odeia o pecado com todo o seu ser (veja Sl 5:4; 45:7), consequentemente, odeia suas consequências — a maldade eterna no inferno. Deus não deseja que as pessoas permaneçam más para sempre com remorso eterno e sentindo ódio dele, no entanto, para sua eterna glória, e também para manifestar sua glória na ira, Deus preferiu suportar "os vasos [...] preparados para a destruição" para o cumprimento supremo da sua vontade (veja Rm 9:22). Em seu propósito eterno, ele escolheu apenas os eleitos para tirá-los do mundo (veja Jo 17:6) e ignorou os demais, deixando-os sofrer as consequências do pecado, da incredulidade e da rejeição a Cristo (veja Rm 1:18-32). Por fim, as escolhas e os atos de Deus são determinados pelo seu propósito eterno e soberano, e não pelos seus desejos.

   Paulo descreve o papel de Cristo na salvação com a frase "resgate por todos" (2:6). O próprio Jesus usou palavras semelhantes ao descrever seu propósito de ser "resgate por muitos" (Mt 20:28). Aqui "todos" está limitado por "muitos". Nem todos serão resgatados (embora a morte de Cristo fosse suficiente), mas apenas os muitos que crerem por meio da obra do Espírito Santo e pelos quais a verdadeira expiação foi realizada. A expressão "por todos" deve ser considerada em dois sentidos:

   - a expiação resulta em benefícios temporais que se estendem às pessoas universalmente (por exemplo, experiências diárias da compaixão e graça de Deus);
   - a morte de Cristo foi suficiente para cobrir os pecados de todas as pessoas.

1TIMÓTEO

Entretanto, o aspecto substitutivo da morte de Cristo se aplica apenas aos eleitos. A morte de Cristo é, portanto, ilimitada em sua suficiência, mas limitada em sua aplicação. O fato de que nem todos são salvos não diz nada sobre a capacidade de Cristo para salvar; antes, reside na profunda pecaminosidade da humanidade e no plano soberano de Deus.

3. Que instruções específicas Paulo deu a Timóteo que se aplicariam a qualquer jovem?

Um jovem que busca viver como discípulo de Jesus Cristo pode encontrar orientações fundamentais em 4:12-16, em que Paulo enumera cinco áreas (versículo 12) nas quais Timóteo deveria ser um exemplo para a igreja:

- "palavra" ou maneira de falar (cf. Mt 12:34-37; Ef 4:25,29,31);
- "procedimento" ou uma vida justa (cf. Tt 2:10; 1Pd 1:15; 2:12; 3:16);
- "amor" ou servir aos outros de modo altruísta (cf. Jo 15:13);
- "fé" ou fidelidade ou compromisso, e não crença (cf. Co 4:2);
- "pureza", especialmente a sexual (cf. 1Tm 4:2).

Os versículos a seguir possuem vários outros blocos de construção para uma vida de discipulado:

- Timóteo deveria se envolver na leitura pública, no estudo e na aplicação da Palavra (4:13);
- Timóteo deveria usar de maneira diligente seu dom espiritual que os outros haviam confirmado e afirmado publicamente (4:14);
- Timóteo deveria estar comprometido com um processo de progresso em sua caminhada com Cristo (4:15);
- Timóteo deveria atentar bem "para a sua própria vida e para a doutrina" (4:16).

As prioridades de um líder piedoso deveriam estar resumidas na santidade pessoal e no ensino público de Timóteo. Todas as exortações de Paulo nos versículos de 6 a 16 correspondem a uma dessas duas categorias. Ao dar atenção especial à sua própria vida piedosa e à fiel pregação da Palavra, Timóteo continuaria a ser o instrumento humano que Deus usaria para levar o evangelho e salvar alguns que lhe dessem ouvido. Embora a salvação seja uma obra divina, Deus se deleita em realizá-la por meio de instrumentos humanos.

4. Quais são as características de um falso mestre?

Em 6:3, Paulo fornece a Timóteo um perfil proveitoso dos falsos mestres por meio da identificação de três principais características. Eles se revelam das seguintes formas: (1) ensinam "falsas doutrinas" — uma doutrina diferente ou qualquer ensino que contradiz a revelação de Deus na Escritura (veja Gl 1:6-9); (2) não concordam "com a sã doutrina" — não estão de acordo com o ensino correto e saudável, especialmente o ensino que está contido na Bíblia (veja 2Pe 3:16); (3) eles rejeitam "o ensino que é segundo a piedade" — o ensino que não se baseia nas Escrituras sempre resultará numa vida sem santidade. Em vez de piedade, o pecado é a marca distintiva dos falsos mestres (veja 2Pe 2:10-22; Jd 4:8-16).

5. **Que instruções Paulo deu a Timóteo a respeito do tratamento de pessoas abastadas?**
Paulo aconselha Timóteo (6:17-19) quanto ao que ensinar às pessoas ricas em bens materiais — isto é, aqueles que têm mais do que o essencial, como alimento, roupas e abrigo. Paulo já havia dito que os cristãos devem ser pessoas satisfeitas e contentes, e não buscar mais do que aquilo que Deus já lhes tem dado (6:6-8), pois ele é a fonte do verdadeiro contentamento. Em vez de condenar as pessoas ricas ou ordenar-lhes que se livrem de suas riquezas, Paulo as chama para que sejam bons administradores dos recursos que Deus lhes concedeu (veja também Dt 8:18; 1Sm 2:7; 1Cr 29:12; 2Co 3:5; 9:8; Fp 4:11-13,19).

Aqueles que têm em abundância são constantemente tentados a desprezar os outros e agir com superioridade — "arrogantes" (6:17). Paulo lembrou Timóteo de que as riquezas e o orgulho muitas vezes andam juntos; assim, quanto mais rica uma pessoa se torna, mais é tentada a se tornar orgulhosa (veja Pv 18:23; 28:11; Tg 2:1-4). De fato, os que têm muito tendem a confiar em suas riquezas (veja Pv 23:4-5). Mas Deus provê muito mais segurança do que qualquer investimento aqui na terra pode dar (veja Ec 5:18-20; Mt 6:19-21).

APROFUNDAMENTO

1. Que dicas sobre a juventude de Timóteo e seu relacionamento com Paulo são encontradas nessa carta?
2. Quais foram os deveres que Paulo deu a Timóteo?
3. Como Paulo descreve o tipo de líderes que Timóteo deveria apontar na igreja?
4. No capítulo 4, Paulo dá a Timóteo várias orientações a respeito da disciplina pessoal. Quais são elas?
5. Que relacionamentos Paulo ressaltou ao descrever como a igreja deve atuar numa comunidade?
6. De que maneiras você se identifica com Timóteo?

2Timóteo

Últimas palavras

TÍTULO

Essa epístola é a segunda de duas cartas inspiradas que o apóstolo Paulo escreveu para o seu filho na fé, Timóteo (1:2; 2:1). Para informações biográficas sobre Timóteo, veja "Título" de 1Timóteo. Ela é intitulada com o nome do destinatário (1:2), semelhantemente às outras cartas pessoais de Paulo a indivíduos (1Timóteo, Tito e Filemom).

AUTOR E DATA

A questão quanto a Paulo ser o autor das epístolas pastorais é discutida amplamente na seção "Autor e data" de 1Timóteo. Paulo escreveu 2Timóteo, a última de suas cartas inspiradas, pouco antes de ser morto por causa de sua fé (por volta de 67 d.C.).

CENÁRIO E CONTEXTO

Paulo foi liberto de sua primeira prisão em Roma para um curto período de ministério durante o qual ele escreveu 1Timóteo e Tito. No entanto, em 2Timóteo, encontramos Paulo mais uma vez numa prisão romana (1:16; 2:9), ao que parece, preso novamente por causa da perseguição de Nero aos cristãos. Ao contrário da firme esperança de Paulo de ser liberto durante sua primeira prisão (Fp 1:19,25-26; 2:24; Fm 22), dessa vez ele não tinha tais esperanças (4:6-8). Em sua primeira prisão em Roma (por volta de 60-62 d.C.), antes de Nero ter começado a perseguição aos cristãos (64 d.C.), ele estava apenas em prisão domiciliar e tinha a oportunidade de interagir consideravelmente com as pessoas e prosseguir com o seu ministério (At 28:16-31). Dessa vez, porém, cinco ou seis anos mais tarde (por volta de 66-67 d.C.), ele estava em uma cela fria (4:13), algemado (2:9) e sem esperança de ser liberto (4:6). Abandonado por quase todos os que lhe eram próximos por causa do medo da perseguição (cf. 1:15; 4:9-12,16), e diante da iminente execução, Paulo escreveu a Timóteo, insistindo para que ele fosse às pressas para Roma para uma última visita (4:9,21). Não se sabe se Timóteo chegou a Roma antes da execução de Paulo. Segundo a tradição, Paulo não foi liberto dessa segunda prisão romana, mas sofreu o martírio que havia previsto (4:6).

Nessa carta, ciente de que o fim estava próximo, Paulo entregou a Timóteo o manto do ministério, mas não o apostólico (cf. 2:2), e exortou-o a permanecer fiel em seus deveres (1:6), manter-se apegado à sã doutrina (1:13-14), evitar o erro (2:15-18), aceitar a perseguição pela causa do evangelho (2:3-4; 3:10-12), depositar a sua confiança na Palavra de Deus e pregá-la incansavelmente (3:15 a 4:5).

500 MANUAL BÍBLICO MACARTHUR

PRINCIPAIS PERSONAGENS

- **Paulo**: escreveu para encorajar Timóteo e orientá-lo em seu ministério pastoral em Éfeso (1:1 a 4:22).
- **Timóteo**: o nome significa "aquele que honra a Deus"; serviu como o pastor da igreja em Éfeso (1:2 a 4:22).
- **Lucas**: companheiro de viagem de Paulo; única pessoa que permaneceu com ele durante sua prisão (4:11).
- **Marcos**: acompanhou Paulo e Barnabé durante a primeira vigem missionária (4:11).

COMPARAÇÃO ENTRE OS DOIS ENCARCERAMENTOS ROMANOS DE PAULO

Primeiro encarceramento	Segundo encarceramento
Atos 28; escreveu as epístolas da prisão	2Timóteo
Acusado pelos judeus de heresia e rebelião	Perseguido por Roma e preso como um criminoso por tramar contra o Império
Perseguições locais esporádicas (60-63 d.C.)	Perseguição de Nero (64-68 d.C.)
Condições decentes de moradia numa casa alugada (At 28:30-31)	Condições ruins num calabouço frio e escuro
Muitos amigos o visitavam	Praticamente sozinho (somente Lucas estava com ele)
Havia muitas oportunidades de testemunhos cristãos	Oportunidades de testemunho eram restritas
Estava otimista quanto à sua libertação (Fp 1:24-26)	Previu a sua execução (2Tm 4:6)

TEMAS HISTÓRICOS E TEOLÓGICOS

Talvez Paulo tivesse motivo para temer que Timóteo estivesse correndo o risco de enfraquecer espiritualmente. Essa teria sido uma grande preocupação para Paulo, uma vez que Timóteo precisava levar adiante a obra do apóstolo (cf. 2:2). Embora não haja indicações históricas em outras partes do NT quanto ao motivo pelo qual Paulo estava tão preocupado, há evidências na própria epístola a partir do que ele escreveu. Essa preocupação é evidente, por exemplo, quando Paulo exorta Timóteo a manter viva a chama do seu dom (1:6), a substituir o medo pelo poder, pelo amor e pelo equilíbrio (1:7), a não se envergonhar de Paulo e do Senhor, mas sofrer voluntariamente pelo evangelho (1:8) e a manter-se apegado à verdade (1:13-14). Resumindo o possível problema de Timóteo, que talvez estivesse enfraquecendo sob a pressão da igreja e da perseguição do mundo, Paulo conclama-o a (1) fortificar-se (2:1), a exortação

2TIMÓTEO

fundamental da primeira parte da carta, e a (2) continuar a pregar a palavra (4:2), a principal admoestação da última parte. Essas últimas palavras a Timóteo incluem poucos elogios, mas muitas admoestações, inclusive cerca de 25 imperativos.

Uma vez que Timóteo era um profundo conhecedor da teologia de Paulo, o apóstolo não lhe dá mais instruções doutrinárias. No entanto, ele faz referência a várias doutrinas importantes, entre elas a salvação pela graça soberana de Deus (1:9-10; 2:10), a pessoa de Cristo (2:8; 4:1,8) e a perseverança (2:11-13); além disso, Paulo escreve a passagem decisiva do NT a respeito da inspiração das Escrituras (3:16-17).

O MINISTÉRIO DE TIMÓTEO

Timóteo deve...	Porque...
Suportar com Paulo os seus sofrimentos pelo evangelho (1:8; 2:3)	Pessoas serão salvas por meio disso (2:10)
Reter o modelo da sã doutrina (1:13; 2:15)	A falsa doutrina se espalha e conduz à impiedade (2:16-17)
Fugir dos desejos malignos da juventude (2:22)	Ele deve se purificar dessas coisas e ser santificado e útil para o Senhor (2:21)
Evitar controvérsias tolas e inúteis (2:23-25)	Ele deve levar as pessoas ao conhecimento da verdade, com amor e paciência (2:24-26)
Pregar a palavra, repreender, corrigir e exortar com toda a paciência e doutrina (4:2)	A grande apostasia é iminente (4:3-4)

PRINCIPAIS DOUTRINAS

- **A salvação mediante a graça soberana de Deus**: alcançada somente por meio de Jesus Cristo (1:9-10; 2:10; Gn 3:15; Sl 3:8; 37:39; Is 45:21-22; 49:6; 59:16; 63:9; Lc 1:69; Jo 1:1-18; 6:35,48; 8:12; 10:7,9,11-14; 11:25; 14:6; 17:3; At 4:12; 16:31; Rm 5:8; 10:9; Ef 2:8; 5:23; 1Tm 1:14-16; 2:4-6; Hb 2:10; 5:9; 1Pe 1:5; 1Jo 1:1-4).
- **A pessoa de Cristo**: Juiz divino sobre o mundo e o Messias descendente de Davi (2:8; 4:1,8; Is 7:14; Mt 4:11; Jo 1:14; Rm 1:3-4; At 1:9; 1Tm 3:16; 6:15-16; 1Jo 4:2-3; 5:6).
- **Perseverança**: os cristãos que perseveram dão prova da autenticidade de sua fé (2:11,13; Jó 17:9; Sl 37:24; Pv 4:18; Jo 8:31; 1Co 15:58; Gl 6:9; Fp 1:6; Cl 1:21-23; Hb 3:6,14).
- **Inspiração da Escritura**: Deus usa a mente, o vocabulário e as experiências dos escritores bíblicos para produzir sua Palavra perfeita e infalível (3:16-17; At 1:16; Rm 3:2; 9:17; Gl 3:8; Hb 3:7; 1Pe 4:11; 2Pe 1:21).

O CARÁTER DE DEUS

- Deus é poderoso (1:8).
- Deus cumpre suas promessas (1:1).
- Deus é sábio (2:19).

DESAFIOS DE INTERPRETAÇÃO

Em 2Timóteo não há desafios significativos que envolvam temas teológicos. Há informações limitadas sobre várias pessoas citadas na epístola; por exemplo, Fígelo e Hermógenes (1:15), Onesíforo (1:16; cf. 4:19), Himeneu e Fileto (2:17-18), Janes e Jambres (3:8) e Alexandre (4:14).

> ### CRISTO EM 2TIMÓTEO
>
> A segunda carta de Paulo encoraja Timóteo a reter "com fé e amor em Cristo Jesus, o modelo da sã doutrina" que ouviu dele (1:13). Incumbido de continuar o ministério de Paulo, Timóteo é lembrado pelo apóstolo a respeito da pessoa de Cristo (2:8; 4:1,8) e de seu chamado à pregação da palavra (4:2). Paulo diz a Timóteo que ele enfrentará perseguições ao seguir a Cristo (3:12), mas o encoraja a permanecer na "fé em Cristo Jesus" (3:15).

ESBOÇO

1. Saudação e ação de graças (1:1-5)

2. A perseverança de um homem de Deus (1:6-18)
   a. A exortação (1:6-11)
   b. Os exemplos (1:12-18)
   - Paulo (1:12-14)
   - Onesíforo (1:15-18)

3. Os padrões de um homem de Deus (2:1-26)
   a. Paulo (2:1-2)
   b. Um soldado (2:3-4)
   c. Um atleta (2:5)
   d. Um lavrador (2:6-7)
   e. Jesus (2:8-13)
   f. Um obreiro (2:14-19)
   g. Um vaso (2:20-23)
   h. Um servo (2:24-26)

4. Os perigos de um homem de Deus (3:1-17)
   a. Diante da apostasia (3:1-9)
   b. Ao derrotar a apostasia (3:10-17)

5 A pregação do homem de Deus (4:1-5)
   a. O encargo de pregar (4:1-2)
   b. A necessidade da pregação (4:3-5)

2TIMÓTEO

503

6. Comentários finais (4:6-18)

  a. O triunfo de Paulo (4:6-8)

  b. As necessidades de Paulo (4:9-18)

7. Saudações finais de Paulo (4:19-22)

PALAVRAS-CHAVE

Manifestação: em grego, *epiphaneia* —1:10; 4:1 —, literalmente, significa "resplendor". Esse termo era usado na literatura grega para denotar um aparecimento divino. A palavra portuguesa *epifania* é um equivalente bastante próximo. Os escritores do NT utilizam o termo *epifania* para se referir à primeira vinda de Jesus (encarnação), quando ele entrou no mundo como homem (veja 1:10). Também usam essa palavra para falar da segunda vinda de Jesus, especificamente do seu aparecimento ao mundo todo (veja Mt 24:27).

Livros, pergaminhos: em grego, *biblion e membrana* — 4:13 —, a palavra *biblion* é comum no NT, mas a palavra *membrana* não é, com apenas essa ocorrência; é derivada do latim e significa pele de animal utilizada para a escrita. Nessa passagem, esses dois termos podem ser interpretados de três maneiras: (1) *os rolos* eram cópias de livros do AT, ao passo que *os pergaminhos* eram cópias de vários livros do NT; (2) *os livros* eram cópias tanto de livros do AT como do NT, ao passo que *os pergaminhos* eram folhas em brancos para escrever ou blocos contendo rascunhos; ou (3) as duas palavras tinham o mesmo significado: *os livros* — isto é, *blocos pergaminhos*. Se a terceira interpretação estiver correta, indica que Paulo estava ansioso para recuperar alguns rascunhos que havia deixado para trás ao ser preso.

Inspirada por Deus: em grego, *theopneustos* —3:16 —, significa "expirada ou soprada por Deus", de *theos* (Deus) e *pneu* (respirar, soprar). Embora seja difícil recriar de forma plena o pensamento dessa expressão grega em nosso idioma, temos certeza de que Paulo quis dizer que toda Escritura é inspirada por Deus. Tal declaração afirma a origem divina da Bíblia. Assim, Deus não apenas inspirou os escritores da Bíblia, mas também inspira aqueles que leem sua Palavra com um coração de fé.

ENQUANTO ISSO, EM OUTRAS PARTES DO MUNDO...

Têm início os acontecimentos em Israel que levarão à destruição de Jerusalém em 70 d.C.

RESPOSTAS PARA PERGUNTAS DIFÍCEIS

1. Em 1:7, a quem ou a que o termo *espírito* se refere?

Essa afirmação contrasta duas condutas em vez de descrever o Espírito Santo, cuja presença (1:14) produz o segundo "espírito" citado em 1:7. O espírito de covardia, que pode ser traduzido por "timidez", indica um temor covarde e vergonhoso provocado por um caráter fraco e egoísta. Uma vez que isso não é um derivado da presença de Deus, deve vir de algum outro lugar. É possível que a ameaça de perseguição por parte dos romanos, que aumentava sob o domínio de Nero, a hostilidade daqueles na igreja em Éfeso que se ressentiam da liderança de Timóteo e os ataques dos falsos mestres com seus sistemas sofisticados de engano estivessem sendo custosos para Timóteo. Mas se ele estava com medo, esse medo não provinha de Deus. Como um antídoto contra o medo, Paulo lembra Timóteo acerca dos recursos fornecidos por Deus. Ele já deu aos cristãos todos os recursos espirituais dos quais precisam para enfrentar toda tribulação e ameaça (veja Mt 10:19-20). Primeiro, "poder" divino — energia espiritual eficaz e produtiva — pertence aos cristãos (veja Zc 4:6; Ef 1:18-20; 3:20). Segundo, Deus provê "amor", e esse amor concentra-se em agradar a Deus e buscar o bem-estar dos outros antes do bem-estar pessoal (veja Rm 14:8; Gl 5:22,25; Ef 3:19; 1Pe 1:22; 1Jo 4:18). Terceiro, Deus promove um "equilíbrio", e isso se refere a uma mente disciplinada, que tem domínio próprio e tem suas prioridades em ordem. É o oposto do temor e da covardia que geram desordem e confusão. Concentrar-se na natureza soberana e nos propósitos perfeitos de nosso Deus eterno permite aos cristãos controlar a própria vida com divina sabedoria e confiança em qualquer situação (veja Rm 12:3; 1Tm 3:2; Tt 1:8; 2:2).

2. **Quantas gerações de discipulado o versículo 2:2 inclui?**
À medida que Paulo orientava Timóteo no processo de transmissão da mensagem do evangelho, ele menciona quatro gerações de vidas transformadas pela graça de Cristo. A primeira era a geração do próprio Paulo. Ele lembra Timóteo que a fonte de sua mensagem para os outros consistia nas incontáveis horas de pregação e ensino que tinha ouvido do apóstolo "na presença de muitas testemunhas". A próxima geração era a de Timóteo. O que ele tinha ouvido deveria transmitir aos outros, e esses outros seriam a próxima geração, que não deveria ser um público aleatório, mas sim composto por "homens fiéis" com capacidade de ensinar. Eles, por sua vez, ensinariam a próxima geração a respeito da "graça que há em Cristo Jesus". Esse processo de reprodução espiritual, que teve início na igreja primitiva, deve continuar até a vinda do Senhor.

3. **Por que Paulo incluiu um discurso de despedida em sua segunda carta a Timóteo?**
Embora existam indicações do estado de humor de Paulo ao longo da carta, a passagem 4:6-8 se concentra na autoavaliação do apóstolo. Ao se aproximar do fim de sua vida, Paulo podia olhar para trás sem arrependimentos ou remorsos. Nesses versículos, ele examina sua vida por três perspectivas: (1) a realidade presente do fim de sua vida, para o qual ele estava preparado (versículo 6); (2) o passado, quando ele havia sido fiel (versículo 7); e (3) o futuro, uma vez que ele esperava sua recompensa celestial (versículo 8).

APROFUNDAMENTO

1. Que orientações específicas Paulo dá a Timóteo sobre a conduta de um pregador do evangelho?
2. O que Paulo, já tendo enfatizado em sua primeira carta, repete em 2Timóteo?
3. Como o capítulo 2 descreve o processo pelo qual o evangelho é disseminado?
4. Como a declaração de Paulo em 2Timóteo 3:16 se encaixa com o restante da carta?
5. Que perigos são apontados por Paulo a Timóteo sobre o ministério em tempos de tribulação?
6. Quem lhe dá mais encorajamento em sua vida cristã e que tipo de resposta você tem dado a essas pessoas?

Tito

Estimado mensageiro

TÍTULO

O nome dessa epístola provém de seu destinatário, Tito, que é citado 13 vezes no NT (1:4; Gl 2:1,3; 2Tm 4:10; 2Co 2:13; 7:6,13-14; 8:6,16,23; 12:18). O título no NT grego literalmente diz: "A Tito". Juntamente com 1 e 2Timóteo, essas cartas aos filhos de Paulo na fé são tradicionalmente chamadas de "epístolas pastorais".

AUTOR E DATA

É essencialmente inconteste que o apóstolo Paulo é o autor dessa carta (1:1; veja "Autor e data" de 1Timóteo). Tito foi escrita em 62-64 d.C., enquanto Paulo ministrava a igrejas na Macedônia entre a sua primeira e segunda prisão romanas, em Corinto ou Nicópolis (cf. 3:12). É muito provável que Tito tenha servido com Paulo tanto na segunda como na terceira viagem missionária. Tito, como Timóteo (2Tm 1:2), tornou-se um amado discípulo (1:4) e colaborador no evangelho (2Co 8:23). A última menção de Tito por parte de Paulo (2Tm 4:10) relata que ele havia ido ministrar na Dalmácia — a antiga Iugoslávia. A carta provavelmente foi entregue por Zenas e Apolo (3:13).

CENÁRIO E CONTEXTO

Embora Lucas não mencione Tito pelo nome no livro de Atos, parece provável que ele, um gentio (Gl 2:3), tenha conhecido Cristo por meio de Paulo e sido levado à fé pelo apóstolo (1:4) antes ou durante a sua primeira viagem missionária. Mais tarde, Tito ministrou por um período de tempo com Paulo na ilha de Creta e foi deixado nesse lugar para continuar a fortalecer a obra (1:5). Depois da chegada de Ártemas ou Tíquico (3:12) para dirigir o ministério ali, Paulo queria que Tito se unisse a ele na cidade de Nicópolis, na província grega de Acaia, e ficasse lá durante o inverno (3:12).

Por causa do seu envolvimento com a igreja em Corinto durante a terceira viagem missionária de Paulo, Tito é mencionado nove vezes em 2Coríntios (2:13; 7:6,13-14; 8:6,16,23; 12:18), em que Paulo se refere a ele como "meu irmão" (2Co 2:13) e "meu companheiro e cooperador" (2Co 8:23). O jovem presbítero já estava familiarizado com os judaizantes, os falsos mestres na igreja, que, entre outras coisas, insistiam para que todos os cristãos, tanto gentios como judeus, se sujeitassem à lei mosaica. Tito havia acompanhado Paulo e Barnabé anos antes ao Concílio de Jerusalém, no qual essa heresia foi o tema (At 15; Gl 2:1-5).

Creta, uma das maiores ilhas no mar Mediterrâneo, com 250 km de extensão por 56 km de largura, situada ao sul do mar Egeu, havia sido brevemente visitada

TITO 507

por Paulo em sua viagem a Roma (At 27:7-9,12-13,21). Ele voltou ali para ministrar e, mais tarde, deixou Tito para continuar a obra de um modo muito parecido como havia feito com Timóteo em Éfeso (1Tm 1:3), enquanto seguia para a Macedônia. É muito provável que ele tenha escrito a Tito em resposta a uma carta deste ou a uma notícia que recebeu de Creta.

PRINCIPAIS PERSONAGENS

- **Paulo**: escreveu para encorajar Tito e orientá-lo a respeito de sua posição de liderança na igreja (1:1 a 3:15).
- **Tito**: cristão grego enviado por Paulo para pastorear a igreja situada na ilha de Creta (1:4 a 3:15).

TEMAS HISTÓRICOS E TEOLÓGICOS

Como as duas cartas de Paulo para Timóteo, o apóstolo dá encorajamento e conselho pessoal a um jovem pastor que, embora bem preparado e fiel, enfrentava oposição contínua por parte de homens ímpios dentro das igrejas nas quais ministrava. Tito deveria transmitir esse encorajamento e conselho aos líderes que ele estava para designar às igrejas cretenses (1:5).

Contrastando com várias das outras cartas de Paulo, tais como aquelas às igrejas em Roma e na Galácia, o livro de Tito não se concentra em explicar ou defender a doutrina. Paulo tinha plena confiança no entendimento e nas convicções teológicas de Tito, o que era evidenciado pelo fato de ter-lhe confiado um ministério tão exigente. Com exceção da advertência contra os falsos mestres e judaizantes, a carta não apresenta nenhuma correção teológica, transmitindo a forte ideia de que Paulo também tinha confiança no conhecimento doutrinário da maioria dos membros da igreja ali, a despeito do fato de a maior parte deles ser formada por recém-convertidos. Entre as doutrinas que essa epístola trata estão: (1) a eleição soberana dos cristãos por parte de Deus (1:1-2); (2) sua graça salvadora (2:11; 3:5); (3) a divindade de Cristo e a sua segunda vinda (2:13); (4) a expiação substitutiva de Cristo (morrendo em nosso lugar por nossos pecados) (2:14); e (5) a regeneração e a renovação dos cristãos pelo Espírito Santo (3:5).

Deus e Cristo são regularmente citados como *Salvador* (1:3-4; 2:10,13; 3:4,6) e o plano da salvação é tão enfatizado em 2:11-14 que a impressão que temos é que o objetivo principal da epístola é preparar as igrejas de Creta para o evangelismo eficaz. Essa preparação exigia líderes piedosos que não somente pastoreassem esses cristãos para evangelizar seus vizinhos pagãos, os quais, segundo a descrição de um de seus próprios compatriotas, eram "mentirosos, feras malignas, glutões preguiçosos" (1:12). Para que essas pessoas dessem ouvidos ao evangelho, a preparação primordial dos cristãos para a evangelização era viver entre eles mesmos com o testemunho indiscutível de uma vida justa, amorosa, altruísta e piedosa (2:2-14) num nítido contraste com a vida devassa dos falsos mestres (1:10-16). O modo como eles se comportavam com relação às autoridades governamentais e os incrédulos também era crucial para seu testemunho (3:1-8).

PALAVRAS-CHAVE

Deus nosso Salvador: em grego, *tou sōtēros hēmōn theou* — 1:3; 2:10; 3:4. Nas epístolas pastorais essa expressão, ou semelhantes, aparecem com frequência. Em cada um desses versículos, o apelo descreve o Deus Pai. Os escritores do AT falam de Deus como Salvador (veja Sl 24:5; Is 12:2; 45:15,21) e o mesmo com relação a alguns escritores do NT (Lc 1:47; Jd 25). O Filho é chamado de Salvador nas epístolas pastorais (1:4; 2:13; 3:6; 2Tm 1:10), e em 2:13 o Filho é chamado de "nosso Deus e Salvador", logo, claramente identificando Jesus como Deus.

Lavar regenerador: em grego, *loutron palingenesias* — 3:5. O termo grego traduzido por "lavar" pode significar o recipiente utilizado para a lavagem. Em Efésios 5:26, a única outra ocorrência dessa palavra no NT, o sentido natural é lavar. Aqui, o ato de lavar também é apresentado. De forma bastante simples, o texto diz que a regeneração é caracterizada ou acompanhada pelo ato de lavar. A atividade regeneradora do Espírito Santo é caracterizada em outra parte da Escritura como purificação (veja Ez 36:25-27; Jo 3:5). O termo grego traduzido por "regenerador" significa literalmente "nascer de novo", indicando o novo nascimento efetivado pelo Espírito Santo (veja Jo 3:6; Rm 8:16; Gl 4:6). Assim, Deus nos salvou por meio de um único processo composto por dois aspectos: o lavar regenerador e a renovação do Espírito Santo.

Vários temas importantes repetem-se ao longo de Tito, inclusive: obra(s) (1:16; 2:7,14; 3:1,5,8,14); fé e doutrina sãs (1:4,9,13; 2:1-2,7-8,10; 3:15); e salvação (1:3-4; 2:10,13; 3:4,6).

PRINCIPAIS DOUTRINAS

- **A eleição soberana dos cristãos por parte de Deus**: antes do início do tempo, Deus conhecia, de forma íntima, a vida e o futuro de seus filhos (1:1-2; Dt 7:6; Mt 20:16; Jo 6:44; 13:18; 15:16; At 22:14; Ef 1:4; 1Ts 1:4; 1Tm 6:12).
- **Sua graça salvadora:** o presente gracioso de Deus à humanidade caída é Jesus Cristo (2:11; 3:5; Sl 84:11; Jo 1:14; 3:16-18; Rm 5:15,17; Ef 1:6; 1Tm 2:5-6; 4:10; Hb 4:16; Tg 1:17; 1Pe 5:10; 1Jo 2:2).
- **A divindade de Cristo e a sua segunda vinda:** a segunda vinda de Jesus Cristo revelará sua glória plena como Deus (2:13; Rm 8:22-23; 1Co 15:51-58; Fp 3:20-21; 1Ts 4:13-18; 2Pe 1:1; 1Jo 3:2-3).
- **A expiação substitutiva de Cristo:** Cristo deu sua própria vida em sacrifício, para que os que nele creem sejam perdoados do pecado (2:14; Is 53:4-12; Jo 15:13; At 4:12; Rm 5:8-11; 8:32; 2Co 5:18-19; Gl 1:4; Hb 10:14; 1Pe 3:18; 1Jo 2:2; 4:10).
- **A regeneração e a renovação dos cristãos pelo Espírito Santo**: a salvação traz o dom de uma nova vida gerada, capacitada e protegida pelo Espírito Santo como filhos e herdeiros de Deus (3:5; Ez 36:25-29; Jl 2:28; Jo 3:3-6; Rm 5:5; 8:2; Ef 5:26; Tg 1:18; 1Pe 1:23; 1Jo 2:29; 3:9; 4:7; 5:1).

O CARÁTER DE DEUS

- Deus é bondoso (3:4-6).
- Deus é amoroso (3:4-7).
- Deus é misericordioso (1:18; 3:5).
- Deus cumpre suas promessas (1:2).
- Deus é verdadeiro (1:2).

DESAFIOS DE INTERPRETAÇÃO

A carta a Tito apresenta-se de uma maneira direta que deveria ser interpretada à risca, de modo que há poucos desafios de interpretação, por exemplo: Qual é a "bendita esperança" de 2:13? Trata-se de uma referência geral à segunda vinda de Jesus Cristo, incluindo a ressurreição e o reino dos santos com Cristo na glória (2Tm 2:10).

> ### CRISTO EM TITO
>
> A divindade de Cristo é firmemente mantida em Tito: "aguardamos a bendita esperança: a gloriosa manifestação de nosso grande Deus e Salvador, Jesus Cristo" (2:13). Ao longo da epístola, Paulo se refere a Deus e a Cristo como o Salvador, enfatizando tanto a pessoa de Cristo como Deus como o plano da salvação (1:3-4; 2:10,13; 3:4,6).

ESBOÇO

1. Saudação (1:1-4)

2. Fundamentos para o evangelismo eficaz (1:5—3:11)
   a. Entre os líderes (1:5-16)
      - Identificação dos presbíteros (1:5-9)
      - Repreensão aos falsos mestres (1:10-16)
   b. Na igreja (2:1-15)
      - Vida santa (2:1-10)
      - Sã doutrina (2:11-15)
   c. No mundo (3:1-11)
      - Vida santa (3:1-4)
      - Sã doutrina (3:5-11)

3. Conclusão (3:12-14)

4. Bênção (3:15)

ENQUANTO ISSO, EM OUTRAS PARTES DO MUNDO...

A rainha Boadiceia, da Bretanha, lidera uma revolta contra o imperador romano, Nero, depois de suas forças terem saqueado e brutalmente anexado algumas de suas terras. Os orgulhosos britânicos lutam com tal ferocidade que os romanos tiveram de pedir reforço. Roma sai vitoriosa, mas pagou um alto preço.

RESPOSTAS PARA PERGUNTAS DIFÍCEIS

1. **De que formas a carta de Paulo ao seu discípulo Tito indica que a mensagem era intencionada para outras pessoas além de Tito e os cristãos de Creta?**

   Tito 2:11-13 apresenta a essência da carta de Paulo a Tito. O apóstolo já havia enfatizado o propósito soberano de Deus em chamar presbíteros para servir como líderes (1:5) e em ordenar que seu povo viva na justiça (2:1-10). Esse propósito é prover o testemunho que leva o plano e o propósito da salvação de Deus a se cumprirem. Como sempre, o apóstolo tinha em mente um público mais abrangente. O evangelho tem âmbito universal. Aqui, Paulo condensou o plano de salvação de Deus em três realidades: (1) salvação do castigo devido ao pecado (versículo 11); (2) salvação do poder do pecado (versículo 12); e (3) salvação da presença do pecado (versículo 13).

   Ao dizer "a graça de Deus se manifestou salvadora" (versículo 11), Paulo não estava simplesmente se referindo ao atributo divino da graça, mas ao próprio Jesus Cristo, a graça encarnada, a dádiva graciosa de Deus à humanidade caída (veja Jo 1:14). O termo "todos os homens" (versículo 11), apesar de tantos esforços nesse sentido, não oferece respaldo à teoria do universalismo. "Humanidade" é traduzida por "homens" em 3:2 para se referir à humanidade em geral como categoria, e não a cada indivíduo. Jesus Cristo fez um sacrifício suficiente para cobrir os pecados de todos os que creem (veja Jo 3:16-18; 1Tm 2:5-6; 4:10; 1Jo 2:2). Paulo deixa claro nas palavras introdutórias dessa carta a Tito que a salvação se torna eficaz apenas por meio da fé dos eleitos de Deus (1:1). Paulo estava ciente de que o evangelho tinha implicações universais. De toda a humanidade, somente os que crerem serão salvos (veja Jo 1:12; 3:16; 5:24,38,40; 6:40; 10:9; Rm 10:9-17).

2. **Como a passagem 3:1-11 argumenta a favor do valor do evangelismo?**

   Ao longo dessa carta, Paulo ressalta que o papel de Tito na igreja existente em Creta era maior que simplesmente mantê-la. O propósito de Paulo era evangelístico. Ele queria que a obra de Tito conduzisse mais pessoas à fé em Cristo. Em vista disso, as orientações de Paulo se concentravam em equipar as igrejas de Creta para um evangelismo eficaz. Até mesmo os padrões de Paulo para a liderança exigia líderes piedosos que não apenas pastoreassem os cristãos sob seus cuidados (1:5-9), mas também os equipassem para a evangelização das vizinhanças pagãs. O padrão consistente de Paulo é mais bem descrito em 2Timóteo 2:2.

   Em seus comentários finais, Paulo admoestou Tito para que lembrasse os cristãos de que estavam sob seus cuidados (1) das atitudes que deveriam ter para com os governantes não salvos (3:1) e as pessoas em geral (3:2); (2) da sua condição anterior como incrédulos perdidos no pecado (3:3); (3) da sua salvação pela graça por meio de Jesus Cristo (3:4-7); (4) do seu testemunho íntegro diante do mundo não salvo (3:8); e (5) da sua responsabilidade de se opor aos falsos mestres e membros facciosos dentro da igreja (3:9-11). Todas essas questões são essenciais para o evangelismo eficaz. O testemunho humilde e compassivo de um corpo de cristãos organizados oferece a mensagem mais persuasiva do evangelho.

APROFUNDAMENTO

1. Ao estudar a carta de Paulo a Tito, revise a localização da ilha de Creta.
2. Compare Tito com 1Timóteo. Quais semelhanças você observa entre as duas cartas?
3. Como Paulo sumariza o evangelho para Tito?
4. Quais são os principais papéis de liderança na igreja segundo as orientações de Paulo para Tito?
5. Até que ponto o caráter dos líderes da igreja importava para Paulo?
6. Que grupo de cristãos você representa e o quão seriamente você encara essa responsabilidade?

Filemom

Igualdade espiritual e verdadeiro perdão

TÍTULO

Filemom, o destinatário dessa carta, era um membro proeminente da igreja em Colossos (versículos 1-2; cf. Cl 4:9), a qual se reunia em sua casa (versículo 2). A carta era para ele, sua família e a igreja.

AUTOR E DATA

O livro afirma que o apóstolo Paulo foi o seu autor (versículos 1,9,19), uma reivindicação que poucos na história da igreja têm contestado, especialmente porque não há nada em Filemom que um impostor teria sido motivado a escrever. É uma das "epístolas da prisão", juntamente com Efésios, Filipenses e Colossenses. Sua estreita relação com Colossenses, que Paulo escreveu na mesma época (por volta de 60-62 d.C.; cf. versículos 1,16), fez com que logo houvesse, por parte dos pais da igreja primitiva (por exemplo: Jerônimo, Crisóstomo e Teodoro de Mopsuéstia), o reconhecimento da autoria de Paulo. O cânone mais antigo do NT, o Muratoriano (aproximadamente 170 d.C.), inclui Filemom. Para informações bibliográficas de Paulo, veja "Autor e data" de Romanos. Para a data e o local em que Filemom foi escrito, veja "Autor e data" de Efésios e Filipenses.

CENÁRIO E CONTEXTO

Filemom havia sido salvo durante o ministério de Paulo, provavelmente em Éfeso (versículo 19), vários anos antes. Abastado o suficiente para ter uma grande casa (cf. versículo 2), Filemom também possuía pelo menos um escravo, um homem chamado Onésimo (literalmente, "útil", um nome comum para escravos). Onésimo não era cristão na época em que roubou dinheiro (versículo 18) de Filemom e fugiu. Como incontáveis milhares de escravos fugitivos, Onésimo fugiu para Roma, buscando se perder em meio à enorme e indefinível população de escravos da capital do império. Por meio de circunstâncias não registradas na Escritura, Onésimo conheceu Paulo em Roma e tornou-se cristão.

Não demorou muito para o apóstolo passar a amar o escravo fugitivo (versículos 12,16) e querer mantê-lo em Roma (versículo 13), onde ele estava prestando um serviço valioso para Paulo em sua prisão (versículo 11). Contudo, ao roubar e fugir de Filemom, Onésimo havia violado a lei romana e defraudado o seu senhor. Paulo sabia que essas questões tinham de ser tratadas e decidiu enviar Onésimo de volta a Colossos. Era muito perigoso para um escravo fazer essa viagem desacompanhado (por causa dos caçadores de escravos), por isso Paulo o enviou de volta com Tíquico, que estava retornando a Colossos com a epístola aos colossenses (Cl 4:7-9). Junto com Onésimo, Paulo enviou a Filemom essa bela carta pessoal, recomendando-lhe que perdoasse Onésimo e o recebesse de volta ao serviço como irmão em Cristo (versículos 15-17).

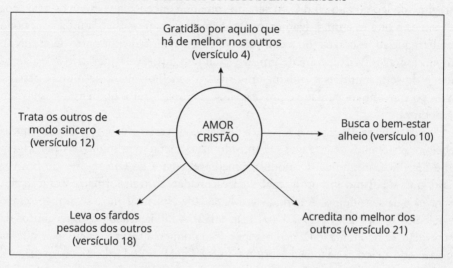

COMO O AMOR FUNCIONA EM FILEMOM

PRINCIPAIS PERSONAGENS

- **Paulo**: escreveu intercedendo por Onésimo, para que Filemom o perdoasse e o aceitasse como irmão (versículos 1-25).
- **Filemom**: membro proeminente da igreja em Colossos; antigo senhor de Onésimo (versículos 1-25).
- **Onésimo**: escravo foragido de Filemom; tornou-se cristão depois de conhecer Paulo em Roma (versículos 10-22).

TEMAS HISTÓRICOS E TEOLÓGICOS

Filemom fornece valiosas informações históricas sobre a relação da igreja primitiva com a instituição da escravidão, que era uma prática comum no Império Romano (segundo algumas estimativas, os escravos constituíam um terço, talvez mais, da população) e era aceita como parte da vida. Na época de Paulo, a escravidão havia praticamente extinguido o trabalho livre. Os escravos podiam ser médicos, músicos, professores, artistas, bibliotecários ou contadores; em resumo, quase todos os ofícios podiam ser (e eram) executados por escravos.

Do ponto de vista legal, os escravos não eram considerados pessoas, mas instrumentos do seu dono. Como tal, podiam ser comprados, vendidos, herdados, trocados ou tomados como pagamento de uma dívida que seu dono tivesse. Este tinha praticamente poder ilimitado para castigá-los e, às vezes, o castigo por pequenas infrações era severo. Na época do NT, porém, a escravidão estava começando a mudar, e, ao perceber que os escravos contentes eram mais produtivos, seus donos em geral começavam a tratá-los com maior flexibilidade. Não era raro um senhor ensinar a um escravo o seu próprio ofício, e alguns senhores e escravos se tornavam amigos próximos. Embora eles ainda não fossem reconhecidos como pessoas sob o regime da lei, no ano 20 d.C., o senado romano concedeu aos escravos acusados de crimes o direito a um julgamento. Também se tornou mais comum a concessão de liberdade aos escravos (ou a compra da própria liberdade por parte do escravo). Alguns escravos desfrutavam de um serviço muito favorável e lucrativo sob a autoridade de seus senhores e tinham uma situação melhor que a de muitas pessoas livres porque tinham cuidado e provisão assegurados. Muitos homens livres viviam na pobreza.

Em nenhuma passagem o NT ataca diretamente a escravidão; se o tivesse feito, as rebeliões resultantes de escravos teriam sido brutalmente reprimidas, e a mensagem do evangelho confundida de modo irremediável com a da reforma social. Em vez disso, o cristianismo minou os males da escravidão ao transformar o coração dos escravos e de seus donos. Ao enfatizar a igualdade espiritual entre senhor e escravo (versículo 16; Gl 3:28; Ef 6:9; Cl 4:1; 1Tm 6:1-2), a Bíblia acabou com os abusos da escravidão. O rico tema teológico que por si só domina a carta é o perdão, um tema apresentado ao longo de toda a Escritura do NT (cf. Mt 6:12-15; 18:21-35; Ef 4:32; Cl 3:13). A instrução de Paulo aqui fornece a definição bíblica do perdão, sem sequer usar a palavra.

PRINCIPAIS DOUTRINAS

- **Perdão**: Cristo dá o exemplo perfeito de perdão (versículos 16-17; Mt 6:12-15; 18:21-35; Ef 4:32; Cl 3:13).
- **Igualdade**: o cristianismo minou os males da escravidão ao transformar o coração de escravos e de seus donos, e ao enfatizar a igualdade espiritual entre escravos e senhores (versículo 16; Mt 20:1-16; Mc 10:31; Gl 3:28; Ef 6:9; Cl 4:1; 1Tm 6:1-2).

O CARÁTER DE DEUS

- Deus é perdoador (versículos 16-17).
- Deus é imparcial (versículo 16).

DESAFIOS DE INTERPRETAÇÃO

Não há desafios significativos de interpretação nessa carta pessoal de Paulo ao seu amigo Filemom.

CRISTO EM FILEMOM

O relacionamento entre Paulo, Onésimo e Filemom ilustra de forma bela a mediação de Cristo no relacionamento entre o Pai e a humanidade. Paulo estava disposto a restituir a Filemom os prejuízos causados por Onésimo, a fim de promover a reconciliação entre senhor e escravo. A obra de Paulo nesse âmbito do perdão também retrata a força que Deus concede aos cristãos para demonstrar compaixão e misericórdia.

ESBOÇO

1. Saudação (1-3)

2. O caráter daquele que perdoa (4-7)

3. As ações daquele que perdoa (8-18)

4. Os motivos daquele que perdoa (19-25)

ENQUANTO ISSO, EM OUTRAS PARTES DO MUNDO...

Os romanos começam a fabricar o bronze e desenvolvem um sistema para extrair ouro de suas reservas.

RESPOSTAS PARA PERGUNTAS DIFÍCEIS

1. **Quem era Onésimo e por que Paulo escreveu uma carta a Filemom a respeito dele?**

   Onésimo era um escravo e Filemom era seu senhor, membro proeminente da igreja em Colossos. Por uma feliz e divina coincidência, Onésimo conheceu Paulo depois de ter fugido de Filemom. Até então, Onésimo tinha violado a lei em dois pontos — havia roubado seu dono e fugido. Logo após conhecer Paulo, Onésimo se tornou cristão.

   Apesar de Onésimo estar prestando útil serviço a Paulo, o apóstolo decidiu enviá-lo de volta a Filemom. Com ele, Paulo enviou Tíquico, para escoltá-lo, e uma carta de explicação endereçada a Filemom. O abastado residente de Colossos estava em dívida com Paulo, visto que o apóstolo havia sido o mensageiro que lhe trouxe o evangelho. Paulo não hesita em mencionar tal dívida, a fim de despertar a consciência de Filemom a respeito da importância de acolher e perdoar seu escravo fugitivo.

   A carta de Paulo a Filemom nos fornece um vislumbre perspicaz no tratamento da escravidão no NT. Em vez de atacar diretamente a prática, o cristianismo desarmou a instituição de dentro para fora ao mudar radicalmente o relacionamento entre escravos e senhores. Veja a introdução a essa carta para mais detalhes sobre essa questão.

2. **Como Paulo interveio perante Filemom em favor de Onésimo?**

   Paulo reapresentou o escravo Onésimo ao seu dono Filemom como seu próprio filho na fé (versículo 10). Paulo havia conduzido o escravo a Cristo enquanto esteve na prisão em Roma. Uma vez que o nome "Onésimo" significava "útil", sendo bastante comum entre os escravos, Paulo fez um jogo de palavras como homenagem à nova vida de Onésimo em Cristo. A descrição de Paulo (versículo 11) significa, basicamente: "Útil antes era inútil, mas agora é útil". Onésimo havia sido transformado radicalmente pela graça de Deus.

Embora Paulo não tenha desafiado a situação legal de Onésimo com relação ao seu senhor (versículo 16), ele desafiou Filemom a um novo relacionamento com Onésimo. Paulo não pediu a libertação do escravo (1Co 7:20-22), mas que Filemom o recebesse agora como a um irmão na fé em Cristo (veja Ef 6:9; Cl 4:1; 1Tm 6:2). Paulo não estava tentando abolir a escravidão; antes, queria fazer com que as relações dentro dessa instituição fossem justas e boas. O senhor e o escravo deveriam desfrutar de unidade e comunhão espiritual enquanto adoravam a Deus e ministravam juntos.

Além disso, Paulo reconheceu que o perdão de Filemom envolveria um custo. O roubo original, bem como o prejuízo resultante da ausência de Onésimo, eram preocupações justificáveis que Paulo estava disposto a endereçar. Se Filemom sentisse necessidade de restituição, Paulo declarou que pagaria a dívida de Onésimo. Sugeriu também, de forma sutil, no entanto, que Filemom talvez devesse se lembrar do que ele devia a Paulo ao considerar seus próprios prejuízos.

APROFUNDAMENTO

1. Ao escrever para Filemom, como Paulo tratou o tema da escravidão?
2. Em quais princípios Paulo baseou seu incentivo a Filemom para que perdoasse Onésimo?
3. Qual é o tom da carta de Paulo?
4. Como você resolveria a tensão entre Onésimo, Filemom e Paulo de modo que todos saíssem satisfeitos?

Hebreus

Cristo é nosso sumo sacerdote

TÍTULO

Quando os vários livros do NT foram formalmente reunidos numa compilação, pouco depois do ano 100 d.C., os títulos foram acrescentados por conveniência. O título dessa epístola leva o título grego tradicional, "Aos Hebreus", que foi certificado, no mínimo, no século II d.C. No entanto, na própria epístola não há identificação dos destinatários como hebreus (judeus) ou gentios. Uma vez que a epístola está repleta de referências à história e à religião hebraicas, e não se dirige a nenhuma prática gentia ou pagã em particular, o título tradicional foi mantido.

AUTOR E DATA

O autor de Hebreus é desconhecido. Paulo, Barnabé, Silas, Apolo, Lucas, Filipe, Priscila, Áquila e Clemente de Roma foram sugeridos por diferentes estudiosos, mas o vocabulário, o estilo e diversas características literárias da epístola não respaldam claramente nenhuma afirmação em particular. É significativo o fato de o escritor incluir-se entre as pessoas que haviam recebido confirmação da mensagem de Cristo por meio de outros (2:3). Isso parecia excluir alguém como Paulo, que afirmava ter recebido essa confirmação diretamente de Deus, e não de homens (Gl 1:12). Independentemente de quem seja o autor, ele preferiu citar referências do AT a partir do texto grego (*Septuaginta*), e não do texto hebraico. Até a igreja primitiva expressou diferentes opiniões a respeito da autoria, e a erudição contemporânea admite que o enigma ainda não tem solução. Portanto, parece que é melhor aceitar o anonimato da epístola. É claro que, em última análise, o autor foi o Espírito Santo (2Pe 1:21).

O uso do tempo presente em 5:1-4; 7:21,23,27-28; 8:3-5,13; 9:6-9,13,25; 10:1,3-4,8,11 e 13:10-11 poderia sugerir que o sacerdócio levítico e o sistema de sacrifícios ainda estavam em funcionamento quando a epístola foi composta. Uma vez que o templo foi destruído pelo general (mais tarde imperador) Tito Vespasiano no ano 70 d.C., a epístola deve ter sido escrita antes dessa data. Além disso, pode-se observar que Timóteo acabava de ser liberado da prisão (13:23) e que a perseguição estava se tornando severa (10:32-39; 12:4; 13:3). Esses detalhes sugerem uma data para a epístola em torno de 67-69 d.C.

CENÁRIO E CONTEXTO

A ênfase no sacerdócio levítico e nos sacrifícios, bem como a ausência de qualquer referência aos gentios, respalda a conclusão de que a epístola se destinava a uma comunidade de hebreus. Embora esses hebreus fossem primordialmente convertidos a Cristo, é provável que houvesse alguns incrédulos no meio deles, talvez atraídos pela mensagem de salvação, mas que ainda não haviam assumido um compromisso total de fé em Cristo. Uma coisa é clara a partir do conteúdo da epístola: a comunidade de hebreus estava enfrentando a possibilidade de uma perseguição intensificada (10:32-39; 12:4). À medida que confrontavam essa possibilidade, os hebreus eram tentados a abandonar qualquer identificação com Cristo. Talvez eles estivessem considerando a ideia de reduzir Cristo como o Filho de Deus a um mero anjo, e esse precedente já havia sido estabelecido pela comunidade de Qumran de judeus messiânicos que vivia em torno do mar Morto. Eles haviam se retirado da sociedade, estabelecido uma comunidade religiosa e incluído a adoração de anjos em seu tipo de judaísmo reformado. A comunidade de Qumran havia chegado a ponto de afirmar que o anjo Miguel era superior ao Messias vindouro quanto à posição. Esses tipos de aberrações doutrinárias poderiam explicar a ênfase na superioridade de Cristo sobre os anjos no capítulo 1 de Hebreus.

Possíveis lugares dos destinatários da epístola incluem a Palestina, o Egito, a Itália, a Ásia Menor e a Grécia. A comunidade que foi a principal destinatária pode ter circulado a epístola entre as áreas e igrejas de origem hebraica que se encontravam ao seu redor. É provável que esses cristãos não tenham visto Cristo pessoalmente. Ao que parece, haviam sido evangelizados por aqueles que "ouviram" Cristo e cujos ministérios tinham sido autenticados com "sinais, maravilhas, diversos milagres" (2:3-4). Portanto, os destinatários poderiam ter estado numa igreja fora da Judeia e da Galileia ou numa igreja nessas áreas, mas se estabelecido entre pessoas na geração seguinte à daqueles que haviam sido testemunhas oculares de Cristo. A congregação não era nova, nem sem instrução ("já devessem ser mestres"), embora algumas pessoas ainda precisassem "de leite, e não de alimento sólido!" (5:12).

"Os da Itália" (13:24) é uma referência ambígua, uma vez que poderia significar aqueles que haviam deixado a Itália, vivendo em outros lugares, ou aqueles que ainda estavam nela e foram distinguidos como residentes oriundos desse país. A Grécia ou a Ásia Menor também devem ser consideradas por causa do aparente estabelecimento antigo da igreja ali e por causa do uso consequente da *Septuaginta*.

A geração de hebreus que estavam recebendo essa epístola havia praticado os sacrifícios levíticos no templo em Jerusalém. Os judeus que estavam vivendo no exílio haviam substituído o templo pela sinagoga, mas ainda sentiam uma profunda atração pela adoração no templo. Alguns tinham os meios para fazer peregrinações regulares ao templo em Jerusalém. O escritor dessa epístola enfatizou a superioridade do sacrifício que Cristo fez de uma vez por todas sobre os sacrifícios levíticos repetidos e imperfeitos que eram observados no templo.

PRINCIPAIS PERSONAGENS

- **Abel**: filho de Adão e Eva; ofereceu um sacrifício a Deus mais aceitável do que o de seu irmão (11:4; 12:24).

HEBREUS **519**

- **Enoque**: viveu em profunda comunhão com Deus; foi levado aos céus sem experimentar a morte (11:5).
- **Noé**: obedeceu a Deus e construiu a arca (11:7).
- **Abraão**: seguiu a Deus para se tornar o pai de uma nação judaica (2:16; 6:13-11:19).
- **Sara**: confiou em Deus para lhe dar um filho em sua idade avançada (11:11).
- **Isaque**: filho de Abraão e Sara; abençoou seus filhos, Jacó e Esaú, segundo a vontade de Deus (11:9-20).
- **Jacó**: filho de Isaque; abençoou e adotou os filhos de José antes de sua morte (11:9,20-21).
- **José**: acreditou que Deus libertaria a nação de Israel do Egito (11:22).
- **Moisés**: serviu a Deus com coragem e liderou Israel em sua fuga do Egito (3:2-16; 7:14 a 12:25).
- **Raabe**: obedeceu a Deus ao acolher os espiões israelitas em sua casa (11:31).
- **Pessoas de fé do Antigo Testamento**: realizaram grandes feitos para Deus e também sofreram grande perseguição (11:32-40).

PALAVRAS-CHAVE

Aliança: em grego, *diathēkē* — 8:6,8-10; 9:4; 10:16,29; 12:24 —, literalmente, "acordo", "vontade" ou "testamento". Em 9:15-20, o autor de Hebreus explica por que a Nova Aliança (8:7) completou a primeira aliança feita no monte Sinai. O autor usa a palavra *diathēkē* ao longo da seção como uma analogia a um "testamento". Assim como o conteúdo de um testamento entra em vigor quando uma pessoa morre, também a morte de Cristo iniciou a nova aliança que nos liberta da escravidão da primeira aliança.

Mediador: em grego, *mesitēs* — 8:6; 9:15; 12:24 —, literalmente, "intermediador". Paulo caracteriza Moisés como mediador da aliança no monte Sinai. Moisés atuou como elo de comunicação entre Deus e os Israelitas, e informou os israelitas da obrigações como parte da aliança e também rogou a Deus por Israel (veja Gl 3:19-20). Agindo na mesma posição, Jesus é o Mediador da Nova Aliança, ativada por ele por meio de seu sacrifício na cruz. Hoje ele está assentado à direita do Pai, intercedendo por nós (7:25).

Resgate: em grego, *apolutrōsis* — 9:15 —, literalmente, "redenção". Quando utilizado pelos autores do NT, essa palavra e seu termo relacionado, *lutrōsis*, significam redenção. *Redenção* reflete o ato de libertar, soltar ou comprar de volta ao pagar uma quantia (resgate). O resgate para o pecado da humanidade é a morte. Porém, Cristo pagou esse preço por meio de seu sacrifício (1Pe 1:18-19), assim libertando-nos da escravidão do pecado, para que fôssemos trazidos de volta para a família de Deus (Gl 3:13; 4:5).

TEMAS HISTÓRICOS E TEOLÓGICOS

Como o livro de Hebreus está fundamentado na obra do sacerdócio levítico, entender o livro de Levítico é essencial para uma interpretação adequada de Hebreus. Nos tempos do AT, o pecado de Israel interrompeu continuamente a comunhão de Deus com seu povo escolhido e com o qual tinha aliança, Israel. Portanto, em sua graça, ele estabeleceu um sistema de sacrifícios que simbolicamente representava o arrependimento interior dos pecadores e seu perdão divino. No entanto, a necessidade de sacrifícios nunca terminou, porque o povo e os sacerdotes continuavam a pecar. A necessidade de toda a humanidade consistia em ter um sacerdote e um sacrifício perfeitos que acabaria de fato com o pecado, e a provisão de Deus desse sacerdote e sacrifício perfeitos em Cristo é a mensagem central de Hebreus.

A epístola aos Hebreus é um estudo que contrasta as provisões imperfeitas e incompletas da antiga aliança, dadas sob a liderança de Moisés, e as provisões infinitamente superiores da nova aliança fornecidas pelo Sumo Sacerdote perfeito, o Filho unigênito de Deus e Messias, Jesus Cristo. Entre as provisões "superiores" estão: melhor esperança, testamento, promessa, sacrifício, substância, nação e ressurreição. Aqueles que pertencem à nova aliança vivem numa atmosfera completamente nova e celestial, adoram a um Salvador celestial, têm um chamado celestial, recebem um dom celestial, são cidadãos de um país celestial, esperam ansiosos por uma Jerusalém celestial e têm o próprio nome escrito no céu.

Um dos temas teológicos fundamentais em Hebreus é que todos os cristãos agora têm acesso direto a Deus sob a nova aliança e, portanto, podem aproximar-se do seu trono confiadamente (4:16; 10:22). A esperança de uma pessoa está na presença de Deus, na qual ela segue o Salvador (6:19-20; 10:19-20). O ensino primordial simbolizado pelo serviço no tabernáculo era que os cristãos sob a aliança da lei não tinham acesso direto à presença de Deus (9:8), mas estavam excluídos do Santo dos Santos. O livro de Hebreus pode ser brevemente resumido do seguinte modo: Os que creem em Jesus como sacrifício perfeito de Deus pelo pecado tem nele o perfeito sumo sacerdote, através de cujo ministério tudo é novo e melhor do que sob o pacto da lei.

A SUPERIORIDADE DE CRISTO

Jesus é superior aos profetas (1:1-3) Sete afirmações de caráter:	Jesus é superior aos anjos (1:4-14) Sete citações bíblicas:
Herdeiro de todas as coisas (versículo 2)	Salmo 2:7 (versículo 5)
Criador (versículo 2)	2Samuel 7:14 (versículo 3)
Resplendor da glória de Deus (versículo 3)	Deuteronômio 32:43 ou Salmo 97:7 (versículo 6)
Representação exata do ser de Deus (versículo 3)	Salmo 104:4 (versículo 7)
Sustentador de todas as coisas (versículo 3)	Salmo 45:6-7 (versículos 8-9)
Salvador (versículo 3)	Salmo 102:25-27 (versículos 10-12)
Senhor exaltado (versículo 3)	Salmo 110:1 (versículo 13)

HEBREUS   **521**

Entretanto, essa epístola é mais do que um tratado doutrinário. É bastante prática em sua aplicação à vida diária (veja capítulo 13). O próprio escritor até se refere à sua carta como uma "palavra de exortação" (13:22; cf. At 13:15). Ao longo do texto, encontram-se exortações que têm por objetivo estimular os leitores à ação. Essas exortações são feitas na forma de seis advertências:

- contra desviar-se daquilo "que temos ouvido" (2:1-4);
- contra não crer na "voz" de Deus (3:7-14);
- contra decair dos "princípios elementares da palavra de Deus" (5:11 a 6:20);
- contra desprezar "o conhecimento da verdade" (10:26-39);
- contra desvalorizar a "graça de Deus" (12:15-17);
- contra afastar-se daquele "que fala" (12:25-29).

Outro aspecto significativo dessa epístola é sua clara exposição de passagens selecionadas do AT. O escritor claramente era um hábil expositor da Palavra de Deus, e seu exemplo é instrutivo para pregadores e mestres:

- 1:1-2:4: exposição de versículos de Salmos, 2Samuel 7 e Deuteronômio 32;
- 2:5-18: exposição do salmo 8:4-6;
- 3:1-4:13: exposição do salmo 95:7-11;
- 4:14-7:28: exposição do salmo 110:4;
- 8:1-10:18: exposição de Jeremias 31:31-34;
- 10:32-12:3: exposição de Habacuque 2:3-4;
- 12:4-13: exposição de Provérbios 3:11-12;
- 12:18-29: exposição de Êxodo 19 e 20.

PRINCIPAIS DOUTRINAS

- **A nova aliança**: todos os cristãos têm agora acesso direto a Deus e podem se aproximar do trono de Deus sem temor (4:16; 6:19-20; 9:8; 10:19-22; Dt 4:7; Sl 65:4; Jo 10:7,9; 14:6; Rm 5:2; Ef 2:18; 3:12; Cl 1:21-22; 1Pe 3:18).
- **Cristo como Sumo Sacerdote:** (3:1-2; 4:14; 5:5-11; 6:20; 7:15-17,26; 9:11; Zc 6:13; Sl 110:4).

O CARÁTER DE DEUS

- Deus é acessível (4:16; 7:25; 9:6-15; 10:19-22; 11:16).
- Deus é fogo consumidor (12:29).
- Deus é glorioso (1:3).
- Deus é amoroso (12:6).
- Deus cumpre suas promessas (4:1; 6:12,15,17; 8:6,10,12; 10:23,36; 11:9,11,33.
- Deus se ira (3:17-19; 10:26-27).

DESAFIOS DE INTERPRETAÇÃO

Uma interpretação adequada dessa epístola requer o reconhecimento de que ela se dirige a três grupos distintos de judeus: (1) cristãos; (2) incrédulos que estavam intelectualmente convencidos do evangelho; e (3) incrédulos que foram atraídos para o evangelho e pela pessoa de Cristo, mas que não haviam chegado a uma convicção definitiva acerca dele. Não reconhecer esses grupos leva a interpretações inconsistentes com o restante da Bíblia.

O principal grupo a quem o autor se dirige era constituído de hebreus cristãos que sofriam rejeição e perseguição por parte de seus compatriotas judeus (10:32-34), embora até então nenhum deles havia sido martirizado (12:4). A carta foi escrita para lhes dar encorajamento e confiança em Cristo, seu Messias e Sumo Sacerdote. Eles formavam um grupo imaturo de cristãos que eram tentados a agarrar-se às tradições e aos rituais simbólicos e sem poder espiritual do judaísmo. O segundo grupo a quem o autor se dirige era integrado por judeus incrédulos que estavam convencidos das verdades básicas do evangelho, mas que não haviam depositado sua fé em Jesus Cristo como seu próprio Salvador e Senhor. O autor dirige-se a esses incrédulos em passagens como 2:1-3; 6:4-6; 10:26-29 e 12:15-17. O terceiro grupo era formado por judeus incrédulos que não estavam convencidos da verdade do evangelho, mas haviam sido expostos a ele de algum modo. Grande parte do capítulo 9 se concentra neles (veja especificamente os versículos 11,14-15,27-28).

Sem dúvida, a dificuldade de interpretação mais séria encontra-se em 6:4-6. A expressão "foram iluminados" é entendida muitas vezes como referência a cristãos, e a advertência que a acompanha é entendida como uma indicação de perigo de perderem sua salvação se caírem ou crucificarem de novo para si mesmos o Filho de Deus. Mas não há menção de que sejam salvos e eles não são descritos com nenhum termo que se aplique somente a cristãos (como santos, nascidos de novo ou justos). Esse problema é fruto de uma identificação imprecisa da condição espiritual daqueles a quem o autor está se dirigindo. Nesse caso, eram incrédulos que haviam sido expostos à verdade redentora de Deus, tendo feito talvez uma profissão de fé, mas que não haviam exercido a genuína fé salvadora. Em 10:26 é feita referência mais uma vez a cristãos apóstatas, e não a cristãos genuínos que muitas vezes pensam incorretamente que perderam a salvação por causa de seus pecados.

CRISTO EM HEBREUS

Diretamente para leitores judeus, essa é uma obra de contrastes. Os judeus cristãos corriam o risco de cair novamente nos rituais da lei. Assim, Hebreus exorta seus leitores a se lembrarem da provisão de Deus para um perfeito sacerdote e sacrifício em Cristo, a fim de libertar aqueles que permaneciam sob a lei. Hebreus apresenta Cristo como o sacrifício perfeito contra os sacrifícios inapropriados dos judeus (9:9,12-15). Cristo também é superior como o Sumo Sacerdote, Profeta e Rei para todos os que o precederam (4:14-16; 12:1-2).

HEBREUS   523

ESBOÇO

1. A superioridade da posição de Jesus Cristo (1:1 a 4:13)
   a. Um nome melhor (1:1-3)
   b. Melhor que os anjos (1:4 a 2:18)
   - Um mensageiro maior (1:4-14)
   - Uma mensagem maior (2:1-18)
     o Uma salvação maior (2:1-4)
     o Um salvador maior (2:5-18)
   c. Melhor do que Moisés (3:1-19)
   d. Um descanso melhor (4:1-13)

2. A superioridade do sacerdócio de Jesus Cristo (4:14 a 7:28)
   a. Cristo como Sumo Sacerdote (4:14 a 5:10)
   b. Exortação ao compromisso total com Cristo (5:11 a 6:20)
   c. O sacerdócio de Cristo como o de Melquisedeque (7:1-28)

3. A superioridade do ministério sacerdotal de Jesus Cristo (8:1 a 10:18)
   a. Por meio de uma aliança superior (8:1-13)
   b. Num santuário superior (9:1-12)
   c. Por meio de um sacrifício superior (9:13 a 10:18)

4. A superioridade dos privilégios do cristão (10:19 a 12:29)
   a. Fé salvadora (10:19-25)
   b. Fé falsa (10:26-39)
   c. Fé genuína (11:1-3)
   d. Heróis da fé (11:4-40)
   e. Fé perseverante (12:1-29)

5. A superioridade da conduta cristã (13:1-21)
   a. Em relação aos outros (13:1-3)
   b. Em relação a nós mesmos (13:4-9)
   c. Em relação a Deus (13:10-21)

Reflexão final (13:22-25)

ENQUANTO ISSO, EM OUTRAS PARTES DO MUNDO...

Na África oriental, a arte da cerâmica se desenvolve na Tanzânia e no Quênia e migra para Moçambique.

RESPOSTAS PARA PERGUNTAS DIFÍCEIS

1. Para quais hebreus esse livro foi escrito?
Embora o autor e os destinatários originais dessa carta sejam desconhecidos, o título, que data desde o século II d.C., tem sido "Aos Hebreus" e, certamente, é

524   MANUAL BÍBLICO MACARTHUR

compatível com seu conteúdo. A epístola transpira uma mentalidade judaica. Referências à história e religião hebraica são abundantes, e, uma vez que nenhuma prática gentia ou pagã recebe atenção no livro, a igreja manteve o título tradicional.

A adequada interpretação de Hebreus, no entanto, requer o reconhecimento de que essa carta se dirige a três grupos distintos de judeus:

- O principal grupo era constituído de hebreus cristãos. Eles já tinham sofrido rejeição e perseguição por parte de seus compatriotas judeus (10:32-34), embora até então nenhum deles havia sido martirizado (12:4). Formavam um grupo imaturo de cristãos que eram tentados a agarrar-se às tradições e aos rituais simbólicos e sem poder espiritual do judaísmo. A carta foi escrita para lhes dar encorajamento e confiança em Cristo, seu Messias e Sumo Sacerdote.
- Judeus incrédulos que estavam convencidos da verdade, mas ainda eram descomprometidos. Essas pessoas haviam dado consentimento mental à verdade do evangelho, mas não havia depositado sua fé em Jesus Cristo como seu próprio Salvador e Senhor. Estavam convencidos intelectualmente, mas espiritualmente não tinham comprometimento nenhum. O autor dirige-se a esses incrédulos em passagens como 2:1-3; 6:4-6; 10:26-29 e 12:15-17.
- Judeus incrédulos que se sentiam atraídos pelo evangelho e a pessoa de Cristo, mas não haviam alcançado convencimento final a respeito dele. O capítulo 9 de Hebreus fala especificamente a esse grupo (em particular, os versículos 11,14-15,27-28).

2. **O que 4:14-16 nos ensina sobre a oração?**

Essa passagem oferece dois benefícios pessoais concedidos àqueles que confiam em Jesus, Filho de Deus, como o Grande Sumo Sacerdote. Primeiro, temos alguém que pode "compadecer-se das nossas fraquezas, pois ele "como nós, passou por todo tipo de tentação, porém, sem pecado" (versículo 15). Segundo, podemos nos aproximar do "trono da graça" com toda a confiança (versículo 16), pois alguém conhece nossa necessidade. A oração cristã aceita o convite de Deus para desfrutar do acesso que é fornecido por meio de Cristo.

O acesso do cristão a Deus era uma ideia radical no mundo antigo. A maioria dos governantes antigos era inacessível para qualquer pessoa que não fosse seus principais conselheiros. Em contraste, o Espírito Santo chama a todos para que se aproximem do trono de Deus com toda a confiança para receber misericórdia e graça por meio de Jesus Cristo (veja 7:25; 10:22; Mt 27:51). Foi no trono de Deus que Cristo fez expiação pelos pecados, e é ali que a graça é dispensada aos cristãos para todas as questões da vida (veja 2Co 4:15; 9:8; 12:9; Ef 1:7; 2:7).

3. **A quem 6:4-6 e, especialmente, a frase "foram iluminados" se dirige?**

A expressão "foram iluminados" é entendida muitas vezes como referência a cristãos, e a advertência que a acompanha é entendida como uma indicação de perigo de perderem sua salvação se caírem ou crucificarem de novo para si mesmos o Filho de Deus. Mas não há menção, no contexto imediato, de que sejam salvos, e

HEBREUS 525

eles não são descritos com nenhum termo que se aplique somente a cristãos (como santos, nascidos de novo ou justos).

Esse problema é fruto de uma identificação imprecisa da condição espiritual daqueles a quem o autor está se dirigindo. Nesse caso, eram incrédulos que haviam sido expostos à verdade redentora de Deus, tendo feito talvez uma profissão de fé, mas que não haviam exercido a genuína fé salvadora. Outra passagem (10:26) endereça a mesma questão. O tema aqui são as pessoas que tiveram contato com o evangelho, mas não foram transformadas por ele. Esses apóstatas eram cristãos apenas por nome, jamais tendo sido cristãos autênticos, que muitas vezes pensam incorretamente que perderam a salvação por causa de seus pecados.

Não existe a menor possibilidade desses versículos se referirem à perda da salvação. Muitas passagens da Bíblia deixam indiscutivelmente claro que a salvação é eterna (veja, por exemplo, Jo 10:27-29; Rm 8:35,38-39; Fp 1:6; 1Pe 1:4-5). Aqueles que querem usar essa passagem com o sentido de que os cristãos podem perder a salvação terão de admitir que ele também diz que ninguém jamais pode recuperá-la.

4. **Quem foi Melquisedeque e por que ele era tão importante?**
Melquisedeque aparece de maneira abrupta e breve no AT, mas seu papel especial na vida de Abraão faz dele uma figura significativa. Ele é mencionado novamente no salmo 110:4, a passagem em questão em 4:14 a 7:28. Como rei de Salém e sacerdote do Deus Altíssimo nos tempos de Abraão, Melquisedeque ofereceu um precedente histórico para o ofício de rei-sacerdote (Gn 14:18-20), mais tarde ocupado perfeitamente por Jesus Cristo.

Usando as duas referências do AT a Melquisedeque, o autor (7:1-28) explica a superioridade do sacerdócio de Cristo ao revisar o papel singular de Melquisedeque como um tipo de Cristo e sua superioridade ao sumo sacerdócio levítico. Este era hereditário, mas não o de Melquisedeque; seu papel foi estabelecido por meio da honra de Abraão. Os principais pontos em que o sacerdócio de Melquisedeque era superior ao sacerdócio levítico eram:

- a aceitação de dízimos (7:2-10), como quando Abraão, antepassado dos levitas, deu o dízimo a Melquisedeque;
- a concessão da bênção (7:1,6-7), como quando Abraão aceitou a bênção de Melquisedeque;
- a substituição contínua do sacerdócio levítico (7:11-19), que passava de pai para filho a perpetuidade do sacerdócio de Melquisedeque (7:3,8,16-17,20-28), uma vez que os registros acerca de seu sacerdócio não registram sua morte.

5. **Que significância pode ser encontrada na afirmação "como o homem está destinado a morrer uma só vez e depois disso enfrentar o juízo" (9:27)?**
Primeiro, essa passagem oferece uma resposta direta àqueles tentados a flertar com qualquer forma de reencarnação. Segundo, ela apresenta a regra geral para toda a

humanidade, com exceções muito raras e somente parciais. Lázaro e muitos que foram ressuscitados na ressurreição de Cristo tinham de morrer novamente (veja Jo 11:43-44; Mt 27:51-53). Aqueles que, como Lázaro, foram ressuscitados dentre os mortos por um ato milagroso de nosso Senhor não foram ressuscitados para receber um corpo glorioso nem uma vida interminável; somente experimentaram uma ressurreição. Outra exceção serão aqueles que não morrerem nem uma vez, mas que serão "arrebatados [...] para o encontro com o Senhor nos ares" (1Ts 4:17). Enoque (Gn 5:24) e Elias (2Rs 2:11) também fazem parte desse último grupo.

A regra geral para todos os seres humanos inclui outro evento compartilhado: o juízo. O juízo citado aqui se refere ao julgamento de todas as pessoas, tanto cristãos (2Co 5:10) como incrédulos (Ap 20:11-15).

6. **Por que tantas pessoas do AT são enumeradas no capítulo 11?**
O capítulo 11 de Hebreus é um relato comovente de santos fiéis do AT que continuam sendo modelos de fé. O capítulo tem sido intitulado como "a galeria da fama dos santos", "a lista de honra dos santos do AT" ou "herois da fé". A vida desses santos atesta o valor do viver pela fé. Eles compõem a "nuvem de testemunhas" (12:1) que dão testemunho poderoso aos hebreus para que se voltem para a fé em Cristo.

Essa passagem começa com uma declaração enfática sobre a natureza da fé, que envolve o convencimento mais sólido possível — a garantia concedida por Deus de uma realidade futura. A verdadeira fé não é baseada em provas científicas, mas na segurança divina, e é uma dádiva de Deus (Ef 2:8).

Os nomes, as realizações e os sofrimentos descritos nesse capítulo ilustram a extensão da fidelidade na vida dos santos. Alguns experimentaram grande sucesso neste mundo; outros sofreram grandes aflições. O que importa é que todos seguiram a Deus de forma corajosa e comprometida, independentemente dos resultados terrenos. Eles depositaram sua confiança no Senhor e em suas promessas (veja 6:12; 2Tm 3:12).

7. **O livro de Hebreus contém algum ensinamento prático?**
A doutrina da salvação é o maior ensinamento prático. A significância de qualquer outra aplicação flui da realidade de um relacionamento correto com Deus por meio de Cristo, e, uma vez que isso é estabelecido, muitas outras respostas seguem. O capítulo 13 se concentra em alguns dos aspectos éticos práticos e essenciais da vida cristã, os quais ajudam a descrever o verdadeiro evangelho para o mundo, encorajar os outros a crer em Cristo e trazer glória a Deus. O casamento e os relacionamentos em geral entre os cristãos também recebem atenção especial. Os versículos 7-17 destacam o papel dos líderes e a submissão por parte dos cristãos. O capítulo encerra com um pedido de oração, bênção e saudação final. Resumindo, uma leitura cuidadosa de Hebreus, particularmente do último capítulo, produzirá uma riqueza de orientações piedosas para a vida.

HEBREUS 527

8. **O autor de Hebreus realmente acha que os cristãos poderiam acolher anjos (13:2)?**

Esse versículo destaca a importância de estender amor aos estrangeiros (Rm 13:3; 1Tm 3:2). A hospitalidade no mundo antigo muitas vezes incluía abrigar um hóspede por uma noite ou mais tempo. A possibilidade de uma visita angelical é mencionada nessa passagem não como motivação à hospitalidade, mas para mostrar que nunca se sabe a extensão que um ato de bondade pode ter (Mt 25:40,45). O autor estava apelando a precedentes históricos que seus leitores judeus conheceriam bem. Anjos com certeza tinham visitado e sido acolhidos por Abraão e Sara (Gn 18:1-3), Ló (Gn 19:1-2), Gideão (Jz 6:11-24) e Manoá (Jz 13:6-20).

APROFUNDAMENTO

1. Ao explicar a singularidade e a excelência de Cristo, o que o autor de Hebreus usa como comparação?
2. Que exemplos específicos de ensino prático você pode encontrar em Hebreus?
3. Qual era o papel dos santos do Antigo Testamento, principalmente no capítulo 11?
4. Como Hebreus explica o ofício duplo de Cristo como sacerdote e sacrifício?
5. O que você aprendeu com Hebreus em termos de aplicações à sua vida de oração?

Tiago
Fé em ação

TÍTULO

Tiago, como todas as epístolas gerais, com exceção de Hebreus, leva o nome do seu autor (versículo 1).

AUTOR E DATA

Dos quatro homens que se chamam Tiago no NT, somente dois são candidatos à autoria dessa epístola. Ninguém tem considerado seriamente Tiago, o menor, filho de Alfeu (Mt 10:3; At 1:13), nem Tiago, pai de Judas, não o Iscariotes (Lc 6:16; At 1:13). Alguns sugeriram Tiago, filho de Zebedeu e irmão de João (Mt 4:21), mas ele foi martirizado muito cedo para tê-la escrito (At 12:2). Resta-nos somente Tiago, o meio-irmão mais velho de Cristo (Mc 6:3) e irmão de Judas (Mt 13:55), que também escreveu a epístola que leva o seu nome (Jd). A princípio, Tiago havia rejeitado Jesus como Messias (Jo 7:5), mas depois creu (1Co 15:7). Tornou-se o principal líder na igreja de Jerusalém (cf. At 12:17; 15:13; 21:18; Gl 2:12), sendo chamado de uma das "colunas" dessa igreja, juntamente com Pedro e João (Gl 2:9). Também conhecido como Tiago, o justo, por causa de sua devoção à justiça, ele foi martirizado por volta de 62 d.C., segundo Josefo, historiador judeu do século I. Outro argumento que respalda a teoria de que ele foi o autor dessa epístola reside numa comparação do vocabulário original de Tiago na carta que ele escreveu, que está registrada em Atos 15, com o que se encontra na epístola de Tiago.

Vocabulário	Tiago	Atos 15
Saudações	1:1	15:23
Amados irmãos	1:16,19; 2:5	15:25
Vida	5:20	15:26
Converte	5:19,20	15:19

Tiago escreveu com a autoridade de alguém que havia visto pessoalmente o Cristo ressurreto (1Co 15:7), foi reconhecido como um parceiro dos apóstolos (Gl 1:19) e serviu como líder na igreja de Jerusalém.

O mais provável é que Tiago tenha escrito essa epístola aos cristãos dispersos (1:1) em consequência da agitação registrada em Atos12 (por volta de 44 d.C.). Não há menção ao Concílio de Jerusalém descrito em Atos 15 (por volta de 49 d.C.), o que seria esperado se esse concílio já tivesse ocorrido. Portanto, é certo que a epístola de Tiago foi escrita por volta de 44-49 d.C., o que o torna o livro mais antigo do cânone do NT.

CENÁRIO E CONTEXTO

Os destinatários dessa carta eram cristãos judeus que haviam sido dispersados (1:1), possivelmente em consequência do martírio de Estêvão (At 7; 31-34 d.C.); porém, o mais provável é que a causa da dispersão tenha sido a perseguição sob o governo de Herodes Agripa I (At 12; aproximadamente em 44 d.C.). O autor refere-se ao seu público como "irmãos" por quinze vezes (1:2,16,19; 2:1,5,14; 3:1,10,12; 4:11; 5:7,9-10,12,19), o que era um epíteto comum entre os judeus do século primeiro. Não é de surpreender, então, que Tiago tenha um conteúdo judaico. Por exemplo, a palavra grega traduzida por "reunião" (2:2) é a palavra usada para "sinagoga". Além disso, Tiago contém mais de quarenta referências ao AT (e mais de vinte ao Sermão da Montanha, Mt 5 a 7).

PRINCIPAIS PERSONAGENS

- **Os cristãos**: judeus cristãos perseguidos que se dispersaram por todo o Império Romano (1:1 a 5:20).

TEMAS HISTÓRICOS E TEOLÓGICOS

Tiago, com sua devoção a afirmações diretas e pungentes sobre o modo de viver sábio, faz-nos lembrar do livro de Provérbios. Tem uma ênfase prática, que destaca não o conhecimento teórico, mas a conduta piedosa. Tiago escreveu com um desejo ardente de que seus leitores fossem firmemente obedientes à Palavra de Deus. Ele usou, pelo menos, trinta referências à natureza (por exemplo: "onda do mar" em 1:6, "répteis" em 3:7 e "os céus enviaram chuva" em 5:18), como é próprio de alguém que passou muito tempo ao ar livre. Tiago complementa a ênfase de Paulo na justificação pela fé com sua própria ênfase nos frutos espirituais que demonstram a verdadeira fé.

PRINCIPAIS DOUTRINAS

- **Obras**: a salvação é determinada somente pela fé e é demonstrada pela fidelidade em obedecer à vontade de Deus (2:14-26; Mt 7:16-17,21-23,26; 21:28-32; Rm 3:28; 11:6; Gl 5:6; Ef 2:8-10; 2Tm 1:9; Tt 3:5; 2Pe 1:3-11).
- **Conduta piedosa**: viver com sabedoria por meio da obediência intransigente à Palavra de Deus (1:22; 3:13,17; 4:7-11; 5:7-12; Jo 9:4,28; Sl 104:24; 111:10; Pv 1:7; 2:1-7; 3:19-20; 9:10; Jr 10:7,12; Dn 1:17; 2:20-23; Mt 7:21,26; Lc 6:46-49; Rm 2:13).

O CARÁTER DE DEUS

- Deus é acessível (4:8).
- Deus é imutável (1:17).

- Deus é Luz (1:17).
- Deus cumpre suas promessas (1:12; 2:5).
- Deus é o único Deus (2:19-20).

TIAGO E O SERMÃO DA MONTANHA

Tiago	Sermão da Montanha	Tema
1:2	Mt 5:10-12 (Lc 6:22-23)	Alegria em meio a provações
1:4	Mt 5:48	O desejo e a obra de Deus em nós: perfeição
1:5	Mt 7:7	Pedir boas dádivas a Deus
1:17	Mt 7:11	Toda boa dádiva e todo dom perfeito vêm de Deus
1:19-20	Mt 5:22	Mandamento contra a ira
1:22-23	Mt 7:24-27	Contraste entre os praticantes e os ouvintes da palavra
1:26-27	Mt 7:21-23	Pessoa religiosa cuja religião não tem valor
2:5	Mt 5:3	Os pobres como herdeiros do reino
2:10	Mt 5:19	A lei moral deve ser guardada inteiramente
2:11	Mt 5:21-23	Mandamento contra o assassinato
2:13	Mt 5:7; 6:14-15	Os misericordiosos abençoados; os não misericordiosos condenados
2:14-26	Mt 7:21-23	Fé morta, sem valor (e enganosa)
3:12	Mt 7:16 (Lc 6:44-45)	Árvore produzindo aquilo que está de acordo com sua espécie
3:18	Mt 5:9	Bênção sobre os pacificadores
4:2-3	Mt 7:7-8	Importância de pedir a Deus
4:4	Mt 6:24	Amizade com o mundo = hostilidade em relação a Deus
4:8	Mt 5:8	Bênção e chamado aos puros de coração
4:9	Mt 5:4	Bênção e chamado aos que choram
4:11-12	Mt 7:1-5	Mandamento contra julgar os outros
4:13-14	Mt 6:34	Não se preocupar demais com o amanhã
5:1	(Lc 6:24-25)	Ai dos ricos
5:2	Mt 6:19-20	A traça e a ferrugem destroem os tesouros na terra
5:6	(Lc 6:37)	Contra a condenação do justo
5:9	Mt 5:22; 7:1	Não julgar — "O Juiz já está às portas"
5:10	Mt 5:12	Os profetas como exemplo de paciência diante do sofrimento
5:12	Mt 5:33-37	Não fazer juramentos apressados e irreverentes

DESAFIOS DE INTERPRETAÇÃO

Pelo menos duas passagens significativas apresentam dificuldade para o intérprete: (1) em 2:14-26, qual é a relação entre fé e obras? A ênfase de Tiago nas obras contradiz o enfoque de Paulo na fé? (Veja "Respostas para perguntas difíceis"); (2) em 5:13-18, as promessas de cura referem-se à esfera espiritual ou física? Nesse contexto, parece claro que Tiago está se referindo à oração para libertar os doentes de seu sofrimento físico, uma vez que ficaram debilitados por causa da enfermidade, e não do pecado, o qual foi confessado.

CRISTO EM TIAGO

Tiago se refere explicitamente a Cristo somente duas vezes (1:1 e 2:1), porém sua epístola está repleta de referências aos ensinamentos de Cristo, especialmente ao Sermão da Montanha (veja a tabela "Tiago e o Sermão da Montanha"). A aplicação da verdade, por parte de Tiago, à vida de seus leitores dá aos cristãos um claro entendimento acerca da sabedoria de Cristo.

FÉ VIVA

Tiago quer que seus leitores demonstrem em sua vida as qualidades de uma fé viva. Tal fé viva é mais do que meramente conhecimento e consentimento — inclui verdadeira confiança que persevera e obedece a Deus.

Descrito como:	Resulta em:
Provação (1:2-3)	Paciência (1:3)
Sem duvidar (1:6-8)	Oração respondida (1:5)
Perseverar na provação (1:12)	Vida eterna (1:12)
Mais do que apenas crer em Deus (2:19-20)	Fé aperfeiçoada por obras (2:22)
Acreditar em Deus (2:23-25)	Justiça diante de Deus (2:23)

Tiago contrasta a fé viva com a fé morta ou vazia. A fé morta não resulta na vida transformada que é característica da fé viva.

ESBOÇO

Há várias maneiras de esboçar o livro de Tiago para compreender a disposição de seu conteúdo. Uma delas é dispô-lo ao redor de uma série de provas mediante as quais a genuinidade da fé de uma pessoa pode ser medida.

1. A prova da perseverança no sofrimento (1:2-12)

2. A prova da culpa na tentação (1:13-18)

3. A prova da resposta à Palavra (1:19-27)

4 A prova do amor imparcial (2:1-13)

532   MANUAL BÍBLICO MACARTHUR

5. A prova das obras justas (2:14-26)

6. A prova da língua (3:1-12)

7. A prova da sabedoria humilde (3:13-18)

8. A prova da indulgência do mundo (4:1-12)

9. A prova da dependência (4:13-17)

10. A prova da paciência que persevera (5:1-11)

11. A prova da veracidade (5:12)

12. A prova da oração (5:13-18)

13. A prova da verdadeira fé (5:19-20)

ENQUANTO ISSO, EM OUTRAS PARTES DO MUNDO...

A rota marítima usada para o comércio entre a Índia e o Egito se torna cada vez mais importante que as principais rotas terrestres pela Pérsia.

PALAVRAS-CHAVE

Unção: em grego, *aleiphō* — 5:14 —, literalmente, "emplastrar" ou "regar"; em grego, *chriō* — 5:14 — literalmente, "ungir". O termo *aleipha* era habitualmente usado para descrever uma unção medicinal. A palavra grega semelhante, *chrio*, era usada para expressar uma unção sacramental. Nos tempos da Bíblia, o óleo era habitualmente usado como remédio (Lc 10:30-37), além de simbolizar o Espírito de Deus (1Sm 16:1-13).

Boa dádiva; dom perfeito: em grego, *dosis agathē* — 1:17 —, literalmente, "ato de dar" e "bom"; em grego, *dōrēma teleion* — 1:17 —, literalmente, "dons" e "perfeito". O texto grego usa duas palavras distintas para descrever as dádivas celestiais. A primeira expressão, *boa dádiva*, revela o valor de receber algo de Deus, enquanto *dom perfeito* representa a ausência de falhas nos dons divinos. O que Deus nos dá é sempre bom e suas dádivas são sempre perfeitamente adequadas para seus filhos.

RESPOSTAS PARA PERGUNTAS DIFÍCEIS

1. **Como Tiago podia esperar que os cristãos se alegrassem ("considerem motivo de grande alegria" — 1:2) ao passar por provações?**

   O termo grego para "considerem" também pode ser traduzido por "avaliem como" ou "tenham por". A reação humana natural diante das provações quase nunca é alegrar-se. Portanto, o cristão deve assumir o compromisso sério de enfrentar as provações com alegria. Assim, provações são lembretes para alegrar-se (Fp 3:1).

O termo "provações" vem de uma palavra grega que sugere tribulação ou algo que quebre o padrão de paz, conforto, alegria e felicidade na vida de uma pessoa. A forma verbal dessa palavra significa "colocar alguém ou algo à prova", com o propósito de descobrir a natureza dessa pessoa ou a qualidade de uma coisa. Deus permite essas provas para testar — e aumentar — a força e a qualidade da fé de uma pessoa e para demonstrar a validade dela (versículos 2 a 12). Toda provação se torna uma prova de fé cujo objetivo é fortalecer; se o cristão não passar no teste ao reagir incorretamente, esse teste se torna uma tentação ou uma incitação ao mal. A opção por se alegrar evita maior tribulação posteriormente.

2. **Quando Tiago escreve sobre a "lei perfeita, que traz a liberdade", como ele utiliza essas duas palavras — lei e liberdade — que parecem ser contraditórias (1:25)?**

Tanto no AT como no NT, a Palavra revelada, infalível, suficiente e completa é chamada de "lei" (Sl 19:7). A presença da graça de Deus não significa que os cristãos não tenham uma lei ou um código de conduta moral para obedecer. Os cristãos são capacitados pelo Espírito para cumpri-la.

A verdadeira liberdade não consiste numa licença para fazermos o que queremos, mas na assistência para fazermos aquilo que devemos fazer. A lei que traz liberdade nos liberta do pecado (2:12-13); ela nos livra quando pecamos ao nos mostrar um Deus gracioso e nos afasta do pecado enquanto lhe obedecemos. À medida que o Espírito Santo aplica os princípios da Escritura no coração dos cristãos, eles são libertos da escravidão do pecado e capacitados a viver em verdadeira liberdade (Jo 8:34-36).

3. **O que é a "lei do Reino" (2:8)?**

Uma tradução melhor seria "lei soberana". A ideia é que essa lei é suprema ou obrigatória. Tiago cita a segunda metade do que Jesus ensinou como toda a lei soberana. "Ame o seu próximo como a si mesmo", que Tiago cita de Levítico 19:18 e também de Marcos 12:31, quando combinada à ordem de amar a Deus (Dt 6:4-5), resume toda a Lei e os Profetas (Mt 22:36-40; Rm 13:8-10).

Tiago já fez alusão à primeira parte do grande mandamento (2:5). Aqui, ele se concentra no tema da seção — os relacionamentos humanos, e Tiago não está defendendo nenhum tipo de afeição emocional que a pessoa tem por si mesma, uma vez que o narcisismo é claramente um pecado (2Tm 3:2). Em vez disso, o mandamento consiste em buscar satisfazer as necessidades físicas e emocionais do nosso próximo com a mesma intensidade e interesse que a pessoa naturalmente tem por si mesma (Fp 2:3-4), sem nos esquecermos de que estamos sujeitos à lei do Reino.

4. **Qual é a relação entre fé e obras? Se a salvação se dá pela fé em Cristo, como Tiago pode escrever: "a fé sem obras é inútil" (2:14-26)?**

Essa passagem está dentro de uma seção mais abrangente na qual Tiago fornece a seus leitores uma série de testes que podem usar para avaliar se a fé deles está viva ou morta. Esse é o teste central, que reúne os outros: o teste das obras ou da conduta justa. Tiago define essa conduta como atos que obedecem à Palavra de Deus e manifestam uma natureza piedosa (1:22-25).

Tiago não quer dizer que uma pessoa é salva pelas obras. Ele já afirmou com clareza e firmeza que a salvação é um dom gratuito de Deus (1:17-18). Antes, sua preocupação é mostrar que existe um tipo de fé aparente que é inútil e que não salva (2:14,17,20,24,26). Seu ensino é consistente com o restante da Escritura (Mt 3:7-8; 5:16; 7:21; 13:18-23; Jo 8:30-31; 15:6). É possível que Tiago estivesse escrevendo aos judeus que haviam rejeitado a justiça pelas obras do judaísmo e, em vez disso, aceitado a noção equivocada de que, uma vez que não eram eficazes para a salvação, as obras justas e a obediência à vontade de Deus não eram necessárias em absoluto. Assim, reduziram a fé a uma mera aceitação mental dos fatos sobre Cristo, ao que Tiago declara que tal fé é inútil.

5. **O que os dez mandamentos em 4:7-10 têm a ver com a graça?**

Essa passagem contém uma série de mandamentos que preparam uma pessoa para receber a graça salvadora, os quais definem sua resposta à oferta graciosa de salvação feita por Deus e revelam o que significa ser humilde. Cada mandamento utiliza um imperativo grego para definir a ação esperada:

- *Submetam-se a Deus (versículo 7)*: Tiago usou essa expressão para descrever uma submissão voluntária e consciente à autoridade de Deus como governante soberano do universo (Mt 10:38).
- *Resistam ao Diabo (versículo 7)*: aqueles que conscientemente "mantêm uma posição firme contra" Satanás e transferem sua lealdade para Deus verão que satanás "fugirá" deles. Ele é um inimigo derrotado (Jo 8:44; Ef 2:2; 1Jo 3:8; 5:19).
- *Aproximem-se de Deus (versículo 8)*: busquem um relacionamento próximo com Deus (Fp 3:10).
- *Limpem as mãos (versículo 8)*: o termo adicionado, "pecadores", endereça a necessidade do incrédulo de reconhecer e confessar seus pecados (5:20).
- *Purifiquem o coração (versículo 8)*: limpar as mãos simboliza a conduta externa; essa expressão se refere a pensamentos interiores, motivações e desejos do coração (Sl 24:3-4; Jr 4:4; 1Tm 1:5; 2Tm 2:22; 1Pe 1:22).
- *Entristeçam-se (versículo 9)*: sintam-se aflitos, infelizes e miseráveis. Essa é a condição daqueles que se quebrantam por causa de seus pecados (Mt 5:3).
- *Lamentem-se (versículo 9)*: a experiência interna do quebrantamento sobre o pecado (Sl 51:17; Mt 5:4).
- *Chorem (versículo 9)*: a manifestação exterior da tristeza interior por causa do pecado (Mc 14:72).

TIAGO   **535**

- *Troquem o riso por lamento e a alegria por tristeza (versículo 9)*: lamentem-se pelos seus pecados, em contraste à risada irreverente daqueles que estão cedendo loucamente aos prazeres do mundo sem nenhuma consideração a Deus.
- *Humilhem-se (versículo 10)*: esse último mandamento resume os nove anteriores. "Humilhar-se" significa "rebaixar-se". Os que estão conscientes de que estão na presença do Deus majestoso e infinitamente santo são humildes (Is 6:5).

6. **O que Tiago quer dizer com as palavras que encerram a carta "Quem converte um pecador do erro do seu caminho salvará a vida dessa pessoa e fará que muitíssimos pecados sejam perdoados" (5:20)?**

A linguagem utilizada por Tiago torna claro que o "pecador" que ele tem em mente é uma pessoa cuja fé é inútil (2:14-26), e não um cristão que peca. Esse termo é usado ao longo da Escritura para descrever aqueles que estão afastados de Cristo e sem vida no que se refere à fé (Pv 11:31; 13:6,22; Mt 9:13; Lc 7:37,39; 15:7,10; 18:13; Rm 5:8; 1Tm 1:9,15; 1 Pe 4:18).

Uma pessoa que se afasta da verdade e nunca permite ser transformada por ela coloca sua alma em risco. Sua "morte" não é física, mas eterna — a eterna separação de Deus e o castigo eterno no inferno (Is 66:24; Dn 12:2; Mt 13:40,42,50; 25:41,46; Mc 9:43-49; 2Ts 1:8-9; Rm 6:23; Ap 20:11-15; 21:8). Saber quais são os riscos envolvidos deveria motivar os cristãos a ir atrás dessas pessoas com determinação.

Como um único pecado é suficiente para condenar uma pessoa ao inferno, o uso que Tiago faz de "muitíssimos" enfatiza a condição sem esperança dos pecadores perdidos e não regenerados. As boas-novas do evangelho é que a graça perdoadora de Deus (que é maior do que qualquer pecado, Rm 5:20) está disponível para aqueles que se afastarem de seus pecados e exercerem a fé no Senhor Jesus Cristo (Ef 2:8-9).

APROFUNDAMENTO

1. Explique a visão de Tiago acerca dos benefícios trazidos pelas dificuldades e pelo sofrimento.
2. Como Tiago enxergava a discriminação entre os cristãos (2:9)?
3. Como Tiago abordou a tensão entre fé e obras?
4. Como os dez mandamentos enumerados em 4:7-10 se relacionam à graça?
5. Que mandamento em Tiago você acredita ser mais difícil de ser cumprido?

1Pedro

Perseguição da igreja

TÍTULO

A carta sempre foi identificada (semelhantemente à maioria das epístolas, como Tiago, João e Judas) com o nome do autor, Pedro, e com uma nota de que se tratava de sua primeira carta inspirada.

AUTOR E DATA

O versículo de abertura da epístola afirma que ela foi escrita por Pedro, que claramente foi o líder entre os apóstolos de Cristo. Os escritores dos evangelhos enfatizam esse fato ao colocarem o nome de Pedro em primeiro lugar em todas as listas de apóstolos (Mt 10; Mc 3; Lc 6; At 1) e ao incluírem mais informações sobre ele nos quatro evangelhos que sobre qualquer outra pessoa, com exceção de Cristo. Originalmente conhecido como Simão (grego) ou Simeão (hebraico), cf. Marcos 1:16; João 1:40-41, Pedro era o filho de Jonas (Mt 16:17), também conhecido como João (Jo 1:42), e membro de uma família de pescadores que vivia em Betsaida e, mais tarde, em Carnafaum. André, o irmão de Pedro, levou-o a Cristo (Jo 1:40-42). Ele era casado e, ao que parece, sua esposa o acompanhava no ministério (Mc 1:29-31; 1Co 9:5).

Pedro foi chamado a seguir Cristo no início do ministério do Senhor (Mc 1:16-17) e, mais tarde, foi designado para o apostolado (Mt 10:2; Mc 3:14-16). Cristo mudou o seu nome para *Pedro* (grego) ou *Cefas* (aramaico), tendo ambas as palavras o significado de "pedra" ou "rocha" (Jo 1:42). O Senhor claramente o escolheu para dar lições especiais ao longo dos evangelhos (por exemplo: Mt 10; 16:13-21; 17:1-9; 24:1-7; 26:31-33; Jo 6:6; 21:3-7,15-17). Ele era o porta-voz dos Doze, articulando os pensamentos e as perguntas dos discípulos e também os seus. Seus triunfos e suas fraquezas são narrados nos Evangelhos e em Atos 1 a 12.

Depois da ressurreição e da ascensão, Pedro iniciou o plano para escolher alguém para ocupar o lugar de Judas (At 1:15). Depois da vinda do Espírito Santo (At 2:1-4), ele foi capacitado para se tornar o principal pregador do dia de Pentecostes em diante (At 2:12) e também realizou milagres notáveis nos primeiros dias da igreja (At 3 a 9) e abriu as portas do evangelho para os samaritanos (At 8) e para os gentios (At 10). De acordo com a tradição, Pedro teve de assistir à crucificação de sua esposa, mas a encorajou com as palavras: "Lembra-te do Senhor". Quando chegou a sua vez de ser crucificado, a tradição diz que ele implorou dizendo que não era digno de ser crucificado como o Senhor, mas que deveria ser crucificado de cabeça para baixo (aproximadamente em 67-68 d.C.), conforme é dito que aconteceu.

1PEDRO

Por causa de sua singular proeminência, não faltaram documentos na igreja primitiva que falsamente reclamavam a autoria de Pedro. O fato de que o apóstolo Pedro é o autor de 1Pedro, no entanto, é certo, uma vez que o material nessa carta definitivamente assemelha-se às suas mensagens no livro de Atos. A carta ensina, por exemplo, que Cristo é a pedra rejeitada pelo construtor (2:7-8; At 4:10-11) e que Cristo não faz acepção de pessoas (1:17; At 10:34). Pedro ensina seus leitores a serem "todos humildes" (5:5), um eco do momento em que o Senhor se cingiu com uma toalha e lavou os pés dos discípulos (Jo 13:3-5). Há outras afirmações na carta que são semelhantes às palavras de Cristo (4:14; 5:7-8), e o autor também declara ter sido uma testemunha dos sofrimentos de Cristo (5:1; cf. 3:18; 4:1). Além dessas evidências internas, é digno de nota que os primeiros cristãos universalmente reconheceram essa carta como uma obra de Pedro.

A única dúvida significativa acerca do fato de que Pedro é o autor surge a partir do estilo bastante clássico do grego empregado na carta. Alguns têm argumentado que Pedro, sendo um pescador iletrado (At 4:13), não poderia ter escrito num grego sofisticado, especialmente à luz do estilo menos clássico do grego empregado na escrita de 2Pedro. No entanto, esse argumento não fica sem uma boa resposta. Em primeiro lugar, o fato de que Pedro era iletrado não significa que era analfabeto, mas somente que ele não tinha instrução formal e rabínica nas Escrituras. Além disso, embora o aramaico talvez tenha sido sua primeira língua, o grego teria sido um segundo idioma amplamente falado na Palestina. Também é visível que pelo menos alguns dos autores do NT, embora não tivessem uma instrução superior, conseguiam ler o AT na versão da *Septuaginta* (veja o uso da *Septuaginta* por Tiago em At 15:14-18).

Além dessas evidências de que Pedro devia conhecer a língua grega, ele também explicou que havia escrito essa carta "com a ajuda de Silvano" (5:12), também conhecido como Silas. É provável que Silvano tenha sido o mensageiro designado para levar essa carta a seus destinados leitores. Contudo, o que mais se encontra implícito nessa afirmação é que Pedro está reconhecendo que Silvano serviu como seu secretário ou amanuense. O ditado era comum no mundo romano antigo (cf. Paulo e Tércio; Rm 16:22) e os secretários muitas vezes podiam ajudar com a sintaxe e a gramática. Assim, Pedro, sob a superintendência do Espírito de Deus, ditou a carta para Silvano, enquanto Silvano, que também era um profeta (At 15:32), pode ter ajudado em parte na composição do grego mais clássico.

O mais provável é que a primeira epístola de Pedro tenha sido escrita pouco antes de julho, no ano de 64 d.C., quando a cidade de Roma foi queimada, tendo, portanto, uma data de composição de cerca de 64-65 d.C.

CENÁRIO E CONTEXTO

Quando a cidade de Roma foi queimada, os romanos acreditaram que seu imperador, Nero, a havia incendiado, provavelmente por causa de seu insaciável desejo de construir. Para construir mais, ele tinha de destruir o que já existia.

PALAVRAS-CHAVE

Palavra: em grego, *logos* — 1:23; 2:8; 3:1 —, literalmente, significa "palavra" ou "ideia". Também em grego *rhēma* — 1:25. "A palavra de Deus" (1:23) é a mensagem do evangelho sobre o Senhor Jesus Cristo. O Espírito usa a Palavra para gerar vida. É a verdade do evangelho que salva e regenera homens e mulheres. Pedro usou Isaías 40:6-8, que diz "a palavra de nosso Deus" num contexto do NT.

Exemplo: em grego, *hupogrammos* — 2:21 —, literalmente, "tábua de cópia". Nos tempos da Bíblia, esse termo designava tábuas que continham o alfabeto grego completo — os alunos praticavam ao copiar cada letra do alfabeto. Quando os cristãos têm Jesus como exemplo, sua vida de sofrimentos se torna uma tábua de cópia, e aqueles que copiam a vida de Jesus aprendem a piedade e a sabedoria em face da perseguição.

Amor: em grego, *ágapē*— 4:8 —, literalmente, significa "amor". A maior parte das ocorrências antigas dessa palavra grega aparece no NT. *Ágapē* descreve o amor de alguém que mostra bondade para com um estranho, pratica a hospitalidade e age de forma caridosa. No NT, a palavra *ágapē* adquiriu um sentido especial: denota um amor em ação em contraste ao tipo puramente emocional. O amor *ágapē* é o amor autossacrifical naturalmente demonstrado por Deus.

Os romanos ficaram completamente arrasados. Sua cultura, de certo modo, desapareceu juntamente com a cidade. Todos os elementos religiosos da vida deles foram destruídos — seus grandes templos, relicários e até os ídolos domésticos foram queimados. Esse acontecimento teve grandes implicações religiosas porque os fez acreditar que suas divindades tinham sido incapazes de lidar com essa conflagração e também que tinham sido vítimas dela. As pessoas ficaram sem casa e sem esperança. Muitas foram mortas. O ressentimento amargo que sentiam era severo, e então Nero percebeu que tinha de redirecionar a hostilidade.

O imperador escolheu os cristãos como bode expiatório, uma vez que já eram odiados porque estavam associados aos judeus e eram vistos como pessoas hostis à cultura romana. Nero espalhou rapidamente o boato de que haviam sido os cristãos que tinham colocado fogo na cidade. Consequentemente, uma terrível perseguição começou e logo se espalhou pelo Império Romano, chegando ao norte das montanhas de Taurus, como Ponto, Galácia, Capadócia, Ásia e Bitínia (1:1), e impactando os cristãos, a quem Pedro chama de "peregrinos". Esses "peregrinos", que provavelmente eram os gentios, em sua maioria (1:14,18; 2:9-10; 4:3), possivelmente levados a Cristo por Paulo e seus companheiros, e, firmados nos ensinos de Paulo, precisavam de fortalecimento espiritual por causa de seus sofrimentos. Portanto, o apóstolo Pedro, sob a inspiração do Espírito Santo, escreveu essa epístola para fortalecê-los.

Pedro escreveu que estava na "Babilônia" quando elaborou a carta (5:13). Três lugares foram sugeridos para essa "Babilônia". Primeiro, um posto avançado romano na parte norte do Egito era chamado de Babilônia, mas esse lugar era muito obscuro e não há razões para pensar que Pedro tivesse estado lá alguma vez. Segundo,

1 PEDRO

a Babilônia antiga, na Mesopotâmia, é uma possibilidade; mas seria muito pouco provável que Pedro, Marcos e Silvano estivessem ao mesmo tempo nesse lugar que era muito pequeno e distante. Terceiro, a "Babilônia" é um pseudônimo de Roma, talvez até um código para Roma. Em tempos de perseguição, os escritores eram mais cuidadosos do que o normal para não pôr em perigo os cristãos ao identificá-los. De acordo com algumas tradições, Pedro seguiu Tiago e Paulo, e morreu como mártir, nas proximidades de Roma, cerca de dois anos depois de ter escrito essa carta; assim, ele a escreveu quase no fim de sua vida, provavelmente enquanto permanecia na cidade imperial. Ele não queria que a carta fosse encontrada e a igreja fosse perseguida, por isso é provável que tenha ocultado sua localização com a palavra-código "Babilônia", a qual se encaixava perfeitamente por causa da idolatria da cidade (cf. Ap 17 e 18).

PRINCIPAIS PERSONAGENS

- **Pedro**: um dos doze discípulos de Jesus; escreveu para encorajar os cristãos perseguidos (1:1 a 5:14).
- **Silas**: missionário que viajou com Paulo; ajudou Pedro a escrever suas cartas (5:12).
- **Marcos**: líder da igreja; usou o testemunho de Pedro para escrever o evangelho de Marcos (5:13).

TEMAS HISTÓRICOS E TEOLÓGICOS

Como os cristãos a quem se dirige essa carta estavam sofrendo uma perseguição cada vez maior (1:6; 2:12,19-21; 3:9,13-18; 4:1,12-16,19), o propósito dela era ensiná-los a viver vitoriosamente em meio a essa hostilidade: (1) sem perder a esperança; (2) sem amargurar-se; (3) enquanto confiassem no Senhor; e (4) enquanto esperavam a segunda vinda de Cristo. Pedro queria convencer seus leitores de que, ao levar uma vida obediente e vitoriosa sob pressão, o cristão de fato pode evangelizar seu mundo hostil (cf. 1:14; 2:1,12,15; 3:1-6,13-17; 4:2; 5:8-9).

Os cristãos constantemente são expostos a um sistema de mundo cuja energia vem de Satanás e seus demônios, cujos esforços consistem em desacreditar a igreja e destruir a sua credibilidade e integridade. Uma maneira pela qual esses espíritos trabalham é encontrando cristãos cuja vida não é coerente com a Palavra de Deus e depois exibindo-os diante dos incrédulos para mostrar a farsa que é a igreja. No entanto, os cristãos devem permanecer firmes contra o inimigo e silenciar os críticos por meio da autoridade de uma vida santa.

Nessa epístola, Pedro é muito efusivo ao narrar duas categorias de verdade. A primeira categoria é positiva e inclui uma longa lista de bênçãos concedidas aos cristãos. Enquanto fala sobre a identidade dos cristãos e o que significa conhecer Cristo, Pedro menciona privilégios e bênçãos sucessivos. Entrelaçado nessa lista de privilégios está o catálogo de sofrimento. Os cristãos, por mais privilegiados que sejam, também devem saber que o mundo irá tratá-los injustamente. Sua cidadania está no céu e eles são estrangeiros num mundo hostil cuja energia vem de Satanás. Portanto, a vida do cristão pode ser resumida como um chamado à vitória e glória pelo caminho do sofrimento. Assim, a pergunta básica que Pedro responde nessa epístola é: como os cristãos devem lidar com a hostilidade? A resposta enfatiza verdades práticas e concentra-se em Jesus Cristo como o modelo de quem manteve uma postura triunfante em meio à hostilidade.

O SOFRIMENTO A PARTIR DA PERSPECTIVA DIVINA

Sofrimento humano	Perspectiva divina
Diversas provações (1:6)	Alegrem-se, pois elas são passageiras (1:6)
Autoridade injusta (2:18)	Silenciem os ímpios fazendo o bem. Sigam o exemplo de Cristo (2:21)
Sofrimento por fazer o que é certo (3:14)	Estejam preparados para dar testemunho de sua fé (3:15)
Sofrimento por causa da determinação de resistir aos desejos carnais (4:1)	Não vivam mais para satisfazer os maus desejos humanos (4:2)
Perseguição religiosa (4:12-14)	Sejam participantes dos sofrimentos de Cristo (4:13-14)
Sofrimento como parte do fogo refinador de Deus para o crescimento espiritual (4:19)	Confiem sua vida a Deus; ele é fiel (4:19)
Sofrimento de um ataque de Satanás (5:8)	Resistam a Satanás; permaneçam firmes na fé (5:9)

COMO VIVER EM MEIO AOS PAGÃOS

Os cristãos são exortados a serem...	Porque...
Bons cidadãos (2:13-14)	Os insensatos serão silenciados (2:15)
Servos obedientes (2:18)	Cristo é o nosso exemplo (2:21)
Esposas submissas (3:1)	Alguns maridos incrédulos serão levados a Cristo por meio do exemplo da esposa (3:1-2)
Maridos sábios no convívio com suas mulheres (3:7)	Suas orações serão ouvidas (3:7)
Irmãos e irmãs compassivos (3:8)	Receberão bênção por herança (3:9)

A primeira epístola de Pedro também responde a outras perguntas práticas importantes sobre a vida cristã, como: Os cristãos precisam de um sacerdote para interceder a Deus por eles (2:5-9)? Qual deve ser a atitude do cristão para com o

1PEDRO 541

governo secular e a desobediência civil (2:13-17)? Qual deve ser a postura de um empregado cristão para com seu chefe hostil (2:18)? Como uma mulher cristã deve se comportar (3:3-4)? Como a esposa cristã pode ganhar seu marido não salvo para Cristo (3:1-2)?

PRINCIPAL DOUTRINA

• **Perseguição**: os cristãos são capazes de identificar-se com o sofrimento de Cristo quando são perseguidos por sua fé (1:6; 2:12,19-21; 3:9,13-18; 4:1,12-16,19; Sl 69:26; Is 50:6; 53:7; Jr 15:15; Dn 3:28; Zc 2:8; Mc 10:30; Lc 21:12; Jo 5:16; 15:20; Rm 8:35; 2Co 1:10; 4:9; 2Tm 3:12).

O CARÁTER DE DEUS

• Deus é acessível (1:17; 3:18).
• Deus é fiel (4:19).
• Deus é santo (1:15-16).
• Deus é justo (1:17; 2:23).
• Deus é longânimo (3:20).
• Deus é misericordioso (1:3).

DESAFIOS DE INTERPRETAÇÃO

A passagem de 1Pedro 3:18-22 apresenta-se como um dos textos mais difíceis do NT de se traduzir e interpretar. Por exemplo, o "Espírito"

> ### CRISTO EM 1PEDRO
>
> Como os cristãos a quem 1Pedro foi endereçada viviam em meio à perseguição, Pedro os orienta a se identificarem com o sofrimento de Cristo (1:10-12; 2:24; 4:12-13). Primeira Pedro equilibra essa mensagem com lembranças das inúmeras bênçãos derramadas sobre os cristãos pela perseverança deles (1:13-16). Cristo permanece a "esperança viva" do cristão num mundo hostil (1:3-4).

em 3:18 refere-se ao Espírito Santo ou ao Espírito de Cristo? Cristo pregou por meio de Noé antes do dilúvio ou ele mesmo pregou após a crucificação (3:19)? O público dessa pregação era formado por seres humanos da época de Noé ou demônios no abismo (3:19)? A passagem de 3:20-21 ensina a regeneração batismal (salvação) ou a salvação somente pela fé em Cristo? Uma discussão sobre algumas dessas perguntas pode ser vista na seção "Respostas para perguntas difíceis".

ESBOÇO

Saudação (1:1-2)

1. Lembrem-se da nossa grande salvação (1:3 a 2:10)
   a. A certeza da nossa herança futura (1:3-12)
      • Preservada pelo poder de Deus (1:3-5)
      • Testada pelas provações da perseguição (1:6-9)
      • Prenunciada pelos profetas de Deus (1:10-12)
   b. As consequências de nossa herança futura (1:13 a 2:10)
      • A perseverança da esperança (1:13-16)
      • A persistência na peregrinação (1:17-21)

- O poder do amor (1:22 a 2:3)
- Louvores de Cristo (2:4-10)

2. Lembrem-se do nosso exemplo diante dos homens (2:11 a 4:6)

a. A vida honrosa diante dos incrédulos (2:11 a 3:7)
- Submissão ao governo (2:11-17)
- Submissão aos senhores (2:18-25)
- Submissão na família (3:1-7)
b. A vida honrosa diante dos cristãos (3:8-12)
c. A vida honrosa em meio ao sofrimento (3:13 a 4:6)
- O princípio do sofrimento pela justiça (3:13-17)
- O modelo do sofrimento pela justiça (3:18-22)
- O propósito do sofrimento pela justiça (4:1-6)

3. Lembrem-se de que nosso Senhor voltará (4:7 a 5:11)

a. As responsabilidades da vida cristã (4:7-11)
b. As recompensas do sofrimento cristão (4:12-19)
c. As exigências para a liderança cristã (5:1-4)
d. A concretização da vitória cristã (5:5-11)

Conclusão (5:12-14)

ENQUANTO ISSO, EM OUTRAS PARTES DO MUNDO...

O fogo destrói quase toda a cidade de Roma. Nero acusa os cristãos de terem ateado fogo na cidade, o que dá início a uma perseguição aos cristãos por todo o Império.

RESPOSTAS PARA PERGUNTAS DIFÍCEIS

1. **Por que Pedro chama seus leitores de "escolhidos" (1:2)?**

Nesse versículo, Pedro utiliza um termo que em grego também significa "chamados". Essa palavra quer dizer "escolher" ou "selecionar". No AT, era usada como referência a Israel (Dt 7:6), indicando que Deus, na sua soberania, havia escolhido Israel entre todas as nações do mundo para crer nele e ser dele (Dt 14:2; Sl 105:43; 135:4). Aqui, Pedro usa "escolhidos" para se referir aos cristãos, aqueles escolhidos por Deus para a salvação (Rm 8:33; Cl 3:12; 2Tm 2:10). A palavra também é utilizada para designar aqueles que recebem Cristo durante o período da tribulação (Mt 24:22,24) e os anjos santos que não caíram (1Tm 5:21). O fato de serem lembrados que foram eleitos por Deus era um grande consolo para esses cristãos perseguidos.

Ao usar esse e outros termos de propriedade, Pedro estava estabelecendo a fundação a partir da qual ele encorajaria seus leitores a não enxergar o sofrimento

1PEDRO

como evidência de uma posição diferente diante de Deus. A segurança deles, mesmo em meio à perseguição e ao sofrimento, estava nas mãos de Deus.

2. O que é o "leite espiritual puro" (2:2)?

A Bíblia muitas vezes utiliza uma linguagem chocante, mas claramente figurativa para ensinar uma verdade espiritual. É comum a vida diária espelhar as realidades celestiais. A Palavra de Deus oferece nutriente espiritual puro, e o crescimento espiritual é sempre marcado pelo desejo pela Palavra de Deus e pelo prazer nela com a mesma intensidade com que um bebê deseja o leite (Jó 23:12; Sl 1:1-2; 19:7-11; 119:16,24,35,47-48,72,92,97,103,111,113,127,159,167,174; Jr 15:16). Esse derivado inicial do renascimento espiritual deve ser uma parte consistente da vida cristã.

O cristão desenvolve e mantém um desejo pela verdade da Palavra de Deus ao lembrar-se de sua fonte de vida (1:25; Is 55:10-11; Jo 15:3; Hb 4:12), ao eliminar o pecado de sua vida (2:1), ao confessar sua necessidade da verdade de Deus (2:2, "como crianças recém-nascidas"; Mt 4:4), ao buscar o crescimento espiritual (2:2, "para que por meio dele cresçam para a salvação") e ao avaliar suas bênçãos (2:3, "o Senhor é bom").

3. Os cristãos precisam de um sacerdote para interceder por eles diante de Deus (2:9)?

Juntamente com "sacerdócio real", Pedro usa vários conceitos do AT para enfatizar os privilégios dos cristãos do NT (Dt 7:6-8). Essa frase deu origem à expressão teológica "sacerdócio dos cristãos". Para os cristãos, a necessidade de um sacerdote representativo foi satisfeita por Jesus Cristo, o supremo sacerdote real (Hb 4:14 a 9:15). O papel do sacerdote não é eliminado, mas sim alterado, e esse versículo indica que o papel central do sacerdócio de todos os cristãos é "anunciar as grandezas daquele que os chamou das trevas para a sua maravilhosa luz".

O conceito de um sacerdócio real é extraído de Êxodo 19:6. Israel perdeu temporariamente esse privilégio por causa de sua apostasia e porque seus líderes perversos executaram o Messias. No presente momento, a igreja é um sacerdócio real que se mantém unido ao sacerdote real, Jesus Cristo. O sacerdócio real não é apenas um sacerdócio que pertence e serve ao rei, mas é também um sacerdócio que exerce domínio, e isso será cumprido plenamente no reino futuro de Cristo (1Co 6:1-4; Ap 5:10; 20:6).

4. Como Pedro usa termos bastante conhecidos como *espíritos, prisão, água* e *batismo* em 1Pedro 3:18-22?

Essa passagem é um dos textos mais difíceis do NT de ser traduzido e interpretado. A linha divisória entre as alusões ao AT e as aplicações ao NT se torna obscura. O propósito geral de Pedro nessa passagem, que era encorajar seus leitores em seu sofrimento, deve ser mantido em mente durante a interpretação. O apóstolo os faz lembrar várias vezes e mostra que até Cristo sofreu injustamente porque essa era a vontade de Deus (versículo 17) e estava cumprindo os propósitos dele.

Portanto, embora Jesus tenha experimentado uma violenta execução física que pôs fim a sua vida terrena ao ser "morto no corpo" (versículo 18; Hb 5:7), ele foi "vivificado pelo Espírito" (versículo 18). Essa não é uma referência ao Espírito Santo, mas à verdadeira vida interior de Jesus, seu próprio espírito. Contrastado com sua carne (humanidade), que estava morta há três dias, seu espírito (divindade) permaneceu vivo, literalmente, "em espírito" (Lc 23:46).

Parte do propósito de Deus na morte de Cristo envolvia suas atividades entre sua morte e ressurreição. Seu espírito vivo foi ter com os espíritos demoníacos que estavam presos no abismo e proclamou a vitória, a despeito de sua morte. Pedro explica mais adiante que o *abismo* é habitado por demônios presos que estão ali desde os dias de Noé. Eles foram enviados para lá porque, com sua perversidade, ultrapassaram os limites de tolerância de Deus. Nem mesmo os 120 anos do exemplo e da pregação de Noé puseram fim à onda de perversidade em seus dias (Gn 6:1-8). Assim, Deus prendeu esses demônios permanentemente no abismo até a condenação final.

A analogia de Pedro enfoca o ministério de Jesus Cristo em nos salvar tão certamente quanto a arca salvou a família de Noé. Ele não está se referindo ao batismo na água em 3:21, mas sim a uma imersão simbólica em Cristo como uma arca que nos mantém protegidos do dilúvio do juízo certo de Deus. A ressurreição de Cristo demonstra a aceitação por parte de Deus da morte substitutiva de Cristo pelos pecados daqueles que creem (At 2:30-31; Rm 1:4). O juízo de Deus caiu sobre Cristo assim como o juízo pelas águas do dilúvio caiu sobre a arca. O cristão que está em Cristo se encontra, portanto, na arca da segurança que navegará pelas águas do juízo rumo à glória eterna (Rm 6:1-4).

APROFUNDAMENTO

1. É evidente que Pedro quer que seus leitores estejam seguros em seu relacionamento com Cristo. O que ele diz a respeito da salvação?
2. Que títulos, nomes e ofícios Pedro atribuiu a Cristo em sua carta?
3. Em 1Pedro 2:21-25, como Jesus serve de modelo para os cristãos que sofrem por causa da fé?
4. Compare 1Pedro 3:1-7 com Efésios 5:21-33. Quais são os pontos em comum do ensino desses dois apóstolos acerca do casamento? Em que pontos a ênfase é diferente?
5. O que Pedro tinha a dizer sobre a conduta dos relacionamentos entre os cristãos em geral?
6. Em 1Pedro 1:14-25, o apóstolo inclui uma importante seção que ressalta a importância de viver em santidade. Até que ponto a sua vida está de acordo com o padrão estabelecido por Pedro?

2Pedro

Falsos mestres no meio do povo de Deus

TÍTULO

A clara afirmação de autoria em 1:1 por parte do apóstolo Pedro dá à epístola o seu título. Para distingui-la da primeira epístola de Pedro, foi-lhe dado o título grego "*Petrou B*" ou 2Pedro.

AUTOR E DATA

O autor de 2Pedro é o apostolo Pedro (veja "Autor e data" de 1Pedro). Em 1:1, ele faz essa afirmação; em 3:1, ele se refere à sua primeira carta; em 1:14, ele se refere à profecia do Senhor acerca de sua morte (Jo 21:18-19); e em 1:16-18, ele diz ter estado na transfiguração (Mt 17.1-4). No entanto, os críticos têm gerado mais controvérsia sobre a autoria de 2Pedro e seu devido lugar no cânone das Escrituras do que sobre qualquer outro livro do NT. Os pais da igreja demoraram para aceitá-la, e nenhum deles refere-se a 2Pedro por nome antes de Orígenes, no início do século III. Eusébio, antigo historiador da igreja, incluiu apenas 2Pedro em sua lista de livros polêmicos, juntamente com Tiago, Judas, 2João e 3João. Até mesmo os primeiros reformadores a aceitaram somente com hesitação.

A questão sobre as diferenças no estilo do grego entre as duas cartas foi satisfatoriamente respondida. Pedro escreveu que usou um amanuense, Silvano, em 1Pedro (cf.1Pe 5:12). Em 2Pedro, ele usou um amanuense diferente ou escreveu a carta de próprio punho. As diferenças no vocabulário entre as duas cartas podem ser explicadas pelas diferenças de temas. A primeira epístola de Pedro foi escrita para ajudar os cristãos que estavam sofrendo, ao passo que a segunda foi escrita para desmascarar os falsos mestres. Por outro lado, há semelhanças notáveis no vocabulário dos dois livros. A saudação "Graça e paz lhes sejam multiplicadas" é, em essência, a mesma nos dois livros. Para citar apenas alguns exemplos, o autor usa palavras como "preciosas", "virtude" e "testemunhas oculares" nas duas cartas. Certas palavras muito incomuns na língua original que são encontradas em 2Pedro também são encontradas nos discursos de Pedro em Atos dos Apóstolos. Entre elas estão "receberam" (1:1; At 1:17), "piedade" (1:3,6-7; 3:11; At 3:12) e "retribuição" ou "salário da injustiça" (2:13,15; At 1:18). Ambas as cartas se referem ao mesmo acontecimento do AT (2:5; 1Pe 3:18-20). Alguns estudiosos mostraram que há tantas semelhanças quanto ao vocabulário entre 1Pedro e 2Pedro como há entre 1Timóteo e Tito — duas cartas cuja autoria é atribuída, quase universalmente, a Paulo.

As diferenças nos temas também explicam certas ênfases, como por que uma carta ensina que a segunda vinda está próxima e a outra trata da sua demora. A primeira epístola de Pedro, endereçada especialmente aos cristãos que sofriam, concentra-se na iminência da volta de Cristo como um meio de alentá-los, ao passo que a segunda epístola de Pedro, que trata dos escarnecedores, enfatiza as razões por que essa iminente volta ainda não ocorreu. Outras diferenças sugeridas pelos críticos, como a contradição entre incluir a ressurreição de Cristo numa carta e a transfiguração de Cristo na outra, parecem forçadas.

A VIDA DE PEDRO

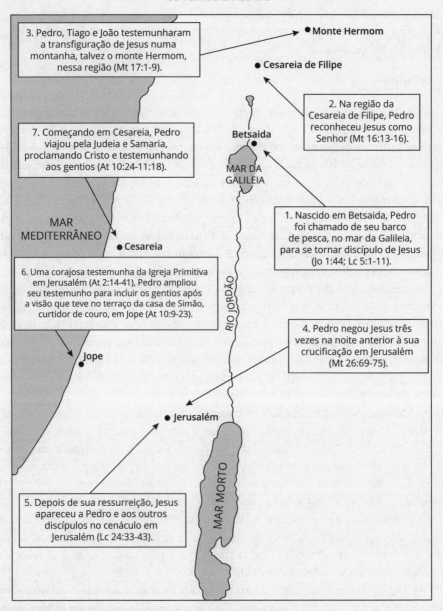

Além disso, parece ilógico que um falso mestre escreveria falsamente uma carta contra falsos mestres. Nenhuma doutrina incomum, nova ou falsa aparece em 2Pedro. Então, se 2Pedro fosse uma farsa, seria uma farsa escrita por um néscio sem nenhuma razão em absoluto. Acreditar nisso é demais. A conclusão para a pergunta sobre quem é o autor é que, quando o escritor escreveu a introdução da carta e referiu-se a si mesmo como Pedro, ele estava dizendo a verdade.

Nero morreu em 68 d.C. e, segundo a tradição, Pedro morreu na perseguição de Nero. A epístola pode ter sido escrita pouco antes de sua morte (1:14; por volta de. 67-68 d.C.).

CENÁRIO E CONTEXTO

Desde o momento em que havia escrito e enviado a sua primeira carta, Pedro estava cada vez mais preocupado com os falsos mestres que estavam se infiltrando nas igrejas da Ásia Menor. Embora esses falsos mestres já tivessem causado problemas, Pedro achava que suas doutrinas hereges e seus estilos de vida imorais poderiam resultar em mais danos no futuro. Portanto, Pedro, quase como num testamento (1:13-15), escreveu para advertir os amados cristãos em Cristo acerca dos perigos doutrinários diante deles.

Pedro não diz explicitamente onde estava quando escreveu essa carta, como o faz em 1Pedro (1Pe 5:13), mas parece que o consenso é de que ele a escreveu de uma prisão em Roma, onde estava na expectativa da morte iminente. Pouco depois que essa carta foi escrita, Pedro foi martirizado, de acordo com a tradição, sendo crucificado de cabeça para baixo.

Na saudação, Pedro não diz nada sobre os destinatários da carta. Mas, de acordo com 3:1, ele estava escrevendo outra epístola para as mesmas pessoas a quem havia escrito 1Pedro. Em sua primeira carta, ele explicou que estava escrevendo aos "peregrinos dispersos no Ponto, na Galácia, na Capadócia, na província da Ásia e na Bitínia" (1Pe 1:1). Essas províncias estavam localizadas numa área da Ásia Menor que corresponde à atual Turquia. Os cristãos a quem Pedro escreveu eram em sua maioria gentios.

PRINCIPAIS PERSONAGENS

- **Pedro**: um dos doze discípulos de Jesus; escreveu sua segunda carta para advertir os cristãos contra os falsos mestres infiltrados na igreja (1:1 a 3:18).
- **Paulo**: grande missionário e apóstolo cujos escritos foram distorcidos por falsos mestres infiltrados na igreja (3:15-16).

TEMAS HISTÓRICOS E TEOLÓGICOS

A segunda epístola de Pedro foi escrita com o propósito de desmascarar, frustrar e derrotar a invasão dos falsos mestres na igreja. Pedro pretendia instruir os cristãos sobre como se defenderem desses falsos mestres e de suas mentiras enganosas. Esse livro é a exposição mais expressiva e incisiva dos falsos profetas na Bíblia, sendo comparável somente a Judas.

A descrição dos falsos mestres é, de certo modo, genérica, e Pedro não identifica nenhuma falsa religião, seita ou sistema de ensino. Numa caracterização geral dos falsos mestres, Pedro informa que eles ensinam heresias destruidoras, e também que negam a Cristo e distorcem as Escrituras, levando a verdadeira fé ao descrédito. E zombam da segunda vinda de Cristo. Contudo, Pedro estava tão preocupado em mostrar o caráter imoral desses mestres quanto em desmascarar o que eles estavam ensinando. Portanto, ele descreve com mais detalhes os falsos profetas do que suas doutrinas. A impiedade não é o produto da sã doutrina, mas de "heresias destruidoras" (2:1).

Outros temas nessa carta podem ser distinguidos em meio à polêmica de Pedro contra os falsos mestres. Ele queria motivar seus leitores a continuarem a desenvolver o caráter cristão (1:5-11) e, desse modo, ele explica de maneira admirável como o cristão pode ter certeza de sua salvação. Pedro também queria convencer seus leitores quanto ao caráter divino dos escritos apostólicos (1:12-21). Quase no fim da carta, ele apresenta razões para a demora da segunda vinda de Cristo (3:1-13).

Outro tema recorrente é a importância do conhecimento. De algum modo, a palavra "conhecimento" aparece em alguma forma 16 vezes nesses três breves capítulos. Não seria exagero dizer que a principal solução de Pedro para o falso ensino é o conhecimento da verdadeira doutrina. Outras características distintivas de 2Pedro incluem uma afirmação precisa sobre a origem divina da Bíblia (1:20-21), a futura destruição do mundo pelo fogo (3:8-13) e o reconhecimento das cartas de Paulo como Escritura inspirada (3:15-16).

PALAVRAS-CHAVE

Conhecimento: em grego, *gnōsis* — 1:5-6; 3:18 —, literalmente, significa "conhecimento". Essa palavra grega expressa um conhecimento que cresce e progride. Como cristãos, devemos crescer em nosso conhecimento pessoal de Jesus Cristo, pois a melhor proteção contra falsos ensinos vem de uma fundação sólida na Palavra de Deus. A epístola de Pedro estimula os cristãos a buscarem um conhecimento mais pleno e profundo de nosso Senhor e Salvador Jesus Cristo (1:8; 2:20; 3:18).

Estrela da alva: em grego, *phōsphoros* — 1:19 —, literalmente, significa "portador da luz" ou "aquele que traz luz". Em 2Pedro, Cristo é chamado de "estrela da alva". Ele também é chamado de "Estrela da Manhã" em Apocalipse 22:16 e de "sol nascente" em Lucas 1:78. Hoje os cristãos possuem a luz de Cristo dentro de seu coração. Em sua segunda vinda, Jesus trará todos os cristãos para um dia perfeito, e sua vinda exterior trará luz a todas as pessoas. Nesse dia, o espírito dos piedosos passará por uma "transformação resplandecente" à medida que a luz de Cristo os encher.

PRINCIPAIS DOUTRINAS

- **Falsos mestres**: seus ensinos negam a Cristo e distorcem a Palavra de Deus (capítulo 2; Dt 13:1-18; 18:20; Jr 23; Ez 13; Mt 7:15; 23:1-36; 24:4-5; Rm 16:17; 2Co 11:13-14; Gl 3:1-2; 2Tm 4:3-4).
- **Escrituras**: o Espírito Santo, na qualidade de autor divino e originador de todas as Escrituras, usou seres humanos para transmitir a Palavra de Deus (1:20-21; Jr 1:4; 3:2; Jo 10:34-35; 17:17; Rm 3:2; 1Co 2:10; 1Ts 2:13; 2Tm 3:16; Tt 1:2; 1Pe 1:10-11).
- **O caráter cristão**: Deus dá a todos os cristãos o poder para crescer em fé, virtude, conhecimento, domínio próprio, perseverança, piedade, fraternidade e amor (1:5-11; Sl 4:3; Pv 28:1; 1Co 9:27; Gl 5:23; Cl 1:4; 1Ts 4:9; 1Pe 4:8; 1Jo 4:20; Ap 17:14).
- **A segunda vinda de Cristo**: Deus tem paciência incessante para permitir que as pessoas se arrependam antes do retorno de Cristo (3:1-13; Dn 7:13; Mt 24:30; 25:31; Jo 14:3; 1Ts 4:16; 2Ts 1:10; 1Tm 6:14; Hb 9:28; Jd 14; Ap 1:7).

O CARÁTER DE DEUS

- Deus é longânimo (3:9,15).
- Deus cumpre suas promessas (1:4; 3:3-4,13).

DESAFIOS DE INTERPRETAÇÃO

Talvez a dificuldade mais importante na epístola seja interpretar corretamente a passagem de 1:19-21, por causa de suas amplas implicações com respeito à natureza e autenticidade da Escritura. Essa passagem, juntamente com 2Timóteo 3:15-17, é vital para se ter uma boa visão da inspiração da Bíblia. A observação de Pedro de que o Senhor "resgatou" os falsos mestres (2:1) representa um desafio interpretativo e teológico com relação à natureza da expiação.

A identidade dos anjos que pecaram (2:4) também é um desafio para o intérprete. Esses anjos que, segundo Judas 6, "não conservaram suas posições de autoridade", isto é, possuíram homens que coabitavam com mulheres de maneira promíscua. Ao que parece, essa é uma referência aos anjos caídos de Gênesis 6 (filhos de Deus): (1) antes do dilúvio (versículo 5; Gn 6:1-3), que deixaram seu estado normal e cobiçaram mulheres, e (2) antes da destruição de Sodoma e Gomorra (versículo 6; Gn 19).

Muitos que acreditam que os salvos podem voltar a se perder usam a passagem de 2:18-22 para apoiar o seu argumento. Essa passagem, dirigida aos falsos mestres, deve ser esclarecida para não contradizer uma

---

CRISTO EM 2PEDRO

Em sua segunda epístola, Pedro afirma que o dia do Senhor "virá como ladrão" (3:10). Ele também fala repetidamente sobre o conhecimento de Cristo que produz a paz, a graça e o poder para o cristão (1:2-3,8; 3:18).

afirmação semelhante aos cristãos em 1:4. Além disso, quem são os que Deus não quer que pereçam (3:9)? Respostas mais completas para essas e outras perguntas podem ser encontradas na seção "Respostas para perguntas difíceis".

ESBOÇO

Saudação (1:1-2)

1. Conheçam a sua salvação (1:3-11)
    a. Sustentada pelo poder de Deus (1:3-4)
    b. Confirmada por graças cristãs (1:5-7)
    c. Honrada pela abundante recompensa (1:8-11)

2. Conheçam as suas Escrituras (1:12-21)
    a. Certificadas pelo testemunho apostólico (1:12-18)
    b. Inspiradas pelo Espírito Santo (1:19-21)

3. Conheçam os seus adversários (2:1-22)
    a. Enganosos em sua infiltração (2:1-3)
    b. Condenados por sua iniquidade (2:4-10a)
    c. Desdenhosos em sua impureza (2:10b-17)
    d. Devastadores em seu impacto (2:18-22)

4. Conheçam a sua profecia (3:1-18)
    a. A certeza do dia do Senhor (3:1-10)
    b. A santificação do povo de Deus (3:11-18)

Conclusão (5:12-14)

ENQUANTO ISSO, EM OUTRAS PARTES DO MUNDO...

Nero comete suicídio em 68 d.C., e, então, é sucedido por Galba.

RESPOSTAS PARA PERGUNTAS DIFÍCEIS

1. Como pode duas cartas (1 e 2Pedro) do mesmo autor terem estilos tão diferentes?

As diferenças entre 1Pedro e 2Pedro residem em três áreas: estilo, vocabulário e tema. Essas diferenças devem ser resolvidas dentro no contexto da clara afirmação do autor de 2Pedro de ser o autor de 1Pedro (2Pe 3:2). Veja "Autor e data".

2. Quem eram os falsos mestres da igreja primitiva de quem Pedro trata em sua segunda epístola?

A carta de 2Pedro oferece a exposição mais expressiva e incisiva dos falsos profetas nas Escrituras, sendo comparável somente a Judas. Pedro não identifica nenhuma falsa religião, seita ou sistema de ensino. Sua preocupação é com os princípios gerais para reconhecer falsas instruções na igreja e resistir a elas.

Numa caracterização geral dos falsos mestres, Pedro informa que eles ensinam heresias destruidoras. Negam a Cristo e distorcem as Escrituras. Levam a verdadeira fé ao descrédito. E zombam da segunda vinda de Cristo. Não é exagero afirmar que a principal resposta de Pedro ao falso ensino é o conhecimento da verdadeira doutrina. A falsidade pode vir numa variedade de tons, mas eles se revelam incorretos quando comparados com a verdade.

Pedro estava tão preocupado em mostrar o caráter imoral desses mestres quanto em desmascarar o que eles estavam ensinando. Portanto, ele descreve com mais detalhes os falsos profetas do que suas doutrinas. Ele sabe que a qualidade dos frutos revela a saúde da árvore. A impiedade não é o produto da sã doutrina, mas de "heresias destruidoras" (2:1). Pedro incentiva os cristãos a buscar um plano de crescimento espiritual (1:5-9), permitindo uma vida de integridade para expor o que é falso.

3. **O que Pedro quer dizer com o conselho: "empenhem-se ainda mais para consolidar o chamado e a eleição de vocês" (1:10)?**
Essa frase expressa o alvo teológico que Pedro tem em mira em 1:5-9. Embora Deus esteja "certo" de quem são seus eleitos e tenha lhes dado uma salvação assegurada pela eternidade (Rm 8:31-39; 1Pe 1:1-5), é possível que o cristão nem sempre tenha certeza de sua salvação. A segurança é um fato revelado pelo Espírito Santo de que a salvação é para sempre. A certeza é a confiança da pessoa de que tem a salvação eterna. Em outras palavras, o cristão que busca as qualidades espirituais mencionadas no contexto dessa frase assegura a si mesmo, por meio dos frutos espirituais, que foi chamado (Rm 8:30; 1Pe 2:21) e escolhido (1Pe 1:2) para a salvação.

4. **Como Pedro explica a doutrina da inspiração das Escrituras (1:19-21)?**
Essa seção específica de 2Pedro nos fornece um entendimento crucial com relação à natureza e autenticidade das Escrituras. Até os apóstolos esperavam que seus leitores oferecessem uma defesa razoável para sua confiança nas Escrituras. Pedro se deu conta de que os falsos mestres tentariam desacreditar sua carta, bem como seu ministério passado, por isso ele ofereceu argumentos de oposição. Sabia que seria acusado de inventar fábulas e mitos como forma de manipular o público. (Tal acusação feita pelos falsos mestres revelou a abordagem e os propósitos deles mesmos). Assim, nessa passagem Pedro deu provas de que ele escreveu a verdade de Deus na qualidade de autor genuinamente inspirado.

Pedro detalha o processo da inspiração. A Bíblia, ele afirma, não é de origem humana; nem é o resultado da vontade humana (1:21). A ênfase nessa frase é que nenhuma parte da Escritura foi produzida meramente porque os homens assim o quiseram. A Bíblia não é o produto do esforço humano. De fato, os profetas muitas vezes escreviam aquilo que não podiam compreender (1Pe 1:10-11), mas mesmo assim foram fiéis em escrever o que Deus lhes revelou.

Em vez de confiar em seus próprios propósitos, os homens eram "impelidos pelo Espírito Santo" (1:21) a escrever. Gramaticalmente, isso significa que eles sempre foram levados ou conduzidos pelo Espírito de Deus (Lc 1:70; At 27:15,17). Portanto, o Espírito Santo é o autor e o criador divino, aquele que produziu as Escrituras. Somente no AT, os escritores humanos referem-se mais de 3.800 vezes aos seus escritos como as palavras de Deus (Jr 1:4; 3:2; Rm 3:2). Embora os autores humanos das Escrituras fossem mais ativos do que passivos no processo de composição, Deus, o Espírito Santo, supervisionou-os para que, usando sua própria personalidade, processos de pensamento e vocabulário individuais, cada um deles escrevesse e registrasse sem nenhum erro as palavras exatas que Deus queria que fossem escritas. As cópias originais das Escrituras são, portanto, inspiradas por Deus (soprada por Deus, 2Tm 3:16) e inerrantes (sem erros, Jo 10:34-35; 17:17; Tt 1:2). Aqui, Pedro definiu o processo de inspiração que criou um texto original sem erros (Pv 30:5; 1Co 14:36; 1Ts 2:13).

5. **Como "para o Senhor um dia é como mil anos, e mil anos como um dia" (3:8) afeta nosso entendimento do plano de Deus?**

Deus entende o tempo de um modo bastante diferente do que o entende o ser humano. A partir da perspectiva humana, a vinda de Cristo parece estar muito longe (Sl 90:4). A partir da perspectiva de Deus, ela não demorará. Pedro lembra seus leitores desse fato antes de apontar que qualquer demora na vinda de Cristo, a partir da perspectiva humana, jamais deve ser considerada uma indicação de que Deus está agindo devagar ou atrasado. A passagem do tempo é, na verdade, um sinal mais claro da imensa capacidade de Deus de ser paciente antes de irromper em juízo (Jl 2:13; Lc 15:20; Rm 9:22; 1Pe 3:15).

Além dessa referência geral, essa talvez seja uma indicação específica do fato de que há, na realidade, mil anos entre a primeira fase do dia do Senhor no fim da tribulação (Ap 6:17) e a segunda fase ao fim do reino milenar, quando o Senhor criará o novo céu e a nova terra.

6. **Se o Senhor "não [quer] que ninguém pereça" (3:9), por que parece que muitos terão esse fim?**

Nessa passagem, "ninguém" deve referir-se àqueles a quem o Senhor escolheu e que serão chamados para completar o número de redimidos. Uma vez que toda a passagem fala da destruição dos ímpios por parte de Deus, ele insiste em sua paciência não para que possa salvar todos eles, mas para que possa receber todos os seus. Ele não pode esperar até que todos sejam salvos, uma vez que a ênfase da passagem é que ele destruirá o mundo e os ímpios. Aqueles que perecem e vão para o inferno, perecem porque são depravados e merecem apenas o inferno — rejeitaram a única solução, Jesus Cristo — e não porque foram criados para o inferno e predeterminados para esse lugar. O caminho que leva à condenação é o caminho de um coração não arrependido; é o caminho de quem rejeita a pessoa e a provisão de Jesus Cristo, e se apega ao pecado (Is 55:1; Jr 13:17; Ez 18:32; Mt 11:28; 13:37; Lc 13:3; Jo 3:16; 8:21,24; 1Tm 2:3-4; Ap 22:17).

A palavra "todos", no início da frase seguinte ("mas que todos cheguem ao arrependimento") deve referir-se a todos os que fazem parte do povo de Deus e que irão para Cristo para formar o número total dos filhos de Deus. A razão para a demora da vinda de Cristo e de seus consequentes castigos não é porque Deus é tardio para cumprir a sua promessa, ou porque ele quer castigar um número maior de ímpios, ou porque ele é impotente diante da iniquidade. Ele protela a sua vinda porque é paciente e quer dar tempo para que seu povo se arrependa.

7. O que os comentários de Pedro sobre os escritos de Paulo querem dizer (2Pe 3:15-16)?

Nos últimos pensamentos dessa carta, Pedro procura respaldo bíblico para os escritos de Paulo. Uma vez que Paulo (quando Pedro escreveu a sua carta) havia escrito todas as suas cartas e morrido, os leitores de 2Pedro já teriam tomado conhecimento das cartas de Paulo sobre os acontecimentos futuros. Algumas das explicações de Paulo eram difíceis (não impossíveis) de interpretar. Não obstante, Pedro usa o apóstolo sem hesitação, para apoiar seus ensinos.

Pedro acrescenta uma palavra de cautela ao apontar que havia aqueles dispostos a "torcer" (3:16) e perverter o ensino do apóstolo a respeito do futuro. O fato de que a distorção dos escritos de Paulo leva à condenação eterna prova que seus escritos foram inspirados por Deus. O acréscimo de Pedro à frase "as demais Escrituras" (3:16) é uma das declarações mais claras da Bíblia para afirmar que os escritos de Paulo são bíblicos. O testemunho de Pedro é que os escritos de Paulo são a Escritura, mas os falsos mestres a distorceram. Os apóstolos do NT estavam cientes de que falavam e escreviam a Palavra de Deus (1Ts 2:13) com a mesma certeza que tinham os profetas do AT. Pedro percebeu que os escritores do NT haviam trazido a verdade divina que completava a Bíblia (1Pe 1:10-12).

APROFUNDAMENTO

1. Que indicações você pode descobrir na carta que sugerem ter sido a última de Pedro?
2. Como Pedro explicou o aparente atraso no retorno de Cristo?
3. De que formas Pedro atacou e enfraqueceu a (falsa) autoridade dos falsos mestres?
4. Que passos práticos para o crescimento espiritual Pedro inclui nessa carta?

1João

Os fundamentos da fé

TÍTULO

O título da epístola sempre foi "1João". É a primeira e mais extensa de uma série de três epístolas que levam o nome do apóstolo João. Uma vez que a carta não identifica uma igreja, lugar ou pessoa em particular como destinatário, é classificada como uma "epístola geral". Embora 1João não exiba algumas das características gerais de uma epístola comum daquela época (por exemplo: não há introdução e nem saudação de início ou conclusão), tanto o seu tom íntimo como o seu conteúdo indicam que o termo "epístola" ainda se aplica a ela.

AUTOR E DATA

A epístola não identifica o autor, mas o testemunho forte, consistente e mais antigo da igreja a atribui ao discípulo e apóstolo João (cf. Lc 6:13-14). Esse anonimato confirma de modo contundente a identificação por parte da igreja primitiva da epístola com o apóstolo João, pois somente alguém com a posição bem conhecida e preeminente de João como apóstolo poderia escrever com uma autoridade tão inconfundível, esperando total obediência de seus leitores, sem se identificar claramente (por exemplo: 4:6). Ele era bem conhecido dos leitores, por isso não havia a necessidade de mencionar o seu nome.

João e Tiago, seu irmão mais velho (At 12:2), eram conhecidos como "filhos de Zebedeu" (Mt 10:2-4), aos quais Jesus deu o nome de "filhos do trovão" (Mc 3:17). João era um dos três companheiros mais íntimos de Jesus (juntamente com Pedro e Tiago — cf. Mt 17:1; 26:37), sendo uma testemunha ocular e participante do ministério terreno de Jesus (1:1-4). Além das três epístolas, João também foi autor do quarto evangelho, no qual se identificou como "o discípulo a quem Jesus amava" e como o que estava reclinado ao lado dele na Última Ceia (Jo 13:23, 19:26; 20:2; 21:7,20). Também escreveu o livro de Apocalipse (Ap 1:1).

É difícil precisar a data em que essa epístola foi escrita porque não existe nenhuma indicação histórica clara nesse sentido em 1João. O mais provável é que João tenha composto essa obra na última parte do século I. De modo consistente, a tradição da igreja identifica João em sua idade avançada como um homem que estava vivendo e escrevendo ativamente durante esse tempo em Éfeso, na Ásia Menor. O tom da epístola apoia esse argumento, uma vez que o escritor passa a forte impressão de que é muito mais velho que seus leitores (por exemplo: "filhinhos" — 2:1,18,28). A epístola e o evangelho de João refletem um vocabulário e um modo de se expressar semelhantes (veja "Temas históricos e teológicos"). Essa semelhança leva muitos a datarem a escrita das epístolas de João pouco depois de ele ter composto o seu evangelho.

A VIDA DE JOÃO

Como muitos acreditam que o evangelho foi escrito durante a última parte do século primeiro, também preferem uma data semelhante para as epístolas. Além disso, é muito provável que a heresia que João combate reflita os princípios do gnosticismo (veja "Cenário e contexto"), o qual estava em seus primeiros estágios durante o último terço do século I, quando João estava escrevendo ativamente. Pelo fato de não ser feita nenhuma menção à perseguição sob o governo de Domiciano, que começou por volta de 95 d.C., ela pode ter sido escrita antes que a perseguição começasse. À luz desses fatores, uma data aceitável para 1João é cerca de 90-95 d.C. É provável que tenha sido escrita de Éfeso para as igrejas da Ásia Menor sobre as quais João exercia liderança apostólica.

CENÁRIO E CONTEXTO

Embora estivesse muito avançado em idade quando escreveu essa epístola, João ainda estava ativamente ministrando às igrejas. Era o único apóstolo sobrevivente que, além de testemunha ocular, teve associação íntima com Jesus ao longo do seu ministério terreno, morte, ressurreição e ascensão. Os Pais da igreja (por exemplo: Justino Mártir, Irineu, Clemente de Alexandria, Eusébio) indicam que, depois desse tempo, João viveu em Éfeso, na Ásia Menor, cumprindo um programa evangelístico longo, supervisionando muitas das igrejas que haviam sido fundadas e conduzindo um ministério literário extensivo (por exemplo: as epístolas, o evangelho de João e Apocalipse). Um pai da igreja (Papias), que teve contato direto com João, descreveu-o como uma "voz viva e constante". Como o último apóstolo que restava, o testemunho de João tinha grande autoridade entre as igrejas. Muitos ansiosamente tentavam ouvir aquele que havia tido contato pessoal com o Senhor Jesus.

Éfeso (cf. At 19:10) ficava dentro do centro intelectual da Ásia Menor. Como havia sido predito anos antes pelo apóstolo Paulo (At 20:28-31), os falsos mestres, levantando-se de dentro da própria igreja, saturados com o clima prevalecente de correntes filosóficas, começaram a influenciar a igreja com falsas doutrinas, distorcendo os ensinos apostólicos fundamentais. Esses falsos profetas defendiam novas ideias que, por fim, ficaram conhecidas como "gnosticismo" (da palavra grega "conhecimento"). Depois da batalha paulina pela liberdade da lei, o gnosticismo foi a heresia mais perigosa que ameaçou a igreja primitiva durante os três primeiros séculos. O mais provável é que João estivesse combatendo os princípios dessa heresia virulenta que ameaçava destruir os fundamentos da fé e as igrejas.

Essa heresia (falso ensino) apresentava duas formas básicas. Primeiro, alguns afirmavam que o corpo físico de Jesus não era real, mas somente "parecia" ser físico (o que era conhecido como "docetismo", de uma palavra grega que significa "parecer"). De maneira enérgica, João confirmou a realidade física de Jesus ao lembrar seus leitores de que ele havia sido uma testemunha ocular do Senhor ("ouvimos", "vimos", "apalparam", "Jesus Cristo veio em carne" — 1:1-4; 4:2-3). De acordo com a tradição antiga (Irineu), outra forma dessa heresia que João pode ter atacado era conduzida por um homem chamado Cerinto, que afirmava que o "espírito" de Cristo desceu sobre o Jesus humano no seu batismo, mas o deixou pouco antes de sua crucificação. João escreveu que o Jesus que foi batizado no início do seu ministério era a mesma pessoa que morreu na cruz (5:6).

Essas visões heréticas destroem não apenas a verdadeira humanidade de Jesus, mas também a expiação, pois Jesus não apenas foi verdadeiramente Deus, mas também um verdadeiro Homem (e fisicamente real) que de fato sofreu e morreu na cruz para que pudesse ser o sacrifício aceitável e substitutivo pelo pecado (cf. Hb 2:14-17). A visão bíblica de Jesus confirma tanto a sua total humanidade como também a sua total divindade.

A ideia gnóstica de que a matéria era má e somente o espírito era bom levou à noção de que o corpo deveria ser tratado com severidade, um tipo de ascetismo (por exemplo: Cl 2:21-23) ou de que o pecado cometido no corpo não tinha relação com o espírito de uma pessoa e não exercia nenhum efeito sobre ele. Essa noção levou alguns, especialmente os oponentes de João, a concluírem que o pecado cometido no corpo físico não era relevante, a submissão total à imoralidade era permitida, a pessoa podia até mesmo negar que o pecado existia (1:8-10) e negligenciar a lei de Deus (3:4). João enfatizou a necessidade de obedecer às leis de Deus, pois definiu o verdadeiro amor a Deus como obediência aos seus mandamentos (5:3). (Veja "Respostas para perguntas difíceis" para uma discussão mais ampla).

A falta de amor pelos irmãos na fé é uma característica dos falsos mestres, uma vez que eles reagem contra qualquer pessoa que rejeita a nova maneira de

1JOÃO 557

pensar deles (3:10-18). Eles separavam seus seguidores enganados da comunhão com aqueles que permaneciam fiéis ao ensino apostólico, levando João a responder que essa separação visivelmente demonstrava que aqueles que seguiam os falsos mestres careciam da salvação genuína (2:19). O afastamento deles deixava os outros cristãos, que permaneciam fiéis à doutrina apostólica, abalados. Respondendo a essa crise, o apóstolo já idoso escreveu para tranquilizar os que permaneciam fiéis e para combater essa séria ameaça à igreja. Uma vez que a heresia era tão perigosa e o momento era tão crucial para a igreja, que corria o risco de ser devastada pelo falso ensino, João, de maneira gentil e amorosa, mas com autoridade apostólica inquestionável, enviou essa carta às igrejas em sua esfera de influência para deter essa praga difusa da falsa doutrina.

PRINCIPAIS PERSONAGENS

- **João**: escreveu para assegurar os cristãos a respeito da verdade fundamental da fé cristã (1:1 a 5:21).
- **Jesus**: Cristo é a Palavra da Vida que se sacrificou e levantou do sepulcro para trazer vida eterna a todos os que crerem (1:1 a 5:20).

TEMAS HISTÓRICOS E TEOLÓGICOS

À luz das circunstâncias da epístola, o tema geral de 1João é "um novo chamado aos fundamentos da fé" ou "a volta aos princípios básicos do cristianismo". O apóstolo lida com certezas, e não com opiniões ou conjecturas. Expressa a natureza absoluta do cristianismo em termos muito simples; termos que são claros e indiscutíveis, sem deixar dúvida alguma quanto à natureza fundamental dessas verdades. O tom é cálido, em forma de conversa e, sobretudo, amoroso, como o de um pai tendo uma conversa terna e íntima com seus filhos.

A primeira epístola de João também é pastoral, escrita do coração de um pastor que está preocupado com a sua congregação. Como um pastor, João transmitiu ao seu rebanho alguns princípios muito básicos, mas vitalmente essenciais, que lhes asseguravam os pontos básicos da fé. Queria que eles tivessem alegria com relação à certeza de sua fé, e não ficassem preocupados com as falsas doutrinas e deserções de alguns (1:4).

No entanto, o ponto de vista do livro não é somente pastoral, mas também polêmico; não somente positivo, mas também negativo. João refuta os desertores com a sã doutrina, sem mostrar tolerância para com aqueles que distorcem a verdade divina. Ele rotula aqueles que se apartam da verdade de "falsos profetas" (4:1), "[os] que os querem enganar" (2:26; 3:7) e "anticristos" (2:18). Ele explicitamente identifica como demoníaca a fonte fundamental de todo esse afastamento da sã doutrina (4:1-7).

A repetição constante de três temas secundários reforça o tema geral com respeito à fidelidade aos princípios básicos do cristianismo: felicidade (1:4), santidade (2:1) e segurança (5:13). Ao serem fiéis aos princípios básicos, seus leitores vivenciarão continuamente em sua vida esses três resultados. Esses três fatores também revelam o ciclo-chave da verdadeira espiritualidade em 1João: uma crença apropriada em Jesus produz obediência aos seus mandamentos; a obediência manifesta-se no amor a Deus e aos irmãos na fé (por exemplo: 3:23-24). Quando a fé sã, a obediência e o amor operam juntos, eles resultam em felicidade, santidade e certeza, constituindo a evidência, a prova decisiva, de um verdadeiro cristão.

PRINCIPAIS DOUTRINAS

- **Fundamentos da fé**: a fé sã, a obediência e o amor operam juntos para produzir felicidade, santidade e certeza na vida dos cristãos (1:4,9; 2:1,3,15; 4:4-6; 5:13; Sl 32:3-5; Pv 28:13; Jo 14:30; 16:11; Rm 6:12-14; 8:12-13; 1Co 15:34; Ef 4:32; Cl 2:13).
- **Ensinos demoníacos**: falsos mestres negavam a humanidade de Jesus Cristo (2:18,26; 3:7; 4:1-7; Is 53:3-4; Mt 1:18; Lc 1:31; 1Co 15:21; Gl 4:4; Hb 2:14-17; 2Jo 1:7).

O CARÁTER DE DEUS

- Deus é fiel (1:9).
- Deus é justo (1:9).
- Deus é luz (1:5).
- Deus é amoroso (2:5; 3:1; 4:8-10,12,16,19).
- Deus cumpre suas promessas (2:25).
- Deus é verdadeiro (1:10; 5:10).
- Deus é o único Deus (5:7).

CRISTO EM 1JOÃO

Nessa epístola, João combate a doutrina gnóstica que negava a humanidade de Jesus Cristo. João proclama a identidade de Jesus Cristo como a encarnação do Deus Filho: "Este é aquele que veio por meio de água e sangue" (5:6). Esse versículo descreve a genuína vida e morte de Cristo como Filho do Homem.

DESAFIOS DE INTERPRETAÇÃO

Os teólogos debatem a natureza precisa das crenças dos falsos mestres em 1João, pois João não especifica de forma direta quais são as crenças deles; em vez disso, ele combate os hereges principalmente por meio de uma reafirmação positiva dos elementos básicos da fé. A principal característica da heresia, como foi observado anteriormente, parece ser uma negação da encarnação, isto é, Cristo não teria vindo em carne. O mais provável é que essa seja uma forma inicial ou incipiente de gnosticismo, como foi apontado. (Veja "Cenário e contexto").

O intérprete também é desafiado pela rigidez da teologia de João, que apresenta os pontos básicos ou fundamentos da vida cristã em termos absolutos, e não relativos. Ao contrário de Paulo, que apresentou exceções e tratou com tanta frequência das falhas dos cristãos em satisfazer o padrão divino, João não trata de questões do tipo: "E se eu falhar?" Somente em 2:1-2 é que ele alivia um pouco a questão dos absolutos. O restante do livro apresenta verdades em preto e branco, e não em sombras acinzentadas, muitas vezes fazendo isso por meio de um forte contraste; por exemplo: "luz" *versus* "trevas"

1JOÃO 559

(1:5,7; 2:8-11), verdade *versus* mentiras (2:21-22; 4:1), filhos de Deus *versus* filhos do diabo (3:10). Aqueles que se dizem cristãos devem, inquestionavelmente, exibir as características dos cristãos genuínos: sã doutrina, obediência e amor. Aqueles que verdadeiramente nasceram de novo receberam uma nova natureza, que dá evidência de si mesma. Aqueles que não exibem as características da nova natureza não a têm, por isso nunca verdadeiramente nasceram de novo. Os pontos não se concentram (como acontece em muitos dos escritos de Paulo) na questão de manter comunhão temporária ou diária com Deus, mas na aplicação de provas básicas na vida de uma pessoa para confirmar que a salvação de fato ocorreu. Essas distinções absolutas também são características do evangelho de João.

De uma maneira singular, João desafia o intérprete por sua repetição constante de temas semelhantes para enfatizar as verdades básicas sobre o cristianismo autêntico. Alguns comparam a repetição de João a uma espiral que se move para fora, aumentado cada vez mais, espalhando cada vez mais a mesma verdade para uma área mais ampla e abrangendo um território maior. Outros veem a espiral movendo-se para dentro, penetrando de modo cada vez mais profundo nos mesmos temas enquanto se expande em seus pensamentos. (Veja "Esboço"). Seja para dentro, seja para fora, o importante é que se vê o padrão em espiral: João usa a repetição de verdades básicas como um meio de ressaltar a importância delas e ajudar seus leitores a entendê-las e lembrar-se delas.

PALAVRAS-CHAVE

Pecado: em grego, *harmatia* — 1:7-8; 3:4-5,8-9; 5:16-17 —, literalmente, significa "errar o alvo". João fala de um tipo de pecado do qual a pessoa pode se recuperar e de outro tipo de pecado do qual ela não pode se recuperar. Ao que parece, os leitores de João, diferentemente dos leitores de hoje, entendiam essa distinção entre os dois tipos de pecado. O ensino geral dessa epístola sugere que os que negavam a comunidade cristã (2:18-19) para seguir ensinos heréticos e "anticristos" eram irrecuperáveis. A rebeldia e a negação da verdadeira identidade de Jesus por parte deles (4:1-3) conduz ao pecado impenitente. Como consequência, o pecado deles produz a morte espiritual.

Intercessor: em grego, *paraklētos* — 2:1 —, literalmente, "aquele que é chamado para nosso lado". Esse termo grego se refere à posição de consolador ou advogado de defesa. Em João 14:26 e 15:26, o Espírito Santo é chamado de Conselheiro dos cristãos. O Espírito Santo opera em nós para nos consolar e nos ajudar, e também nos defende diante do Pai nos céus (Rm 8:26-27,34).

ESBOÇO

1. As provas fundamentais da autêntica comunhão: ESPIRAL 1 (1:1 a 2:17)
   a. As provas fundamentais da doutrina (1:1 a 2:2)
   • Uma visão bíblica de Cristo (1:1-4)

- Uma visão bíblica do pecado (1:5 a 2:2)
b. As provas fundamentais dos princípios morais (2:3-17)
  - Uma visão bíblica da obediência (2:3-6)
  - Uma visão bíblica do amor (2:7-17)
    o O amor exigido por Deus (2:7-11)
    o O amor que Deus odeia (2:12-17)

2. As provas fundamentais da autêntica comunhão: ESPIRAL 2 (2:18 a 3:24)
a. Segunda parte da prova doutrinária (2:18-27)
  - Anticristos abandonam a comunhão cristã (2:18-21)
  - Anticristos negam a fé cristã (2:22-25)
  - Anticristos enganam os cristãos fiéis (2:26-27)
b. Segunda parte da prova moral (2:28 a 3:24)
  - A esperança purificadora do retorno de Cristo (2:28 a 3:3)
  - A incompatibilidade do cristão com o pecado (3:4-24)
    o O requisito da justiça (3:4-10)
    o O requisito do amor (3:11-24)

3. As provas fundamentais da autêntica comunhão: ESPIRAL 3 (4:1-21)
a. Terceira parte da prova doutrinária (4:1-6)
  - A fonte demoníaca da falsa doutrina (4:1-3)
  - A necessidade da sã doutrina (4:4-6)
b. Terceira parte da prova moral (4:7-21)
  - O caráter de amor de Deus (4:7-10)
  - O requisito do amor de Deus (4:11-21)

4. As provas fundamentais da autêntica comunhão: ESPIRAL 4 (5:1-21)
a. A vida vitoriosa em Cristo (5:1-5)
b. O testemunho que Deus deu de Cristo (5:6-12)
c. Certezas cristãs por causa de Cristo (5:13-21)
  - A certeza da vida eterna (5:13)
  - A certeza da oração respondida (5:14-17)
  - A certeza da vitória sobre o pecado e Satanás (5:18-21)

ENQUANTO ISSO, EM OUTRAS PARTES DO MUNDO...

Os impérios de Roma e da China se expandem um em direção ao outro, separados apenas pelas montanhas armênias e pelo mar Cáspio.

1JOÃO   561

RESPOSTAS PARA PERGUNTAS DIFÍCEIS

1. **Como 1João nos ajuda a entender parte do ensino destruidor que atacou o cristianismo no século primeiro?**

Os apóstolos Paulo, Pedro e João enfrentaram formas iniciais de um sistema de falso ensino que mais tarde se tornou conhecido por "gnosticismo". Esse termo, derivado da palavra grega para "conhecimento", refere-se à alegação dos gnósticos de um conhecimento elevado, uma verdade superior conhecida somente por aqueles que estavam mergulhados nas coisas profundas. Os iniciados nesse conhecimento místico da verdade possuiriam uma autoridade interna superior até acima das Escritura. Isso resultou numa situação caótica em que, em vez da revelação divina ocupar uma posição de juiz sobre as ideias dos homens, as ideias dos homens julgavam a revelação de Deus (1Jo 2:15-17).

Filosoficamente, a heresia se fundamentava numa distorção do platonismo. Defendia um dualismo segundo o qual a matéria era inerentemente má e o espírito era bom. Um dos erros diretos dessa heresia envolvia atribuir alguma forma de divindade a Cristo, porém negar sua verdadeira humanidade, supostamente para preservá-lo do maligno (que eles concluíram que Jesus seria, caso tivesse realmente vindo em carne). Tal visão destrói tanto a verdadeira humanidade de Jesus como também a expiação, ato por meio do qual o sofrimento e a morte de Cristo pagaram pelos nossos pecados. Jesus não somente foi verdadeiramente Deus, mas também um verdadeiro Homem (e fisicamente real) que de fato sofreu e morreu na cruz para que pudesse ser o sacrifício aceitável e substitutivo pelo pecado (cf. Hb 2:14-17). A visão bíblica de Jesus confirma tanto a sua total humanidade como também a sua total divindade.

A heresia gnóstica, até nos dias de João, apresentava duas formas básicas: o docetismo e o erro de Cerinto. O docetismo (de uma palavra grega que significa "parecer") afirmava que o corpo físico de Jesus não era real, mas somente "parecia" ser físico. De maneira enérgica e persistente, João confirmou a realidade física de Jesus ao lembrar seus leitores de que ele havia sido uma testemunha ocular do Senhor ("ouvimos", "vimos", "apalparam", "Jesus Cristo veio em carne" — 1:1-4; 4:2-3). A outra forma de gnosticismo foi rastreada até Cerinto pelo apologista da igreja primitiva, Irineu. Cerinto afirmava que o "espírito" de Cristo desceu sobre o Jesus humano no seu batismo, mas o deixou pouco antes de sua crucificação. João escreveu que o Jesus que foi batizado no início do seu ministério era a mesma pessoa que morreu na cruz (1Jo 5:6).

João não especifica diretamente as antigas crenças gnósticas, porém seus argumentos fornecem dicas a respeito de seus alvos. Ademais, a sabedoria de João era evitar ataques diretos a heresias que mudavam rapidamente; em vez disso, ele preferia fornecer uma reafirmação clara e oportuna das verdades básicas a respeito de Cristo que estabeleceria uma fundação atemporal e respostas para as seguintes gerações de cristãos.

562   MANUAL BÍBLICO MACARTHUR

2. Quais são os elementos básicos não negociáveis da fé que João descreve em sua carta?

João apresenta os pontos básicos ou fundamentos da vida cristã em termos absolutos. Ele reconhece a importância do perdão e do papel de Cristo como Intercessor quando falhamos (1:8-9; 2:1), mas seu forte contraste permite pouco espaço para concessão: "luz" versus "trevas" (1:5,7; 2:8-11), verdade versus mentiras (2:21-22; 4:1), filhos de Deus versus filhos do diabo (3:10). Aqueles que se dizem cristãos devem exibir as características dos cristãos genuínos: sã doutrina, obediência e amor. Tais distinções absolutas eram típicas do evangelho de João.

3. O que a confissão tem a ver com a obtenção de perdão em 1João 1:9?

Os falsos mestres aos quais João estava resistindo tinham uma característica em comum com muitas pessoas dos dias de hoje: além de andar em trevas (no pecado), chegavam ao extremo de negar totalmente a existência de uma natureza de pecado na vida deles. Se alguém nunca admite ser um pecador, consequentemente não pode haver salvação (veja em Mt 19:16-22 o relato do jovem que se recusou a reconhecer o seu pecado). Confessar (reconhecer o pecado) é como abrir uma mão para soltar um objeto. Uma vez que a mão está aberta pode receber o perdão.

A confissão contínua de pecados é uma indicação da autêntica salvação. Enquanto os falsos mestres não reconheciam seu pecado, o cristão genuíno o admitia e o abandonava (Sl 32:3-5; Pv 28:13). O termo "confessar" significa dizer o mesmo que Deus diz acerca do pecado e reconhecer a perspectiva divina sobre o pecado. A confissão de pecados é uma característica dos cristãos genuínos, e Deus sempre limpa aqueles que confessam. Em vez de se concentrar na confissão de cada pecado individual como algo necessário, João especialmente tem em mente aqui um reconhecimento firme e a admissão de que a pessoa é uma pecadora que precisa de limpeza e perdão (Ef 4:32; Cl 2:13).

4. Por que não devemos amar o mundo (2:15)?

Embora muitas vezes repita a importância do amor e que Deus é amor (4:7-8), João também revela que Deus odeia um determinado tipo de amor: o amor ao mundo (Jo 15:18-20). Uma ausência de amor ao mundo deve ser a característica habitual da vida de amor daqueles que são considerados genuinamente nascidos de novo. Em contrapartida, os cristãos amam a Deus e seus irmãos em Cristo.

"Amor" aqui significa afeto e devoção. É Deus, e não o mundo, que deve ocupar o primeiro lugar na vida do cristão (Mt 10:37-39; Fp 3:20). O termo "mundo" não é uma referência ao mundo físico e material, mas ao sistema espiritual invisível do mal, dominado por Satanás, e tudo que ele oferece em oposição a Deus, à sua Palavra e ao seu povo (5:19; Jo 12:31; 1Co 1:21; 2Co 4:4; Tg 4:4; 2Pe 1:4).

5. Quais são as quatro razões que João nos dá para explicar por que os verdadeiros cristãos não podem praticar o pecado de maneira habitual (1Jo 3:4-10)?

Essa passagem tem início com a frase "Todo aquele que pratica o pecado" (versículo 4). "Pratica" é a tradução de um verbo grego que transmite a ideia de prática

1 JOÃO

habitual. Embora os cristãos autênticos tenham uma natureza pecaminosa (1:8) e cometam pecados, a confissão dos pecados (1:9; 2:1) e aceitação do perdão evita que o pecado se torne o padrão contínuo na vida deles (Jo 8:31,34-36; Rm 6:11; 2Jo 9). Deus constrói certa consciência crescente do pecado que fornece quatro razões que explicam por que os verdadeiros cristãos não podem praticar o pecado de forma habitual: (1) O verdadeiro cristão não pode praticar o pecado porque este é incompatível com a lei de Deus, que ele ama (3:4; Sl 119:34,77,97; Rm 7:12,22), uma vez que praticar o pecado de forma habitual expressa o sentido máximo da rebelião — viver como se não houvesse lei ou ignorar as leis que existem (Tg 4:17). (2) O verdadeiro cristão não pode praticar o pecado porque este é incompatível com a obra de Cristo (3:5), que morreu para santificar (tornar santo) o cristão (2Co 5:21; Ef 5:25-27). O pecado habitual contradiz a obra de Cristo de destruir o domínio do pecado na vida do cristão (Rm 6:1-15). (3) O verdadeiro cristão não pode praticar o pecado porque Cristo veio para destruir as obras de seu arqui-i-nimigo, Satanás (3:8). O diabo ainda está operando, mas ele foi derrotado, e em Cristo escapamos de sua tirania. Chegará o dia em que toda a atividade de Satanás cessará no universo e ele será enviado para o inferno para sempre (Ap 20:10). (4) O verdadeiro cristão não pode praticar o pecado porque é incompatível com o ministério do Espírito Santo, que concedeu uma nova natureza ao cristão (3:9; Jo 3:5-8). Essa nova natureza evita o pecado e exibe o caráter habitual da justiça produzida pelo Espírito Santo (Gl 5:22-24).

APROFUNDAMENTO

1. O que João ensinou sobre confissão e perdão em seu primeiro capítulo?
2. A carta de João inclui cinco motivos específicos por que os cristãos amam (4:7-21). Quais são eles?
3. De que modo João usou Caim como exemplo em sua carta?
4. Segundo João, por que é impossível amar a Deus e odiar nosso próximo?
5. Como você aplica a afirmação "Nós amamos porque ele nos amou primeiro" (4:19) em sua vida?

2João

Uma lição de hospitalidade

TÍTULO

O título da epístola é "2João". Essa é a segunda de uma série de três epístolas que levam o nome do apóstolo João. No NT, a segunda e a terceira epístolas de João são as que mais se aproximam do formato de uma carta convencional do mundo greco-romano contemporâneo, uma vez que se trata de um indivíduo escrevendo para indivíduos. As epístolas de 2 e 3João são as mais curtas do NT, contendo cada uma delas menos de 300 palavras gregas. Cada carta poderia caber numa única folha de papiro (cf. 3Jo 13).

AUTOR E DATA

O autor é o apóstolo João, que descreve a si mesmo em 2João 1 como "o presbítero", termo que expressa a idade avançada do apóstolo, sua autoridade e posição durante o período de fundação do cristianismo, quando ele estava envolvido com o ministério de Jesus. A data precisa da epístola não pode ser determinada. Como a redação, o tema e as circunstâncias de 2João se aproximam muito de 1João (versículo 5 [cf. 1Jo 2:7; 3:11]; versículo 6 [cf. 1Jo 5:3]; versículo 7 [cf. 1Jo 2:18-26]; versículo 9 [cf. 1Jo 2:23]; versículo 12 [cf. 1Jo 1:4]), o mais provável é que João tenha composto a carta ao mesmo tempo ou logo depois de 1João, por volta de 90-95 d.C., durante o seu ministério em Éfeso, na última parte de sua vida.

CENÁRIO E CONTEXTO

A segunda epístola de João trata do mesmo problema de 1João (veja "Cenário e contexto" de 1João). Influenciados pelos princípios do gnosticismo, os falsos mestres estavam ameaçando a igreja (versículo 7; cf. 1Jo 2:18-19,22-23; 4:1-3). A diferença estratégica é que, enquanto 1João não é dirigida a nenhuma pessoa ou igreja específica, 2João tem em mente um grupo local particular ou igreja domiciliar (versículo 1).

O foco de 2João é que os falsos mestres estavam realizando um ministério itinerante entre as congregações de João, procurando converter as pessoas e aproveitando-se da hospitalidade cristã para ganhar adeptos para sua causa (versículos 10-11; cf. Rm 12:13; Hb 13:2; 1Pe 4:9). É possível que, por inadvertência ou falta de sabedoria, a mulher a quem João se dirige na saudação (versículo 1) tenha mostrado hospitalidade a esses falsos profetas, ou que João tivesse medo de que os falsos mestres tentassem se aproveitar da vontade dela (versículos 10-11). O apóstolo adverte seriamente seus leitores para que não mostrem hospitalidade a esses enganadores (versículos 10-11). Embora à primeira vista sua exortação possa

2JOÃO   **565**

parecer áspera ou pouco amorosa, a natureza extremamente perigosa dos ensinos desses homens justificava tais ações, especialmente porque eles ameaçavam destruir os elementos básicos da fé (versículo 9).

PRINCIPAIS PERSONAGENS

- **João**: apóstolo de Jesus que escreveu para ressaltar a comunhão e a hospitalidade cristãs (versículos 1-13).
- **A senhora eleita**: conhecida de João e cristã (versículo 1).
- **Os filhos da senhora eleita**: referência aos filhos da senhora eleita (versículo 1).

TEMAS HISTÓRICOS E TEOLÓGICOS

O tema geral de 2João traça um paralelo próximo ao tema de 1João de um novo chamado aos elementos básicos da fé ou a volta aos princípios básicos do cristianismo (versículos 4-6). Para João, os elementos básicos do cristianismo resumem-se à fidelidade à verdade (versículo 4), ao amor (versículo 5) e à obediência (versículo 6).

No entanto, o apóstolo apresenta um tema adicional, porém pertinente, em 2João: As diretrizes bíblicas para a hospitalidade. Os cristãos não somente devem seguir os fundamentos da fé, mas a hospitalidade generosa que lhes é ordenada (Rm 12:13) deve ser distintiva. A base da hospitalidade deve ser o amor comum ou interesse pela verdade, e os cristãos devem compartilhar seu amor dentro dos limites dessa verdade. Não lhes é dito para aceitar de maneira indiscriminada qualquer pessoa que se diga cristã. O amor deve discernir. A hospitalidade e a bondade devem ter como foco aqueles que estão seguindo os fundamentos da fé. Do contrário, os cristãos podem, de fato, ajudar aqueles que estão tentando destruir essas verdades básicas da fé. A sã doutrina deve servir como a prova de comunhão e a base de separação entre aqueles que professam ser cristãos e aqueles que de fato o são (versículos 10-11; cf. Rm 16:17; Gl 1:8-9; 2Ts 3:6,14; Tt 3:10).

PRINCIPAIS DOUTRINAS

- **Comunhão cristã**: a sã doutrina deve servir como a prova de comunhão e a base de separação entre aqueles que professam ser cristãos e aqueles que de fato o são (versículos 9-11; Rm 16:17; Gl 1:8-9; 2Ts 3:6,14; Tt 3:10).
- **Fundamentos da fé**: os elementos básicos do cristianismo resumem-se à fidelidade à verdade, ao amor e à obediência (versículos 4-6; Jo 13:34-35; 14:15,21; 15:10,12,17; 1Ts 2:19-20; 1Jo 2:7-11; 3:11; 4:7-12).

O CARÁTER DE DEUS

- Deus é amoroso (1:6).
- Deus é verdade (1:1-2).

DESAFIOS DE INTERPRETAÇÃO

A segunda epístola de João está em oposição direta ao frequente clamor pelo ecumenismo e união entre os cristãos. No cristianismo, o amor e a verdade são inseparáveis. A principal lição desse livro é que a verdade determina os limites do amor e, consequentemente, da união (veja "Respostas para perguntas difíceis" para uma discussão mais ampla).

> ### CRISTO EM 2JOÃO
>
> De modo semelhante à primeira carta de João, o apóstolo ressalta a verdade básica da identidade de Cristo (versículos 7-11). Negar a humanidade de Cristo é negar seu sofrimento físico e sacrifício para redimir o mundo do pecado: "De fato, muitos enganadores têm saído pelo mundo e estes não confessam que Jesus Cristo veio em corpo. Tal é o enganador e o anticristo" (versículos 7-8).

A referência à "senhora eleita e aos seus filhos" (versículo 1) deve ser entendida num sentido normal e claro como uma referência a uma mulher em particular e seus filhos, em vez de ser interpretada num sentido não literal como uma igreja e seus membros. Do mesmo modo, a referência aos "filhos da sua irmã eleita" (versículo 13) deve ser entendida como referência às sobrinhas e/ou sobrinhos da pessoa em questão no versículo 1, e não uma referência metafórica a uma igreja-irmã e seus membros. Nesses versículos, João expressa saudações a conhecidos pessoais com os quais havia entrado em contato por meio do seu ministério.

ESBOÇO

1. A base da hospitalidade cristã (1-3)

2. A conduta da hospitalidade cristã (4-6)

3. Os limites da hospitalidade cristã (7-11)

4. As bênçãos da hospitalidade cristã (12-13)

ENQUANTO ISSO, EM OUTRAS PARTES DO MUNDO...

A maior parte do norte da Alemanha ainda está ocupada pelos bárbaros. No entanto, Roma invade e conquista partes da Floresta Negra, situada entre o Reno e o Danúbio.

RESPOSTAS PARA PERGUNTAS DIFÍCEIS

1. Por que "[confessar] que Jesus Cristo veio em corpo" (versículo 7) era tão importante para João?

O propósito de João era fortalecer os cristãos, a fim de que resistissem à onda de heresia que se levantava contra a igreja. Esse ensino falso era, em boa parte, uma forma primitiva de gnosticismo (para mais informações sobre essa heresia, veja "Resposta para perguntas difíceis" de 1João).

A ideia gnóstica de que a matéria era má e somente o espírito era bom levou à noção de que o corpo deveria ser tratado com severidade (Cl 2:21-23) ou de que o pecado cometido no corpo não tinha relação com o espírito de uma pessoa e não exercia nenhum efeito sobre ele. Em outras palavras, o falso ensino buscava introduzir um fosso entre o corpo e a alma. É por isso que o gnosticismo muitas vezes sustentava que Jesus não podia ter sido Deus e homem ao mesmo tempo.

O resultado desse erro era agravado quando alguns, inclusive os oponentes de João, concluíam que os pecados praticados no corpo não tinham importância. A indulgência absoluta na imoralidade era permissível, e era possível até mesmo negar a existência do pecado (1Jo 1:8-10) e ignorar a lei de Deus (1Jo 3:4).

Como um baluarte contra essa heresia, João exaltou a confissão de que Jesus Cristo veio "em corpo" (versículo 7), e de que o que os cristãos fazem na vida física tem conexão direta com o que fazem na vida espiritual. João ressaltou a necessidade da obediência às leis de Deus, pois definiu o verdadeiro amor a Deus como obediência aos seus mandamentos (1Jo 5:3). Jesus, em sua vida humana, ofereceu o exemplo perfeito desse tipo de amor.

2. **Como o ensino de João sobre a verdade e o amor afetam discussões sobre a união entre os cristãos hoje (versículos 4-6)?**
A segunda epístola de João está em oposição direta ao frequente clamor pelo ecumenismo e união entre os cristãos. No cristianismo, o amor e a verdade são inseparáveis, e esta deve sempre guiar o exercício do amor (Ef 4:5). O amor deve suportar a prova da verdade. A principal lição desse livro é que a verdade determina os limites do amor e, consequentemente, da união. Portanto, a verdade deve existir antes que o amor possa unir, pois a verdade gera amor (1Pe 1:22). Quando alguém compromete a verdade, o amor cristão verdadeiro e a união são destruídos. Existe somente um sentimentalismo superficial no qual a verdade não é o fundamento da união.

APROFUNDAMENTO

1. Como João ressaltou o tema consistente do amor nessa breve epístola?
2. Como João ressaltou a importância da verdade?
3. Qual era a causa das advertências de João nessa breve epístola?
4. Quais conselhos positivos sobre os relacionamentos cristãos foram oferecidos por João?

3João

Servindo aos servos do Senhor

TÍTULO

O título da epístola é "3João". Trata-se da terceira de uma série de três epístolas que levam o nome do apóstolo João. No NT, a segunda e a terceira epístolas de João são as que mais se aproximam do formato de uma carta convencional do mundo greco--romano contemporâneo, uma vez que se trata de um indivíduo escrevendo para indivíduos. As epístolas de 2 e 3João são as mais curtas do NT, contendo cada uma delas menos de 300 palavras gregas, de modo que cada carta poderia caber numa única folha de papiro (cf. versículo 13).

AUTOR E DATA

O autor é o apóstolo João, que descreve a si mesmo no versículo 1 como "o presbítero", termo que expressa a idade avançada do apóstolo, sua autoridade e sua posição como testemunha ocular, principalmente durante o período de fundação do cristianismo, quando ele estava envolvido com o ministério de Jesus (cf. 2Jo 1). A data precisa da epístola não pode ser determinada. Como a estrutura, o estilo e o vocabulário se aproximam muito de 2João (versículo 1 [cf. 2Jo 1]; versículo 4 [cf. 2Jo 4]; versículo 13 [cf. 2Jo 12]; versículo 14 [cf. 2Jo 12]), o mais provável é que João tenham composto a carta ao mesmo tempo ou logo depois de 2João, cerca de 90-95 d.C., durante o seu ministério em Éfeso, na última parte de sua vida.

CENÁRIO E CONTEXTO

A terceira epístola de João talvez seja a mais pessoal de suas três epístolas. Enquanto 1João parece ser uma carta geral dirigida a congregações espalhadas por toda a Ásia Menor e 2João foi enviada a uma senhora e sua família (2Jo 1), em 3João o apóstolo claramente menciona o nome do único destinatário como "amado Gaio" (versículo 1). Isso faz com que a epístola seja uma das poucas cartas do NT dirigidas estritamente a uma pessoa (cf. Filemom). O nome "Gaio" era muito comum no século I (por exemplo: At 19:29; 20:4; Rm 16:23; 1Co 1:14), mas nada se sabe sobre esse homem além da saudação de João, da qual se deduz que ele era membro de uma das igrejas que estavam sob a supervisão espiritual de João.

Como no caso de 2João, 3João concentra-se na questão básica da hospitalidade, porém a partir de outra perspectiva. Enquanto 2João adverte os cristãos a não oferecerem hospitalidade aos falsos mestres (2Jo 7-11), 3João condena a falta de hospitalidade aos ministros fiéis da Palavra (versículos 9-10). O apóstolo havia recebido notícias de que mestres itinerantes conhecidos e aprovados por ele (versículos 5-8)

3JOÃO **569**

haviam viajado até uma determinada congregação onde a hospitalidade (por exemplo: alojamento e provisão) lhes foi negada por um homem chamado Diótrefes, que dominava a congregação (versículo 10). Diótrefes foi ainda mais longe, pois também caluniou verbalmente o apóstolo João com acusações maliciosas e excluiu da congregação quem teve a coragem de desafiá-lo (versículo 10).

Em contrapartida, Gaio, um amado amigo do apóstolo e fiel seguidor da verdade (versículos 1-4), estendia o parâmetro correto da hospitalidade cristã a ministros itinerantes. João escreveu para elogiar o tipo de hospitalidade mostrado por Gaio a representantes dignos do evangelho (versículos 6-8) e para condenar as ações prepotentes de Diótrefes (versículo 10). O apóstolo prometeu corrigir a situação pessoalmente e enviou essa carta por meio de um homem chamado Demétrio, a quem elogiou pelo seu bom testemunho entre os irmãos (versículos 10-12).

PRINCIPAIS PERSONAGENS

- **João**: escreveu para elogiar Gaio por sua hospitalidade generosa (versículos 1-14).
- **Gaio**: único destinatário da carta de João; membro de uma das igrejas que estavam sob a supervisão espiritual do apóstolo (versículo 1).
- **Diótrefes**: membro egocêntrico e dominador da igreja (versículos 9-10).
- **Demétrio**: servo fiel e excelente modelo na igreja (versículo 12).

TEMAS HISTÓRICOS E TEOLÓGICOS

O tema de 3João é o reconhecimento dos parâmetros adequados da hospitalidade cristã e a condenação por não se seguir tais parâmetros.

PALAVRAS-CHAVE

Igreja: em grego, *ekklēsia* — versículos 6,9-10 —, literalmente, significa "assembleia". Na literatura grega secular, esse termo descrevia qualquer reunião de pessoas para um importante evento ou assembleia. Os escritores do NT usavam esse termo para se referir à assembleia local ou ao corpo mundial de cristãos. João usa *ekklēsia* de duas maneiras: "igreja" no versículo 6 se refere ao grupo de cristãos, em geral, enquanto "igreja" nos versículos 9 e 10 se refere a uma igreja local específica. Nos tempos da Bíblia, os cristãos de cada cidade eram organizados sob um grupo de presbíteros (veja At 14:23; 15:2,4; 20:17-18; Tt 1:5). Várias "assembleias" de cristãos, que ocorriam em diversos lares, formavam a igreja local em cada cidade.

PRINCIPAL DOUTRINA

- **Hospitalidade**: deve ser demonstrada aos fiéis ministros da Palavra (versículos 9-10; Gn 14:18; 18:3-8; Êx 2:20; 1Sm 9:22; 2Rs 6:22-23; Jó 31:32; Is 58:7; Lc 14:13-14; Rm 12:13,20; 1Tm 3:2; 5:10; Tt 1:8; Hb 13:2; 1Pe 4:9).

O CARÁTER DE DEUS

- Deus é bom (versículo 11).

DESAFIOS DE INTERPRETAÇÃO

Alguns acreditam que Diótrefes pode ter sido um mestre herege ou, pelo menos, que tivesse favorecido os falsos mestres que foram condenados por 2João. No entanto, a epístola não fornece evidência clara para justificar essa conclusão, especialmente porque se esperaria que João tivesse mencionado as visões hereges de Diótrefes. A epístola mostra que seus problemas giravam em torno da arrogância e da desobediência, que são problemas tanto para o ortodoxo como para o herege.

> ### CRISTO EM 3JOÃO
>
> Ao contrário de 1João e 2João, 3João não menciona diretamente o nome de Jesus Cristo. No entanto, no versículo 7, João descreve os missionários como tendo saído "por causa do Nome" (veja Rm 1:5). A verdade do sacrifício de Cristo na cruz continua sendo a fundação para a disseminação do evangelho a todas as pessoas.

ENQUANTO ISSO, EM OUTRAS PARTES DO MUNDO...

O discípulo de João, Policarpo, talvez já estivesse ministrando em Esmirna.

ESBOÇO

1. O elogio da hospitalidade cristã (1-8)

2. A condenação com respeito a violar a hospitalidade cristã (9-11)

3. A conclusão a respeito da hospitalidade cristã (12-14)

RESPOSTAS PARA PERGUNTAS DIFÍCEIS

1. **Que diretrizes acerca da hospitalidade cristã são encontradas em 3João?**

   João oferece tanto encorajamento como aconselhamento a respeito da hospitalidade. Com certeza, ele acreditava que os cristãos deveriam praticar o tipo de hospitalidade "de modo agradável a Deus" (versículo 6). Primeiro, os cristãos devem demonstrar hospitalidade àqueles que têm motivos puros. Ele descreveu essas pessoas como missionários itinerantes que haviam saído "por causa do Nome" (versículo 7; Rm 1:5); tais missionários devem estar cumprindo o seu ministério para a glória de Deus, e não para si mesmos. Segundo, os cristãos devem demonstrar hospitalidade àqueles que não estão no ministério para ganhar dinheiro. Como esses missionários estavam "sem receber ajuda alguma dos gentios" (versículo 7), a igreja era o único meio de sustento deles. Terceiro, quando os cristãos praticavam a hospitalidade, tornavam-se participantes do ministério daqueles que eram acolhidos (versículo 8).

3JOÃO 571

2. **Por que João estava tão aborrecido com essa pessoa chamada Diótrefes em sua terceira carta?**

João citou Diótrefes para Gaio como exemplo do tipo do efeito negativo causado por um líder que contradiz os ensinos de Jesus sobre a liderança servil na igreja (Mt 20:20-28; Fp 2:5-11; 1Tm 3:3; 1Pe 5:3) e que viola os padrões de hospitalidade que devem ser cumpridos pelos cristãos. João observou pelo menos seis erros no comportamento de Diótrefes que servem de útil advertência para os outros:

- Ele gostava muito de ser o mais importante (desejo de ser o primeiro, versículo 9).
- Ele rejeitou a autoridade de João, portanto, a autoridade da Palavra de Deus, ao se recusar a receber a carta de João (versículo 9).
- João acusou Diótrefes de fazer algo com "palavras maldosas" contra eles (esse termo expressa a ideia de dizer coisas inúteis e vazias, versículo 10). Em outras palavras, as falsas acusações de Diótrefes contra João era malignas.
- Ele "se [recusava] a receber os irmãos" (sua hostilidade se estendia a outros cristãos, versículo 10).
- Diótrefes até mesmo "os [expulsou] da igreja" (ele excomungava aqueles que resistiam a sua autoridade, versículo 10).

APROFUNDAMENTO

1. Quais são os pontos altos e baixos de 3João?
2. Em que aspectos a hospitalidade cristã é importante?
3. Que traços de caráter estavam criando problemas na igreja para a qual João escreveu?
4. Por quais atos e características pessoais João elogiou Gaio e Demétrio?
5. Qual é sua experiência mais memorável em relação a dar ou receber hospitalidade cristã?

Judas

Como identificar um apóstata

TÍTULO

Judas, no grego, que é traduzido por "Judá" no hebraico, recebeu o nome de seu autor (versículo 1), um dos quatro meio-irmãos de Cristo (Mt 13:55; Mc 6:3). Como o quarto livro mais curto do NT (Filemom, 2João e 3João são mais curtos), Judas é a última das oito epístolas gerais. Judas não cita o AT de modo direto, mas há, no mínimo, nove referências óbvias a ele. Tomado pelo contexto, esse "sermão epistolar" poderia ser chamado "Os atos dos apóstatas".

AUTOR E DATA

Embora Judas fosse um nome comum na Palestina (pelo menos oito são citados no NT), o autor geralmente tem sido aceito como Judas, o meio-irmão de Cristo. Deve-se diferenciá-lo do apóstolo Judas, o filho de Tiago (Lc 6:16; At 1:13). Várias linhas de raciocínio levam a essa conclusão: (1) O recurso de Judas ao dizer que é "irmão de Tiago", o líder do Concílio de Jerusalém (At 15) e outro meio-irmão de Jesus (versículo 1; cf. Gl 1:19); (2) a saudação de Judas é semelhante à de Tiago (cf. Tg 1:1); e (3) o fato de Judas não se identificar como um apóstolo (versículo 10), mas, em vez disso, distinguir-se dos apóstolos.

A apostasia doutrinária e moral discutida por Judas (versículos 4-18) corresponde em muito à de 2Pedro (2:1 a 3:4), e acredita-se que a escrita de Pedro antecedeu a de Judas por várias razões: (1) 2Pedro antecipa a vinda dos falsos mestres (2Pe 2:1-2; 3:3), ao passo que Judas trata da chegada desses mestres (versículos 4,11-12, 17-18); e (2) Judas faz uma citação direta de 2Pedro 3:3 e reconhece que é de um apóstolo (versículos 17-18). Como Judas não faz menção da destruição de Jerusalém em 70 d.C., embora seja mais provável que tenha vindo depois de 2Pedro (por volta de 68-70 d.C.), é quase certo que a carta tenha sido escrita antes da destruição dessa cidade. Embora Judas fizesse viagens missionárias com outros irmãos e suas respectivas esposas (1Co 9:5), é muito provável que ele tenha escrito de Jerusalém. O público exato de cristãos com quem Judas se correspondia é desconhecido, mas, considerando-se as ilustrações que ele apresenta, parece que era formado por judeus. Não há dúvida de que ele escreveu para uma região recentemente infestada por falsos mestres.

Embora tivesse rejeitado Jesus como Messias no passado (Jo 7:1-9), Judas, juntamente com outros meio-irmãos de nosso Senhor, converteu-se após a ressurreição de Cristo (At 1:14). Por causa de sua relação com Jesus, seu conhecimento como testemunha ocular do Cristo ressurreto e do conteúdo dessa epístola, a carta foi reconhecida como sendo inspirada e incluída no cânone Muratoriano (170 d.C.). As

JUDAS   **573**

primeiras questões a respeito de sua canonicidade também tendem a apoiar a ideia de que ela foi escrita depois de 2Pedro. Se Pedro tivesse citado Judas, não teria havido nenhum questionamento sobre a canonicidade, uma vez que Pedro, com isso, teria dado a Judas a afirmação apostólica. Clemente de Roma (cerca de 96 d.C.) e Clemente de Alexandria (por volta de 200 d.C.) também fizeram referência à autenticidade de Judas. Seu tamanho diminuto e as citações de escritos não inspirados são responsáveis por qualquer questionamento inapropriado a respeito de sua canonicidade.

CENÁRIO E CONTEXTO

Judas viveu numa época em que o cristianismo estava sob um ataque político severo por parte de Roma e a infiltração espiritual agressiva por parte de apóstatas parecidos com gnósticos e libertinos que plantavam sementes em abundância para uma enorme colheita de erros doutrinários. Talvez isso tenha sido o precursor do gnosticismo completamente desenvolvido que o apóstolo João confrontaria mais de 25 anos depois em suas epístolas. Com exceção de João, que viveu no fim do século, todos os outros apóstolos foram martirizados, e o cristianismo era tido como uma religião extremamente vulnerável. Desse modo, Judas conclama a igreja a lutar pela verdade em meio a uma intensa batalha espiritual.

PRINCIPAIS PERSONAGENS

- **Judas**: meio-irmão de Cristo, que inicialmente rejeitou Jesus como o Messias, mas que se converteu após a ressureição (1:1-25).
- **Tiago**: irmão de Judas; conhecido líder de uma congregação em Jerusalém e autor do livro de Tiago (1:1).

TEMAS HISTÓRICOS E TEOLÓGICOS

Judas é o único livro do NT que se dedica exclusivamente a confrontar a "apostasia", cujo significado é a deserção da fé bíblica verdadeira (versículos 3,17). Os apóstatas também são descritos em outras passagens, como em 2Tessalonicenses 2:10, Hebreus 10:29, 2Pedro 2:1-22 e 1João 2:18-23. Ele escreveu para condenar os apóstatas e instigar os cristãos a lutarem por sua fé, e pediu o discernimento por parte da igreja e uma defesa rigorosa da verdade bíblica. Seguiu os exemplos antigos de: (1) Cristo (Mt 7:15ss.; 16:6-12; 24:11ss.; Ap 2 e 3); (2) Paulo (At 20:29-30; 1Tm 4:1; 2Tm 3:1-5; 4:3-4); (3) Pedro (2Pe 2:1-2; 3:3-4); e (4) João (1Jo 4:1-6; 2Jo 6:11).

Judas está repleto de ilustrações históricas do AT, que incluem: o êxodo (versículo 5), a rebelião de Satanás (versículo 6), Sodoma e Gomorra (versículo 7), a morte de Moisés (versículo 9), Caim (versículo 11), Balaão (versículo 11), Corá (versículo 11), Enoque (versículos 14-15) e Adão (versículo 14).

Além disso, Judas descreveu de maneira vívida os apóstatas em termos de caráter e atividades inescrupulosas (versículos 4,8,10,16,18-19). Também tomou exemplos da natureza para ilustrar a futilidade do ensino dos apóstatas (versículos 12-13). Embora Judas nunca tenha comentado sobre o conteúdo específico desses falsos ensinos, era suficiente demonstrar que a vida pessoal degenerada e o ministério infrutífero desses homens traíam suas tentativas de ensinar o erro como se fosse verdade. Essa ênfase no caráter repete o tema constante com respeito aos falsos mestres — a corrupção pessoal deles. Embora seus ensinos sejam inteligentes, sutis, enganosos, atrativos e apresentados de inúmeras formas, a maneira comum de reconhecê-los é observar o que está por trás de sua fachada espiritual e ver a vida ímpia deles (2Pe 2:10,12,18-19).

PRINCIPAL DOUTRINA

- **Apostasia**: deserção da fé bíblica verdadeira (v. 3,4,8,10,16-19; 2Ts 2:10; Hb 10:29; 2Pe2:1-22; 1Jo 2:18-23).

O CARÁTER DE DEUS

- Deus é glorioso (versículos 24-25).
- Deus é cheio de graça (versículo 4).
- Deus é justo (versículos 5-6, 14-15).
- Deus é Senhor (versículo 4).
- Deus é amor (1-3,21).
- Deus é sabedoria (versículo 25).

DESAFIOS DE INTERPRETAÇÃO

Como não são discutidas questões doutrinárias, as dificuldades dessa carta estão relacionadas à interpretação do processo normal de discernir o significado do texto. Judas faz citações de fontes não inclusas no cânone aceito ou corpo da Bíblia (isto é, o autor verdadeiro não era o que foi citado em seu título), como o *Primeiro Livro de Enoque* (versículo 14) e a *Assunção de Moisés* (versículo 9) para embasar seus argumentos. Isso era aceitável? Como estava escrevendo sob a inspiração do Espírito Santo (2Tm 3:16; 2Pe 1:20-21) e incluiu materiais que eram precisos e verdadeiros em suas afirmações, Judas não agiu de forma diferente de Paulo (cf. At 17:28; 1Co 15:33; Tt 1:12).

CRISTO EM JUDAS

Judas inicia seu ataque à apostasia primeiramente tratando com os cristãos: "aos que foram chamados, amados por Deus Pai e guardados por Jesus Cristo" (v. 1). Cristo assegura aos cristãos a vida eterna, que não é o destino dos apóstatas condenados. Judas conclui sua epístola reforçando a coragem dos cristãos no poder de Cristo e proclama Jesus como "Àquele que é poderoso para impedi-los de cair e para apresentá-los diante da sua glória sem mácula e com grande alegria" (v. 24).

ESBOÇO

1. Desejos de Judas (1-2)

JUDAS   575

2. Declaração de guerra contra os apóstatas (3-4)

3. O resultado abominável dos apóstatas (5-7)

4. A denúncia dos apóstatas (8-16)

5. Proteção contra os apóstatas (17-23)

6. Doxologia de Judas (24-25)

PERFIL DE UM APÓSTATA

1. Ímpio (versículo 4)
2. Moralmente pervertido (versículo 4)
3. Nega a Cristo (versículo 4)
4. Contamina a carne (versículo 8)
5. Provocador de rebeliões (versículo 8)
6. Difama autoridades superiores (versículo 8)
7. Sonhador (versículo 10)
8. Ignorante (versículo 10)
9. Corrupto (versículo 10)
10. Murmurador (versículo 10)
11. Descontente (versículo 16)
12. Egoísta (versículo 16)
13. Fala arrogante (versículo 16)
14. Adulador dos outros (versículo 16)
15. Escarnecedor (versículo 18)
16. Causa divisões (versículo 19)
17. Inclinado ao mundanismo
18. Não tem o Espírito (versículo 19)*

*John F. MacArthur, Jr., *The MacArthur Study Bible*, (Dallas: Word Publishing) 1997.

ENQUANTO ISSO, EM OUTRAS PARTES DO MUNDO...

Vespasiano entra em Roma triunfantemente e é adotado pelo senado como o novo imperador.

RESPOSTAS PARA PERGUNTAS DIFÍCEIS

1. **O fato de Judas citar livros que não estão na Bíblia dá algum valor especial a esses outros livros?**

   Judas citou especificamente dois livros não bíblicos: o Primeiro Livro de Enoque (versículo 14) e a Assunção de Moisés (versículo 9). Os autores desses livros são desconhecidos. Judas se referiu a eles como respaldo e ilustração para os seus pontos.

Os cristãos sustentam que Judas escreveu sob a inspiração do Espírito Santo (2Tm 3:16; 2Pe 1:20-21) e incluiu em suas afirmações materiais precisos e verdadeiros. Seu uso de materiais não bíblicos foi seletivo e não teve a intenção de estender qualquer autoridade especial a esses textos. Paulo seguiu o mesmo padrão ao citar ou se referir a autores não bíblicos (At 17:28; 1Co 15:33; Tt 1:12).

2. **O que Judas quis dizer com "fé de uma vez por todas confiada aos santos" (versículo 3)?**

Judas se refere a todo o corpo da verdade revelada acerca da salvação contida nas Escrituras (Gl 1:23; Ef 4:5,13; Fp 1:27; 1Tm 4:1). Aqui e mais adiante no versículo 20 Judas descreve um corpo fixo de revelação espiritual que pode ser conhecido como sã doutrina (Ef 4:14; Cl 3:16; 1Pe 2:2; 1Jo 2:12-14), usada para discernir a verdade do erro (1Ts 5:20-22) e dispor-se a confrontar e atacar o erro (2Co 10:3-5; Fp 1:17,27; 1Tm 1:18; 6:12; 2Tm 1:13; 4:7-8; Tt 1:13).

A revelação de Deus foi entregue uma única vez como unidade, na conclusão da Escritura, e não deve ser editada com supressões nem adendos (Dt 4:2; 12:32; Pv 30:6; Ap 22:18-19). A Bíblia é completa, suficiente e está concluída; portanto, está fixada para sempre. Nada deve ser acrescentado ao corpo da Palavra inspirada (2Tm 3:16-17; 2Pe 1:19-21), pois nada mais é necessário.

3. **Por que os últimos versículos de Judas são chamados de "doxologia"?**

A própria palavra não se encontra nas Escrituras; antes, é um termo antigo que se refere a passagens especiais que expressam louvor a Deus. A primeira parte da palavra deriva do termo grego doxa, que significa "glória", enquanto a segunda deriva do termo grego logos, que significa "palavra". Essas palavras em Judas expressam a glória de Deus nos termos mais exaltados. Elas se juntam a outros esplêndidos exemplos no NT (Rm 11:33-36; 16:25-27; 2Co 13:14; Hb 13:20-21).

A doxologia de Judas inclui os cristãos de um modo poderoso, destacando aquilo que Deus pode fazer por eles e que ninguém mais pode. Judas enfatizou o tema da salvação e reforçou a coragem dos cristãos para saber que Cristo iria guardá-los da apostasia presente.

APROFUNDAMENTO

1. Como Judas descreveu a si mesmo em relação ao seu irmão Tiago e seu meio-irmão Jesus? Por que isso é importante?
2. Que personagens e acontecimentos da história bíblica Judas utilizou para fundamentar suas advertências?
3. De que forma ele descreveu os falsos mestres?
4. O que significa a palavra *apostasia* e como Judas caracterizou um apóstata?
5. Que aspectos específicos de nosso relacionamento com Deus por meio de Cristo são exaltados na doxologia dos versículos 24 e 25?

Apocalipse

O juízo final

TÍTULO

Apocalipse significa "revelação", "desocultamento", "desvendamento" ou "manifestação". Ao contrário da maioria dos livros da Bíblia, Apocalipse contém seu próprio título: "Revelação de Jesus Cristo" (1:1). No NT, essa palavra descreve o desvendamento da verdade espiritual (Rm 16:25; Gl 1:12; Ef 1:17; 3:3), a revelação dos filhos de Deus (Rm 8:19), a encarnação de Cristo (Lc 2:32) e sua gloriosa aparição na sua segunda vinda (2Ts 1:7; 1Pe 1:7). Em todos os seus sentidos, "revelação" se refere somente a alguma coisa ou a alguém que, anteriormente oculto, se torna visível. O que esse livro revela, ou desvenda, é Jesus Cristo em glória. Verdades a respeito dele e sua vitória final, às quais o restante da Escritura apenas alude, tornam-se claramente visíveis por meio da revelação de Jesus Cristo (veja "Temas históricos e teológicos"). Essa revelação foi dada a Cristo pelo Deus Pai e comunicada ao apóstolo João por um anjo (1:1).

AUTOR E DATA

O autor se identifica quatro vezes como sendo João (1:1,4,9; 22:8). A tradição antiga o identifica, de forma unânime, como o apóstolo João, autor do quarto evangelho e de três epístolas. Por exemplo, importantes testemunhas da autoria de João do século II incluem Justino Mártir, Irineu, Clemente de Alexandria e Tertuliano. Muitos dos leitores originais do livro ainda estavam vivos durante o período em que Justino Mártir e Irineu viveram — ambos sustentavam a autoria apostólica.

Há diferenças de estilo entre Apocalipse e as outras obras de João, mas são insignificantes e não impedem o fato de um homem ter escrito ambos. Na verdade, há alguns paralelos impressionantes entre Apocalipse e as outras obras de João. Somente o evangelho de João e Apocalipse se referem a Jesus como a Palavra (19:13; Jo 1:1). Apocalipse (1:7) e o evangelho de João (19:37) traduzem Zacarias 12:10 de modo diferente da *Septuaginta*, mas estão de acordo entre si. Somente Apocalipse e o evangelho de João descrevem Jesus como o Cordeiro (5:6,8; Jo 1:29); ambos descrevem Jesus como testemunha (cf. 1:5; Jo 5:31-32).

Apocalipse foi escrito na última década do século I (por volta de 94-96 d.C.), no fim do reinado do imperador Domiciano (81-96 d.C.). Embora alguns datem o livro durante o reinado de Nero (54-68 d.C.), seus argumentos não são convincentes e conflitam com a visão da igreja primitiva. Escrevendo durante o século II, Irineu declarou que Apocalipse havia sido escrito próximo do fim do reinado de Domiciano. Escritores posteriores, tais como Clemente de Alexandria, Orígenes, Vitorino (que escreveu um dos primeiros comentários sobre o Apocalipse), Eusébio e Jerônimo sustentam a data domiciana.

AS SETE IGREJAS

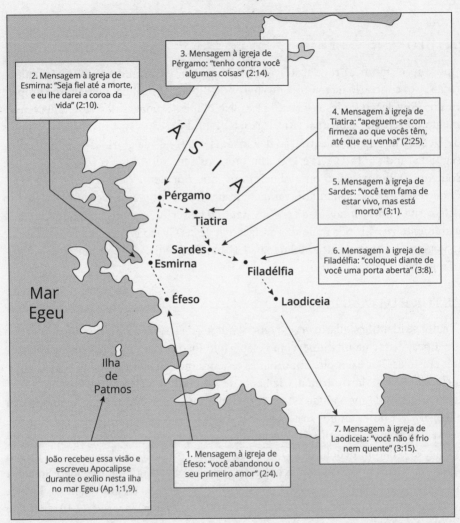

O declínio espiritual das sete igrejas (capítulos 2 a 3) também sustenta uma data posterior. Essas igrejas estavam fortes e espiritualmente saudáveis em meados de 60, quando Paulo trabalhou por último na Ásia Menor. O breve período de tempo entre o ministério de Paulo ali e o fim do reinado de Nero foi curto demais para que ocorresse um declínio tão acentuado. Um período de intervalo mais extenso também explica o surgimento da seita herética conhecida como os nicolaítas (2:6,15), que não é mencionada nas cartas de Paulo, nem mesmo em relação a uma ou mais dessas mesmas igrejas (Efésios). Por fim, datar Apocalipse durante o reinado de Nero não permite tempo para o ministério de João na Ásia Menor atingir o ponto em que as autoridades sentissem a necessidade de exilar o apóstolo.

AS SETE IGREJAS DE APOCALIPSE

Elogio	Crítica	Orientação	Promessa
Éfeso (2:1-7)			
Rejeita o mal, persevera, tem paciência	Abandonou o seu primeiro amor	Pratique as obras que praticava no princípio	O direito de comer da árvore da vida
Esmirna (2:8-11)			
Suporta o sofrimento com graça	Nenhuma	Seja fiel até a morte	A coroa da vida
Pérgamo (2:12-17)			
Mantém a fé em Cristo	Tolera a imoralidade, a idolatria e heresias	Arrependa-se!	O maná Escondido e uma pedra branca com um novo nome nela inscrito
Tiatira (2:18-29)			
Amor, fé, serviço e perseverança — fazendo mais agora do que no princípio	Tolera o culto à idolatria e imoralidade	Juízo iminente; mantenha a fé	Autoridade sobre as nações e a estrela da manhã
Sardes (3:1-6)			
Alguns guardaram a fé	Uma igreja morta	Arrependa-se; fortaleça o que resta	Os fiéis serão honrados e vestidos de branco
Filadélfia (3:7-13)			
Persevera na fé	Nenhuma	Retenha o que você tem (a fé)	Um lugar na presença de Deus, um novo nome e a nova Jerusalém
Laodiceia (3:14-22)			
Nenhum	Indiferente	Seja diligente e arrependa-se	O direito de sentar-se com Cristo em seu trono

MANUAL BÍBLICO MACARTHUR

CENÁRIO E CONTEXTO

Apocalipse começa com João, o último apóstolo sobrevivente e homem idoso, exilado na pequena e desabitada ilha de Patmos, localizada no mar Egeu, a sudoeste de Éfeso. As autoridades romanas haviam banido o apóstolo para lá por causa de sua fiel pregação do evangelho (1:9). Enquanto estava em Patmos, João recebeu uma série de visões que expuseram a história futura do mundo.

Quando foi preso, João estava em Éfeso, ministrando às igrejas dali e às cidades das redondezas. Procurando fortalecer as congregações, João não teve mais condições de ministrar a elas em pessoa e, seguindo o mandamento divino (1:11), endereçou Apocalipse a essas igrejas (1:4). Tais igrejas tinham começado a sentir os efeitos da perseguição; pelo menos um homem — provavelmente um pastor — já havia sido martirizado (2:13) e o próprio João havia sido exilado. Mas a tempestade da perseguição estava por se manifestar com plena fúria às sete igrejas tão queridas ao coração do apóstolo (2:10). A essas igrejas, Apocalipse forneceu uma mensagem de esperança: Deus está no controle soberano de todos os acontecimentos da história humana; embora muitas vezes o mal e poderosos homens perversos pareçam dominar, a condenação deles é certa. Cristo virá em glória para julgar e reinar.

PRINCIPAIS PERSONAGENS

- **João**: apóstolo que recebeu a revelação de Jesus Cristo de um anjo (1:1,4,9; 22:8).
- **Jesus**: o revelado Filho de Deus que voltará para buscar seu povo (1:1 a 22:21).

TEMAS HISTÓRICOS E TEOLÓGICOS

Como Apocalipse é primariamente profético, esse livro contém pouco material histórico, com exceção dos capítulos 1 a 3. As sete igrejas a quem as cartas foram endereçadas localizavam-se na Ásia Menor (atual Turquia). Aparentemente, elas foram escolhidas porque João havia ministrado nessas igrejas.

O Apocalipse é, em primeiro lugar, uma revelação sobre Jesus Cristo (1:1). O livro retrata Cristo como o Filho de Deus ressuscitado e glorificado ministrando às igrejas (1:10ss.), como "a testemunha fiel, o primogênito dentre os mortos e o soberano dos reis da terra" (1:5), como "o Alfa e o Ômega" (1:8), como "o que é, o que era e o que há de vir, o Todo-poderoso" (1:8), como "um filho de homem" (1:13), como "o Primeiro e o Último" (1:17), como aquele que esteve morto mas agora está vivo para todo o sempre (1:18), como "Filho de Deus" (2:18), como aquele que é santo e verdadeiro (3:7), como o "Amém, a testemunha fiel e verdadeira, o soberano da criação de Deus" (3:14), como "o Leão da tribo de Judá, a Raiz de Davi" (5:5), como o "Cordeiro" no céu, com autoridade para abrir o primeiro dos sete selos (6:1 ss.), como "o Cordeiro que está no centro do trono" (7:17), como o Cristo que reinará para todo o sempre (11:15), como a "Palavra de Deus" (19:13), como o majestoso "Rei dos reis e Senhor dos senhores", retornando em esplendor e glória para conquistar os seus inimigos

APOCALIPSE   **581**

(19:11-ss.), como "o Princípio e o Fim" (21:6) e como "a Raiz e o Descendente de Davi, e a resplandecente Estrela da Manhã" (22:16).

Muitos outros temas teológicos encontram expressão em Apocalipse. A igreja é alertada a respeito do pecado e exortada à santidade. As imagens vívidas usadas por João para descrever o culto no céu exortam e instruem os cristãos. Em poucos livros da Bíblia o ministério dos anjos é tão proeminente. A contribuição teológica principal do Apocalipse é para a escatologia, isto é, a doutrina das últimas coisas. Nele podemos aprender a respeito: da configuração política final do mundo, da última batalha na história humana, da carreira e da derrota definitiva do anticristo, do reinado terreno de mil anos de Cristo, das glórias do céu e do estado eterno e do estado final dos ímpios e dos justos. Por fim, somente Daniel compete com esse livro quanto à declaração de que Deus providencialmente governa sobre os reinos dos homens e realizará seus propósitos soberanos, independentemente de oposição humana ou demoníaca.

PRINCIPAIS DOUTRINAS

- **Revelação**: a verdadeira identidade e a obra salvadora de Jesus Cristo são revela-das (1:1 a 22:21; Is 11:5; 53:1-11; Zc 9:9; Lc 1:35; Jo 1:1-14; 7:18; At 4:27; 2Co 8:9; Fp 2:8; 1Ts 5:24; Hb 1:9; 1Jo 5:20).
- **Santidade**: a igreja é advertida contra o pecado e exortada à santidade (22:11; Lv 11:45; 19:2; 20:7; Sl 24:3-4; Rm 8:29; 12:1; Ef 5:1,8; Cl 3:12; Hb 12:14; 1Pe 1:15-16; 1Jo 2:6).
- **Culto**: Deus é digno da adoração e do louvor do homem (4:10-11; 5:12; 2Sm 22:44; Sl 22:23; 50:23; 96:2; 145:3; Ez 3:12; Dn 2:20; Mt 2:1-2,11; 28:16-17; Jo 4:20-24; 9:30-38; Lc 1:68-69; Hb 1:6; Jd 1:25).
- **Escatologia**: a doutrina das últimas coisas (4:1 a 22:21).

O CARÁTER DE DEUS

- Deus é eterno (4:8-10; 16:5).
- Deus é glorioso (21:11,23).
- Deus é santo (4:8; 15:4; 21:27).
- Deus é justo (16:5,7; 19:2).
- Deus é poderoso (4:11; 5:13; 11:17).
- Deus é verdadeiro (15:3; 16:7).
- Deus se ira (6:17; 11:18; 16:6-7; 19:15).

DESAFIOS DE INTERPRETAÇÃO

Nenhum outro livro do NT apresenta dificuldades de interpretação

CRISTO EM APOCALIPSE

No último livro da Bíblia, Jesus triunfantemente se revela como o Todo-poderoso (1:8), o Alfa e o Ômega (1:8; 21:6), o Princípio e o Fim (21:6). Outras vozes no livro proclamam Jesus como o Leão da tribo de Judá e a Raiz de Davi (5:5), o Cordeiro de Deus (5:6 a 22:3), a Palavra de Deus (19:13) e o Rei dos reis e Senhor dos senhores (19:16).

582   MANUAL BÍBLICO MACARTHUR

mais sérias e difíceis do que o Apocalipse. As imagens vívidas e o impressionante simbolismo do livro produziram quatro abordagens principais:

A abordagem *preterista* interpreta Apocalipse como uma descrição dos acontecimentos do século I durante o Império Romano (veja "Autor e data"). Esse ponto de vista conflita com a declaração muitas vezes repetida no próprio livro de ser profecia (1:3; 22:7,10,18-19). É impossível ver todos os acontecimentos de Apocalipse como já cumpridos — segunda vinda de Cristo, por exemplo, obviamente não ocorreu no século I.

PALAVRAS-CHAVE

Hades: em grego, *hadēs* — 1:18; 6:8; 20:13-14 —, literalmente, significa "o lugar dos invisíveis". Essa palavra grega, traduzida do termo hebraico *sheol*, descreve o mundo invisível dos mortos. Todas as pessoas que morrem vão para o Hades no sentido de que a morte as conduz do mundo visível para o invisível. Portanto, os termos "morte" e "Hades" podem ser usados de forma intercambiável. Infelizmente, é comum as pessoas cometerem o erro de associar Hades com inferno, um lugar de castigo eterno. No entanto, a palavra grega para inferno é *gehenna* (veja Mc 9:43-45). Embora todos nós iremos para o Hades um dia, podemos evitar o inferno ao crer na obra salvadora de Jesus Cristo.

Todo-poderoso: em grego, *pantokratōr* — 1:8; 4:8; 11:17; 15:3; 16:7,14; 19:15; 21:22 —, literalmente, significa "aquele que tem poder sobre todas as coisas", ou Aquele que tem controle absoluto. Deus comanda todos os exércitos de poderes nos céus e na terra e tem capacidade para vencer todos os seus inimigos. O título *todo-poderoso* ocorre com frequência em Apocalipse à medida que o livro revela o controle maravilhoso de Deus sobre o universo e ao longo de toda a História.

Diabo, Satanás: em grego, *diabolos* — 2:10; 12:9,12; 20:2,10 —, literalmente, "caluniador", e em grego *satanas* — 20:2,7 — literalmente, significa "adversário". A palavra *diabolos* significa aquele que acusa o outro, daí o outro nome dado a ele: "o acusador dos nossos irmãos" (12:10). O nome Satanás significa aquele que fica à espreita ou coloca-se em oposição ao outro. Esses e outros nomes para o mesmo espírito caído revelam diferentes aspectos de seu caráter maligno e de sua atuação enganosa.

Nova Jerusalém: em grego, *Ierousalēm kainē* — 3:12; 21:2,10. A nova Jerusalém, que desce dos céus, é bem diferente da Jerusalém terrena, a antiga capital de Israel. Essa é a cidade que Abraão buscava, a cidade cujo construtor e criador é Deus (Hb 11:10); é a cidade que existe neste momento, nos céus, pois Paulo a chama de "Jerusalém do alto" (Gl 4:26).

O Alfa e o Ômega: em grego, *Alpha kai to Ōmega* — 1:8,11; 21:6; 22:13. No alfabeto grego, Alfa e Ômega são a primeira e a última letras. Essa expressão é usada tanto para o Deus Pai como para o Deus Filho. Em Cristo, Deus abrange todas as coisas, tudo que há entre o Alfa e o Ômega, sendo também o Primeiro e o Último. Isso expressa a plenitude, a abrangência e a inclusividade absoluta de Deus. Ele é a Fonte de todas as coisas e trará todas as coisas ao seu fim designado.

APOCALIPSE   **583**

A abordagem *histórica* encara Apocalipse como uma visão panorâmica da história da igreja a partir da era dos apóstolos até o presente — vendo no simbolismo acontecimentos como as invasões bárbaras de Roma, o surgimento da Igreja Católica Apostólica Romana (bem como vários papas, individualmente), a emergência do islamismo e a Revolução Francesa. Esse método de interpretação tira de Apocalipse todo significado para aqueles a quem foi escrito. Igualmente, ignora as limitações de tempo do livro que ele próprio coloca no desdobramento dos acontecimentos (cf. 11:2; 12:6,14; 13:5). O historicismo tem produzido muitas interpretações diferentes — e muitas vezes conflitantes — dos verdadeiros acontecimentos históricos contidos em Apocalipse.

A abordagem *idealista* interpreta Apocalipse como uma descrição infinita da luta cósmica entre as forças do bem e do mal. Nessa abordagem, o livro não contém alusões históricas nem profecias preditivas. Essa visão também ignora o caráter profético de Apocalipse e, se levada à sua conclusão lógica, esvazia o livro de qualquer ligação com acontecimentos históricos reais. Apocalipse se torna, então, meramente uma coleção de histórias com o objetivo de ensinar verdades espirituais.

A abordagem *futurista* insiste em que os acontecimentos dos capítulos 6 a 22 ainda são futuros e que esses capítulos, de modo literal e simbólico, retratam pessoas reais e acontecimentos que ainda estão por figurar no cenário mundial Descreve acontecimentos em torno da segunda vinda de Jesus Cristo (capítulos 6 a 19), o milênio e o juízo final (capítulo 20) e o estado eterno (capítulos 21 e 22). Somente essa visão faz justiça à reivindicação de Apocalipse de ser profecia e interpreta o livro pelo mesmo método gramatical-histórico que os capítulos 1 a 3 e o restante da Escritura.

ESBOÇO

1. As coisas que você tem visto (1:1-20)
   a. Prólogo (1:1-8)
   b. A visão do Cristo glorificado (1:9-18)
   c. A comissão do apóstolo para escrever (1:19-20)

2. As coisas que são (2:1 a 3:22)
   a. A carta à igreja de Éfeso (2:1-7)
   b. A carta à igreja de Esmirna (2:8-11)
   c. A carta à igreja de Pérgamo (2:12-17)
   d. A carta à igreja de Tiatira (2:18-29)
   e. A carta à igreja de Sardes (3:1-6)
   f. A carta à igreja de Filadélfia (3:7-13)
   g. A carta à igreja de Laodiceia (3:14-22)

3. As coisas que acontecerão (4:1 a 22:21)
   a. Culto no céu (4:1 a 5:14)
   b. A grande tribulação (6:1 a 18:24)
   c. O retorno do Rei (19:1-21)

584   MANUAL BÍBLICO MACARTHUR

    d. O milênio (20:1-10)
    e. O grande trono branco do juízo (20:11-15)
    f. O estado eterno (21:1 a 22:21)

ENQUANTO ISSO, EM OUTRAS PARTES DO MUNDO...

Clemente I se torna bispo de Roma (88-97 d.C.). O imperador Trajano expande o Império Romano, que atinge sua maior extensão territorial (98-117 d.C.).

RESPOSTAS PARA PERGUNTAS DIFÍCEIS

1. O que sabemos sobre as sete igrejas às quais João escreveu suas cartas?

Apocalipse 2:1 a 3:22 inclui sete cartas ditadas a João pelo Senhor Jesus. Cada uma dessas igrejas exibe um aspecto de caráter significativo com o qual o Senhor estava satisfeito ou insatisfeito. As igrejas eram identificadas pela cidade em que estavam localizadas: Éfeso, Esmirna, Pérgamo, Tiatira, Sardes, Filadélfia e Laodiceia. Embora tenham realmente existido na Ásia Menor, elas também representam os tipos de igrejas existentes ao longo da era da igreja. O que Cristo diz a cada uma dessas igrejas é pertinente em todos os tempos (veja "Cenário e contexto" para uma discussão mais ampla sobre as sete igrejas).

2. A passagem de Apocalipse 3:20 quer dizer que Cristo bate à porta na vida de cada pessoa, querendo entrar?

Em vez de interpretar essa expressão no sentido de Cristo bater à porta do coração de uma pessoa, o contexto exige que se interprete que Cristo estava procurando entrar nessa igreja que leva o seu nome, mas não contava com um único cristão sequer. Essa pungente carta à igreja de Laodiceia era o "bater" de Cristo. Se um membro reconhecesse sua falência espiritual e respondesse com fé salvadora, Cristo entraria na igreja.

3. O que é a "tribulação" e onde ela se encaixa no livro de Apocalipse?

A tribulação se refere ao período de sete anos logo depois que a igreja é removida da terra (Jo 14:1-3; 1Ts 4:13-18), quando os justos juízos de Deus serão derramados sobre o mundo incrédulo (Jr 30:7; Dn 9:27; 12:1; 2Ts 2:7-12; Ap 16). Esses juízos alcançarão o clímax quando Cristo retornar em glória para a terra (Mt 24:27-31; 25:31-46; 2Ts 2:7-12).

No livro de Apocalipse, a extensa seção de 6:1 a 19:21 detalha os juízos e acontecimentos durante a tribulação, a partir de seu início com a abertura do primeiro selo, passando pelos sete selos, as sete trombetas e as sete taças da ira de Deus, até o retorno de Cristo para destruir os ímpios (19:11-21). A passagem do tempo durante esse período é rastreada em Apocalipse (11:2-3; 12:6,14; 13:5). A segunda

APOCALIPSE   585

metade do período de sete anos é chamada especificamente de "grande tribulação" em Apocalipse 7:14.

4. Por que o número 666 recebe tanta atenção?

Os números são importantes nas Escrituras em dois aspectos: (1) eles falam da exatidão de Deus; e (2) representam algumas ideias recorrentes. O número 666 é mencionado em Apocalipse 13:18. O significado desse número em si não é enfatizado, portanto, qualquer especulação a seu respeito deve ser cautelosa e limitada.

Ele representa, em essência, o número de um homem. Falta-lhe uma unidade para perfazer o número perfeito de Deus, 7, e, assim, representa a imperfeição humana. O anticristo, o mais poderoso ser humano que o mundo conhecerá, ainda será um homem, isto é, um 6. O máximo em poder humano e demoníaco é um 6, não perfeito, como Deus é. O objetivo da tríplice repetição do número é reiterar e reforçar a identidade de homem. Ele é enfaticamente imperfeito, e não quase perfeito. Quando o anticristo finalmente for revelado, haverá uma maneira de identificá-lo com esse número básico, ou o seu nome poderá ter o numeral equivalente a 666. Em muitos idiomas, inclusive no hebraico, no grego e no latim, as letras possuem equivalentes numéricos.

Além dessas observações básicas, essa passagem revela muito pouco sobre o significado de 666, é aconselhável, portanto, que não se especule além do que o texto diz.

5. Por que a grande multidão em Apocalipse 19:1-6 diz "Aleluia"?

A transliteração dessa palavra hebraica aparece somente quatro vezes no NT, todas nesse capítulo (versículos 1,3-4,6). Essa exclamação, que significa "louve ao Senhor", ocorre com frequência no AT (Sl 104:35; 105:45; 106:1; 111:1; 112:1; 113:1; 117:1; 135:1; 146:1).

No caso dessa grande multidão reunida no céu, há cinco razões para clamar repetidamente "Aleluia — louve ao Senhor!":

- a multidão louva a Deus por libertar seu povo dos seus inimigos (versículos 1-2);
- a multidão louva a Deus por fazer justiça (versículo 2);
- a multidão louva a Deus por prevalecer sobre a rebeldia do homem (versículo 3);
- a multidão louva a Deus pela sua soberania (versículo 6);
- a multidão louva a Deus pela sua comunhão com o seu povo (versículo 7).

6. O que é o milênio e onde ele se encaixa no livro de Apocalipse?

Apocalipse 20 inclui seis referências a um reinado que irá durar mil anos (versículos 2 a 7). Há três visões principais a respeito da natureza e da duração desse período:

A. O *pré-milenismo* vê esse período como mil anos literais durante os quais Jesus Cristo, cumprindo as numerosas profecias do AT (2Sm 7:12-16; Sl 2;

Is 11:6-12; 24:23; Os 3:4-5; Jl 3:9-21; Am 9:8-15; Mq 4:1-8; Sf 3:14-20; Zc 14:1-11) e o ensino do próprio Jesus (Mt 24:29-31,36-44) reinará na terra. O uso dos mesmos princípios gerais de interpretação tanto para as passagens proféticas como as não proféticas leva naturalmente ao pré-milenismo. Outro forte argumento a favor dessa visão é o fato de tantas profecias bíblicas já terem sido literalmente cumpridas, o que sugere que futuras profecias igualmente serão cumpridas de modo literal.

Os estudiosos pré-milenistas/pós-tribulacionalistas afirmam que Cristo retornará ao fim da grande tribulação (com duração de sete anos) para estabelecer um reinado milenar. Esse reinado terminará com uma rebelião por parte das forças malignas e com o juízo final. Essa visão muitas vezes interpreta as profecias de uma forma não literal e, em geral, não enxerga Israel e a igreja como objetos de planos históricos divinos completamente diferentes; antes, Israel e a igreja formam um único povo de Deus. Pré-milenistas de ambos os tipos adotam a abordagem "futurista" para o livro de Apocalipse.

B. O *pós-milenismo* entende a referência ao período de mil anos somente como símbolo de uma era dourada de justiça e prosperidade espiritual que seria introduzida pela propagação do evangelho na presente era da igreja e se completaria com o retorno de Cristo. Segundo essa visão, referências ao reino de Cristo na terra primordialmente descrevem o seu reinado espiritual no coração dos cristãos na igreja.

C. O *amilenismo* entende os mil anos como sendo meramente simbólicos de um longo período de tempo. Essa visão entende que as profecias do milênio do AT estão se cumprindo espiritualmente agora na igreja (tanto na terra como no céu) ou como referências à condição eterna.

Em resumo, não há nada na passagem que apoie a conclusão de que os "mil anos" sejam simbólicos. Nunca na Bíblia, quando "anos" é usado com um número, tem significado não literal. O peso da evidência bíblica aponta para a posição pré-milenista.

APROFUNDAMENTO

1. Que afirmações sobre seu propósito o livro de Apocalipse declara?
2. Quais eram as sete igrejas para as quais João escreveu e que comentários fez Jesus a respeito de cada uma delas?
3. Como Apocalipse ilustra a soberania de Deus?
4. Ao longo do livro de Apocalipse, o que acontece com as pessoas que continuam a confiar em Cristo?
5. De acordo com o capítulo 20, o que acontecerá no juízo final?
6. Os nomes de quem estão escritos no livro da vida e por quê?

Uma visão geral da teologia

AS ESCRITURAS SAGRADAS

Ensinamos que a Bíblia é a revelação escrita de Deus para o homem e, assim, os 66 livros da Bíblia que nos foram dados pelo Espírito Santo constituem a plena (inspirada igualmente em todas as partes) Palavra de Deus (1Co 2:7-14; 2Pe 1:20-21).

Ensinamos que a Palavra de Deus é uma revelação proposicional e objetiva (1Co 2:13; 1Ts 2:13), verbalmente inspirada em cada palavra (2Tm 3.16), absolutamente inerrante nos documentos originais, infalível e inspirada por Deus. Ensinamos a interpretação literal, histórico-gramatical das Escrituras, segundo a qual os primeiros capítulos de Gênesis apresentam a criação em seis dias literais (Gn 1:31; Êx 31:17).

Ensinamos que a Bíblia constitui a única regra infalível de fé e prática (Mt 5:18; 24:35; Jo 10:35; 16:12-13; 17:17; 1Co 2.13; 2Tm 3:15-17; Hb 4:12: 2Pe 1:20-21).

Ensinamos que Deus falou em sua Palavra escrita por um processo de dupla autoria. O Espírito Santo, desse modo, inspirou e supervisionou os autores humanos que, apesar de suas personalidades individuais e estilos diferentes de escrita, compuseram e registraram a Palavra de Deus para o ser humano (2Pe 1:20-21), sem erros na sua totalidade ou em suas partes (Mt 5:18; 2Tm 3:16).

Ensinamos que, apesar da possibilidade de haver várias aplicações de uma determinada passagem da Bíblia, há, contudo, uma única e verdadeira interpretação. O significado da Bíblia é encontrado ao se aplicar com diligência o método de interpretação literal, histórico-gramatical sob a iluminação do Espírito Santo (Jo 7:17; 16:12-15; 1Co 2:7-15; 1Jo 2:20). É responsabilidade do cristão avaliar cuidadosamente o propósito e o significado verdadeiro das Escrituras e reconhecer que se aplicam a todas as gerações. No entanto, é a verdade da Palavra de Deus que julga o ser humano, e nunca o inverso.

DEUS

Ensinamos que há um só Deus vivo e verdadeiro (Dt 6:4; Is 45:5-7; 1Co 8:4), um Espírito infinito e oniciente (Jo 4:24), perfeito em todos os seus atributos, único em essência, mas eternamente existente em três pessoas: Pai, Filho e Espírito Santo (Mt 28:19; 2Co 13:14), todas elas igualmente dignas de adoração e obediência.

DEUS PAI

Ensinamos que Deus Pai, a primeira pessoa da Trindade, ordena e dispõe todas as coisas de acordo com o seu propósito e graça (Sl 145:8-9; 1Co 8:6). Ele é o Criador de todas as coisas (Gn 1:1-31; Ef 3:9). Como único e absoluto governante onipotente do universo, é soberano sobre a criação, a providência e a redenção (Sl 103:19; Rm 11:36). Seu caráter de Pai envolve tanto sua designação dentro da Trindade quanto seu relacionamento com a humanidade. Como Criador, é Pai de todos os seres humanos (Ef 4:6), mas é Pai espiritual somente daqueles que creem em Cristo (Rm 8:14; 2Co 6:18). Com vistas à sua glória, determinou tudo o que acontece (Ef 1:11). Sustenta, dirige e governa continuamente todas as criaturas e os acontecimentos (1Cr 29:11). Em sua soberania, não é o autor do pecado nem o aprova (Hc 1:13), nem deixa de exigir a prestação de contas de suas criaturas morais e inteligentes (1Pe 1.17). Em sua graça, escolheu desde a eternidade passada aqueles que serão seus (Ef 1:4-6); salva do pecado todos os que o buscam por intermédio de Jesus Cristo; adota-os como seus filhos e se torna, mediante essa adoção, Pai daqueles que são seus (Jo 1:12; Rm 8:15; Gl 4:5; Hb 12:5-9).

DEUS FILHO

Ensinamos que Jesus Cristo, a segunda pessoa da Trindade, possui todas as excelências divinas e, nestas, é coigual, consubstancial e coeterno com o Pai (Jo 10:30; 14:9). Ensinamos que o Deus Pai fez "os céus e a terra, o mar e tudo o que neles existe" segundo a sua vontade, por intermédio de seu Filho, Jesus Cristo, por meio do qual todas as coisas continuam a existir e operar (Jo 1:3; Cl 1:15,17; Hb 1:2).

Ensinamos que, na encarnação (Deus feito homem), Cristo abriu mão somente das prerrogativas da divindade, mas não renunciou a nenhuma parte de sua essência divina, nem em grau nem em espécie. Em sua encarnação, a segunda Pessoa eternamente existente da Trindade assumiu todas as características essenciais da humanidade e, desse modo, se tornou Deus-homem (Fp 2:5-8; Cl 2:9).

Ensinamos que Jesus Cristo representa a humanidade e a divindade em união indivisível (Mq 5:2; Jo 5:23; 14:9-10; Cl 2:9).

Ensinamos que o Senhor Jesus Cristo nasceu de uma virgem (Is 7:14; Mt 1:23,25; Lc 1.25-35); que era Deus encarnado (Jo 1:1,14); e que o propósito de sua encarnação era revelar Deus, redimir os homens e governar sobre o reino de Deus (Sl 2:7-9; Is 9:6; Jo 1:29; Fp 2:9-11; Hb 7:25-26; 1Pe 1:18-19).

Ensinamos que, na encarnação, a segunda Pessoa da Trindade colocou de lado o seu direito a todas as prerrogativas da coexistência com Deus, tomou o lugar de Filho e assumiu uma existência apropriada para um servo, sem jamais se despojar dos seus atributos divinos (Fp 2:5-8).

Ensinamos que nosso Senhor Jesus Cristo realizou a obra de nossa redenção pelo derramamento de seu sangue e morte sacrifical na cruz e que sua morte foi voluntária, vicária, substitutiva, propiciatória e redentora (Jo 10:15; Rm 3:24-25; 5:8; 1Pe 2:24).

UMA VISÃO GERAL DA TEOLOGIA 589

Ensinamos que, com base na eficácia da morte de nosso Senhor Jesus Cristo, o pecador que crê é liberto do castigo, da pena, do poder e, um dia, da própria presença do pecado, e que é declarado justo, recebe vida eterna e é adotado pela família de Deus (Rm 3:25; 5:8-9; 2Co 5:14-15; 1Pe 2:24; 3:18).

Ensinamos que a nossa justificação é assegurada pela ressurreição física literal dele dentre os mortos e que, hoje, depois de sua ascensão, o Senhor Jesus Cristo está assentado à destra do Pai, operando como nosso Intercessor e Sumo Sacerdote (Mt 28:6; Lc 24:38-39; At 2:30-31; Rm 4:25; 8:34; Hb 7:25; 9:24; 1Jo 2:1)

Ensinamos que, na ressurreição de Jesus Cristo dentre os mortos, Deus confirmou a divindade de seu Filho e deu prova de que havia aceitado a obra expiatória de Cristo na cruz. A ressurreição física de Jesus é também garantia da vida ressurreta futura de todos os cristãos (Jo 5:26-29; 14:19; Rm 4:25; 6:5-10; 1Co 15.20,23)

Ensinamos que Jesus voltará para receber a igreja, que é seu corpo, junto a si no arrebatamento e, posteriormente, voltará para com sua igreja em glória para estabelecer o seu reino milenar aqui na terra (At 1:9-11; 1Ts 4:13-18; Ap 20).

Ensinamos que nosso Senhor Jesus Cristo é aquele por meio do qual Deus há de julgar toda a humanidade (Jo 5:22-23):

- os cristãos (1Co 3:10-15; 2Co 5:10);
- os habitantes vivos da terra — quando ele voltar em glória (Mt 25:31-46);
- aqueles que morreram em incredulidade — no grande trono branco de julgamento (Ap 20:11-15).

Como Mediador entre Deus e os seres humanos (1Tm 2:5), cabeça de seu corpo, a igreja (Ef 1:22; 5:23; Cl 1:18), e Rei universal vindouro que governará no trono de Davi (Is 9:6-7; Ez 37:24-28; Lc 1:31-33), Cristo é o juiz final de todos que se recusarem a crer nele como Senhor e Salvador (Mt 25:14-46; At 17:30-31).

DEUS ESPÍRITO SANTO

Ensinamos que o Espírito Santo é uma pessoa divina, eterna, não gerada, que possui todos os atributos de personalidade e divindade, inclusive intelecto (1Co 2.10-13), emoções (Ef 4:30), vontade (1Co 12:11), caráter eterno (Hb 9:14), onipresença (Sl 139:7-10), onisciência (Is 40:13-14), onipotência (Rm 15:13) e veracidade (Jo 16:13). Em todos os atributos divinos, ele é coigual e consubstancial com o Pai e o Filho (Mt 28:19; At 5:3-4; 28:25-26; 1Co 12:4-6; 2Co 13:14; e Jr 31:31-34 com Hb 10:15-17).

Ensinamos que é obra do Espírito Santo executar a vontade divina em relação a toda a humanidade. Reconhecemos sua atividade soberana na criação (Gn 1:2), na encarnação (Mt 1:18), na revelação escrita (2Pe 1:20-21) e na obra de salvação (Jo 3:5-7).

Ensinamos que uma obra singular do Espírito Santo nesta era teve início no Pentecostes, quando ele veio do Pai, conforme prometido por Cristo (Jo 14:16-17; 15:26), para iniciar e completar a edificação do corpo de Cristo. Sua atividade inclui convencer o mundo do pecado, da justiça e do juízo; glorificar o Senhor Jesus Cristo e transformar os cristãos à imagem de Cristo (Jo 16:7-9; At 1:5; 2:4; Rm 8:29; 2Co 3:18; Ef 2:22).

Ensinamos que o Espírito Santo é o agente sobrenatural e soberano da regeneração, batizando todos os cristãos no corpo de Cristo (1Co 12:13). O Espírito Santo também habita nos cristãos, santifica-os, instrui-os e lhes concede poder para o serviço, e os sela até o dia da redenção (Rm 8:9-11; 2Co 3:6; Ef 1:13).

Ensinamos que o Espírito Santo é o mestre divino que conduziu os apóstolos e os profetas em toda a verdade quando eles registraram por escrito a revelação de Deus, a Bíblia (2Pe 1:19-21). O Espírito Santo habita dentro de cada cristão desde o momento da salvação, e todos aqueles que nasceram dele devem ser cheios do Espírito e controlados por ele (Rm 8:9-11; Ef 5:18; 1Jo 2:20,27).

Ensinamos que o Espírito Santo concede dons espirituais à igreja. O Espírito Santo não glorifica a si mesmo nem aos seus dons pela ostentação destes; antes, glorifica a Cristo ao realizar sua obra de redimir os perdidos e edificar os cristãos na santíssima fé (Jo 16:13-14; At 1:8; 1Co 12:4-11; 2Co 3:18).

Ensinamos a esse respeito que Deus Espírito Santo é soberano na concessão de todos os seus dons para o aperfeiçoamento dos santos nos dias de hoje e que o dom de línguas e a operação de sinais miraculosos nos primórdios da igreja visavam a apontar para os apóstolos e autenticá-los como instrumentos de revelação da verdade divina e que nunca houve o propósito de que esses dons caracterizassem a vida dos cristãos (1Co 12:4-11; 13:8-10; 2Co 12:12; Ef 4:7-12; Hb 2:1-4).

O HOMEM

Ensinamos que o homem foi criado direta e imediatamente por Deus à sua imagem e semelhança. O homem foi criado sem pecado, com uma natureza racional e inteligência, vontade, autodeterminação e responsabilidade moral diante de Deus (Gn 2:7,15-25; Tg 3:9).

Ensinamos que a intenção de Deus na criação do homem era que este o glorificasse, desfrutasse de comunhão com ele, vivesse segundo a sua vontade e, com isso, realizasse o propósito divino para o homem no mundo (Is 43:7; Cl 1:16; Ap 4:11).

Ensinamos que, com o pecado de desobediência cometido por Adão em oposição à vontade revelada e à Palavra de Deus, o homem perdeu a inocência, tornou-se passível da pena de morte espiritual e física, colocou-se sob a ira de Deus e ficou inerentemente corrompido e absolutamente incapaz de escolher ou realizar o que é aceitável a Deus sem a graça divina. Como não possui o poder necessário de recuperação para se redimir, o homem está irremediavelmente perdido. A sua salvação se dá, portanto, exclusivamente com base na graça de Deus por meio da obra redentora

UMA VISÃO GERAL DA TEOLOGIA 591

de nosso Senhor Jesus Cristo (Gn 2:16-17; 3.1-19; Jo 3:36; Rm 3:23; 6:23; 1Co 2:14; Ef 2:1-3; 1Tm 2:13-14; 1Jo 1:8).

Ensinamos que, pelo fato de todos os homens procederem de Adão, a natureza corrompida pelo pecado dele foi transmitida a todos os homens de todas as eras, sendo Jesus Cristo a única exceção. Todos os homens são, portanto, pecadores por natureza, por escolha e por declaração divina (Sl 14:1-3; Jr 17:9; Rm 3:9-18,23; 5:10-12).

SALVAÇÃO

Ensinamos que a salvação se dá inteiramente pela graça de Deus com base na redenção realizada por Jesus Cristo, no mérito do sangue derramado por ele, e não com base em méritos ou obras humanos (Jo 1:12; Ef 1:4-7; 2:8-10; 1Pe 1:18-19).

ELEIÇÃO

Ensinamos que a eleição é o ato de Deus por meio do qual, antes da fundação do mundo, ele escolheu em Cristo aqueles que, em sua graça, ele regenera, salva e santifica (Rm 8:28-30; Ef 1:4-11; 2Ts 2:13; 2Tm 2:10; 1Pe 1:1-2).

Ensinamos que a eleição soberana não contradiz nem anula a responsabilidade do homem de se arrepender e crer em Cristo como Salvador e Senhor (Ez 18:23,32; 33:11; Jo 3:18-19,36; 5:40; 2Ts 2:10-12; Ap 22:17). Não obstante, uma vez que a graça soberana inclui tanto os meios necessários para receber a dádiva da salvação quanto a salvação propriamente dita, a eleição soberana resultará naquilo que Deus determina. Todos os que o Pai chama para si irão a ele pela fé e todos que assim procederem serão recebidos pelo Pai (Jo 6:37-40, 44; At 13:48; Tg 4:8).

Ensinamos que o favor imerecido que Deus concede a pecadores totalmente depravados não é relacionado a nenhuma iniciativa da parte humana nem da presciência divina do que as pessoas virão a fazer por vontade própria. Antes, diz respeito exclusivamente à graça e à misericórdia soberanas de Deus (Ef 1:4-7; Tt 3:4-7; 1Pe 1:2).

Ensinamos que a eleição não deve ser entendida como algo baseado meramente numa soberania abstrata. Deus é verdadeiramente soberano, mas exerce essa soberania em harmonia com seus outros atributos, especialmente com sua onisciência, justiça, santidade, sabedoria, graça e amor (Rm 9:11-16). A soberania de Deus sempre exaltará a sua vontade de maneira absolutamente coerente com o seu caráter revelado na vida de nosso Senhor Jesus Cristo (Mt 11:25-28; 2Tm 1:9).

REGENERAÇÃO

Ensinamos que a regeneração é uma obra sobrenatural do Espírito Santo, por meio da qual a natureza e a vida divina são concedidas (Jo 3:3-8; Tt 3:5). É instantânea e se dá exclusivamente pelo poder do Espírito Santo mediante a Palavra de Deus (Jo 5:24), quando o pecador arrependido, capacitado pelo Espírito Santo, responde com fé à provisão divina da salvação. A regeneração genuína é manifestada por frutos dignos de arrependimento, demonstrados em conduta e atitudes retas. É comprovada e resulta em boas obras (1Co 6:19-20; Ef 5:17-21; Fp 2:12b; Cl 3:12-17; 2Pe 1:4-11). A obediência leva o cristão a ser cada vez mais conformado à imagem de nosso Senhor Jesus Cristo (2Co 3:18), sendo o ápice dessa conformidade a glorificação do cristão na vinda de Cristo (Rm 8:16-17; 2Pe 1:4; 1Jo 3:2-3).

JUSTIFICAÇÃO

Ensinamos que a justificação diante de Deus é um ato divino (Rm 8:30,33) por meio do qual ele declara justos aqueles que, mediante a fé em Cristo, se arrependem de seus pecados (Lc 13:3; At 2:38; 3:19; 11:18; Rm 2:4; 2Co 7:10; Is 55:6-7) e confessam Jesus como Senhor soberano (Rm 10:9-10; 1Co 12:3; 2Co 4:5; Fp 2:11). Essa justiça não depende de nenhuma virtude ou obra humana (Rm 3:20; 4:6), mas se dá quando depositamos nossos pecados em Cristo (Cl 2:14; 1Pe 2:24) e a sua justiça nos é imputada (1Co 1:2,30; 6:11; 2Co 5:21). Desse modo, Deus pode "ser justo e justificador daquele que tem fé em Jesus" (Rm 3:26).

SANTIFICAÇÃO

Ensinamos que o cristão é santificado (separado) para Deus por meio da justificação e, portanto, declarado santo e identificado como tal. Essa santificação é posicional e instantânea, e não deve ser confundida com a santificação progressiva. Diz respeito à posição do cristão, e não ao seu modo de vida ou condição atual (At 20:32; 1Co 1:2,30; 6:11; 2Ts 2:13; Hb 2:11; 3:1; 10:10,14; 13:12; 1Pe 1:2).

Ensinamos que o Espírito Santo também opera uma santificação progressiva por meio da qual a condição do cristão é progressivamente transformada à semelhança de Cristo por meio da obediência à Palavra de Deus e do poder concedido pelo Espírito Santo. O cristão é capaz de viver uma vida cada vez mais santa em conformidade com a vontade de Deus e se tornar cada vez mais semelhante ao nosso Senhor Jesus Cristo (Jo 17:17,19; Rm 6:1-22; 2Co 3:18; 1Ts 4:3-4; 5:23).

A esse respeito, ensinamos que toda pessoa salva está envolvida num conflito diário — a nova criatura em Cristo que guerreia contra a carne. O poder do Espírito Santo que habita no cristão, porém, fornece todos os recursos necessários para a vitória. Não obstante, enquanto estiver na terra, o cristão enfrentará essa luta que nunca chegará completamente ao fim neste mundo. Todas as afirmações de erradicação do pecado nesta vida são contrárias às Escrituras. A erradicação do pecado não é possível, mas o Espírito Santo nos concede vitória sobre o pecado (Gl 5:16-25; Ef 4:22-24; Fp 3:12; Cl 3:9-10; 1Pe 1:14-16; 1Jo 3:5-9).

SEGURANÇA

Ensinamos que, uma vez salvos, todos os remidos são guardados pelo poder de Deus, portanto, estão seguros em Cristo para sempre (Jo 5:24; 6:37-40; 10:27-30; Rm 5:9-10; 8:1,31-39; 1Co 1:4-9; Ef 4:30; Hb 7:25; 13:5; 1Pe 1:4-5; Jd 24).

UMA VISÃO GERAL DA TEOLOGIA   593

Ensinamos que é privilégio de todos os cristãos se regozijarem na certeza de sua salvação por meio do testemunho da Palavra de Deus, que, no entanto, proíbe expressamente o uso da liberdade cristã como justificativa para a vida de pecado e carnalidade (Rm 6:15-22; 13:13-14; Gl 5:13,16-17,25-26; Tt 2:11-14).

SEPARAÇÃO

Ensinamos que a separação do pecado é claramente exigida ao longo do Antigo e Novo Testamento, e que as Escrituras indicam claramente que, nos últimos dias, a apostasia e mundanismo se multiplicarão (2Co 6:14 a 7:1; 2Tm 3:1-5).

Ensinamos que, em sinal de gratidão profunda pela graça imerecida que Deus nos concedeu e porque o nosso Deus glorioso é inteiramente digno de nossa consagração plena, todos os salvos devem viver de maneira a demonstrar amor devoto a Deus a fim de não trazer opróbrio sobre nosso Senhor e Salvador. Ensinamos, também, a ordem divina para nos mantermos separados de toda associação com a apostasia religiosa e com práticas mundanas e pecaminosas (Rm 12:1-2; 1Co 5:9-13; 2Co 6:14 a 7:1; 1Jo 2:15-17; 2Jo 9:11).

Ensinamos que os cristãos devem ser separados para o nosso Senhor Jesus Cristo (2Ts 1:11-12; Hb 12:1-2) e afirmamos que a vida cristã é uma vida de justiça obediente demonstrada por uma atitude de bem-aventurança (Mt 5:2-12) e por uma busca contínua da santidade (Rm 12:1-2; 2Co 7:1; Hb 12:14; Tt 2:11-14; 1Jo 3:1-10).

A IGREJA

Ensinamos que todos aqueles que creem em Jesus Cristo são inseridos imediatamente pelo Espírito Santo em um só corpo espiritual, a igreja (1Co 12:12-13), a noiva de Cristo (2Co 11:2; Ef 5:23-32; Ap 19:7-8), da qual Cristo é o cabeça (Ef 1:22; 4:15; Cl 1:18).

Ensinamos que a formação da igreja, o corpo de Cristo, teve início no dia de Pentecostes (At 2:1-21,38-47) e se completará na vinda de Cristo para buscar o seu povo no arrebatamento (1Co 15:51-52; 1Ts 4:13-18).

Ensinamos que a igreja é, portanto, um organismo espiritual singular concebido por Cristo, constituído por todos os cristãos nascidos de novo na presente era (Ef 2:11 a 3:6). A igreja é distinta de Israel (1Co 10:32), um mistério não revelado até a presente era (Ef 3:1-6; 5:32).

Ensinamos que a formação e a continuidade de igrejas locais são ensinadas de modo claro e definido nas Escrituras do Novo Testamento (At 14:23,27; 20:17,28; Gl 1:2; Fp 1.1; 1Ts 1:1; 2Ts 1:1), e que os membros desse corpo bíblico são orientados a se reunirem em diversas congregações locais (1Co 11:18-20; Hb 10:25).

Ensinamos que a única autoridade suprema da igreja é Cristo (Ef 1:22; Cl 1:18), e que a liderança, os dons, a ordem, a disciplina e o culto eclesiásticos foram instituídos por sua soberania, de acordo com as instruções das Escrituras. Os oficiais biblicamente nomeados que servem em sujeição a Cristo e sobre a congregação são chamados de presbíteros (que também recebem a designação de bispos, pastores ou pastores-mestres; At 20:28; Ef 4:11) e diáconos, sendo que ambos devem possuir os requisitos bíblicos (1Tm 3:1-13; Tt 1:5-9; 1Pe 5:1-5).

Ensinamos que esses líderes dirigirem ou governam a igreja na condição de servos de Cristo (1Tm 5.17-22) e possuem autoridade para conduzi-la. A congregação deve, portanto, sujeitar-se à liderança deles (Hb 13:7,17).

Ensinamos a importância do discipulado (Mt 28:19-20; 2Tm 2:2), prestação de contas mútua de todos os cristãos uns para com os outros (Mt 18:15-17), bem como a necessidade de disciplina para membros em pecado da congregação de acordo com os padrões da Escritura (Mt 18:15-22; At 5:1-11; 1Co 5:1-13; 2Ts 3:6-15; 1Tm 1:19-20; Tt 1:10-16).

Ensinamos a autonomia da igreja local, livre de toda autoridade ou controle externo, com o direito de governar a si mesma sem interferência de nenhuma hierarquia de indivíduos ou organizações (Tt 1:5). Ensinamos que é bíblico as verdadeiras igrejas cooperarem umas com as outras na tarefa de proclamar e propagar a fé. Por meio de seus pastores e de sua interpretação e aplicação da Escritura, porém, as igrejas locais devem ter autonomia total para decidir quanto ao grau e aos métodos de cooperação (At 15:19-31; 20:28; 1Co 5:4-7,13; 1Pe 5:1-4).

Ensinamos que o propósito da igreja é glorificar a Deus (Ef 3:21) pela edificação na fé (Ef 4:13-16), instrução na Palavra (2Tm 2:2,15; 3:16-17), comunhão (At 2:47; 1Jo 1:3), observância dos preceitos divinos (Lc 22:19; At 2:38-42) e propagação do evangelho em todo o mundo (Mt 28:19; At 1:8).

Ensinamos o chamado de todos os santos para o serviço na igreja (1Co 15:58; Ef 4:12; Ap 22:12).

Ensinamos a necessidade de a igreja cooperar com Deus na realização dos propósitos divinos no mundo. Para esse fim, Deus confere à igreja dons espirituais. Primeiro, provê homens escolhidos com a finalidade de preparar os santos para o trabalho do ministério (Ef 4:7-12) e também aptidões espirituais singulares e específicas para cada membro do corpo de Cristo (Rm 12:5-8; 1Co 12:4-31; 1Pe 4:10-11).

Ensinamos a existência de dois tipos de dons na Igreja Primitiva: dons miraculosos de revelação e cura, concedidos temporariamente na era apostólica com o propósito de confirmar a autenticidade da mensagem dos apóstolos (Hb 2:3-4; 2Co 12:12); e dons concedidos aos cristãos para a edificação mútua. Como a revelação do NT está completa, a Bíblia se torna a única prova de autenticidade da mensagem de um homem e os dons de natureza miraculosa que serviam de confirmação deixaram de ser necessários para validar o homem que ensina ou o seu ensino (1Co 13:8-12). Os dons miraculosos podem ser imitados por Satanás parta enganar até os fiéis (Mt 24:24). Os únicos dons ativos nos dias de hoje são os de natureza não revelatória, que servem de instrumento de edificação (Rm 12:6-8).

Ensinamos que ninguém possui o dom de cura nos dias de hoje, mas que Deus ouve e responde, conforme a sua vontade perfeita, a oração da fé pelos enfermos e aflitos (Lc 18:1-8; Jo 5:7-9; 2Co 12:6-10; Tg 5:13-16; 1Jo 5:14-15).

UMA VISÃO GERAL DA TEOLOGIA **595**

Ensinamos que dois sacramentos foram confiados à igreja local: o batismo e a ceia do Senhor (At 2:38-42). O batismo cristão por imersão (At 8:36-39) é o belo e solene testemunho do cristão que demonstra a sua fé no Salvador crucificado, sepultado e ressurreto, e representa a sua união com o Senhor na morte para o pecado e ressurreição para uma nova vida (Rm 6:1-11). É também um sinal de comunhão e identificação com o corpo visível de Cristo (At 2:41-42).

Ensinamos que a ceia do Senhor é o memorial e a proclamação de sua morte até que ele volte e deve sempre ser antecedida de sério autoexame (1Co 11:23-32). Ensinamos, ainda, que, apesar de os elementos apenas representarem o sangue e o corpo de Cristo, o Senhor ressurreto está presente, de maneira singular, em comunhão com seu povo (1Co 10:16).

ANJOS

Anjos santos

Ensinamos que os anjos são seres criados, portanto, não devem ser adorados. Apesar de constituírem uma ordem mais elevada na criação do que o homem, foram criados para servir a Deus e adorá-lo (Lc 2:9-14; Hb 1:6-7,14; 2:6-7; Ap 5:11-14).

ANJOS CAÍDOS

Ensinamos que Satanás é um anjo criado e o autor do pecado. Atraiu sobre si o castigo de Deus ao se rebelar contra o seu Criador (Is 14:12-17; Ez 28:11-19), levar um grande número de anjos consigo em sua queda (Mt 25:4; Ap 12:1-14) e ao introduzir o pecado na raça humana ao tentar Eva (Gn 3:1-15).

Ensinamos que Satanás é inimigo declarado de Deus e do homem (Is 14:13-14; Mt 4:1-11; Ap 12:9-10), o príncipe deste mundo que já foi derrotado por meio da morte e ressurreição de Jesus Cristo (Rm 16:20) e que será castigado eternamente no lago de fogo (Is 14:12-17; Ez 28:11-19; Mt 25:41; Ap 20:10).

AS ÚLTIMAS COISAS (ESCATOLOGIA)

Morte

Ensinamos que a morte física não implica nenhuma perda de nossa consciência imaterial (Ap 6:9-11), que há uma separação entre corpo e alma (Tg 2:26), que a alma do remido entra de imediato na presença de Cristo (Lc 23:43; 2Co 5:8; Fp 1:23) e que, para o remido, essa separação perdurará até o arrebatamento (1Ts 4:13-17), o qual dá início à primeira ressurreição (Ap 20:4-6), quando nosso corpo e alma serão reunidos a fim de serem glorificados para sempre com nosso Senhor (1Co 15:35-44,50-54; Fp 3:21). Enquanto esse dia não vem, os remidos em Cristo permanecem em comunhão jubilosa com nosso Senhor Jesus Cristo (2Co 5:8).

Ensinamos a ressurreição física de todos os homens: os salvos, para vida eterna (Jo 6:39; Rm 8:10-11,19-23; 2Co 4:14), e os não salvos, para julgamento e castigo eterno (Dn 12:2; Jo 5:29; Ap 20:13-15).

Ensinamos que a alma dos não salvos é mantida sob castigo até a ressurreição final (Lc 16:19-26; Ap 20:13-15), quando será reunida ao corpo ressurreto (Jo 5:28-29). Então, comparecerão perante o grande trono branco de julgamento (Ap 20:11-15) e serão lançados no inferno, o lago de fogo (Mt 25:32-46), separados para sempre da vida de Deus (Dn 12:2; Mt 25:41-46; 2Ts 1:7-9).

O arrebatamento da igreja

Ensinamos a volta pessoal e física de nosso Senhor Jesus Cristo antes do período de sete anos de tribulação (1Ts 4:16; Tt 2:13), para levar a sua igreja desta terra (Jo 14:1-3; 1Co 15:51-53; 1Ts 4:15-5:11) e, entre esse acontecimento e sua volta gloriosa com seus santos, recompensar os cristãos de acordo com suas obras (1Co 3:11-15; 2Co 5:10).

O período de tribulação

Ensinamos que imediatamente depois de a igreja ter sido removida da terra (Jo 14:1-3; 1Ts 4:13-18), Deus derramará seus justos castigos sobre o mundo incrédulo (Jr 30:7; Dn 9:27; 12:1; 2Ts 2:7-12; Ap 16), e esses castigos culminarão com a volta de Cristo à terra em glória (Mt 24:27-31; 25:31-46; 2Ts 2:7-12). Nessa ocasião, os santos do AT e da tribulação serão ressuscitados e os vivos serão julgados (Dn 12:2-3; Ap 20:4-6). Esse período compreende à septuagésima semana da profecia de Daniel (Dn 9:24-27; Mt 24:15-31; 25:31-46).

A segunda vinda e o reino milenar

Ensinamos que, depois do período de tribulação, Cristo voltará ao mundo para ocupar o trono de Davi (Mt 25:31; Lc 1:32-33; At 1:10-11; 2:29-30) e estabelecer seu reinado messiânico na terra por mil anos (Ap 20:1-7). Nesse tempo, os santos ressurretos reinarão com ele sobre Israel e todas as nações da terra (Ez 37:21-28; Dn 7:17-22; Ap 19:11-16). Esse reinado será precedido da derrota do anticristo e do falso profeta e da retirada de Satanás do mundo (Dn 7:17-27; Ap 20:1-6).

Ensinamos que o reinado propriamente dito será o cumprimento da promessa de Deus a Israel (Is 65:17-25; Ez 37:21-28; Zc 8:1-17) de restaurá-los à terra que perderam como resultado de sua desobediência (Dt 28:15-68). Em virtude de sua desobediência, Israel foi temporariamente colocado de lado (Mt 21:43; Rm 11:1-26), mas voltará a ser despertado pelo arrependimento para entrar na terra da bênção (Jr 31:31-34; Ez 36:22-32; Rm 11:25-29).

Ensinamos que esse período de reinado do Senhor será caracterizado por harmonia, justiça, paz, retidão e longevidade (Is 11; 65:17-25; Ez 36:33-38), e se encerrará com a libertação de Satanás (Ap 20:7).

UMA VISÃO GERAL DA TEOLOGIA   597

O julgamento dos perdidos

Ensinamos que, depois de sua libertação após o reinado milenar de Cristo (Ap 20:7), Satanás enganará as nações da terra e as reunirá para lutar contra os santos e a cidade querida, e, nessa ocasião, ele e seu exército serão consumidos por fogo do céu (Ap 20:9). Depois disso, Satanás será lançado no lago de fogo e enxofre (Mt 25:41; Ap 20:10), e Cristo, aquele que julga todos os homens (Jo 5:22), ressuscitará grandes e pequenos, e os julgará no grande trono branco de julgamento.

Ensinamos que essa ressurreição dos mortos não salvos para julgamento será uma ressurreição física e, uma vez julgados, (Jo 5:28-29), serão enviados para o castigo eterno consciente no lago de fogo (Mt 25:41; Ap 11:15).

A eternidade

Ensinamos que, depois do fim do milênio, da libertação temporária de Satanás e da punição dos incrédulos (2Ts 1:9; Ap 20:7-15), os salvos viverão no estado eterno de glória com Deus. Os elementos desta terra serão desfeitos (2Pe 3:10) e substituídos por uma nova terra habitada somente pela justiça (Ef 5:5; Ap 20:15; 21 e 22). Em seguida, a cidade celestial descerá do céu (Ap 21:2) e será o lugar de habitação dos santos, onde desfrutarão de comunhão com Deus e uns com os outros para sempre (Jo 17:3; Ap 21 e 22). Depois de cumprir a sua missão redentora, nosso Senhor Jesus Cristo entregará o reino ao Deus Pai (1Co 15:23-28) a fim de que o Deus triúno possa reinar sobre todas as coisas para sempre (1Co 15:28).

O caráter da genuína fé salvadora

2Coríntios 13:5

1. INDICAÇÕES QUE NÃO PROVAM NEM REFUTAM A FÉ DE UMA PESSOA

- Moralidade visível: Mt 19:16-21; 23:27
- Conhecimento intelectual: Rm 1:21; 2:17ss.
- Envolvimento religioso: Mt 25:1-10
- Ministério ativo: Mt 7:21-24
- Convencimento do pecado: At 24:25
- Confiança: Mt 23
- Tempo de conversão: Lc 8:13-14

2. OS FRUTOS/AS PROVAS DO CRISTIANISMO AUTÊNTICO/VERDADEIRO

- Amor a Deus: Sl 42:1ss.; 73:25; Lc 10:27; Rm 8:7
- Arrependimento do pecado: Sl 32:5; Pv 28:13; Rm 7:14ss.; 2Co 7:10; 1Jo 1:8-10
- Humildade genuína: Sl 51:17; Mt 5:1-12; Tg 4:6,9ss.
- Devoção à glória de Deus: Sl 105:3; 115:1; Is 43:7; 48:10ss.; Jr 9:23-24; 1Co 10:31
- Oração contínua: Lc 18:1; Ef 6:18ss.; Fp 4:6ss.; 1Tm 2:1-4; Tg 5:16-18
- Amor altruísta: 1Jo 2:9ss.; 3:14; 4:7ss.
- Separação do mundo: 1Co 2:12; Tg 4:4ss.; 1Jo 2:15-17; 5:5
- Crescimento espiritual: Lc 8:15; Jo 15:1-6; Ef 4:12-16
- Viver em obediência: Mt 7:21; Jo 15:14 ss.; Rm 16:26; 1Pe 1:2,22; 1Jo 2:3-5

Caso a Lista 1 seja verdadeira a respeito de uma pessoa e a Lista 2 seja falsa, há razão para questionar a validade da profissão de fé dessa pessoa. Porém, se a Lista 2 for verdadeira, então a primeira lista também o será.

3. A CONDUTA DO EVANGELHO

- Proclame-o: Mt 4:23
- Defenda-o: Jd 3
- Demonstre-o: Fp 1:27
- Compartilhe-o: Fp 1:5
- Sofra por ele: 2Tm 1:8
- Não o atrapalhe: 1Co 9:16
- Não se envergonhe dele: Rm 1:16
- Pregue-o: 1Co 9:16
- Receba poder: 1Ts 1:5
- Guarde-o: Gl 1:6-8

Leia a Bíblia em um ano

Dia	Manhã	Noite
	JANEIRO	
	Mateus	Gênesis
1	1	1,2,3
2	2	4,5,6
3	3	7,8,9
4	4	10,11,12
5	5:1-26	13,14,15
6	5:27-48	16,17
7	6:1-18	18,19
8	6:19-34	20,21,22
9	7	23,24
10	8:1-17	25,26
11	8:18-34	27,28
12	9:1-17	29,30
13	9:18-38	31,32
14	10:1-20	33,34,35
15	10:21-42	36,37,38
16	11	39,40
17	12:1-23	41,42
18	12:24-50	43,44,45
19	13:1-30	46,47,48
20	13:31-58	49,50
		Êxodo
21	14:1-21	1,2,3
22	14:22-36	4,5,6
23	15:1-20	7,8
24	15:21-39	9,20,11
25	16	12,13
26	17	14,15
27	18:1-20	16,17,18
28	18:21-35	19,20
29	19	21,22
30	20:1-16	23,24
31	20:17-34	25,26

Dia	Manhã	Noite
	FEVEREIRO	
	Mateus	Êxodo
1	21:1-22	27,28
2	21:23-46	29,30
3	22:1-22	31,32,33
4	22:23-46	34,35
5	23:1-22	36,37,38
6	23:23-29	39,40
		Levítico
7	24:1-28	1,2,3
8	24:29-51	4,5
9	25:1-30	6,7
10	25:31-46	8,9,10
11	26:1-25	11,12
12	26:26-50	13
13	26:51=75	14
14	27:1-26	15,16
15	27:27-50	17,18
16	27:51-66	19,20
17	28	21,22
	Marcos	
18	1:1-22	23,24
19	1:23-45	25
20	2	26,27
		Números
21	3:1-19	1,2
22	3:20-35	3,4
23	4:1-20	5,6
24	4:21-41	7,8
25	5:1-20	9,10,11
26	5:21-43	12,13,14
27	6:1-29	15,16
28	6:30-56	17,18,19
29	7:1-13	20,21,22

Dia	Manhã	Noite
	MARÇO	
	Marcos	Números
1	7:14-37	23,24,25
2	8:1-21	26,27
3	8:22-38	28,29,30
4	9:1-29	31,32,33
5	9:30-50	34,35,36
		Deuteronômio
6	10:1-31	1,2
7	10:32-52	3,4
8	11:1-18	5,6,7
9	11:19-33	8,9,10
10	12:1-27	11,12,13
11	12:28-44	14,15,16
12	13:1-20	17,18,19
13	13:21-37	20,21,22
14	14:1-26	23,24,25
15	14:27-53	26,27
16	14:54-72	28,29
17	15:1-25	30,31
18	15:26-47	32,33,34
		Josué
19	16	1,2,3
	Lucas	
20	1:1-20	4,5,6
21	1:21-38	7,8,9
22	1:39-56	10,11,12
23	1:57-80	13,14,15
24	2:1-24	16,17,18
25	2:25-52	19,20,21
26	3	22,23,24
		Juízes
27	4:1-30	1,2,3
28	4:31-44	4,5,6
29	5:1-16	7,8
30	5:17-39	9,10
31	6:1-26	11,12

LEIA A BÍBLIA EM UM ANO

Dia	Manhã	Noite
ABRIL		
	Lucas	Juízes
1	6:27-49	13,14,15
2	7:1-30	16,17,18
3	7:31-50	19,20,21
		Rute
4	8:1-25	1,2,3,4
		1Samuel
5	8:26-56	1,2,3
6	9:1-17	4,5,6
7	9:18-36	7,8,9
8	9:37-62	10,11,12
9	10:1-24	13,14
10	10:25-42	15,16
11	11:1-28	17,18
12	11:29-54	19,20,21
13	12:1-31	22,23,24
14	12:32-59	25,26
15	13:1-22	27,28,29
16	13:23-35	30,31
		2Samuel
17	14:1-24	1,2
18	14:25-35	3,4,5
19	15:1-10	6,7,8
20	15:11-32	9,10,11
21	16	12,13
22	17:1-19	14,15
23	17:20-37	16,17,18
24	18:1-23	19,20
25	18:24-43	21,22
26	19:1-27	23,24
		1Reis
27	19:28-48	1,2
28	20:1-26	3,4,5
29	20:27-47	6,7
30	21:1-19	8,9

Dia	Manhã	Noite
MAIO		
	Lucas	1Reis
1	21:20-38	10,11
2	22:1-20	12,13
3	22:21-46	14,15
4	22:47-71	16,17,18
5	23:1-25	19,20
6	23:26-56	21,22
		2Reis
7	24:1-35	1,2,3
8	24:36-56	4,5,6
	João	
Dia	Manhã	Noite
9	1:1-28	7,8,9
10	1:29-51	10,11,12
11	2	13,14
12	3:1-18	15,16
13	3:19-38	17,18
14	4:1-30	19,20,21
15	4:31-54	22,23
16	5:1-24	24,25
	1Crônicas	
17	5:25-47	1,2,3
18	6:1-21	4,5,6
19	6:22-44	7,8,9
20	6:45-71	10,11,12
21	7:1-27	13,14,15
22	7:28-53	16,17,18
23	8:1-27	19,20,21
24	8:28-59	22,23,24
25	9:1-23	25,26,27
26	9:24-41	28,29
		2Crônicas
27	10:1-23	1,2,3
28	10:24-42	4,5,6
29	11:1-29	7,8,9
30	11:30-57	10,11,12
31	12:1-26	13,14

Dia	Manhã	Noite
JUNHO		
	João	2Crônicas
1	12:27-50	15,16
2	13:1-20	17,18
3	13:21-38	19,20
4	14	21,22
5	15	23,24
6	16	25,26,27
7	17	28,29
8	18:1-18	30,31
9	18:19-40	32,33
10	19:1-22	34,35,36
		Esdras
11	19:23-42	1,2
12	20	3,4,5
13	21	6,7,8
	Atos	Esdras
14	1	9,10
		Neemias
15	2:1-21	1,2,3
16	2:22-47	4,5,6
Dia	Manhã	Noite
17	3	7,8,9
18	4:1-22	10,11
19	4:23-37	12,13
		Ester
20	5:1-21	1,2
21	5:22-42	3,4,5
22	6	6,7,8
23	7:1-21	9,10
		Jó
24	7:22-43	1,2
25	7:44-60	3,4
26	8:1-25	5,6,7
27	8:26-40	8,9,10
28	9:1-21	11,12,13
29	9:22-43	14,15,16
30	10:1-23	17,18,19

Dia	Manhã	Noite
JULHO		
	Atos	Jó
1	10:24-28	20,21
2	11	22,23,24
3	12	25,26,27
4	13:1-25	28,29
5	13:26-52	30,31
6	14	32,33
7	15:1-21	34,35
8	15:22-41	36,37
9	16:1-21	38,39,40
10	16:22-40	41,42
		Salmos
11	17:1-15	1,2,3
12	17:16-34	4,5,6
13	18	7,8,9
14	19:1-20	10,11,12
15	19:21-41	13,14,15
16	20:1-16	16,17
17	20:17-38	18,19
18	21:1-17	20,21,22
19	21:18-40	23,24,25
20	22	26,27,28
21	23:1-15	29,30
22	23:16-35	31,32
23	24	33,34
24	25	35,36
25	26	37,38,39
26	27:1-26	40,41,42
27	27:27-44	43,44,45
28	28	46,47,48
Dia	Manhã	Noite
	Romanos	Salmos
29	1	49,50

| 30 | 2 | 51,52,53 |
| 31 | 3 | 54,55,56 |

AGOSTO

	Romanos	Salmos
1	4	57,58,59
2	5	60,61,62
3	6	63,64,65
4	7	66,67
5	8:1-21	68,69
6	8:22-39	70,71
7	9:1-15	72,73
8	9:16-33	74,75,76
9	10	77,78
10	11:1-18	79,80
11	11:19-36	81,82,83
12	12	84,85,86
13	13	87,88
14	14	89,90
15	15:1-13	91,92,93
16	15:14-33	94,95,96
17	16	97,98,99
	1Coríntios	
18	1	100,101,102
19	2	103,104
20	3	105,106
21	4	107,108,109
22	5	110,111,112
23	6	113,114,115
24	7:1-19	116,117,118
25	7:20-40	119:1-88
26	8	119:89-176
27	9	120,121,122
28	10:1-18	123,124,125
29	10:19-33	126,127,128
30	11:1-16	129,130,131
31	11:17-34	132,133,134

SETEMBRO

	1Coríntios	Salmos
1	12	135,136
2	13	137,138,139
3	14:1-20	140,141,142
4	14:21-40	143,144,145
5	15:1-28	146,147
6	15:29-58	148,149,150
Dia	Manhã	Noite
		Provérbios
7	16	1,2
	2Coríntios	

8	1	2,3,4
9	2	6,7
10	3	8,9
11	4	10,11,12
12	5	13,14,15
13	6	16,17,18
14	7	19,20,21
15	8	22,23,24
16	9	25,26
17	10	27,28,29
18	11:1-15	30,31
	Eclesiastes	
19	11:16-33	1,2,3
20	12	4,5,6
21	13	7,8,9
	Gálatas	
22	1	10,11,12
	Cântico	
23	2	1,2,3
24	3	4,5
25	4	6,7,8
	Isaías	
26	5	1,2
27	6	3,4
	Efésios	
28	1	5,6
29	2	7,8
30	3	9,10

OUTUBRO

	Efésios	Isaías
1	4	11,12,13
2	5:1-16	14,15,16
3	5:17-33	17,18,19
4	6	20,21,22
	Filipenses	
5	1	23,24,25
6	2	26,27
7	3	28,29
8	4	30,31
	Colossenses	
9	1	32,33
10	2	34,35,36
11	3	37,38
12	4	39,40
Dia	Manhã	Noite
	1Tessalonis-censes	
13	1	41,42
14	2	43,44

15	3	45,46
16	4	47,48,49
17	5	50,51,52
	2Tessalonis-censes	
18	1	53,54,55
19	2	56,57,58
20	3	59,60,61
	1Timóteo	
21	1	62,63,64
22	2	65,66
	Jeremias	
23	3	1,2
24	4	3,4,5
25	5	6,7,8
26	6	9,10,11
	2Timóteo	
27	1	12,13,14
28	2	15,16,17
29	3	18,19
30	4	20,21
	Tito	
31	1	22,23

NOVEMBRO

	Tito	Jeremias
1	2	24,25,26
2	3	27,28,29
3	Filemom	30,31
	Hebreus	
4	1	32,33
5	2	34,35,36
6	3	37,38,39
7	4	40,41,42
8	5	43,44,45
9	6	46,47
10	7	48,49
11	8	50
12	9	51,52
		Lamentações
13	10:1-18	1,2
14	10:20-40	3,4,5
		Ezequiel
15	11:1-19	1,2
16	11:20-40	3,4
Dia	Manhã	Noite
17	12	5,6,7
18	13	8,9,10
	Tiago	
19	1	11,12,13

20	2	14,15
21	3	16,17
22	4	18,19
23	5	20,21
	1Pedro	
24	1	22,23
25	2	24,25,26
26	3	27,28,29
27	4	30,31,32
28	5	33,34
	2Pedro	
29	1	35,36
30	2	37,38,39

Dia	Manhã	Noite
DEZEMBRO		
	2Pedro	Ezequiel
1	3	40,41
	1João	

Dia	Manhã	Noite
2	1	42,43,44
3	2	45,46
4	3	47,48
		Daniel
5	4	1,2
6	5	3,4
7	2João	5,6,7
8	3João	8,9,10
9	Judas	11,12
	Apocalipse	Oseias
10	1	1,2,3,4
11	2	5,6,7,8
12	3	9,10,11
13	4	12,13,14
14	5	Joel
		Amós
15	6	1,2,3
16	7	4,5,6
17	8	7,8,9
18	9	Obadias

Dia	Manhã	Noite
19	10	Jonas
		Miqueias
20	11	1,2,3
21	12	4,5
22	13	6,7
23	14	Naum
24	15	Habacuque
25	16	Sofonias
26	17	Ageu
		Zacarias
27	18	1,2,3,4
28	19	5,6,7,8
29	20	9,10,11,12
30	21	13,14
31	22	Malaquias

Tabelas de Unidades monetárias, pesos e medidas

É provável que os hebreus tenham utilizado moedas pela primeira vez no período persa (500-350 a.C.). No entanto, a cunhagem das moedas começou por volta de 700 a.C., em outras nações. Anteriormente, metais preciosos eram pesados, e não contados como dinheiro.

Algumas unidades aparecem tanto como medidas de dinheiro como de pesos. Isso resulta da prática de nomear as moedas segundo seu peso. Por exemplo, o siclo era uma medida de peso bem antes de se tornar o nome de uma moeda.

É proveitoso relacionar dinheiro bíblico a valores atuais, porém, não é possível fazer equivalentes exatos. O valor flutuante do poder de compra do dinheiro é difícil de ser determinado em sua própria época. É ainda mais difícil avaliar moedas utilizadas há dois ou três mil anos.

Portanto, é melhor escolher um valor significativo ao longo do tempo, como o salário diário de um trabalhador, que corresponde ao antigo sistema judaico (um siclo de prata equivale a quatro dias de trabalho) e os sistemas grego e romano (a dracma e o denário eram moedas que representavam o salário para um dia de trabalho).

A tabela de unidades monetárias apresentada a seguir considera o salário diário de um trabalhador atualmente como 32 dólares americanos. Embora haja diferenças de economias e padrões de vida, essa medida nos ajudará a aplicar o valor significativo às unidades monetárias da tabela e do texto bíblico.

UNIDADES MONETÁRIAS

Unidade	Valor monetário (em dólar)	Equivalentes	Traduções
Pesos judaicos			
Talento	ouro – $5.760.000 [1] prata – $384.000	3.000 siclos; 6.000 becas	talento, cem libras
Siclo	ouro – $1.920 prata – $128	4 salários diários; 2 becas; 20 geras	siclo
Beca	ouro – $960 prata – $64	½ siclo; 10 geras	beca
Gera	ouro – $96 prata – $6,40	1/20 siclos	geras

TABELA DE UNIDADES MONETÁRIAS, PESOS E MEDIDAS

Moedas persas			
Darico	ouro – $1.280 [2] prata – $64	2 salários diários; ½ siclo judaico de prata	darico, dracma
Moedas gregas			
Tetradracma	$128	4 dracmas	estáter
Didracma	$64	2 dracmas	imposto das duas dracmas
Dracma	$32	1 salário diário	moeda, moedas de prata
Lepto	$0,25	½ de um quadrante romano	centavos, pequena moeda de cobre
Moedas romanas			
Áureo	$800	25 denários	ouro
Denário	$32	1 salário diário	denários
Asse	$2	1/16 de um denário	centavo
Quadrante	$0,50	1/4 de um asse	centavo

[1] O valor do ouro é quinze vezes o valor da prata

[2] O valor do ouro é vinte vezes o valor da prata

MEDIDAS DE CAPACIDADE PARA LÍQUIDOS

Unidade	Medidas	Equivalentes	Traduções
Coro	cerca de 230 litros	10 batos	coro
Metreta	cerca de 40 litros		metreta
Bato	cerca de 22 litros	6 hims	cado, bato
Him	cerca de 4 litros	2 cabos	him
Cabo	cerca de 2 litros	4 logues	cabo
Logue	cerca de 0,3 litro	¼ cabo	logue, sextário

MEDIDAS DE CAPACIDADE PARA SECOS

Unidade	Medidas	Equivalentes	Traduções
Ômer	cerca de 230 litros	10 efas	ômer, jarro
Coro	cerca de 230 litros	1 ômer; 10 efas	coro, medida
Leteque	cerca de 115 litros	½ coro	um ômer e meio
Efa	22 litros	1/10 ômer	efa
Módio	cerca de 8,5 litros		alqueire, vasilha
Seá	cerca de 7,5 litros	1/3 efa	medida
Gômer	cerca de 2,3 litros	1/10 efa; 1 4/5 cabo	gômer
Cabo	cerca de 1,3 litro	4 logues	cabo
Choinix	cerca de 1 litro		medida
Xestés	cerca de 0,6 litro		jarro
Logue	cerca de 0,3 litro	1/4 cabo	logue

MEDIDAS DE COMPRIMENTO

Unidade	Comprimento	Equivalentes	Traduções
Jornada de um dia	cerca de 30 quilômetros		jornada de um dia
Milha romana	1,5 quilômetro	8 estádios	milha
Jornada de um sábado	1,11 quilômetro	6 estádios	jornada de um sábado
Estádio	185 metros	1/8 milha romana	estádio
Vara	cerca de 2,75 metros (3,5 metros em Ezequiel)	3 passos; 6 côvados	vara
Braça	1,85 metro	4 côvados	braça
Passo	91,5 centímetros	1/3 vara; 2 côvados	passo
Côvado	50 centímetros	½ passo; 2 palmos	côvado
Palmo	23 centímetros	½ côvado; 3 palmos menores	palmo
Palmo menor	cerca de 8 centímetros	1/3 palmo; 4 dedos	quatro dedos, palmo
Dedo	cerca de 2 centímetros	1/4 palmo menor	dedo

PESOS

Unidade	Comprimento	Equivalentes	Traduções
Pesos judaicos			
Talento	35 quilos para o talento comum, 70 quilos para o talento real	60 minas; 3.000 siclos	talento
Mina	5,6 quilos	50 siclos	mina, arrátel
Siclo	11,4 gramas para o siclo comum	2 becas; 20 geras	siclo
Beca	cerca de 5,7 gramas	½ siclo; 10 geras	meio siclo
Gera	0,57 grama	1/20 siclo	gera
Peso romano			
Libra romana	340 gramas		libra, pinta

Este livro foi impresso pela Santa Marta,
em 2024, para a HarperCollins Brasil.
O papel do miolo é pólen natural 70g/m²,
e o da capa é cartão 250g/m².